U0554380

西方世俗化
理论研究

A STUDY ON
SECULARIZATION
THEORIES IN THE WEST

郭宏珍 著

社会科学文献出版社
SOCIAL SCIENCES ACADEMIC PRESS (CHINA)

郭宏珍

1975 年 1 月生，甘肃省庆阳市人。2001 年毕业于西北师范大学文学院历史系，获历史学硕士学位；2004 年毕业于中国社会科学院研究生院，获民族学专业博士学位；伦敦大学国王学院访问学者（2012—2013）。现为中国社会科学院民族学与人类学研究所副研究员，主要研究方向是民族社会与历史宗教。

目　录

序 言

世俗化首先是一个重要的历史主题，关涉宗教在社会中尤其是在现代社会中的地位、形式和命运等问题。世俗化也是现代社会科学中的一种理论范式，主要是学术界在研究西方宗教过程中不断完善起来的，它上承宗教批判范式，下联宗教多元化范式，与之相关的学术争论至今还在进行。

众所周知，"世俗化"英语"secularization"、德语"Säkularisierung"、法语"sécularisation"、西班牙语"secularización"等都与拉丁文"saeculum"相联系。"saeculum"意思是"世纪""年代""世俗"，表达的是一种变迁的、瞬时的"此世"，相对而言，也就暗示存在一种不变的、永恒的"彼世"；另外，法语"laïcité"也表达了"返俗"意思。世俗化是由宗教走向世俗或者说宗教性减少而世俗性增长的较长时段的历史变化过程，最初多用来描述宗教职业人员脱离宗教组织或宗教场所返回到"凡俗"生活中，变成"世俗"之人。作为宗教社会学概念，世俗化涉及多个维度和不同层面的内容，包含了宗教/世俗、彼世/此世、神圣/凡俗、超自然/自然、公共/私人、神魅/理性以及集体/个人等多种范畴的对立和转化；世俗化还常常被当作一种便利而有用的分析工具，学者在使用这个词的时候，一般都从自己的理解角度为它附加了特定的含义，这也使它成了一个充满争议的概念。拉里·辛纳（Larry Shiner）曾撰文研究了"世俗化"概念，列举了它的六种含义，颇具参考价值，一是"宗教衰落"，传统的宗教象征、教义和制度丧失了社会影响力，社会朝向无宗教化发展；二是"切合现世"，宗教丢弃了超自然神秘性，走进了现世生活，参与俗世事务，成为普通的社会群体；三是"社会脱离宗教"，社会摆脱了宗教制度的支配，实现了自主，但同时是宗教丧失公共角色而退入私人领域内向发展的过程；四是"信仰和制度换位"，宗教知识、行为和制度被看成人类的产品，因而丧失了传统的功能；五是"世界去神圣化"，世界褪去了神圣色彩，面对的是客观的自然，人类理性凸显；六是"社会由神圣到世俗的运动"，即由多种变量引起的社会变迁，社会趋向于理性和实用主义转型。①

作为一种现代思想，世俗化滥觞于 17—18 世纪新教合法地位的获得以及对原天主教地产的控制，此后逐渐凸显为重要的历史主题，并受启蒙运动和法国大革命的推动而影响广远。在 1648 年的《威斯特伐利亚和约》（The Peace Treaty of Westphalia）中，"世俗化"这个词曾被用来表示褫夺天主教会掌握的土地和财产。在此之后，世俗政府征用和挪用了大量修道院和教会的土地、财富，人们更多地关注世俗事务和利益，世界历史彻底摆脱了中世纪黑暗，开始迈入现代社会。与此同时，作为封建专制旧世界支柱和帮凶的天主教也不断地受到社会新思想的批判，其中自然神论基于西方一神教背景反对蒙昧主义和神秘主义，伸张了人类理性，主张用"自然宗教"代替"天启宗教"。启蒙运动思想家大多数都是具有一定唯物主义倾向的自然神论者，他们认识到天主教体系对功能分化的现代过程构成了阻碍，从而对教会制度提出了实践政治批判，矛头所对的是宗教的意识形态功能，他们都乐观地坚信腐朽的天主教会注定会跟随古代政体的衰落和世俗制度的自主而最终消失。费尔巴哈（Ludwig Andreas Feuerbach, 1804—1872）提出了基督教的本质是人性的命题，因而神学就是人类学，宗教是人类心理梦想，宗教客体只是人本质的表达，虽然他的思想还不能算作实证主义批判，但产生了深远的思想解放效果。

马克思（Karl Marx, 1818—1883）批判了费尔巴哈宗教思考中的这一人类学转向，进一步张扬了其中的人本主义思想，"人创造了宗教，而不是宗教创造了人"，并最终走向了彻底的无神论批判，在世俗世界中寻找

---

① Larry Shiner, "The Concept of Secularization in Empirical Research", *Journal for the Scientific Study of Religion*, 1967, 6（2）: 207-220: 209-217.

到了宗教的根源，现实社会存在阶级、权力和国家，也就存在压迫、压制和统治，宗教不仅是压迫者的意识形态，而且"宗教是人民的鸦片""被压迫生灵的叹息"，是"颠倒的世界意识"。① 宗教不仅是阶级统治的工具，也是被统治阶级的精神安慰剂和麻醉药，因而宗教在阶级社会中将会持续存在，而终结资本主义社会，消除权力，消灭阶级，消亡国家，宗教就会自然灭亡，世俗化也就随之结束，这是一个漫长的历史过程，也是一件伟大的历史任务。18—20世纪一系列社会运动使宗教批判思想获得了广泛传播，而且对宗教的意识形态批判都不同程度地共享了世俗化论题，批判思想家对此没有太多争论，他们都假定宗教衰落甚或灭亡是历史的必然和终极结果，因而作为实践纲领的世俗化成为宗教发展的一种目的论主题。

世俗化理论发轫于古典社会学和人类学研究。社会学家孔德（Auguste Comte，1798—1857）、斯宾塞（Herbert Spencer，1820—1903）以及人类学家爱德华·泰勒（Edward Burnett Tylor，1832—1917）、弗雷泽（James George Frazer，1854—1941）等人基于进化论思想把宗教衰落看作社会线性演化普遍过程的一部分，依据历史考据和逻辑推理确立了宗教思维逐渐为理性和科学取代的观念，因而世俗化作为社会历史过程在他们那里同样带上了目的论色彩。

世俗化理论酝酿于迪尔凯姆（Émile Durkheim，1858—1917）和韦伯（Max Weber，1864—1920）主导的经典社会学研究中，他们分别建构了"社会事实"和"社会定义"两大社会学研究范式。② 迪尔凯姆摆脱了启蒙运动对宗教的批判，把宗教看作基本的社会事实，定义了"神圣"与"凡俗"；在功能分析的框架中建立了研究宗教的实证方法，强调了宗教的社会整合作用；通过考察现代社会的劳动分工，迪尔凯姆阐析了普遍化、分化等概念，研究了社会制度从宗教影响中逐渐解放出来，走向自我，"并

---

① 《马克思恩格斯全集》第3卷，人民出版社，2002，第199—200页。
② George Ritzer，"Sociology：A Mutiple Paradigm Science"，*The American Sociologist*，1975，10（3）：156-167.

越来越具有了世俗的品质","神灵逐渐隐遁了,把俗世抛还了人类"①,表达了世俗化思想。韦伯抛弃了宗教实质研究,集中于理解和解释宗教意义,强调社会历史条件和观念角色,建立了历史的、比较的和现象学的宗教社会学;韦伯崇尚启蒙运动的理性传统和辩证方法,把神魅和理性化看作引起社会革命性转型的重大力量,制度领域经由理性化即"祛魅"实现了现代性,同时意味着宗教在现代社会结构中影响力减弱。迪尔凯姆和韦伯很少使用"世俗化"一词,虽然如此,他们提出并详尽阐述的概念,他们列举的典型范例和精心设计出来的分析框架,以及他们对现代社会普遍过程的讨论,这些都为建构世俗化理论范式奠定了基础。还需要强调的是,帕森斯(Talcott Parsons,1902—1979)从结构功能主义的角度完善了"分化"概念,在他看来世俗化与现代化主题密切相连,又同社会变迁的大背景密不可分。帕森斯把"分化"精炼成了自己社会学理论的核心,把它看作社会变迁的重要机制,用它描述和解释了宗教在现代社会经历的世俗化即既"自主"又"衰落"的过程;世俗化论题由此成了分化理论的关键部分,甚至可以说是分化理论的一种亚理论。因而帕森斯看到的不是宗教的衰落而是变迁,分化预示了宗教竞争和多元化,他承认宗教价值在现代社会中也在制度化的现实。

在结构功能理论影响下,世俗化常常被描述成社会变迁宏大语境中的宗教变迁,研究重点在比较长的一段时期内集中在宗教制度即教会变化中。英格(John Milton Yinger,1916—2011)进一步发展了宗教群体类型分析,强调研究宗教与行为模式的关系,主张在世俗化和宗教变迁之间做出区分。阿奎维瓦(Sabino Acquaviva,1927—2015)考察了都市化、工业化和人口流动背景中神圣体验的丧失即"神圣衰落"以及社会宗教性的"去神圣化",他认为神圣是普遍人性的表达,因而作为社会属性的世俗化与去神圣化之间没有必然的联系,是非线性的、可逆转的。考克斯(Harvey Cox,1929—)注意到宗教在现代世俗之城即技术都市中正在经历的是几乎不可逆转的衰落过程,认识到宗教神学必须对现代社会的剧烈变迁做

---

① Emile Durkheim, *The Division of Labour in Society*, With an introduction by Lewis Coser, Translated by W. D. Halls, Macmillan Education Ltd., 1989, p. 119.

出回应，"任何教会神学的出发点必须是社会变迁的神学"，[1] 因而他所期望和主倡的是一种世俗神学。尽管强调的重点有所不同，但以上研究都表明了社会变迁研究的分析手法。

20 世纪中期，西方宗教社会学沿着专门化方向继续发展，涌现出一批新生代研究人员，他们学术兴趣广泛，涉及宗教研究的诸多领域，在延续宗教批判理念、强调回归经典社会学理论传统的同时，对学科传统进行了深刻的理论反思和时代总结，逐渐突破教会社会学研究框架，推动着学术转型；他们对宗教领域广阔的变迁展开了深入调查，通过比较世界各地的新兴宗教运动，聚焦现代社会系统的功能分化和制度变迁，对现代性、多元化和全球化等时代课题做出了学术回应。20 世纪 60 年代中期，世俗化问题逐渐凸显为热门学术论题，理论建构摆脱了意识形态窠臼，进入"新经典"[2]、"旧范式"[3] 发展阶段，人文主义宗教批评代替了实践政治批判，尽管中心主题还是"宗教衰落"，即"宗教在工业社会正在经历着衰落过程""现代性导致了传统宗教的衰落""世俗化已经成为不可避免的趋势"，但相关的思考角度别具一格，或者在现代化视域中考察了世俗化，或在全球化语境中审视了多元化，或者认为宗教逐渐销蚀、衰落和最终消失是现代制度领域自主分化的结果，世俗化研究一时蔚然成风，标杆式学者如贝格（Peter Ludwig Berger，1929—2017）、卢克曼（Thomas Luckmann，1927—2016）、马丁（David Alfred Martin，1929—2019）、威尔逊（Bryan Ronald Wilson，1926—2004）、贝拉（Robert Neelly Bellah，1927—2013）、费恩（Richard K. Fenn，1934—）等，他们的学术成果在当时都引起了强烈反响，相关研究为世俗化理论的完善、范式的建构以及开启关于现代性、多元化、宗教对话等新学术局面奠定了基础。

现代化理论框架宏大，包含了工业化、都市化和理性化、科层化等要素，与现代社会经济发展、制度分化和教育提升等密切关联。贝格在知识

---

①　Harvey Gallagher Cox, *The Secular City*, Penguin Books, 1968, p. 117.

②　Karel Dobbelaere, *Secularization*, P. I. E. -Peter Lang, 2002, p. 17.

③　Olivier Tschannen, "The Secularization Paradigm: A Systematization", *Journal for the Scientific Study of Religion*, 1991, 30（4）: 395-415.

社会学框架内思考了宗教衰落的经典论题以及由此产生的宗教危机，即外部危机如神学信仰和可信度危机、神学相对化问题的普遍化；内部危机如超自然要素的隐遁和异端的普遍化等。贝格在现代性语境中重新反思了世俗化和多元化的逻辑关系，揭示了两种解释范式的内在联系，作为现代性的共同结果，世俗化和多元化同样是全球现象，具有同等地位。宗教危机的基本过程是世俗化，载体是多元化，而根由则是传统社会似然性结构的崩溃；世俗化使宗教在制度和观念两个层面丧失了影响力；多元化增强了宗教的不确定性，相对化了信仰和价值，但也意味着选择和机会。卢克曼并没有断定宗教在现代社会中必然衰落，而是认为经由制度分化和专门化过程，宗教丧失了公共功能，走向私人化和边缘化，变成了内在的和主观的，"自我表述"和"自我实现"的"无形宗教"成为宗教在现代社会中的主要形式。卢曼（Niklas Luhmann，1927—1998）把帕森斯的功能系统发展成了"自我指涉"的封闭性自体再生系统，这为系统的自主分化提供了可能，由此区分了"区隔分化"、"层级分化"和"功能分化"三种形式，扩展了卢克曼功能理论主题，也回应了迪尔凯姆劳动分工问题，承认世俗化概念所表述的传统学术命题，即宗教制度层面的衰落、宗教社会影响力的丧失和个体宗教信仰的淡化。

世俗化问题萦绕在马丁整个学术生涯，他的学术基点是英国历史社会学传统，也受到迪尔凯姆和韦伯理论观点的影响，他批判性地揭示了"世俗化"概念中的混乱和矛盾，指出了世俗化议题的逻辑和经验缺点，并把对世俗化问题的历史关注与西方宗教社会学的经验考察结合起来，阐释了关于世俗化的一般理论，解释了世俗化论题的复杂性。马丁起先在调查研究的基础上认为现代社会不全是世俗的，世俗化是"反宗教"的意识形态，因而主张把这一概念从社会学词典中剔除出去；但之后又很快回归到世俗化学术视野中，撰写著作归纳了世俗化的主要论题。格里利（Andrew M. Greeley，1928—2013）看到了现代社会世俗化现实，但他否认西方教会宗教性就此终结了，断言宗教重要性还会继续存在，世俗社会与宗教无关。

20世纪60年代和70年代的新兴宗教运动证明了卢克曼的"无形宗教"。威尔逊在现代化理论语境中重申了世俗化论题，世俗化是宗教在现代社会中重要性逐渐减少和影响力逐渐丧失的过程，他研究了世俗化与现代社会结构理性化、社会分化和社会结构化等方面的关系，认为世俗化是宗教潜功能逐渐显现的过程，从而为宗教在现代社会的存在预留了逻辑空间。威尔逊考察了西方教派产生的社会环境以及同俗世和主流宗教之间的张力，解释了教派缘起的救赎论母题，拓宽了教派研究视角，通过比较西方教派和欠发展人群中的新兴宗教运动，威尔逊建构起了基于救赎论母题的独特"反应"类型模式，从而统合了世俗化论题。

世俗化理论内容丰富，但也充满矛盾和争论。多贝雷尔（Karel Dobbelaere，1933—）较早在库恩（Thomas Samual Kuhn，1922—1996）"范式"视角中反思了世俗化理论，并在韦伯社会定义和迪尔凯姆社会事实两大范式框架内整合了有关世俗化的理论解释，主张把世俗化作为社会变迁过程进行多维度分析，探析了宏观普遍化、中观多元化以及微观个体化三个层面的辩证关系。通过聚焦社会分化过程，多贝雷尔把宗教化简到了社会亚系统层面，解释了制度世俗化；认为宗教变迁意味着组织结构和意识观念的变化，是文化适应的结果；他又指出世俗化影响了个体宗教性与个人心理即个人对宗教与其他亚系统之间关系的认识。多贝雷尔回顾了学术界有关世俗化论题的基本观点，认为不同的理论模型关注的是宗教现实的不同侧面，是互补的而不是对立的，因此需要把这些理论反思整合起来。

20世纪60年代和70年代，世俗化讨论尚处在宗教社会学旧范式之内，基本的论题是现代性不可避免地导致了世俗化的发生，或者宗教在现代社会必然走向衰落。进入20世纪80年代以后，新兴宗教的勃兴和传统宗教的复兴促使研究人员对世俗化论题进行了不同视角的检讨、反思和反省。研究人员针对具体宗教现象各自做出了不同解释，当然也引起了对世俗化传统论题的广泛质疑和激烈讨论。最大的学术分歧表现在欧美社会学家对世俗化理论普适性的争论上。在欧洲学者看来，世俗化在欧洲是历史过程的积淀，表达的是宗教社会重要性和个人宗教信仰两个方面长期的衰落，坚持并伸张了世俗化理论；美国学者认为美国是世俗社会，承认个人信仰衰落的事实，但他们注意到的是公共领域尤其是道德场域宗教活动的高涨，因而认为宗教在现代社会的衰落是欧洲学术界建构的一个神话，主张抛弃世俗化理论。所以正如贝格所说，欧洲学者夸大了世俗性，美国学者则夸大了宗教性，美国是世俗化的例外，欧洲则是宗教性的例外，双方都背离了对方的规则和标准，世俗化理论遇见了解释困境。在这种情况下，部分社会学家受到了库恩"范式"概念的启发，开始探求研究宗教的新理论和新方法，其中以理性选择理论（RCT）影响较大。

RCT 试图涵盖历史和现实社会中的所有宗教现象，建构起了宏大的解释框架，通过仔细分析我们可以概括出这一理论的某些基本观点。RCT 规避了迪尔凯姆功能主义的宗教定义和社会结构分析理论，发扬了韦伯理解社会学传统，强调宗教定义中"超自然"要素的普遍性及所体现的人与神之间的理性交换关系；它丢弃了世俗化研究中经常采用的归纳方法，而在演绎框架内建构了理性选择和宗教经济理论；批评了现代性必然导致宗教衰落的世俗化论题，宣称世俗化是宗教自限性地变迁转型，从而断言市场处境中存在多元化宗教供给与活力。RCT 为解释西方宗教提供了一种理想模型，其理论普适性、个体主义视角、工具理性观点、市场分析教条以及自限性世俗化表述受到了学术界的质疑、批评与修正。RCT 是对 20 世纪60 年代以来渐入高潮的世俗化范式的解构与批判，它被看作西方宗教社会学研究范式的重大转变，在 20 世纪 90 年代以及之后的一段时间受到很多学人追捧。

作为一种学术范式，世俗化理论盛行于 20 世纪 60 年代中期到 80 年代中期，相对于社会学经典作家对于世俗化的理解而言，这种高潮期的理论被看作"新经典"理论，代表作家如帕森斯、贝拉、贝格、威尔逊、卢克曼、马丁和费恩等人；但相对于卡萨诺瓦（José Casanova，1951—）、查维斯（Make Chaves，1960）、布鲁斯（Steve Bruce，1954—）、查尔斯·泰勒（Charles Taylor，1931—）等人对世俗化做出的新阐释而言，他们的理论又被看作世俗化理论的"旧范式"。

进入 21 世纪之后，学术界在新时代大背景下对世俗化这一宗教社会学重要议题进行了新的体认，做出了不同解说，但都普遍张扬世俗化已经成为现代化、全球化背景下的必然趋势。卡萨诺瓦规避了现代化学术语境，基于全球化理论视角完善了分析框架，重申世俗化仍旧是有用的解释范式，但历史社会具有宗教/世俗二元性，世俗化是功能分化，更是宗教/世俗二元分离，现代社会既有宗教的衰落和私人化，也存在宗教的复兴和去私人化，都是历史的选择，不具有内在规定性。通过借鉴韦伯宗教组织理论，查维斯把宗教组织区分为权威和机构双重结构，并把宗教权威作为世俗化分析的对象，宗教权威的衰微是内部世俗化的体现，是组织内部权威和机构冲突的结果。布鲁斯立足于宗教组织的认识论和结构框架，提出了理解和解释西方宗教的新范式，世俗化是充满现代性要素并具有地域因果变量的宏大社会历史过程。现代化背景中的世俗化肇始于西方新教改革，后者引起了剧烈的社会和文化变迁，掀开了宗教多元化序幕。布鲁斯用现代性要素充实了世俗化范式，解释了现代化过程对宗教制度、信仰和实践的影响，把世俗化看作复杂的社会过程，是对社会和文化变迁的适应，表现为现代性诸要素之间的因果连接及引起的宗教社会重要性的降低。布鲁斯回顾了世俗化相关理论，进行了跨文化比较研究，通过批评理性选择理论，重申并捍卫了世俗化这一时代主题。查尔斯·泰勒在全球化背景中透视了世俗化，他把世俗性看作社会的本质属性，但被遮蔽和雪藏起来了，有待于经由"世俗化"路径而显露出来，所以他没有否定和抛弃世俗化理论，而且试图根据后者来研究现代社会中的宗教变迁。

　　需要说明的是，世俗化理论自始至终都是在西方文化和学术语境中发展和完善的，资料来源也主要限于欧美宗教历史、实践以及相关研究文献，就此而言，在借鉴其有价值的理论视角和研究方法的同时，需要对其中的资料和观点进行审慎地选择和透彻地批判。就目前国内宗教中国化研究而言，世俗化理论仍然具有重要借鉴价值和意义，国内学术界在20世纪90年代以来也对世俗化论题做出了学术关注，相关的论著译介翔实备至，研究广泛独到，本书不揣愚陋，试图在研读、领会和引用文献的基础上对世俗化理论进行较为系统的分析和介绍。

第一章

自然与理性：宗教衰落的命题

世界历史在 17 世纪发生了关键性转折，世俗化思想在这一时期的社会思潮中有着较为集中的体现，很大程度上，它本身就是对社会大转型的一种时代回应。传统神学受到了日渐进步的自然科学的冲击，人类与宗教之间的距离增大了，关注点回转到了人类自身、自然、社会以及现实政体形态上，崇尚人类自身独具的心智力量和逻辑推理能力，理性成为一切知识的最高标准，并以此为基线重新勾勒了世界想象。在新的认知中，自然最终摆脱了超自然力量而赢得了自主，遵循的是自身固有的法则；自然权利基于人性和自然本性，从而合乎道德，关切的是人与人、人与群体以及人与神之间关系的本质，也就成为社会及政体秩序的最终根据。就宗教观念而言，17—18 世纪的自然神论竭力抛弃天启信仰，转而在万物中寻找到了理性神圣，把上帝解释成了非人格的理性始因或者智慧意志。自然神论者主张用"自然宗教"代替"天启宗教"，他们把信仰限定为人类的心理情绪，认为理性可以指导信仰，因而用理性一神论充实了理性宗教性，"自然神论至少对唯物主义者来说不过是一种摆脱宗教的简便易行、凑合使用的方法罢了"[1]；"自然神论和唯物主义是承认同一个基本原理的两个派别"[2]，就此而言，论者或认为马克思主义是实践的无神论，而自然宗教则常常被当作理性的无神论。但需要批判的是，自然神论者终究没能割舍对宗教的迷恋，他们或者为宗教保留了哲学的位置，或者把宗教暂时悬置了

---

[1] 《马克思恩格斯文集》第 1 卷，人民出版社，2020，第 332 页。

[2] 《马克思恩格斯文集》第 1 卷，人民出版社，2020，第 336 页。

起来；他们虽然反对天启宗教，但不反对所有宗教；他们诋毁非西方的原初宗教，但并不想鄙弃西方宗教。

一 霍布斯自然理性与世俗主权

托马斯·霍布斯（Thomas Hobbes，1588—1679）在近代自然科学成就基础上阐发了机械唯物主义，代表性著作如《法律要义》（*The Elements of Law: Natural and Politic*，1640）、《论公民》（*De Cive*，1642）、《利维坦》（*Leviathan*，1651）、《论物体》（*De Corpore*，1655）、《论人》（*De Homine*，1658）。霍布斯的宗教思想主要围绕君权神授的合理性以及对教会的批判展开。

自然法则理性。霍布斯的哲学思考是从对人类与动物的对照中开始的，在他看来人类和动物与生俱来都具有感觉、想象和记忆等心理活动。但是人类的心理活动不是对外界刺激的简单反应，而是包含了认知、理解、推理等更为复杂而高级的要素，最重要的是人类创造了语言。语言是人类特有的能力，以此为前提条件，单纯的感官反应提升为能动感知，并形成了思想观念；借助于语言概念加深了想象，增进了理解能力，"语言或其他自发符号在人或任何一种有构想能力的动物中所引起的想象通称为理解"[1]；借助于语词组成断言，断言的联合获得了学识，并通过教育、训导和学习积累了关于事实和推理的知识，"学识则是关于结果以及一个事实与另一个事实之间的依存关系的知识"[2]，并最终形成了有关知识记录的历史书写，包括自然历史和人文历史。这些都是人类特有的能力，是人类与其他动物的重要区别，"人类的心灵之光就是清晰的语词……推理就是步伐，学识的增长就是道路，而人类的利益则是目标"[3]。在霍布斯看来，推理是人类优越于其他动物一种天赋能力，可以借助语词演绎出定理法则，但他把推理类比为以语词为基础的术理计算，"当一个人进行推理时，他

---

[1] Thomas Hobbes, "Leviathan", in *Three-Text Edition of Thomas Hobbes's Political Theory, The Elements of Law, De Cive and Leviathan*, Edited by Deborah Baumgold, Cambridge University Press, 2017, p.16.

[2] 霍布斯：《利维坦》，黎思复、黎廷弼译，商务印书馆，2020，第33页。

[3] 霍布斯：《利维坦》，黎思复、黎廷弼译，商务印书馆，2020，第34页。

所做的不过是在心中将各部相加求得一个总和，或是在心中将一个数目减去另一个数目求得一个余数"①，"推理就是一种计算，也就是将公认为标示或表明思想的普通名词所构成的序列相加减"②，推理强调的是从结论到结论的推导过程，而不是结论本身。霍布斯强调的人类的这种推理能力就是启蒙运动大师们竭力标榜的理性，人类能够使用推理，所以他就是理性的动物，所有的人类都被赋予了理性。

需要注意和批判的是，霍布斯在天赋理性的语境中建构起了唯心论的社会观，涉及自然社会观、自然律法观以及社会契约观、信约国家观等方面。霍布斯把一种彼此为害的无政府状态社会作为自然社会观的前提和基础。在这种社会中没有公权、法律、公正和制度；没有产业、组织、艺术和历史，人类在自然欲望和激情的支配下，"互为敌人"，危害别人也接受别人的危害，社会充满竞争、猜忌、欺诈、争斗和暴力。然而自然状态下人类是生而平等的，拥有求利益、求名誉、求安全的自然权利，霍布斯自己也承认自然社会只是一种虚构的社会状态。

人类拥有天赋理性，面对死亡的恐惧和对和平的欲望，理性做出了指令，即"如果和平可得，就寻求和平；如果和平不可得，就寻求保护自己"，这是一条基本的自然法则，因此人们"为了和平和自卫的目的""自愿放弃"了权利，形成了契约。在霍布斯看来理性本身就是自然法则，"除了理性，没有其他自然法则（law of nature）以及自然法（natural law）律令向我们宣示和平的途径、获得和平的地点以及在不能获得和平的地方实施防御的方法"③。而且在所有的自然法则中，理性是最高的法则，也是人类参与社会的基本能力和保证，"人类除非竭力保持正确推理的能力，否则就不能遵守自然法则"④，首要规定是和平，其余规定都是获取和平的工具。

① 霍布斯：《利维坦》，黎思复、黎廷弼译，商务印书馆，2020，第27页。
② 霍布斯：《利维坦》，黎思复、黎廷弼译，商务印书馆，2020，第28页。
③ Thomas Hobbes, "The Elements of Law Natural and Politic", in *Three-Text Edition of Thomas Hobbes's Political Theory*, *The Elements of Law*, *De Cive and Leviathan*, Edited by Deborah Baumgold, Cambridge University Press, 2017, p. 144.
④ Thomas Hobbes, "On the Citizen", in *Three-Text Edition of Thomas Hobbes's Political Theory*, *The Elements of Law*, *De Cive and Leviathan*, Edited by Deborah Baumgold, Cambridge University Press, 2017, p. 181.

霍布斯认为社会与个人是对立的，因而需要依赖具有强制力的契约来约束个人遵循社会利益。除了最基本的理性法则之外，霍布斯把"寻求和平""信守契约"分别看作第一、二位自然律法，从其中又衍生出"履行信约""公平分配""感恩施惠""合群适应""恕宥取和""抑恶扬善""相互尊重""生而平等""谦和谨慎""秉公裁断""公道分享""命分取予""斡旋通行"等派生性律法。可以发现，这些自然法是直指人性欲望的道德约束，是涉及良善和邪恶的道德法则，也是关于美德的道德哲学，"宣示和平的理性是良善，遵循同样的推理，寻求和平的所有必需的方式也都是良善的，因而，谦逊、公平、信任、人道、怜悯（已经证明是和平所必需的）都是良善的方式、习惯即美德。因而，在和平的方式中，法则也指挥着良善的方式，或者实践着美德：因而被称为道德"①，其基本前提是人类天性无别、智力无类和"生而平等"，它们的实现就是契约社会的标志，是正义理性。霍布斯认为所有的法根据创造者可以分为神圣法和人文法，自然法则是道德法则，是一种神圣法。需要批判的是，霍布斯最终把自然法则合理化的根据和最高权威让渡给了所谓的上帝，"习惯上被称为神圣法……因为上帝把理性给予每个人，作为他们的行为准则，理性是自然法则"②，"我们如果认为这些法则是以有权支配万事万物的上帝的话宣布的，那么它们也就可以恰当地被称为法"③，上帝在他笔下成为自然法则的主权者。

人文法是社会中的民法，调节的是人与人之间的权利关系，当然也包括特定宗教仪式、崇拜和教会规则，按照信约建立的政治国家是民法则的主权者，代表了全民人格，保障信约的履行，维护公共和平和安全，拥有权利并承担职责，这个集体就是他笔下的利维坦国家。根据不同的主权者，霍布斯把信约国家分为君主制（个人）、民主制（全体）、贵族制

---

① Thomas Hobbes, "On the Citizen", in *Three-Text Edition of Thomas Hobbes's Political Theory*, *The Elements of Law*, *De Cive and Leviathan*, Edited by Deborah Baumgold, Cambridge University Press, 2017, p.185.

② Thomas Hobbes, "On the Citizen", in *Three-Text Edition of Thomas Hobbes's Political Theory*, *The Elements of Law*, *De Cive and Leviathan*, Edited by Deborah Baumgold, Cambridge University Press, 2017, p.188.

③ 霍布斯：《利维坦》，黎思复、黎廷弼译，商务印书馆，2020，第123页。

（部分）三种形态，另外，在历史中还存在过君主制和贵族制的特例，即僭主政体和寡头政体。受当时政治形势的影响和时代背景的限制，霍布斯把君主制政体看作合理政体，所以他的世俗主权的国家观念表现出了强烈的历史局限性。

自然理性宗教观。霍布斯对宗教的认识是二分的，一方面把西方宗教作为认知推崇的中心，是理性的主权者；另一方面把西方之外的原初宗教贬低为异端邪说，是精神的麻醉剂。

霍布斯从人性论的角度出发，认为忧虑担心、恐惧焦虑和趋利避害是人类普遍的心理状态，宗教正是根源于人类的这些特殊品质中，所以可以说宗教是人类的专利，"神最初是由人类的恐惧创造出来的"①。霍布斯认为多种多样的原始崇拜虽然有人格化神灵，具备了奉祀、祈祷、谢神等仪式，而且通过绘画和偶像进行了形象展示，但都根源于人类的愚蒙、无知和迷信。而在天启宗教传统中，神的基本属性是存在和世界之因，宗教根源于人类的理性追索，作为全能、永存和无限的至上神，"却比较更容易从人类想知道自然物体的原因及其各种不同的性质与作用的欲望中导引出来，而不容易从人们对未来将降临在自己身上的事情的恐惧中导引出来"②，"有一个万物的初始和永恒的原因存在，这就是人们所谓的上帝这一名称的意义"③。

宗教神圣法通过自然理性、天启和奇迹三种方式谕告人类，涉及人类理性、信仰和超自然意识，"理性与激情，是我们自然本性的两个主要部件，一起推进了两种学问，即数学和教理"④。霍布斯认为信仰主要涉及人类的心理情绪，他指出了宗教的超自然要素，但强调普遍法则都属于理性层面；因此以自然法为基础，所谓的上帝主权的根据是自然理性，体现为公平、正义、仁慈、谦卑、节制等道德法则。崇拜体现了自然理性，"是

① 霍布斯：《利维坦》，黎思复、黎廷弼译，商务印书馆，2020，第80页。
② 霍布斯：《利维坦》，黎思复、黎廷弼译，商务印书馆，2020，第80页。
③ 霍布斯：《利维坦》，黎思复、黎廷弼译，商务印书馆，2020，第80页。
④ Thomas Hobbes, "The Epistle Dedicatory", in *The Elements of law Natural and Politic*, Edited with a preface and critical notes by Ferdinand Tönnies, Cambridge University Press, 1928, p. xvii.

对他人的权力与善的内在认识和看法"①，由此在内心产生了爱慕、希望和畏惧三种激情，而在外部则表现为颂扬、夸耀和推崇三种敬拜方式。霍布斯指出人类的崇拜是对基本属性的敬拜，遵循理性准则，在形式上则存在国家层面的公共崇拜和个人层面的私人崇拜，前者根据的是全体理性，后者根据的是私人理性。霍布斯对宗教的认识是历史的，但批判是二分的，因而是不彻底的，既没有否认神的存在、批判宗教的本质，进而触及彻底的无神论；也没有摆脱伦理、道德的束缚，去批评西方宗教的现实基础即教会的腐败堕落，他所做出的只是贬抑原初神灵崇拜和替天主教衰落唱诵挽歌。

世俗主权神圣之国。霍布斯用大量笔墨解析了西方宗教体系笼罩下的政治体制，他深入研究了宗教典籍的篇目、年代、范围、根据和注释家，描述了神权政治体系，构建了一套宗教政治学原理，试图从自然原理中引申出世俗主权的国家权力和臣民义务并解释权利的让渡，这些都充分体现了霍布斯思想的时代局限性。

首先，宗教神圣法既体现了自然法，也包含了世俗法；既体现了理性神圣的意志和超自然启示，体现了自然理性即天赋理性，也包括了国家权力和臣民义务原理，这些都可以用理性来理解，"通过明智而渊博的解释，再加上精心的推理，我们对上帝和人类的义务的知识所必需的一切法则和戒条都很容易从圣经中推论出来，而无须神灵附体或超自然的神感"②。在霍布斯看来作为信仰规则的宗教律法是自然法，"是写在每一个人心中的自然理性的戒条"③，都是理性神圣制定而由世俗主权者规定为法律的，就宗教法典而言，"除开皇帝、君主或其他世俗主权者以外没有人能制定"④。

其次，霍布斯在"主权者"观念下阐释了"圣洁"和"神圣"的含义，强调了世俗主权者的权力。霍布斯认为"圣洁"这个词只能保留给理性神圣，与尘世相对，因理性而圣洁，"就本义说来，由于上帝指定或划

① 霍布斯：《利维坦》，黎思复、黎廷弼译，商务印书馆，2020，第281页。
② 霍布斯：《利维坦》，黎思复、黎廷弼译，商务印书馆，2020，第295页。
③ 霍布斯：《利维坦》，黎思复、黎廷弼译，商务印书馆，2020，第416页。
④ 霍布斯：《利维坦》，黎思复、黎廷弼译，商务印书馆，2020，第435页。

归己用而为圣的事物谓之因上帝而为圣"①。圣洁也可以赋予世俗之国中的国王，因为后者代表的是全民人格，"在上帝的王国中就相应于人在人间的王国中一般所谓的全民的或国王的"②，全民的或者国王的都是圣洁的，"任何一个国家的国王都是全体人民的人格或其全体臣民的代表……服从一个人间主权者的国民便是这一主权者的国民，也就是这个全体人民的人格的国民"③。因此圣洁的含义强调的是"整体性"或"全体性"，指涉的是人格化神圣或国王所拥有的东西。霍布斯也提到了"凡俗"（profane）这个词，把它与"圣洁"和"专享"相对照，与普通相关。同样，只有因公共性才能成为神圣（sacred），只有因公共才能被奉为神圣，如各种圣礼、誓言或诺言，"由于人们用来敬神、奉献给上帝，只用于其公开祭祀中，因而成为神圣的事物，也称为圣洁的，并称为为圣的事物，如神殿、其他公共的祈祷所，其中的用器、祭司、牧师、牺牲、贡物以及圣礼中的其他外在之物等等都是"④。迪尔凯姆后来发展和精致化了霍布斯对神圣的这种理解。

再次，霍布斯把"荣耀的"天国观念还原为"神恩的""神约的"的世俗王国，后者接受神谕，建立在神圣主权基础上，"他们服从这个国家是为了求得一个世俗政府，并且在正义问题上不但管理他们对自己的王——上帝的关系，同时也管理他们彼此之间的相互关系，此外还在平时和战时管理他们对其他国民的关系；正式说来这就是一个王国，其中上帝是国王"⑤。霍布斯强调理性神圣之国是世俗之国，世俗王国是理性神圣的立足之地。

最后，教会是理性神圣的居所，实在化为圣殿、会众、教堂，引申为聚会、集会，且因群体性、公共性而既圣洁又神圣。霍布斯把教会定义为明证"信仰并结合在一个主权者的人格之中的一群人，他们应当在主权者

① 霍布斯：《利维坦》，黎思复、黎廷弼译，商务印书馆，2020，第328页。
② 霍布斯：《利维坦》，黎思复、黎廷弼译，商务印书馆，2020，第327页。
③ 霍布斯：《利维坦》，黎思复、黎廷弼译，商务印书馆，2020，第327页。
④ 霍布斯：《利维坦》，黎思复、黎廷弼译，商务印书馆，2020，第328页。
⑤ 霍布斯：《利维坦》，黎思复、黎廷弼译，商务印书馆，2020，第324页。

的命令下聚会，没有主权者的权力为根据就不应当聚会"①。这里的"主权者"指的就是作为全民人格化的世俗国王，"教会才能当成一个人看待。也就是说，唯有在这种意义下，它才有权具有意志、宣告事项、发布命令、受人服从、制定法律或做出任何其他行为"②。对教会的这种理解反映了霍布斯批判教皇制教会的政治立场，把教会放置在了世俗主权者的权力之下，后者承认与否，区别了"合法"与"非法"教会。教会虽然拥有审判悔罪的权力，有开除教籍逐出会堂的权力，但不能用命令和强制手段实现其目的，只能宣扬教义、教诲和指引信徒，没有制定法律的权力，只能服从既定法律，教导服从。

宗教统治批判。霍布斯揭露并无情地批判了现世"撒旦王国""魔鬼王国""骗子联盟"的黑暗统治，但他从神圣主权的根据、人文主权的现实出发，重申了神权，协调了对神圣主权的信仰和对世俗主权的服从二者的关系。

霍布斯把西方宗教之外的宗教贬低为异端邪教、魔鬼之学和"撒旦王国"，竭力批评原初神灵崇拜、偶像崇拜是迷信幻觉，认为这些都具有麻痹民众反抗精神的作用，"让一般平民在遭受不幸时归咎于祭仪不谨或有误，或是归咎于自身不服从法律，因而不那样倾向于反抗统治者，此外再加上节日的盛大仪式和娱乐以及敬神时举行的公共竞技，于是便只要有饭给人民吃就可以免除人民的不满、抱怨和叛乱"③。他批评鬼怪、妖魔、仙道装腔作势、子虚乌有、自欺欺人；巫师奸猾狡诈、贪婪财富、乐于享受、奢侈渎神、蓄意为恶，失去了智慧、诚笃和仁爱之心，最终声名狼藉，遭到反对和抛弃，"奇迹止则信仰终"，"公道毁则信仰绝"，不幸的是天主教之后也堕落进了同样的窘境。霍布斯批评经院神学混同了太多的希腊哲学，组成了"骗子联盟"，尤其是亚里士多德形而上学部分，后者把物体的抽象本质和实质形式分离了开来，与自然理性形成了冲突；独立本质的错误，动摇了臣民对国家主权者的服从。经院神学不但没有消除迷

---

① 霍布斯：《利维坦》，黎思复、黎廷弼译，商务印书馆，2020，第374页。
② 霍布斯：《利维坦》，黎思复、黎廷弼译，商务印书馆，2020，第373页。
③ 霍布斯：《利维坦》，黎思复、黎廷弼译，商务印书馆，2020，第88页。

信，反而熄灭了人性之光，泯灭了理性，唤起了无知，愚弄人民，宣扬教权凌驾于王权，是虚妄的哲学，最终"因为他们的教士道德败坏使人民动摇了信仰"①，导致了宗教的衰替。

在霍布斯的笔下，以罗马教皇为首"整个的各阶层教士或黑暗的王国就可以恰当地比之于妖魔的王国"，教皇自然就是"妖魔的王"，"教皇之位不过是已死亡的罗马帝国的鬼魂戴着皇冠坐在帝国的坟墓上"②，他批评教皇把教会滥用为神圣之国而总代治之，与世俗权力分庭抗礼，"非但可以管辖自己的臣民，而且可以管辖全世界所有的基督徒"③，这是不合理的，也是没有根据的。因而他拒绝承认教皇一统天下的神权政治，认为现实中不存在统一的宗教国家，"它之所以被称为世俗国家，是因为组成者是人，它之所以被称为教会，是因为其臣民是基督徒。世界上有世俗政府和性灵政府只不过是为了使人眼花缭乱、认不清其合法主权者而搞出来的两个名词而已。……在今世之中，除了世俗政府之外，既没有国家的、也没有宗教的政府"④。

霍布斯对意大利枢机主教贝拉明（Robert Bellarmine，1542—1621）的护教思想进行了批判，指出教皇不是全体信徒的世俗主权者，因此没有立法权、审断权、惩办权和审判权，只有宣教权力，但宣教的辖区是由国王授予的，其根据不是神权而是世俗主权，在辖区以外没有宣教权，而且"当教皇的命令违反一个人的合法主权者的命令时，服从教皇就是不义了"⑤。立法是世俗主权者的职责所在，他的"命令就是法律，在他之外如果还有人能制定法律，那么整个国家以及整个和平和正义便必然会归于毁灭，这种情形跟一切神的法律以及人的法律都是背道而驰"⑥。教皇的教谕不能替代法律，教权也不是主权，不能施以强制和惩罚，只能依赖教义劝说使人信服；无法通过刑罚和威胁剥夺信仰。

---

① 霍布斯：《利维坦》，黎思复、黎廷弼译，商务印书馆，2020，第91页。
② 霍布斯：《利维坦》，黎思复、黎廷弼译，商务印书馆，2020，第567页。
③ 霍布斯：《利维坦》，黎思复、黎廷弼译，商务印书馆，2020，第413页。
④ 霍布斯：《利维坦》，黎思复、黎廷弼译，商务印书馆，2020，第374页。
⑤ 霍布斯：《利维坦》，黎思复、黎廷弼译，商务印书馆，2020，第453页。
⑥ 霍布斯：《利维坦》，黎思复、黎廷弼译，商务印书馆，2020，第460页。

霍布斯把主教座堂比作妖魔城堡。主教来自希腊文，指事务监督或监管者，它与教长、长老和博士都是同一职位不同时代的称谓。霍布斯认为主教的职责在于传教，负有服事之责而没有统辖会众的权力。他批评主教把自己看作代治者，权力不是来自神圣和世俗主权而是来自教皇，依附教皇获得了豁免权，不负担义务和接受惩罚；主教擅取了祭司权、王位继承审定权、异教裁定权以及通过垄断炼狱、外功折罪和赦罪符发财；甚至为了利益而发动内战。

霍布斯把教士比作魔鬼的神父，把教会大学看作魔法的洞窟，教士用形而上学、奇迹、传说和篡改了的《圣经》蛊惑人的理智，"妖魔鬼怪待在黑暗的地方、荒僻的地方和墓地里。教士则在阴暗的教义里面、在修道院中、教会和教皇墓地中行走"①，教士敛财好比妖魔偷吃奶油皮，"制造出这种宗教中的黑暗的人便是罗马教会和长老会的教士"②，"于是当以后各届教皇插足到一切基督教主权者的宝座中来、任意蹂躏凌虐他们和他们臣民时，充当了为他们执鞭坠镫的人"③。

霍布斯认为神权、君权和教权是有区别的，君权和教权同样根据的是神权，从而否定了教皇的权力，君权是现实的主权者，人们生活在世俗之国中，遵循自然本性法则。霍布斯否定了教权和教皇之国，悬置了神权和上帝之国，强调了君权和世俗之国。他竭力称颂君主制世俗主权的合理性，论证英国主教根据神权而不是教权取得了职权，并一再强调最高教权应该属于国王，从而对教皇权力提出了挑战，"因为从事任何旨在推翻现存政府的事情都是既违反自然法，又违反明文载定的神律的"④。霍布斯认为什一税、贡物应该由世俗权力规定，教士收入由信徒乐捐，他批评部分主教利用信徒乐捐积聚财富，生活奢侈，脱离了信众，引起了权位争夺，"在罗马皇帝和世俗主权者没有制定法律来规定教士的供给以前，便没有别的而只有慈善捐款"⑤。世俗主权者有权选任教士，因为信众是他的臣

---

① 霍布斯：《利维坦》，黎思复、黎廷弼译，商务印书馆，2020，第 568 页。
② 霍布斯：《利维坦》，黎思复、黎廷弼译，商务印书馆，2020，第 562 页。
③ 霍布斯：《利维坦》，黎思复、黎廷弼译，商务印书馆，2020，第 565 页。
④ 霍布斯：《利维坦》，黎思复、黎廷弼译，商务印书馆，2020，第 444—445 页。
⑤ 霍布斯：《利维坦》，黎思复、黎廷弼译，商务印书馆，2020，第 435 页。

民，所以"所有其他教士的传道、教诲和有关教士职位的其他一切职权，都是从世俗主权者那里得来的，他们不过是他的下属"①，"除开最高的教士以外，所有其他教士都是根据世俗主权者的权柄执行职务，也就是根据俗权执行其职务。但国王和一切其他主权者则是根据直接来自上帝的权柄执行其最高教士的职务，也就根据神权执行其职务"②。世俗主权者是臣民的最高教长，拥有传道权、施洗权、圣餐权，祀奉上帝，集中了政教权力，将国民和教民混为一体。霍布斯有意降低但有所保留地承认教皇的权位，世俗主权者可以把管理宗教事务的权力让渡给教皇、大教士或者教士会议，但前提是教皇要从属于国王，"在他人的领土内根据世俗主权者的世俗权执行这一职务，而不是根据神权执行的"，并要求为其规定法律，这样做"是出于自己的真挚良心，唯有上帝才是这种良心的判断者"③。霍布斯自诩自己的学说依据的是自然理性，关注的是事实问题或者公理，是基于理性的推理，"有利于和平与忠君爱国之心"，"我把主权者的世俗权力，以及臣民的义务与权利，都建筑在众所周知的人类天赋倾向与各条自然法之上，凡是自以为理智足以管理家务的人都不能不知道"④。

二 洛克经验理性与宗教宽容

洛克（John Locke，1632—1704）是经验主义哲学家，被认为是最具影响力的启蒙思想家。洛克是自然神论者，他的著作如《论宗教宽容》（*A Letter Concerning Toleration*，1689）、《政府论》（*Two Treatises of Civil Government*，1689，1690）、《人类理解论》（*An Essay Concerning Human Understanding*，1690）、《基督教的合理性》（*The Reasonableness of Christianity，as Delivered in the Scriptures*，1695）、《基督教合理性辩护》（*A Vindication of the Reasonableness of Christianity*，1695）等，为人熟知的《自然法论文集》（*Essays on the Law of Nature*，1954）是当代学者莱登（W. von Leyden）编

---

① 霍布斯：《利维坦》，黎思复、黎廷弼译，商务印书馆，2020，第 437 页。
② 霍布斯：《利维坦》，黎思复、黎廷弼译，商务印书馆，2020，第 438 页。
③ 霍布斯：《利维坦》，黎思复、黎廷弼译，商务印书馆，2020，第 443 页。
④ 霍布斯：《利维坦》，黎思复、黎廷弼译，商务印书馆，2020，第 578 页。

辑洛克早期关于自然法思想的几篇论文并撰写导言结集而成的。

经验理性认识论。洛克是一位经验主义者，他把感觉经验和理性看作人类两种基本的认知能力，是天赋的自然本性。其中理性是人类特有的推理官能，它的作用是发现并解证由自然官能获得的一系列观念中蕴含的联系，"发现出人心由各观念所演绎出的各种命题或真理的确实性或概然性"[①]。感觉经验和理性是相互作用和共同促进的，"感觉给予理性以特定的感官对象的概念，并提供出论证的素材"；"理性引导着感官功能，同时也安排着源于感官认知的事物的印象，以此形成其他的甚或构成新的事物"[②]。同时洛克又赋予理性以道德含义和价值意义，"关于理性，我不认为它在此是形成思想链和进行演绎证明的认知能力，而是产生诸美德的某种确定的行动原则，对于正当的道德行为模式总是必要的"[③]。

洛克否认各种观念是与生俱来的，批驳了"天赋观念"，而把观念看作感觉和反省的结果，包括物质观念和精神观念。观念来自"经验"，是对外部事物的感知和对内部心理活动的反省，"外界的物质东西，是感觉的对象，自己的心理作用是反省的对象"，是理性和知识在心理"白板"上的刻画。由感觉产生了简单观念如空间、广袤、形相、静止和运动等；反省是人类对于感觉观念的心理活动，"它所供给的观念，只是人心在反省自己内面的活动时所得到的"[④]，"在反省自己时，在观察自己对那些观念所发生的作用时，便又会从内面得到别的观念，而且那些观念亦一样可以为它的思维对象，正如它从外面所接受的那些观念似的"[⑤]，如记忆、分辨、判断、知识以及"知觉、思想、怀疑、信仰、推论、认识、意欲"等人心的一切作用。[⑥] 快乐、喜悦和痛苦、不快以及能力、存在、单位等观念是感觉和反省作用的叠加。简单观念在人心作用下经由复合、并列和抽象，联合成复杂的集合体，在洛克看来，复杂观念可以分为情状、实体和

---

① 洛克：《人类理解论》，关文运译，商务印书馆，2019，第 742 页。
② 洛克：《自然法论文集》，李季璇译，商务印书馆，2014，第 27 页。
③ 洛克：《自然法论文集》，李季璇译，商务印书馆，2014，第 4 页。
④ 洛克：《人类理解论》，关文运译，商务印书馆，2019，第 75 页。
⑤ 洛克：《人类理解论》，关文运译，商务印书馆，2019，第 99 页。
⑥ 洛克：《人类理解论》，关文运译，商务印书馆，2019，第 74 页。

关系三大类，其中实体表示的是独立自存的特殊事物，情状则是实体的性质或附性。

洛克认为由感官和反思即所谓"知"的途径进而借助由观念到观念的心理活动即推理间接发现观念之间的契合与相违，这就是人类的知识过程，"所谓知识，就是人心对两个观念的契合或矛盾所生的一种知觉……只是人心对任何观念间的联络和契合，或矛盾和相违而生的一种知觉"①。知识涉及四方面的内容，即同一性或差异性、关系、共存或必然联系以及实在的存在；天赋知识、传统、感觉经验以及超自然神启是四种不同类型的知识。然而洛克认为人类理性无法直接把握知识，而只能阐释和完善知识，面对知识，"理性本身所具有的那种强大的演绎论证能力的确会一无所获"②。

洛克是唯名论、怀疑论者，进而又陷入了不可知论境地。首先，洛克认为人类对于物种的本质是一无所知的，而且最终是不可能晓达的，所以"能界说物种的不是实在的本质"③；同样形式也不能界定物种。那么在洛克看来，物种只有依靠名称才能区分开来，但名称观念来自人心的造作，因而"物种的本质是由人心所形成的"④，但他指出这种本质只是物种名义本质而非实在本质，"各种自然实体所以分种别类，只是依据于人心所造作的名义的本质，并不在于事物本身中实在的本质"⑤。

其次，人类对于物的感觉观念是不完备的，不能达到确知性和解证，"不过要说到自然物体（且不说精神的实有）方面的完备科学，则我相信，我们完全没有此种能力，因此，我敢断言，我们如果妄想来追求它，那只有白费心力罢了"⑥。进而言之，人类理性的认识能力是有限的，对事物永远不会达到真理认识的程度，"这在自然的物体方面，就阻止我们认知普遍的真理，而且我们的理性在这方面亦并不能使我们超出于特殊的事实而

---

① 洛克：《人类理解论》，关文运译，商务印书馆，2019，第 555 页。
② 洛克：《自然法论文集》，李季璇译，商务印书馆，2014，第 14 页。
③ 洛克：《人类理解论》，关文运译，商务印书馆，2019，第 461 页。
④ 洛克：《人类理解论》，关文运译，商务印书馆，2019，第 471 页。
⑤ 洛克：《人类理解论》，关文运译，商务印书馆，2019，第 463 页。
⑥ 洛克：《人类理解论》，关文运译，商务印书馆，2019，第 595 页。

外"，自然而然，洛克的最后的结论是，"我们就没有物体的科学"，"科学的知识终究是可望而不可即的"①。

最后，人类对于精神世界的认识主要是反省，但因为这个精神世界比物质世界更为广大，人类知识能力在它面前可以用"无知"来表达，缺乏关于精神世界的清晰观念。无知是一个巨大帷幕，遮蔽了需要理性认识的精神世界，"这个世界比物质世界是更大的，而且亦确乎是更美丽的，可是我们对它更无所知，更不认识，而且我们对精神的各种等级和种类，亦并不能形成一些清晰的观念"②。具体到宗教的神灵观念，人类的认识更显得无力，"只能借反省自己的精神，发生少数肤浅的观念……对一切事物（包括神灵、人类和万物）的永久超越的造物主，所能有的最好的观念，亦是由自己反省自己的精神来的"③，因此神灵观念来自人类心灵活动。

理性和信仰。上帝观念是人类理性的反照，是人心的反省。洛克依据人类学资料说明"上帝"观念不是天赋的，不同民族和文明中普遍存在无神论、多神信仰，而且各有不同的上帝观念，"人类对上帝所有的知识虽是由人类理性最自然地所发现的，可是上帝这一观念仍不是天赋的"④，既然上帝的观念不是天赋的，那么其他的观念就更不配称为天赋的了。洛克进而指出人类对于上帝的观念属于精神的范畴，是简单的反省观念组合放大的结果，"我们对于上帝和有限精神所形成的复杂观念，亦是由反省所提供的一些简单观念所形成的"，"在我们企图对于崇高的主宰，形成最恰当的观念时，我们便以无限观念把这些观念各个都加以放大，因此，把它们加在一块儿以后，就成了我们的复杂的上帝观念"⑤；上帝是一个复杂观念，"是由无限性和我们的存在观念、能力观念、知识观念等所集合而成的"⑥。

首先，关于实体的上帝观念。洛克把实体观念分为三类，即上帝、精

---

① 洛克：《人类理解论》，关文运译，商务印书馆，2019，第591页。
② 洛克：《人类理解论》，关文运译，商务印书馆，2019，第592页。
③ 洛克：《人类理解论》，关文运译，商务印书馆，2019，第592页。
④ 洛克：《人类理解论》，关文运译，商务印书馆，2019，第63页。
⑤ 洛克：《人类理解论》，关文运译，商务印书馆，2019，第309页。
⑥ 洛克：《人类理解论》，关文运译，商务印书馆，2019，第310页。

神和物体。作为实体，上帝是独立存在的特殊事物，人类无法获知其存在方式和情状，但上帝具有人格，"所谓人格就是有思想、有智慧的一种东西，它有理性、能反省，并且能在异时异地认自己是自己，是同一的能思维的东西"①。然而关于上帝的人格，洛克又一次陷于了唯名论，因为在他看来上帝人格的同一性成立于人类意识的同一性，而不在于上帝这一特殊实体的同一性，也就是说，这个同一性只存于人心中。洛克承认上帝观念是共相的存在，比起其他神灵，上帝在人类观念中是有"共相"的，是清晰的，似乎是唯实的，这是"因为我们所给予上帝的'绵延'和别的观念都是无限的，而所给予别的神祇者，则都是有限的"②。可以看出，这种所谓的共相也只是人心中的共相，是来自人心的反省：

> 因为人心所给予各神祇的那些简单观念，既是因为它反省自己的动作而形成的，因此，它所以有神祇观念，一定只是因为它把自身所有的那些动作，给予某种非物质的东西。……我们如果在反省内心时，得到"存在""知识""权力""快乐"等观念，而且我们又以为这些观念有甚于无，多甚于少，则我们会把这些观念结合起来，并且各个赋予以无限性，使我们得到一个永久、偏在、全能、全智、洪福的上帝的复杂观念。③

其次，关于存在的上帝观念。上帝不是天赋观念，而是理性反照和心理反省，因而上帝确是存在的，"上帝之必存在，正如两直线相交所夹的对顶角是必然相等的一样"④，而且人类能够依靠感觉、知觉和理性确知和认识上帝的存在，即通过感官感知，"然后人类那特有的理性和演绎论证能力促使其趋向于它们的缔造者的观念"，"最后，理性和演绎论证能力得出并确立起为自身认可的结论：所有这些事物的缔造者是神"⑤；"我们的

① 洛克：《人类理解论》，关文运译，商务印书馆，2019，第 334 页。
② 洛克：《人类理解论》，关文运译，商务印书馆，2019，第 464 页。
③ 洛克：《人类理解论》，关文运译，商务印书馆，2019，第 463 页。
④ 洛克：《人类理解论》，关文运译，商务印书馆，2019，第 62 页。
⑤ 洛克：《自然法论文集》，李季璇译，商务印书馆，2014，第 18 页。

理性就使我们知道这个明显而确定的真理，就是有一位悠久的、全能的、全知的主宰。这位主宰，人们叫做上帝与否，都无关系"①。在洛克看来，有关存在的知识分为三个层面，凭借直觉可以认识自己的存在；凭借解证可以认识上帝的存在，凭借感觉可以认识事物的存在，但在洛克笔下，上帝这个存在是人心造作的，是唯名的，因而是知性的而不是物质的，"我们已经证明，我们是不能不承认有一个悠久而有知性的上帝的。思想和物质既然可以分开，则物质的悠久存在，并不能跟着有知性的神明的悠久存在而来"②。

再次，关于解证的上帝观念。上帝是必然的存在，这是一种解证的知识，由此而演绎出关于上帝的一切"共相"属性，上帝是"全能的""无限的""悠久的""智慧的""至善的""伟大的""崇高的""无敌的""慈悲的"等，"因为有了上帝，我们才能说，后来开始存在的一切其他含灵之物，都是依靠于他的，而且他们的知识的途径或能力的范围，亦不出于他所给予他们的。有了上帝，我们才能说，他不但造了这些东西，而且他还造了宇宙中别的次美的东西——一切无生物——来证成，来建立他的全知、全能和意旨，以及其他一切品德"③。

又次，关于自然立法者的上帝。上帝是世界的主宰，是神圣立法者，无所不在。洛克理解的上帝有别于迷信时代的天启上帝，后者是靠神迹来显明的，"现在则以确定的自然律将自身呈现于人类面前，我设想没有人会否认上帝存在，只要他意识到，这或是对生活的某种理性考量的需要，或是总有某种东西应被称为善或恶的需要"④。上帝成了"自然（本性）法则"的体现，后者不是先赋予人心的，而是永恒的、普遍的，"在人类自身之外，有一个更为强大和智慧的原因，他根据自身的意志创造了我们，看顾着我们，也令我们朽去"⑤。在他的笔下，自然法是神圣意志的律令，是物质世界的完美规律，是群体社会的完善准则，是人类理性之光和

① 洛克：《人类理解论》，关文运译，商务印书馆，2019，第664页。
② 洛克：《人类理解论》，关文运译，商务印书馆，2019，第670页。
③ 洛克：《人类理解论》，关文运译，商务印书馆，2019，第669页。
④ 洛克：《自然法论文集》，李季璇译，商务印书馆，2014，第3页。
⑤ 洛克：《自然法论文集》，李季璇译，商务印书馆，2014，第31页。

道德法则。自然法能够为人类感官和理性感知、发现和揭示，但他指出自然法虽然能够被人类充分认知，但并非来自理性，理性只是解释者。

最后，关于理性与信仰。洛克把理性看作天赋予人类的自然本性法则，"人类是依凭其本性而非其他途径认识了自然法"，"本性"即"自然赋予人类的内在之光"①。但是由于理性之光经常受到人类无知、迷信的遮蔽，信仰才显出其重要性，"我承认所有人都有自然赋予的理性，自然法也能经由理性被认识，但并不是任何人都必然能认识它。因为有些人并未运用自身的理性之光而宁愿身处黑暗之中，不希求向自己显明其本性"②，就此而言，信仰在洛克的认识中成了人类的理性选择。

信仰是对天启命题的认同，而启示是信仰的唯一对象，"这里的命题不是由理性演绎出的，而是以特殊的传达方法由上帝来的。这种向人暴露真理的途径，就叫做启示"③。但在洛克看来，理性和信仰不是对立的，可以依照理性指导信仰，运用理性赞同信仰，而启示如果违背理性就不能获信，"任何命题只要和我们的明白的直觉的知识相冲突，则我们便不能把它作为神圣的启示"④。洛克为此专门研读了宗教经籍，勾画了一种道德化的虔敬而简约的宗教神学，"我所知道的神学体系，绝大多数不能令人满意，也少有连贯一致的"，信仰的意义更在于德性的和高贵的生活，"这样的一种道德实体，其是自然的法则，出自理性原则，教授了所有的生活之责"⑤；"品德如今显然就是最有价值的商品，而且在很大程度上也是最赚钱的买卖"；他强调遵守律法可以获得永生，确立信仰并悔改、虔敬才能获救，自然理性之光照亮了救赎之路，"凭借理性之光……人类中闪耀着神圣自然和知识的火花，使人类成为人类，向人类表明了法则"⑥。休谟在

---

① 洛克：《自然法论文集》，李季璇译，商务印书馆，2014，第 12 页。
② 洛克：《自然法论文集》，李季璇译，商务印书馆，2014，第 7 页。
③ 洛克：《人类理解论》，关文运译，商务印书馆，2019，第 742 页。
④ 洛克：《人类理解论》，关文运译，商务印书馆，2019，第 745 页。
⑤ John Locke, "The Reasonableness of Christianity as Delivered in the Scriptures", in *The Works of John Locke*, Volume the Sixth in Nine Volumes, The Twelfth Edition, C. Baldwin, Printer, 1824, p. 141.
⑥ John Locke, "The Reasonableness of Christianity as Delivered in the Scriptures", in *The Works of John Locke*, Volume the Sixth in Nine Volumes, The Twelfth Edition, C. Baldwin, Printer, 1824, p. 133.

评论洛克时说，"洛克似乎是第一个基督教徒，敢于公开地主张信仰无非是理性的一种，宗教只是哲学的一支，以及要发现一切自然神学和天启神学的原理"①。

宗教宽容与政教分离。 在洛克看来，国家是政治社会的最高形态，有民主政制、寡头政制、君主政制以及世袭君主制和选任君主制等形式。他蔑视绝对权力和绝对君主制，批驳了君权神授和把绝对君主权力溯源于父母威权特别是父权的观点，尤其批判了罗伯特·菲尔麦（Robert Filmer，1588—1653）为君权神授和王位世袭提出的辩护，"不独是亚当，就连后继的先祖们，依据作为父亲的权利，对他们的子孙也享有王权"②；"儿子对他们的父亲的从属是一切王权的根源"，"世界上的一切权力或是从父权派生，或是篡夺父权而来，此外再也找不出任何权力的其他起源"③；"最高的权力是落在父亲的身份上，并且只限于一种形式的政府，这就是君主制"④。君权根据与原则基础是父权，它"除了把世界上一切合法的政府推翻、摧毁，并代之以动乱、专制和篡夺以外，是没有任何别的用处的"⑤。

洛克主张的宗教宽容包括教派之间相互平等、政治一视同仁对待宗教两方面内容，涉及教派关系和政教关系的基本方面。首先，信仰是个人出自内心的赞同和坚信，信徒身份不受出身限制，有选择教会的自由，而且个人不能因宗教信仰而被剥夺公民权，"无论是谁，都不应当因为他的宗教信仰而被剥夺他今生的世俗享乐"⑥。其次，教会是人们自愿、自发结合的信仰团体，不应涉入世俗事务，不能剥夺世俗财产，不得行使强迫、强制甚至暴力侵害公民权利，但教会拥有驱逐和革除信徒教籍的权力；教会间相互和睦、平等、友好；宗教、教派和教会之间的地位是平等的，相互宽容，"所有教会均有责任将宽容作为自己自由的基础……它同样属于持不同意见者和人们自己；在宗教问题上，任何人不应受到法律或暴力的强

---

① 休谟：《自然宗教对话录》，陈修斋、曹棉之译，商务印书馆，1996，第12页。
② 洛克：《政府论（上篇）》，瞿菊农、叶启芳译，商务印书馆，2019，第6页。
③ 洛克：《政府论（上篇）》，瞿菊农、叶启芳译，商务印书馆，2019，第62页。
④ 洛克：《政府论（上篇）》，瞿菊农、叶启芳译，商务印书馆，2019，第36页。
⑤ 洛克：《政府论（上篇）》，瞿菊农、叶启芳译，商务印书馆，2019，第61页。
⑥ 洛克：《论宗教宽容》，吴云贵译，商务印书馆，1982，第29—30页。

迫"①。再次，洛克认为教会和政府之间的差异如同天壤之别，二者之间不能相互授权，由此表述了政教分离原则，"教会与国家互相有别并绝对分离，他们之间的界限是明确不变的"②；"必须严格区分公民政府的事务与宗教事务，并正确规定二者之间的界限"③。宗教属于内心的精神信仰，不应受到外部要素的诱导、驱使、强制和胁迫，"真正的宗教的全部生命和动力，只在于内在的心灵里的确信，没有这种确信，信仰就不成其为信仰"④，世俗政府无权干涉灵魂救赎等宗教信仰事务，不能规准信仰和礼拜，不要限制和管理教会。教会的权威仅限于信仰，"无论是由一个人行使，还是由许多人共同行使，在各地都是一样的；它在民事方面没有管辖权，也没有任何形式的强制权，它与财富和税收都完全无关"⑤。

洛克承认政府与教会存在历史、文化以及法律等事实联系，因此反对绝对的政教分立，"凡属在国家里合法的东西，官长便不能在教会中加以禁止。凡属许可臣民日常使用的东西他都不能、也不应禁止任何教派的人们将其用于宗教目的"⑥。政府不得以维护公共利益为借口，滥用职权，压制教会，但是教会也要遵守世俗法律，"如果某些东西在通常使用时，由于影响共同的利益而为法律所禁止，则在教会的神圣仪式中也不应被许可"⑦。政府不能以法律形式向教会强加或者禁止信条，"因为不论人们信奉的是纯正的宗教还是伪教，都不妨害其臣民的世俗利益——而这些利益是唯一属于由国家掌管的事情"⑧；另外，个人、教会和政府"谁都没有正当的权利以宗教的名义而侵犯他人的公民权和世俗利益"⑨，即危害公共利益、压迫虐待、干预政治、鼓动骚乱、制造叛乱和煽动战争等行为。

洛克把法律分为神法、民法和舆论法，神法是神圣法律，以罪孽和职

---

① 洛克：《论宗教宽容》，吴云贵译，商务印书馆，1982，第 42 页。
② 洛克：《论宗教宽容》，吴云贵译，商务印书馆，1982，第 15—16 页。
③ 洛克：《论宗教宽容》，吴云贵译，商务印书馆，1982，第 5 页。
④ 洛克：《论宗教宽容》，吴云贵译，商务印书馆，1982，第 6 页。
⑤ 洛克：《论宗教宽容》，吴云贵译，商务印书馆，1982，第 45 页。
⑥ 洛克：《论宗教宽容》，吴云贵译，商务印书馆，1982，第 29 页。
⑦ 洛克：《论宗教宽容》，吴云贵译，商务印书馆，1982，第 29 页。
⑧ 洛克：《论宗教宽容》，吴云贵译，商务印书馆，1982，第 38 页。
⑨ 洛克：《论宗教宽容》，吴云贵译，商务印书馆，1982，第 15 页。

责、幸福或苦难判断规约人们行动；民法是国家制定的政治社会法律，以罪罚尺度控制公民行为；舆论法是风尚法律，以伦理道德为标准。洛克承认法律和宗教具有一致的社会价值目标，宗教不是要去瓦解社会，法律也不允许违背社会规则和道德准则。因此法律应该禁止以宗教为借口践踏公民权利，夺取财物，谋取权力，叛变政府甚至投敌卖国。

洛克还强烈批判了宗教迫害、教派纷争和宗教狂热，尤其指责狂热者自身虚伪自私、愚盲放荡、懒惰贪婪；对待权力野心暴力，内讧争斗，党同伐异；对待他人迷魅无情，酷虐掠夺。

> 我要向那些以宗教为口实，迫害、折磨、屠杀和毁灭他人的人的良心呼吁：他们这样做，是出于对他人的友善和仁慈吗？我以为，只有在下述情况下，我才确实相信他们是那样的，这就是说，只有当我能够看到，这些狂热者以同样的方式来匡正其熟人和朋友所犯下的显然违背福音书训谕的罪恶；当我能够看到，他们用火与剑来惩罚那些以大罪玷污他们自己教会，而且若不悔改，便有永遭沉沦危险的同宗教友们；当我能够看到，他们当真用苦刑和一切残酷手段来表示其爱心和救人灵魂的愿望的时候。①

需要指出的是，洛克的思想打上了时代的烙印，他虽然主张宽容异见，但他推崇正统教会，谴责因意见分歧而产生的异端和因礼拜宗规差异而造成的宗派分立；尽管在洛克看来上帝是理性的反照，但也为它留置了崇高的地位，谴责无神论者摈弃了上帝，背弃契约和誓言，破坏和毁灭了宗教，甚至叫嚣"那些否认上帝存在的人，是根本谈不上被宽容的"②；洛克并不反对现实的王权，认为个人首先是臣民然后才是信徒，法律应该禁止宣扬罢黜君王的反叛行为，对于他的这些观点都需要做出批判的体认。

----

① 洛克：《论宗教宽容》，吴云贵译，商务印书馆，1982，第 2 页。
② 洛克：《论宗教宽容》，吴云贵译，商务印书馆，1982，第 41 页。

三　休谟怀疑主义与宗教论证

休谟（David Hume，1711—1776），英国历史学家、经验主义哲学家，欧洲近代不可知论的主要代表，主要著作如《人性论》（*A Treatise of Human Nature*，1739—1740）、《道德和政治论文集》（*Essays Moral and Political*，1741—1742）、《人类理解研究》（*An Enquiry Concerning Human Understanding*，1748）、《英国史》（*The History of England*，1754—1762）、《宗教的自然史》（*The Natural History of Religion*，1757）以及《自然宗教对话录》（*Dialogues Concerning Natural Religion*，1779）等。休谟分别从形而上理性论证、验证论以及怀疑论角度，思考了"宗教在理性中的基础问题和宗教在人的本性中的起源问题"[①]，所有问题的终结点是道德问题及其论证。

怀疑主义。休谟相信智性是人性倾向，他从研究人类理解和考察人性的各种能力和官能开始，关注了日常生活经验，伸张了道德信念，但他以道德为终点的哲学理念，表现了对理性的怀疑和对经验的不自信。

休谟坚持经验是知识的源泉，"一切自然法则和物体的一切作用，无例外的，都只是借经验才为我们所知晓的"[②]。与理性相比，感觉经验更稳固、更确然，同自然法则更契合，"使人类证据得到权威的，只有经验，但是同一经验又使我们相信自然法则"[③]。人们的观念全部以经验为基础，由感情或感觉得来，观念之间经由相似、接近和因果关系联络起来，组成复杂观念，形成思想，"思想中的一切材料都是由外部的或内部的感觉来的"[④]；经验越多，理性越强，思想则是无限自由的。也正因为如此，休谟主张哲学应该规避对诸如第一因和世界起源等高远问题的探求，而把范围局限在日常生活实践和感觉经验中，"我们的问题如果只涉及日常生活和经验中的任何题目，那我们正可以想，多年以来所以使人们的争论未曾解

---

① 休谟：《宗教的自然史》，曾晓平译，商务印书馆，2014，第1页。
② 休谟：《人类理解研究》，关文运译，商务印书馆，2020，第32页。
③ 休谟：《人类理解研究》，关文运译，商务印书馆，2020，第127页。
④ 休谟：《人类理解研究》，关文运译，商务印书馆，2020，第23页。

决的，没有别的，只有一些含糊的词句，因为那些词句到现在仍然使各反对者不能接近，并且阻止他们，使他们不能互相了解"①；"哲学的结论也并不是别的，只是系统化的修正过的日常生活的反省"②。但休谟也指出，人类官能是不完善的，经验感觉范围是狭窄的，作用是脆弱有限的，所以本身是"虚妄和错误"的，没有客观内容，因而他只承认心理知觉，对真实存在持不可知态度。

休谟认为人和动物都具有不同程度的推理能力，但动物只是依赖直接感官刺激凭经验做出习惯性反应，而不是建立在论证或推理过程上的推断。只有人类的推理可称为理性，理性是前提，推理就成为必然，"人类理性所极意努力的，只是借比类、经验和观察，实行推论，把能产生自然现象的各种原则，归于较简易的地步，并且把许多特殊的结果还原于少数概括的原因"③，但是概括原因的原因即最后的原因和原则，这是不可能做到的。休谟把推理即理性及其对象分为两类，即解证（demonstrative reasoning）和道理（moral reasoning），也即证明推理和道德推理，前者涉及各种观念之间的关系，后者涉及事实或存在，他的看法是，相似的原因无法期望相似的结果，而相似的结果也不必然具有相似的原因。

事实本身是明确的、清晰的，不含矛盾，推理的根据自然是经验，"对人类的生活来说，与源自人们的证据以及目击者和旁观者的报告相比，没有哪种推理是更普遍、更有用和更必需的了"④。但在休谟看来，关于事实的推理仅仅止于经验，其他便不可知了，不能做出自负的解答，否则会陷入一切经验结论都是建立在"未来切合于过去"的假设的循环论证上。⑤有关事实推理的基础是因果关系，休谟概括说，"各种物象之间并没有可

---

① 休谟：《人类理解研究》，关文运译，商务印书馆，2020，第83页。
② 休谟：《人类理解研究》，关文运译，商务印书馆，2020，第160页。
③ 休谟：《人类理解研究》，关文运译，商务印书馆，2020，第34页。
④ David Hume, "An Enquiry Concerning Human Understanding", in *The Philosophical Works of David Hume*, Vol. Ⅳ (in four volumes), Printed for Adam Black and William Tait; and Chaeles Tait, 63, Fleet Street, London, 1826, p.130.
⑤ David Hume, "An Enquiry Concerning Human Understanding", in *The Philosophical Works of David Hume*, Vol. Ⅳ (in four volumes), Printed for Adam Black and William Tait; and Chaeles Tait, 63, Fleet Street, London, 1826, p.44.

以发现出的联系，而且我们由此及彼的一切推测，都只是建立在我们所经验到的它们的恒常而有规则的会合上"①。他所言的"联系"指的是因果关系，理性必须在经验的基础上寻找、推论出其中的因果关系，"因果之被人发现不是凭借于理性，乃是凭借于经验"②。在他看来，理性同样是有缺陷的，"脆弱、盲目和狭隘"且充满矛盾，具有"不确定性"，只是提供了一种可能，本质是不可知的，"我可以说，即在我们经验到因果的作用以后，我们由那种经验所得的结论也并不是建立在推论上的，也并不是建立在理解的任何过程上的"③。因而感官以及理性无法揭开自然最后的奥秘，相似性在很多时候体现的是谬想，可感的相似性和秘密的能力之间的联系是不可知的。

休谟认为不管是自然哲学、道德哲学还是形而上哲学，"一切哲学的结果只是使我们把人类的盲目和弱点发现出来"④，他认识到了哲学系统中包含的自身困难，从而发展了相关范畴。他认为相似性暗示了可然关系，必然性表明的是一种法则，规律不是设计的结果而是必然性，但无法在各种根源中找到"必然联系"，所发现的只是事情的连续性，"全部自然中并没有任何一个联系的例证是我们可以想象得出的"，"它们似乎是'会合'在一块的，却不是'联系'在一块的"⑤。根据原因的定义界定必然性，"或则在于相似的各种物象的恒常会合，或则在于由此物及彼物的那种理解的推断"⑥。休谟还对物质和运动范畴做出了自己的理解，物质是有限的，运动是无限的，然而"运动起自物质自身"⑦，具有一定程度的辩证，即有限包含了无限；观念来自实体，是模型而不是原型，思想不能影响物质；运动是系统、秩序和法则的体现，是各种关系的联结，是整体；整体、外表是稳定的，而部分、内部是不断运动和变迁的，会引起整个物质的骚动和解体，但休谟把变化归结于原始推动力的作用，引起的只是骚动。

---

① 休谟：《人类理解研究》，关文运译，商务印书馆，2020，第 112 页。
② 休谟：《人类理解研究》，关文运译，商务印书馆，2020，第 31 页。
③ 休谟：《人类理解研究》，关文运译，商务印书馆，2020，第 36 页。
④ 休谟：《人类理解研究》，关文运译，商务印书馆，2020，第 34 页。
⑤ 休谟：《人类理解研究》，关文运译，商务印书馆，2020，第 77 页。
⑥ 休谟：《人类理解研究》，关文运译，商务印书馆，2020，第 98 页。
⑦ 休谟：《自然宗教对话录》，陈修斋、曹棉之译，商务印书馆，1996，第 53 页。

休谟反对玄学妄语，认为后者充斥迷信、谎言、欺骗和恐怖，且常常披着科学和智慧的外衣来迷惑人心，"等待机会来袭击人心中任何一条没有防备的小径，并且以宗教的恐怖和谬见来袭击它"①，他主张一种人性哲学即道德哲学，强调道德和理性，道德"经久""公允"，深入生活，铸就人心和情感，鼓动人生，完善行为，模塑美德；理性深邃而抽象。

休谟认同的是一种学院学术或者怀疑哲学，宣扬怀疑，中止玄想，悬置判断，把理解限制在日常生活的狭窄范围内，理解实际存在中呈现的记忆或感官物象以及这些物象的会合关系，在这里"我们如果把我们的哲学的考察停止了，那正是很可以原谅的"②，但他强调要保留好奇心，直到出现满意的新解释，"这种哲学是和人心中因循的惰性最相反的，是和它的鲁莽的暴虐最相反的，是和它的高度的妄想最相反的，是和它的迷妄的轻信最相反的"③，是对真理的热爱。但他批评笛卡尔（René Descartes，1596—1650）"先行于一切研究和哲学的怀疑主义"消解了信念和确信，认为怀疑的目的不是要借助论证和推论来消灭理性，他表达的是"折中的""中和的"怀疑主义，主张从明晰的原则开始，通过复检结论达到真理，"一个合理的推理者在一切考察和断言中应该永久保有某种程度的怀疑、谨慎和谦恭才是"④。

宗教论证。休谟概括出了自然神学的基本命题，即"宇宙中秩序的因或诸因与人类理智可能有些微的相似"⑤，分析了理性对观念的解证，试图从理性和信仰两个层面分别解决宗教的基础问题和起源问题。在对神圣存在的理解中，休谟认为"存在的存在"即神圣存在的证明也与这两个问题密切相关，具体而言就是经验范围内的理性以及天启基础上的信仰，"正确的推理还需有正当的虔敬"。但在怀疑主义立场中，他既批评了"先天"即"由因及果"的解证，也批驳了"后天"即"由果及因"的验证，把神圣存在的证明悬置在了虔敬信仰上，"它的最好的最牢固的基础乃是信

① 休谟：《人类理解研究》，关文运译，商务印书馆，2020，第 16 页。
② 休谟：《人类理解研究》，关文运译，商务印书馆，2020，第 50 页。
③ 休谟：《人类理解研究》，关文运译，商务印书馆，2020，第 45 页。
④ 休谟：《人类理解研究》，关文运译，商务印书馆，2020，第 160 页。
⑤ 休谟：《自然宗教对话录》，陈修斋、曹棉之译，商务印书馆，1996，第 96 页。

仰和神圣的启示"①。

关于神圣存在的论证存在形而上学和经验主义两种态度。形而上学论证可以看作一种解证论形式，把"必然存在"看作"理论"的也是"抽象"的更是"先天"的论证。人类智力包含了内在情绪和外在感觉两方面的观念内容；人类作品以及秩序井然的世界是先天"设计"和"意向"的证据，对于这个设计者的观念是经由感觉进入人心的。任何存在都有其原因或理由，而且自身构成了自己的原因，由果溯因，因果相连，因而存在第一推动者和最后的因。

解证论认为人类灵魂是各种属性排列组合成的个体表现，是不完整的、易变的，思想观念是瞬时的、混杂的。相对而言，作为必然存在的神圣是完善的、不变的、单纯的，正如佛家所言，在过去、现在和未来中，"不生不灭、不垢不净、不增不减"，没有差别和变异，自身包含自己的理由，构成了最后的因。但对于人类而言，神圣具有无限性，是神秘的，不可了解，不可认识，更不能与人心相比，超出了讨论和推理的范围；人和神圣没有相似性，也很难从自然作品中推理出神圣的统一性。

解证论分析了宗教产生的心理、社会原因，证明宗教反映的是人对神圣的真理需求，是应对饥馑疫疬、生老病死造成的恐怖畏惧和满足希望的心理需求，是对痛苦磨难、悲剧人生的求解，也是对生命短暂、生活空虚的忧虑。解证论描摹了腐化的人性和懦弱的人格；描述了悔恨懊恼和羞耻愤怒的混乱情绪；描绘了沮丧厌烦和抑郁绝望的挫败心理，关注了世界弱肉强食、专制暴虐造成的罪恶、污秽，寄希望于人类通过合理的社会保护自己，同时表明宗教神学解说已经失去了效力，"对于人生所有的目的，宗教理论变得完全无用了；并且即使对于推理的后果，照你所说的那种宗教理论的不稳定性，也必定会将宗教理论弄得全部动摇而不妥当了"②。

验证论即"根据经验推断的论证"③，秉持的是经验主义立场，从经验出发，认为世界是崇高存在的作品，万物起源于理智设计，"我们必须停

---

① 休谟：《人类理解研究》，关文运译，商务印书馆，2020，第163页。
② 休谟：《自然宗教对话录》，陈修斋、曹棉之译，商务印书馆，1996，第42页。
③ 休谟：《自然宗教对话录》，陈修斋、曹棉之译，商务印书馆，1996，第23页。

止在某处；在人类能力的范围之内永远不能解释最后因，或说明任何对象的最后的关连。假如我们所采取的步骤都为经验和观察所支持，那就足够了"①。验证论反对先天解证，认为后者无法解释存在的必然性，所以"必然存在"没有意义，无论就实质还是形式而言，世界都是偶然的；否认最后的因，认为对总因的追寻是荒谬的；因果关系表明的是部分之间连续性关系，部分的全体正如全体的部分一样，决定自然起因的准则是部分对部分的作用；理性是一种经验，但不能把宇宙起源归结于心。验证论承认世界的物质性及其自身包含的秩序原则，而且物质会改变和消灭，但就其性质来说则是不可思议的；就社会而言，不能根据有限经验对文化传播和社会变迁等现象做出预测。

验证论把对物质世界的探究追溯到观念世界，推崇理智和理性，把人类思想崇尚为造作的原型而不是模型，遵循类比规律，认为人工作品和自然作品之间存在自明的相似性，并根据经验机械地推论出似果似因、似因似果，相似的结果证明相似的原因，由此而陷入了神人相似论，"造物主与人心多少是相似的，虽然比照着他所执行的工作的伟大性，他比人拥有更为巨大的能力。根据这个后天的论证，也只有根据这个论证，我们立即可以证明神的存在，以及他和人的心灵和理智的相似性"②。因而世界是由类似人的心灵所设计和创造的一架机器，没有感官，没有灵魂、思想、理性和运动，但是永恒的，自身包含了设计赋予的秩序安排。世界既然出自造物主的设计，那就意味着一切实体都是由包含不同观念的心灵构成的，由此证明了作为因的存在的存在。这种论证包含了斯多葛主义（Stoicism）所认为的世界理性决定事物发展变化的观念，而这种所谓的"世界理性"就体现为神性，成为世界的总因和主宰，其中包含的辩证思想为导向无神论提供了"一种有利条件"。

验证论把似果必然似因原则设定为宗教的基础，从类似原则出发，根据经验观察从已知推论出未知，"世界是一只动物，而神是世界的灵魂，他推动世界，又被世界所推动"，休谟认为这又回到了古代有神论中，从

---

① 休谟：《自然宗教对话录》，陈修斋、曹棉之译，商务印书馆，1996，第50页。
② 休谟：《自然宗教对话录》，陈修斋、曹棉之译，商务印书馆，1996，第16页。

心身秩序推论到了宇宙，假设神是身心并存的。关于神圣存在，验证论抛弃了"无限"概念，代之以"可赞扬的、卓越的、非常伟大的、智慧的、神圣的"[1]，批评解证论放弃人类类比从而丢弃了宗教的根据，因而提出了"有限完善"的造物主概念，以此说明了自然和道德的罪恶，解决了悖论。验证论坚持神人相似论，神圣的道德属性如公正、恩惠、慈悲和正直以及与之相连的幸福、和谐、愉快、安逸、享乐、惬意、欢愉等美感与人类道德具有同质性，否认人类的痛苦和邪恶，美善比丑恶更为普遍，宗教的作用在于解释人类的不幸和腐败。

验证论承认宗教具有潜移默化的道德驯化作用，"规范人心"，"灌输节制、秩序和服从的精神"，增强道德与正义，"宗教，不管是怎么坏的，总比根本没有宗教的好。关于未来世界的教义对于道德是这样有力而必需的保证，我们绝不应该抛弃或忽视它"，然也仅限于此，一旦凸显为独立原则，突破正常范围时，宗教就会"只变成内乱或野心的掩护了"[2]。在谈到宗教的动机时，验证论使用了"回报"一词，[3] 期望获得无限而永恒的回报，而避免受到相应的惩罚，"假如有限而暂时的酬报与责罚都有像我们日常所见的效果，那么可以期望于无限而永恒的酬报与责罚的效果，必然更是何等地大啊"[4]。在验证论看来这正是宗教的作用所在。

作为怀疑主义者，休谟承认神圣存在是"确定而自明的真理"[5]，无可怀疑，也无须证明，"一切希望的基础，道德最可靠的根基，社会最坚固的支柱，是我们思维默想中不应一时或缺的唯一原理"[6]。他重点关注了观念世界，反对深奥玄远精微的论证，对解证论和验证论提出了批评。他承认规律带有必然性，但不是设计的结果；必然性就是法则，与宗教假设是相反的；解证论虽然承认必然性，但其论证强调"由先天探究中得出的抽

---

[1]　休谟：《自然宗教对话录》，陈修斋、曹棉之译，商务印书馆，1996，第 42、72 页。
[2]　休谟：《自然宗教对话录》，陈修斋、曹棉之译，商务印书馆，1996，第 89 页。
[3]　David Hume, "Dialogues Concerning Natural Religion", in *The Philosophical Works of David Hume*, Vol. II (in four volumes), Printed for Adam Black and William Tait; and Chaeles Tait, 63, Fleet Street, London, 1826, p.538.
[4]　休谟：《自然宗教对话录》，陈修斋、曹棉之译，商务印书馆，1996，第 89 页。
[5]　休谟：《自然宗教对话录》，陈修斋、曹棉之译，商务印书馆，1996，第 14 页。
[6]　休谟：《自然宗教对话录》，陈修斋、曹棉之译，商务印书馆，1996，第 2 页。

象理性"，是形而上的，是渺小、脆弱而有限的，因而无法证明神圣的存在；而且理性和设计这种"先天地肯定，秩序，由于它的本性是与思想不能分开的，又肯定秩序，由于它自身，或根据原始的未知的原则，是决不能属于物质的"①，理性的缺陷使解证论在很大程度上陷入了神秘主义。

休谟强调了感觉经验的重要性，认为抽象思考如果脱离了感觉经验必然导致幻见，"唯有经验能为他指出任何现象的真正原因"②。但经验自身是有限的，没有完全的材料可以建构宇宙论体系，"我们的经验，它自身如此的不完全，范围和持续两方面又如此的有限，不能为我们对于万物的起源提供可能的揣测"③，经验可以发现各种结果，但原则自身是不可知的。验证论也存在诸多困难，其一，设计既是手段也是目的，验证论的起点是心智，从"似果"推论出"似因"，是以目的决定手段，从而人类思想、设计和理智成为宇宙的一个主动因，但是这是从部分到整体的推论；部分是不完全的，不能解释整体，因而"世界的计划是由包含着不同的观念的神的心灵所构成"的假设没有经验根据，普遍原因不能解释特殊结果。其二，人类设计和创造经验无法构成有关存在的无限原因、完善和统一性的观念。结果是有限的，究其原因也是有限的，因而不能归之于无限的神圣；人类作品的所有属性无法解释和证明完善的、统一的神，"具有产生宇宙所必需的如此大的力量和能力的一个理智的存在，或者用古代哲学的语言，如此不可思议的一个动物，他是超出一切的类比、甚至了解之上的"④。其三，类比不可靠，似果不具有似因，推论停留在假设层面，故而结论是错误的，神圣存在只是一种猜想。其四，按照验证论逻辑，不难得出世界是错失的、不完全的、不独立的、低劣的以及神圣是有限的推论。因而"神人相似论"是对神圣的贬抑。

休谟表达了辩证运动的观念，"环境的每一变动都引起对于某一事件的一个怀疑"⑤；"自然具有无数的动因与原则，它们在自然每一变更她的

---

① 休谟：《自然宗教对话录》，陈修斋、曹棉之译，商务印书馆，1996，第50页。
② 休谟：《自然宗教对话录》，陈修斋、曹棉之译，商务印书馆，1996，第19页。
③ 休谟：《自然宗教对话录》，陈修斋、曹棉之译，商务印书馆，1996，第48页。
④ 休谟：《自然宗教对话录》，陈修斋、曹棉之译，商务印书馆，1996，第33、40页。
⑤ 休谟：《自然宗教对话录》，陈修斋、曹棉之译，商务印书馆，1996，第20页。

地位与情况时不绝地表现出来"①。他承认物质是变化的，肯定物质和思想中存在"原始的""内在的"秩序，"我认为把世界看作一个永恒的内在秩序的原则是再合理没有的了；虽然这个秩序也有巨大的不断的变革和交替"，秩序与物质不可分，是必然法则，也只有在经验中才能感察到，"而这个秩序的原则是不受我们偏于思想秩序或偏于物质秩序的理论的任何影响的。无论是根据怀疑主义的或是根据宗教的假设，偶然性总是没有地位的。每一事物都实在是受着稳定而不变的法则的管制"②。秩序的本源是内在的因，"正像物质各个组成部分的观念，在伟大的普遍心灵中，可由于同样的内在的未知因，而构成同样精细的排列"③，但秩序法则本质是不可知的、不可解释的。

休谟一定程度上承认了验证论似果似因的推论，承认自然作品和艺术作品之间存在相似性，但显然也存在差异性，批评验证论者把相似性绝对化了，忽视了原因之中的差异性；理性可以确定神圣存在，所以准确地说神圣就是"心灵"或"理智"，"假如我们不满意于称呼这第一因或至高因为上帝或神，而希望变换称谓；除了称他为心灵或思想之外还有什么呢？他是被正确地认为与心灵或思想极其相像的"④。休谟把理性、本能、生殖、生长看作世界的四个原则。理性如同生殖和生长一样是一种自然力量，都可由经验得知，但生长、生殖比理性更为基本，可作为"因"，"根据观察，理性在无数例证之中都是出自生殖的原则，而不是出自其他任何的原则"⑤，但其本质不可知。因而在休谟看来，世界不是理性或设计的结果，而是播殖的结果；世界的因更近似于自然因而非人类作品的因，"假如宇宙与动物体及植物，比起与人类技巧的作品来，有更大的相似，那么宇宙的原因与前者的原因，比起与后者的原因来，一定更可能有更大的相似，并且宇宙的原因与其是归之于理性或设计，不如是归之于生殖或生

---

① 休谟：《自然宗教对话录》，陈修斋、曹棉之译，商务印书馆，1996，第 22 页。
② 休谟：《自然宗教对话录》，陈修斋、曹棉之译，商务印书馆，1996，第 46 页。
③ 休谟：《自然宗教对话录》，陈修斋、曹棉之译，商务印书馆，1996，第 19 页。
④ 休谟：《自然宗教对话录》，陈修斋、曹棉之译，商务印书馆，1996，第 86 页。
⑤ 休谟：《自然宗教对话录》，陈修斋、曹棉之译，商务印书馆，1996，第 51 页。

长"①。休谟的理论立场是物质论的，他看到的是动植物两种生命迹象，但循此而想找到共因，这如同他对解证论和验证论的批评一样，探究途径走向了不可知论，本身是荒谬的。

休谟承认宗教是人类心理感觉的反应，起源于焦虑和恐惧，全智全善神明的观念是由心理反省产生的。他认为人生是苦的，人类自疑而空虚、悲伤而祸患；如同解证论一样，他认为社会充满灾难和不幸、强横与压迫、轻蔑与欺诈、诽谤与暴虐、骚乱与叛逆；人类苦难普遍而持久，美善稀缺而短暂，这种苦难论最终导向了宗教神学，寻求心理补偿，"一种普遍的补偿盛行在一切存在和实存的状态中"②。就有关第一因的假设而言，休谟认为与其承认神圣是全善或全恶或善恶对立，不如说它是无善无恶的，虽然人类苦痛与神圣无限力量和完善是相容的，但神圣的所有道德属性并不能解释人类的苦厄和罪恶，如果要说相似性，那么"神的自然属性与人的自然属性之相似，大于神的道德属性与人的道德之相似"③，从而得出人的道德性比起自然能力是有缺陷的；而且有关无限力量、完善和全能的神性推理超出了人类的能力，是不可了解的，对它的推论只是一种假定和揣测，但"不管这个世界在某些假定和揣测上（假如我们承认这些假设和揣测）是怎样地符合于一个神的观念，这个世界总不能为我们提供一个关于神的存在的推论。我们并不绝对否认这个世界与一个神的观念的符合性，而只是绝对否认从这个世界确定神的存在的推论。揣测，特别是当神的属性中排除了无限性时的揣测，或许足以证明这种符合性；但决不能作为任何推论的根据"④，因此唯一的解释是"出之于无限完善而不可了解的属性"⑤，人类理智对此只能持怀疑的态度。

从主观唯心论立场出发，神圣存在即人类心智是宇宙本因，人类的观念以经验为基础，由于没有关于神圣属性和作用的经验，而且人类理性具有天然的缺陷，无法形成有关神圣存在性质的观念，有关它的一切不可领会、

---

① 休谟：《自然宗教对话录》，陈修斋、曹棉之译，商务印书馆，1996，第47页。
② 休谟：《宗教的自然史》，曾晓平译，商务印书馆，2014，第94页。
③ 休谟：《自然宗教对话录》，陈修斋、曹棉之译，商务印书馆，1996，第88页。
④ 休谟：《自然宗教对话录》，陈修斋、曹棉之译，商务印书馆，1996，第74页。
⑤ 休谟：《自然宗教对话录》，陈修斋、曹棉之译，商务印书馆，1996，第69页。

不可获知，是神秘的，因而任何对神圣奥秘的探究都是渎神。休谟批评道：

> 主张最高神明有普遍能力和作用的这种学说，过于大胆了，一个人只要明白人类理性的脆弱，以及它的作用所能及的狭窄的范围，那他就难以相信这种学说。使我们得到这种学说的那些论证纵然是很合逻辑的，但是那一串论证既然使我们得到那样奇特而且远离日常生活和经验的一种结论，所以它正不免使我们猜想（纵非确信）它已经使我们进到我们的官能所不能及的地方了。[1]

信仰与理性。休谟考察了宗教的发展历史，认为神圣存在就是人类心智，所以有关神圣的观念是随着人类心灵抽象能力从低级到高级的发展而完善的。他揭示了宗教观念所由产生的心理情感要素，强调了理性在其中发挥的作用，"对宗教的最初观念不是产生于对自然的作品的静观，而是产生于对生活的事件的关怀，产生于那些驱动人的心灵的永无止息的希望和恐惧"[2]，"现在如果我们不信任人类理性，我们就没有别的原则可把我们引入宗教去了"[3]。

原初宗教是多神信仰和偶像崇拜，不是一神信仰，"看起来，一定不可能推理出一神信仰曾经是人类的原初宗教，也不是后来因为败坏才产生了多神信仰，产生了异教世界所有的各种迷信"[4]。多神信仰中没有出现世界的设计者、创造者或塑造者，人格化的神圣是有限的、不完善的、不确定的和多样的存在，具有不同的属性和形象，或善或恶，或妒忌任性，或偏私激情，或复仇或救难等，应对的是狂风暴雨等自然现象与疾病瘟疫、战争征服等社会苦难，其中也包含了人类的能动性，体现了人类克服困难、战胜邪恶的勇气以及恢宏大度、热爱自由的精神。原初宗教信仰者虽

---

① 休谟：《人类理解研究》，关文运译，商务印书馆，2020，第74—75页。
② 休谟：《宗教的自然史》，曾晓平译，商务印书馆，2014，第11页。
③ 休谟：《自然宗教对话录》，陈修斋、曹棉之译，商务印书馆，1996，第13页。
④ David Hume, "The Natural History of Religion", in *The Philosophical Works of David Hume*, Vol. Ⅳ（in four volumes）, Printed for Adam Black and William Tait; and Chaeles Tait, 63, Fleet Street, London, 1826, p. 441.

然人数众多，但"这些自命的宗教主义者其实是一种迷信的无神论者，不承认与我们对神的观念相一致的存在者。不承认心灵或思想的最初原则，不承认最高的统治或管理，不承认世界的构造中的神圣的设计或意向"①，信念是世俗的，为日常生活事务所支配，信仰是松散的、不稳定的，处于不信和确信之间，"把宇宙的起源和结构归因于这些不完善的存在者从来没有进入任何一个多神信仰者或偶像崇拜者的想象力中"②，但把宇宙人格化了，这种观念本身意味着理性倾向。

休谟甚至使用"粗俗""粗鄙"等词语描述多神信仰，试图在人性中寻找其起源。多神是有限的存在，其实在物化为感性可察的客观自然物，负载了人类的激情、痛苦和弱点，可以带来健康与疾病、丰足与匮乏、富贵与贫贱等，基于"人的本性、很少或毫不依赖于任性或偶因"③，对象的物理性和理智的道德化在多神中统一起来。多神信仰具有天然的包容性，"自然承认其他教派和民族的神享有神性，并使各种不同神和仪式、典礼或传说彼此相容"④，但其中充斥迷信、神话和传说而非哲学论证，充满矛盾、复杂和可疑，没有明显的根据、标准和条款，但又与人心灵相联，不蕴含明确的荒谬和矛盾论证，所以"经常是更合理的，因为它只是由众多不论多么没有根据都不蕴涵任何明确的荒谬和论证矛盾的故事组成的；它也如此轻易和轻巧地坐落于人们的心灵上，以致虽然它可能普遍被接受，但是它幸运地没有在感情和知性上留下非常深刻的印记"⑤。

在休谟看来，在多神崇拜和"完善的存在"的世界创造者观念出现之间存在一种以一神信仰为前提的民间宗教形态，后者建立在非理性、迷信基础上，缺乏论证过程，否认存在"特殊天意"，⑥ 教义经典很少包含道德性箴规。休谟强调了民间宗教对道德性的不良影响，最高神圣被贬低为人

---

① 休谟：《宗教的自然史》，曾晓平译，商务印书馆，2014，第21页。
② 休谟：《宗教的自然史》，曾晓平译，商务印书馆，2014，第26页。
③ 休谟：《宗教的自然史》，曾晓平译，商务印书馆，2014，第35页。
④ 休谟：《宗教的自然史》，曾晓平译，商务印书馆，2014，第50页。
⑤ 休谟：《宗教的自然史》，曾晓平译，商务印书馆，2014，第81页。
⑥ David Hume, "The Natural History of Religion", in *The Philosophical Works of David Hume*, Vol. Ⅳ (in four volumes), Printed for Adam Black and William Tait; and Chaeles Tait, 63, Fleet Street, London, 1826, p. 538.

类的相似物，被丑化为任性、荒谬和不道德，"野蛮、任性，这些无论在名称上如何伪装的品质，我们可以普遍观察到，构成通俗宗教中神的主导性格。甚至牧师们不是矫正人类的这些败坏的观念，而是经常被发现乐于培育和鼓励它们"①。信仰途径不是德性和道义，而是遵奉、热忱、出神或神秘等信念，这是由于人类无知、愚蠢、迷信和偏见造成的，与低下的智力、能力相关。民间宗教通常是民族群体信仰，社群是天堂，神圣还原为群主，拥有繁多的称号，并走向无限性，直至出现"完善的存在"观念，以及最初的善恶神最终成为最高创造者，但这个过程没有理性，仍旧充斥着粗俗迷信，神性中体现了人性退缩。但由于人类的智力过于微弱，就存在从纯粹精神的、完善理智的、全能的一神到局限的、形体性的、不完善的神圣的回归，从而导致了多神信仰与一神信仰的交替出现。休谟批判道德性实践比迷信实践更为困难因而会被拒绝的论说，"全部德性，当人们通过很少实践而接受它时，是令人愉快的；全部迷信则永远是令人憎恶的和累赘的"②；批评迷信包藏着罪恶、狂热和愚昧，"在许多事例中最严重的罪行被发现与迷信的虔敬和虔诚相容；因此，根据一个人的宗教活动的热诚或严格而做出任何有利于他的道德的推论都被正当地视为不可靠的，即使他自己相信他的宗教活动是真诚的"③。

休谟承认自己负有强烈的宗教感，"其实没有人在他的心中比我有更深的宗教感，或者对于自然的不可解释的设计和机谋或对于显示于理性的神的存在，给予更深的赞仰"，认为一切科学的终结点都导向了原初的理智造物主。但在他看来，这一有目的、意向和理性的神圣存在就是"自然"，"自然不作徒劳无益的事"是一个公理，④ 但神圣自然很大程度上不具有宗教的意义，"自然用最简便的方法而活动，并选择最适当的手段来完成任何目的"⑤。由此可见，休谟愿意接受和承认的是一种哲学的和理性的"自然宗教"，即排除了迷信而包含了人性的宗教，否认无限而永恒的

① 休谟：《宗教的自然史》，曾晓平译，商务印书馆，2014，第93页。
② 休谟：《宗教的自然史》，曾晓平译，商务印书馆，2014，第90—91页。
③ 休谟：《宗教的自然史》，曾晓平译，商务印书馆，2014，第92页。
④ 休谟：《自然宗教对话录》，陈修斋、曹棉之译，商务印书馆，1996，第83页。
⑤ 休谟：《自然宗教对话录》，陈修斋、曹棉之译，商务印书馆，1996，第84页。

回报，遵循人类的自然倾向，关心目前世俗的而不是宗教的利益，不需要宗教动机来规范道德，这种所谓的"理性宗教"具有工具理性的意蕴。

由于他的不可知论立场，休谟主张把神圣存在悬置在一种"健全的哲学"领域，"对于判断的全部悬疑是我们唯一的合理办法"①，这就是一种适度的怀疑主义哲学，"只有很少的几个哲学的有神论者，他们对于他的神圣完善性，抱有或努力设法抱有适当的概念；配得上神的慈恩和厚爱的人们只是哲学上的怀疑主义者，这也几乎是同等罕有的一派人，他们由于自然地怀疑自己的能力，对于如此崇高、如此非常的一些论题，一概采取或致力于采取悬而不决的态度"②。在休谟看来，这种怀疑主义在一定程度上可以说是宗教的仇敌，具有无神论倾向，通向探究科学奥秘的康庄大道，"无神论者和怀疑主义者差不多是同样的意义"，"少量的哲学使一个人成为无神论者；多量的哲学则使他皈依宗教"③。休谟抨击极端怀疑主义是"粗鄙而愚昧的怀疑主义"④，本身充满矛盾，经不起推理也不接受推理，充满偏见和执念，陷入了迷信和神秘，本质上导向了有神论，"做一个哲学上的怀疑主义者是做一个健全的、虔信的基督教徒的第一步和最重要的一步"⑤。但休谟批评无神论犯了"多重的轻忽和冒失的罪"⑥，认为无神论只是一种哲学，虽然有益但信仰者甚少，影响不大。

宗教批判。自然理性是有缺陷的，信仰倾向天启真理，而神学借助了哲学教条，后者属于演绎推理论辩，教条原则具有确定性、明显性。但休谟对宗教神学也表现出了批判的态度。

休谟批判偶像崇拜的神圣观念是"粗野的""不完善的"；批评"粗鄙迷信"⑦是"无谓的仪式，狂欢的舞蹈，或执迷的轻信"⑧，控制了人

---

① 休谟：《自然宗教对话录》，陈修斋、曹棉之译，商务印书馆，1996，第57页。
② 休谟：《自然宗教对话录》，陈修斋、曹棉之译，商务印书馆，1996，第96页。
③ 休谟：《自然宗教对话录》，陈修斋、曹棉之译，商务印书馆，1996，第12页。
④ 休谟：《自然宗教对话录》，陈修斋、曹棉之译，商务印书馆，1996，第9页。
⑤ 休谟：《自然宗教对话录》，陈修斋、曹棉之译，商务印书馆，1996，第97页。
⑥ 休谟：《自然宗教对话录》，陈修斋、曹棉之译，商务印书馆，1996，第13页。
⑦ David Hume，"Dialogues Concerning Natural Religion"，in *The Philosophical Works of David Hume*，Vol. Ⅱ（in four volumes），Printed for Adam Black and William Tait；and Chaeles Tait，63，Fleet Street，London，1826，p.511.
⑧ 休谟：《自然宗教对话录》，陈修斋、曹棉之译，商务印书馆，1996，第91页。

心，反对道德，损害正义和人道，摧毁了生活，"迷信对于可怜的凡人的不安的胸怀之侵扰，就如豺狼侵扰畏怯的羔羊一般"①，迷信妨害了公共事务，导致了压迫和奴役、迫害和党争、政变和内战；批评宗教狂热湮灭了虔敬，消灭了仁慈，凸显了自私，使宗教充斥欺诈和虚伪，"在任何历史记载中，如果提到了宗教精神，我们在其后就必然会遇见随之而起的许多灾祸。没有时期能比得上从未注意或从未听到过宗教的时期，更为幸福，更为繁荣的了"②。

休谟批判了西方宗教为代表的一神教。首先，休谟提出了"善愈精致则恶愈剧烈"的命题，③ 认为"最好东西的腐败产生最坏的东西"是基本的自然法则。④ 一神信仰的根本原则虽然是健全的、完善的和理性的，但是"由于善的东西、伟大的东西、崇高的东西、心醉的东西在一神信仰的真正原则中显著被发现，根据自然的类比，我们可以期望，卑鄙的东西、荒谬的东西、低贱的东西、恐怖的东西在宗教的虚构和幻想中将同等被发现"⑤。人类对最高存在的热忱中包含着伪善，虔敬里含有亵渎、惧怕和懊悔，因此他做出了"无知是虔诚之母"的断言，⑥ 从而主张在中庸、恬淡、节制和温和中体验人生，"怀疑、不确定性、悬置判断看来是我们对这个主题的最精确考察的惟一结果"⑦。其次，一神信仰要求唯一性，排除了其他信仰，容易为宗教迫害所利用，休谟批判宗教审判说，"德性、知识、对自由的热爱是招致宗教审判官致命复仇的品质，而当它们被驱逐时，就使社会沦于最可耻的无知、腐败和奴役中"⑧。再次，一神信仰具有精神麻

① 休谟：《自然宗教对话录》，陈修斋、曹棉之译，商务印书馆，1996，第 64 页。
② 休谟：《自然宗教对话录》，陈修斋、曹棉之译，商务印书馆，1996，第 89 页。
③ David Hume, "The Natural History of Religion", in *The Philosophical Works of David Hume*, Vol. Ⅳ（in four volumes），Printed for Adam Black and William Tait; and Chaeles Tait, 63, Fleet Street, London, 1826, p. 511.
④ David Hume, "The Natural History of Religion", in *The Philosophical Works of David Hume*, Vol. Ⅳ（in four volumes），Printed for Adam Black and William Tait; and Chaeles Tait, 63, Fleet Street, London, 1826, p. 478.
⑤ 休谟：《宗教的自然史》，曾晓平译，商务印书馆，2014，第 95 页。
⑥ 休谟：《宗教的自然史》，曾晓平译，商务印书馆，2014，第 96 页。
⑦ 休谟：《宗教的自然史》，曾晓平译，商务印书馆，2014，第 97 页。
⑧ 休谟：《宗教的自然史》，曾晓平译，商务印书馆，2014，第 54 页。

醉作用，他认同马基雅维利（Niccolò Machiavelli，1469—1527）的断言，即"基督宗教的那些只推崇被动的勇敢和受苦的教义制服人类的精神，使他们适合于奴役和屈从"[①]；"鞭笞和禁食、懦弱和谦卑、卑贱的顺服和奴性的服从，变成人类中获得天国荣誉的手段"[②]。复次，一神信仰容易与哲学结合起来，歪曲后者为迷信服务，"整个通俗神学，尤其经院神学有一种对荒谬和矛盾的嗜欲"，"奥秘必须被假装出来；黑暗和晦暗必须被寻找出来；善功的基础必须通过对最不可理解的诡辩的信念而被提供给希望有机会制服其反叛理性的虔诚信徒们"[③]；"一个体系就从其在开端时仅仅是合理的和哲学的而变成在终结时更加荒谬的"，其结果就是"过去为异端点燃的烈火同样也将用于消灭哲学家"[④]。又次，休谟批判神迹信仰破坏了自然法则，是宗教狂热的表现，是不可靠的，在人类理性面前必然会丧失权威性，"宗教的精神和好奇的心理如果结合起来，则常识便寿终正寝了"[⑤]。神迹充满虚妄、欺诈和固执，夹杂了无知和虚荣、厚颜和愚弄、狡猾和欺骗，用花言巧语湮灭了理性和反省，"人们所假造的许多神迹、预言和超自然的事情，在历代都已经被相反的证据所揭破，或者被它们自身的荒谬所揭破"[⑥]；"任何神迹的证据从来连'可然性'的地步也达不到，至于证明的地步，那更是达不到的"，不能把神迹作为宗教的要素，"我们就可以确立一个公理说，任何人类的证据都没有充分的力量来证明一个神迹，使它成为任何宗教体系的一个正当基础"[⑦]。最后，休谟批判教士群体庞大，垄断了圣俗权威，积累了巨大财富，用迷信和恐怖消竭了人类自然精神；他也发出了宗教宽容的呼吁，"假如他采用比较聪明的原则，容许几个教派的存在，他必须对于它们全体保持一种非常哲学的冷淡态度，并且必须谨慎地限制得势的教派的嚣张；否则他能盼望得到的不是别的，只

① 休谟：《宗教的自然史》，曾晓平译，商务印书馆，2014，第58页。
② 休谟：《宗教的自然史》，曾晓平译，商务印书馆，2014，第57页。
③ 休谟：《宗教的自然史》，曾晓平译，商务印书馆，2014，第60页。
④ 休谟：《宗教的自然史》，曾晓平译，商务印书馆，2014，第62页。
⑤ 休谟：《人类理解研究》，关文运译，商务印书馆，2020，第118页。
⑥ 休谟：《人类理解研究》，关文运译，商务印书馆，2020，第119页。
⑦ 休谟：《人类理解研究》，关文运译，商务印书馆，2020，第127页。

是无止境的争论、吵架、党争、迫害和内乱而已”①。

四　斯密古典经济学与教会衰微

亚当·斯密（Adam Smith，1723—1790）是英国古典经济学家、哲学家，提倡自由市场、自由贸易和劳动分工，被誉为“古典经济学之父”，著作如《道德情操论》（*The Theory of Moral Sentiments*，1759）、《国富论》（*An Inquiry into the Nature and Causes of the Wealth of Nations*，1776）。

自由市场。在经典之作《国富论》中，斯密宣扬并倡导自由贸易，认为后者能够提供充分的市场供给，强调市场“看不见的手”具有自发调节机制，鼓吹劳动、资本等“供给侧”要素在经济行为中的作用，阐明了供给与需求的因果关系，揭示了西方政府垄断的经济影响。

首先，斯密研究了交换和货币现象，提出了劳动价值理论，强调了劳动分工的作用。斯密指出人类社会依赖交换而存在，货币是交换的通用媒介；劳动是商品的真实价值，货币是商品的名义价格，市场价格受竞争机制制约。由于互通有无和交换需要刺激了分工，提升了劳动生产力，产生了利益分工。但分工也受到市场规模的限制，“分工起因于交换能力，分工的程度，因此总要受交换能力大小的限制，换言之，要受市场广狭的限制”②。

其次，在斯密看来，自由贸易排除了政府干预，经由市场机制能够自动满足社会的各种需求，“自由贸易能确保这些商品的适量供应，无需政府给予那样的关心”③；“自由贸易无需政府注意，也总会给我们提供我们所需要的葡萄酒；我们可以同样有把握地相信，自由贸易总会按照我们所能购入或所能使用的程度，给我们提供用以流通商品或用于其他用途的全部金银”④。与之相反，政府管制“几乎毫无例外地必定是无用的或有害

① 休谟：《自然宗教对话录》，陈修斋、曹棉之译，商务印书馆，1996，第92页。
② 亚当·斯密：《国富论》，郭大力、王亚南译，商务印书馆，2019，第15页。
③ 亚当·斯密：《国富论》，郭大力、王亚南译，商务印书馆，2019，第406页。
④ 亚当·斯密：《国富论》，郭大力、王亚南译，商务印书馆，2019，第407—408页。

的"，例如制造业管制使"国家的劳动由较有利的用途改到较不利的用途"，直接结果是"减少社会的收入"，最终减少了社会的资本。[1] 斯密批评欧洲管制政策阻碍了自由市场发展，限制职业人数，加剧了职业竞争，限制劳动和资本自由活动。

再次，斯密强调国民教育的重要性，尤其是对下层民众的教育，"国家即使由下级人民的教育，得不到何等利益，这教育仍值得国家注意，使下级人民不至陷于全无教育的状态"[2]。国民教育是一项重要的公共工程，对整个社会有着重大利益关系，必须由国家承担所需费用，斯密把这部分经费分为"青年教育设施的费用"和"各种年龄人民教育经费"。欧洲的普通学校和专门大学基金不依赖于社会一般收入，主要来自地方收入和专款利息，后者由私人捐助和国家拨款构成。教育基金支付教师薪俸，后者也由学生献礼和学费构成，向学生提供研究经费、奖学金、贫学津贴，但有自由选择的权利，机构之间存在自由竞争。

宗教经济。在《国富论》的许多章节中，斯密暗示了宗教行为的经济学意义，相关阐述为西方宗教经济理论奠定了基础。首先，宗教是封建领主经济的代表，教区主教由选举产生并由教皇委任，存在武力胁迫的事实，主教不受世俗司法权控制，拥有领地司法权和佃户、扈从军，这个阶层"它的所有物，它的特权，它的教义，必然在普通民众眼中成为神圣的了；而对于这些神圣事物的侵犯，不论真伪，通是罪大恶极"[3]，领地中宗教权威往往超过了王权。

其次，宗教与政治权力发生着错综复杂的联系，介入到国家经济生活中，并成为事实上的获益者。牧师、教士等宗教神职同律师、医师等俗世职业一样，关乎国家利益，因此而受到国家的资助和奖励，"关于这类职业的从事者，最高权力自不得不予以不同的待遇。为维持其生活计，它得予以公家的奖励"[4]。

再次，欧洲的很多大学起源于教育僧侣的宗教团体，创办者是罗马教

① 亚当·斯密：《国富论》，郭大力、王亚南译，商务印书馆，2019，第429—430页。
② 亚当·斯密：《国富论》，郭大力、王亚南译，商务印书馆，2019，第751—752页。
③ 亚当·斯密：《国富论》，郭大力、王亚南译，商务印书馆，2019，第767页。
④ 亚当·斯密：《国富论》，郭大力、王亚南译，商务印书馆，2019，第755页。

皇，强调拉丁语、希腊语以及对作为神学研究入门的哲学教育，教师和学生处在教皇保护之下，服从宗教法庭。宗教团体成为国家的国教以后，宗教教育逐渐延伸到了国民教育中，教师财源来自奉献或者国家认可的地产、什一税、薪水和土地税等。斯密把宗教教育看作全民教育的重要组成部分，但他批评了这种教育的彼世性，"这一种教育，其目的与其说是使人民成为今世的优良公民，倒不如说是为人民作来世生活及更好世界生活的准备"①。

复次，斯密力主自由放任政策以满足宗教需求，减少冲突并促成"纯粹和理性宗教，摆脱荒谬、欺诈和盲信"②。他区分了政府资助的宗教垄断和竞争性宗教市场结构，他认为强制与暴力是政府的危险工具，按照他的分析，竞争意味着收益，垄断变成了负担，封建政府管制充满危险，垄断和管制阻碍了自由宗教市场发展，摆脱了管制的市场会激发出宗教自身的活力。

最后，斯密强调了宗教组织的经济属性以及宗教对经济行为的影响，如"热心宗教的爱德华六世，受宗教的影响，禁止一切利息"③。教会类似于企业法人组织，同样受到了市场力量的约束，建制教会事实上形成了大型企业，"一切国教，其教士都组织有一个大的法人团体。他们协力共作，以一种计划，一贯精神，追求他们的利益。……作为法人团体，他们的利益，与君主的利益从来不相同，有时正直接相反"④。斯密认识到教区是一种社群组织，注意到劳动价格、商品价格在不同教区中的差异。他发现同业组合法规中的宗教要素限制了劳动力自由流动，例如英格兰的济贫法和居住法，规定教区负有救济贫民的义务，并规定了管理人，会同教区委员会，征收教区税用于救济贫民，但贫民被限制在特定教区之内，不易获得居住权和工作机会，"在英格兰，贫民要超越教区的人为境界，往往比超

---

① 亚当·斯密：《国富论》，郭大力、王亚南译，商务印书馆，2019，第752页。

② Adam Smith, *An Inquiry into the Nature and Causes of the Wealth of Nations*, Edited by Edwin Cannan, With a new preface by George J. Stigler, Two Volumes in One, Volume Two, The University of Chicago Press, 1976, p.315.

③ 亚当·斯密：《国富论》，郭大力、王亚南译，商务印书馆，2019，第83页。

④ 亚当·斯密：《国富论》，郭大力、王亚南译，商务印书馆，2019，第762页。

越国家间由高山脉或海湾构成的自然境界困难得多"①。

牧师是自利的世俗生产者，牧师的圣俸是终身享受的财产，教育经费来自各种奖金、助学金、津贴等。斯密分析发现，教区牧师的报酬受到市场竞争机制的影响，一般而言，教区牧师的薪资由全国宗教会议议定并公布，牧师助理、教堂牧师与一般行业帮工的工资是同样的性质，按照契约获取工作报酬，薪资水平与后者如泥水帮工差别不大甚至还低，这是由于牧师众多，竞争激烈因而报酬水平普遍较低，尤其是牧师助理的给养很不充分。安妮女王（Anne Stuart，1665—1714）曾通过法令来提高牧师助理的工资，授权各地主教发放俸金和津贴，命令教区长保障助理的报酬，以此保持教会的尊严，但收效似乎不大。由于受到国家津贴资助政策的影响，牧师从业并不完全遵循市场经济规则，天主教牧师赖有圣俸，虽然文雅、博学但懒惰、颓废，新教牧师尽管勤勉、奋发、热心和进取，但经常受到前者借助行政力量的打击。另外，下级教会中的牧师依赖于微薄的奉献和束脩，经济上的贫困与上层优厚"大圣俸"形成了明显对比。斯密还指出牧师较低的薪资水平因为教会尊严、崇高社会地位以及职业荣誉而获得了精神性补偿。

基于经济学分析，斯密揭示了宗教与政治权力之间的勾连关系，主张政治与宗教分离，"宗教上争论激烈的时代，大概也是政治上斗争激烈的时代"②，尤其是政党容易与教派结成同盟，采纳或赞成特定教理，压制敌对教派，影响政治意向，而教派也从其中获得丰厚报酬，甚至形成垄断。相反政治与宗教分离无涉，就会平等对待所有教派，教派之间也会形成竞争机制，消除危害因素，走向笃实和中庸，彼此互利互让，便利谦让，促使教义"脱去一切荒谬、欺骗或迷妄的夹杂物，而成为纯粹的、合理的宗教"③。教派宽容会促使并形成以自由、平等为宗旨的宗教管理法律，摆脱迷信和狂热，促生和平，减少纷争，"政府方面，如果断然决定，让一切宗教自由，并不许任何教派干涉其他教派，那就用不着担心它们不会迅速

① 亚当·斯密：《国富论》，郭大力、王亚南译，商务印书馆，2019，第 136—137 页。
② 亚当·斯密：《国富论》，郭大力、王亚南译，商务印书馆，2019，第 756 页。
③ 亚当·斯密：《国富论》，郭大力、王亚南译，商务印书馆，2019，第 758 页。

自行分裂，而形成十分多数"①。

宗教批判。斯密认为良善的政府会保护人类天赋的理性和幸福，而罗马教会则恰恰威胁到政府权力和安全，危害了人类的天赋权利，他对罗马教会做出了无情的谴责和抨击，"罗马教会组织，可以说是反对政府权力和安全，反对人类自由、理性和幸福（这种种，只有在受到政府保护的地方，才能发挥）的旷古未有的可怕团结"②。斯密认同休谟把国教之外的宗教看作充满迷信、愚昧、幻想和横暴的邪道，具有极大的危害性，"激动俗众的情绪，骗取俗众的轻信"，依赖于"造作新奇，以鼓舞听众弛懈了的信心。至于所授教义中所含的真理、道德或礼节，他们却不注意，而最适合于扰乱人心的教理，却全被采取了"③。他认为迷信、狂妄主要是忧郁、悲观、利己等心理原因造成的，理性虽然能够揭示迷信的本质，批判迷信的危害，但不能动摇它的根基，所以主张通过资助和鼓励人们从事诗歌、音乐、舞蹈、戏剧等艺术活动的方式，增进大众娱乐，消解迷信心态，他指出在罗马教会制度下，"极愚蠢的迷信幻想，得到如此多数私人利己观念的支持，以致任何人类理性的攻击，都不能动摇它。因为，理性虽然也许能够揭穿某些迷信妄想，使普通人也能明白其无稽，但理性绝不能瓦解那基于利己心的结合"④。斯密谴责教会什一税如同法兰西王国"对分佃耕制"一样，其实质是封建地租的变体，阻碍了土地改良；他还援引休谟对宗教与政治联盟关系的论述，揭批政府出于道德教育的目的和现实政治利益而为宗教提供津贴和资助，设定薪俸，"固定薪俸，用贿赂引诱其怠惰，使他们感到除了防止羊群误寻新的牧场而外，其他进一步的任何活动都是多事"⑤；批评罗马教皇虽然做出了释放奴隶的训令但并没有废除奴隶制。另外，斯密承认宗教设施如同教育设施一样有益于社会，可以从一般收入中为其支付一部分费用，但指责国教教会过多占用了国民开支，"教会愈富有，君主和人民就必然愈贫乏，而国家防御外侮的能力也就愈

---

① 亚当·斯密：《国富论》，郭大力、王亚南译，商务印书馆，2019，第758页。
② 亚当·斯密：《国富论》，郭大力、王亚南译，商务印书馆，2019，第768页。
③ 亚当·斯密：《国富论》，郭大力、王亚南译，商务印书馆，2019，第755页。
④ 亚当·斯密：《国富论》，郭大力、王亚南译，商务印书馆，2019，第768页。
⑤ 亚当·斯密：《国富论》，郭大力、王亚南译，商务印书馆，2019，第756页。

要薄弱，这很可说是一个一定不变的原则"①。

教会衰微。斯密揭示了教会与政治、教育的联系，分析了宗教中包含的世俗性要素，较早从社会经济变革、阶层变动、教会内部分化等方面表达了宗教世俗化的观点，即教会传统权威和功能的衰微甚或瓦解，以及以世俗性为基础的宗教变革。

教会是大封建领主，在技术不断革新、制造业和商业逐渐繁荣发展的境遇下，财富有了很大积累，剩余产品不再囿于消费和慈善事业；商品交换扩大了宗教经济范围，但教会租佃依附关系走向解体，这些现象在十四五世纪就已经出现了。面对世俗利益的诱惑，牧师等神职人员爱慕虚荣、奢侈浮靡、贪婪无度，教会传统的社会救助功能弱化，引起了下层群众的反感、嫌恶和愤恚，"一向被视为贫民世袭财产的东西，现在竟被这些牧师为自己寻乐而浪费了"，经济地位的变化引起了阶层分化和对立，"下级人民对于这一阶级，再也不视为是他们苦恼的安慰者和贫穷的救济者了"②。与此同时，教会精神权威和道德育化功能减弱了，越来越多地丧失了支配民众的传统能力，"使下级人民要听牧师们支配的利害关系，一天天衰微，一天天瓦解"③，"教会这时在欧洲大部分的势力，几乎就只剩下了心灵上的权威；甚且连这心灵上的权威，也因牧师们慈善不行，款待中辍，而非常薄弱了"④。

斯密阶层分析主要聚焦于教会统一体中因道德分化引起的群体分裂，后者最终引发了内部变革尤其是宗教改革。通过分析社会阶级道德观念，斯密认为普通民众是刻板保守的道德持守者，而社会名流则秉持自由浮荡的道德主义，不同的道德标准对应于不同的教派倾向，教会逐渐失去了信众的支持而发生了分裂，表现出了强烈的阶级对抗。宗教改革更多的是教派试图努力纯化道德和教义，是由自由到保守的还原，并因其严肃的态度、循规的行为、严谨的义理和雄辩的言辞受到了世俗君主的支持，尤其

---

① 亚当·斯密：《国富论》，郭大力、王亚南译，商务印书馆，2019，第779页。
② 亚当·斯密：《国富论》，郭大力、王亚南译，商务印书馆，2019，第769页。
③ 亚当·斯密：《国富论》，郭大力、王亚南译，商务印书馆，2019，第769页。
④ 亚当·斯密：《国富论》，郭大力、王亚南译，商务印书馆，2019，第769页。

是在教皇势力薄弱的瑞典、丹麦等北欧地区。在法国和西班牙，教皇则借助君主的势力镇压了改革；苏格兰政府力量较为薄弱，宗教改革推翻教会的同时也颠覆了国家。教派分歧、争论产生了路德派和加尔文派，教理与教律由法律加以规定；路德教和英格兰教会保存了监督制，君主保留了主教任免权，有权利推荐牧师，牧师之间存在从属关系；加尔文教会牧师由教区选举，牧师之间是平等的，但富有党派精神，为了选举而狂信，因狂信而斗争，产生了教派，留下了党派。苏格兰教会由长老管理，撤销了推荐权，赎买了选举权，牧师之间是平等的，即教会管辖权和圣俸的平等。

总之，在斯密看来，教会的变化是历史社会因素综合影响的结果，人类理性在其中发挥的作用是有限的，从而为描述宗教衰落设置了经济基础、政治权力以及阶级地位等客观要素分析进路，"设使教会组织没有碰到其他对头，只有无力的人类理性对之施展攻击，它是一定会永远存在的。然而这个广大牢固的组织，这个为一切人类智慧德性所不能动摇尤其不能颠覆的组织，却由于事物的自然趋势，先变成了萎弱，然后部分毁灭，而照现在的倾向，不到几百年，恐怕还要全部瓦解"[①]。

<hr />

① 亚当·斯密：《国富论》，郭大力、王亚南译，商务印书馆，2019，第 768 页。

第二章

宽容与分离：启蒙运动目的论预言

启蒙运动的时代主题是反封建、反专制、反暴政和反教会，斗争的对象是封建政权和宗教神权之间的联盟，目的是重构社会权力来源并确立新的权力架构。启蒙思想家借助理性和科学这两件武器，以严谨的逻辑、精辟的论证批判了前理性的宗教认知，坚信理性终将战胜迷信，科学准定主导未来生活，宗教势必会走向衰落；用人文主义批判取代了天启上帝观念，假定上帝的死亡是人类解放的前提；用大众主权和宽容自主批判了教会垄断和堕落，政治批判直指宗教制度的意识形态功能，坚信僧侣宗教会随着专制政体的衰落和自由政治的确立而消失。启蒙运动遵循的是进步论和目的论历史哲学，由迷信到理性，从信仰到非信仰，自宗教到科学，这是一个历史演化过程；作为19世纪社会运动的先声，启蒙运动深化了宗教宽容和政教分离命题，使世俗化广为人知，并把它确立为一种意识形态预言，即整个世界不可避免地走向世俗化，宗教衰落是一种历史终极。启蒙运动思想家的宗教观混同了一神论、自然神论、无神论与自由信仰等芜杂凌乱的成分，他们在激烈批判西方天启宗教和宗教制度的同时，表现出了时代的保守性，试图在不可知和迷信之间保持平衡，批判的是僧侣宗教，保留了国民宗教，坚持的则是一种人文宗教。

一　伏尔泰比较宗教批判

伏尔泰（Voltaire，1694—1778）是法国伟大启蒙思想家，作品如《哲学书简》（*Lettres philosophiques sur les Anglais*，1733）、《风俗论》（*Essai sur les mœurs et l'esprit des nations*，1756）、《论宽容》（*Traité sur la tolérance*，1763）、《哲学辞典》（*Dictionnaire philosophique*，1764）等。《哲学书简》是伏尔泰在 1726 年到 1728 年避居英国期间的调查报道，也可以说是他对英法文化的比较研究。在此期间，他看到了英国繁华兴盛的贸易景象，被英国哲学和科学前沿发展深深触动，他广泛接触和联系英国各界人士，包括当时托利党和辉格党的党魁要员、达官贵人、文人雅士、银行家、金融贸易商以及哲学家和教徒等，尤其是他阅读到了洛克的著作，受到后者经验主义和科学思想的影响。该书文笔优美、流畅而不失犀利，极富表现力，书中记录了 1688 年革命之后英国的教派、政治、商业、贸易以及风土人情等，评判了英国在哲学、文学、戏剧、科学等方面取得的群星灿烂的成就，阐述了洛克的经验主义，赞扬了牛顿（Issac Newton，1642—1726）有关引力学、光学、微积分的科学思想及其对无限观念的完善和发展，介绍了莎士比亚（William Shakespeare，1564—1616）等人流芳百世的悲剧作品、德莱顿（John Dryden，1631—1700）思想力度丰富的诗作、康格里夫（William Congreve，1670—1729）中规中矩的戏剧、罗切斯特（Comte de Rochester，1647—1680）与韦勒（Edmund Waller，1606—1687）等人流畅而富有想象的诗篇，评述了思想自由和宗教宽容的氛围，同时比较了同时代法国文学领域的成就和缺憾，体现了他对英国社会进步的思考和褒扬，他看到了革命后英国的文明、富足和进步。正因为如此，该书遭到了法国高等法院的谴责，"令人感到气愤、违背宗教、有伤风化的书，而且缺乏对达官贵人应有的尊敬"①。《风俗论》开始撰写于 1740 年，1756 年完稿，1765 年发表的《历史哲学》为导论部分，该书的目的是"了解各民族的风俗和研究人类的精神"②，其中宗教文化构成了本书重要部分，涉及精神生活、思想观念并渗透到政治、军事、哲学、文学等各领域，从世界文化史的角度阐述了人类从蒙昧走向文明、从迷信迈向理性的精神历程。伏尔

① 勒内·波墨为《哲学书简》一书写的"引言"，伏尔泰：《哲学书简》，《伏尔泰文集》第 1 卷，闫素伟译，商务印书馆，2019，第 5 页。

② 伏尔泰：《风俗论》上册，《伏尔泰文集》第 4 卷，梁守锵译，商务印书馆，2019，"译者前言"第 i 页。

泰的作品引述了许多寓言故事和宗教、文学、历史和民族学、人类学等方面丰富的资料以及研究文献，以优美流畅的文笔体现了理性主义精神，蕴含了丰富的历史知识，生动、诙谐的语言中不乏讽刺，对现实的批判中杂糅了作者对人性的反思。

经验哲学与人性论、社会观。笛卡尔一方面承认物质无限，另一方面也承认上帝的存在，但他把上帝看作自然整体。斯宾诺莎（Baruch de Spinoza，1632—1677）汲取了笛卡尔的方法论，名作《笛卡尔哲学原理》（*Principia philosophiae cartesianae*，1663）、《神学政治论》（*Tractatus Theologico-Politicus*，1670）表达了主观唯物论立场，认为物质是有限的，承认绝对的、必然的、无限的最高实体即上帝，广延和思维是这个实体的必然属性，物质和思想则分别构成了它的两种形态，在一定程度上承认了自然的目的因。伏尔泰对他们的哲学思想进行了评析，反对其中的主观唯心主义和有神论，认为物质永恒不灭，具有延展、体积、坚实、引力、可分、可动等属性，承认运动是物质最本质的属性，他批评洛克坚信上帝万能和人性的弱点，从而对物质的认识不够深刻。

伏尔泰推崇培根（Francis Bacon，1561—1626）、洛克等人的经验哲学，主张通过观察认识真理，但他认为人的认识有限，从而物质属性对人类而言是不可知的，"我们对于物质认识很浅薄，所以我们称它为实质；实质这个名词，意思就是说'在表面低下的'；但是这个底却对我们永远是隐蔽着的"①。伏尔泰认为世界存在上帝和物质两个本源，精神和心灵分别沟通二者，这种二元论直接影响了他关于宗教的观点，表达了他的天意观，"认为土地、人和动物按照天命的秩序各有其位，我认为这是贤者的看法"②。

在对人性的理解中，伏尔泰表现出了不可知论时代色彩，他批评帕斯卡（Blaise Pascal，1623—1662）人性邪恶论，"有些品质其实只属于某些人，他却认为是人的天性。他以雄辩的口才诅咒了整个人类。我大胆地站

---

① 伏尔泰：《哲学辞典》上册，王燕生译，商务印书馆，1995，第38—39页。
② 伏尔泰：《哲学书简》，《伏尔泰文集》第1卷，闫素伟译，商务印书馆，2019，第139页。

在人类一边，反对这位崇高的愤世嫉俗者"①；又批判人性二元论是荒唐的观念，后者认为人类有激情和理智，是善恶与苦乐的双重集合体，因忧郁而沮丧，或由自负而得意。伏尔泰认为人具有自然属性，但人性是复杂的，难以理解。

帕斯卡认为人生而是不正义的，是自私自顾的，与秩序相对立，因而导致了混乱和战争，伏尔泰批评说自私之人是傻瓜，"是对社会无用的人，而且这样的人根本无法生存"②，人类充满爱心，而且需要满怀深情的去爱，"应当爱自己的祖国，爱自己的妻子，爱自己的父亲，爱自己的孩子。我们应当好好地爱他们"③；伏尔泰同时指出博大的爱需要从自爱出发，后者构成了人际关系的基础和联系的纽带，是天赋秩序，"每一种动物都有天赋的自爱，正是这种自爱告诉我们尊重别人的自爱。法律指引着这种自爱，宗教使这种自爱变得更加完善"④。伏尔泰批评了帕斯卡"悲苦"人生论和"娱乐"生活论。由自私人性出发，帕斯卡认为人生必然充满烦恼、不幸和死亡，从而会因痛苦而追求娱乐，通过自我麻痹的娱乐方式，躲避社会，规避自然，最终走向超自然，寄希望于来世的拯救。革命后英国的社会状况对伏尔泰产生了极大的乐观刺激和启示，他强调现世是幸福的，幸福是时代的标志，人类应该摆脱消极思想，激励行动，通过行动证实自己。他批评说把人类看作宇宙囚笼中的罪犯，厌恶现世存在，这是狂热分子的想法，而把世界看作享乐场所则是骄奢淫逸者的梦想。

伏尔泰对人类发展和社会演进满怀溢美之情，反对自然退化论说。他既赞颂中国长城、埃及金字塔、希腊神庙、罗马庙宇等上古建筑的高超技艺，也看到了近代天文学、人体解剖学以及音乐、文学、戏剧、诗作等取得的斐然成就，强调不必刻意颂扬、捍卫古人而贬低、反对今人，"尊敬您的祖先却不必崇拜他们"⑤；"摆脱一切成见，体会到古人和今人的才德，

① 伏尔泰：《哲学书简》，《伏尔泰文集》第 1 卷，闫素伟译，商务印书馆，2019，第 133 页。
② 伏尔泰：《哲学书简》，《伏尔泰文集》第 1 卷，闫素伟译，商务印书馆，2019，第 148 页。
③ 伏尔泰：《哲学书简》，《伏尔泰文集》第 1 卷，闫素伟译，商务印书馆，2019，第 142 页。
④ 伏尔泰：《哲学书简》，《伏尔泰文集》第 1 卷，闫素伟译，商务印书馆，2019，第 143 页。
⑤ 伏尔泰：《哲学辞典》上册，王燕生译，商务印书馆，1995，第 98 页。

鉴赏他们的美，认识他们的缺点，并能加以原谅的人都是幸福的"①。

伏尔泰的社会观念建立在自然法基础之上。自然状态的人类是平等的，公正、平等等自然权利是天赋人权，基本的原则即"己所不欲勿施于人"。但在现实中一切都是荒诞的，因灾难而出现的隶属、依附关系造成了不平等；社会分化成阶级，阶级中又存在不同阶层；贫苦引起战争，战争带来奴役。人性中有对统治、财富和享乐的嗜好，也有嫉妒、贪欲。他指出不论是共和国还是君主国，具体的法律制度和宗教受到物质条件和环境的制约，只要唯法是守就是好的国家。他批评战争是人类的劣根，讽刺这种"很漂亮的艺术""光荣的道路"蹂躏聚落，摧毁文明，带来瘟疫和饥馑，而且战争常常成为一种宗教，"每人都在他的圣徒旗帜下兴高采烈地去干罪恶勾当"。②

自然神论。伏尔泰推崇洛克等人秉持的自然神论观点，并把它作为对抗天启宗教的思想武器，认为宇宙是精妙的机器，存在绝妙的智慧上帝及其设计，它的所有造作显示了手段和目的。智慧上帝从虚无中引出并按照目的组织了物质，"我唯一的理性为我证实有那么一个匠人，他安排了世上的物质"；"我不靠一种高级智慧的帮助而能做到的就是相信这个世界上唯一的神——上帝也是永恒而自存自在的。上帝和物质由于事物本性而存在"。与同时代其他自然神论者一样，伏尔泰倾向于不可知论，承认人类理性没有能力认知神性，"但是我的理性却没有能力为我证实这位匠人创造了这个物质，为我证实他是从无中生有的"③；"要想猜测出这位神之所以为神，他是否广阔无垠，是否存在在一定处所，他是如何存在的，如何起作用的，这就未免狂妄了"④。

智慧上帝是目的的因和原理，"不管从哪个角度来看，你们不得不承认，你们是无知的，上帝具有莫大的权能。……能够对你说，只要我们考察最初的原理，就必须借助于上帝呢？"⑤ 对上帝的崇拜就是对作为根本

① 伏尔泰：《哲学辞典》上册，王燕生译，商务印书馆，1995，第118页。
② 伏尔泰：《哲学辞典》下册，王燕生译，商务印书馆，1995，第550、551、552页。
③ 伏尔泰：《哲学辞典》下册，王燕生译，商务印书馆，1995，第426页。
④ 伏尔泰：《哲学辞典》下册，王燕生译，商务印书馆，1995，第427页。
⑤ 伏尔泰：《哲学书简》，《伏尔泰文集》第1卷，闫素伟译，商务印书馆，2019，第64页。

的、终极的因的崇拜，"但是要像我一样崇敬在整个自然界所显示出来的意图，而且因此也就要崇拜这些意图的创造者——万物最根本的和终极的原因"①。上帝是完善的、永恒的规律，为人类规定了自然法，"为他的创造物准备好一切、安排好一切，一切都要服从他永远赋予大自然的力量"②。上帝是道德规范者和维持者，"道德观念，人皆有之，故来自上帝；宗教仪式，各不相同，故出自人为"③，然而上帝没有为世界规定善恶，没有热情和争论，更没有创造宗教团体和仪式。洛克阐述了人类理性，他指出正义观念人各不同，上帝声音不为人理解，上帝不是与生俱来的天赋观念，也不是哲学观念，而是从感觉和自然逻辑中发展出来的。伏尔泰遵循洛克的理念，但他更多的是一位道德实用主义和务实者，崇奉作为道德主宰的上帝，寄望它赏罚分明、鼓励善良、惩戒愚顽，"要继续不断修养品德，广施恩泽，以憎恶和蔑视的态度对待种种迷信"④，信仰上帝可以使罪恶悬崖勒马。

伏尔泰对形而上学问题持怀疑和悬置态度，"形而上"即超乎自然的意思。伏尔泰指出自然是物质的，形而上是非物质的，诸如推理能力、灵魂、精灵、上帝都是形而上学的对象，"我们不能用任何推理证实这类天堂和地狱的势力存在；但是也不能证实它们不存在。承认有既不属于神性也不属于人性的行善的东西与作恶的东西确也没有什么矛盾；但是一件事物是可能的，并不足以令人确信它的存在"⑤。他批评天启宗教思想荒谬，不是一种哲学，也不是一种宗教。伏尔泰没有走向彻底的唯物主义，他一方面认为世界存在上帝和物质两个本源，另一方面又说上帝引出了物质，所以他是一位自相矛盾的二元论者。

比较宗教观。伏尔泰抛弃了休谟多神原初说，认为一神教是宗教的最初形态，起源于远古，典型形式是偶像崇拜，后者没有创造者的观念，偶像是工匠的造作，是神像但绝不是神，"体现的是一种伪宗教里的一些旁

---

① 伏尔泰：《哲学辞典》下册，王燕生译，商务印书馆，1995，第451页。
② 伏尔泰：《哲学辞典》下册，王燕生译，商务印书馆，1995，第647页。
③ 伏尔泰：《哲学辞典》上册，王燕生译，商务印书馆，1995，第169页。
④ 伏尔泰：《哲学辞典》下册，王燕生译，商务印书馆，1995，第451页。
⑤ 伏尔泰：《哲学辞典》上册，王燕生译，商务印书馆，1995，第130页。

门左道"①，波斯人、萨巴人、埃及人、鞑靼人和土耳其人都曾经是偶像崇拜者。由于人类在面对自然现象、饥馑灾异、疫病死亡、社会欺虐时表现出软弱和依附感，寄望于强有力的主宰，"人只信仰、祈求、崇拜他们所恐惧的"②，产生了多神信仰，崇拜太阳、蛇，梦幻；相信水火洁净灵魂；信仰善恶两个本源；接受了赎罪说，"一些公民鉴于人类的弱点、邪恶行为和遭受的苦难而寻觅一种精神上的依靠来保持他们的道德，为他们在人生中的颓废和恐怖精神状态寻求一种支持"③。希腊人和罗马人都曾是多神信徒。伏尔泰断言神是社会的产物，初民阶段人类理性微弱，依靠信仰而非理性，泛灵信仰虽然包含了迷信要素，但也显示出了初具理性的能力。

随着人类理性的自然演进，出现了主宰、统治者和首领观念，社会力量人格化为独一、至上、强力神观念，自然神灵成了不同部落、城邦、部族和民族的保护神和地方神，如古埃及的"克耐夫"、希腊人的宙斯、罗马人的朱庇特；再如迦勒底人崇拜星宿，波斯人礼拜太阳，琐罗亚斯德教信仰上帝、魔鬼。许多民族在这个阶段都经历了神权政治统治，如印度的婆罗门、波斯的祆教、埃及的祭司、高卢的德洛伊等都是由守护神转变而来的，信仰主神的同时信仰副神；不仅信奉本族神灵，而且信奉异族神灵，"所有的民族都认为邻族完全应该有自己特有的神祇，并且他们经常崇拜异族的礼拜对象，模仿异族的礼拜仪式"④。

理性的进一步完善，出现了承认和崇拜至高全能上帝的哲学家，产生了永恒造物主观念，多神信仰又回归到了一神崇拜中，但在很长时间中，永生上帝和神明崇拜是并存的。对宗教起源和演进的研究表现了伏尔泰比较宗教学的视角，也体现了他认为的人类理性从单纯到复杂又通过高级知识回归单纯的过程，以及宗教的道德训诫作用，在对帕斯卡的批评中，伏尔泰指出，宗教不是区别人性伟大或可悲的东西，不是形而上学，而是道德教训。伏尔泰的宗教观体现了西方宗教中心主义，坚持西方宗教是真实

① 伏尔泰：《哲学辞典》下册，王燕生译，商务印书馆，1995，第559页。
② 伏尔泰：《哲学辞典》下册，王燕生译，商务印书馆，1995，第683页。
③ 伏尔泰：《哲学辞典》下册，王燕生译，商务印书馆，1995，第450页。
④ 伏尔泰：《风俗论》上册，《伏尔泰文集》第4卷，梁守锵译，商务印书馆，2019，第29—30页。

理性的宗教，"耶稣基督的宗教是真正的宗教，而穆罕默德的宗教、异教徒的宗教和所有其他的教都是假的"①。英国的游历让伏尔泰广泛地观察到多种教派宗教，启发他对宗教做出新的认识。

通过引述各种学说，伏尔泰避开了圣事圣迹讨论，还原了世俗历史事实，描述并考证了其中的地理、风俗、习惯等，对宗教经典做出了世俗考证和解释。他批判圣灵观念"本来就不打算教授我们纪年学，也不想教授我们物理学、逻辑学；他只想使我们成为畏惧上帝的人"②。灵魂不朽是一种古老的教义，也是宗教的基本问题之一。伏尔泰认同洛克对灵魂的怀疑，批评灵魂不朽是一种模糊的概念，是教义要求；认为对灵魂的争论是形而上学，超出了理性认识范围，犹如盲人探光，纯属无稽之谈，没有任何意义，"永远要老实承认我们对于这种灵魂、对于我们深受其惠的这种感觉和思维能力实在很少认识"③；"最令我们惊讶的就是一种极其压制世人而又极其有益世人的教义，却让那生命短促——被挤在两个永恒之间的人类，遭受累累可怕罪行的蹂躏"④，与其争论灵魂，不如把它看作"纯洁的心灵"。天使也是古老宗教学说之一，是许多宗教的崇拜对象，伏尔泰用文化的和人类学的笔触描述了天使，认为它是人类按照自身形象创造神明的结果，"我们不大明确天使在那里存身，是在空气里呢，在空中呢，还是在星球里"⑤。

伏尔泰从历史民俗的角度讨论了洗礼，即用水清洗身体，洗濯灵魂，洗涤罪恶。洗礼在许多民族文化中源远流长，太古时代的印度人在恒河水中洗洁身体，这种习俗在希伯来人中神圣化了，同割礼、领受告诫、遗产继承以及宗教改宗联系在一起，并在西方宗教中有了新的价值和意义，成了重要的宗教仪式，"在悲惨的人间无往不是迷信"⑥，洗礼赎愆消罪，被看作皈信的标志。奇迹是许多宗教的要素之一，伏尔泰认为它属于信仰范畴，排斥了理性，违反了规律，"我们之所以相信这些奇迹是出之于信仰，

① 伏尔泰：《哲学书简》，《伏尔泰文集》第 1 卷，闫素伟译，商务印书馆，2019，第 135 页。
② 伏尔泰：《哲学辞典》上册，王燕生译，商务印书馆，1995，第 4—5 页。
③ 伏尔泰：《哲学辞典》上册，王燕生译，商务印书馆，1995，第 46—47 页。
④ 伏尔泰：《哲学辞典》上册，王燕生译，商务印书馆，1995，第 53 页。
⑤ 伏尔泰：《哲学辞典》上册，王燕生译，商务印书馆，1995，第 134 页。
⑥ 伏尔泰：《哲学辞典》上册，王燕生译，商务印书馆，1995，第 201 页。

而不是由于理性，我们是防止自己听从理性的；因为一想到信仰，我们深知，理性理应噤若寒蝉"①。但是伏尔泰始终没有彻底否认上帝的存在。

理性与信仰。伏尔泰认为理性是感觉、感知和思想的能力，"我们除了天然理性之外，根本没有什么别的理性"②，理性摧毁了迷信和愚昧。理性的对象和信仰的对象是不同的，例如原罪是信仰的对象，而不是理性的对象，"信仰要求我们相信。我们不再需要其他的理由，事情就这样决断了"③。理性不能证明灵魂永恒，但信仰可以揭示灵魂，"对于宗教来说，灵魂是由何种物质形成的，这并不重要，只要品德端正就行了"④。

伏尔泰把宗教比作人们为自己戴上的枷锁，但承认宗教信仰的社会作用，"凡是有稳定社会的地方，宗教信仰便是必不可少的；法律规章关注的是众所周知的罪行，而信仰则是防备秘而不宣的罪过"⑤；宗教是人群团结的纽带，但也是罪恶的来源，"宗教也能使人和解，有时能缓和他们的怒火，虽然有时候宗教也会驱使他们犯下非人的可怕暴行"⑥。他同时指出信仰会湮抑理性，"只要我们用信仰的眼光……微弱的理性，也就可以缄默了"⑦，因而有必要寻求健康的信仰，他批判了上帝存在的赌博论，"相信上帝是存在的，以权衡一下利弊。如果你赢了，那你会赢得一切。如果你输了，你不会有任何损失。所以，那就毫不犹豫地打赌说上帝存在吧"⑧。

理性提出质疑，感性在于否定，信仰强调确信，神学意味着确定性，伏尔泰认为无神论只能导致怀疑。他承认神学发挥了道德约束作用，批评虚伪的神明观念给社会带来巨大危害，神学中的争论"互相咒骂，却又尽都是名利熏心；回过头来再看一看世间充满罪恶和灾难，其中有不少倒是由这些位灵魂大师们的争论而造成的"⑨。重要的是争论消解了神学的确定

---

① 伏尔泰：《哲学辞典》下册，王燕生译，商务印书馆，1995，第 649 页。
② 伏尔泰：《哲学辞典》上册，王燕生译，商务印书馆，1995，第 118 页。
③ 伏尔泰：《哲学书简》，《伏尔泰文集》第 1 卷，阎素伟译，商务印书馆，2019，第 62—63 页。
④ 伏尔泰：《哲学书简》，《伏尔泰文集》第 1 卷，阎素伟译，商务印书馆，2019，第 63 页。
⑤ 伏尔泰：《论宽容》，《伏尔泰文集》第 3 卷，蔡鸿滨译，商务印书馆，2020，第 112 页。
⑥ 伏尔泰：《论宽容》，《伏尔泰文集》第 3 卷，蔡鸿滨译，商务印书馆，2020，第 32 页。
⑦ 伏尔泰：《哲学辞典》上册，王燕生译，商务印书馆，1995，第 8—9 页。
⑧ 伏尔泰：《哲学书简》，《伏尔泰文集》第 1 卷，阎素伟译，商务印书馆，2019，第 137 页。
⑨ 伏尔泰：《哲学辞典》上册，王燕生译，商务印书馆，1995，第 163 页。

性，导向了怀疑，而后者正是无神论的特征，"承认有一位上帝存在的哲学家，有许多可能性对于他来说等于是确切无误的，而无神论者却只有怀疑"①。自然神论哲学因其对精妙秩序和永恒规律的强调，以及对立法者的坚持，倾向摧毁无神论，"神学往往把人的心灵引入无神论里去，后来倒是哲学又把人的心灵从无神论里引了出来"②。

需要指出的是，伏尔泰的认识表现出了时代局限性，他承认无神论作为一种哲学派别有别于经院学派，反对宗教迫害、反对教皇，但他又把无神论与迷信并列，否认无神论认为物质的运动产生了现存宇宙的论说，批评"无神论是若干聪明人的缺点，迷信是愚人的缺点"③。他把无神论看作另一种迷信，"人始终需要有所约束和抑制，尽管向农牧神、森林之神、水神献祭，看来似乎荒诞可笑，可是崇拜这些具有神性的神怪形象，总比陷进无神论更合乎情理，更为有益"④。

宗教批判。伏尔泰借助立意巧妙、风趣横生的笔触对封建专制及其支柱天主教会进行了无情讥讽和批判。首先，伏尔泰反对封建专制和贵族暴政，宣传启蒙思想。他批判国王专横暴虐，"朕意即法律"，推行个人暴政，是十足的暴君，他引用博林布罗克（Henry St John, Viscount Boling-broke, 1678—1751）的话说，"天赋神权的思想只能造就披着主教外衣的暴君，而只有法律才能成就公民"⑤；批评贵族强征暴敛，劫夺掳掠，是集团暴政。他崇尚革命后的英国政治体制，宣扬私有财产个人所有，热情洋溢地介绍了英国议会制度和政府，"上院和下院是国家的仲裁者，而国王则是最高仲裁者"⑥。不可否认，伏尔泰在一定程度上为现实中的封建王权进行了辩护，"我也照样遵从我们的国王，我认为自己曾向他宣誓，因此仍将受他约束；如果你胆敢造反反对他，我就将是审判你的法官中的一员，宣布你是危害王权的罪犯"⑦。

---

① 伏尔泰：《哲学辞典》上册，王燕生译，商务印书馆，1995，第 164 页。
② 伏尔泰：《哲学辞典》上册，王燕生译，商务印书馆，1995，第 162 页。
③ 伏尔泰：《哲学辞典》上册，王燕生译，商务印书馆，1995，第 180—181 页。
④ 伏尔泰：《论宽容》，《伏尔泰文集》第 3 卷，蔡鸿滨译，商务印书馆，2020，第 112 页。
⑤ 伏尔泰：《哲学书简》，《伏尔泰文集》第 1 卷，闫素伟译，商务印书馆，2019，第 28 页。
⑥ 伏尔泰：《哲学书简》，《伏尔泰文集》第 1 卷，闫素伟译，商务印书馆，2019，第 37 页。
⑦ 伏尔泰：《论宽容》，《伏尔泰文集》第 3 卷，蔡鸿滨译，商务印书馆，2020，第 61 页。

其次，伏尔泰揭批了黑暗的天主教教廷，后者凭借伪教令创立教规或证实教理，扩大教皇和主教权力，迫害新教徒，视人道、宽容和自由如同水火。他批判教皇权力跋扈、亵渎神明、贪欲嗜杀和荒淫无度；指责教皇废黜、暗杀国王的行为，"他们的威力大大超越古代诸神之上：原来这些神只是有人以为他们能支配一些帝国，而教皇却是实际上真正支配了一些帝国"①；谴责教皇公开贿卖职位，出售赎罪券、宽免符；豪取巧夺，收取捐税，夺取领地。伏尔泰讽刺主教虚伪傲慢，骄奢淫逸，包养情妇，不信上帝，教阶森严，充满对财富的贪婪和对荣誉的贪欲。在伏尔泰的笔下，洛林红衣主教是一个满腹阴谋诡计、道德败坏、粗野残暴、欺凌弱小而夸口自诩、神气十足的"永生者、创造者、保护者、赏罚者、宽恕者"②。伏尔泰批评教皇、主教野心勃勃，争夺世俗权力，率领军队，发动战争。

再次，伏尔泰描写了荒淫的修道院生活，刻画了修士安乐享受和劳动者辛酸穷苦，满怀对理性的期待和自信；讽刺修道院长贪婪悭吝，舞弊诉讼，沽圣渎圣，"你们曾经利用过无知，迷信和愚昧的时代来剥夺我们的遗产，践踏我们，用我们的血汗来自肥。理性到来的日子，你们就发抖吧"③。他讥世讽人，把宗教裁判比作为"七头怪蛇"，是披甲戴胄的"妖怪"；批评罗马天主教会依靠的是僧侣刽子手，裁判所是腐朽的、臭气熏天的奥吉阿斯马厩，权力扩延到了世俗事务中，即使国王、贵族和法官也要受到制裁；批评裁判中夹杂着狂热、迷信和愚昧，体现了人性的怯懦和对邪恶的健忘，以及对无辜、怨屈的漠视，对是非曲直的冷淡和对欺诈、阴谋的热衷。他认为裁判应该由治理国家和人民的国王及其大臣和法官负责，神学家应该只为人民祈祷。

还有，伏尔泰描绘了教会贪得无厌和内部贫富分化。宗教不鼓励积聚财富，不允许教会接受房屋田地等不动产。但实际中天主教会通过接受孀妇赠送或遗嘱捐献，获得良田，拥有大量不动产；通过伪造文件、骗取遗

① 伏尔泰：《哲学辞典》下册，王燕生译，商务印书馆，1995，第 675 页。
② 伏尔泰：《哲学辞典》下册，王燕生译，商务印书馆，1995，第 464 页。
③ 伏尔泰：《哲学辞典》上册，王燕生译，商务印书馆，1995，第 2 页。

嘱，获得银钱和家具物什，聚集财产，"直到当时还认为是神圣不可侵犯的财产，就都被教会侵占去了"①。伏尔泰批判教会对财产的贪求"是贪得无厌的欲望所能想得出的极端可憎的、连强盗也不敢想像的事"②。主教和神甫们逐渐独占了属于僧侣、教区和贫民的财产，占有林园、庄园，收取税收，领取丰厚圣俸，拥有许多修道院，殿宇华丽，过着悠然安适的生活。低级僧侣和乡村教士俸禄微薄，生活艰苦，处于贫困状态，但其中不排除灵魂堕落、贪得无厌、狡诈奸猾而遭人痛恨之人。在他看来教士是公共服务者，应该获得相应的酬劳，但要有温良虔诚、慈善开明等值得尊敬的品格，而且不能迷信愚蠢。

最后，伏尔泰反对迷信愚顽和宗教狂热。迷信造成了人性的堕落和猥鄙，制造了罪恶和罪行，"那些最迷信的时代总是穷凶极恶的罪行最多的时代"③；"迷信本是人们对至高无上的主应有的崇拜的最狠毒的大敌。我们要鄙弃这头总是撕裂生母乳房的怪物；那些跟它斗争的人们都是为全人类造福的人；它本是一条盘曲身躯缠紧了宗教的毒蛇；应该砸烂蛇头而切勿伤损了被蛇所毒害和吞噬者的头"④。伏尔泰坚信理性会不断深入人心，迷信的阴霾终将散去。"Fanaticus"原指副本堂神甫，后来指失去理智的狂热信仰者。宗教狂热是一种错误的思想意识，淹没了科学认识，信仰变成了幻想，一方面表现为少数人主导制定的狭隘戒律，常常为强烈感情包裹和奴役的热心民众所接受；另一方面表现为对其他宗教的坚决抵制。伏尔泰把狂热信仰者称作寡廉鲜耻之徒，"他们除了无知、狂热和行为卑鄙之外，一无所长；他们把游手好闲、饱食终日当做是一种任务和光荣。这些人，至少一生都是无用的废物，死后还值得崇敬吗"⑤，他们迷妄无知、头脑发热、感情激动而又自以为是，欺诈诽谤，相互攻击，在狂热情绪支配下喧嚣扰攘，煽动无知，蛊惑群众，欺世骗人，蒙蔽真理，"浑身

---

① 伏尔泰：《哲学辞典》上册，王燕生译，商务印书馆，1995，第245页。
② 伏尔泰：《哲学辞典》上册，王燕生译，商务印书馆，1995，第254页。
③ 伏尔泰：《哲学辞典》下册，王燕生译，商务印书馆，1995，第713页。
④ 伏尔泰：《哲学辞典》下册，王燕生译，商务印书馆，1995，第452页。
⑤ 伏尔泰：《哲学辞典》下册，王燕生译，商务印书馆，1995，第713页。

附着那令他们激动的神灵，在地球上散布恐怖和幻想"①；"真理的这道闪闪微光与那种由迷信围绕着的虚假光辉混在一道，终于令人心陷入黑暗之中"②。狂热信仰者极易被别有用心之人利用，陷入残酷政治斗争甚或疯狂圣战的迷途之中，"一个疆土辽阔的国家被它本国人民搞得只剩下了半壁河山。最好战而又最和平的民族自行分裂，父子之间祸起萧墙兵戎相见，篡位夺权者，专横的暴君，残忍成性的人们，杀害父母者和亵渎神明的歹徒，用宗教思想践踏了人间一切神圣习俗惯例，这就是宗教狂热及其战功的历史"③。伏尔泰认为法律和宗教都无法洗涤狂热信仰者的罪恶，唯一的途径是让他们经受哲学精神的洗礼和治疗，"哲学，只有哲学这个宗教的姐妹，使人放下了手里的屠刀，而在漫长时期里，迷信却使这些手沾满鲜血。人在迷醉之后清醒过来，对热狂引起的这类暴行感到惊讶不已"④。需要批评的是，作为坚定的有神论者，伏尔泰把狂热信仰和无神论并列一起并分别看作信仰和哲学领域的两个"怪物"，"我从信仰上帝的人那里比从不信神的人那里的确会获得更多的公正待遇，而从迷信之徒那里却只能得到苦难与迫害。无神论与狂热的信仰原是一对能够吞噬和分裂社会的怪物；但是，无神论者在错误中还保持着理性使他不致胡作非为，而狂热的信仰却无休止地疯狂下去，这就更使他会为非作歹"⑤；不同的是，"狂热崇拜是个比哲学上的无神论还更危险千百倍的怪物"⑥。

宗教宽容。在历史考索和实践体会中，伏尔泰较早提出并宣扬宗教宽容。通过研究历史伏尔泰发现希腊人表现出了民族宽厚和尊重信仰的精神；罗马人虽然存在群体歧视甚至迫害，但各宗教是相互宽容和共存的，罗马帝国曾经颁令宗教宽容，且把这一原则视为神圣法规，基督教、犹太教都能共存于罗马帝国中；土耳其、印度、鞑靼、波斯等民族中都曾存在

---

① 伏尔泰：《哲学辞典》下册，王燕生译，商务印书馆，1995，第513页。
② 伏尔泰：《哲学辞典》下册，王燕生译，商务印书馆，1995，第514页。
③ 伏尔泰：《哲学辞典》下册，王燕生译，商务印书馆，1995，第517页。
④ 伏尔泰：《论宽容》，《伏尔泰文集》第3卷，蔡鸿滨译，商务印书馆，2020，第20—21页。
⑤ 伏尔泰：《哲学辞典》上册，王燕生译，商务印书馆，1995，第166页。
⑥ 伏尔泰：《哲学辞典》下册，王燕生译，商务印书馆，1995，第454页。

宗教宽容的气氛。相对而言，天主教迷醉于宗教狂热，教派纷争夹杂了政治攻击，导致暴力、流血和战乱，每个世纪都有超百万人口为之丧命，在基督教历史中，"这一千七百万孤魂冤鬼都是为了他人的永久幸福和上帝的无上光荣而丧命的"①，尤其是16世纪宗教改革运动，更是激起了空前的暴行和战争，在新旧教权、教权与王权、王权与贵族等多种力量参与和较量中，仅是在1562—1598年的三十六年之间，胡格诺派和天主教之间就发生了十次战役。

英国教派之间和谐共存与交往图景给伏尔泰以很大启发，引发了他对宗教迫害的思考，以及对宗教宽容的大声疾呼，"如果在英格兰只有一种宗教，那恐怕是要出现专制的。如果有两种，那它们会打得你死我活。可是这里有三十种宗教，各个宗教之间便相处得十分和睦而幸福了"②。正因为如此，伏尔泰积极参与进"卡拉斯"（Calas，1761—1763）、"西尔旺"（Sirven，1762—1769）、"拉巴尔"（Labarre，1765—1766）等一系列案件中，坚持寻求真理，为受害者伸张正义，辩护昭雪，结合对卡拉斯案件的思考，写出了《论宽容》一书，批评了教会的偏执、法官的冷酷以及对暴行的庇护，最终酿成了悲惨的后果，揭露了残酷的宗教迫害，宣扬宗教宽容和信仰自由。

伏尔泰反对宗教迫害、教派斗争，宣扬宽容厚道，主张不管基督教、伊斯兰教还是佛教，都应该秉持信仰自由，彼此宽容，"这是人类的特权。我们大家都是由弱点和错误塑造成的。我们要彼此原谅我们的愚蠢言行，这就是第一条自然规律"③。他批判罗马天主教会欺骗正义，在犯有凶杀、诛戮、废黜、弑君等罪行的同时，充满教派仇恨，排斥异己，通过胁迫、监禁、酷刑、放逐等暴行实行宗教迫害。"不能容忍异己，只能产生伪善者或反抗者，两者择一，非此即彼，这是多么悲惨的选择结果啊！"④伏尔泰谴责宗教迫害是宗教狂热的专利，充满荒谬、欺骗和迷信，带来无穷无尽的暴行、杀戮和战争，"然而我讲的是实话：曾充当迫害者、刽子手、

---

① 伏尔泰：《哲学辞典》上册，王燕生译，商务印书馆，1995，第170页。
② 伏尔泰：《哲学书简》，《伏尔泰文集》第1卷，阎素伟译，商务印书馆，2019，第32页。
③ 伏尔泰：《哲学辞典》下册，王燕生译，商务印书馆，1995，第714页。
④ 伏尔泰：《论宽容》，《伏尔泰文集》第3卷，蔡鸿滨译，商务印书馆，2020，第59页。

杀人凶手的，是我们基督教徒！受害的是谁呢？是我们的兄弟。正是我们曾手执十字架或《圣经》破坏许多座城市；从君士坦丁的统治，到居住在塞文山区的凶恶之徒疯狂的残暴行径，不断杀人流血，点燃火刑柴堆"①；"异教很少使人流血，我们的宗教却血洗大地。我们的宗教自然是世上唯一最好最真的宗教；可是我们由于通过它干了许多坏事，所以每一谈起其他宗教来，我们就应该谦虚些"②。

伏尔泰强调宽容是宗教的天职，偏执会造成流血；宽容能抑制内耗，在争论中彼此容忍，宗教宽容包含了信仰自由的原则，并通过"信"和"行"两个方面体现出来。他还指出宗教和教派越多，就会削弱消极能量，自然会减少宗教迫害，"如若你们有两种宗教，它们就会彼此誓不两立；如若你们有三十种宗教，它们就会相安无事"③。伏尔泰表达了政府有责任实施宗教管理的思想，认为教派应该受法律节制，并依靠法律保障基本权利，他表达了信仰自由的观点，信仰基于相信而非支配，任何宗教不得剥夺公民的信仰自由；不能因为反对神学信仰而被剥夺财产继承权，甚或被处以极刑；不得强制公民接受宗教仪式，更不得实施宗教迫害；不得使用暴力创立和扩展宗教。

二　卢梭道德批判

让-雅克·卢梭（Jean-Jacques Rousseau，1712—1778）是法国 18 世纪启蒙思想家、哲学家、教育家，他也是一位民主政论家和浪漫主义文学流派的开创者。卢梭的著作如《论科学与艺术的复兴是否有助于使风俗日趋纯朴》（*Discours sur les sciences et les arts*，1750）、《论人与人之间不平等的起因和基础》（*Discours sur l'origine et les fondements de l'inégalité parmi les hommes*，1755）、《社会契约论》（*Du contrat social ou principes du droit politique*，1762）、《爱弥儿》（*Émile ou de l'éducation*，1762）、《忏悔录》（*Les confes-*

---

① 伏尔泰：《论宽容》，《伏尔泰文集》第 3 卷，蔡鸿滨译，商务印书馆，2020，第 56 页。
② 伏尔泰：《哲学辞典》下册，王燕生译，商务印书馆，1995，第 691 页。
③ 伏尔泰：《哲学辞典》下册，王燕生译，商务印书馆，1995，第 717 页。

sions，1782，1789）。其中《论科学与艺术的复兴是否有助于使风俗日趋纯朴》《论人与人之间不平等的起因和基础》分别是应 1749、1753 年第戎科学院（Academy of Dijon）有奖征文而写的。他自己说后书的目的是"要驳斥人们胡言乱语的谎言，我要如实展现人原本的天性，充分揭露使人的天性大变其样的时代和事物演变的过程……以便使人们看到他们在所谓人的完善化的过程中所遭到的苦难的真正原因"①，1755 年由书商雷伊在阿姆斯特丹出版。

自然法则。卢梭的研究是从考察人类自然状态开始的。格劳秀斯（Hugo Grotius，1583—1645）认为人类自然状态下存在正义和非正义的观念，普芬道夫（Samuel von Pufendorf，1632—1694）认为个人有保护私有物的权利，霍布斯认为自然状态是战争状态。自然宗教使人相信正是理性上帝才让人摆脱了自然状态。卢梭由人类学考察开始进而做出了社会学反思，提出了不同于洛克、霍布斯等人的理解，批评他们误解了人类的自然状态，"他们各个都不厌其烦地在书中大谈什么人类的需要、贪心、压迫、欲望和骄傲，把人类只有在社会状态中才有的观念拿到自然状态中来讲：他们说他们讲的是野蛮人，但看他们笔下描绘出来的却是文明人"②。

自然法在罗马法学家笔下是指大自然施于万物之中的法则，确定的是万物共同生存的关系。现代法学家聚焦于人类社会，把自然法的对象限定在有道德观念的生物上，后者即智慧的、自由的人，"自然法"体现的是关于人类共同利益关系的一系列推理和归纳。卢梭希望从自然状态中寻找这样的法则，之所以为"法"，"不仅需要受它约束的人自愿服从它，而且它还需要直接以自然的声音表达，它才合乎自然"③。基于心理学假定，卢梭提出了人类先于理性的两个原动力，即对幸福和生存的关注以及对同类痛苦和死亡的厌恶，这是自然法规则产生之源。

根据卢梭的描述，原初人类是愚昧的、有局限的动物，在混沌自然状

---

① 卢梭：《忏悔录》下，《卢梭全集》第 2 卷，李平沤译，商务印书馆，2017，第 141 页。
② 卢梭：《论人与人之间不平等的起因和基础》，《卢梭全集》第 4 卷，李平沤译，商务印书馆，2016，第 231 页。
③ 卢梭：《论人与人之间不平等的起因和基础》，《卢梭全集》第 4 卷，李平沤译，商务印书馆，2016，第 221—222 页。

态中，人类和其他动物一样，受到大自然的支配，平等地面对生命和生存的基本问题，只是简单地利用自然；相互之间没有联系，处于非饥饿不相食的自满状态；没有社会、语言、道德，也没有战争、进步；但人类也要面对衰老、死亡、疾病等自然境况。卢梭认为自然状态的人类除了本能之外还拥有自然禀赋，具有感觉能力，体质优越于其他动物，有智力尤其有自由、意志、选择，而且人类有"自我完善的能力"[1]，通过后天学习获得各种才能，发展自身；人性本无善恶，但具有天赋道德心，有自爱、怜悯而没有贪欲。天然的怜悯是慷慨、仁慈、人道、善意、友谊的深层根基，支持着人类理性，构成了精神智慧提升的基础，"怜悯心是一种自然的感情，它能缓和每一个人只知道顾自己的自爱心，从而有助于整个人类的互相保存"[2]。自然状态的人类只存在如年龄、健康、智力等方面自然的差别，"不平等"不明显或不存在。

基于内在原动力和自然禀赋，随着人口的增多和自然条件的变迁，人类逐渐改变生存生活方式，因接触、联系而产生关系，知识增加，语言产生，技术完善，出现了基本的社会单元家庭和初级的地域群体结合体，偏爱、嫉妒、羞耻、羡慕甚至权力、权利、私有财产等观念产生并开始影响人们的行为，然而在卢梭看来，这一切都是套在人类身上的"新枷锁"。

人类的巨大变革发生在农耕和冶金技术出现之后，人口进一步增加，重要的是社会产生了，一方面使人"从一个愚昧的和能力有限的动物变成了一个聪明的生物，变成了一个人"[3]，另一方面，结构形成了，平等状态瓦解了，土地变成了私产，群体中出现贫富差距，关系联结中存在利害冲突和竞争敌对，人性充满贪婪野心和巧取豪夺，与之同时产生了奴役与锁链，"奴役的链条是由于人们的互相依赖和使他们联合在一起的互相需要

---

[1] 卢梭：《论人与人之间不平等的起因和基础》，《卢梭全集》第4卷，李平沤译，商务印书馆，2016，第242页。

[2] 卢梭：《论人与人之间不平等的起因和基础》，《卢梭全集》第4卷，李平沤译，商务印书馆，2016，第260页。

[3] 卢梭：《社会契约论》，《卢梭全集》第4卷，李平沤译，商务印书馆，2016，第36页。

形成的"①，"他们争相向锁链那里走去，还以为这样就可使他们的自由得到保障"②，每个人都戴上了社会枷锁。

社会泯灭了人的天性，引发了各种欲望，表现在精神和道德方面，便是社会人的纵欲无度和奢望无边，于是法律产生就成为必要。社会之中形成了民法，自然法则成为社会与社会之间的"万民公法"。法律的产生虽然在一定程度上约束了人们的欲望，但"它们给弱者戴上了新的镣铐，使富人获得了新的权力，并一劳永逸地摧毁了天然的自由，制定了保障私有财产和承认不平等现象的法律，把巧取豪夺的行径变成一种不可改变的权利，此外，还为了少数野心家的利益，迫使所有的人终日劳苦，陷于奴役和贫困的境地"③。法律是理性，服从法律就是服从理性，从而人类天性泯灭了，不平等固化了，"它之得以产生和继续发展，是得助于我们的能力的发展和人类知识的进步，并最终是由私有制的出现和法律的实施而变得十分牢固和合法的"④。卢梭指出政治不平等很大程度上是特权的体现，政治团体迫使人们走出自然状态，陷入战争残杀，尽管政治社会形式各不相同，但都泯灭了人类的天性，出现种种不平等弊端，并在专制暴君手中达到了极致。他批判专制暴政吞噬"美好和健康的东西，践踏法律，蹂躏人民"，摧毁共和，"人民的领袖和法律已不复存在"，"善良的风俗和美德已荡然无存"⑤。在卢梭看来，社会的不平等只能在自然人性中去找寻，而与宗教及其观念无关，"只要我们按照理性的引导，就可以从人类的天性中推导出来，而无需借助于作为君权神授说的依据的神圣的教义"⑥。

---

① 卢梭：《论人与人之间不平等的起因和基础》，《卢梭全集》第4卷，李平沤译，商务印书馆，2016，第267页。
② 卢梭：《论人与人之间不平等的起因和基础》，《卢梭全集》第4卷，李平沤译，商务印书馆，2016，第285页。
③ 卢梭：《论人与人之间不平等的起因和基础》，《卢梭全集》第4卷，李平沤译，商务印书馆，2016，第286页。
④ 卢梭：《论人与人之间不平等的起因和基础》，《卢梭全集》第4卷，李平沤译，商务印书馆，2016，第306页。
⑤ 卢梭：《论人与人之间不平等的起因和基础》，《卢梭全集》第4卷，李平沤译，商务印书馆，2016，第302页。
⑥ 卢梭：《论人与人之间不平等的起因和基础》，《卢梭全集》第4卷，李平沤译，商务印书馆，2016，第306页。

道德批判。不平等起源于社会，而社会则是人类的必然状态。卢梭构拟了人类两次剧变，以及法律的产生和政治权力的演变，希望从自然法和自然状态中发现人类天性的根基。他从人本质变化中区分了自然人性和外部社会的影响，从对人类本身的认识中寻找不平等的起因，并对现实社会提出了哲思分析和道德批评。

卢梭看到了时代中知识的积累、理性的完善、道德的提升、科学的发展和艺术的繁荣，承认社会是进步的，但他批评说这一切都是以牺牲人类天性为代价的，进步是一种异化，"后来的种种进步，表面上看起来是使个人走向完善，但实际上却使整个人类走向堕落"①。他对社会风气腐败和现实中的恃强凌弱倍感郁闷，他批评说尽管自然状态的人类是愚昧的，但感到的是幸福，而社会状态的人类虽然是文明的，但常常为苦闷所困扰，认为人类自我完善具有两面性，社会人丧失了自然状态"简朴""规律"，自己造成了诸多痛苦，陷入了可悲的境地。获取知识但出现谬误，知识越多越险恶；纯粹感觉到理智的发展违背了自然法则，理性窒息了天性，富有理性而充满欲望；完善理性而道德败坏，培养道德而滋生罪恶，道德殿堂变成了罪恶渊薮；工艺技术使人丧失本能，需要刺激了精神进步，也激发了欲壑难填；欲念转而代替了理智，进步陷入了歧途走向堕落，文明迷失了方向趋于浮华而成为枷锁，文明人成为被驯服的幸福的奴隶，温良、高雅、礼貌、友谊、热爱、美德等腐蚀了他的勇气和精神，使他丧失了骁勇气概和尚武风尚，奢靡之风盛行。他还批评说，科学产生于迷信、野心、贪心和好奇心，艺术滋生于安闲、奢侈之风，真理中暗含了虚妄、危险，讽刺哲学家"摇唇鼓舌""奇谈怪论"破坏信仰，滥用荣誉招摇撞骗，追逐利禄败坏道德。卢梭指出，如果说文明是枷锁，那么科学、艺术、文学便是枷锁上的花环，桎梏之下隐藏着冷漠怯懦、猜疑戒心、背信弃义和虚伪仇恨，"随着科学的光辉升起在地平线上，我们的道德便黯然失色了"，"随着我们的科学和艺术的日趋完美，我们的心灵便日益腐败"②；

---

① 卢梭：《论人与人之间不平等的起因和基础》，《卢梭全集》第 4 卷，李平沤译，商务印书馆，2016，第 277 页。

② 卢梭：《论科学与艺术的复兴是否有助于使风俗日趋纯朴》，《卢梭全集》第 4 卷，李平沤译，商务印书馆，2016，第 386 页。

"政府和法律为结合在一起的人们提供安全和福祉，而科学、文学和艺术（它们虽不那么专制，但也许更为强而有力）便给人们身上的枷锁装点许多花环，从而泯灭了人们对他们为之而生的天然的自由的爱，使他们喜欢他们的奴隶状态，使他们变成了所谓的'文明人'"[1]。但是卢梭强调说，"我谴责的不是科学本身；而是要在有道德的人面前捍卫美德"[2]。现实中风俗败坏、道德失色等不良社会风气损害了"人生来是善良的"本性，影响了新人的成长，可以通过教育来挽救世风日下状况，塑造新的风尚和秩序，这便构成了卢梭的名作《爱弥儿》一书的主题。

政治社会批判。从天赋人性和自然权利观念出发，卢梭的社会批判主要针对的是封建专制暴政，目的是在社会秩序中概括政府行为规则，明确权利和义务的关系，强调主权和平等，通过合理的政府建构，确立保护弱者、抑制强者甚至强者服务弱者的政治机制，建立公平、民主和法治社会。

首先，卢梭强调"人生来是自由的"[3]，现实中个人利益的冲突使建立社会成为必要。社会建立在契约基础上，强调联合与协作。

> 创建一种能以全部共同的力量来维护和保障每个结合者的人身和财产的结合形式，使每一个在这种结合形式下与全体相联合的人所服从的只不过是他本人，而且同以往一样的自由。[4]

由自然状态进入社会状态意味由动物变成了人，人们接受了约定自由而放弃或者说被社会剥夺了天赋自由。社会契约的本质特征是平等性、整体性、群体性，个人通过契约把一切权利转让给整个社会群体，个人人格集体化成了公共人格，组成了有统一人格的"道德的共同体"即"共和国"政体，个人变成了个体，行为具有了道德性，正义代替了本能，义务

---

[1]　卢梭：《论科学与艺术的复兴是否有助于使风俗日趋纯朴》，《卢梭全集》第4卷，李平沤译，商务印书馆，2016，第382页。

[2]　卢梭：《论科学与艺术的复兴是否有助于使风俗日趋纯朴》，《卢梭全集》第4卷，李平沤译，商务印书馆，2016，第379页。

[3]　卢梭：《社会契约论》，《卢梭全集》第4卷，李平沤译，商务印书馆，2016，第16页。

[4]　卢梭：《社会契约论》，《卢梭全集》第4卷，李平沤译，商务印书馆，2016，第31页。

代替了冲动，权利代替了贪欲，人类因此披枷戴锁。

其次，卢梭充分阐释了"主权者"概念，揭示了作为政治社会主权者和公民者的身份特征。社会契约对个体拥有绝对的支配权力，在公意的主导下称为"主权"，"我们每一个人都把我们自身和我们的全部力量置于公意的最高指导之下，而且把共同体中的每个成员都接纳为全体不可分割的一部分"①。如果说众意是个人意志的总和，那么公意就是共同利益的体现，主权是公意的运作。主权具有集体性和强制性，是不可转让和分割的，表明了强力到权利、服从到义务的转化，强力本身不构成权利，服从的对象只是合法权威，转化的关键方式是契约，是权力的转让，"全体的意志就是秩序，就是最高的法规。这个普遍的和人格化的法规，我称之为主权者"②。卢梭把人类社会分为原初的普遍政治社会和特殊的政治社会，前者的基本组织是家庭，家庭是政治社会的原型，包含了自由、平等、权力转让以及爱；作为特殊的政治社会，国家拥有道德人格，又具有普遍强制力，是"主权者"，个人作为参与者成为"公民"；对于国家来说，个人又是"人民"；"共和国"是法治国家，代表的是公众利益。

再次，社会契约是公约，是社会结合为政治共同体的基础，后者因之而有了生命，并通过法律运作表达了主权意志。法律是由公意做出的普遍性规定，是由人民制定的，"意志的普遍性和对象的普遍性"③，但可能包含特权、等级。卢梭指出擅发号令代表的是个人意志，具有道德性和偏私性，是命令或行政行为，绝不是法律。他把法律分为规定政府形式的政治法、体现成员之间或与共同体之间关系的民法、体现抗拒与惩罚问题的刑法和具有自新性、创制性、习俗性的宪法。法律把权利和义务结合起来，维护正义与平等。正义是天赋道德，在卢梭笔下就是良善、美好和秩序。正义与制裁是辩证的天赋存在，其目的的实现有赖于契约和法律；平等是"任何人的权力都不能成为暴力，而必须按等级和法律行使"④，卢梭承认

---

① 卢梭：《社会契约论》，《卢梭全集》第 4 卷，李平沤译，商务印书馆，2016，第 32 页。
② 卢梭："《山中来信》第六封信"，《卢梭全集》第 5 卷，李平沤译，商务印书馆，2013，第439 页。
③ 卢梭：《社会契约论》，《卢梭全集》第 4 卷，李平沤译，商务印书馆，2016，第 55 页。
④ 卢梭：《社会契约论》，《卢梭全集》第 4 卷，李平沤译，商务印书馆，2016，第 70 页。

等级存在的合理性。

最后，政府是属民和主权者之间的中间体，是主权的执行人，执行法律和维护社会与政治自由。按照行政职权可以委任的范围，卢梭把政府分为三种，即民主制、贵族制和君主制，它们都有各自的适应条件，民主制适合小国，贵族制适合中等国家，而君主制适合于大国；其中贵族制又分为自然形成、选举和世袭三种。卢梭认为从来没有真正的民主制，将来也不会有，能否保护成员生活幸福、社会繁荣昌盛尤其是人口增加是判定政府好坏的标准，他赞成选举制贵族政府，尤其推崇罗马共和政府，"最好的和最自然的秩序是由最贤明的人来治理群众，只要能确定他们治理群众的目的是为了群众的利益而不是为了他们自己的利益"①。他批判君主专制政府导致了战争、苦难、贪欲、非为和灾难，在这种政府中，"窃据高位的，往往是一群摇唇鼓舌的卑鄙小人和卑鄙的骗子与阴谋家"②。

宗教宽容。卢梭从天赋人性出发，考察了社会的产生和不平等的起源，重构了权力的来源，进而批判了专制暴政，他在阐释主权概念的同时否定了权力神授，但他同样无法割舍对宗教的迷恋，为后者保留了社会位置。卢梭对宗教的论述可见于《社会契约论》第四卷和《山中来信》前五份信中，在这些篇幅中他结合对国家基本制度的见解，申明了构建自由和宽容的宗教信仰制度的理念。

卢梭既然肯定自己找到了人类不平等的社会根源，也就反对不平等起源的神意说，断定不平等不是神圣意志的安排。

尽管宗教的教义硬要我们相信是上帝亲自使人类脱离了自然状态，相信他们之所以不平等，是因为上帝希望他们不平等，然而宗教的教义并未禁止我们根据人的天性和他周围的事物进行一些猜测：如果让人类放任自流地自由发展，他们将变成什么样子。③

---

① 卢梭：《社会契约论》，《卢梭全集》第 4 卷，李平沤译，商务印书馆，2016，第 90 页。
② 卢梭：《社会契约论》，《卢梭全集》第 4 卷，李平沤译，商务印书馆，2016，第 94 页。
③ 卢梭：《论人与人之间不平等的起因和基础》，《卢梭全集》第 4 卷，李平沤译，商务印书馆，2016，第 231 页。

他肯定了宗教的社会作用，《献给日内瓦共和国》洋溢着他强烈的爱国情感，表明他对宗教团体与人民的团结感到非常欣慰，批判了历史上教士以宗教名义对利益的追逐。

基于人类学视角，卢梭把原初的人类社会看作神圣权威遮蔽下的政治社会，父权制家庭是其基本形态，批判父权最终导向了专制政治，"在世界上，再也没有什么东西比父权的温柔与专制主义的暴虐更大相径庭了，因为父权的行使，给服从父权的人带来的好处，比行使父权的人得到的好处大的多"①。民族是政治社会的同义词，同样笼罩在不同神权象征之下，"神的殿堂可以说是由国家的疆界确定的，一个民族的神没有权利去管其他民族"②，不宽容的神学和政治来自不同民族的多神信仰，"两个彼此不同而且几乎经常互相敌对的民族，是不可能长时间尊奉同一个主人的"③。

在国家政治形态下，宗教最终与政治统一起来，"每个国家都有它的宗教信仰和它的政府，所以它才不把它的神和法律区分开"，"政治战争就是宗教战争"④。但是历史上的神权依附于政治权力，通过征服使其他民族皈依，"不是人在为神而作战"，而是"神为人而作战"。罗马人在征服外族的时候，征服了他们的神灵，同时也把宗教信仰和神播散到其他民族中，帝国时代各种宗教并存。基督教虽然把神学制度与政治制度区分开来，建立起精神王国，但它与世俗政权始终存在密切关系，教会是教士的共同体，教士则是教区的主人和立法者，世俗君主"与其说是教会的主人，还不如说是教会的大臣；他们所得到的，与其说是改革教会的权利，还不如说是维护教会的权力。他们不是教会的立法者，而只不过是教会的君主"⑤。

卢梭认为宗教是古代社会的普遍现象，也看到了他所处时代宗教对于封建政治权力的支持和整合作用，"宗教不仅能够而且应当作为一个合法

① 卢梭：《论人与人之间不平等的起因和基础》，《卢梭全集》第 4 卷，李平沤译，商务印书馆，2016，第 292 页。
② 卢梭：《社会契约论》，《卢梭全集》第 4 卷，李平沤译，商务印书馆，2016，第 157—158 页。
③ 卢梭：《社会契约论》，《卢梭全集》第 4 卷，李平沤译，商务印书馆，2016，第 157 页。
④ 卢梭：《社会契约论》，《卢梭全集》第 4 卷，李平沤译，商务印书馆，2016，第 157 页。
⑤ 卢梭：《社会契约论》，《卢梭全集》第 4 卷，李平沤译，商务印书馆，2016，第 161 页。

的组成部分纳入政治共同体"①，"没有任何一个国家的建立不是以宗教为基础的"②，"对国家来说，重要的是，必须每个公民都信奉一种宗教，才能使他热爱他的天职"③。他区分了三种基本的宗教形式，即人的宗教、国民宗教和僧侣宗教。人的宗教对应于原初的社会形态，表现在宗教信仰层面，是内心崇拜和道德义务，是纯洁而朴素的，是自然赋予的神圣权利。国民宗教适合于神权政治社会，体现在世俗崇拜层面，由国家明文规定，包含了教条、礼仪和崇拜形式，整合了信仰与国家，把"对神的崇拜和对法律的尊重结合在一起，从而把祖国变成公民热爱的对象"④，祭坛即国界，实质是政教合一，教主即君主，破坏法律即亵渎神明，但它建立在谬误、迷信、谎言、专横、暴虐和战争之上。僧侣宗教也存在于政治社会，但形成了教会形态，现实中存在两种并行的立法、机构和首脑体系。卢梭理想中的宗教是原初宗教，后者是超越现实的、纯粹的完美精神形态，超脱了人类社会，也与政治没有关系，"由于有了这种神圣的、崇高的和真正的宗教……把人类结合在一起的这个社会才至死也不会解体"，他认为完美意味着缺陷，理想中的宗教事实上不能发挥有效整合作用，不会持久存在，"它不但不使公民们心向国家，反而使公民们的心像远离世上的一切事物那样远离国家"⑤。基于对原初宗教的渴望，他对政治社会中的僧侣宗教深恶痛绝，认为后者破坏了社会统一，它是"如此之坏，以致，若对它加以论述的话，那简直是浪费时间"⑥，谴责政治社会中的"基督教的法律归根结底对于一个国家的良好体制是有害而无益的"⑦。

卢梭看到了封建政治权力与不宽容的宗教氛围经常联系在一起，产生了各种弊端，主张宗教与世俗政治应该是分离的，"宗教的信条只是在它们涉及道德和涉及信奉该宗教的人必须尽他对他人的义务时，才与国家和

① 卢梭："《山中来信》第六封信"，《卢梭全集》第5卷，李平沤译，商务印书馆，2013，第441页。
② 卢梭：《社会契约论》，《卢梭全集》第4卷，李平沤译，商务印书馆，2016，第162页。
③ 卢梭：《社会契约论》，《卢梭全集》第4卷，李平沤译，商务印书馆，2016，第168页。
④ 卢梭：《社会契约论》，《卢梭全集》第4卷，李平沤译，商务印书馆，2016，第163页。
⑤ 卢梭：《社会契约论》，《卢梭全集》第4卷，李平沤译，商务印书馆，2016，第164页。
⑥ 卢梭：《社会契约论》，《卢梭全集》第4卷，李平沤译，商务印书馆，2016，第163页。
⑦ 卢梭：《社会契约论》，《卢梭全集》第4卷，李平沤译，商务印书馆，2016，第162页。

国家的成员有关"①，世俗主权者无权主管宗教，只能对信仰做出宣言性规定，不能颁布教条，重要的是不能包含"不宽容"的条款，宗教教义也不能与公民义务相违背，"应当宽容所有那些宽容其他宗教的宗教"②。

三 孟德斯鸠自然法则批判

孟德斯鸠（Montesquieu，1689—1755）是百科全书式学者，广为人知的著作如《波斯人信札》（*Lettres Persanes*，1721）、《罗马盛衰原因论》（*Considérations sur les causes de la grandeur des Romains et de leur décadence*，1734）、《论法的精神》（*De l'esprit des lois*，1748）等。孟氏紧扣反专制的时代主题，从认识人性本质开始，探究自然原则与社会法律的关系，并在历史考察中寻找佐证和根据，洞察现实政治体制的弊端和危害，推演原则，引申推论，宣扬理性，启迪群众，阐释了社会政治启蒙理论，他思想丰富深刻，逻辑严密。《波斯人信札》是一部哲理小说，描述了胸怀大志、行事谨慎而充满宗教叛逆精神的波斯贵族青年郁斯贝克由于受到政敌的迫害而远走异乡、离境出走他国和游历欧洲的经历，通过沿途他与国内亲朋好友的通信，讲述了许多有关民俗、政治、伦理、宗教和艺术的哲理故事，描绘了波斯宗教专制的贪婪暴虐、腐化败落和对人性的精神束缚，以及奥斯曼帝国沉疴缠身、城乡凄凉、百业废弃，展现了欧洲的平等宽容、秩序井然和繁华富饶。孟德斯鸠在《罗马盛衰原因论》中总结了罗马帝国兴也"品德"，败也"品德"，褒扬罗马公民富有责任心、爱国心，武勇、俭朴而热爱自由，罗马帝国凭借联盟、军事、立法、城墙等政治军事方面的合理措置而走向兴盛，因为道德败坏最终导致了帝国衰亡。《论法的精神》集孟德斯鸠思想之大成，其中第五卷的第二十四、二十五、二十六章集中涉及他对于宗教问题的一些推论。

自然法则与自然神论。孟德斯鸠承认世界是物质的，是由运动而形成的，运动性是不变的；但又认为世界是无智的，具有永恒性。孟氏是自然

---

① 卢梭：《社会契约论》，《卢梭全集》第 4 卷，李平沤译，商务印书馆，2016，第 168 页。
② 卢梭：《社会契约论》，《卢梭全集》第 4 卷，李平沤译，商务印书馆，2016，第 170 页。

神论者，承认存在"至高无上的精神的存在物"即规律上帝，后者是宇宙的始因，是"创造者和保养者"①。包括上帝在内的宇宙都受自然规律支配，规律具有确定性和永恒性；但上帝的创造是专断的，他既是规律的制定者，也是规律的遵循者；上帝依照自己制定的规律行为，不能改变自然规律，同样受到自然规律的制约。

在孟氏的理解中，事物的本性规律和必然联系就是他所谓的广义"法"，万物皆有法；孟氏坚信存在根本理性，而法体现的正是根本理性和万物存在之间的关系。自然法属于人类，渊源于人类生命的本质，存在于所有的规律之前。他认为自然状态的人类是软弱的，不具有推理能力，满怀自卑，但期望并寻求和平。因此和平是第一条自然法则，其次是满足食物、相互爱慕与期望社会生活。他批评霍布斯自然战争状态论说，认为战争是社会建立以后的现象。

孟氏采用"智能的存在物"概念并为其假定了一种前置的伦理道德，他称之为"公道"。公道存在于人类社会之前，也是被创造的，能够制定自己的规律，但不会保养；公道的规律是不变易的，但其本性会改变，会出现错误。道德给人类带来了压力，但没有道德人类社会不会存在，人类是道德的动物。按照孟氏的逻辑来看，人类是一种二元的存在，一方面是"物质的存在"，受到不变规律支配；另一方面作为"智能的存在"，不断违背并更改规律，是有局限的，有很多缺点，受到上帝规律的惩罚。人类无知、自私，会犯错误，有情欲，忘记了创造者和自己，"这样的一个存在物，就能够随时把他的创造者忘掉；上帝通过宗教的规律让他记起上帝来。这样的一个存在物，就能够随时忘掉他自己；哲学家们通过道德的规律劝告了他。他生来就是要过社会生活的；但是他在社会里却可能把其他的人忘掉；立法者通过政治的和民事的法律使他们尽他们的责任"②。

孟德斯鸠不仅探究了人性本质，还为挽救人类摆脱原罪的困境提供了哲学家和政治学家的视域和解释路径。他承认人是社会的动物，但社会掠夺利益，导致了天赋平等的丧失，引起了国家与国家、个人与个人之间的

① 孟德斯鸠：《论法的精神》上册，张雁深译，商务印书馆，2019，第1页。
② 孟德斯鸠：《论法的精神》上册，张雁深译，商务印书馆，2019，第4页。

战争，由此引出了维护和调节社会关系的各种法律，如表达国家与国家之间关系的国际法、统治与被统治关系的政治法以及公民之间关系的民法。法律负载和体现了人类理性，"在它支配着地球上所有人民的场合，就是人类的理性；每个国家的政治法规和民事法规应该只是把这种人类理性适用于个别的情况"①。孟氏讨论了法律与自然资源、人口癖性、信仰风俗、自由程度、经济贸易以及特定国家、政体的原则和性质之间的关系，即他所谓的法律的精神。

在孟德斯鸠的笔下特定政体是法律的担纲者和实践者，他向往的政体是尚处于理想中的共和政体。共和政体有两种形式，一是民主政治（平民政治），全体人民主权，运行原则是品德，"执行法律的人觉得本身也要服从法律，并负担责任"②；二是贵族政治，部分人主权，品德集中体现为热爱共和国、热爱民主、热爱平等，但他指出贵族政治倾向自利而会抑制人民利益，需要依赖节制来保证有限平等，故而节制就成为贵族政治的灵魂，这种节制"是那种以品德为基础的节制，而不是那种出自精神上的畏缩和怠惰的节制"③。

孟氏对历史和现实中的专制政体深恶痛绝，揭露和批判封建专制者不受法律规章的约束，凭借个人意志或性情实行暴政，要求绝对服从，用奴役性恐惧窒息异议和勇气。专制政体容易和宗教紧密结合在一起形成神权政治，宗教成了君主的法律或意志的产物，危害尤甚。在《波斯人信札》一书中，孟德斯鸠假借波斯贵族郁斯贝克的眼见和口述，描绘了一幅神权专制下的贵族生活浮世绘，抨击了现实社会。除了郁斯贝克的朋友吕斯当、纳西尔、米尔扎、伊本和宗教人士阿里毛拉等人之外，书中刻画较多的人物还如阉奴总管、白人阉奴以及仆从伊毕、黑阉亚龙、黎加，以及郁斯贝克的后房札琪、泽菲丝、法蒂玛、罗克萨娜等。在他的笔下，神权笼罩下波斯贵族妻妾成群、宫闱严密，后宫斗艳争妍、明争暗斗、邀宠取悦，竭力博取主人欢心；得宠者柔情万种、志得意满而唯命是从；失宠者

① 孟德斯鸠：《论法的精神》上册，张雁深译，商务印书馆，2019，第7页。
② 孟德斯鸠：《论法的精神》上册，张雁深译，商务印书馆，2019，第23页。
③ 孟德斯鸠：《论法的精神》上册，张雁深译，商务印书馆，2019，第26页。

忧心如焚、长吁短叹，或心灰意冷、万般沮丧、悲痛欲绝，或心猿意马、妒火中烧、郁闷凶横；为主者骄奢淫逸、冷漠多疑、冷酷无情而麻木不仁；为奴者身残位低、辛酸悲惨、屈辱受尽而蛮横无理、心狠手辣；间言者谄媚阿谀、阴险凶残和忘恩负义。孟德斯鸠在非审视的审视、非批评的批评中，描刻了一位初次进入欧洲的波斯贵族的"无知"和"偏见"，[①]表达的是对人性弱点的反思、对宗教的讽刺、对不义的讥笑、对愚昧的调侃、对公平正义的赞美以及对真理的热爱。孟氏面对的是法国君主专制的现实，一方面他指出君主政体行为原则是"虚伪的"荣誉，即对封建优遇和高官显爵的追求，抨击法国君主政体卖官鬻爵、贪欲卑鄙、憎恶真理、品德堕落；另一方面，游历英国的所见所闻也使他极力宣扬资产阶级的政治改革主张，主张用法律代替品德，君主应该遵照固定明确的法律执政，提倡行政、立法和司法三权分立，赞颂罗马共和国的分权保障了社会安定和公民自由，鼓吹建立英国那样的"开明君主"立宪制。

孟德斯鸠对人性、社会和政治体制的理解以及对品德的强调，都体现出了唯心社会史观，认为人类命运依赖于立法家的意志。斯宾诺莎认为社会是静止的，人性是不变的，霍布斯强调了人类的自然战争状态。孟氏在考察历史和制度发展的基础上，认为社会是演进的，而且演进力量超出了人的意志力，是不可控的；但他没有发现演进的规律，只是指出包括精神、心理在内的任何一个要素的改变都会引起整个社会结构的变化。孟氏认为地理环境是影响法之精神的主要因素，决定了民族性格、风俗道德、精神面貌、法律气质和政治制度，进而影响了社会的发展。例如气候炎热的地方人器官脆弱、体格纤弱、性格怯懦；寒冷的地方人器官粗壮、体格魁伟，生性勇敢；炎热之地容易形成专制政体；疆域变化会影响国家精神，小国适宜共和政体，中国适宜君主政体，帝国适合专制政体；"旧的宗教和气候是相适应的；新的宗教则常常是和气候格格不相入的"[②]。孟氏这些观点远离了唯物史观，但也体现了反神学的时代特征，即社会演进不依赖于神圣意志，而更多地取决于自然界本身要素。

---

① 孟德斯鸠：《波斯人信札》，许明龙译，商务印书馆，2019，第2页。
② 孟德斯鸠：《论法的精神》下册，张雁深译，商务印书馆，2019，第187页。

理性与信仰。孟德斯鸠在自然神论立场上区分了神学与科学，区别了神圣之法和人类之法，用理性演绎了与宗教有关的道德、社会、法律和国家理念。

孟氏承认宗教具有道德育化作用。宗教聚焦于内心指导和劝说，设规立教的目的是追求"至善""最优"，这是法律所无力囊括和达到的。宗教戒规和道德准则是可以协调的，戒杀，禁盗，避免邪淫；追求公道、守信、谦和与真理；持守忍让、屈从、苦行与痛苦；蔑视贪婪、财富、显赫与快乐；在修身养性、保全自身的基础上务实精进、护持人类福祉。

宗教观念影响了社会行为，形成了不同的民事关系。宗教影响了古埃及人的商品贸易，他们曾因宗教和风俗原因断绝了同外界的交通和贸易；罗马帝国皇帝拥有教职，赋予主教以法权，影响了他作为立法者的理念，也削弱了父权对子女的所有权；宗教教义影响了人口增长，或鼓励生殖，或抑制生育；宗教经常干预和影响婚姻的性质、形式和方式，孟德斯鸠认为婚姻应该用民法加以规定。

孟氏认为信徒首先是公民，需要天赋的自然权利，并经由宗教恩泽感受到国家恩惠，从而是能够成为国家成员的。罗马先王时代的立法者出于需要为国家确立了宗教，让宗教服务于政治，从而为罗马人披上了束缚自由的"枷锁"。[①] 罗马人不寻求恢复正统礼仪，不订立新的道德原则，而用新的人为法补充了衰微的宗教传统和道德原则，维护了宗教权威，消解了道德原则缺失隐含的社会风险，避免了宗教狂热和反叛。孟氏指出宗教能够使人常怀敬畏之心，约束专制君主的暴政，"宗教是惟一约束那些不畏惧人类法律的人们的缰绳，君主就像狂奔无羁、汗沫飞溅的怒马，而这条缰绳就把这匹怒马勒住了"[②]；宗教要求信徒服从法律，以仁爱、和平反对横虐、残忍，以平等、顺从反对专制、暴戾。孟氏从地理环境决定论出发，肯定了现实中的宗教与政治秩序，认为天主教适宜君主国，新教适合共和国；欧洲北部民族皈依了新教，南部民族保存了天主教。

---

① 孟德斯鸠：《论罗马人的宗教政策》，孟德斯鸠：《罗马盛衰原因论》，许明龙译，商务印书馆，2018，第201页。

② 孟德斯鸠：《论法的精神》下册，张雁深译，商务印书馆，2019，第153页。

孟氏分析了各种法律原则及其与宗教的关系。他认为宗教与法律是相互结合、互为补充的，讲求和谐适配，宗教宿命论与定命论教义滋生的懒散可以用法律来约束，宗教弥补了凡俗法律的脆弱性，如消弭内战，维系和平，规准休战，调节怨愤等；宗教和法律的出发点都是规约，但前者重在心，后者强调行，宗教越欠缺，则法律越严酷。孟氏提醒说宗教教义和社会原则结合，可能会产生消极后果，信仰灵魂不死、躯体复活可能会导致自杀，因而他说"宗教的法律，除了激起人们对邪恶的轻视而外，是不应该制造他种轻视的，尤其是不应该使人们离弃对人类的爱和怜悯"[①]。

孟德斯鸠把法律划分为自然法、神为法、教会法、国际法、政治法、征服法、民法和家法等类型。自然法体现了各种天赋权利，捍卫的是人的自然本性；宗教箴规从属于自然法，维护天赋人权和人性。人为法和宗教法在性质、目的和渊源上是不同的，前者受偶然事件支配，随人类意志变更转移，追求"良善"，来源于恐惧，着眼于当前；后者永远不变，剔除了意欲，是固定的，追求"至善"，来源于信仰，适宜于远古。宗教法以个人的完善为目的，具有崇高精神性，不可作为民法原则，人为法具有普遍性，是以社会良善为目的，维护的是社会的一般利益。他把犯罪分为四类，即危害宗教、危害风俗、危害公民安宁、危害公民安全。危害宗教是对宗教的直接侵犯，如渎神亵圣，处罚应该仅限于剥夺与宗教相关的利益，如驱逐出庙、禁止来往，也包括诅咒唾弃等，而不应该与危害公民安宁和安全联系起来，不"应该为上帝复仇"，否则会摧毁公民自由；危害风俗的犯罪更多地限定在伦理道德范围内，处罚可以扩展到剥夺社会所给予的一切东西。孟氏强调说要谨慎对待并限制有关对"邪术""异端"的控告，防止危害自由、引发暴政的现象出现，因为很容易把这些控告与消灭神迹、摧毁宗教以及扰乱社会、颠覆政权联系在一起，例如罗马帝国中的亵渎神明犯罪就经常与触犯君主的大逆罪联系在一起。

宗教批判。孟德斯鸠在自然神论的立场上揭露了天启宗教世界观的现实危害，批评了神人同形论，驳斥了灵魂不灭说，抨击了迷信偏见，批判了天主教会的掠夺性和僧侣的各种罪行，尽管如此，孟氏不是无神论者，

---

① 孟德斯鸠：《论法的精神》下册，张雁深译，商务印书馆，2019，第170页。

他在一定程度上是同情西方新教的。

孟氏反对封建专制制度，宣扬私有财产是人类的自然权利，抨击天主教会和封建统治阶级横征暴敛、侵吞私人财产，他反对殖民主义奴隶制，反对大地产，主张小耕地生产和兴办工商业。他指出宗教与专制国家存在天然的亲和力，宗教对维持君主专制统治发挥了很大作用，"它是恐怖之上再加恐怖"①，人们对君主的尊敬和对封建法律的遵守大多是出于崇奉宗教的关系，"宗教通常是很有力量的；它形成了一种保卫机构，并且是永久性的。要是没有宗教的话，专制国家中被尊重的便是习惯，而不是法律"②。

孟氏批评宗教是虚伪的，虽然能够满足现世利益，但不能带来来世快乐和幸福，因而应该对宗教做出世俗的理解和解释。他批判了宗教对人们精神的奴役，"宗教给信教的人一种权利，去奴役不信教的人们，以便使宗教的宣传更加容易些"③，僧侣们"如果没有拘束人的力量，就不能保护宗教，也不能受宗教的保护，所以他们便设法说服人"④，宗教奴役不可能与自由思想共存，主张用法律对它做出适当限制。

教皇权力的基础是宗教权威和民众迷信所赋予的权势，根据神启拥有财富，掌握俗权。孟氏批判教皇用代表个人意志的"诏谕""敕答"代替了立法，神权凌驾于世俗权力之上，左右着政权，让君主也俯首听命；批判教士由民众供养，闲逸懒惰，吞噬财富，"其利益与国家利益毫不相干；谁制造这个怪物，谁就在社会中播下了不和与内战的种子"⑤。

孟氏对天主教僧侣集团的批评是深刻的。僧侣是特殊的宗教阶层，脱离世俗事务，主管祭奠，实践戒律，拥有大量财产。孟氏批评僧侣集团奢华虚荣，以献祭为名勒索财物，损害了纯洁、虔诚，败坏了风气，他们"本身是一群懒惰的人，他们又培养别人的懒惰。由于他们的好客，无数游手好闲的人、士绅、中流社会的人士，就以奔走寺院过日子了"⑥；批评

---

① 孟德斯鸠：《论法的精神》上册，张雁深译，商务印书馆，2019，第72页。
② 孟德斯鸠：《论法的精神》上册，张雁深译，商务印书馆，2019，第20页。
③ 孟德斯鸠：《论法的精神》上册，张雁深译，商务印书馆，2019，第291页。
④ 孟德斯鸠：《论法的精神》上册，张雁深译，商务印书馆，2019，第390页。
⑤ 孟德斯鸠：《论罗马人的宗教政策》，孟德斯鸠：《罗马盛衰原因论》，许明龙译，商务印书馆，2018，第210页。
⑥ 孟德斯鸠：《论法的精神》下册，张雁深译，商务印书馆，2019，第149—150页。

僧侣对宗教的热爱是一种异化，他们所热爱的正是让他们难以忍受的教规，后者禁止和压制了普通的嗜欲；指责僧侣干预政治权力，"僧侣权力对于共和国是危险的，但是对于君主国却是适当的，尤其是对那些倾向于专制政体的君主国，更是适当"①；谴责僧侣集团通过各种手段无止境地侵占世俗财产，认为应当采取法律的方式对其攫取财产的行为加以间接的限制，消除僧侣集团不负担世俗费用的流弊，他指出间接限制比直接打击更为明智，"法律不要禁止僧侣取得财产，而要想法子使僧侣对这些财产感到厌烦；在权利上不动它，而在事实上取消它"②，尤其是对他们新获取的财产来说更应如此。在对待僧侣集团财产问题上，孟氏的基本看法是尊重和保护神圣"古产""固产"，限制和杜绝"新产""动产"。孟氏崇尚理性和知识，批判偏见与迷信，"迷信的偏见强于其他一切偏见；迷信的理论强于其他一切理论"③；"知识使人温柔，理性使人倾向于人道，只有偏见使人摈弃温柔和人道"④；抨击宗教裁判所和宗教法庭是忏悔法庭，残酷、愚昧、反智，与良善政治是相悖的，是"告密者""卖国贼"，具有破坏性；法判根据的是行为，而神判注重思想，悔罪是得救。

宗教宽容。孟德斯鸠反对宗教压制和迫害，抨击凡俗法律和宗教法律之间存在残酷斗争，主张信仰自由、宗教宽容。孟氏认为市民社会中个人或者不信宗教，或者信仰一种宗教，或者信仰多种宗教，这是他的自由选择，不能强迫信徒改宗换教，"如果可以剥夺他们的思想方法，那么也就更可以剥夺他们的生命财产了"⑤。孟氏从政论家的角度对宗教宽容进行了专门论述，宗教宽容涉及国家法律层面对不同宗教的认可和不同宗教之间相互容忍两个方面。他把"一切受到压制的宗教，自己必将成为压制异教的宗教"看作一条重要原则，⑥ 其推论就是宗教偏狭必然引起宗教压制，宗教压制则必然导致宗教迫害。

---

① 孟德斯鸠：《论法的精神》上册，张雁深译，商务印书馆，2019，第19页。
② 孟德斯鸠：《论法的精神》下册，张雁深译，商务印书馆，2019，第182页。
③ 孟德斯鸠：《论法的精神》上册，张雁深译，商务印书馆，2019，第345页。
④ 孟德斯鸠：《论法的精神》上册，张雁深译，商务印书馆，2019，第290页。
⑤ 孟德斯鸠：《论法的精神》上册，张雁深译，商务印书馆，2019，第389页。
⑥ 孟德斯鸠：《论法的精神》下册，张雁深译，商务印书馆，2019，第185页。

　　孟氏指出要正视现实中的政教关系，国家有接受和拒绝宗教传入的自由，宗教不能扰乱国家政治生活，政教之间互不干扰，国家可以容忍宗教但也可以拒绝传播宗教；政府对于宗教要宽容，不要迫害宗教，政策压制或将使国民猜疑信念、厌恶法律、轻视政府，甚至会引起冲突、斗争和动乱；政府不应该时刻提醒人们意识到宗教的存在，不要有意去激发人们的宗教热情，也不要特意去压制人们的宗教感情，而是要通过政治施惠使人们主动忘却、冷淡宗教，"要变更宗教的话，诱导比刑罚更为有力"①。他援引了罗马人的史例说明"宽容""宽和"可以消除宗教争执。罗马人嗜好迷信，预言、占卜深入民心，理由代替了理性，但罗马政治家是务实的，保持了正义和公正，始终与宗教保持着距离，不迷信也不反对迷信，不信教而敬奉神明；罗马帝国的宗教政策是宽松的，他们接受并融合了外邦人的神明，把各民族联结起来，罗马也因此而成为宗教神坛的"坛主"，帝国内拥有众多神灵，"有多少民众就有多少朱庇特"②。相反缺乏宽容精神的宗教很难被别人宽容，埃及宗教在罗马帝国的遭遇就是如此。

四　托克维尔古典政治学批判

　　阿历克西·德·托克维尔（Alexis de Tocqueville，1805—1859）是法国历史学家、政治家、政治社会学奠基人，主要作品如《论美国的民主》（De la démocratie en Amérique，1835，1840）、《旧制度与大革命》（L'ancien régime et la Révolution，1856）。托克维尔在考察政教关系的基础上，分析了宗教权威的丧失和世俗性的增强，他认为宗教与政治的结合是世俗化的一种表现。

　　法国革命。托克维尔对宗教的认识离不开法国大革命宏大的历史背景，他对革命的分析也打上了信仰的烙印，他"把事实与思想、历史哲学

---

①　孟德斯鸠：《论法的精神》下册，张雁深译，商务印书馆，2019，第 188 页。
②　孟德斯鸠：《论罗马人的宗教政策》，孟德斯鸠：《罗马盛衰原因论》，许明龙译，商务印书馆，2018，第 213 页。

与历史本身结合起来"①，分析原因，总结特点，提炼意义，描绘了18世纪末法国面临的重大社会政治变迁以及宗教现实和前景。托氏出生于没落贵族家庭，但崇尚自由，钦慕民主制度，从他对旧制度下教会、三级会议以及中央和地方行政、第三等级的兴起、农民和贵族生活的描绘中，可以发现他对革命时代贵族阶级的未来感到失落，相关论著不仅是对封建王朝历史事实的叙述，而且是关于时代主题的研究。托氏把18世纪的哲学思潮看作大革命的主要诱发原因，其中蕴含了有关社会、政治、法律的新观念，如人人生而平等、人民主权等，反对宗教信条和宗教权威，抨击教士、教会等级，集中体现了非宗教性和反封建性。大革命本身是一场社会政治革命，以摧毁盛行的封建专制政治制度为目标，竭力打碎旧的社会等级制度，建立以平等为基础的社会政治秩序。像16世纪宗教革命一样，大革命也是思想火炬，传播的新信仰深入人心，影响深远，"它终于带上了宗教革命的色彩，使时人为之震恐；或者不如说，大革命本身已成为一种新宗教，虽然是不完善的宗教，因为既无上帝，又无礼拜，更无来世生活"②。

作为封建制度精神支柱的重要部分，天主教会自然是大革命风暴的主要目标之一。

> 基督教之所以激起这样强烈的仇恨，并非因为它是一种宗教教义，而是因为它是一种政治制度；并非因为教士们自命要治理来世的事务，而是因为他们是尘世的地主、领主、什一税征收者、行政官吏；并非因为教会不能在行将建立的新社会占有位置，而是因为在正被粉碎的旧社会中，它占据了最享有特权、最有势力的地位。③

尽管如此，大革命主要对象是封建政治制度及其罪恶，宗教本身并不构成

① J.-P. 迈耶："导言：《旧制度与大革命》影响史资料"，《托克维尔文集》第3卷，冯棠译，商务印书馆，2013，第1页。

② 托克维尔：《旧制度与大革命》，《托克维尔文集》第3卷，冯棠译，商务印书馆，2013，第53页。

③ 托克维尔：《旧制度与大革命》，《托克维尔文集》第3卷，冯棠译，商务印书馆，2013，第47页。

革命的阻力，反宗教只是大革命附带的个别事件，"是大革命面貌的一个突出的却转瞬即逝的特征，是酝酿大革命并为其先奏的那些思想、激情、个别事件的暂时产物，而不是大革命的本身特性"①。随着大革命的结束，反宗教也随之结束，教会影响也逐步恢复了。

信仰与批判。托氏是天主教徒，坚信宗教是人性的构成要素，合乎人的天性，"只有人的理智迷乱，或精神的暴力对人的天性施加影响，才会使人放弃宗教信仰"，人类需要宗教信仰，"没有信仰只是偶然的现象，有信仰才是人类的常态"②，不信宗教是愚蠢的、无知的行为。但托氏认为真正的宗教应该植根于人性，合乎神性，是独立于国家政治和特定社会及文化的特殊系统。在他看来，人应该成为宗教的中心，宗教主要功能是反映人与神圣的关系以及调整人与人之间权利和义务，因而信仰应该是放诸四海而皆准的，跨越了特定国家和社会、人民和文化、种族和疆域的界线，也不应该受到国家法律、习俗和传统的影响，只有这样宗教才会有广阔的舞台和深厚的群众基础。可见托氏对宗教的认识是以抽象人性论为基础的，这一点需要做出批判的体认，但他强调的是大革命时代精神的普遍性，"宗教把人看作一般的、不以国家和时代为转移的人，法国革命与此相同，也抽象地看待公民，超脱一切具体的社会"③。

与启蒙运动思想家对传统制度的轻蔑和抨击以及对人类理性的关注不同，托氏认为宗教依赖的是传统，是高于理性的权威，他强调的是宗教的道德育化功能，即对人类道德和精神困惑提供明确、持久的解答，抑制人类无尽的欲望，"即使宗教不能使人在来世得报，那至少它对人在今世的幸福和高尚化还是极其有用的"④。追求平等是天赋人性，但极端平等则会使人彼此独立、自私自利，刺激过度享乐的欲念，宗教可以把人们联系起来，相互承担义务，消解人性的道德弊端，要求"每个人要对人类承担某

① 托克维尔：《旧制度与大革命》，《托克维尔文集》第 3 卷，冯棠译，商务印书馆，2013，第 46 页。
② 托克维尔：《论美国的民主》，董果良译，商务印书馆，2019，第 379 页。
③ 托克维尔：《旧制度与大革命》，《托克维尔文集》第 3 卷，冯棠译，商务印书馆，2013，第 53 页。
④ 托克维尔：《论美国的民主》，董果良译，商务印书馆，2019，第 594 页。

些义务或与他人共同承担义务，要求每个人分出一定的时间去照顾他人，而不要完全自顾自己的"①，托氏承认宗教有助于维护法律和稳定社会秩序，"没有宗教，文明社会，特别是自由社会，便无法生存"②。

经过反思大革命中宗教的命运，托氏认为宗教不是西方民主社会的天敌，而可以作为它的精神基础，他坚信人类理性的驾驭能力，依托宗教的人性基础，政治制度可以长久稳定，"如果任人类的理性随其所好，则它将以统一的办法统治政治社会和天国；我甚至敢说，它将设法使人世和天堂和谐一致"③。托氏的理想是保持宗教的完全独立，同时依赖信仰维护政治上的充分自由，"人要是没有信仰，就必然受人奴役；而要想有自由，就必须信奉宗教"④，就个人而言，自由就是平等履行权利和义务，诚实合法地追求幸福、自信判断；同时宗教要维持自己独立地位就必须局限在自身事务之内。托氏分析了宗教对西方政治社会的间接影响及其原因，指出宗教具有对现实政治的适应性，因而政治制度的设计不必追求以去宗教而后快为目的，"历朝历代的历史表明，最富有生命力的宗教本能始终扎根在人民心中。所有已经消亡的宗教都在人民心中有自己的归宿，而倾向于顺应人民的思想感情的各种制度，到头来总是把人类精神推向不信宗教，岂非咄咄怪事"⑤。

托氏承认他所处时代的宗教虔诚性确实减弱了，但宗教信念仍然是坚定的，如果排除了政治因素，时代精神有利于宗教的发展；他预言未来宗教将会走向分化，泛神论获得了很大发展，但从个人信仰的角度出发，托氏始终呼吁坚守一神论信仰，反对泛神信仰。托氏还对西方社会中出现的反宗教态势感到忧心焦虑，"宗教问题上的绝对无信仰是违反人类天性的，

---

① 托克维尔：《论美国的民主》，董果良译，商务印书馆，2019，第595页。
② 托克维尔：《旧制度与大革命》，《托克维尔文集》第3卷，冯棠译，商务印书馆，2013，第193页。
③ 托克维尔：《论美国的民主》，董果良译，商务印书馆，2019，第367页。
④ 托克维尔：《论美国的民主》，董果良译，商务印书馆，2019，第594页。
⑤ 托克维尔：《旧制度与大革命》，《托克维尔文集》第3卷，冯棠译，商务印书馆，2013，第48页。

它使灵魂陷入痛苦的状态中，但对群众似乎有吸引力"①，他评论法国大革命说"与其说非宗教使人心堕落或风尚败坏，不如说使人精神失常"②。

托氏以反封建的立场对教会做出了时代批判。首先，他把教会看作封建领主制度的一部分，教会拥有丰厚的经济势力，广占采邑，强制农奴劳动，苛派徭役，征收各种赋税。

> 主教、议事司铎、修道院长根据其不同教职都拥有采邑或征收年贡的土地。修道院在它所在的地区通常也有一个村庄作为领地。在法国唯一还有农奴的地区，修道院拥有农奴；它使用徭役，征收集市和市场税，备有烤炉、磨坊、压榨机以及公牛，村民付税后方可使用。在法国，如同在整个基督教世界一样，教士还有权征收什一税。③

宗教虽然在起源、目的和性质上与封建制度存在差异，但是"它最终却与封建制度紧密结合在一起；尽管它从未完全融合于这个不相干的实体，却深深地渗进其中，仿佛被镶嵌在里面一样"④。

其次，教会是封建专制制度的帮凶，始终站在进步思想的对面，监督思想，查禁作品，构成了思想羁绊，客观上维护了封建统治，"教会在别处谴责罪恶，却使政治权力中的罪恶神圣化，并利用它的神圣不可侵犯性来掩护罪恶，似乎要使政治权力像教会自身一样万古长存"⑤。他同时指出教会是建立在信仰基础上的，缺乏防御攻击的强力，是封建堡垒中最薄弱的环节，在世俗事务中屈从于王权，服从君主旨意。

---

① 托克维尔：《旧制度与大革命》，《托克维尔文集》第 3 卷，冯棠译，商务印书馆，2013，第 190 页。

② 托克维尔：《旧制度与大革命》，《托克维尔文集》第 3 卷，冯棠译，商务印书馆，2013，第 196 页。

③ 托克维尔：《旧制度与大革命》，《托克维尔文集》第 3 卷，冯棠译，商务印书馆，2013，第 71—72 页。

④ 托克维尔：《旧制度与大革命》，《托克维尔文集》第 3 卷，冯棠译，商务印书馆，2013，第 71 页。

⑤ 托克维尔：《旧制度与大革命》，《托克维尔文集》第 3 卷，冯棠译，商务印书馆，2013，第 191—192 页。

再次，托氏对革命后教会试图保持特权表现出了一定程度的厌恶。在革命之前，教会表现出了开明性、民族性和公共道德性，在 1789 年的陈情书中，教会仇视专制制度，热爱政治自由，支持公民自由，主张依靠法律保护自由；要求废除旧的政治制度，废除特别法庭，呼吁公平担任公职，自由劳动，创办私立学校，实施免费教育，设立世俗慈善机构；要求召开议会，制定法律，自由选举，捐税票决，编制预算，设立市政府，会议代表不容侵犯。但革命后教会又不愿放弃特权，托氏批评说教士的这种执拗不过是所有特权群体的本性而已，"老实说，教士身上的缺点只不过是所有行业组织固有的缺点，不论是政治组织也好，宗教组织也好，当它们紧密联合、结构严密时，就好侵占，少宽容，本能地、间或盲目地坚持本团体的特殊权利"①。

最后，从个人信仰感情和维护自由的角度出发，托氏对教士阶层抱有一定的同情心，认为后者没有家室，只有地产，而且要服从和仰仗世俗权力，所以不主张剥夺他们的地产并推行薪俸制。

> 在这块他偶然降生的地方，他像一个陌生人生活在一个世俗社会中，在这个社会里几乎没有任何利益能直接触动他。在良知上，他只能依赖教皇；他的衣食只能仰赖君主。他的唯一祖国是教会。在每次政治事件中，他只辨别什么对教会有益，什么对教会有害。只要教会自由昌盛，其他无关宏旨。②

托氏为教士群体辩护说，教士是封建秩序中特殊群体，其中很多人具有贵族血统，出身上流阶层，拥有丰富的世俗知识，为社会生产实践贡献专业建议。

> 这些主教和修道院长——其中许多人以圣洁和学识出众——就道

---

① 托克维尔：《旧制度与大革命》，《托克维尔文集》第 3 卷，冯棠译，商务印书馆，2013，第 154 页。
② 托克维尔：《旧制度与大革命》，《托克维尔文集》第 3 卷，冯棠译，商务印书馆，2013，第 153 页。

路或运河的修建撰写报告，以行家的知识论述修建原因，从科学与技艺各个方面探讨什么是增加农业产品、保障居民福利与增进工业繁荣的最佳途径，他们同那些负责同类事务的所有教外俗人相比不相上下，常常还更高一筹。[①]

他还认为教士普遍具有凡俗的公民精神和思想感情，而且拥有特殊自由，他们在心灵上排斥政治奴役，具有一定的独立性。

教会世俗化。托克维尔分析了教会成为启蒙运动抨击的对象和革命目标的原因，认为西方教会传统上与政治制度结为一体，并卷入了持续而激烈的政治权力斗争之中，从而带有浓厚的凡俗色彩，革命在推翻世俗政权的同时动摇了教会地位。

托氏批评宗教与政治的利益勾连使宗教被后者固有的压制、强力和恐怖力量渗透和浸染，依赖世俗力量控制人们，损害了宗教传统的感召力，从而使宗教因丧失合理性而变得脆弱起来，最终威信扫地。

> 宗教亲密的与世俗政府关联，用恐惧和信仰主导人们的灵魂……它为了现在牺牲了将来，通过获得一种从未宣示的权力，而把合法的权威置于危险之地……通过与政治权力结成联盟，宗教增强了针对某些人的权力，但是丧失了统治所有人的希望。……当宗教选择依附于现世的利益的话，它就会变得像世俗的权力一样脆弱。[②]

托氏批判宗教与政治结合在一起时，会被诱导着攫取世俗权力，从而走向歧途，对人们施行恐怖和对信仰进行控制，"18 世纪末，法国教士仍拥有财产；他们仍介入所有国家事务；但是全体居民的思想正从各个方面

---

① 托克维尔：《旧制度与大革命》，《托克维尔文集》第 3 卷，冯棠译，商务印书馆，2013，第 152 页。

② Alexis de Tocqueville, *Democracy in America*, Historical-Critical Edition of *De la démocratie en Amérique*, Edited by Eduardo Nolla, Translated from the French by James T. Schleifer, Liberty Fund, 2010, pp. 482-483.

摆脱教士，教会作为政治机构的作用，已远远超过宗教机构作用"①，从而引起人们像仇视专制暴政一样仇视宗教，这样进一步损害了宗教的传统权威，逐渐丧失在社会中存在的合理性。

托氏批评宗教依附于政治权力，成为政党、政府的朋友，不再是神圣的代表，因而会随着政权的兴衰而命运不定，而且容易被政权绑架，成为不信教者等政敌攻击的对象，并承担政治压制的责任和民众仇视的后果，最终走向衰落，"宗教不需要依靠政治权力的帮助而生存，而如果给予政治权力以帮助，则会导致自己灭亡"②，因而他提醒说，"宗教只要不分享统治者的物质权力，就不会分担统治者所煽起的仇恨的结果"③。当然托氏强调的是政教在政治方面而不是经济上的分离，宗教也会从政治权力那里分享到经济好处。

托氏认为，宗教衰落是暂时的，是与其有利害关系的政治权力衰败的表现，当政权衰落时，它"好像被埋在那些政权的废墟堆里。它还活着，但被死去的政权压在底下；只要清除压着它的瓦砾，它会立刻站起来"④，随着旧制度被摧毁和旧政权瓦解，宗教便不再是革命的目标，反对宗教的运动也逐渐平息，加之社会动荡和革命带来的不幸和恐惧的困扰，人们重新捡起宗教信仰，走向虔敬和皈依。所以托克维尔所理解的宗教衰落实质上是宗教依附于政治权力的权威和利益的崩解。

政教分离。托克维尔在 1831—1832 年考察了美国。美国的宗教现实使托氏对后来构成世俗化理论的两个基本维度产生了怀疑，即广义的"社会分化"和狭义的"宗教衰落"，他对启蒙运动宗教批判进行了再批判性思考。在参访美国过程中，托氏观察到，有别于大革命之前的法国，宗教在美国虽然不再强大，但信仰上保持了整体性，而且影响持久而广泛。美国活跃着"无数教派"，追求独立自主发展，大量标新立异的教派中，彼世信仰狂热；天主教非常发达，要求服从但强调平等，也存在新教信仰者改

---

① 托克维尔：《1789 年前后法国社会政治状况》，《托克维尔文集》第 3 卷，冯棠译，商务印书馆，2013，第 284 页。
② 托克维尔：《论美国的民主》，董果良译，商务印书馆，2019，第 381 页。
③ 托克维尔：《论美国的民主》，董果良译，商务印书馆，2019，第 380 页。
④ 托克维尔：《论美国的民主》，董果良译，商务印书馆，2019，第 385 页。

信天主教的现象，"如果从天主教的内部来看，它好像是衰退了；而如果从它的外部去看，它又好像是前进了"①。

在托氏的眼中，美国宗教和政治是协调一致的，充分体现了宗教充当着维护政治统治的价值系统的角色，但是宗教不关心政治，不与特定政治派系相连，不形成教派党争；信仰引导着严肃的民情，但宗教不参与社会管理；教派礼拜仪式因习惯虽然有所不同，但道德义务是一致的；信徒之间是平等的，既是顺服的教徒又是独立的公民。但托克维尔提醒说社会越民主，体制越共和，政教结合带来的危险性就越大，他从自由市场的角度思考了宗教意识形态，强调了观察到的政教分离现实，把后者看作时代精神的结果，"宗教能在美国发挥和平统治的作用归功于政教分离"②。托氏强调说，"政治社会与宗教社会不能用相同的原则来治理"③，神职人员不应担任公职；众议院和参议院不设宗教代表；宗教应该避开政治，排斥野心和邪恶信仰，防止教派与政治建立联盟；遵循自愿原则和公开竞争，抵制管制，去管制可以防止宗教与政府认同，以此确保宗教活力。

西方宗教革命之后，新教教派和异端不断兴起，知识阶层中出现了怀疑主义、不信仰主义，传统宗教逐渐走向分化，但托克维尔否认宗教衰退了。

> 18 世纪的哲学家们，曾用一种非常简单的方法解释过宗教信仰的逐渐衰退。他们说，随着自由意识和知识的提高，人们的宗教热情必然逐渐消失。遗憾的是，这个理论完全不符合事实。④

对宗教抨击的同时，也唤醒了对新宗教的虔诚。作为一个天主教徒，托氏希望寻找"削弱宗教的表面影响的同时却加强了它的实际影响"的力量，⑤

---

① 托克维尔：《论美国的民主》，董果良译，商务印书馆，2019，第 602 页。
② 托克维尔：《论美国的民主》，董果良译，商务印书馆，2019，第 378 页。
③ 托克维尔：《旧制度与大革命》，《托克维尔文集》第 3 卷，冯棠译，商务印书馆，2013，第 191 页。
④ 托克维尔：《论美国的民主》，董果良译，商务印书馆，2019，第 377 页。
⑤ 托克维尔：《论美国的民主》，董果良译，商务印书馆，2019，第 379 页。

因此他密切关注了美国宗教与世俗的结合以及政教分离原则，由此理解了宗教持久影响力的来源，即自主的宗教信仰和规范的政治行为；他也认识到威胁宗教的是社会思想剧变和信仰困境导致的崇拜淡漠，"人们之放弃自己的信仰，与其说是出于厌恶，不如说是出于冷漠"，个中缘由"不是人自动放弃了信仰，而是信仰脱离了人"①。所谓的宗教衰落是意识形态的结果，只存在政治的敌人，而不存在宗教的敌人，宗教一旦沦落为一种政治意识形态，就不可避免地会导致信仰危机发生。作为另一个极端，宗教狂热意识可能会改变信仰目标，背弃特定宗教，但不会导致宗教衰亡，只是皈依了新的宗教。托氏还指出不信教者不相信宗教但承认宗教的社会作用，如民情教化、秩序维护、临终安慰、平静生活等。

---

① 托克维尔：《论美国的民主》，董果良译，商务印书馆，2019，第383页。

| 第三章 |

神圣与凡俗：迪尔凯姆社会事实范式

迪尔凯姆（Émile Durkheim，1858—1917）是法国古典社会学家，社会学的奠基者，主要著作如《社会分工论》（*De la Division du travail social: Étude sur l'organisation des sociétés supérieures*，1893）、《社会学方法的准则》（*Les Règles de la méthode sociologique*，1895）、《自杀论》（*Le Suicide: étude de sociologie*，1897）、《宗教生活的基本形式》（*Les Formes élémentaires de la vie religieuse: Le système totémique en Australie*，1912）等，以及与莫斯（Marcel Mauss，1872—1950）合著的《原始分类》（*De Quelques formes primitives de classification*，1903）。迪尔凯姆许多研究，其资料来源于人类学调查和研究成果，如有关原初宗教和婚姻家庭的讨论就引用了大量人类学资料；理论基点是功能论的，阐明了社会团结和整合的思想；研究视角是历史学的，如有关刑法起源和民法演进的比较研究，表达了历史社会变迁的观点。在《社会分工论》中，迪尔凯姆阐释了"集体意识"（collective consciousness）的概念；《社会学方法的准则》篇幅不多，但集中表明了他关于社会学学科方法的基本观点，学术影响较大，在该书开篇"序言"中，迪尔凯姆就提出了"社会事实"（social facts）的概念，把"社会事实"而非具体的个体行为确定为社会学的研究对象。《宗教生活的基本形式》是迪尔凯姆著名的论著，也是宗教人类学的经典著作，发挥的主题是，社会在本质上是一种宗教现象。

迪尔凯姆是当时法国学术界的重要人物，在大约二十年的时间中，他长期担任索邦神学院（Collège de la Sorbonne）社会学教席，在他的影响下，"迪尔凯姆学派"即"社会学年鉴派""法国社会学派"主导了将近三十年的法国社会科学潮流，对社会学、人类学、历史学、民族学、语言学、心理学和法学等许多学科产生了重要影响。20 世纪 30 年代之后，由于第二次世界大战爆发，迪尔凯姆曾经追随的共和派政治信条理性主义和乐观主义受到了打击，其学派影响力逐渐减弱。

迪尔凯姆也是国家政治生活的积极参与者，他是阿尔萨斯犹太拉比的后裔，倾向于共和的、进步的和反教权的左派主张，经历或见证了 19 世纪末和 20 世纪初法国较为重大的历史事件，如使法国陷入严重社会和政治危机的"德雷福斯案件"（Dreyfus Affair，1894—1906）。大选胜利之后，共和派从 1902 年开始实施一系列反对教权的政策，议长埃米尔·孔布（Émile Combes，1835—1921）拒绝承认大部分宗教团体，并禁止后者从事教学活动，加剧了与教宗庇护十世（Pope Pius X，1835—1914）的紧张关系，1904 年，法国与梵蒂冈断交；1905 年，左派取得胜利，孔布继任者鲁维耶（Maurice Rouvier，1842—1911）推动通过了《世俗法》（la Loi de séparation de l'Eglise et de l'Etat）即"1905 年法"，确立了政教分离的原则，政府与教会建立政教协定，废除宗教财政支出，教会财产由天主教协会管理。左派斗争的一个重要结果就是宗教教育被从国立学校教育中排除出去。政治上的反宗教已经成为自 17 世纪以来启蒙运动主题的落日余晖，迪尔凯姆虽然坚持宗教的重要性，但他很早就主张宗教与政治、教育分离，宣扬建立世俗性国民教育体系，由于在学术界的盛誉，他还曾受任组建委员会调查并解决传统宗教教育缺失情况下孩童道德培育问题。

一 作为事实的社会研究

迪尔凯姆对理性主义的内涵做出了新的理解和扩展，主张从学科独立性、理论对象、实证归纳方法等方面构建完整的社会学研究体系。

实证主义。迪尔凯姆试图发展和更新社会科学研究方式，"就社会现象的科学研究而言，最熟悉的思维方式是有害而无利的"[①]，最为关键的是

---

① Emile Durkheim, *The Rules of Sociological Method and Selected Texts on Sociology and Its Method*, Translated by W. D. Halls, The Macmillan Press Ltd, 1982, p. 31.

确立社会学在社会科学中的自主地位和有效性。他主张社会学需要走出以往哲学和心理学的内省考察，聚焦外部观察和经验，由主观走向客观，最终从哲学抽象和心理学探究等人文科学中分离出来，尤其是摆脱哲学讨论的预设结论，"不要让社会学继续是普通哲学的一个分支"①。因而他认为作为实证科学的社会学应该以社会为研究对象，并应以研究人类现实为终极目标，"最重要的目的是解释当前的现实，即靠近我们因而能够影响我们观念和行为的现实。这个现实就是人，尤其是现今的人"②。

迪尔凯姆尊崇启蒙运动以来的理性精神，自己号称是一个理性主义者，承认社会规律的存在，认为社会学研究在一定程度上就是认识社会规律，他抛弃了形而上的玄思推理，试图摆脱公理、原理对认识的束缚和影响，强调研究社会现象尤其是社会行为之间的因果关系，目的是"拓展科学理性主义的范围，使其涵盖人类行为"③，因而理性在他的理解中更多地表现为基于社会事实的概括和总结，而不是基于人性观念的演绎。他承认社会事实是因果关系构成的联结，所有科学理性都可化约为因果关系，"依据过去，能够化简为因果关系，然后再运用理性加工，就可以把因果关系转变成为未来行为的准则"④。因果律是社会学的重要原理，目的就是解释现象的因果关系，在社会学上"这一原理充当的不是一种理性的必然性，而只是一种经验的理然性，即一种合理归纳的产物"⑤。他批评单纯的推理不能确定正确的规律和明确的因果关系，因而不能简单地把原因归结于含混不清的前提。

理性的演绎推理和经验的归纳概括，二者的协合统一就是孔德阐发的实证主义的内核。迪尔凯姆强调进行实证主义社会学研究，不同于神学的

---

① Emile Durkheim, *The Rules of Sociological Method and Selected Texts on Sociology and Its Method*, Translated by W. D. Halls, The Macmillan Press Ltd, 1982, p. 35.

② Emile Durkheim, *The Elementary Forms of the Religious Life*, Translated and with an introduction by Karen E. Fields, The Free Press, 1995, p. 1.

③ Emile Durkheim, *The Rules of Sociological Method and Selected Texts on Sociology and Its Method*, Translated by W. D. Halls, The Macmillan Press Ltd, 1982, p. 33.

④ Emile Durkheim, *The Rules of Sociological Method and Selected Texts on Sociology and Its Method*, Translated by W. D. Halls, The Macmillan Press Ltd, 1982, p. 33.

⑤ Emile Durkheim, *The Rules of Sociological Method and Selected Texts on Sociology and Its Method*, Translated by W. D. Halls, The Macmillan Press Ltd, 1982, p. 159.

超验现象、形而上的先验原则以及心理学的假设前提，实证社会学的研究对象是"事实"。通过聚焦事实，借助观察、收集、描述和区分的方法，来表达事实、解释规律，而不仅仅是根据推理得出论断，这就是他所谓的社会学论证准则。"超验"即超越整个现世、现实的秩序，也包括诸如"道"等的观念。在迪尔凯姆看来，作为观念的概念逻辑不是社会学的研究对象，他认识到"既有观念"的不可靠性，主张摆脱"常识"和"第一印象"等预定观念的束缚和影响，"学者不能把那些粗略收集来的事实作为他研究的主题，虽然它们符合日常的用语。为了给出科学研究所必需的事实的同质性和特殊意义，他必须自己去确定他希望研究的事实"[1]。同时迪尔凯姆又承认"观念本身就是一种事实，为了正确地确定它，就需要从外部研究它"[2]，从而主张从事实的角度理解诸如犯罪与惩罚、丑恶与憎恶、国家与家庭、所有权与契约、集体习尚等常见概念。同样，道德生活契合于历史，随着历史条件改变而变化，是一种社会事实，因而也应该成为社会学研究的对象。迪尔凯姆虽然承认自己的实证主义研究不外是理性主义的一个结果，注重"推理"，但他的实证研究更多表明了一种经验主义倾向。

迪尔凯姆提倡采用实证归纳的研究方法，从观察和比较社会现象发生的过程出发，整体性考察现象发生的条件，分析诸要素的相互结合和补充，归纳现象的依存关系，"只有跟随遍及所有社会物种中的社会事实的完整发展过程，才能解释任何具有复杂性的社会事实"[3]；"只有通过比较事实，才能实现科学调查的目的，也才更有可能获得更大的确定性，后者是科学调查结合所有那些能够有效比较的事实而成的"[4]。迪尔凯姆评析了约翰·密尔（John Stuart Mill，1806—1873）提出的几种归纳

[1] Emile Durkheim, *Suicide*, Translated by John A. Spaulding and George Simpson, Edited with an introduction by George Simpson, The Free Press, 1966, p. 41.

[2] Emile Durkheim, *The Rules of Sociological Method and Selected Texts on Sociology and Its Method*, Translated by W. D. Halls, The Macmillan Press Ltd, 1982, p. 38.

[3] Emile Durkheim, *The Rules of Sociological Method and Selected Texts on Sociology and Its Method*, Translated by W. D. Halls, The Macmillan Press Ltd, 1982, p. 157.

[4] Emile Durkheim, *Suicide*, Translated by John A. Spaulding and George Simpson, Edited with an introduction by George Simpson, The Free Press, 1966, p. 41.

法，即剩余法、契合法、差异法和共变法，认为可以把共变法作为社会学研究的主要手段和分析工具。共变法可以简洁地证明足够数量的两种并行变化的现象具有的因果联系和并行关系，社会学家运用共变法，"不需要数量庞杂的事例，就可以选择而且可以利用事例进行严密的研究。因而社会学家能够也必须把这些事例作为他进行归纳的社会的主要材料，这些社会的信仰、传统、习俗和法律都体现在书面和真实记载中"①。迪尔凯姆认同孔德强调的历史方法，认为历史事实是历史的表象，通过后者可以认识特殊的社会学规律和社会演化方向；但他不主张过多地依赖于历史视角，历史展现的是社会生活肤浅的表面，"历史没有教会我们真理"，对于缺乏事实的证明，唯一可行的就是演绎推理，但结论只具有主观臆测的性质。

社会事实。作为"物"（things）的"社会事实"是迪尔凯姆强调的诸多重要概念之一，它是社会学的主要研究对象，也是构成迪尔凯姆社会学理论的基础。当然，作为"物"的社会事实是基于同样作为"物"的社会现象的"社会建构"。现象是经验感知到的外在的物，而事实则是外在的物经由主观加工后的内在化成果；强调作为外在的物的现象表明的是一种经验主义的态度，而强调"事实"则包含了经验归纳和理性推演内外兼蕴的实证主义立场。因此迪尔凯姆认为社会现象是科学研究的资料来源和起点，"把现象当作物就是把它们作为资料，这构成了科学的出发点"②；社会事实则是科学研究的关键对象，为此他设定了一个最基本的原则，即"把社会事实看作物"来考察。③

不管是"社会现象"还是"社会事实"，都是以社会为基础的，只能用"社会的"一词来修饰，是"集体的""共有的"，相对于个体感知的"现象"和建构的"事实"更具权威性和真实性，"社会的"这个词"具

① Emile Durkheim, *The Rules of Sociological Method and Selected Texts on Sociology and Its Method*, Translated by W. D. Halls, The Macmillan Press Ltd, 1982, p. 153.

② Emile Durkheim, *The Rules of Sociological Method and Selected Texts on Sociology and Its Method*, Translated by W. D. Halls, The Macmillan Press Ltd, 1982, p. 69.

③ Emile Durkheim, *The Rules of Sociological Method and Selected Texts on Sociology and Its Method*, Translated by W. D. Halls, The Macmillan Press Ltd, 1982, p. 60.

有专门的指代含义，即所命名的那些现象不属于任何已经设立并有名称的事实范畴"①。迪尔凯姆竭力表明社会"是一种独具一格的（sui generis）现实，它具有自己的特征，这些特征要么不能在其他地方找得见，要么不能找到同样的形式"②。"社会现实"是客观的、自主的，不会因人们的主观愿望而消失，也不能把它化简为心理学事实。客观现实性是社会事实的显著特征，是其优越性的体现，这是迪尔凯姆社会学最基本的原则，"是全部社会学的起点"③。

迪尔凯姆提出了"社会事实是物"的基本命题，"虽然柔韧可塑但不会随意改变"④，"必须把社会事实当作物来研究，即外在于个人的现实"⑤。"物"与观念是对立的，独立于意识之外，具有客观现实性，能够抗拒主体，不能依赖心灵和内省认识其属性，只能通过观察和经验进行感知和理解，进而揭示内在性质。所以迪尔凯姆认为社会事实与物质世界具有同等地位，不存在高级与低级的差别，"我们不是说社会事实是物质之物，而是说它们是正如物质之物的物，虽然方式有所不同"⑥。既然社会事实是物而不是意志的产物，那么对它的研究就是一种"格物致知"的过程，只需要观察物而无须对它的本性进行哲学思考，他批评以往的科学研究大多是"由观念到物，而不是由物到观念"⑦，依靠观念无法发现现实规律。

观念本身是一种事实，是物的表象，基于日常经验，形成了法律、道

① Emile Durkheim, *The Rules of Sociological Method and Selected Texts on Sociology and Its Method*, Translated by W. D. Halls, The Macmillan Press Ltd, 1982, p. 52.

② Emile Durkheim, *The Elementary Forms of the Religious Life*, Translated and with an introduction by Karen E. Fields, The Free Press, 1995, p. 15.

③ Emile Durkheim, *The Rules of Sociological Method and Selected Texts on Sociology and Its Method*, Translated by W. D. Halls, The Macmillan Press Ltd, 1982, p. 45.

④ Emile Durkheim, *The Rules of Sociological Method and Selected Texts on Sociology and Its Method*, Translated by W. D. Halls, The Macmillan Press Ltd, 1982, p. 32.

⑤ Emile Durkheim, *Suicide*, Translated by John A. Spaulding and George Simpson, Edited with an introduction by George Simpson, The Free Press, 1966, pp. 37-38.

⑥ Emile Durkheim, *The Rules of Sociological Method and Selected Texts on Sociology and Its Method*, Translated by W. D. Halls, The Macmillan Press Ltd, 1982, p. 35.

⑦ Emile Durkheim, *The Rules of Sociological Method and Selected Text on Sociology and Its Method*, Translated by W. D. Halls, The Macmillan Press Ltd, 1982, p. 60.

德、家庭、国家、契约、刑罚和社会等"清晰的、明确的观念或即解释性概念"①。但观念与社会事实是有区别的，不管是观念还是概念，都不能替代物。迪尔凯姆批评人们倾向于用观念代替事实，把观念作为思考和推理的材料，从而他强调事实研究要摆脱培根所说的通俗观念或预断观念的窠臼，"必须有条不紊地摆脱一切预断"②，但他承认这些观念都是日常生活简单而粗略的再现，对人们的思想发挥着支配作用；同样概念也不是物，除非概念是科学形成的，否则就不能使用。他批评孔德和斯宾塞把社会事实看作自然事实，又说他们研究的是概念而不是物。

作为"物"的社会事实包括了集体性行为方式和思维方式，这些方式"能够通过特殊的特征区分出来，即能够对个人意识产生一种强制性影响"③。在迪尔凯姆看来，"强制性"是一切社会事实的基本特性，是定义社会事实的出发点，是确认社会事实的重要手段，也是它区别于物质世界的重要特征。但这种约束作用不同于物质环境对生物体的约束，是一种特殊的强制力，"社会强制之所以独具特殊性，是由于它不是源于特定社会分子模式的坚固性，而是源于赋予特定表象的威望"④，这主要来自集体意识对个体意识的压力。反过来，这种强制性也是对客观现实性的一种确认，社会强制观念的根本就在于它"所意味的全部东西就是集体的行为和思维方式具有一种存在于个体之外的现实性，而个体又每时每刻都在遵循这些方式"⑤。迪尔凯姆指出制度是最为特殊的社会事实，"由集体建立的所有信仰和行为模式"⑥；法律、道德、习俗、行规、教义和惯例等都是强

---

① Emile Durkheim, *The Rules of Sociological Method and Selected Texts on Sociology and Its Method*, Translated by W. D. Halls, The Macmillan Press Ltd, 1982, p. 36.

② Emile Durkheim, *The Rules of Sociological Method and Selected Texts on Sociology and Its Method*, Translated by W. D. Halls, The Macmillan Press Ltd, 1982, p. 72.

③ Emile Durkheim, *The Rules of Sociological Method and Selected Text on Sociology and Its Method*, Translated by W. D. Halls, The Macmillan Press Ltd, 1982, p. 43.

④ Emile Durkheim, *The Rules of Sociological Method and Selected Text on Sociology and Its Method*, Translated by W. D. Halls, The Macmillan Press Ltd, 1982, p. 44.

⑤ Emile Durkheim, *The Rules of Sociological Method and Selected Text on Sociology and Its Method*, Translated by W. D. Halls, The Macmillan Press Ltd, 1982, pp. 44-45.

⑥ Emile Durkheim, *The Rules of Sociological Method and Selected Texts on Sociology and Its Method*, Translated by W. D. Halls, The Macmillan Press Ltd, 1982, p. 45.

加于个人的社会事实，"道德现实即集体现实比个体更加有力地支配着个人"①；团体、教派、宗派、流派和公会等都是社会组织事实，都是社会学固有研究领域；他指出一切社会强制并不一定要排斥人的个性。

社会事实是集体现象，外在于个体意识，不以个人意志为转移，并为大多数成员所共有，因而具有普遍性，如群体信仰、习俗等。普遍性表明的是一种同质的和无差别的状态，"正是因为它是集体的（即多少带点强制性的），它才是普遍的；但是绝不是因为它是普遍的而才是集体的"②。从另一个角度理解，社会是由各种独具一格的事实构成的综合体，但它不是个人要素的简单结合，不受局部和个体决定，而是存在于整体之中，"这种独特的综合体构成了整体社会，引起了新的现象，后者不同于孤立意识中出现的现象"③。个体的行为和思维方式虽然经由固化而具有稳定性，但不是独特的事实，个体表象与社会事实是分离的，"社会事实越是彻底摆脱了体现它们的个体事实，就越倾向于被客观地表现出来"④，因而迪尔凯姆提出"社会学家在调查任何社会事实的秩序时，必须努力从这样的一个视角去考察它们，即它们从个体表现中分离出来并表现了自身"⑤。迪尔凯姆使用不同的词语表达了许多集体事实，如"集体表现""群情""集体亢奋"。个体表现充满激情，是主观情绪的体现，而集体亢奋虽然较具客观性，但尚未结晶为社会事实，但它会感染个人。因此概括地说，"社会事实是一切行为方式，不论它是固定的还是不固定的，能够对个体施加外在的强制力；换句话说，普遍存在于既定社会整体之中，同时具有

① Emile Durkheim, *Suicide*, Translated by John A. Spaulding and George Simpson, Edited with an introduction by George Simpson, The Free Press, 1966, p. 38.

② Emile Durkheim, *The Rules of Sociological Method and Selected Texts on Sociology and Its Method*, Translated by W. D. Halls, The Macmillan Press Ltd, 1982, p. 56.

③ Emile Durkheim, *The Rules of Sociological Method and Selected Texts on Sociology and Its Method*, Translated by W. D. Halls, The Macmillan Press Ltd, 1982, p. 39.

④ Emile Durkheim, *The Rules of Sociological Method and Selected Texts on Sociology and Its Method*, Translated by W. D. Halls, The Macmillan Press Ltd, 1982, p. 82.

⑤ Emile Durkheim, *The Rules of Sociological Method and Selected Texts on Sociology and Its Method*, Translated by W. D. Halls, The Macmillan Press Ltd, 1982, pp. 82-83.

自己的存在，独立于个体表象"①。另外，迪尔凯姆认为每一种社会事实都是一种现实力量，具有自己的固有特性，发挥不同功能，必须根据事实本身的性质探究它的原因，"一种社会事实的决定性原因，应该在先前的社会事实中去找寻，而不是在个体意识状态中去找寻"；"一种社会事实的功能必须始终在负载特定社会目的的关系中去寻找"。②

集体意识。集体意识即群体共同持有的规范的或认知的观念，它是迪尔凯姆社会学讨论的一个重要主题。由事实到意识，由个体到集体，体现了迪尔凯姆分析的二元性。在迪尔凯姆看来意识本身是一种社会事实，可以区分为个体意识和社会意识，"我们内心里存在两种意识：一种构成的状态对我们每一个人来说是个人的，即我们作为个人的品格；另一种构成的状态对社会整体来说是普遍的。前者只代表它所构成的我们个人的性格，后者代表集体类型，所以必然代表社会，如果没有社会它就不会存在"③。个人意识构成了人格和个性，社会意识即社会的精神生活，二者"绝非实体，只不过是一堆独特的现象"④，相互联系，紧密结合。社会生活是个体意识结合的结果，在迪尔凯姆的笔下，这种结合又被称为集体意识，是在社会的基础上存在的思想、观念和心理结构，"普通社会成员共有的信仰和感情的总和构成了一个包含了自己生活的确定体系，可以把它称为集体意识或共同意识"⑤。

首先，集体意识是一种现实，具有普遍性、整体性、弥散性和特质性，通过个体意识来实现但不同于个体意识，"在我们的意识里它所代表的不是我们自己而是社会"⑥，集体意识驾驭着个人意识，个体人格在其中

① Emile Durkheim, *The Rules of Sociological Method and Selected Texts on Sociology and Its Method*, Translated by W. D. Halls, The Macmillan Press Ltd, 1982, p. 59.

② Emile Durkheim, *The Rules of Sociological Method and Selected Texts on Sociology and Its Method*, Translated by W. D. Halls, The Macmillan Press Ltd, 1982, p. 134.

③ Emile Durkheim, *The Division of Labour in Society*, With an introduction by Lewis Coser, Translated by W. D. Halls, Macmillan Education Ltd, 1989, p. 61.

④ Emile Durkheim, *The Rules of Sociological Method and Selected Texts on Sociology and Its Method*, Translated by W. D. Halls, The Macmillan Press Ltd, 1982, p. 34.

⑤ Emile Durkheim, *The Division of Labour in Society*, With an introduction by Lewis Coser, Translated by W. D. Halls, Macmillan Education Ltd, 1989, pp. 38-39.

⑥ Emile Durkheim, *The Division of Labour in Society*, With an introduction by Lewis Coser, Translated by W. D. Halls, Macmillan Education Ltd, 1989, p. 57.

被异化了。其次，集体意识是社会团结和凝聚的心理条件，是一种社会心理模式，体现为一致性的个人意识，有自己的特性，又有自己的存在条件和发展方式，"个体存在在一起集合、相互渗透和共同融合过程中产生了，你可以把它看作一种心灵的存在，但它构成的是一种新的心灵个性。因此，正是在这个个性本质中而不是在它的组成要素中，去寻找产生于其中的事实的最直接的和决定性的原因"①。再次，迪尔凯姆指出在高程度社会中，集体意识不同于社会意识，而只是后者的一小部分。随着社会分工的扩大，集体意识变得更为抽象，"随着劳动分工的发展，集体意识受到了削弱，变得更加模糊。甚至可以说，正是因为这种逐渐增加的不确定性，劳动分工才变成了团结的主要原因"②。复次，集体意识越理性就越普遍，强制色彩就越少，会给个体留出更多空间，不再阻碍个体的自主发展，"文明已经朝向更加理性和符合逻辑变化，我们现在看到了这种情况的原因，唯有理性的东西才是普遍的，对抗理解的东西则是特殊的和具体的"③，这在宗教变迁中有着典型的体现。最后，集体意识和个人意识都有各自的表象。集体表象（collective representation）是社会自我想象而成的象征，表达的是一种思维方式，"群体在与影响它的客体的关系中思考自身"④，即特定群体连贯的世界观，如图腾是氏族社会的集体象征。

> 集体表象是一种广泛合作的产物，这种合作不仅通过空间展延，而且也通过时间延伸，为了形成它，大量的不同心智把它们的观念和感情联系、混合和联结起来，在漫长的代际中积累了它们的体验和知识。⑤

① Emile Durkheim, *The Rules of Sociological Method and Selected Texts on Sociology and Its Method*, Translated by W. D. Halls, The Macmillan Press Ltd, 1982, p. 129.

② Emile Durkheim, *The Division of Labour in Society*, With an introduction by Lewis Coser, Translated by W. D. Halls, Macmillan Education Ltd, 1989, p. 226.

③ Emile Durkheim, *The Division of Labour in Society*, With an introduction by Lewis Coser, Translated by W. D. Halls, Macmillan Education Ltd, 1989, pp. 231–232.

④ Emile Durkheim, *The Rules of Sociological Method and Selected Text on Sociology and Its Method*, Translated by W. D. Halls, The Macmillan Press Ltd, 1982, p. 40.

⑤ Emile Durkheim, *The Elementary Forms of the Religious Life*, Translated and with an introduction by Karen E. Fields, The Free Press, 1995, p. 15.

个体表象（individual representation）是心理状态的反映，具有与集体表象不同的内容；集体表象不是个体表象的叠加，不是个体到社会、部分到整体、简单到复杂的推展或推演关系。

迪尔凯姆分析了自杀、犯罪和宗教等受集体意识支配的典型事实。集体汇集成一种道德力量，道德事实确定了各种行为规则，"除了集体道德之外，不存在比个人更好的道德力量"①。在迪尔凯姆的叙述中，个人自杀行为尽管有无数种动机和理由，但是作为"社会事实"的自杀率表现出了一定的规律性，这说明不能简单地把自杀看作单纯的个人行为，其中的决定因素是个体事件后面抽象的集体道德，利他主义自杀与低程度社会的道德结构之间存在密切联系。在这一方面，社会团结类型解释了城市与乡村、新教与天主教、离婚妇女与婚姻妇女自杀率中所表现出的差异；前文明社会少有自杀现象，即使有也是牺牲，利己的悲愤自杀是文明社会的病态现象。

犯罪违反的是强烈而明确的集体意识，损害了特定集体感情，"犯罪行为本质上对抗的是强烈而又明确定义的共同意识"②，它们的共性即"犯罪是每个社会成员都要谴责的行为"③。刑法是对犯罪的压制性惩罚，本质上是群体带有强烈感情的反抗和对社会凝聚力的维护，表现出来的是机械团结，对犯罪的惩罚最终使"他们自然地相互融合起来，形成了一种单一的融合体，充当了每个人的替身，利用这个替身的不是每个孤立的个人，而是以这种方式构成的社会"④。

宗教本质上也是一种集体意识，"宗教就是最明显的共同意识形式，一开始它包括了实践功能在内的所有表象功能，直到哲学产生以后，表象功能与实践功能才分离开来"⑤，它特殊的思维方式"使得相互混合或选择

---

① Emile Durkheim, *The Division of Labour in Society*, With an introduction by Lewis Coser, Translated by W. D. Halls, Macmillan Education Ltd, 1989, p. 43.

② Emile Durkheim, *The Division of Labour in Society*, With an introduction by Lewis Coser, Translated by W. D. Halls, Macmillan Education Ltd, 1989, p. 60.

③ Emile Durkheim, *The Division of Labour in Society*, With an introduction by Lewis Coser, Translated by W. D. Halls, Macmillan Education Ltd, 1989, p. 32.

④ Emile Durkheim, *The Division of Labour in Society*, With an introduction by Lewis Coser, Translated by W. D. Halls, Macmillan Education Ltd, 1989, p. 59.

⑤ Emile Durkheim, *The Division of Labour in Society*, With an introduction by Lewis Coser, Translated by W. D. Halls, Macmillan Education Ltd, 1989, pp. 227-228.

性区分的宗教观念彼此转化，形成了充满各种矛盾的复合物，与我们自己日常的思维结果相对立"①。随着社会分工的发展，宗教意识的性质发生了变化，其中作为最重要的组成因素，神的观念越来越抽象化为超验存在，宗教普遍化了。② 刑法是集体意识的体现，不同程度地都具有宗教性，罪行是原罪，必须要赎回，因而具有了神圣性，公共意识要求的不是简单的补偿，而是复仇性质的抵偿，"刑法的核心是对优胜于个人的力量的尊重感情，某种程度上来说，是对超验力量的尊重感情……这种情感是所有宗教感情的基础。……宗教渗透进了所有法律行为中，而且弥漫到了所有的社会生活中"③。

社会团结。社会团结是迪尔凯姆社会学研究的重要主题，是理解社会事实的一把钥匙，"社会团结属于社会学研究的领域。我们只有通过考察它的社会作用，才能全面彻底地了解社会事实"④。迪尔凯姆借助比较方法，透过劳动分工的发展和不同类型社会结构的变迁，考察了个体自主与社会依赖关系，回答了有关社会团结的问题。

德国社会学家斐迪南·滕尼斯（Ferdinand Tönnies，1855—1936）在《共同体与社会》（Gemeinschaft und Gesellschaft，1887）一书中把社会生活划分为礼俗社会和法理社会两种基本形式，⑤ 相当于英文"community"（社群）和"society"（社会）。但学人们之后在论及相关问题时，一般都保留了滕尼斯的德文原词，在学术讨论中，他们还较多的采用"社会结构"（societal）一词来描述礼俗社会和法理社会所形成的架构关系。滕尼斯是一位深受德国浪漫主义传统影响的保守主义者，在他的笔下礼俗社会是更为完整的社会生活，从礼俗社会到法理社会的转变是一种甚或灭绝人

① Emile Durkheim, *The Rules of Sociological Method and Selected Text on Sociology and Its Method*, Translated by W. D. Halls, The Macmillan Press Ltd, 1982, p. 42.

② Emile Durkheim, *The Division of Labour in Society*, With an introduction by Lewis Coser, Translated by W. D. Halls, Macmillan Education Ltd, 1989, pp. 230-231.

③ Emile Durkheim, *The Division of Labour in Society*, With an introduction by Lewis Coser, Translated by W. D. Halls, Macmillan Education Ltd, 1989, p. 94.

④ 埃米尔·涂尔干：《社会分工论》，渠东译，生活·读书·新知三联书店，2013，第30页。

⑤ Ferdinand Tonnies, *Community and Civil Society*, Translated by Jose Harris and Margaret Hollis, Cambridge University Press, 2001.

性的社会退化。类似于滕尼斯的礼俗社会和法理社会的结构划分，迪尔凯姆基本的看法是，人类社会需要团结即共同归属感，社会团结是一种整体上的道德现象，是社会凝聚的主要因素，促成了社会整合，他区分了机械团结和有机团结两种社会秩序，并从组织类型、个体地位、法律规范和宗教信仰等角度分析了这两种基本团结类型的特征。

机械团结是原初社会和古代社会的典型模式，建立在共同信仰和共同情感基础上；个体相互之间具有本质上的相似性，直接属于社会整体，明确自己所属、权利和义务；个体和群体不易进入失范的状态；社会基本特征是普遍性、相似性、无差别，体现为同质性团结；社会越原初，相似性和同质性就越大。有机团结是现代社会的本质，建立在分工发展和组织结构进步的基础上；社会是由要素和功能各不相同的异质性机构通过相互间确定关系结合而成的庞大系统；本质是俗世的和人性的；个体处在功能各异的职业环境之中，依赖于社会各构成部分；社会发展是新陈代谢的过程，各环节具有内在亲和性；现代社会虽然是进步的，但存在失范威胁；社会基本特征是特殊性、差异性、统一性，体现为异质性团结。

有机团结的基本关系不是简单的归属感，而是分工协作基础上的复杂契约网络。但迪尔凯姆批判了卢梭"社会契约"概念，"社会契约的假设完全是与分工的原则不相容的"，契约共识意味着意识统一，这与劳动分工是相悖的，"不仅不存在任何根源于契约的社会，而且在社会结构中，连契约组织的蛛丝马迹也无从谈起。它既不是某种历史固有的事实，也不是历史发展所呈现的趋势"①。迪尔凯姆否认契约关系和契约组织是原初的存在，而是劳动分工发展的结果。他认为契约仅具有个人意义，无法表达集体意识，"契约保证的只是个人期望的东西，它的唯一起源是自由的意愿行为"；但迪尔凯姆承认契约是以集体义务作为担保的，集体义务属于集体意识范畴，而不只是个人共识，"契约无论在哪存在，它都服从于一种管制力量，后者只能由社会而不是个人来施加，它是一种越来越变得重大而繁杂的力量"②。

① 埃米尔·涂尔干：《社会分工论》，渠东译，生活·读书·新知三联书店，2013，第 160、161 页。

② Emile Durkheim, *The Division of Labour in Society*, With an introduction by Lewis Coser, Translated by W. D. Halls, Macmillan Education Ltd, 1989, p.158.

两种团结类型分别对应于区隔社会（segmentary society）和组织社会（organised society），"一种社会类型不断退化，就意味着另一种社会类型不断进化，而后一种社会类型正是劳动分工的结果"①。区隔的意思是各群体具有相似的社会结构和相同的社会功能，是同质性的单位。迪尔凯姆为区隔社会假定了一种理想型的原生态群居社会，典型的如美国人类学家摩尔根（Lewis Henry Morgan，1818—1881）在北美印第安人中发现的易洛魁部落组织，后者的基本单位是氏族，氏族联合而成为"区隔社会"。"区隔社会"又称为"环节社会"，之所以称作"环节"，"是因为它是由许多相互类似的群落重复而生的，就像一条环节虫是由许多环节集成的一样"②，区隔社会是同质的，如犹太人、非洲黑人中存在的社群。随着分工的发展，区隔社会衰落了，法人团体和同业公会等职业组织出现了，在后者中社会关系和普遍意义即他所谓的"集体意识"碎片化了，同时组织职能分化了，弥漫着合作精神和职业道德，但因受到反常因素的阻碍，组织社会至今没有获得充足发展。

区隔社会中的一切都面向社会，为社会劳动，经济制度接近共享主义；集体意识鲜明，个体淹没在群体中，不存在人格个性；个体意识和集体意识是混同的，只存在集体人格；社会是规范的。组织社会中个人摆脱了集体意识的羁绊，个人人格成为社会生活的重要因素，个人之间是相互依赖和联合关系，然而个人关系缺少可靠性，"失范成为经常存在的可能性，如果不是或然性的话"③。迪尔凯姆承认社会相似性的增加和差异性的减少是现代社会发展的结果，但就个体而言体现出的是差异性的扩大。有机团结的现代社会中，集体意识和集体感情强度降低，用他的术语来说，现代社会是整合的，但不是内聚的，而在更为传统的社会中，内聚性通过集体意识获得，后者提供了一种强有力的情感团结源泉，或者共享道德义务。

区隔社会遵循传统，是道德社会，公共道德支配范围广，法规体系渗透着道德规范，利他主义是社会生活的基础，包含浓厚的宗教情感、家庭

---

① 埃米尔·涂尔干：《社会分工论》，渠东译，生活·读书·新知三联书店，2013，第152页。
② 埃米尔·涂尔干：《社会分工论》，渠东译，生活·读书·新知三联书店，2013，第136页。
③ Perter Berger, Brigitte Berger, *Sociology*, Basic Books, 1975, p.331.

情感等；公共意识不仅要求补偿，而且要求复仇抵偿，故而压制性刑法名目繁多，具有强迫力，且包含了许多道德禁忌，集中体现在仪式、礼仪、庆典等宗教活动规定中。组织社会是由理性和法律维系在一起，体现出的是恢复性制裁，而职业道德局限在特殊领域，惩罚轻微。恢复性制裁指的是民法、商业法、诉讼法、行政法和宪法，拥有法官、律师、领事和仲裁等专门化机构，不再带有感情色彩，在积极方面表现的是分工产生的协作关系，摆脱了集体意识影响，不涉及个人与社会的关系，目的是"恢复原貌"。

历史上的成文法都规定了相关的社会义务和制裁，迪尔凯姆把法律体系划分为公法和私法，分别规定了国家和个人、个人和个人的关系，并按照法律制裁划分了法规类型，即压制性制裁和恢复性制裁。迪尔凯姆考察了从《摩西五经》时候的犹太社会到《萨利法典》时期的法兰克社会再到《十二铜表法》时代的罗马社会，其中表明的是法律精神的演化过程，他认为刑法演化速度较慢，比习俗更难以改变，道德法则更具可塑性，二者都依赖于集体情感。《摩西五经》《摩奴法典》是压制性宗教规范，描述了很多宗教犯罪，规定了很多戒律，具有神圣性，罪行是原罪，必须赎回。4世纪法兰克人的《萨利法典》中刑法仍占有重要地位，但压制成分减少，涉及物权、人权和契约法。罗马帝国的政治原则中很大程度上排除了宗教情感要素，帝国不特意支持宗教事务，《十二铜表法》更多体现出了世俗性特色，基本与宗教完全分离，刑法丧失了重要地位，成为现代法律萌芽的象征。

在区隔社会中，信仰主导了社群，所有人都信仰宗教，宗教侵蚀了个体生活；宗教是社会组织或单位的基础，社会生活带有浓厚的宗教色彩；宗教意识同一且绝对化了，没有教派、异端。在组织社会中，世俗观念产生了，一方面是法律的世俗化，另一方面是宗教的显著进步，信仰达到极致，但宗教感情强度降低，远离了世俗生活，走向精神化、普遍化和抽象化；不再拥有权威，不再压制犯罪；惩治的只是违反教规者，异端邪说成为仅有的犯罪。

法人社团。相对于社会团结，"失范"也是迪尔凯姆采用的重要概念，意思是"失序"和"无规范"。失范是一种病态社会现象，"集体生活的整个领域绝大部分都超出了任何规范的调节作用之外"①，个体和群体之间缺乏社会团结和联结，"丧失了安全和意义关系"，社会丧失了"凝聚力"和"调节力"。失范意味着集体象征瓦解、公意模糊、道德沦丧和法律失效等，社会陷入混乱和冲突的无政府状态。迪尔凯姆强调现代经济社会面临可怕的失范风险，尤其是法律失范和道德失范，失范主要是由于经济原则的匮乏导致的，而不是劳动分工的结果，且只有社会规则才能限制失范的出现。规则的目的是整合，强调的是交换和依赖，体现的是集体行为，"规范不仅仅是一种习惯上的行为模式，而是一种义务上的行为模式，也就是说，它在某种程度上不允许个人任意行事"②。现代社会的基本单位是机构，后者负有特定的功能，社会义务相互联结形成了一定的规则体系，"各种社会功能自发形成的关系所构成的一个确定形式"，它们是构成机构之间紧密联结的有力保障，"只要这些机构能够得到充分的接触，并形成牢固的关系，失范状态就不可能产生"③。在迪尔凯姆看来，法人团体即职业群体是现代社会必不可少的独立组织，可以满足规范的组织条件，"并不在于它促进了经济的发展，而在于它对道德所产生的切实影响"④，以法人为前提，分享职业生活，强调公共利益，讲求牺牲和克制。

迪尔凯姆试图为解决社会失范问题寻找一种社会组织基础，通过群体的有机团结达到社会整合，他明显受到了启蒙思想尤其是亚当·斯密"社团"思想的影响，既强调组织的经济职业实质和道德力量，又希望它具有法律的约束力和形式，这就是他所谓的现代"法人社团"。

迪尔凯姆考察了历史上存在的各种具有社团性质的群体，指出它们既有制度上的持续性，又反映了历史条件下的偶然性，适应于各自的历史环境。罗马法人团体更多地表现为一种以弟兄情谊取代了血缘联结的平等互助的宗教社团，宗教性多而职业性少，有保护神"社神"和寺庙，存在职

---

① 埃米尔·涂尔干：《社会分工论》，渠东译，生活·读书·新知三联书店，2013，"第二版序言"第14页。
② 埃米尔·涂尔干：《社会分工论》，渠东译，生活·读书·新知三联书店，2013，"第二版序言"第17页。
③ 埃米尔·涂尔干：《社会分工论》，渠东译，生活·读书·新知三联书店，2013，第328页。
④ 埃米尔·涂尔干：《社会分工论》，渠东译，生活·读书·新知三联书店，2013，"第二版序言"第22页。

业崇拜及节日仪式，有集体坟墓，"为了同样的信仰团结在一起，也为了同样的信仰长眠在一起"；基督教社团制定了明确的规范，强调责任和道德，注重慈善事业；中世纪的资产阶级和第三等级是地方性工商业法人团体的主体，雇主联合会、工人联合会是现代法人团体的起点，但各有自身的特性，彼此分立，"他们只确证了一个事实，而没有确证一种法律"①。

法人是现代社会结构的基本单元和要素，随着工商业的发展和市场的国家化甚至国际化，从法人社团到自治运动再到政治体系，构成了现代社会演化的基本框架。迪尔凯姆强调用现代法人社团代替古老社团，密切经济联系，制定和实施规范，形成道德原则，使职业群体成为政治组织的基础。面对社会失范甚至崩溃的无政府状况，他寄望于在经济职业中确立道德原则和法律准则，通过振兴法人社团，促进经济发展，影响道德，增强团结互助，遏制个人利己主义，防止强权，引导社会摆脱无序和动荡。作为社会失范的一个特例，迪尔凯姆通过对自杀现象的考察，认为后者是社会混乱的一种表征，"它是一种可以影响到整个社会机体的普遍病症"②，而混乱的社会中只剩下了行业制度，只有它才能够革除社会积弊和治愈社会病患。

劳动分工。18 世纪后期到 19 世纪 70 年代，法国经历了 1789 年大革命、1870 年普法战争以及 1871 年的巴黎公社运动，基本的社会特征是失调、失序和失范，迪尔凯姆的学术研究与对这些历史时期的政治实践以及时代课题的关注直接相关，寻求秩序化社会是贯穿他所有著作的主题。因而如果说法人社团是他用来消解失范的组织基础，那么劳动分工就是解决这一问题的社会运行机制。

分工是适应历史的社会发展结果，更是促进社会发展的要素之一，遍及现代社会的各个生产领域。古典经济学家斯密采用分工概念并阐发了相关理论，托克维尔对分工持批评意见，"劳动分工的原则越是得到充分的贯彻，工人就越虚弱、受限，依赖性就越强。技艺取得了进步，工匠们却

---

① 埃米尔·涂尔干：《社会分工论》，渠东译，生活·读书·新知三联书店，2013，"第二版序言"第 19、24 页。

② 埃米尔·涂尔干：《社会分工论》，渠东译，生活·读书·新知三联书店，2013，"第二版序言"第 41 页。

倒退了"①。迪尔凯姆把社会学视角投向了历史研究，讨论了劳动分工的原因、条件和功能，所谓分工实际上就是社会功能的分配，分工是一种客观社会事实，是一种行为规范，也是一种责任和道德观念，他的分析带有工具理性的特点，功能和作用是他判定分工价值的标准。

首先，社会密度的增加和社会容量的增多是分工的基本条件，前者指的是人口密度、城镇发展和沟通与传播手段的数量和速度，后者强调的是内部关系，"社会容量和社会密度是分工变化的直接原因，在社会发展的过程中，分工之所以能够不断进步，是因为社会密度的恒定增加和社会容量的普遍扩大"②。

其次，分工是社会存在的条件，强调功能的差异性，本质上是集体个性的体现，维持着群体的凝聚力，"劳动分工的最大作用，并不在于功能以这种分化方式提高了生产率，而在于这些功能彼此紧密的结合……分工的作用不仅限于改变和完善现有的社会，而是使社会成为可能，也就是说，没有这些功能，社会就不可能存在"③。

再次，分工的意义超出了经济范畴，不仅提高了生产率，而且为社会提供了凝聚力，加强了社会结合，从而成为一种道德秩序，"正因为分工需要一种秩序、和谐以及社会团结，所以它是道德的"④。分工所产生的道德影响比经济作用更为重要，"在两人或多人之间建立一种团结感，才是它真正的功能"⑤，例如劳动的性别分工就是婚姻团结的根由。迪尔凯姆强调的是分工的道德评价，分工带来了社会团结，团结带来了社会整合，维持了社会平衡，从而决定着社会构成的本质特性，"分工不仅为社会提供了凝聚力，而且也为社会确定了结构特性"⑥。

① Alexis de Tocqueville, *Democracy in America*, Historical-Critical Edition of *De la democratie en Amerique*, Edited by Eduardo Nolla, Translated from the French by James T. Schleifer, Liberty Fund, 2010, p. 982.
② 埃米尔·涂尔干：《社会分工论》，渠东译，生活·读书·新知三联书店，2013，第219页。
③ 埃米尔·涂尔干：《社会分工论》，渠东译，生活·读书·新知三联书店，2013，第24页。
④ 埃米尔·涂尔干：《社会分工论》，渠东译，生活·读书·新知三联书店，2013，第27页。
⑤ 埃米尔·涂尔干：《社会分工论》，渠东译，生活·读书·新知三联书店，2013，第20页。
⑥ 埃米尔·涂尔干：《社会分工论》，渠东译，生活·读书·新知三联书店，2013，第152—153页。

复次，分工突破了地域限制，随着大工业的发展，必然导致社会趋向"多样化"和"分化"，分化包含了专业化和个体化。专业化要求"个人的绝对责任不是要在自身中实现普通人的品质，而是依旧必须具有那些与他职业相关的品质"①，"各为所用，各尽所能"成为基本的道德原则，专业化功能越强，分工的作用就越充分。分工还促进了个性发展，个体独立和自主意识增强了，集体意识变得不确定，逐渐退化和衰落了；个人意识和集体意识分道扬镳，此起彼伏，但社会发展不是解体而是统一性的增强，这正是分工带来的有机团结的纽带作用。

最后，迪尔凯姆强调病态的分工、失范的分工、不规范分工和强制分工也是社会事实，是有机团结断裂的表现，而且分化不同于分工，会对社会团结产生消极作用，导致失范分工，如工商业危机和破产、劳资冲突、科学专门化等，"如果分工不能产生团结，那是因为各个机构间的关系还没有得到规定，它们已经陷入了失范状态"②。

社会变迁。迪尔凯姆生活的法国本身处于社会大变动时代，从而使他深深意识到社会正在经历变迁并给予了必要的学术关注，然而他并没有把兴趣放在建构宏大理论上，而是通过实证性事实证明了社会经历的特殊变迁。他承认历史总体上是进步的，因而批评了斯宾塞的历史循环论，"这岂不是说，历史的运动是循环往复的吗？历史的进步也只不过是在开倒车吗？"③ 他也承认社会是演化的，但他更主张把社会演化作为一种"物"来看待，而不应该把其作为一种思想来崇拜，因而他批评了孔德基于进化论的理解：

> 这完全是一种主观想法，而人类的这种进步是不存在的。所存在的和我们唯一观察到的是独立的产生、发展和消亡的特定社会。如果说最新的社会确实是其先前社会的延续，那么就可以把更高级的社会类型只看作它紧接的低级类型社会的重复，只是添加了某种东西而已。④

---

① Emile Durkheim, *The Division of Labour in Society*, With an introduction by Lewis Coser, Translated by W. D. Halls, Macmillan Education Ltd, 1989, p. 4.
② 埃米尔·涂尔干：《社会分工论》，渠东译，生活·读书·新知三联书店，2013，第 328 页。
③ 埃米尔·涂尔干：《社会分工论》，渠东译，生活·读书·新知三联书店，2013，第 154 页。
④ Emile Durkheim, *The Rules of Sociological Method and Selected Text on Sociology and Its Method*, Translated by W. D. Halls, The Macmillan Press Ltd, 1982, p. 64.

因而在迪尔凯姆看来，社会"物"的发展不是连续的直线序列，而是循环形式中实质性的演化，循环是过程，演化是主线，方式更多地表现为社会要素的变迁，后者意味着替代、转换和更新。

> 任何一种制度在实施了一段时期以后，没有不退化变质的，这不仅因为它没有在适当的时候发生改变，从而使自己变得顽固不化，而且也因为它只是朝着单一的方向发展，从而使自己变得面目全非。①

迪尔凯姆主张在个体之外的社会环境本身中寻找变迁的原因，"社会的演进也会使其达到健全状态的条件发生改变。我们需要迫切解决的实践问题恰恰是，把这种不断翻新的状态看成是受环境影响的各种变化作用"②。因而他把劳动分工看作社会变迁的关键要素，关注了特殊社会事实的演化发展，而对变迁理论言之甚少。例如他把原初民族群居社会称为低程度的社会，劳动的性别分工伴随着整个人类婚姻演化史，表明的是初民社会的同质化经由异质化发展到现代社会中更高层次的同质化；道德生活是历史的，历史条件发生改变，道德必然随之变化，"社会结构中发生的变迁必然导致道德变化"③。

二 作为社会事实的宗教

宗教范畴。宗教是宇宙论也是神性思辨，相关范畴和概念丰富了人类认知形式和精神思想。范畴表明的是事物间存在的最普遍的关系，是科学理性必须借助的基本观念，是思想活动的基本框架，具有普遍性，"对于精神生活来说，它是一种道德必然，正如对于意愿来说义务是必然的一样"④。迪尔

---

① 埃米尔·涂尔干：《社会分工论》，渠东译，生活·读书·新知三联书店，2013，"第二版序言"第 26 页。
② 埃米尔·涂尔干：《社会分工论》，渠东译，生活·读书·新知三联书店，2013，"第一版序言"第 8 页。
③ Emile Durkheim, *The Division of Labour in Society*, With an introduction by Lewis Coser, Translated by W. D. Halls, Macmillan Education Ltd, 1989, p. xxvi.
④ Emile Durkheim, *The Elementary Forms of the Religious Life*, Translated and with an introduction by Karen E. Fields, The Free Press, 1995, p. 17.

凯姆对特定社会"范畴化"即分类现实的方式很感兴趣，他批评了范畴起源的经验论和先验论，把社会理解为观念和实践的母体，认为"社会"是形成所有范畴的基础，人们凭借范畴组织和解释社会体验。

经验论认为个人主观感觉依赖于客体，范畴产生于个人经验，通过遗传巩固，但没有成为普遍经验，这种看法抹杀了范畴抽象、客观和普遍的特性。先验论认为范畴先于经验存在并且制约着经验，相信世界是理性的表达，思想能够超越经验，这种见解没有解释和证实理性的来源，只是设想个人理性之上存在一种本源的、永恒的和完美的理性即神圣理性，从而剔除了实践检验，无法解释范畴的变化。可以看出，经验论和先验论实质上是对后来孔德和迪尔凯姆所标榜的实证主义的分裂，迪尔凯姆试图在"社会"概念的基础上把二者统一起来。

迪尔凯姆认为范畴是思想的公共领域，具有客观真实性，但不依附于特定客体，也独立于任何主体，他批评经验论把理性化简为经验，把普遍性和必然性化简为外观，导致了理性的消解和错误的理解，人类理性"不是别的而是基本范畴的总和，享有一种我们不能随意摆脱的权威"[1]；他克服了唯名论观点，认为作为特殊现实，社会也是自然的一部分，"是自然的最高表达"[2]。他保留了先验论的理性原则，吸取了经验论的实践倾向，用自然原因做出了解释，使理性与现实世界联系了起来，因而范畴是可以分析解释的。

迪尔凯姆强调说范畴起源于宗教，从而是社会事物，本质上是集体表象，"如果范畴都来源于宗教的话，那么它们必定共享了对所有宗教来说都共有的东西，也就是说，它们也是社会事物，是集体思想的产物"[3]，涉及组织方式、结构形态以及制度架构等，"如果范畴在本质上是集体表象的话，它们首先转变成了集体状态。它们依赖于集体的组织方式，依赖于

---

① Emile Durkheim, *The Elementary Forms of the Religious Life*, Translated and with an introduction by Karen E. Fields, The Free Press, 1995, p.13.

② Emile Durkheim, *The Elementary Forms of the Religious Life*, Translated and with an introduction by Karen E. Fields, The Free Press, 1995, p.17.

③ Emile Durkheim, *The Elementary Forms of the Religious Life*, Translated and with an introduction by Karen E. Fields, The Free Press, 1995, p.9.

集体的形态、宗教、道德和经济制度等"①。

宗教事实。宗教社会学研究的是宗教事实，迪尔凯姆目的不是简单的阐述宗教的通常含义，描述日常的宗教现象，而是希望借助实证研究的科学方法，从比较宗教的角度出发，通过探究简单社会组织的原初宗教，寻找到宗教的起源，整体性显示最基本的宗教要素，分析宗教观念；在神圣与凡俗的二元框架中重新理解宗教的定义，明晰关于宗教的认识，揭示宗教演化和本质，概括宗教的普遍特征以及与其他社会事实的密切关系，并把关于原初宗教的普遍性结论演绎到其他宗教研究中，"对于所有那些观念相同则其基本特征必定也相同的民族来说，同样的解释在原则上也是有效的"②。他认为这种推理"有着非常可靠的实践基础，因此它与那些试图不依靠任何一个具体宗教分析就想轻易触及宗教本质，而实际上却很容易成为无稽之谈的简略归纳方法相比，还是更为慎重和稳妥"③。

首先，迪尔凯姆抛弃了缪勒（Friedrich Max Muller，1823—1900）自然崇拜和爱德华·泰勒、斯宾塞泛灵论对宗教的定义，批评了宗教演化是从精神存在到神性观念逐渐运动的观点。缪勒等人集中考察了欧亚文明中的神话，研究了荷马和吠陀文献以及日耳曼人宗教，认为宗教情感基于体验因而宗教源于现实而不是某个精神存在，提出自然物体和力量是最早的宗教情感对象，经过抽象具体化为神的观念，表现为对自然现象的崇拜。泰勒在《原始文化》（*Primitive Culture*，1871）一书中详尽阐释了万物有灵论即泛灵论，即对有意识的精神存在的崇拜，他提出的相关概念为斯宾塞所借用，后者把灵魂观念作为宗教的基本概念，由于崇拜而变成了神灵、精灵，最早的圣物是死者的灵魂，所以最初的崇拜应该是祖先崇拜。迪尔凯姆辩驳了自然崇拜派生于万物有灵论的观点，批评祖先崇拜并不构成所有宗教的内容，因而对于死者灵魂的崇拜不是最原初的崇拜，例如澳大利亚部

---

① Emile Durkheim, *The Elementary Forms of the Religious Life*, Translated and with an introduction by Karen E. Fields, The Free Press, 1995, p. 15.

② Emile Durkheim, *The Elementary Forms of the Religious Life*, Translated and with an introduction by Karen E. Fields, The Free Press, 1995, p. 418.

③ E. 杜尔干：《宗教生活的初级形式》，林宗锦、彭守义译，中央民族大学出版社，1999，第463页。

落社会中就缺乏祖先崇拜。他协调了两种理论以及自然物与神灵观念的关系，考察了宗教情感的来源，从凡俗与神圣的分类出发，认为最初的宗教是图腾崇拜，即凡俗的不具神性的自然物是崇拜对象，社会是崇拜情感的来源，神圣神灵是归宿和终结。

图腾是人类学和民族学家在美洲、澳大利亚等土著部落中发现的一种制度，格雷（George Grey，1812—1898）、麦克伦南（John Ferguson McLennan，1827—1881）和摩尔根、史密斯（William Robertson Smith，1846—1894）、弗雷泽、博厄斯（Franz Boas，1858—1942）等都做过专门研究，其中麦克伦南把图腾崇拜看作一种宗教，从中派生了大量的信仰和实践，是所有动植物崇拜的来源。迪尔凯姆抛弃了人类学家超越历史、民族和对普遍性的强调，对图腾崇拜做出了适合社会条件的界定，他的研究对象是澳大利亚部落社会，同时参考了北美印第安人部落，这些部落社会更具同质性，文献资料更为丰富，而且原初性较强。从比较宗教学的角度，他承认宗教演化存在等级序列，高级宗教富有思想、情感和精神功能，更为复杂和理性；低级宗教个性发展较少、群体规模小，环境同质，道德一致。

其次，迪尔凯姆主张社会学与哲学之间的学科分离，但不妨碍他从哲学的角度去理解社会与宗教的关系。他认为社会在本质上是一种宗教现象，建立在成员所持有的终极价值基础之上，人们围绕共同的信仰和价值联合在一起，宗教探究的是人类体验的"终极"意义。他认为社会为人们的行为提供了共同框架，但它又依赖于一种综合的解释图景即"宗教"来维系，从而使个人和社会生活都能具有意义。

宗教本质上是一种社会事实，是人们所处社会的反映，"以各种不同的方式满足了人类存在的特定条件"[1]。宗教生活根源于社会，是集体生活的重要形式和缩影，社会观念是宗教的灵魂，"宗教是一种突出的社会事物。宗教表象是表达集体现实的集体表象"[2]。迪尔凯姆以原初社会图腾崇拜为例，指出图腾崇拜不是崇拜特定动物、人物或某种形象的宗教，而是

---

[1] Emile Durkheim, *The Elementary Forms of the Religious Life*, Translated and with an introduction by Karen E. Fields, The Free Press, 1995, p. 2.

[2] Emile Durkheim, *The Elementary Forms of the Religious Life*, Translated and with an introduction by Karen E. Fields, The Free Press, 1995, p. 9.

指向它背后隐藏着的某种力量，"宗教是一种不知其名、不具人格的力量，在这些事物中都能把它分辨出来，但它又不与任何一种事物是同一的"①。迪尔凯姆进而指出这种力量不是别的，正是社会群体中没有人格的集体力量，这种力量是合作与整合的产物，具有弥散性和互通性。

> 既是自然力量，又是人类力量；既是道德力量，又是物质力量。它们是道德力量，因为它们完全是由作为道德事物的道德集体在其他道德事物和个人身上留下的印象；这些道德力量并没表达自然事物影响我们感觉的方式，而是表达了集体意识影响个人意识的方式。②

宗教根源于社会，又由社会激发和强化了宗教情感，"宗教力量不是别的而是集体在其成员中唤起的一种感情，但是把这种感情投射到了体验它们的那些心灵之外，使其客观化了。为了客观化它们固定在事物之上，后者因而变成了神圣，任何物体都能充当这一角色"③。迪尔凯姆最终还是把宗教推向了道德的范畴，准确地说，"集体力量"就是"道德力量"，"宗教力量实际上只是美化了的集体力量即道德力量，它们由观念和感情构成，即由社会在我们中唤起的蔚为壮观的感情，而不是来自物质世界的那些感觉"④。迪尔凯姆甚至认为宗教是某种狂热感情的产物，是集体亢奋的结果。另外基于功能主义理解，迪尔凯姆认为宗教是社会整合的重要力量，强化了道德秩序，支撑群体团结，因而如果没有宗教的话，社会瓦解就不可避免。

宗教不只涉及信仰和感情，不只体现人与超自然力量和神灵的关系，而且发挥了规范行为和思维方式的作用，影响了重要社会结构和制度的形

---

① Emile Durkheim, *The Elementary Forms of the Religious Life*, Translated and with an introduction by Karen E. Fields, The Free Press, 1995, p. 191.

② Emile Durkheim, *The Elementary Forms of the Religious Life*, Translated and with an introduction by Karen E. Fields, The Free Press, 1995, p. 224.

③ Emile Durkheim, *The Elementary Forms of the Religious Life*, Translated and with an introduction by Karen E. Fields, The Free Press, 1995, p. 230.

④ Emile Durkheim, *The Elementary Forms of the Religious Life*, Translated and with an introduction by Karen E. Fields, The Free Press, 1995, p. 327.

成与发展，"宗教把这些以及对人与物的性质的看法和对世界起源的看法施加于人，还往往规定了人们之间的法律关系、道德关系和经济关系。所以，宗教的活动范围完全是超出人与神的单纯关系之外的"①。从这个意义上来说，宗教事实中蕴含了社会结构、文化和历史，人类社会经济、政治、教育等"所有重大的制度都产生自宗教"，所有的范畴和社会规范都来源于宗教，"正是通过宗教，我们能够追溯到一个社会的结构、团结阶段、各部分的内聚程度、居住地域的扩张，以及在其中发挥重要作用的宇宙力量的性质等，宗教是社会开始意识到自身和其历史的原始方式"②。

再次，迪尔凯姆剔除了宗教概念中的超验要素，主张把宗教还原为具体的社会事实，根据社会自身来定义宗教，宗教即道德，社会被他理解为一种超验。超自然观念和神性观念通常被作为定义宗教的基本要素，迪尔凯姆忽略了宗教定义中的超自然要素，没有把后者作为宗教的一个普遍特征，"超自然观念，一般被认为是所有宗教的特征……这个观念直到宗教历史的晚期才出现。它不仅对于那些被称作原初的民族来说是完全生疏的，而且对于所有还没有取得相当程度智力文化的民族来说也是陌生的"③。他认为自然事物是理性的，超自然超出了理性思辨，不是源于社会，不是来自外界，它唤起的神秘感在宗教史上出现较晚，而且与人类心智水平关系也不大。迪尔凯姆的观点立刻引起了学者的反驳，"宣称原始人不知道超自然，在这一点上，作者根本误解了野蛮人的心智……迪尔凯姆在开始时犯的这个错误，导致了致命的结果"④，但学术界更多的则是对这一研究成果的认同和坚持，之后的功能主义者马林诺夫斯基（Bronislaw Kaspar Malinowski，1884—1942）、拉德克里夫-布朗（Alfred Radcliffe-Brown，1881—1955）在对宗教的定义中都不再考虑"超自然"要素，转而强调了作为非人格力量的崇拜对象"社会"，其本质是整合和团结，社

---

① 埃米尔·涂尔干：《社会分工论》，渠东译，生活·读书·新知三联书店，2013，第129页。

② Emile Durkheim, *Professional Ethics and Civic Morals*, Translated by Cornelia Brookfield, With a new preface by Bryan S. Turner, Routledge, Taylor & Francis e-Library, 2003, p.160.

③ Emile Durkheim, *The Elementary Forms of the Religious Life*, Translated and with an introduction by Karen E. Fields, The Free Press, 1995, pp.22–23.

④ Alexander Goldenweiser, "Review of Lesformes Elementaires de la Vie Religieuse, le Systeme Totemique en Australie", *American Anthropologist*, 1915, 17（4）：719–735；720–721.

会人类学家埃文斯-普理查德（Edward Evan Evans-Pritchard，1902—1973）评论这一理论创新说："是迪尔凯姆，而不是野蛮人，把社会当成了神"[1]。

神性观念一般指"有意识的主体，它具有超越普通人的能力"[2]，包括灵魂、鬼怪、精灵以及神等概念，它是由人类创建的超越人类且有人格的存在，其本性是由人类赋予。迪尔凯姆认为宗教与神性观念无多大关系，"有些大宗教就没有神灵和灵魂的观念，或者后者只是充当了一种次要的不起眼的角色"[3]，佛教、耆那教中不存在神性观念，或者神性观念在这些宗教中显得不重要，反而是它存在于许多非宗教的事实中，"我们也承认世界上至少还存在一种无神的宗教。如果这个事实能够得到证实，那么就足以说明，我们无权把宗教说成是神的观念"[4]，而且许多宗教礼仪不受神或精神存在观念的束缚，宗教的功效不都来自神性。

三　神圣与凡俗分析框架

迪尔凯姆强调宗教的整体性质，把宗教看作包括神话、教义、礼仪与仪式体系的社会事实，主张依据具体现实来定义宗教，探求所有宗教共有的普遍的、不可化简的基本要素，"宗教只不过是自然的表现了人类的行为"[5]，他聚焦宗教的神圣要素，发展了"神圣"（sacred）-"凡俗"（profane）二元分析框架。

库朗日（Fustel de Coulanges，1830—1889）和罗伯逊·史密斯曾使用"神圣"概念分析了社会生活，迪尔凯姆1899年在论文《宗教现象的定义》（*De la définition des phènoménes religieux*）中做出了系统表述，认为神圣-凡俗是宗教和社会生活的中心。较早的时候他把宗教定义为"义务"

① Evans-Pritchard, *Nuer Religion*, The Clarendon Press, 1956, p. 313.
② Emile Durkheim, *The Elementary Forms of the Religious Life*, Translated and with an introduction by Karen E. Fields, The Free Press, 1995, p. 27.
③ Emile Durkheim, *The Elementary Forms of the Religious Life*, Translated and with an introduction by Karen E. Fields, The Free Press, 1995, p. 28.
④ 埃米尔·涂尔干：《社会分工论》，渠东译，生活·读书·新知三联书店，2013，第129页。
⑤ Emile Durkheim, *The Elementary Forms of the Religious Life*, Translated and with an introduction by Karen E. Fields, The Free Press, 1995, p. 22.

和"责任"而不是"神性"和"神圣",并对"神性"和"神圣"做出了区分,认为神圣是独立且优先于神性的概念,仪式等宗教行为、寺庙等宗教场所和建筑以及神职人员虽然是神圣的,但都不具有神性;而且指出"神圣事物和凡俗事物之间的区别确实经常不依赖于神灵的观念"①,在《宗教生活的基本形式》以及他去世后出版的《道德教育》(*L'Éducation morale*,1925)、《职业伦理和公民道德》(*Leçons de sociologie: physique des moeurs et du droit*,1950)等相关著作的篇章中,迪尔凯姆对此都有详尽阐述和精致完善。在他看来以事物的分类为前提,依据个人和社会的二元分类,人类头脑中围绕宗教形成了神圣-凡俗二元区分,个人是凡俗的,社会是神圣的,"这两种心理状态组成了两种知识现象,一种是由单独的心脑产生的,另一种是由多种心脑相互作用和反作用产生的。这种尘世和精神的二元性不是一种没有理性和现实基础的发明;它在符号语言中表达了个人和社会、心理学和社会学的二元性"②。迪尔凯姆的二元分析受到康德(Immanuel Kant,1724—1804)和新康德主义哲学有关现象与本体二元论学说的影响,吸收了犹太-基督教传统中灵魂和肉体相统一的人性论的观点。③

所有宗教都有一个显著特征,即以事物分类为前提把世界划分为由俗物组成的"凡俗"领域和由圣物组成的"神圣"领域,这些真实的或者理想的事物被分成相互对立的两类,"在人类的心智中,神圣与凡俗总是而且到处都被想象为独立的类属,是两种毫无共同之处的世界。……它们是不同种类,在不同的宗教中这种对立都被想象成是不同的"④。根据迪尔凯姆的表述,神圣和凡俗二元分类广泛存在于前现代社会中,涵盖了宇宙、社会和道德等领域,重要的是所有的社会现实都最终被整合进了这种神

---

① Emile Durkheim,"Concerning the Definition of Religious Phenomena",in *Durkheim on Religion*,Edited by W. S. F. Pickering,Translated by Jacqueline Redding and W. S. F. Pickering,Routledge & Kegan Paul,1975:74-99:87.

② Emile Durkheim,"Concerning the Definition of Religious Phenomena",in *Durkheim on Religion*,Edited by W. S. F. Pickering,Translated by Jacqueline Redding and W. S. F. Pickering,Routledge & Kegan Paul,1975:74-99:95-96.

③ W. S. F. Pickering,*Durkheim's Sociology of Religion*,Routledge & Kegan Paul,1984,p.119.

④ Emile Durkheim,*The Elementary Forms of the Religious Life*,Translated and with an introduction by Karen E. Fields,The Free Press,1995,p.36.

圣-凡俗的单一秩序中，从而使整个社会系统也呈现出固有的二元特征。

宗教基于神圣而不能化简为超自然存在或灵魂观念，这为人类学和社会学理解宗教开辟了一种新视角。"sacred"拉丁语为"sacer"，包含了"圣洁"、"祝圣"和"神性"等含义；"profane"则表示的是寺院庙观宗教场域之外的东西。神圣与凡俗是区别的、分离的甚至是异质的、对抗性的两种领域，具体化为不同的分类范畴，前者意味着威严和权威；后者指涉敬畏和从属，但这两种世界之间存在过渡的可能。

> 圣物在性质上与俗物不同，它们在本质上也是不同的。[1]

> 圣物即是这样的东西，社会自己塑造了其表象，包括所有机体状态，共同的传统和情感、感情等，感情与普遍兴趣的目标有关系；所有这些要素根据社会心理的适当法则结合在一起。相反，俗物是由我们每个人根据自己的感觉材料和体验建造的，我们对它们的观念，作为它们的素材，具有了纯粹的个人印象，这就是为什么在我们的眼中它们不具有圣物的同样声誉。[2]

神圣本身是一种宗教体验，反映的是人们对待宗教的复杂感情和心理状态，迪尔凯姆也把它作为一个二分的范畴，区分出了积极和消极两方面，"全部的宗教生活都围绕着这两个相反的极点进行，它们之间的对立正如纯洁与不洁、圣人与渎圣者、神灵与恶魔间的对立"[3]。神圣的这两个方面是相互对立的，但又是密切联系的，它们都是社会现实在心理上的镜像映射。

> 这两个方面都与凡俗的存在保持着相同的关系。它们必须避弃与

---

① Emile Durkheim, *The Elementary Forms of the Religious Life*, Translated and with an introduction by Karen E. Fields, The Free Press, 1995, p. 36.

② Emile Durkheim, "Concerning the Definition of Religious Phenomena", in *Durkheim on Religion*, Edited by W. S. F. Pickering, Translated by Jacqueline Redding and W. S. F. Pickering, Routledge & Kegan Paul, 1975: 74-99: 95.

③ Emile Durkheim, *The Elementary Forms of the Religious Life*, Translated and with an introduction by Karen E. Fields, The Free Press, 1995, p. 413.

不洁事物和圣洁事物的所有联系。对前者的禁止一点也不比后者少多少，它们也都被抽离出了传播的范围。这就是说，它们也是神圣的。不可否认，二者并没有激发出相同的感情，一种能使人产生厌恶和恐惧，另一种则使人心生敬慕。然而两种情况下的行为是相同的，因而所表达的感情在性质上也必定是相同的。实际上对宗教的敬慕中确实存在特定的恐惧感，尤其是当这种敬慕感情极为强烈时更为如此。而邪恶力量激发的恐惧感中也掺和着某种敬意。①

神圣来源于社会生活，是由社会创造和激发的，贯穿于人类历史的整个过程，而且涵盖人类社会的各个领域，"正如在过去，我们现在也看到社会从来就没有停止过创造新的圣物"；"正如社会把人奉为神圣一样，它把包括观念在内的东西奉为神圣"②，圣物的表象属性不是来自特殊自然属性，而是来自社会的力量。

迪尔凯姆把信仰和礼仪看作宗教现象的两种基本范畴和普遍特征，表明的是人类在社会中形成的观念和行为模式，代表了人类宗教生活中的两种基本要素。信仰是观念状态，如同神话、教义和传说一样由表象组成，"宗教现象存在于强制性信仰中，与明确界定的实践相连，实践则与信仰的既定客体相关"③。信仰表明了神圣的性质、价值、力量和历史，表达了神圣相互之间以及神圣与凡俗之间的各种关系，"宗教信仰就是那些表达圣物性质、与其他圣物或俗物关系的表象"④。礼仪是具有公共性的行为模式，通常表现在各种形式的宗教崇拜活动中，体现并实现了神圣与凡俗之间的分离，"膜拜不仅仅是人们在特定情况下必须负责采取的礼仪性防备

①　Emile Durkheim, *The Elementary Forms of the Religious Life*, Translated with an introduction by Karen E. Fields, The Free Press, 1995, p.413.

②　Emile Durkheim, *The Elementary Forms of the Religious Life*, Translated with an introduction by Karen E. Fields, The Free Press, 1995, p.215.

③　Emile Durkheim, "Concerning the Definition of Religious Phenomena", in *Durkheim on Religion*, Edited by W. S. F. Pickering, Translated by Jacqueline Redding and W. S. F. Pickering, Routledge & Kegan Paul, 1975: 74-99: 93.

④　Emile Durkheim, *The Elementary Forms of the Religious Life*, Translated with an introduction by Karen E. Fields, The Free Press, 1995, p.38.

的总和，它是一系列礼仪、节庆和各种仪式，所有这些都带有周期性举行的特征"①。消极礼仪属于禁忌体系；积极礼仪如献祭、祭祀、圣餐、模仿、表演、纪念和赎罪等。迪尔凯姆研究了原初社会中的信仰和礼仪，指出氏族社会的图腾是集体标识，具有宗教性，是氏族圣物；图腾观念反映的是图腾生物与氏族之间的亲和关系，涉及凡俗与神圣的分类，生物属于凡俗，图腾归于神圣，但图腾观念中没有精神存在；图腾反映的是一种分类系统，模仿了社会组织结构，信仰和宗教感情起源于氏族组织，"图腾崇拜与我们所了解的甚至很可能是想象出来的最原初的社会组织有着密切的联系"②，迪尔凯姆主张从本源的表象入手，探究图腾崇拜的起源。

迪尔凯姆把教会看作宗教的基本要素，并在不同场合进行了强调。教会是具有共同信仰和实践活动的稳定的、有组织的"道德社群"，"由所有信徒组成，既包括普通信徒也包括神职人员"③。宗教是群体的集体事务，基于对神圣、信仰、礼仪和教会等要素的理解和阐述，迪尔凯姆对宗教做出了描述性定义，"宗教是一种与圣物有关的信仰和实践的统一系统，也就是说，圣物是区分开来的禁止的东西；而信仰与实践把所有那些追随者结合进了一个被称作教会的单一道德社群中"④。他反对把宗教演化看作从精神存在到神性观念逐渐运动的过程，从而在宗教定义中剔除了神灵的要素，"我们只有神圣的物体和作为相对的凡俗物体，而没有神灵"⑤，"圣物和俗物的区别经常独立于神的观念，那么神的观念也不是区分的起点"⑥。迪

① Emile Durkheim, *The Elementary Forms of the Religious Life*, Translated and with an introduction by Karen E. Fields, The Free Press, 1995, pp. 59-60.

② Emile Durkheim, *The Elementary Forms of the Religious Life*, Translated and with an introduction by Karen E. Fields, The Free Press, 1995, p. 189.

③ Emile Durkheim, The Elementary Forms of the Religious Life, Translated and with an introduction by Karen E. Fields, The Free Press, 1995, p. 42.

④ Emile Durkheim, The Elementary Forms of the Religious Life, Translated and with an introduction by Karen E. Fields, The Free Press, 1995, p. 44.

⑤ Emile Durkheim, "Concerning the Definition of Religious Phenomena", in *Durkheim on Religion*, Edited by W. S. F. Pickering, Translated by Jacqueline Redding and W. S. F. Pickering, Routledge & Kegan Paul, 1975: 74-99: 84.

⑥ Emile Durkheim, "Concerning the Definition of Religious Phenomena", in *Durkheim on Religion*, Edited by W. S. F. Pickering, Translated by Jacqueline Redding and W. S. F. Pickering, Routledge & Kegan Paul, 1975: 74-99: 87.

尔凯姆强调宗教定义应该立足于神圣，宗教与信仰、仪式和特定组织相关，而与神灵无涉。

四　历史变迁中的世俗化

迪尔凯姆虽然很少采用世俗化这一在神学、哲学以及诸多社会科学中颇具争议的概念，但他在《社会分工》《宗教生活的基本形式》等著作中用普遍化、分化等概念充分阐发了与世俗化意思相近的宗教弱化、衰微、没落、衰落、倒退等观点，描述了现代社会中宗教发展的图景，为世俗化研究中的社会事实范式奠定了理论基础。

第一，世俗化是人类历史的一般过程，人类历史就是世俗化的历史。"séculier""laïque""Laïcité"等法语词汇表达了世俗的含义，表明的是宗教传统社会权威的收缩，尤其是在教育和政治领域，宗教丧失了社会化的主导权和地位。迪尔凯姆没有把世俗化看作现代社会基本而独具的特征，世俗化持续存在于人类历史中，在不同历史时期和不同社会中，宗教发挥的功能是不一样的，在社会中的地位是波动的，从旧的社会形式中会不断产生新的宗教形式，所以没有必要坚持现代社会俗世化的假设，例如 15、16 世纪文艺复兴和宗教改革就是中世纪宗教崩溃的结果，有人评论说："在确定文艺复兴和宗教改革中世俗化的起源中，迪尔凯姆的立场只是他的包罗万象的世俗化理论的一种逻辑发展"[1]。在迪尔凯姆叙述中，世俗化过程贯穿于整个人类历史，始终表明社会在不断进步，只不过在现代社会这一过程明显加快了。

第二，迪尔凯姆关注了现代社会的历史变迁与西方宗教的衰落，坚信社会变迁是必定发生的历史过程，尤其是随着现代工业社会劳动分工的扩大，人口空前流动起来，城镇由此兴旺发达，新要素的发展中伴随着传统力量的削弱和衰落，"因为决定历史发展的条件同时也是它日趋没落的条件"[2]，作为最保守的传统要素，西方宗教在维持着历史稳定性的同时面临

---

① W. S. F. Pickering, *Durkheim's Sociology of Religion*, Routledge & Kegan Paul, 1984, p.448.
② 埃米尔·涂尔干：《社会分工论》，渠东译，生活·读书·新知三联书店，2013，第 254 页。

不可避免的衰落趋势。与启蒙运动时代以来大多数学人的批判性预言一样，迪尔凯姆对现代社会西方宗教的未来充满了悲观，宣称持续存在近两千年的信仰和实践在经历了长期衰落过程之后，已经走到了自己的生命尽头或步入消亡的过程，"古老的神灵正在衰老或者死去，而其他的神灵还没有降生"①，社会变迁中伴随着宗教不可避免的衰落。

第三，迪尔凯姆研究了社会和宗教层面的变迁，主张科学地分析现代社会中传统宗教的衰落，而后者很大程度上指的是宗教制度的削弱，意味着宗教丧失了社会控制力。他认为宗教制度的衰落不只是现代社会的特征，而是贯穿于人类的整个历史过程，是人类演化史的内容之一，从文明之初就已经开始了。

首先，神性观念普遍化了，神不再是宇宙的中心。神性包含了神圣和神灵两个层面的要素，神性普遍化表明的是特殊神圣性向普遍的神灵观念的发展。普遍化是迪尔凯姆表达世俗化思想的重要概念，反映的是他在实证研究中理性演绎方面的思考，他对此做出了不同层面的强调。在迪尔凯姆看来，普遍化就是理性化的展延，区别于具体和特殊的经验归纳，得自逻辑限定的思维推理，"唯有理性的东西才是普遍的，对抗理解的东西则是特殊的和具体的"②。迪尔凯姆认为最初只有圣物而没有神的观念，或者是神与宇宙融为一体，如被看作社会力量的象征，氏族图腾的神圣性与具体事物相连，是作为事物的特殊属性呈现的。随着分工的发展，神圣性逐渐与特殊对象相远离，具体化为神灵的观念，外在于事物，变成了永恒的超验存在，不再与具体实在相连，自然凡俗与宗教神圣之间泾渭分明且相互对立，神圣抽象化和普遍化了，不再是群体情感而成为难以理解的超验观念。神性观念是集体意识最重要的组成要素，神性普遍化表明了集体意识向理性和逻辑化发展，集体意识与特殊事实相连，依赖于传统权威，是偶然的、缺乏逻辑的，当区隔社会消亡时，集体意识也没落了，趋向于普遍性，不再是可预测的，同时表明了"那些既带有集体性又带有宗教性的

① Emile Durkheim, *The Elementary Forms of the Religious Life*, Translated and with an introduction by Karen E. Fields, The Free Press, 1995, p.429.

② Emile Durkheim, *The Division of Labour in Society*, With an introduction by Lewis Coser, Translated by W. D. Halls, Macmillan Education Ltd, 1989, p.232.

强烈的集体感情和信仰逐步淡化的趋势"①，最显著的表现就是法律和道德强制性减小，理性和逻辑程序增强。神性的普遍化为个人自由和自主留出了空间，神性远离和没落了，神灵隐遁了，个人有了选择信仰的自由，从历史上看，一种宗教的神灵不可能永远受到人们追奉和崇拜。

其次，人们认识和对待宗教更为理性。迪尔凯姆本人提倡科学的宗教理论，宗教在他笔下变成了科学调查和客观研究的对象，丧失了神圣性和社会支配力，失去了存在的合理性，"如果不合理的信仰或实践丧失了控制力，在寻找别的信仰或实践的过程中，就必定会诉求于明智的意识，知识只是这种意识的最高形式"②。迪尔凯姆指出现代社会的道德、艺术和哲学、科学等领域清除了宗教前提，走上了独立发展和自主完善的道路，"以根本上是超越人类理性范围的方式去证明一件东西的合理性，这种东西在现实中是不存在的"③。迪尔凯姆承认宗教在现实社会中还保留了一定影响力，但主要局限在思想观念领域，人们普遍摆脱了传统宗教制度的束缚，广泛接受了科学知识，"所有宗教观念都有社会的起源，另一方面，它们仍旧为大多数人的公共和私人思想保留了显著形式。如今在更进步的思想家中，科学已经取代了宗教，这是真的"④，科学是理性主义的基本原理，是自由思考的手段，哲学是科学的综合，科学进步是没有止境的。

再次，与宗教法律相联系，刑法在漫长历史过程中逐步走向了衰落。原始刑法起源于宗教，印度人、犹太人法律被认为是神的启示，希腊、罗马刑法都带有宗教起源的性质，埃及的牧师执掌司法权，"宗教在本质上是社会的，它非但不追求个人的目的，反而每时每刻都对个人作出限制。……宗教完全是由克制和无私组成的。因此，如果犯罪法真的原本就

---

① 埃米尔·涂尔干：《社会分工论》，渠东译，生活·读书·新知三联书店，2013，第130页。

② Emile Durkheim, *Suicide: A Study in Sociology*, Translated by John A. Spaulding and George Simpson, Edited with an introduction by George Simpson, The Free Press, 1966, p. 163.

③ Emile Durkheim, "Moral Education", in *Durkheim on Religion*, Edited by W. S. F. Pickering, Translated by Jacqueline Redding and W. S. F. Pickering, Routledge & Kegan Paul, 1975: 190-201: 192.

④ Emile Durkheim, *L'Éducation Morale*, Introduction by Paul Fauconnet, Alcan, Paris, 1925, p. 79; 参见 W. S. F. Pickering, *Durkheim's Sociology of Religion*, Routledge & Kegan Paul, 1984, p. 450.

是宗教法的话，那么它所维护的利益当然就是社会性的。诸神是因为自己，而不是别人受到了触犯，来通过惩罚实施报复的，但对诸神的触犯也就是对社会的触犯"①。原初社会的刑法针对危害宗教、习俗和权威的犯罪都做了较多规定，如亵渎神圣、违抗教规、违反仪式以及改宗叛教等；对相关犯罪的惩罚非常严酷，是为"外在于并且凌驾于我们的神圣事物报仇"②，也就是为集体复仇，神圣事物经常具象化为特定祖先或者神灵存在。

> 刑法不仅在本质上是来源于宗教的，而且还经常贴上某种宗教标签。那些受到惩罚的行为是对超自然存在的对抗，不管这种超自然存在究竟是一种实在，还是一种观念。依据同样的理由，我们也可以说明：如果单从人类的利益考虑，我们只要采用恢复性制裁就足够了，之所以我们还要求采用更高级别的制裁，是因为这些行为触犯了超自然的存在。③

现代社会虽然还保留了刑法，但针对的是危害世俗社会的行为，剔除了宗教性要素，处罚规定也更人性化。亵圣罪曾是一种严厉犯罪，但在现代社会中，贬毁教会、蔑视教规、批评信仰、嘲弄礼仪和冒犯神职人员等亵圣行为不再受到严厉处罚，"容忍亵圣罪的宗教放弃了对人们心灵的支配，因而个人宗教能够忍受对自己的蔑视而不去抵抗，只是惩罚毁坏信誉，因为它是我们与他人的唯一联结，没有社会的崩溃，这种削弱不会发生"④。

第四，迪尔凯姆力主功能主义分析方法，他用"分工"一词表达了现代社会各部门机构沿着功能路线形成区别，功能是互补的，从而这种分工体现的又是各部门之间有机结合的关系，"劳动分工的最大作用，并不在于功能

---

① 埃米尔·涂尔干：《社会分工论》，渠东译，生活·读书·新知三联书店，2013，第55页。
② 埃米尔·涂尔干：《社会分工论》，渠东译，生活·读书·新知三联书店，2013，第62页。
③ 埃米尔·涂尔干：《社会分工论》，渠东译，生活·读书·新知三联书店，2013，第62—63页。
④ Emile Durkheim, "Individualism and the Intellectuals", in *Durkheim on Religion*, Edited by W. S. F. Pickering, Translated by Jacqueline Redding and W. S. F. Pickering, Routledge & Kegan Paul, 1975: 59–73: 69.

以这种分化方式提高了生产率，而在于这些功能彼此紧密的结合"①。迪尔凯姆把这种劳动分工称作"区隔性分化"，也就是在相同或近似的结构中存在功能上的差异，但这些差异是同质的，表达的正是有机团结。迪尔凯姆进而强调了分化包含专业化和个体化两个重要方面，专业化使"各为所用，各尽所能"成了基本的道德原则，个体化表明的是个体独立和自主。

迪尔凯姆把宗教看作原初社会的中心和源头，是社会象征和仪式集合，"整个集体生活的集中表达"，"几乎所有重大的社会制度都是从其中"产生的，社会圣俗所有领域都受到了宗教的支配，"宗教产生了社会必要的所有东西，因为社会观念是宗教的灵魂"②。分化概念表明现代社会发生了系统衍变，宗教制度丧失了在社会系统中的传统权威和相关性，社会的许多世俗制度逐渐实现了自主，并接管了之前由宗教发挥的功能。在这个意义上，分化是从神圣领域到世俗制度的转型过程，表明了"俗世的去神圣化"，后者正是韦伯所描述的"祛魅"，也称作制度领域的理性化。现代社会制度领域的发展伴随着宗教的衰退，迪尔凯姆围绕分化讨论了社会制度不同方面的还俗化过程。

首先，政治领域摆脱了宗教的支配，获得了独立的世俗权力，与之同时，教会丧失了政治影响力，政治组织和宗教团体在功能上相互分离了，政治英才和宗教精英在各自的领域实现了职业专门化。政教分离是人类历史中的一个持续性主题，迪尔凯姆尊奉启蒙运动思想家的观点，强调现代社会中的政治分化也就是政教分离应该成为世俗化的终极目标，国家政权不应该与任何宗教信仰和实践联系在一起，现实政治权力应该脱离与任何教派的联盟关系，他欢迎并见证了法国在1905年最终实现了政教分离。

其次，教育作为独立的部门从宗教控制中分离了出来。迪尔凯姆承认教育理论的科学地位，但教育行为本身并不一定科学，不能用严格的科学调查标准来判断，教育满足的是社会的重要需求。法国在19世纪后二十年中通过教育改革建立了国民教育体系，提供纯粹世俗的学校教育，"有必

---

① 埃米尔·涂尔干：《社会分工论》，渠东译，生活·读书·新知三联书店，2013，第24页。

② Emile Durkheim, *The Elementary Forms of the Religious Life*, Translated and with an introduction by Karen E. Fields, The Free Press, 1995, p.421.

要明白，这种教育不是源自天启宗教，而只能建立在可以用理性解释的观念、情感和实践的基础上，简而言之，它是一种纯理性主义的教育"①。新的教育体制动摇了传统道德教育的观念和模式，但对公共道德提出了挑战，构成了威胁。迪尔凯姆非常欢迎教育的独立发展，赞扬公立学校是民族性的捍卫者，是普通教育体系的核心，认为人类对理性教育追求由来已久，受到历史发展的决定，"教育的世俗化已经发展了几个世纪了"②。就道德教育而言，教育科学把道德生活看作自然现象即理性现象，而理性道德来源于理性观念和情感。在宗教社会中，宗教观念是教育的基础，道德和道德教育本质上都是宗教的，迪尔凯姆认为道德教育世俗化的主要任务是把社会从宗教象征中分离出来，以新的要素取代其中的宗教色彩，剔除迷信，展现理性，为建立现代世俗社会奠定基础，他写道：

> 我们希望道德教育变成理性的，同时产生期望的结果。
>
> 我们不仅必须保证道德在变得理性的同时没有丧失其基本要素，而且正是通过世俗化而变得富有新的要素。我所说的第一个转型只对我们道德观念的形式产生了影响，其自身基础也会经历深刻的改进。在教育中建立世俗道德的原因与我们社会组织的基础密切相连，其自身的道德内容、我们的责任内容没有受到影响。
>
> 满怀殷切的热望，道德教育沿着更加理性的方向发展，必定会走上新道德的通衢，诱发对正义的更大渴求，唤起公众的良知。③

再次，宗教成为自愿、自主的社团，宗教团体凝心聚力的传统功能被

---

① Emile Durkheim, "Moral Education · Introduction", in *Durkheim on Religion*, Edited by W. S. F. Pickering, Translated by Jacqueline Redding and W. S. F. Pickering, Routledge & Kegan Paul, 1975: 190-201: 191-192.

② Emile Durkheim, "Moral Education · Introduction", in *Durkheim on Religion*, Edited by W. S. F. Pickering, Translated by Jacqueline Redding and W. S. F. Pickering, Routledge & Kegan Paul, 1975: 190-201: p. 194.

③ Emile Durkheim, "Moral Education · Introduction", in *Durkheim on Religion*, Edited by W. S. F. Pickering, Translated by Jacqueline Redding and W. S. F. Pickering, Routledge & Kegan Paul, 1975: 190-201: pp. 198, 198, 199.

职业团体个体责任作用取代。宗教团体的道德性可以增强群体的凝聚力，有效预防失范的发生，但这只能在原初宗教和复兴宗教中找到，因而所谓的"倒退"似乎是指回归宗教占主导地位的原初社会，回到宗教的原始起点。尽管如此，迪尔凯姆明确表达了社会演化发展观念，他承认现代社会中工业、金融等领域的经济危机引发了社会失范，需要包括宗教、家庭、婚姻在内的传统社会团体发挥预防作用，但在他看来，现代职业团体在克服失范中具有更大优势，它们蕴含了社会思想和社会感情，涉及全部社会生活和大部分人群，分布广泛，影响持久，"当宗教只不过是一种象征性的理想主义和一种传统哲学的时候，人们虽然还在讨论它，但它已经与日常工作没有多大关系了，因此很难对我们产生很多影响"①。

第五，宗教与社会生活的分离和各自的自主发展是分化的主要内容。世俗化成为侵蚀传统社会生活的工具，机械团结式微导致了宗教社群失去了内聚力；社会生活领域抛弃了宗教意识形态，变得自主了；人们的思想观念和价值取向发生了巨大变化，强调个人的自由发展和增强个体自主性。

　　历史不容置疑地证明了这样一个真理，宗教倾向包含越来越少的社会生活。最初，它渗透到任何事情中，任何社会事实都是宗教的，这两个词是同义词。然后政治、经济和科学功能逐渐从宗教功能中分离出来，变成了独立的实体，并越来越具有了世俗的品质。一开始便出现在人类关系中的神灵逐渐隐遁了，把俗世抛还了人类，但也留下了人类的争吵。至少可以这样说，如果要说神灵还在继续主导俗世的话，也是从高处和远处，那么它所发挥的作用越来越普遍，而且含糊不清，却为人类自己的力量留出了更多的自由。个人感到了自己是现实的存在，更不用说受到神灵的影响了，他自己变成了自觉活动的源泉。简而言之，宗教的范围并没有随着世俗世界的增长而相应扩大，而且还在持续缩小。这种倒退并不开始于历史中任何确切时刻，而是从一开始就贯穿于社会演化的整个发展过程中。因而它与社会发展的基本条件相连，

---

①　Emile Durkheim, *Suicide*, Translated by John A. Spaulding and George Simpson, Edited with an introduction by George Simpson, The Free Press, 1966, p.376.

证明了信仰和集体情感在不断地减少，这二者是宗教最集中和最强烈的特性，也就是说，共同意识的平均强度逐渐变得衰弱无力了。①

当其他一切信仰和实践的宗教特征越来越少的时候，个体就变成了宗教的对象。我们崇拜的是人的尊严，像所有强烈的崇拜行为一样，这种崇拜已经具有迷信的色彩。如果你喜欢的话，它确实是一种普遍的信仰。然而这一点要成为可能，首要的条件是其他信仰的崩溃，而且它不会产生这些崩溃信仰所产生的后果，不存在补偿。再者说，这种信仰之所以是普遍的，是因为它是社群所共享的，在它的对象中它是个体的，即使它把每一个意志都推向同一个目的，这个目的也不是社会的。……它的力量确实来自社会，但它并不把我们捆缚在社会上，而把我们捆缚在自己的身上，因而它并没有构成一种真正的社会联结。②

首先，社会生活领域的分化是社会功能亚系统分化的继续，其中伴随着神灵隐遁和宗教在社会中地位的削弱。在机械团结的社会中，宗教主导了区隔性社会生活，而在有机团结的社会，宗教制度范围全面缩减，逐渐丧失了社会权威和支配力量，退出了公共事务领域，不再发挥世俗权威作用，社会影响力有限；宗教真理的基础从公共权威转向私人威望，信仰退回到私人生活领域，最大限度地影响和支配着信徒；尽管集体宗教仍然存在，但对公共生活的影响减少，且发展趋向模糊、抽象和不明确。

其次，宗教历史是宗教个体化发展的历史，个体主义贯穿于整个历史过程，没有起点，但发展不是直线的，宗教趋向个体化发展。面对分化发展和宗教衰落，个人层面出现了许多变化，作为集体宗教衰微的结果，个人传统的宗教虔敬降低了，对宗教经籍做出了自己的解释，但迪尔凯姆同时指出个人宗教热情"如果保持独自发展的话也会很快消散"③。

① Emile Durkheim, *The Division of Labour in Society*, With an introduction by Lewis Coser, Translated by W. D. Halls, Macmillan Education Ltd, 1989, pp. 119–120.

② Emile Durkheim, *The Division of Labour in Society*, With an introduction by Lewis Coser, Translated by W. D. Halls, Macmillan Education Ltd, 1989, p. 122.

③ Emile Durkheim, *The Elementary Forms of the Religious Life*, Translated and with an introduction by Karen E. Fields, The Free Press, 1995, p. 427.

再次，现代社会有机团结成了主导要素，集体意识逐渐变得脆弱而模糊，甚至出现退化和衰微。作为集体意识，宗教包括了表现功能和实践功能，但在现代社会中，这两种功能最终分离开来，由此动摇了集体意识，宗教丧失了支配人们意识的权威，不再受到人们的关注，信仰衰落；与之同时个体意识获得独立和自主发展。

最后，分化的结果是意识个体化和社会多元化发展。在多元社会中，存在多种宗教选择，个人可以自由选择宗教真理，从而进一步加速了世俗化。但他谴责多元化引出了道德的不确定性，导致了道德整合失败和社会崩溃。

第六，迪尔凯姆分析了世俗化给现代社会带来的深刻影响。在传统社会中，宗教表象与集体表象是相适应的，共同的信仰增强了社会凝聚力。世俗化导致了宗教在现代社会的衰落，削弱了社会团结力量，信仰缺失，道德败坏，社会解体，这既是理论的逻辑断言，也是实践中存在的现象，"显然，除非成员中存在某种知识的和道德的社群，否则社会不会团结"①。

> 宗教社会的存在不能没有集体的信条，而且信条范围越广泛社会就越统一和强大。因为它不是通过交换和互惠服务把人们团结起来的，所以就不会形成联合的世俗纽带，后者包含了各种差别，而且是以差别为前提的，但它是一个宗教的社会。宗教社会使人们完全依附在一种统一的教义上，只有这样它才能让人们社会化，而且教义越是广泛和严格，社会化程度也就越广泛和严格。具有宗教特征的行为和思维方式越多，相应地自由探究就越少，而神灵观念在所有存在的细节中自我体现的就越多，就越使个人的意愿趋向同一个目标。相反，一个告解群体越是能容忍个人的判断，它对生活的主导力就越小，它的凝聚力和生命力也就越小。②

---

① Emile Durkheim, "Individualism and the Intellectuals", in *Durkheim on Religion*, Edited by W. S. F. Pickering, Translated by Jacqueline Redding and W. S. F. Pickering, Routledge & Kegan Paul, 1975: 59-73: 66.

② Emile Durkheim, *Suicide*, Translated by John A. Spaulding and George Simpson, Edited with an introduction by George Simpson, The Free Press, 1966, p. 159.

迪尔凯姆认为现代人生活在一个的"堕落时代"，丧失了信仰和理想，普遍焦虑不安，1848 年欧洲革命、1870—1871 年普法战争、1871 年的巴黎公社运动和 1894 年法国的德雷福斯案件等社会和政治危机是道德冷漠引发的社会崩溃的表现，也是世俗化的直接结果，与传统宗教的衰落关联密切，他使用"失调"一词描述了这种错乱的、失常的状态，人们抛弃了社会道德准则。迪尔凯姆描述说：

> 如果今天我们的宗教生活日渐衰微的话，如果观察到的短暂的复兴经常是肤浅的和暂时的运动的话，不是因为我们厌恶某种宗派方式或者其他，是因为我们创造理想的力量减弱了，是因为我们社会正经历着一种焦虑躁动的阶段。它们以自己所经历的这种变迁而自豪，这起自这样的事实，即经历了过去那个均衡发展的时代，在和平中生活，更新自我，努力劳作；也经历苦痛，发现自我。使它们得以具体化的旧观念和神性消亡了，因为它们并没有满足前行中新的志向的需求，我们所需要的指导生活的新理想还没有产生。因此我们发现自己处于一种过渡时代，即道德冷漠时代，后者解释了各种表现，即我们是依旧焦虑和悲观的见证人。①

借助统计资料，迪尔凯姆分析了宗教信仰与现代社会中自杀现象的关系，为透视世俗化的消极影响提供了一个案例。自杀是现代社会中经常发生的现象，迪尔凯姆忽略了个人动机因素，重点关注了宗教信仰、家庭、政治和行业团体等社会条件，通过一番细致的研究，他发现生理、心理状态不是自杀的决定性原因；气候、气温等自然因素也不能解释自杀现象；自杀是集体现象，取决于社会条件，应该在集体生活中去寻找自杀的原因。

首先，不同宗教社群中有着不同的自杀倾向。自杀现象在西班牙、葡

---

① Emile Durkheim, "Contribution to Discussion 'Religious Sentiment at the Present Time'", in *Durkheim on Religion*, Edited by W. S. F. Pickering, Translated by Jacqueline Redding and W. S. F. Pickering, Routledge & Kegan Paul, 1975: 181-189: 186.

萄牙和意大利等天主教国家较少，而在普鲁士和丹麦等新教国家较多；同一国家不同宗教中自杀现象存在差异，而且宗教性差异掩盖了民族差异。相比较而言，英国圣公会更为整体化，存在强制的、不允许自由思考的宗教信仰，因而自杀现象较其他新教国家为少；犹太教和天主教信仰人数较少，但强调集体感情，重视道德，纪律严格，注重舆论，因而较少有自杀倾向。新教虽然明确禁止自杀，但它不是整体化教会，强调自主思考和反省权威，重视教育和个人解释经籍，不大重视共同的信仰和实践，动摇了传统宗教情感，因而自杀现象相对较多。

其次，自杀比率与社会整合程度成反比，社会越分化、越解体，自杀现象就越多；科学的进步和技术的发展也与自杀现象存在一定关系，有些人力求受到良好的科学教育而又想着要去自杀。迪尔凯姆分析了性别、家庭、婚姻对自杀的影响，男性较女性自杀为多，家庭和婚姻有预防自杀的作用，家庭越大，构成越牢固，自杀免疫力就越强。

再次，信仰宗教并遵从宗教规则可以预防自杀，这依赖于宗教社群的集体力量和感情，集体力量越微弱，集体感情越淡薄，自杀就越多，这在新教中表现得非常明显。

> 宗教的有利影响不在于宗教观念的特殊性质，它能够保护人们抵制自我毁灭的欲望，不是因为它用独特的理由宣扬为了个人而尊重它，而是因为它是一个社会。构成社会的东西是信徒所共有的特定数量的信仰和实践，它们是传统的因而也是强制的。集体的心智状态越强烈，宗教社群的整合力就越强大，它的预防价值也就越大。信条和仪式的细节是次要的，根本的是能够维持和有效增强集体生活的东西。
>
> 集体感情是一种强大的力量，影响到了每一个个体的良知，并在所有其他人中引起了互惠反响。因此这种感情所达到的强度取决于对他们做出反应的良知的数量。因为同样的原因，群体越大就越可能爆发出强烈的激情。①

---

① Emile Durkheim, *Suicide*, Translated by John A. Spaulding and George Simpson, Edited with an introduction by George Simpson, The Free Press, 1966, pp. 170, 201-202.

最后，迪尔凯姆区分了两种不同类型的自杀，利己主义自杀是崇尚个体主义的现代社会的特征，"个人自我在面对社会自我中，坚信自身的利益超过了社会的利益，我们把利己主义看作特殊类型的自杀，它产生于过分个体主义"[1]；利他主义自杀则是受强烈集体意识和情感绑架的一种义务性类型，在极端利他主义支配下则带有宗教狂热性质，"自我不属于自己，混合了不是自己的一些东西，行为目标存在于自身之外，也就是说存在于他所参与的群体中"[2]。

迪尔凯姆强调社会学是道德科学，关注了宗教与社会的密切关系，揭示了宗教的社会本质，对宗教自始至终做出了世俗的理解，在社会功能框架中解释了宗教变迁，"所知的社会都是宗教的"；"没有宗教就没有社会"[3]。他看到了传统宗教在现代社会中价值弱化、仪式重要性降低、社会影响力减弱，宗教整体上表现为削弱、衰落甚至正在消亡，这些正是世俗化论者争论的主题。迪尔凯姆强调了社会变迁，其中伴随着宗教变迁，"历史告诉我们，宗教随着产生它们的社会而演化和变迁"[4]，传统的宗教社会正在趋向世俗性发展，政治和教育等制度领域从宗教支配中解放出来，但宗教仍保留在人们的私人生活中，具有持久生命力。现代社会的失范虽然表明了传统道德社群的解体，但宗教不会因此而彻底消亡和终结，神灵没有"死亡"。迪尔凯姆宣称"个人膜拜"[5] 和人性神圣化[6]必定会变成现代社会的新宗教，新的神灵和宗教形式出现，成为社会生活的组成部

① Emile Durkheim, *Suicide*, Translated by John A. Spaulding and George Simpson, Edited with an introduction by George Simpson, The Free Press, 1966, p. 209.

② Emile Durkheim, *Suicide*, Translated by John A. Spaulding and George Simpson, Edited with an introduction by George Simpson, The Free Press, 1966, p. 221.

③ Emile Durkheim, *The Elementary Forms of the Religious Life*, Translated and with an introduction by Karen E. Fields, The Free Press, 1995, pp. 242, 313.

④ Emile Durkheim, "Review: Guyau—L'Irreligion de L'Avenir, Etude de Sociologie", in *Durkheim on Religion*, Edited by W. S. F. Pickering, Translated by Jacqueline Redding and W. S. F. Pickering, Routledge & Kegan Paul, 1975: 24-38: 33.

⑤ Emile Durkheim, *The Elementary Forms of the Religious Life*, Translated and with an introduction by Karen E. Fields, The Free Press, 1995, p. 427.

⑥ Emile Durkheim, "Individualism and the intellectuals", in *Durkheim on Religion*, Edited by W. S. F. Pickering, Translated by Jacqueline Redding and W. S. F. Pickering, Routledge & Kegan Paul, 1975: 59-73: 62.

分，宗教依然是活跃的，这是一个逻辑结论，也是一个社会事实，因而现代社会面临的绝不是单纯的世俗化问题，"宗教在一定程度上是不可少的，依然可以确定的是宗教在发生着变迁，昨天的宗教不会是明天的宗教"①，在与新的功能神灵和世俗道德的竞争中，功能已经失调的历史宗教明显处于劣势地位。迪尔凯姆关注并强调了"集体亢奋"，即群体共情的行为状态，它暗示了一种新的道德社群秩序，宗教的未来有赖于"那些创造性的亢奋时刻"，"在这一过程中，新的观念又出现了，找到了新的表述，作为短时期内人性的导引。随着时间的流逝，人类会自发地感觉到，需要把它们不时地重现在思想之中，也就是说，以庆祝的方式把它们保留在记忆深处，并照例结出果实"。②

---

① Emile Durkheim, "Individualism and the intellectuals", in *Durkheim on Religion*, Edited by W. S. F. Pickering, Translated by Jacqueline Redding and W. S. F. Pickering, Routledge & Kegan Paul, 1975: 59-73: 66.

② Emile Durkheim, *The Elementary Forms of the Religious Life*, Translated and with an introduction by Karen E. Fields, The Free Press, 1995, pp. 429-430.

第四章

神魅与祛魅：韦伯社会定义范式

马克斯·韦伯（Maximilian Karl Emil Weber, 1864—1920）是社会学奠基人，也是社会学思想的巨人，知识渊博，著述丰硕，思想深刻，重要论著如《经济与社会》（Wirtschaft und Gesellschaft, 1921），发展了许多社会学概念，对社会学实质问题进行了深度分析，对社会学理论和方法论发展贡献巨大。宗教社会学是韦伯社会学研究的重要领域之一，相关成果对学术界产生了深刻影响，研究涉及印度、中国和古代中东，这一系列的研究统合在"世界诸宗教的经济伦理观"主题之下，收集于三卷本的《宗教社会学论集》（Gesammelte Aufsätze zur Religionssoziologie, 1920、1921）中，包括《新教伦理与资本主义精神》（Die protestantische Ethik und der Geist des Kapitalismus, 1904、1905, 1920 年修订）、《儒教与道教》（Konfuzi-amismus und Taoismus, 1916）、《印度教与佛教》（Hinduismus und Buddhis-mus, 1916）、《古犹太教》（Das antike Judentum, 1917）以及《宗教社会学》（Die Soziologie der Religion, 1922）。

《新教伦理与资本主义精神》第一部分发表于 1904 年，第二部分发表于1905 年，在此之后，韦伯开始了宗教社会学比较研究，《儒教与道教》最早发表于 1916 年《社会科学与社会政治文献》第 41 卷第 5 册，它们与《新教教派与资本主义精神》等归入《宗教社会学论集》第 1 卷；《印度教与佛教》归于第 2 卷；《古犹太教》归于第 3 卷。韦伯社会学研究工作"主要是着眼于西方社会的总体制度结构，去解释他所说的'现代资本主义'"[①]，通过

---

① T. 帕森斯：《现代社会的结构与过程》，梁向阳译，光明日报出版社，1988，第 81 页。

广泛比较西方文明与其他文明，解释了宗教伦理与资本主义生成的关系。《新教伦理与资本主义精神》着眼点是现代资本主义与新教伦理之间的亲和性，而《儒教与道教》《印度教与佛教》《古犹太教》研究了宗教与资本主义发展之间的阻力关系。

　　国内外学术界对韦伯宗教社会学著作的译介较多，翻译有不同的版本，尤其是《新教伦理与资本主义精神》。美国社会学家、结构功能主义创立者塔尔科特·帕森斯（Talcott Parsons，1902—1979）在1930年翻译出版了《新教伦理与资本主义精神》的英译本，大陆学者于晓、陈维刚等根据帕氏的英译本翻译成中文并由三联书店于1987年出版；台湾学者康乐、简惠美也据帕氏英译本翻译成中文，由台湾远流公司于2007年出版，2010年广西师范大学获得授权进行再版。美国社会学家斯蒂芬·卡尔伯格（Stephen Kalberg，1945—）2002年据德文版另刊英译本，国内学者苏国勋等根据这个英译本译为中文，由社会科学文献出版社在2010年出版。在这三种中文译本中，三联书店本"导论"部分是韦伯1920年为"世界诸宗教的经济伦理观"三卷本《宗教社会学论集》撰写的"绪论"；社会科学文献出版社本除这篇绪论之外，还附有韦伯1906年的另一篇文章《新教教派与资本主义精神》和卡尔伯格为韦伯之书《新教伦理与资本主义精神》写的导读。另外，在广西师范大学出版社2011年获授权出版的《宗教社会学　宗教与世界》中，以译者自加《资本主义精神和理性化》为篇名附有这篇绪论；以自加篇目《比较宗教学导论——世界诸宗教之经济伦理》附有韦伯为"世界诸宗教的经济伦理观"系列论著撰写的导论；以及文章《中间考察——宗教拒世的阶段与方向》，即"世界诸宗教的经济伦理观"的结论和主要问题。商务印书馆1995年出版王容芬翻译的韦伯著作《儒教与道教》，前面有韦伯的导论，后面以《过渡研究——宗教拒世的阶段与方向理论》为题附有这篇结论。1951年美国社会学家汉斯·格思（Hans H. Gerth，1908—1978）把《儒教与道教》翻译为英文《中国宗教：儒教与道教》（*The Religion of China: Confucianism and Taoism*）出版，附有匹兹堡大学华裔教授杨庆堃（C. K. Yang，1911—1999）写的导论。

一　社会行为的意义

韦伯聚焦社会行为这一研究对象，通过广征博引古今世界的各类文献资料，对人类经济行为、法律变迁、政治形制、阶层群体、权力类型、帝国形态、种族宗教等进行了跨范畴、跨文化和跨时代的综合性历史比较研究，阐述了独具特色的社会学理论。

社会行为的意义。韦伯所谓的"行为"是负载"意义"的涉他行动，包含两个层面的含义，一是不同于个人客观的行动现象，"行为"包含了非显性的主观意义要素，"指行动个体对其行为赋予主观的意义——不论外显或内隐，不作为或容忍默认"[①]；二是"行为"以他人的行动作为意义目标参照，本质是社会性的，由此而成为"社会行为"，"行动者的主观意义关涉到他人的行为，而且指向其过程的这种行动"[②]，他人的行为激发了个体的主观反应，影响了后者的意义赋定及随之而来的行为取向，"只有当主观态度针对的是他人的表现时，它们才会构成社会行动"[③]。

韦伯关注点是社会行为的意义，意义包含两个方面内容，一是主观意向的意义即"纯粹类型的意义"，"以概念建构的方式被当作一种或多种行动者的类型来想像其可能的主观意义"[④]，这是基于个体行为目的、行动意识和价值取向的类型扩展，是诸如法人团体的社会群体赋予社会行为的目的、意义和价值，可以理解为团体的意向性行为，是构成社会行为的内在要素；二是客观有效的意义即"事实存在的意义"，"指某个行动者在历史既定情况下的主观意义，或诸多事例中行动者平均或相类似的意义"[⑤]，是在既定的历史文化条件下所期望的行为目的、意义和价值，这构成了社会行为发生的外部条件。可以发现，韦伯对意义的解释显示了主观与客观、个体与群体、内向与外指、情感与理性等二元结构分析方法。

---

① 马克斯·韦伯：《社会学的基本概念》，顾忠华译，广西师范大学出版社，2008，第 3 页。
② 马克斯·韦伯：《社会学的基本概念》，顾忠华译，广西师范大学出版社，2008，第 3 页。
③ 马克斯·韦伯：《经济与社会》第 1 卷，阎克文译，上海人民出版社，2018，第 111—112 页。
④ 马克斯·韦伯：《社会学的基本概念》，顾忠华译，广西师范大学出版社，2008，第 4 页。
⑤ 马克斯·韦伯：《社会学的基本概念》，顾忠华译，广西师范大学出版社，2008，第 4 页。

韦伯提倡的是一种"理解社会学",所谓的"理解"就是对意义的"诠释",因此韦伯的"理解社会学"也被称为"解释社会学"。韦伯认为个人社会行为只有与其目的、意义和价值联系起来才能理解或解释,解释是追求"确证"的过程,"对个体社会状态的出现和持续存在的特定实践心理学和历史学分析评价,除了导向一种'理解'解释之外,在任何条件下绝不会导向任何东西"①。确证可以通过两种方式达到目的,一是理性的确证,在遵循逻辑规则的前提下,通过演绎推理获得对行为意义的理解,"适用于其主观意义关联能够以知性清楚理解的行动"②;二是拟情式再体验,强调回归个体行为层面,借助"移情"方法体验具有"自由意志"的行为者的行为动机,诠释他们有意识地做出具有意义和价值取向的行为,"适用于那些可以完全再体验当事者所经历的情感关联的行动"③。理解或解释的主要目的就是寻找关联事件中的因果关系,说明个体的主观信念和价值观影响行为的原因,对人类行为真正动机做出实际因果分析,"按照从经验中得出的确凿概括对一系列事件进行的解释,又可以叫做因果上充分的解释,因为,这些事件很有可能总是按照同样的方式实际发生"④;"对于各种影响和因果关系可以依照它们对环境条件的反作用作出满意的解释,而分析这些影响和因果关系正是社会学考察和历史学考察的任务之一"⑤,因而可以说"社会学是一门解释性地理解社会行动并对其进程与结果进行因果说明的科学"⑥。韦伯同时指出影响社会行为的因素很多,不可能穷尽其源,因果关联绝不是线性的、单一的决定关系,而是双向的、多重的作用关联。

社会行为的联结。如果说社会行为是韦伯社会学研究的切入点甚至说

---

① Max Weber, "The Meaning of 'Ethical Neutrality' in Sociology and Economics", in *Methodology of Social Sciences*, Translated and edited by Edward A. Shils and Henry A. Finch, Transaction Publishers, 2011: 1-47: 13-14.

② 马克斯·韦伯:《社会学的基本概念》,顾忠华译,广西师范大学出版社,2008,第5页。

③ 马克斯·韦伯:《社会学的基本概念》,顾忠华译,广西师范大学出版社,2008,第5—6页。

④ 马克斯·韦伯:《经济与社会》第1卷,阎克文译,上海人民出版社,2018,第100页。

⑤ 马克斯·韦伯:《新教伦理与资本主义精神》,于晓、陈维刚等译,生活·读书·新知三联书店,1987,第19页。

⑥ 马克斯·韦伯:《经济与社会》第1卷,阎克文译,上海人民出版社,2018,第92页。

是他的学术"法眼"的话，那么对社会关系意义的理解和对社会组织性质的解释就是韦伯社会学的重要内容。社会行为错综复杂的联结形成了社会关系，基于情感和理性二元分析手法，韦伯根据社会行为的价值取向区分出了两种基本的社会关系类型及其形式。

首先，以个体情感的或传统的主观感情为基础，各种交互影响的主观行为围绕"共享"式社会关系建立起了意义取向共同体（Vergemeinschaftung），"如果并且只要社会行动——无论是个别情况、一般情况还是纯粹类型——的取向是基于各方同属的主观感情，这种社会关系就可以叫做'共同体'关系，不管他们的感情是情绪型的还是传统型的"①；"可能建立在许多不同的情感性、情绪性或传统性的基础之上"②。共同体在总体上表现为群体如社团的意向性行为，从而使意义具有了公共性，在一定时间和空间内表现出了持久性和稳定性，"始终是，在既定的具体情况下一般都会归之于当事各方的那种意义，或者在理论上建构的纯粹类型中的那种意义——它决不是规范性的'正确'意义，也不是形而上学的'真实'意义"③。共同体可以有不同的组织形式，韦伯强调了一种扶危济困、博爱施众、睦邻合作的邻里关系，这是一种"由于空间距离较近而形成的长期性或临时性利益共同体"④，组织表达为比邻而居的家族社会，韦伯认为它是地方共同体的天然基础。

其次，个体基于绝对价值或者利益驱动的理性判断，围绕"联合"式社会关系在相互赞同的前提下建立起来结合体（Vergesellschaftung），"社会行动本身的指向乃基于理性利益的动机（不论是目的理性或价值理性的）以寻求利益平衡或利益结合"⑤，如受既对立又互补的利益驱动的自由市场、追求事务性利益的协议结社以及基于价值理性的信念结社等。需要注意的是，"利益"一词是韦伯用来分析社会行为的一个重要概念。

再次，两种社会关系不是截然分离的，可能是连续的，共同体关系中

① 马克斯·韦伯：《经济与社会》第 1 卷，阎克文译，上海人民出版社，2018，第 132 页。
② 马克斯·韦伯：《社会学的基本概念》，顾忠华译，广西师范大学出版社，2008，第 55 页。
③ 马克斯·韦伯：《经济与社会》第 1 卷，阎克文译，上海人民出版社，2018，第 117 页。
④ 马克斯·韦伯：《经济与社会》第 1 卷，阎克文译，上海人民出版社，2018，第 481 页。
⑤ 马克斯·韦伯：《社会学的基本概念》，顾忠华译，广西师范大学出版社，2008，第 54 页。

存在结合体的要素，例如在宗教行为中，信众关系一般是建立在情感或传统基础上的共同体关系，而在众多的教派中则可能存在受绝对价值驱动的结合体关系。另外，社会关系可能是开放性的，也可能是封闭性的，前者不会拒绝希望参与其中的人，后者常用垄断的手段维护内部利益，"不管是开放的还是封闭的，都是根据价值和利己便宜，由传统、情感或者理性决定的"①。

社会行为的价值取向。个体行为的目标、意义以及情感和价值观决定了社会行为的意向，也就是行为的价值取向，本质是理性的。"理性，就其逻辑上或目的论上的'首尾一贯性'而言，不管是采取知性—理论立场的理性，或采取实践—伦理立场的理性，无论古往今来都一直强烈支配着人类——尽管这股支配力在面对其他历史力量时显得多么的有限与不稳定"②。但韦伯认为理性具有双重含义，即原初理性和现代理性，或可对应地理解为价值理性和目的理性，前者具有相对性，二者在一定条件下处于对立状态。

韦伯区分出了四种价值取向类型：目的理性即工具理性取向，行为者依据外部环境条件，通过核算行为成本，选择期望的行为目标以及达到目标的手段，以实现自身理性追求和目标而表现出的行为意向，"通过对周围环境和他人客体行为的期待所决定的行动"；价值理性取向，存在终极的价值体系，行为者据此而由纯粹信仰激发的行为意向，"通过有意识地坚信某些特定行为的——伦理的、审美的、宗教的或者其他任何形式——自身价值"；情感取向，由个人主观情感支配的行为意向，"通过当下的情感和感觉状态所决定的行动"；传统取向，着眼于行为的群体意义与基于风俗习惯的行为意向，"通过根深蒂固的习惯所决定的行动"③。韦伯强调说研究者的社会学理解必须从自身的价值判断中走出来，保持价值中立，

---

① Max Weber, *Max Weber on Charisma and Institution Building*, Edited by S. N. Eisenstadt, The University of Chicago Press, 1968, p. 10.

② 马克斯·韦伯：《宗教社会学 宗教与世界》，康乐、简惠美译，广西师范大学出版社，2016，第450页。

③ 马克斯·韦伯：《社会学的基本概念》，顾忠华译，广西师范大学出版社，2008，第31—32页。

极端的理性会导向信仰。

对社会行为的科学研究最终必然会涉及评价问题，而对事项的评价则由研究者的价值判断表明，"价值解释"就成为科学实践的重要内容，但研究者个人的学术行为具有主观性，他会根据兴趣选择研究主题和问题，同时研究活动也受到学术传统、文化观念和道德原则等变量的影响。韦伯区分了两种不同的价值判断，一是基于纯粹逻辑推理的判断，韦伯对此并不太认同，认为纯粹的理性演绎最终导向了信仰；二是实践性价值判断，源之于实际观察到的事实，基于道德原则、文化价值和哲学理念做出实践评价和真实判定。韦伯强调研究者做出的社会学理解也要能够从既定的价值判断中走出来，不受传统的约定，"我们必须强烈反对这样的观点，一个人可能会'科学地'满意于被广泛接受的价值判断的传统自明性"①，在厘清自身价值决定与研究主题"价值相关性"的基础上，保持价值中立，并在终极价值场境中选择和调适立场，理解迥异的评价以及评价者。韦伯批评了既不基于逻辑推理也不依据实践的价值判定，认为这种判定无论如何都是站不住脚的。

社会行为的维护。社会行为的维护可以理解为在社会行为系统中，通过社会控制的规约作用和权力机制的效力，调适行为关系，控制行为方向，修正行为轨道，达到条件配套、取向谐和、结构协调和功能耦合。

社会控制由美国社会学家罗斯（Edward Alsworth Ross，1866—1951）在《社会控制》（*Social Control: A Survey of the Foundations of Order*，1901）一书中较早采用的概念，但他强调的是人类本性中同情心、互助性和正义感等"自然秩序"对人类动物本性的控制，调节彼此的行为，避免争斗和混乱。在一般社会学定义中，社会控制是指社会组织利用社会规范制约和指导社会行为的过程，预防、抑止和制裁"异常""越轨"行为，倡扬合乎社会目标的价值观念和行为模式。正式的社会控制有明文规定且多依靠强制力，如政权、制度、法律、纪律等；非正式控制如道德、舆论、风俗、习

---

① Max Weber, "The Meaning of 'Ethical Neutrality' in Sociology and Economics", in *Methodology of Social Sciences*, Translated and edited by Edward A. Shils and Henry A. Finch, Transaction Publishers, 2011: 1-47: 13.

惯，依赖于指导或约束等非强制手段。在韦伯看来社会控制只是一个消极的范畴，一种防止"反常"或"分裂"行为的社会机制，他强调的社会规范维度是所谓的"正当性秩序"，认为社会行为受到后者的引导；而秩序之所以具有正当性，有赖于情感的、价值理性的（伦理、审美、终极价值）、信仰的力量以及惯例和法律来维护，背后隐藏着强制性。

韦伯建构了社会学权力分析的基本概念，"权力是一种可能性，即社会关系中的行为者能够无视抗拒地贯彻自己的意志，而不顾这种可能性的基础是什么"①。权力与社会控制紧密地联系在一起，但前者更具积极含义，也就是说权力不仅意味着强制禁止不合乎期望的行为，更重要的是它着眼于实现个人或群体的愿望，这也暗示权力具有"或然性"和"不确定性"，它的来源可能是即时性的，而它的结果也可能是出乎意外的，包含了个人意志和愿望的冲突，"'权力'的概念在社会学上是无定形的。一个人所有的可想像特质与所有可能的环境组合，都可以让他置于一个能够贯彻自己意志的情境之中"②。

同样，韦伯根据或然性界定了权威，后者充满道德内容，它与权力的本质区别是具有持续性，是在一个较长时段中强加于特定群体之上的力量。经由合理化过程，权力自我维系的或然性增加了，获得了持久性社会效果，最终转化成了权威。根据合理化不同性质，韦伯区分出了三种权威形式，即法理型、传统型和神魅型。其中法理型权威的基础是法律规范和理性程序，可予以理性解释，服从对象是非人格的秩序，按照特定规范条款运作，它是现代社会普遍的权威形式，适合于科层管理组织形式；传统型权威的基础是惯习先例，服从对象是传统赋予的地位或人格角色，以规则为取向运作。

"卡理斯玛"（charisma）即神魅，是韦伯从早期基督教中借用的一个词，指称"超凡异能"。卡理斯玛是一种基质，可以是先赋的，也可以是获致的；它不同于魔法，是神秘存在和自然对象的主观杂合。韦伯对神魅

---

① Max Weber, *The Theory of Social and Economic Organization*, Translated by A. M. Henderson and Talcott Parsons, Oxford University Press, 1947, p. 152.
② 马克斯·韦伯：《社会学的基本概念》，顾忠华译，广西师范大学出版社，2008，第73页。

型权威着墨较多，把它作为社会行为维护和变迁的重要环节，它普遍存在于人类社会的初始阶段，可能从宗教状态中产生，由集体亢奋或屈从促成，基础是"先知启示""英雄品质""典范影响"等个性化品质和"非凡宣称"，① 服从对象是具有超凡魅力的个人，不以理性规则为取向，不依赖于传统或法律而强调自我确认，因而具有极其不确定性，最终会被其他权威修改和取代，它是：

> "超常规"的，因而总是与理性的、尤其是官僚制的权威形成尖锐对立，也与传统型权威完全背道而驰……而在毫无规则可言这个意义上说，超凡魅力权威是特别无理性的。……超凡魅力权威要在力所能及的范围内拒绝过去，从这个意义上说它是一种特别具有革命性的力量。
>
> 只要它一出现，就会构成一种最强烈意义上的"天职"，一种"使命"，或者一种"内在的义务"②。

很明显，作为"天资的个人魅力"的神魅是一种主观互动，需要其他人的认可、确认和支持。韦伯把服从于神魅权威的群体称为"神魅共同体"，作为本质特征，它是建立在情感基础上的，排除了特权、规则、制度、权力等强制要素，社会行为更多地体现了以承认和服从启示、神谕和灵感为义务的个人关系，因而不能简单地透过经济的视角对这种共同体做出考量。

二 现代社会的理性化

韦伯在社会变迁的视角中分析了现代社会的不同维度，审视了现代社会的特征，完善了理性化理论，暗示了社会的世俗化倾向。

韦伯认为神魅虽然是非理性的，但它不失为历史中除理性化之外的另一种重要的革命和创新力量。神魅权威否定了传统权威的合理性，破除了

---

① 马克斯·韦伯：《经济与社会》第1卷，阎克文译，上海人民出版社，2018，第322页。
② 马克斯·韦伯：《经济与社会》第1卷，阎克文译，上海人民出版社，2018，第354、355页。

迷信，进而修改或废除了传统，打破了价值等级系统，并且推翻了律法理性规则，颠覆了传统的制度结构。

> 而超凡魅力——如果它终究要产生特殊效果的话——则是从内部，从追随者态度的核心变化上展示其革命性力量。……但是，就其最强有力的形式而言，超凡魅力却会同时打破理性规则与传统、颠覆一切神圣性概念；它不是要人们崇敬悠久而神圣的习俗，而是迫使人们由衷地服从那些史无前例、绝对独一无二、因此是神性的事物。从这种纯粹经验的与价值中立的意义上说，超凡魅力的确是历史上特别富有创造性的革命力量。①

神魅权威的纯粹类型是不稳定的，并不适合于日常社会结构，随着神魅共同体关系的确立，神魅支配形式会由"纯粹"形态转变为"制度"；重要的是，经由制度化过程，神魅性质发生了变化，趋向常规化或者程式化变迁。"常规化"翻译自韦伯使用的"Veralltaeglichung"一词，表达了"日常化"意思，非凡变成了平常。"神魅常规化"意味着神魅结构与其他社会结构相融合或被后者所取代，被整合进了日常现实中，这种不可避免过程就是所谓的"祛魅"，它是构成韦伯广泛理性化理论的一个重要方面。

神魅常规化趋向两个方向，即传统权威和法理权威，都经历了神魅去个性化的过程，韦伯称作从"个人神魅"向"职位神魅"的转变，神魅与个人分离，丧失了情绪化信仰，精神实质日常化、普遍化。一方面，在神魅传统化过程中，神魅和传统两种力量相互融合，去个性化表现为血缘关系基础上的结构变化，个人神魅制度化为家族、氏族神魅和国家神魅，个人权威转变为传统权威并扩及世俗领域，形成了世袭、长子继承等制度以及涂油礼、授职礼、按手礼、加冕礼等礼仪，构成了王权和贵族权力的基础，神魅被整合进了广泛社会结构之中。

> 它作为永久性结构和传统取代了对超凡魅力人格启示和英雄品质

---

① 马克斯·韦伯：《经济与社会》第 2 卷下册，阎克文译，上海人民出版社，2018，第 1268 页。

的信仰，超凡魅力变成了一种既定社会结构的组成部分。

它们的权力都不是来自目的—理性的规章，也不是遵守规章的结果，而是来自对个人权威之神圣性的信仰……超凡魅力和传统所依赖的都是一种始终包裹在宗教气氛中的忠诚感和义务感。①

另一方面，祛魅是理性化的重要形式，它是现代社会的普遍过程，在趋向于法理权威发展过程中，经济条件在其中发挥了主导作用。神魅受到了日常经济利益集团等结构条件的支配，经济化性质日益获得了体现，组织和秩序适应现实需要增强了行政权威，作为去个性化一个必然结果，个人神魅权威为官僚科层领导关系所分解，群体需求依赖于财政组织获得供给，成员经济利益正当化了，可以指定继承人和继承遗产。需要指出的是，韦伯对"神魅"和"祛魅"的分析只是表达了一种社会变迁趋势和过程，强调了不同的支配条件，没有透露出二者是对立范畴的意思。

理性主义是一个历史概念，韦伯秉承欧洲理性主义传统，追溯了理性化的历史发展脉络，把它看作人类历史中一种重要的革命力量。理性化是祛魅的过程，也是祛魅的结果，其实质是常规化，借助于科学手段从事理智的行为，"意味着世界的脱魔——从魔幻中解脱出来。野人相信魔力，所以必须用魔法控制鬼怪或者向鬼怪祈求。我们大可不必学野人了，技术手段与计算使人脱魔。这是理智化本身的主要意义"②。理性化是现代世界最具动力的变迁力量，从目的或者工具理性的角度来看，理性化意味着社会行为的手段和目的之间通过理性计划和理解实现了逻辑联结，而且经由这个过程，社会生活日常领域逐渐"祛魅"，理性程序不断增殖，传统要素日益减少，"行动的'理性化'过程中，一个最重要的元素便是把内在未经思索地接受流传下来的风俗习惯，替换成深思熟虑地有计划地适应于利害状况"③。

---

① 马克斯·韦伯：《经济与社会》第 2 卷下册，阎克文译，上海人民出版社，2018，第 1294、1273 页。
② 马克斯·韦伯：《入世修行：马克斯·韦伯脱魔世界理性集》，王容芬、陈维刚译，陕西师范大学出版社，2006，第 23 页。
③ 马克斯·韦伯：《社会学的基本概念》，顾忠华译，广西师范大学出版社，2008，第 40 页。

理性化也是传统价值系统"祛魅"和理性价值体系确立的过程，历史传统遭到破坏和颠覆，传统秩序解体崩溃，传统群体的情感联结逐渐消解，社会生活方式发生变迁，"理性化可以有着不同方向的变化：它可以积极地朝向有意识的'价值理性化'，消极地却也可以朝着牺牲风俗习惯、牺牲情感式行动甚至最后不利于价值理性式行动，而只为了成全一种弃绝任何价值信念的纯粹目的理性式行动的方向前进"①。韦伯承认理性化具有相对性，根据的是不同的价值和目的，"从某一观点来看是理性的东西，换一种观点来看完全有可能是非理性的"②，但他最终把理性化归功于西方文化中的理性主义，这种认识是有历史局限的。

现代社会的理性化是普遍和稳定发展的，在经济生活、行政科层、科学技术、文化观照、政治支配、法律规则等现代社会结构的各个方面都有广泛表现，"理性化引起的革命性转型即现代性革命具有持久性特征"③。

（1）理性经济行为。韦伯承认经济因素的重要性，他首先考虑到的是现代社会的经济状况，把现代经济生活看作一种具有决定性的社会力量，是一种理性行为，但他的主要目的是探求和表达西方理性主义的独特性，所以把强调的重点放在了资本主义经济行为上。首先，资本主义经济依赖于理性劳动，它的目的虽然是追求利润，但这种持续的获利活动是基于资本核算的理性行为，"一种个人主义的资本主义经济的根本特征之一就是：这种经济是以严格的核算为基础而理性化的，以富有远见和小心谨慎来追求它所欲达的经济成功"④。重要的是通过公平、和平的交换方式，以及以节制的伦理态度对待经济生活，抑制了对财富的非理性贪欲和投机，排除了武力获利和战争劫掠，"依赖于利用交换机会来谋取利润的行为，亦即是依赖于（在形式上）和平的获利机会的行为"。其次，自由劳动组织构成了理性资本主义经济的主要力量，"精确的核算与筹划（这是其它一切

---

① 马克斯·韦伯：《社会学的基本概念》，顾忠华译，广西师范大学出版社，2008，第40—41页。

② 马克斯·韦伯：《新教伦理与资本主义精神》，于晓、陈维刚等译，生活·读书·新知三联书店，1987，第15页。

③ Perter Berger, Brigitte Berger, *Sociology*, Basic Books, 1975, p.340.

④ 马克斯·韦伯：《入世修行：马克斯·韦伯脱魔世界理性集》，王容芬、陈维刚译，陕西师范大学出版社，2006，第192页。

事情的基础）只是在自由劳动的基础上才是可能的"，理性企业及理性核算都强调合理使用资本，组建工业组织，确立市场机制，排斥并分离了家庭、政治和投机等要素，现代西方社会结构正是从这种"正式的精心组织"的资本主义劳动方式中产生的。再次，资本主义经济活动需要理性的社会秩序，理性的法律和行政制度构成了经济行为的外部保障，"近代的理性资本主义不仅需要生产的技术手段，而且需要一个可靠的法律制度和按照形式的规章办事的行政机关"。最后，宗教信仰、精神气质、伦理观念会对人们经济行为的动机和取向产生影响，通过祛魅，确立了合乎理性的世界观和道德伦理，"经济理性主义的发展部分地依赖理性的技术和理性的法律，但与此同时，采取某些类型的实际的理性行为却要取决于人的能力和气质"[1]。

（2）管理科层化。科层制也称作官僚体制。在韦伯看来，现代科层是最理性的社会制度，是工业社会政治和经济制度中主导型管理方式，它以技术素养为条件，并以非人格的目标为价值取向，是现代技术经济发展的需要和结果，"官僚制也是一种恒定结构，它有自己的理性规则体系，它的取向是以普通的寻常手段满足可以计算的需求"[2]。科层化是现代化的组成要素和重要体现，是社会理性化的重要方面，它打破了家长制传统规范和个人权威，破除了对神魅和传统的崇拜，常规化为理性制度表述。

> 对传统来说，官僚制的理性化往往也是一种主要的革命性力量，但从原则上说，它和一切经济组织一样，也是以技术手段"从外部"进行革命：首先是变革物质与社会秩序，再通过它们去改变人，即变革适应条件，也许还会变革适应机会，通过理性确定手段和目的以改变人。……这就是我们所说的理性化与理性组织"从外部"进行革命……官僚秩序只是由于遵从理性确定的规则以及由于这样的认识——如果一个人拥有必要的权力，这些规则可以被其他规则所接

---

[1] 马克斯·韦伯：《新教伦理与资本主义精神》，于晓、陈维刚等译，生活·读书·新知三联书店，1987，第8、12、14、15页。
[2] 马克斯·韦伯：《经济与社会》第2卷下册，阎克文译，上海人民出版社，2018，第1261页。

替，因此没有神圣性可言——而取代了对传统规范神圣性的信仰。①

科层化暗示了专业和人员的分化，意味着政治集团的系统化，"国家生活的整个生存，它的政治、技术和经济的状况绝对地、完全地依赖于一个经过特殊训练的组织系统"，官僚科层系统储备了一批训练有素的技术、商业、法律和行政人才，"社会日常生活的那些最重要功能已经逐渐掌握在那些在技术上、商业上、以及更重要的在法律上受过训练的政府行政人员手中"，尤其是后者，它是构成"现代国家和西方经济生活的支柱"②。

（3）文化观照理性化。现代科学是理性化的重要组成部分和结果，包含了逻辑推理、思维训练、系统方法、理性实验和专业人员等要素，它的产生促进了近代西方文明的发展。韦伯固执地认为理性化是西方理性主义的产物，是现代西方文化的普遍意义和价值，其中科学观念最具代表意义，"理性的、系统的和专门化的科学追求，以及经过训练的和专业化的人员"，都是支撑现代文明的柱梁，但是他偏执地认为这些要素"只存在于西方，而且在一定程度上是在西方文化中才达到了今日的主导地位的"③。在韦伯看来，古希腊苏格拉底发现了概念的意义，欧洲的文艺复兴奠定了实验科学的基础，西方的音乐、建筑、雕塑和绘画等艺术突出了理性，包含了心智推演和计算，相反埃及的天文学、印度的几何学以及近东的法律或局限于经验知识，或缺乏理性概念和系统性，所以都不是科学。需要批判的是，韦伯把现代理性文明绝对化为西方起源的这种认识当然是错误的。

现代科学把知识带到了理性化的顶峰，世界至此完全祛魅了。韦伯虽然认为任何玄思冥想和神学都不属于科学范畴，却没有否认其中包含的理性要素，它们是科学的彼岸，尤其是宗教神学破除了迷信，为理性化生活

① 马克斯·韦伯：《经济与社会》第2卷下册，阎克文译，上海人民出版社，2018，第1266—1268页。

② 马克斯·韦伯：《新教伦理与资本主义精神》，于晓、陈维刚等译，生活·读书·新知三联书店，1987，第7页。

③ Max Weber, *Max Weber on Capitalism, Bureaucracy and Religion*, Edited by Stanislav Andreski, George Allen & Unwin, 1983, p. 23.

方式和经济行为准备了精神条件。

> 只有富有伟大改革和理性化精神的先知才能打破巫术的力量，确立理性的生活行为……先知使世界摆脱了巫术，并在此过程中为我们的现代科学和技术以及资本主义奠定了基础。①

> 从各种宗教预言中脱颖而出的有条不紊的伦理生活方式的伟大理性主义，为了给"惟一的必然之神"开路，废黜了上面谈到的多神论，然后，鉴于物质生活与精神生活的理性，作出了某些必要的让步，变得不那么绝对化了。

> 它们一般从下一个前提出发：一定的神的启示，作为重要的救世事实，或者说，作为使合乎情理的生活方式得以实现的力量，是完全可以相信的，一定的现状与行动具有神圣的性质，就是说，构成宗教上合乎情理的生活方式，或者说，是这种生活方式的组成部分。②

（4）僧侣政治的理性化。政治权威包含了理性成分，在论及政治的时候，韦伯使用了"支配"概念，把政治理解为权威的一种支配形式。"支配"概念近似于权威，"就是某项包含了特定明确内容的命令将会得到某个特定群体服从的概率"，"它只能意味着某项命令得到服从的概率"，其效力与所产生影响的具体方式没有关系，而取决于其中包含的正当性，但后者也是相对的，表明的也只是一种概率，"一个支配体系的正当性只能被看做这样一种概率：将会存在一种相应程度上的适当态度，并确保出现相应的实际作为"③。因而政治尽管包含了诸多权力要素，但绝不是权力体系的总合，它只是权威的支配。

韦伯区分了政权、神权两种基本的支配形式。政权支配是"在既定的地域范围内，它的存在与秩序是持续地由其管理干部应用及威胁使用'暴

---

① Max Weber, *Max Weber on Capitalism, Bureaucracy and Religion*, Edited by Stanislav Andreski, George Allen & Unwin, 1983, p. 132.
② 马克斯·韦伯：《入世修行：马克斯·韦伯脱魔世界理性集》，王容芬、陈维刚译，陕西师范大学出版社，2006，第41、50页。
③ 马克斯·韦伯：《经济与社会》第1卷，阎克文译，上海人民出版社，2018，第147、320页。

力'而获得保证",通常指的是以目的理性为取向的世俗政治权力,包含了官僚科层制度和专业化管理人员,暴力强制是它的基本特征。相对而言,神权支配是价值取向的行为组织,它的正当性依赖于所提供的救赎资源,后者包括此世的或彼世的、物质的或精神的所有可能的资源,但在韦伯看来,这些并不构成神权支配的本质,它是通过支配资源来达到心理强制的目的,"使用分派或取消救赎资源来确保其心理强制式的秩序——即所谓'神权式强制'",它所控制的价值资源是支配人们行为的精神基础,"它对神圣事物的分派构成了以精神力量支配人类的基础"[①]。韦伯虽然没有定义宗教,但他根据神权支配界定了宗教组织,"一种强制的僧侣政治组织会被称作'教会',它的管理人员宣称垄断了合法运用僧侣统治的强制力"[②]。韦伯把宗教组织看作权力的延伸,教会是神权支配的组织形式和运行机构,控制了正当性资源,具备了科层管理形式,出于垄断目的设立了地域性分支机构,"其特征乃在于它的秩序与管理干部具有外在的、理性的机构和经营性格,并且宣称拥有一种独占式的支配关系"[③]。就此而言,宗教权威被韦伯类比成了一种政治权威。

政教合一是人类历史中常见的一种政治体制,在其中,神权经常是政权的一个必需要素,借助政权影响了世俗生活的各个层面。在这种体制下,宗教神圣成了国家神明,教会是世俗政治的一个分支组织,神职人员由国家供养,高级神职异化为世袭家产,神学丧失了向救赎宗教发展的动力。韦伯追寻了西方宗教的历史发展脉络,探查了政教合一体制下僧侣政治组织化、体系化的变迁过程,"举凡宗教超凡魅力发展出一个教义体系和组织系统的地方,那么政教合一的国家也会包含一种突出的僧侣政治成分"[④]。

韦伯讨论了僧侣政治与具体历史、社会和经济条件之间的多种多样的联系,分析了僧侣政治的特点,它包括两种形态,一是以神圣的名义正当

① 马克斯·韦伯:《社会学的基本概念》,顾忠华译,广西师范大学出版社,2008,第74、77页。
② Max Weber, *Economy and Society*, Edited by Guenther Roth and Claus Wittich, University of California Press, 2013, p.54.
③ 马克斯·韦伯:《社会学的基本概念》,顾忠华译,广西师范大学出版社,2008,第77页。
④ 马克斯·韦伯:《经济与社会》第2卷下册,阎克文译,上海人民出版社,2018,第1318页。

化了统治权力；二是高级祭司兼任世俗权力支配者如国王，后者是真正意义上的神权政治。早期的西方教会是城市中特有的理性化组织，与手工业和城市行会并行发展，同城市小资产阶级存在选择性亲和力，共同反对封建特权，僧侣自主性和理性化发展受到了小资产阶级的支持和保护。中世纪的僧侣政治始终处在同政治权力的张力之中，相互制约形成了政教合一的支配形式，如卡洛林帝国、神圣罗马帝国等；僧侣政治表现出了两面性，一方面，以禁欲主义理性对抗世俗权力，反对高利贷，通过神圣律法支配生活，与资产阶级一同反抗封建政权；另一方面，神谕、神明裁判、神魅等具有反资本主义的非理性要素，宣扬保守的、传统的权威，维护家长制，维持农民和小资产传统，修道院经济活动也与资本经济发生了冲突，重要的是僧侣经济伦理与资本主义经济伦理是相悖离的。

> 任何具有伦理取向的宗教虔诚都会以末世论期望开始，因而都会拒斥尘世。
>
> 教会在婚姻、国家、职业、经营方面都超越了世俗心态，把隐修主义伦理作为更高的原则，从而在伦理上把日常生活——特别是经济领域中的日常生活——贬到了次等地位。[1]

韦伯强调了僧侣政治的理性化和西方文化的独特性，指出天主教僧侣在保持罗马教会传统过程中达到了理性化，因而更少具有其他宗教非理性的神魅性质。

> 西方文化特有的根基，必须到官职超凡魅力和隐修主义之间以及封建国家的契约性质和自主性官僚制僧侣政治之间的张力和独特平衡中去寻找。
>
> 西方是用权威抗衡权威，用正当性抗衡正当性，用此一官职超凡魅力抗衡彼一官职超凡魅力，但统治者与被统治者念念不忘的理想却

---

[1] 马克斯·韦伯：《经济与社会》第 2 卷下册，阎克文译，上海人民出版社，2018，第 1346、1351 页。

始终都是政治权力和僧侣政治权力的统一。①

宗教改革改变了僧侣政治地位，资产阶级新教代表了新的经济伦理道德，反对传统的天主教教会机构，"他们的虔诚是以相对理性的伦理观、以资产阶级的职业观、以相对强烈地专心致志于在神的面前自我辩解为特征，这种特征符合他们的生活模式"②。面对现代科学和理性主义，资产阶级民主时代的僧侣政治丧失了调整社会行为的能力，在走向政党化的同时，强化了官僚制机构，容忍了"政教分离"，并同政权妥协，获得了政府资助和津贴。

（5）法律的理性化。理性法律制度是现代性要素之一，现代国家是"一个拥有理性的成文宪法和理性制订的法律、并具有一个受理性的规章法律所约束、由训练有素的行政人员所管理的政府"③。韦伯认为包括巫术在内的宗教信仰在人类早期阶段的法律尤其在刑法的起源中发挥了重要作用，是影响法律内容和规定的要素之一，"对整个法律制度与社会习惯的领域发挥了定型化的作用，就像象征主义定型化了某些特定内容的文化要素，以及巫术禁忌的规定定型化了与人类及财物之关系的具体形态一样"④。早期的法律是由宗教规定的，它的支配力量是由宗教赋予的，因而普遍带有神圣色彩，表现为"圣法"形态，日耳曼人的《图林根法》、法兰克人的《萨利克法》以及古以色列人法律等都来源于神启，包含了神圣审判和神明裁判实践，这些基于巫术和神谕做出的裁决不包含理性依据，且缺乏程序与实体的区别。即便如此，早期法律中也包含理性要素，体现了理性的支配力量和秩序要求，并且最终会促使人类经济行为趋向于理性化。

---

① 马克斯·韦伯：《经济与社会》第 2 卷下册，阎克文译，上海人民出版社，2018，第 1353、1354 页。

② 马克斯·韦伯：《经济与社会》第 2 卷下册，阎克文译，上海人民出版社，2018，第 1358 页。

③ 马克斯·韦伯：《新教伦理与资本主义精神》，于晓、陈维刚等译，生活·读书·新知三联书店，1987，第 7 页。

④ 马克斯·韦伯：《宗教社会学 宗教与世界》，康乐、简惠美译，广西师范大学出版社，2016，第 256 页。

同迪尔凯姆一样，韦伯承认刑法的宗教来源，但他认为原初刑法已经超越了家族的界限，维护的是邻里或政治联合体的利益，对于犯罪的处罚体现了群体成员的意志，内容大多与宗教有关，主要制裁宗教渎神等行为，因为"其恶果不仅会降临到渎神（或犯罪）者自身，而且会降临到他生存于其中的整个共同体"；"渎神行为乃是所谓'群体内部惩罚'，而不是'群体之间报复'的主要根源"。从习惯法到规范法律，体现了非理性裁判到成文法的发展，表明由神启性走向纯粹技术和经济性，最终剔除了神启要素而彻底理性化了，"结果，以往那些仅仅通过神启就有可能进行立法的广阔领域，逐渐变得服从于集合起来的权威们达成简单共识后进行的调整"①。法律理性化包括形式和实质两个方面，涉及神权法律和世俗法律。就形式而言，原初的非理性形式被理性程序取代并制度化，形成了系统化、明晰化和专门化的实体法；司法领域走向专业化，出现了专业法律实践者如律师，僧侣被排除在了法律职业范围之外。但就法律实质来说，世俗法律与宗教规范存在多方面的张力，理性化步履维艰。韦伯比较了不同文明中权力结构、宗教伦理和世俗法律之间的联系与冲突，如印度法律中混合了巫术和理性要素，神圣律法与世俗法律并存，程序性较弱，种姓-司法并行，适应于神权-家长制统治；古代中国没有先知预言，巫术限制在礼仪中，由巫觋主持礼法事务，家产制导致了非理性的司法行政；犹太神圣法律包含系统宗教内容，但缺乏逻辑一贯性，没有完全理性化；基督教会法与世俗法界限清晰，具有二元性，但理性要素较为发达。

三　宗教演化与世俗化

韦伯广泛使用了比较宗教资料，如有关希伯来人、埃及人、中国人的宗教资料以及印度婆罗门教、罗马多神信仰、希腊城邦信仰、巴比伦神明、亚述神祇等的资料，他把宗教组织作为特殊的行为社群，透过复杂的行为表象理解了宗教行为的意义，解释了宗教体验、观念和目的，考察了

---

① 马克斯·韦伯：《经济与社会》第 2 卷上册，阎克文译，上海人民出版社，2018，第 792、903 页。

社会阶层与特定宗教之间的亲和性，断言宗教是"理性的"。韦伯有关宗教世俗化的观点可以从他对宗教的历史演化、救赎观念与模式、阶层宗教与伦理以及拒世宗教的分析中进行理解，在他看来，世俗化就是人类理性化的精神历程，但并不一定是目的论的进步过程，仅仅可以理解为宗教历史中理性的不时闪现和凸显。

历史演化。韦伯对宗教历史演化的追溯体现了理性主义理念，从泛灵论到一神教的兴衰，从泛灵论自然主义到宗教形式主义的发展，由非人格神到人格神再到最高人格神的变化，以及由个体主义的巫术和精灵转变为普遍主义的宗教，由巫术拟类到宗教象征，由此世"强制神"到彼世"崇拜神"，无不包含着理性的要素。

韦伯承认神圣性是宗教的"限制"性要素，是宗教行为定型化的特征之一，也是宗教象征发展的最高形式。但在他看来图腾信仰不是普遍性的神圣存在，也不全都表达了社会团体和宗教的起源，它只是一种禁忌规范，代表的是"目的团体"如"共识团体""家族共同体"等，体现了内部分工、职业专门化和内部交换关系，在一定程度上阻碍了社会共同体如贸易、市场的发展。神祇是伦理、立法和非人格力量的集合体，具有二重性，超世俗的、非人格的宇宙秩序背后隐藏着理性，强调的是政治立法秩序、人际关系规范等世俗目的，"'伦理'神之所以成为道德与法律秩序的守护者，并非由于他是个神祇，因为拟人化的神祇最初与'伦理'并无特别关系（实际上比人类要淡得多）；毋宁说，一个神祇的伦理特质之所以显著，是他将此特性的行为类型置于其监护下"①。

韦伯承认宗教历史中存在泛灵论阶段，非人格的精灵以及由此而生的灵魂观念支配着人们的行为，"它们也可能会'占有'某种类型的事物或对象，对这些事物或对象的行为及效力具有决定性的支配力量"；泛灵神祇观念与具体事件相关，是抽象的、象征的和个体化的，表现的是"超自然"力量；泛灵论包含了自然主义和推理过程，从而也是理性的。随着社会条件的变迁，神祇趋向于人格化、功能化、特殊化和形式主义发展，成

---

① 马克斯·韦伯：《宗教社会学 宗教与世界》，康乐、简惠美译，广西师范大学出版社，2016，第45页。

为维持"结合体关系"的工具，"当一个团体或者是一个结合体关系并非个别掌权者个人权势的基础，而只是一个真正的'团体'时，它就需要有自己的一个神"，最早成为神祇的是家族、氏族祖先，因此形成了家族祭奠和家长祭司制。部落和城邦等政治群体的发展进一步促进了神祇演变为地方性政治团体保护神，"从观念史的角度而言，团体作为祭典的地方性担纲者此一观念，可说是个中介性的链接：介于纯粹的家产制观念的政治共同体行动与工具性的目的团体的观念以及机构的观念——如近代'地域团体'的观念——之间"①。不同政治群体的神祇被吸收、整合、合祀，其中最重要的地方神变成了具有普遍性的最高神祇，职业团体司神的出现反映了社会经济发展和职业分化历史状况，而世界帝国的形成最终导致了一神宗教的兴起。韦伯认为这种工具性的神祇体现了目的理性。

> 普遍性神祇之优势地位是得力于"理性"之要求。所有具有一贯性的万神殿之形成，多少是遵循着系统—理性的原则，因为它通常会受职业祭司合理主义的影响，或者是世俗人追求合理秩序的影响。总而言之，就是上述的存在于（由神圣秩序所规范的）天体运行之合理规则性，与地上的不可违背之神圣社会秩序之间的相似性，促使普遍性的神祇成为这两种现象的守护者。不管是合理的经济，还是共同体内神圣秩序之支配的确保与规范，都有赖于这些神祇；而祭司则是这些神圣秩序的主要角色及代表。②

巫术是一种最古老的职业，它和宗教行为一样都具有世俗目的，遵循经验法则，与日常生活行为范畴相连，因而是理性的，"其目的也主要都是属于经济性的"。宗教的许多要素都可以在巫术中找到起源，如祈愿和献祭，都带着世俗目的，"一般而言，所有'祈愿'的内容——即使是在最出世取向的宗教里——都不外乎要求避免'此世'之外在灾厄，以及祈

---

① 马克斯·韦伯：《宗教社会学 宗教与世界》，康乐、简惠美译，广西师范大学出版社，2016，第7、19、25页。

② 马克斯·韦伯：《宗教社会学 宗教与世界》，康乐、简惠美译，广西师范大学出版社，2016，第29页。

求'此世'之外在利益"①。但在寻求超验和彼世取向的过程中，宗教一方面趋向神学体系的理性化发展，另一方面脱离了日常生活经验，背离了目的理性，走向了非理性化。

> 如果一个宗教的各个方向皆指向超越此世的灾厄与利益之外，这是一种特殊发展过程的结果——一种独特的、双面性的发展过程。一方面，有关神观及人与神可能之关系的思考，有日益扩展的理性体系化；另一方面，随之而来的是一种特殊的、从原初的实际与精打细算的理性主义的倒退。随着此一原初理性主义的衰微，特殊宗教行为的"意义"愈来愈少是追求日常经济活动的纯粹外在利益；以此，宗教行为的目标持续地"非理性化"，一直到最后彼世的、非经济性的目标在宗教行为中突显出来。然而，为了上述的"经济以外"之目标的发展，前提之一就是要有特殊的、人格性的神存在。②

救赎模式。宗教通过特定的救赎道路影响了人们的生活行为，救赎之路很大程度上指的是积极的道德行为实践之途，"趋向于一种惯常有条不紊的模式化生活，经常导向公共生活中的关系支配"，本身包含了理性要素。不同的宗教提供了不同的救赎形式，个人可以通过良善的道德训练或借助于仪式行为、膜拜完成救赎，慈善、禁欲、出神都可以作为救赎的工具，"一方面，可以把具有积极宗教品质的整体人格模式看作神赋之物，它的普遍取向符合宗教的要求，并在其中展示了自身，即一种完整的且井然有序的宗教取向的价值生活模式。另一方面，宗教的整体人格模式被看作通过良善训练获得的东西，当然这种训练自身由理性化的、井然化的生活模式构成，而不是由一种单纯的、不相关的行为组成"③。韦伯比较了入

---

① 马克斯·韦伯：《宗教社会学 宗教与世界》，康乐、简惠美译，广西师范大学出版社，2016，第4、35页。
② 马克斯·韦伯：《宗教社会学 宗教与世界》，康乐、简惠美译，广西师范大学出版社，2016，第35—36页。
③ Max Weber, *Max Weber on Charisma and Institution Building*, Edited by S. N. Eisenstadt, The University of Chicago Press, 1968, pp. 272, 278.

世禁欲和神秘冥思两个端极的救赎模式，前者指的是在俗世生活中践行理性的救赎行为，拒斥纵欲享乐、奢侈华靡等道德非理性，履行作为"天职之人"的义务，"天职"在韦伯看来是"价值"的同义词；后者经常在拒世和避世的主观状态中试图摆脱世俗秩序和规则的束缚，神秘冥思在本质上是超验的和非理性的，但相对于巫术也意味着救赎的理性化与路径的提升。

> 尘世中的行动，便显然会危及绝对非理性的、彼世的宗教状态。行动的禁欲则施展于尘世生活中，以成其为世界之理性的缔造者，亦即是：试图通过此世的"志业"之功，以驯化被造物的堕落状态；此即入世的禁欲。与此恰成极端对比的是，以逃离现世为其彻底结论的神秘论；此即出世的冥思。①

韦伯围绕社会经济和文化交流两个方面，集中于乡-城、封建-资本两个维度，分析了社会阶层的宗教性，探讨了农民、军事贵族、官僚、知识分子、商人、小市民、工人以及贱民走向宗教的原因、特点和伦理担纲，通过分析阶层宗教崇拜和社会法律的结合，在社会改革运动背景中讨论并强调了资产阶级理性宗教伦理的形成。

以阶层的经济地位和社会处境为基础，韦伯分析了封建制度下农民、军事贵族和官僚的宗教伦理倾向。阶层是有相同经济地位的人群区分，农民受到自然经济要素的约束，经济活动中较少理性成分，容易走向赤贫化甚至农奴化，思想倾向传统与保守，宗教观念与民间信仰密切关联，包含了大量巫术以及繁缛的仪式，形式主义夸张中展示了非理性要素，且不担当理性伦理的角色，"东亚所有较为重要的救赎宗教，都没有类似的、有关农民之宗教价值的观念"。军事贵族是信仰战士，在侥幸、冒险中追求胜利，否定救赎，崇尚圣战复仇，宗教许诺通常与战争结合在一起，也不是理性的宗教伦理者，"奉神之名所进行的，特别是为了报复对神之亵渎，

---

① 马克斯·韦伯：《中间考察》，马克斯·韦伯：《宗教社会学 宗教与世界》，康乐、简惠美译，广西师范大学出版社，2016，第 452 页。

经常伴随着放逐敌人、完全摧毁他以及他一切所有物的手段"①。相比之下，官僚虽然容受了民间宗教的某些要素，但能够远鬼神、重祀典，排斥情绪性和非理性，走向了形式正义的宗教，包含了理性主义成分。

韦伯指出所有的历史宗教都产生在城市中，宗教传统是在城市而不是在乡村中持续变革的。城市打破了氏族禁忌和祭司垄断，成为宗教虔敬的中心，各阶层经济地位不一，职业团体取代了血缘团体，形成了多样化的组织性宗教共同体。城市中产阶级与教团宗教存在密切关系；祭司等知识阶层推动了知识的发展；以商人为主体的市民阶层以聚集财富为要务，专注于经济合理性，在现世利益取向下对宗教持怀疑或漠不关心的态度。与之相对照，救赎宗教在小市民、工人和劣势与贱民阶层中找到了发展的土壤。小市民经济行为表现出了目的理性的一些特征，但经济地位不稳定，职业稳定性没有保障，需要相互救助，倾向于虔敬信仰和理性伦理宗教，但宗教态度呈现多样性分化，充满禁忌、巫术与秘法传承、泛灵论、隐修、宗教狂热等成分；工人阶级依赖于职业薪资维持生活，接受了"报偿"伦理观，排斥特权思想，剔除了巫术、仪式，也倾向于理性伦理宗教，"只要与纯粹巫术或祭典之观念的联系为先知或改革者所打破，职工、小市民等即会倾向一种（经常是原始性的）理性的、伦理与宗教的生活观。再者，他们职业的专门化，也使得他们成为一种特殊类型的统一的'生活态度'的担纲者"。零工、奴隶等劣势阶层试图借助宗教救赎摆脱困厄境地，"所有的救赎需求皆为某些'困穷'的表现。社会性或经济性的压迫是救赎信仰出现的一个有力泉源（虽非唯一的）"②。犹太教与印度教贱民阶层虽然满怀救赎愿望，但排斥外人，固守阶层内巫术、禁忌与礼仪规范，履行诫命，维系了贱民的地位。

理性的宗教伦理最终与获取利润的经济行为联结在一起，而且存在因果联系和亲和关系，其典型就是清教禁欲主义与资本主义的结合，"一个

---

① 马克斯·韦伯：《宗教社会学 宗教与世界》，康乐、简惠美译，广西师范大学出版社，2016，第107、112页。

② 马克斯·韦伯：《宗教社会学 宗教与世界》，康乐、简惠美译，广西师范大学出版社，2016，第127、137页。

人要是愈接近那些近代理性经济经营之担纲者的阶层……就愈容易倾向一个伦理的、理性的教团宗教"；"在经济理性主义与某种形态的严格主义伦理性宗教之间，的确存在着某种亲和性……当我们愈是接近经济理性主义之典型的担纲者时，其表现就愈令人印象深刻"①。但韦伯否认资本主义自身能够单独地孕育出一统一的伦理及伦理性宗教，各种不同的宗教救赎之道与千差万别的经济行为在宏大历史背景中进行着选择性亲和搭配，资本经营阶层只是理性宗教伦理的担纲者。

宗教群体。结合支配概念，韦伯区分了教团、教区以及教会与教派、宗派等宗教群体，讨论了它们的伦理道德、经济、社会和政治特征以及作为世俗化过程产物的组织转型。

教团是持久性宗教共同体，是早期信仰运动日常化的产物，持续性和积极参与是教团的基本特征。教团垄断了预言、传统、知识等资源，垄断了宗教权力，致力于宣教事业，具有纯粹的宗教目的和世俗的经济、财政和政治利益，保持着与政治权力的稳定关系。与之相关，教区"是个消极的、教会的赋税单位及教士的管辖区"②，是限定了祭司管辖权范围的行政单位。

韦伯把教会与教派看作西方宗教基于理性权威结构的两种形式，是较早对宗教做出的类型研究。

> 在新教中，一直存在两种结构原则的外部和内部冲突，一是作为施与恩宠的强制性联合体的"教会"，一是作为宗教上合格的人们自愿联合体的"教派"。③

就社会学的意义而言，"教派"一词指的是由宗教达人或具有特殊禀赋的宗教人士所组成的一种排他性的团体，成员必须通过资格审

① 马克斯·韦伯：《宗教社会学 宗教与世界》，康乐、简惠美译，广西师范大学出版社，2016，第 123、124 页。
② 马克斯·韦伯：《宗教社会学 宗教与世界》，康乐、简惠美译，广西师范大学出版社，2016，第 84 页。
③ Max Weber, "The Protestant Sects and The Spirit of Capitalism", in *The Protestant Ethic and the Spirit of Capitalism with Other Writings on the Rise of the West*, Translated by Stephen Kalberg, Oxford University Press, 2009：185-199：194.

查，并以个别身份加入。相反的，作为一种普世性的、大众救赎之机构的"教会"，就像"国家"一样，认为每个人——或至少其成员的所有子孙——从一出生即属于此一团体。①

教会是强制性联合体，强调恩惠普照，成员资格与生俱来，不是自愿而是强制的。"强制"是外在于个人的影响力量，要求所有的社会行为必须符合特定的标准。教会是一种僧侣政治机构，它的基本特点如：有职业神职人员；超越了家族、氏族、种族和民族差别；理性化的教理仪规；强制性组织形式等。教会中没有个人神魅，只有制度、职位神魅，"通过理性的组织以管理神恩成了一种制度，超凡魅力的神圣性就被传给了制度本身，这是任何教会的典型表现"②。

韦伯对教派尤其是新教教派给予了很多关注，强调了新教教派的自主、禁欲道德、世俗经济利益以及去政治化的特征。教派与教团存在联系，"奠立在个别的地域性教团的封闭性组织之上"③，是内部指向的社团，但它不是由异端分裂而形成的小集团，而是一种自愿性联合体，"一个基于同意的组织"，其"明文秩序的效力仅及于那些依个人志愿参与的成员"④；成员资格基于排他性的宗教品质，并以契约方式限制准入条件，"加入教会原则上是强制性的，因而证明与成员的资格无关；然而教派是一种自愿联合，成员原则上要有宗教和道德的资格"⑤。这种道德不是普适性的宗教救赎要求，而是基于世俗行为的志同道合意识的升华，集中体现在理性的经济行为和职业伦理中，严持禁欲主义，发扬博爱精神，强调信誉和成功；在教派所体现的社会关系中，违反道德就意味着丧失经济信任

---

① 马克斯·韦伯：《印度的宗教：印度教与佛教》，康乐、简惠美译，广西师范大学出版社，2013，第8页。

② 马克斯·韦伯：《经济与社会》第2卷下册，阎克文译，上海人民出版社，2018，第1322页。

③ 马克斯·韦伯：《宗教社会学 宗教与世界》，康乐、简惠美译，广西师范大学出版社，2016，第84页。

④ 马克斯·韦伯：《社会学的基本概念》，顾忠华译，广西师范大学出版社，2008，第70页。

⑤ Max Weber, "The Protestant Sects and The Spirit of Capitalism", in *The Protestant Ethic and the Spirit of Capitalism with Other Writings on the Rise of the West*, Translated by Stephen Kalberg, Oxford University Press, 2009：185-199：188.

和社会地位。

教派成员意味着获得了道德资格，尤其是个人的商业道德，这与教会成员正好相反，在后者中，成员是"出生"资格。

通过拣选把人们团结起来，培育道德合格的信仰追随者。成员不是基于学徒制或者家庭关系，不是技术合格的职业人员。教派控制和规准成员的行为，在正式的正义和井然的禁欲主义上是排他性的。它的目的不是物质的为生之道，后者妨害了理性地追求利润。[1]

教派乃是这样一种集团：它的性质和目的恰恰阻止了普适性，并要求成员达成自由的共识，因为它的宗旨就是要成为一个贵族性群体，一个具有正式宗教资格者的联合体。[2]

这些联合体是使社会成员向上进入积极创业的中产阶级行列的典型媒介。它们有助于在中产阶级（包括农场主）的各个阶层，扩散和保持资产阶级的资本主义商业精神气质。[3]

教派更多地表现为社会群团而非专业社团，虽然保留了个人神魅，但反对僧侣统治、家长权力和规章制度；虽然坚持纯洁信仰的理想，但强调个人理性作用，坚持个人财产权利、契约自由、职业选择和追求经济利益，保持了个体的独立人格和情绪感受，因而"用斐迪南·滕尼斯的术语来说，教派是'人为现象'，是'社会'而不是'社群'。换而言之，它们根据的既不是'纤柔和善感'的感情，也不会力图培育'情感价值'。更确切地说，个人把自己结合进了教派，设法在组织中保持自己的感情"[4]。"理

① Max Weber, "The Protestant Sects and The Spirit of Capitalism", in *The Protestant Ethic and the Spirit of Capitalism with Other Writings on the Rise of the West*, Translated by Stephen Kalberg, Oxford University Press, 2009: 185-199: 188, 199.
② 马克斯·韦伯：《经济与社会》第 2 卷下册，阎克文译，上海人民出版社，2018，第 1366 页。
③ 马克斯·韦伯：《新教教派与资本主义精神》，马克斯·韦伯：《马克斯·韦伯社会学文集》，阎克文译，人民出版社，2010，第 288 页。
④ Max Weber, "'Churches' and 'Sects' in North America: An Ecclesiastical Sociopolitical Sketch", in *The Protestant Ethic and the Spirit of Capitalism with Other Writings on the Rise of the West*, Translated by Stephen Kalberg, Oxford University Press, 2009: 200-204: 204.

性的"教派基于价值理性动机成立了"信念结社"。

韦伯分析了教派与政治权力的关系。教派没有普适性救赎要求，拒绝制度化救赎，力倡宗教宽容和政教分离，维持良好的教派关系，因而倾向于去政治化甚至反政治，不可能与政治结盟，否则就会丧失教派属性，从而走向贵族统治。教派坚持的是民主行政，因而"证明了教派与政治民主之间的选择性亲和力，同时也说明了教派与政治权力何以具有那么高度重要的独特关系"[①]。

韦伯在研究美国政教分离原则中，承认美国社会中存在宗派（denomination）的事实。宗派的原型是教派，属于世俗俱乐部社团，成员需要通过身份调查和道德查验。在"政教分离"原则下，一方面，教会中信徒数量在稳定地减少，教派也在缓慢地衰落和解体；另一方面，民众的宗教意识却在上升，公共生活中充满了宗教仪式，此外还有巨额的宗教奉献以及纷纷出现的宗教俱乐部，"在美国开始欧洲化过程之前，凡是到访过这个国家的人都会看到，所有那些尚未涌进欧洲移民的地区，全都弥漫着强烈的教会意识"[②]。对于前者，韦伯采用"世俗化"表达了现代社会中宗教尤其是宗教组织的解体，"所有源自宗教观念中的现象在现时代都屈从于世俗化过程"[③]，宗教自身变得如此世俗，以至于履行的功能不是宗教的而纯粹是世俗的；对于后者，韦伯认为宗教组织在社会层面上经历深刻转型，由作为共同体的教团到强制性教会，再到自愿性教派，最后到俱乐部形态的宗派的发展过程，体现的是以祛魅以及个体化、自主化、普遍化为特征的稳步推进的理性化过程，"我们的时代是一个世界理性化、智化、特别是脱魔化的时代。这个时代的命运，恰恰是最高级、最精微的价值退出了社会生活，或者遁入神秘生活的来世，或者流进了个人之间直接交往的手

---

① 马克斯·韦伯：《经济与社会》第2卷下册，阎克文译，上海人民出版社，2018，第1370页。

② 马克斯·韦伯：《新教教派与资本主义精神》，马克斯·韦伯：《马克斯·韦伯社会学文集》，阎克文译，人民出版社，2010，第283页。

③ Max Weber, "The Protestant Sects and The Spirit of Capitalism", in *The Protestant Ethic and the Spirit of Capitalism with Other Writings on the Rise of the West*, Translated by Stephen Kalberg, Oxford University Press, 2009：185-199：189.

足之情中"①，这实际上可以看作是从理性化层面上理解的世俗化。

宗教伦理的拒世张力。 通过分析宗教伦理对经济、政治、艺术的影响，韦伯认为宗教与俗世秩序之间的张力表明的是一种"世俗化"倾向，表现为世俗秩序中的去定型化、宗教普遍性的缩小、目的理性的价值取向、经济切事化、反政治以及社会生活领域的现世拒斥等，在他看来拒世是为了救赎，但救赎的需求则来自现实的理性企求。

首先，韦伯承认宗教对早期的法律制度和社会习俗发挥了定型化的作用，"就像象征主义定型化了某些特定内容的文化要素，以及巫术禁忌的规定定型化了与人类及财物之关系的具体形态一样"②，宗教是社会秩序理性化的促成要素，也是对定型化内容的一种"补整"和规定，"法律的支配性之为宗教所定型化，构成了法秩序之理性化——以及由此而来之经济理性化——的最重要的限制之一"③。但是宗教这种作用的发挥有赖于一种以胞友互助关系为基础的宗教共同体，也只有在这种共同体中，理性化的宗教"信念伦理"才会实现体系化和内在化，确立起诚命、规范和法律的神圣地位。

宗教伦理的价值理性与俗世秩序的工具目的之间始终存在着紧张关系，二者之间张力的大小取决于宗教深入社会秩序的程度，"宗教需求愈是强烈，'现世'愈成为一个问题"④。

> 一个宗教伦理愈是将此世界（从一宗教性观点）组织成一个体系化、理性化的宇宙，其与此一世界诸秩序间的伦理性紧张似乎就显得更尖锐与更基本；当世俗秩序依其固有之法则性体系化时，尤其如此。这样的一种宗教伦理，其取向是拒斥现世的，就其本质而言则完

---

① 马克斯·韦伯：《入世修行：马克斯·韦伯脱魔世界理性集》，王容芬、陈维刚译，陕西师范大学出版社，2006，第52—53页。

② 马克斯·韦伯：《宗教社会学 宗教与世界》，康乐、简惠美译，广西师范大学出版社，2016，第256页。

③ 马克斯·韦伯：《宗教社会学 宗教与世界》，康乐、简惠美译，广西师范大学出版社，2016，第257页。

④ 马克斯·韦伯：《宗教社会学 宗教与世界》，康乐、简惠美译，广西师范大学出版社，2016，第258页。

全缺乏任何与圣法结合在一起的、定型化的特征。这种宗教伦理所导致的、存在于人与此世各种关系间的紧张性，在社会演化过程中，的确扮演了一个强力而积极主动的要素。[①]

宗教伦理和俗世秩序各自走向了理性化，它们之间的张力集中表现为内在价值冲突，本质上反映了宗教价值理性和俗世目的理性两种倾向之间的紧张关系，俗世目的理性是广泛的、外显的、自觉的、知性的和普遍的，"现世的秩序与价值越是据其固有的法则性而理性化与升华，二者间的裂痕往往也就越大"[②]。

当宗教越是从仪式主义升华为"心志的（或信念的）宗教意识"之时，紧张性就越是剧烈。另一方面，"属世事物"（就最广义而言）之内在、外在的拥有，越是向理性化与升华的历程迈进，便会与宗教之间产生越大的紧张性。因为，人与各个价值领域——无论其为内在的或外在的、宗教的或俗世的——之间的关系，经历过理性化与自觉性升华的过程后，各个价值领域独自内在的法则性便油然被意识到；因此，各个领域之间的紧张性——在原先与外界的素朴关系中隐而不显——即不容分说地显现出来。由于现世内、现世外诸价值领域走向合理化、走向自觉追求、走向通过知识加以升华的发展，因而造成的这种相当普遍性的结果，对于宗教史而言，极为重要。[③]

"信念伦理"是有弹性的，随着俗世行为领域的扩大和经济分工的发展，胞友互助的共同体关系逐渐被阶层互利的联合体关系取代，宗教伦理与按照俗世法则实现体系化和内在化的现实秩序之间的力量对比发生了此

---

① 马克斯·韦伯：《宗教社会学 宗教与世界》，康乐、简惠美译，广西师范大学出版社，2016，第258页。

② 马克斯·韦伯：《中间考察》，马克斯·韦伯：《宗教社会学 宗教与世界》，康乐、简惠美译，广西师范大学出版社，2016，第457页。

③ 马克斯·韦伯：《中间考察》，马克斯·韦伯：《宗教社会学 宗教与世界》，康乐、简惠美译，广西师范大学出版社，2016，第455页。

消彼长的变化，前者丧失了继续定型社会秩序的能力，"圣法"变成了一种"神圣信念"，宗教普遍性的范围缩小了。

其次，经济理性化削弱了宗教传统权威，消解了宗教伦理对经济行为的定型化作用，因而引起了"一种存在于伦理之理性化与经济领域之理性化过程间的、原则上的冲突"[1]。经济活动的重要特征表现为"非人格化"或"去人格化"即"切事化"，个人关系被排除在了经济法则之外。在市场处境中，一切经济行为是目的取向的，现实利益取决于经济法则规定的社会关系而与具体人格无涉，违反法则必定会导致利益损失，相反经济上的成功则是理性营利的结果，"合理的经济利益关系经常会带来切事化，而且不可能经由对特定个人的慈善诉求来控制一个工具理性行为的世界"[2]。这方面背离了宗教伦理传统对人格的强调，也与宗教谴责营利取息、倡导慈善施与以及有意识的抵制商业的伦理是相冲突的，"宗教性慈悲的诉求被瓦解，不仅是由于（普遍存在的）具体个人之抗拒与无力感，更因为它们已完全丧失了意义"；"宗教性伦理正面临着一个切事化关系的世界之冲击，这样的一个世界根本上就不可能适合宗教伦理的原有规范"，这种冲突随着理性经济行为的扩展而日益剧烈，最终导致宗教在不利的处境中拒斥理性经济行为，"当一个宗教性的关怀愈是意识到它是如此对立于经济的合理化，此宗教的达人阶层就愈容易走上一种反经济的现世拒斥"[3]，宗教拒世本身可以被理解为一种理性的举措。

再次，韦伯承认宗教具有合理化政治权力的作用，宗教与世俗权力在可能情况下进行了合作，"宗教力量与世俗力量总是为维持正统秩序的共同利益而互相帮衬"[4]，但宗教强调的胞友伦理与政治秩序之间也存在张力，最终激发了前者"反政治的现世拒斥"。宗教与政治权力的关系经常发生变

① 马克斯·韦伯：《宗教社会学 宗教与世界》，康乐、简惠美译，广西师范大学出版社，2016，第264页。
② 马克斯·韦伯：《宗教社会学 宗教与世界》，康乐、简惠美译，广西师范大学出版社，2016，第265页。
③ 马克斯·韦伯：《宗教社会学 宗教与世界》，康乐、简惠美译，广西师范大学出版社，2016，第265、266页。
④ 马克斯·韦伯：《印度的宗教：印度教与佛教》，康乐、简惠美译，广西师范大学出版社，2013，第62页。

化，宗教可能会与政治权力达成妥协，依附于后者，从而组成国家教会，并推动现实政治伦理变革，政治权力也可能会为信徒利益提供一些政治保障。但宗教在权力斗争、阶级矛盾、社会改革以及权力理性化的背景中会因为利益关系而疏离政治，甚至走向了反政治，重要的是宗教"反暴力的""胞友之爱"等普遍主义宗教伦理脱离了现实的政治实践。

最后，对于现代社会自主性生活领域，韦伯表达了分化的观点，宗教对俗世社会的拒斥表现在日常生活的许多方面。韦伯的分化理论是一种世俗化理论，他把分化看作"内在的和合理的自主"①，尤其是个体在现代社会生活领域中的自主。世俗教育的发展使现代艺术与审美等成为自主的领域；知性发现了艺术的美学价值，消解了宗教固有的艺术亲和力，"一旦艺术在世俗教育的影响下，成为一个有其自主法则的领域，就愈容易形成其自己的一套价值序列，而与宗教—伦理领域所构建的价值序列大不相同"②，对艺术的排斥体现了宗教价值理性与日常生活行为目的理性之间的冲突，"宗教的同胞伦理与任何遵循自身法则的目的理性行为处于剧烈的紧张关系之下"③。另外，经验科学和理性认知的不断成长也把宗教送进了非理性的墓园，"经验科学的理性主义每增进一分，宗教就更进一步从理性的领域被推向非理性的领域；而直到今天宗教成其为非理性或反理性的一股超人间的力量"④。总之，现代社会生活领域的自主分化导致了规则、价值和世界观的多元化，传统的宗教整合作用被现代世俗领域的功能分化所瓦解，取而代之的是现代"价值的多神教"⑤，这为人们提供了多种多样的价值选择，教会成为某些个人躲避喧嚣嘈杂的尘世和追求清静、简朴的

---

① Max Weber, "Religious Rejections of the World and Their Directions", in *From Max Weber*, Translated by H. H. Gerth and C. Wright Mills, Oxford University Press, 1946: 323—359: 328.

② 马克斯·韦伯:《宗教社会学 宗教与世界》，康乐、简惠美译，广西师范大学出版社，2016，第 292 页。

③ 马克斯·韦伯:《中间考察》，马克斯·韦伯:《宗教社会学 宗教与世界》，康乐、简惠美译，广西师范大学出版社，2016，第 470 页。

④ 马克斯·韦伯:《中间考察》，马克斯·韦伯:《宗教社会学 宗教与世界》，康乐、简惠美译，广西师范大学出版社，2016，第 483—484 页。

⑤ H. H. Gerth and C. Wright Mills, "Introduction: The Man and His Work", in *From Max Weber*, Translated by H. H. Gerth and C. Wright Mills, Oxford University Press, 1946: 1-74: 70.

超越生活的精神避难所，这也不可避免地要付出"智力牺牲"的代价。①

四　宗教行为的经济伦理

观念的历史转变是构成社会转型的条件之一。韦伯立足于人们的经济行为，从历史比较和叙事出发，强调了宗教伦理观念的历史角色以及它们与社会阶层之间的联系，理解了世界宗教与现代经济生活的关系，以及对现代经济伦理发展的意义。

经济本身是一种社会行为，包括了不同维度和层面的复杂的社会关系。韦伯试图阐明特定历史条件下人们经济伦理观念的社会学意义，为了避开对强制性经济行为的讨论，他避免采用"共同体经济"的表述，而为经济伦理设定了一种自主性自由竞争的市场关系，因为前者"把一种'共同利益'或者一种'共同体感情'的存在妄称为一种常态"②。经济伦理包括经济行为的价值目标和态度、道德原则与规范、伦理关系与问题等要素，在不同的经济组织形式中清晰地表现了出来，"表面上相似的经济组织形式，可能会秉持极不相同的经济伦理，而按照它们各自经济伦理的独特性质，这些经济组织形式又会产生出极不相同的历史结果"③，韦伯认为经济伦理具有高度自主性，涉及经济、地理、历史与宗教等多层面且相互关联的因素。需要指出的是，韦伯虽然强调历史中经济因素对人们想法、价值观和信念造成了影响，人们意识依赖于社会生活的经济结构根据，但他不认同马克思主义关于经济基础决定观念形态的论断，认为历史过程和结果不能从经济规律出发做出教条的解释，不能由经济这一单一要素来决定，而是由包括经济伦理在内的诸多要素综合作用的结果。

我们必须消除这样一种想法，即宗教改革，作为一种历史的必然

---

① Max Weber, "Science as a Vocation" in *From Max Weber*, Translated by H. H. Gerth and C. Wright Mills, Oxford University Press, 1946: 129–156: 155.

② 马克斯·韦伯：《经济与社会》第1卷，阎克文译，上海人民出版社，2018，第212页。

③ 马克斯·韦伯：《世界性诸宗教的经济伦理：宗教社会学比较研究导论》，马克斯·韦伯：《马克斯·韦伯社会学文集》，阎克文译，人民出版社，2010，第252页。

结果，或许可以从某些经济变革中推断出来。无以数计的历史条件，特别是纯粹政治的发展过程，不能归结为经济规律，也不能用任何一种经济原因所解释，它们必然共同发挥作用，才能使新建立的教派得以幸存下来。①

一种经济伦理并不是一种经济组织形式的简单"函数"，反之亦然，就是说，经济伦理未必能够塑造出经济组织形式。②

在韦伯看来，经济过程很大程度上依赖于人们的思想观念，宗教是决定人们世界观和日常生活观念的重要因素，为社会行为提供了规则，深刻影响到了经济和政治行为，甚至可能会改变历史的进程，"各种神秘的和宗教的力量，以及以它们为基础的关于责任的伦理观念，在以往一直都对行为发生着至关重要的和决定性的影响"③。韦伯试图理解以信仰价值和宗教伦理为基础发生的经济行为，即所谓的"宗教经济伦理"，解释"宗教观念对于一种经济精神的发展所产生的影响，或者说一种经济制度的社会精神气质"④，或者说是"在宗教心理学和实践背景中发生的实际的行为动力"⑤。韦伯关注的重点是宗教传统产生的与经济行为相关的规则，他否认经济和政治因素对宗教伦理的决定性影响，"这种伦理的特征主要还是来自宗教的源头，尤其是来自它自己的宣示和允诺内容"⑥。

局限于自己生活的时代，韦伯认为资本主义是现代社会的典型特征，他承认中国、印度、巴比伦、古希腊、罗马都曾存在过资本主义，但他强调的

① 马克斯·韦伯：《新教伦理与资本主义精神》，于晓、陈维刚等译，生活·读书·新知三联书店，1987，第 67 页。
② 马克斯·韦伯：《世界性诸宗教的经济伦理：宗教社会学比较研究导论》，马克斯·韦伯：《马克斯·韦伯社会学文集》，阎克文译，人民出版社，2010，第 252 页。
③ 马克斯·韦伯：《新教伦理与资本主义精神》，于晓、陈维刚等译，生活·读书·新知三联书店，1987，第 15—16 页。
④ 马克斯·韦伯：《新教伦理与资本主义精神》，于晓、陈维刚等译，生活·读书·新知三联书店，1987，第 16 页。
⑤ Max Weber, "Main Concepts: Economic Ethics, Social Carriers, Sacred Law, and the Ethic of Conviction", in *The Protestant Ethic and the Spirit of Capitalism with Other Writings on the Rise of the West*, Translated by Stephen Kalberg, Oxford University Press, 2009: 238-256: 238.
⑥ 马克斯·韦伯：《世界性诸宗教的经济伦理：宗教社会学比较研究导论》，马克斯·韦伯：《马克斯·韦伯社会学文集》，阎克文译，人民出版社，2010，第 254 页。

是一种近代资本主义精神，即以理性化技术和经济组织为基础并以个体主义为根本特征的生活理想，"资本主义精神的发展完全可以理解为理性主义整体发展的一部分，而且可以从理性主义对于生活基本问题的根本立场中演绎出来"①。资本主义是理性主义发展的自然结果，韦伯试图通过分析经济生活与宗教伦理之间的关系，最终解答"以其自由劳动的理性组织方式为特征的这种有节制的资产阶级的资本主义的起源问题"②。

韦伯借鉴了马克思的阶层分析方法，重点关注了作为特定文化担纲者的知识阶层，如中国的儒士、印度教的世袭种姓和婆罗门以及苦行僧、佛教的托钵僧、伊斯兰教的圣战武士、基督教骑士团，以及犹太教的文士等，考察了他们的生活行为与宗教经济伦理的联系，为此他采用了"选择性亲和"这一关键概念，表达了特定观念和社会阶层"相互物色"的过程，后者会"'选择'与他们具有某种'亲和性'、某种'契合点'或者'趋同'的观念特征"③。韦伯否认宗教经济伦理代表了阶层的意识形态，反映了阶层的物质利益，他的目的也不是要讨论特定宗教以及阶层的性质，或者宗教对阶层社会处境产生的作用。

> 我们的命题并不是说，一种宗教的特定性质就是作为该宗教典型载体的那个阶层社会状况的简单"函数"，或者该宗教是那个阶层的"意识形态"，要么就是某个阶层的物质或观念利益状况的"反映"。④

韦伯只是阐述了宗教与阶层之间存在着一种独特联系，"也正是在这些阶层中，凸显出了对特定宗教类型的选择性亲和"⑤，特定经济行为决定了阶

① 马克斯·韦伯：《新教伦理与资本主义精神》，于晓、陈维刚等译，生活·读书·新知三联书店，1987，第56页。
② 马克斯·韦伯：《新教伦理与资本主义精神》，于晓、陈维刚等译，生活·读书·新知三联书店，1987，第13页。
③ 汉斯·格特、赖特·米尔斯：《导读：韦伯其人其作》，马克斯·韦伯：《马克斯·韦伯社会学文集》，阎克文译，人民出版社，2010，第64页。
④ 马克斯·韦伯：《世界性诸宗教的经济伦理：宗教社会学比较研究导论》，马克斯·韦伯：《马克斯·韦伯社会学文集》，阎克文译，人民出版社，2010，第253—254页。
⑤ 马克斯·韦伯：《世界性诸宗教的经济伦理：宗教社会学比较研究导论》，马克斯·韦伯：《马克斯·韦伯社会学文集》，阎克文译，人民出版社，2010，第266页。

层的宗教倾向，而特定宗教伦理则是对某种经济行为的适配。

韦伯利用人种学和民族学的资料，从价值中立的立场出发，比较了儒教、印度教、佛教、基督教、伊斯兰教以及犹太教的宗教生活规则系统，分析了宗教与经济生活、社会阶层的关系，强调了思想观念在现代西方资本主义兴起中的自主性作用，并以宗教观念为研究中心，建构了西方宗教与资本主义亲和关系以及其他宗教对资本主义抗拒关系的分析模式。

新教。西方新教伦理与资本主义的亲和关系是韦伯的经典研究。韦伯指出，对现代西方资本主义来说，新教伦理是一种至关重要的行为态度和价值观，它为资本主义的兴起提供了观念背景。韦伯从历史检视入手认为资本主义精神是理性主义发展的一部分，他考察了西方宗教改革运动中新教教派与资产阶级结成的反封建联盟，深刻剖析了路德宗神召论和加尔文宗救赎预定论教义，阐明了新教"入世苦修"的职业伦理与资本主义起源的亲和联系，"资产者与宗教力量之间的选择性亲和，是它们在一定发展阶段上的典型现象，由此可能正式结成一种反对封建力量的联盟"①。

"职业"（calling）一词的宗教含义是"神召""天职任务"，新教的职业观表达了它的核心教理，人的存在"不是要人们以苦修的禁欲主义超越世俗道德，而是要人完成个人在现世里所处地位赋予他的责任和义务。这是他的天职"②。路德宗改革把宗教职业还原为一种世俗工作，强调后者与宗教苦修志业一样都是应当赞许的，主张摈弃福音劝谕，废除隐修禁欲，"宗教改革本身的后果只是有组织的从事一项职业的世俗劳动受到越来越高的道德重视、越来越多的教会许可"③。但路德宗也包含了消极要素，如服从权柄、淡漠世俗、安于现状以及崇拜官魅等。加尔文救赎预定论把教会看作单纯的社会机构，没有神魅，没有救赎作用；理性可以解释天启诫命，宗教苦修和超验道德毫无意义；资本盈利是理性手段且是合理的。加尔文宗认为一切尘世

---

① 马克斯·韦伯：《经济与社会》第2卷下册，阎克文译，上海人民出版社，2018，第1316—1317页。
② 马克斯·韦伯：《新教伦理与资本主义精神》，于晓、陈维刚等译，生活·读书·新知三联书店，1987，第59页。
③ 马克斯·韦伯：《新教伦理与资本主义精神》，于晓、陈维刚等译，生活·读书·新知三联书店，1987，第61页。

工作都是天职任务，"只是为我们社会的理性化组织的利益服务"①，禁欲表达的是生活理性化，意味着自我控制和精心规范生活，目的是"使人可能过一种机敏、明智的生活：最迫切的任务是摧毁自发的冲动性享乐，最重要的方法是使教徒的行为有秩序"②。新教在神学上已经走上了世俗化的道路，在这方面，世俗化实际上被规定为从宗教到俗世领域的迁变过程，"天职"表明的是俗世中的世俗行为。

韦伯在"入世苦修"概念下概括了新教"入世"与"禁欲"价值情结，把着眼于彼世的宗教戒律转化为此世的忘我自律。理性主义的入世苦修集中体现了资产阶级经济伦理，例如劳动观把劳动看作禁欲的重要途径，通过各事其业、辛勤劳作践行天职；财富观鼓励节俭积累和增加财富，赞同追求和理性使用财富，谴责财富欺诈、贪婪和浪费；生活观指责无节制的享乐、奢侈和炫耀会导致懈怠、损害正义和背弃职守。韦伯认为这种宗教经济伦理正是西方资本主义兴起所必需的，也是非西方世界所缺乏的，"它们有助于产生现代资本主义'精神'，有助于产生它的独特精神气质——现代资产阶级的中产阶级精神气质"③。

首先，新教经济伦理塑造了渴求成功、理性规划、努力工作以及诚实守信、勤劳节俭的人格品质和精神气质，"哺育了近代经济人"④；"禁欲主义的目的显然是要组织起一种训练有素和井然有序的生活，其典型代表就是'天职之人'"⑤。其次，它创造了新的文化，摈弃了巫术、魔力和迷信，摆脱了对神魅权力的敬重，使世界走向了理性化，为树立现代资本主义精神铺平了道路，"宗教发展中的这种伟大历史过程——把魔力从世界

---

① 马克斯·韦伯：《新教伦理与资本主义精神》，于晓、陈维刚等译，生活·读书·新知三联书店，1987，第83页。

② 马克斯·韦伯：《新教伦理与资本主义精神》，于晓、陈维刚等译，生活·读书·新知三联书店，1987，第91页。

③ 马克斯·韦伯：《新教教派与资本主义精神》，马克斯·韦伯：《马克斯·韦伯社会学文集》，阎克文译，人民出版社，2010，第306页。

④ 马克斯·韦伯：《新教伦理与资本主义精神》，于晓、陈维刚等译，生活·读书·新知三联书店，1987，第136页。

⑤ Max Weber, "Main Concepts: Economic Ethics, Social Carriers, Sacred Law, and the Ethic of Conviction", in *The Protestant Ethic and the Spirit of Capitalism with Other Writings on the Rise of the West*, Translated by Stephen Kalberg, Oxford University Press, 2009: 238-256: 256.

中排除出去，在这里达到了它的逻辑结局"①。再次，它打破了传统社会各式各样的联系，合理化了资产阶级经济行为，激发并培育了个体主义，改变了社会关系。

> 禁欲主义教派和秘密宗教集会形成了现代"个人主义"最重要的历史基础之一。尤其重要的是，他们彻底打破了家长制和威权主义的束缚。
> 只有禁欲主义教派的条理化生活方式，才能使现代资本主义精神气质的经济"个人主义"动力成为理所当然，并且使它熠熠生辉。②
> 其独特结果是培育了非人格的社会关系和社会过程个体。这种转型是西方现世禁欲的独特结果——禁欲主义站在了世界上所有其他宗教提供的救赎路径的反面。③

韦伯的论说一定程度上推进了学术界关于资本主义起源的认识，使人有耳目一新的感觉，斯达克（Rodney William Stark，1934—）虽然不全认同韦伯的学术主张，但承认后者发现了动态的经济系统与特定观念模式之间的适应关系，提出新教伦理"是资本主义和西方兴起的关键所在"④。但韦伯的这种认识很大程度上是一种化约论的讨论，很多时候造成了学术错觉，把现代西方资本主义当成新教伦理的创造物，因而学术界对他观点做出了许多反思和修正，布罗代尔（Fernand Braudel，1902—1985）曾批评说："所有的历史学家已经在反对这种贫乏的理论，虽然他们没有办法彻底摆脱它。然而它显然是错的"⑤。

---

① 马克斯·韦伯：《新教伦理与资本主义精神》，于晓、陈维刚等译，生活·读书·新知三联书店，1987，第 79 页。
② 马克斯·韦伯：《新教教派与资本主义精神》，马克斯·韦伯：《马克斯·韦伯社会学文集》，阎克文译，人民出版社，2010，第 306、307 页。
③ Max Weber, "Main Concepts: Economic Ethics, Social Carriers, Sacred Law, and the Ethic of Conviction", *The Protestant Ethic and the Spirit of Capitalism with Other Writings on the Rise of the West*, Translated by Stephen Kalberg, Oxford University Press, 2009: 238-256: 256.
④ 罗德尼·斯达克：《理性的胜利——基督教与西方文明》，管欣译，复旦大学出版社，2011，"导论：理性与进步"，第 3 页。
⑤ Fernand Braudel, *Afterthoughts on Material Civilization and Capitalism*, Translated by Patricia M. Ranum, The Johns Hopkins University Press, 1977, p. 66.

犹太教。犹太教秉持现世取向的末世论，排除了巫术和神魅，不主张隐修，强调个人宗教实践和解释经籍，保留了自然主义的冥思禁欲，但不排斥享受生活和合法财富，其"礼仪的严正……除此之外，还有一则高度理性的、意即从巫术与一切形式的非理性救赎追求当中脱离出来的、现世内行动的宗教伦理"①。犹太教强调入世的天职观和现世的经济成就，宗教虔诚塑造了前资本主义时代的小资产阶级经济气质，在创办公司以及从事借贷、包税、银行业、融资、商品批发、有价证券、货币兑换等方面取得了成就，推动了货币经济的繁荣，包含了理性主义，影响了现代西方经济伦理的发展。犹太教保留了僧侣政治教会形态，不否定官魅权力，只否定现存社会秩序，强调经籍的律法约束。韦伯指出犹太教是一种平民宗教，弥漫着"贱民"意识，劳动缺乏组织化，没有形成产业阶级，因此现代资本主义制度不可能从犹太教中产生，其缘由"可归之于犹太人宗教的独特性，以及犹太人之为一个贱民民族的特殊性格"②，但不可否认的是，犹太教伦理观对现代西方资本主义伦理也产生了一定程度的影响。

儒教与道教。在韦伯看来，儒教虽然包含了迷信要素，但把着眼点放在了现世，排除了神秘主义和禁欲主义的救赎要求，缺乏超验追求，摆脱了形而上学，强调礼仪，鄙视利欲，表明了一种身份伦理及其秩序理性，其道德观念与士大夫组成的知识阶层之间存在选择性亲和关系，"儒教适应世界及其秩序和习俗，归根结蒂不过是一部对受过教育的世俗人的政治准则与社会礼仪规则的大法典"③，是对中国官僚制度的集中反映，"在中国，儒家理性主义的性质、它的因循性以及它作为教育的基础被接受下来，都是世俗家产制官员群体的官僚制理性化以及缺少封建权力所致"④。相反道教秉持神秘主义态度，注重隐修，回避尘世，遵循教阶制度，排斥了理性的经济和技术。

韦伯指出儒教虽然没有形成神职阶层，但保留了天神观念，信奉皇权

---

① 马克斯·韦伯：《古犹太教》，康乐、简惠美译，广西师范大学出版社，2016，第14页。
② 马克斯·韦伯：《宗教社会学 宗教与世界》，康乐、简惠美译，广西师范大学出版社，2016，第300页。
③ 马克斯·韦伯：《儒教与道教》，王容芬译，商务印书馆，2004，第203页。
④ 马克斯·韦伯：《经济与社会》第2卷下册，阎克文译，上海人民出版社，2018，第1300页。

个人神魅，崇拜社稷神，强调宗族祭祀，表现为对"神圣礼仪及对先祖神灵的神圣义务"①，并以社神信仰为中心形成了联合崇拜。相对于持久性宗族权力，行政管理与司法则表现得软弱无力，教育在科举制的导向下受到经典和祭奠的约束，商业行会和职业团体笼罩在宗族影响之下，税务管理、簿账登记落后，尤其缺乏法律基础和逻辑，"在中国，至少在这方面特别敏感的产业资本主义，在其发展道路上，行政与司法没有发挥出可以计算的理性功能来，这种功能正是向理性经营发展的产业所必须的"②。当然，我们需要批判地认识韦伯一些武断观点。另外，韦伯认为儒教持守一种固定的、中庸的认识观，因循传统，服从既定权力秩序，缓解与现世的张力；他指出"从伦理上理性地征服世界、控制世界是不断更新的工作的绝无止境的任务：这就是'进步的'理性客观性"，然而"儒教理性主义意味着理性的适应世界；清教理性主义则意味着理性地把握世界"③，儒教缺乏的恰恰就是后者的那种突破传统不断创新的精神。

古代印度宗教。印度教是一种救赎宗教，包含了大量巫术，但它排斥了狂迷和情感要素，注重仪式，持守禁欲理性，"印度的禁欲实在是这个世界上最理性地发展的一种。几乎没有任何禁欲的方法未曾在印度被练达地实行过，并且往往皆被理性化为理论性的技艺"④；印度教知识中发展了形式逻辑，"它是一种以形而上学和宇宙论为基盘的技术理论：自此世被解救出去的技术手段。这是印度一切的哲学与神学关怀的最终停驻点"⑤，它与婆罗门文化知识阶层结合在一起，强调血统世袭和排他性。同样，印度佛教负载了传统，由受教育者来担纲，讲求冥思、禁欲和出世。

印度社会秩序是以封闭的种姓制度为基础的，身份分层形成了稳定的社会秩序支柱，"种姓秩序，就其整体本质而言，完全是传统主义的，并

---

① 马克斯·韦伯：《儒教与道教》，王容芬译，商务印书馆，2004，第 199 页。
② 马克斯·韦伯：《儒教与道教》，王容芬译，商务印书馆，2004，第 154 页。
③ 马克斯·韦伯：《儒教与道教》，王容芬译，商务印书馆，2004，第 293、299 页。
④ 马克斯·韦伯：《印度的宗教：印度教与佛教》，康乐、简惠美译，广西师范大学出版社，2013，第 193 页。
⑤ 马克斯·韦伯：《印度的宗教：印度教与佛教》，康乐、简惠美译，广西师范大学出版社，2013，第 191 页。

且在效果上是反理性的"①。印度宗教的文化权力掌握在部分人即知识阶层手中，轮回信仰、种姓阶序、业报义务等都给资本主义发展带来了消极影响，"印度教的职业道德是所有可能想见的职业义务观当中最为传统主义的。……在这样一种结合着业报教义的种姓礼仪主义的基础上，通过经济的理性主义以打破传统主义，根本是不可能的事"②。此外，种姓行业禁忌也与理性相悖，排除了近代技术和资本主义发展的可能，即"遵循合理之营利经济的商业经营之有系统组织化的可能性"③。

---

① 马克斯・韦伯：《印度的宗教：印度教与佛教》，康乐、简惠美译，广西师范大学出版社，2013，第 144 页。
② 马克斯・韦伯：《印度的宗教：印度教与佛教》，康乐、简惠美译，广西师范大学出版社，2013，第 158 页。
③ 马克斯・韦伯：《宗教社会学 宗教与世界》，康乐、简惠美译，广西师范大学出版社，2016，第 54 页。

第五章

行为与互动：帕森斯论宗教分化

帕森斯（Talcott Parsons，1902—1979），美国社会学家，结构-功能主义代表。1920 年进入美国阿默斯特学院（Amherst College）学习，1924 年获该校文学士学位，之后在伦敦经济学院（London School of Economics）和海德堡大学（University of Heidelberg）学习，并于 1927 年获海德堡大学经济学博士学位。1931 年开始，帕森斯任教于哈佛大学（Harvard University），担任经济学讲师；1944 年任社会学教授教职，1946—1956 年曾任社会关系系主任，在这期间于 1949 年担任美国社会学会（American Sociological Society）会长；1973 年，帕森斯从哈佛大学退休。帕森斯判析了欧美古典社会理论，结合社会人类学、制度经济学以及心理学等跨学科研究，从系统论、控制论的角度研究了社会行为、社会结构、社会系统、社会分化等社会科学的基本问题，重建了社会系统理论模式，对现代社会学产生了基础性影响。

20 世纪 20 年代，帕森斯在伦敦经济学院学习期间，受到了社会人类学家、功能学派代表人马林诺夫斯基的学术影响。从 30 年代开始，帕森斯不断向美国学术界展现了帕累托（Vilfredo Pareto，1848—1923）、迪尔凯姆、韦伯等人为代表的欧洲传统社会学思想，1930 年用英语翻译了韦伯的《新教伦理与资本主义精神》（*The Protestant Ethic and The Spirit of Capitalism*）。在 1937 年出版的《社会行为的结构》（*The Structure of Social Action*）中，帕森斯在反思欧洲经典学术思想遗产的同时，重点检讨了马歇尔（Alfred Marshall，1842—1924）、帕累托、迪尔凯姆和韦伯著作所表述的功利主义、实证主义和唯意志论行为理论，表达了行为和价值选择的自愿原则。20 世纪 40 年代，帕森斯的主要工作是建构"结构–功能"或者说是"社会行为系统"理论，这方面的成果在 1949 年出版（1954 年再版）的《社会学理论文集》（*Essays in Sociological Theory Pure and Applied*）中有较为集中的体现。在 1951 年出版的《社会系统》（*The Social System*）中，帕森斯考察了行为理论的发展，分析了广泛的社会系统，关注了系统的发展和维持，阐释了"结构–功能"理论，强调了秩序、整合和均衡等社会学问题，其概念体系和理论模式借鉴了生物学、物理学、人类学、心理学以及经济学研究；同年，帕森斯与希尔斯（Edward Shils，1910—1995）等合编《行为通论》（*Toward a General Theory of Action*）出版，这些研究成果都使他在学术界享有较高声誉。

1956 年，帕森斯与学生斯梅尔瑟（Neil Joseph Smelser，1930—2017）合著的《经济与社会》（*Economy and Society*）出版，用"行为"这一参照概念把经济学与社会学、政治学理论结合起来，用社会学观点解释了经济学命题，消解了经济理论与政治理论之间的不对称问题，"经济乃是一个社会中可以清楚准确地加以界定的次级体系，是与其他次级体系系统关联着的"①，阐述和完善了社会系统理论的基本框架，"这种扩展反过来又促使人们提升对于另外两种主要的社会的功能性次级体系——整合的（近来被称为'社会的共同体'）和模式–维系的——的分析研究"②。其后帕森斯于 1960 年出版《现代社会的结构与过程》（*Structure and Process in Modern Societies*）；1966 年出版《社会：演化与比较的视角》（*Societies: Evolutionary and Comparative Perspectives*）；1967 年出版《社会学理论与现代社会》（*Sociological Theory and Modern Society*）；1969 年出版《政治和社会结构》（*Politics and Social Structure*）；1971 年出版《现代社会系统》（*The System of Modern Societies*），1978 年出版《行为理论与人类状况》（*Action Theory and the Human Condition*）等。帕森斯学术著述丰硕，思想深刻，影

---

① 塔尔科特·帕森斯：《社会行动的结构》，张明德、夏遇南、彭刚译，译林出版社，2019，"平装本序言"，第 21 页。
② 塔尔科特·帕森斯：《社会行动的结构》，张明德、夏遇南、彭刚译，译林出版社，2019，"平装本序言"，第 21 页。

响广泛，推动了社会学的发展。

一 互动行为系统

帕森斯着眼于个人的、微观的"行为"事实，通过引介 20 世纪社会学领域欧洲几位经典作家的学术思想，重现了他们的理论发展过程和问题分析，澄清了概念内涵和命题假设，试图在综合研究的基础上建构一种更为系统、更加宏大的社会科学理论。

行为理论。在帕森斯看来，社会学家帕累托、迪尔凯姆、韦伯和经济学家马歇尔虽然分属不同的思想流派，依据不同的方法论，采用了不同的概念，表达了不同的问题关注，但都代表了"关于人与社会问题的欧洲——在那个时候实际上就等于是西方——思想的一个全新的发展阶段"①，他们的理论焦点都指向了所谓的"唯意志论行为理论"，② 作为近代社会思想史中的一种"理论运动"，帕森斯批判它无法解释社会秩序和行为系统。

帕森斯强烈反对迪尔凯姆所谓社会本质是"事实"的论断，认同亨德森（Lawrence Joseph Henderson，1878—1942）对"事实"概念的另一种理解和界定，③ "依据概念程式对现象做出的在经验上可以验证的表述"④。他认为事实本身绝不是现象，而是关于现象的抽象命题，现象则是真实存在的具体事物，构成了"事实"的经验依据，理论是基于抽象事实的抽象体系，因而"所有的科学理论都由事实构成，以及由在这种意义上有关事实之间关系的陈述构成。但这绝不意味着任何一个理论中包含的事实是有关它们所指涉的现象的唯一能够验证的命题"⑤。帕森斯对事实的理解没有完全抛弃现象的根据，在对概念的抽象中，他把具体的社会现象划分成基

---

① 塔尔科特·帕森斯：《社会行动的结构》，张明德、夏遇南、彭刚译，译林出版社，2019，"平装本序言"，第 16 页。

② Talcott Parsons, *The Structure of Social Action*, The Free Press, 1949, p. 11.

③ Lawrence Henderson, "An Approximate Definition of Fact", *University of California Publications in Philosophy*, 1932, 14: 179-199.

④ Crane Brinton, *The Anatomy of Revolution*, New York: Vintage Books, [1938] 1965, p. 9.

⑤ Talcott Parsons, *The Structure of Social Action*, The Free Press, 1949, p. 41.

本"单位"即"单位行为"①，包括行为者、行为目的、行为处境和行为规范四种相互关联的要素，它们表达了多维度的行为特性，共同组成一种理想型的主观参照体系，构成了行为系统理论的基础。

首先，行为的基本粒子是单位行为者外向性的"行止"，行为本身具有社会目的性，负载了个体主义，表现为自主意志和主观选择，在具体环境条件中借助特定的手段努力达到目的。条件是客观且难以改变的，包括自然环境和生物有机体；手段选择本身是理性可控的行为，要么基于常识，要么根据经验，条件和手段共同规定了行为处境，"只要在处境条件范围内追求目的，而且行为者可以采用的手段本质上来说最适合于理性的目的，那么这种行为就是理性的，理性是实证的经验科学所能理解和证实的"②。当然最终实现目的还必须遵循一定的行为规范，"系统中单位行为之间那些最简单、最明显的关系模式，也就是说，那些对系统观念来说根本就是必不可少的关系模式"③。规范本身是一种具有普遍性的模式或类型，作为一种观念要素它的作用是调节行为者之间的关系，实现个体联结成群体，使行为与社会秩序结合起来。

其次，行为不是具体时空中独立存在的现象或自我因由的物理事件，而是一种客观的事实和过程，包含了时间范畴和意义结构，它本身就内含了群体的要求，"包括结构和过程，通过这些结构和过程，人类形成了有意义的目的，并在具体的处境中或多或少地实现了这些目的"④。也就是说，只有在关系结构和过程中，行为才不再是单纯的个人"行止"，具有了模式作用，模塑了意义，发展出了象征，形成了文化。行为"个体"既是有机体，也具有人格，并参与了文化系统，可见"个体"是社会文化语境中的"个人"，而"个人"很大程度上限定在心理和生理的范围内，帕森斯的行为理论包含了文化理论和人格理论。另外，帕森斯追随韦伯的学术传统，认为行为目的、手段都遵循工具－目的的准则，体现出了理性的

---

① Talcott Parsons, *The Structure of Social Action*, The Free Press, 1949, p. 43.
② Talcott Parsons, *The Structure of Social Action*, The Free Press, 1949, p. 58.
③ Talcott Parsons, *The Structure of Social Action*, The Free Press, 1949, p. 52.
④ Talcott Parsons, *Societies*, Prentice-Hall, 1966, p. 5.

维度，"只要存在能够科学地证明的可能性，即在真实的处境条件中所运用的手段会引起或者维持事务的未来状态的话，这些所谓的行为就是理性的，而这些未来的状态正是行为者作为目的所期望的"①；目的和手段可以选择，这也意味着存在谬误的可能性。

再次，帕森斯行为理论综合了经验主义、理性主义思想理念和个体主义文化传统并有所发展，表现出了实证主义的鲜明特点。经验主义表明的是对待理论体系与经验事实之间关系的一种认识态度，帕森斯强调说，科学"理论""通常情况下被定义为一套有关经验指涉的逻辑上相互联系的'一般概念'体"②，"每一种理论，作为一种分析图式，必定构成为一个更加庞大的、更加一般化的理论工具的一个部分"③。理论是以经验事实为基础的命题归纳，理论体系的"命题指涉的是经验事实的事态，否则它们就没有资格被称为是科学的。实际上如果恰当地解释了事实这个词话，那么就可以说一个理论命题只要它在科学中占有一席之地，它本身要么是对事实的陈述，要么就是对事实之间关系模式的陈述"④。实证主义强调以现象为出发点，对经验进行现象主义解释，通过现象归纳出科学规律，经验的不必是科学的，但科学即是实证知识，科学知识以经验现象为对象，"我们会把经验主义这个词用在这样一种理论体系上，它或明或暗地要求说，特定理论体系的范畴自身就充分地解释了所有科学意义上的重要事实，这些事实所关涉的正是它被应用于的具体现象"⑤，因而就方法论而言，科学必须经由对现象的观察然后形成包括概念程式的逻辑框架。实证科学是经验事实基础上的理性认知，这是实证主义强调的重点所在，"实证科学构成了可能是人类独有的与外部（外物）现实之间重要的认知关系，也就是说人是行为者。就这个推论而言，或者以它作为前提的推理而

---

① Talcott Parsons, *On Institutions and Social Evolution*, Edited by Leon H. Mayhew, The University of Chicago Press, 1982, p. 102.
② Talcott Parsons, *The Structure of Social Action*, The Free Press, 1949, p. 6.
③ 塔尔科特·帕森斯：《社会行动的结构》，张明德、夏遇南、彭刚译，译林出版社，2019，"平装本序言"，第18页。
④ Talcott Parsons, *The Structure of Social Action*, The Free Press, 1949, p. 7.
⑤ Talcott Parsons, *The Structure of Social Action*, The Free Press, 1949, pp. 69–70.

言，可以把这个社会理论体系称作'实证主义的'"①。实证主义和经验主义虽然在逻辑上并不完全包容，但二者之间存在紧密联系，经验事实是客观的，是可以验证的，这是实证科学的要求，帕森斯强调了"验证过程对于科学来说是基本的"，"理论预期与所发现的事实相符合，考虑到'观察误差'等情况，就此而言，理论得到了'验证'"②，帕森斯所主张的正是这种从实证科学角度来研究社会行为的理论。

社会系统。帕森斯把行为作为分析社会结构发展演变的起点，他赞同兹纳涅茨基（Florian Witold Znaniecki，1882—1958）从"社会行为""社会关系""社会群体""社会人格"对"社会中人"的分析，其中包括了"行为/关系"与"群体/个体"两相对照的事实，体现了相互依存的结构关系，即个体行为是构成群体关系的基础，个体通过"互动"联结成了群体，群体行为包含和体现了个体关系。

"互动"是理解帕森斯行为理论和社会系统理论的重要概念，指的是个体"行为"在特定指涉框架中发生的相互作用。互动是"行为"的根本属性和要求，也是基本的社会关系，"一个或更多行为者对一种情势的'定向'……，这种情势包括其他行为者；与行为和互动的单位相关的程式是一种关系程式"③。互动包含了个体或集体行为，是社会关系建构的过程，发生在客观世界中，受到"自然""社会""文化"三部类结构性要素的影响。首先，互动发生在特定的自然环境中，后者虽然对行为者不产生直接作用，但为可能发生的互动提供了气候、物质等客观条件；其次，互动发生在特定人口结构、信息交流、社会流动等社会处境中，当然也包括互动主体的行为方式和状态，涉及互动的机能、动机和利益；再次，互动负载了"自然"事物和"社会"事物的意义，在"文化"框架中遵循相互认可的行为标准，并接受随之而来的影响，表达了共享的传统、象征、价值、观念和信仰等。在帕森斯看来，"互动"是行为分析到系统解释的中间逻辑，从行为结构到社会系统，从行为理论到社会系统理论，

① Talcott Parsons, *The Structure of Social Action*, The Free Press, 1949, p. 61.
② Talcott Parsons, *The Structure of Social Action*, The Free Press, 1949, p. 8.
③ Talcott Parsons, *The Social System*, Routledge, 2005, p. 1.

"互动"提供了一个基本的参照。

帕森斯延伸了帕累托对社会系统的分析，主张借助"结构""功能""过程"以及"冲突""变迁"等关键概念对社会系统进行整体性研究，但他强调的是一种整合的社会系统，"基本的理论背景始终是社会系统理论，把具体的系统看作是必须根据一种整合的概念程式分析问题的系统，而不是看作一种经验上整合的整体"①，他用结构-功能分析范式取代了手段-目的程式，分析了系统与环境之间相互交换的社会过程以及系统内部各组成部分的功能要素。

首先，行为自身是一种更为普遍的系统，根据具体的互动关系，可以区分为终极现实、文化、社会、人格、行止机体（经济）和物理环境等功能亚系统，每个亚系统自身就是一个自主的系统，可以区分出自己的亚系统，并且相互之间构成了环境。其中，社会系统是行为系统的主要亚系统，"社会系统是一种行为要素的组织模式，这些行为要素与多元性个体行为者互动模式的有秩序的变迁过程和持续存在相关"②。需要注意的是，帕森斯对"社会系统"的表述有广义和狭义的区别，前者是广泛意义的"社会"概念，"一种包罗广泛的社会系统，即普通社会学意义上的社会"③，一定程度上可以理解为行为系统的同义词；狭义的社会系统指的是与文化、人格、经济等并列的行为系统的一个亚系统，可以看作他所谓的社会结构共同体。不管怎样理解，社会系统的基本单位是"行为者"的互动"行为"，包含了结构和过程要素，涉及模式类型，因而它是一种互动系统，是由互动构成的关系网络，基本特征是互动作用之间有意义的相互依存。

其次，系统的各个亚系统互为环境，因而文化、人格、行止机体等行为亚系统是构成狭义社会系统的重要环境。系统与环境的区分是功能性的，体现的是内部/外部、整合/交换等方面的关系，力求达到一种"均衡"的状态，"必须把系统及其环境的结构从系统内部的过程中区分开来，

① Talcott Parsons, *Structure and Process in Modern Societies*, The Free Press, 1960, p. 13.
② Talcott Parsons, *The Social System*, Routledge, 2005, p. 15.
③ Talcott Parsons, Neil Joseph Smelser, *Economy and Society*, Routledge & Kegan Paul Ltd, 2005, p. 7.

从系统与其环境之间相互交换过程中区分出来"①。虽然自足是系统最基本的特征，但社会系统是开放的，它与环境之间维持着持续的交换关系，"自足与环境相联系，意味着稳定的交换关系，也意味着有能力为了社会结构功能的利益而控制交换"②。

再次，行为系统在保持自身稳定的同时，对社会产生了适应（adaption）、目标实现（goal-attainment）、整合（integration）和潜在模式维持（latent pattern-maintenance）四种功能，围绕这些功能关系形成了广义社会系统的四种亚系统，"四种行为亚系统的区分是功能性的，根据归结于所有行为系统的四种主要功能做出这些区分，即模式维持、整合、目标实现和适应"③。社会系统的功能亚系统之间互为环境，交换媒介概念和交换关系把它们关联了起来，这就是帕森斯为考察社会行为和分析社会系统过程建构的"AGIL"模型，他的主要目的是"评估系统数据、处境以及单位特性中的变化对系统及其组成单位状态变化的影响"④。

在帕森斯看来，广义的社会系统内部分化出了经济、政体、价值和文化四种亚结构，相互之间发生着持续的交换关系，分别对应于"AGIL"模型的四种功能，其中经济和政治是构成社会系统的重要物质条件，为系统提供了技术和权力组织；价值整合是系统的基本要求，文化最大限度地维持着系统价值的稳定性。

适应是指涉外部环境的工具性功能，通过从外部摄取资源把系统与环境联系起来，增强了系统应变能力。帕森斯认为经济即"行止机体"是专门发挥适应功能的亚系统，"产生和动员富有成效的力量和资源的系统机制可以被称为系统的经济"⑤，"经济主要被看作通过生产效用来满足整个

---

① Talcott Parsons, *On Institutions and Social Evolution*, Edited by Leon H. Mayhew, The University of Chicago Press, 1982, p. 257.

② Talcott Parsons, *The System of Modern Societies*, Prentice-Hall, 1971, p. 8.

③ Talcott Parsons, *The System of Modern Societies*, Prentice-Hall, 1971, pp. 4-5.

④ Talcott Parsons, Neil Joseph Smelser, *Economy and Society*, Routledge & Kegan Paul Ltd, 2005, pp. 18-19.

⑤ Leon H. Mayhew, "Introduction", in *On Institutions and Social Evolution*, Edited by Leon H. Mayhew, The University of Chicago Press, 1982, p. 25.

社会的适应性需要"①。

目标实现也与环境交换相关联,"目标实现被定义为系统(这里指社会系统)与外部处境相关部分之间的关系,系统是在这种处境中活动或运行的"②,指向的也是外部功能,借助于组织化力量有效地利用和控制环境,调动和分配资源,协调和部署权力,实现特定目标尤其是集体目标,"社会中的每个亚目标在某种程度上必须与社会的目标结构整合为一个整体,重要的是,政治制度所关注的正是这种社会结构的目标结构"③。帕森斯强调的是政治亚系统即"政体"的组织功能,"系统为着集体的目标组织力量和资源可以称作系统的政体"④。政体也就是政治组织发挥了权力动员和组织作用,"动员社会结构资源,投身实现集体目标,致力于促成和实施'公共政策'",政治亚系统最显著的特征是产生了权力,即"社会系统实现集体目标的一般化能力"⑤。作为政治系统的重要因素,权力既是一种现实的资源,也是实现集体目标的一种工具,它"是一种一般化的社会结构资源,通过分配来实现范围广泛的亚目标,并且作为实现此类亚目标的媒介分配给了组织"⑥;权力可以支配资源,调解组织行为,合理化了组织手段,"价值系统合理化了组织目标,但只有通过权力才能奏效"⑦。

"整合的系统"是帕森斯系统理论的一个重要方面。社会系统是一种"社会结构共同体"(societal community),包含了各种单位、要素和组织,在自足的机制中根据功能形成了整体的结构轮廓,保持了制度化价值,发挥了迪尔凯姆所谓的"团结"作用和整合功能,促进了成员之间的和谐与合作,同时要求控制系统内部出现错乱,"防止系统单元的相互干扰"⑧,

---

① Talcott Parsons, Neil Joseph Smelser, *Economy and Society*, Routledge & Kegan Paul Ltd, 2005, p. 39.

② Talcott Parsons, *Structure and Process in Modern Societies*, The Free Press, 1960, p. 17.

③ Talcott Parsons, *Structure and Process in Modern Societies*, The Free Press, 1960, pp. 26-27.

④ Leon H. Mayhew, "Introduction", in *On Institutions and Social Evolution*, Edited by Leon H. Mayhew, The University of Chicago Press, 1982, p. 25.

⑤ Talcott Parsons, *Structure and Process in Modern Societies*, The Free Press, 1960, p. 181.

⑥ Talcott Parsons, *Structure and Process in Modern Societies*, The Free Press, 1960, p. 42.

⑦ Talcott Parsons, *Structure and Process in Modern Societies*, The Free Press, 1960, p. 41.

⑧ Leon H. Mayhew, "Introduction", in *On Institutions and Social Evolution*, Edited by Leon H. Mayhew, The University of Chicago Press, 1982, p. 26.

协调关系，解决问题，抑制冲突，避免系统崩溃，整合的亚系统"把文化价值模式与个体行为者的动机结构联系起来，使更大的社会系统在发挥功能中免于不当的内部冲突，防止发生其他协调失灵的情况"①。

社会系统以制度化的价值系统为特征，但后者经常面临变迁的压力，这就要求文化系统发挥稳定价值系统、消解内部紧张状态的作用，即"模式维持"和"紧张处理"，"在面对改变制度化价值的压力的时候倾向于通过文化渠道来稳定系统"②。文化系统是潜在的和工具性的亚系统，维持着社会的价值模式，"文化模式不是孤立的原子，在与自己特定系统或亚系统的联系中被制度化了。一个社会的文化价值系统基本上都是一体化了的。特别是，适用于特定亚系统的价值模式是整个社会一般价值系统中分化了的价值亚系统"③。

结构变量。社会系统由相互交叠的结构构成，帕森斯强调对社会系统进行结构分析，把结构看作描述和分析内部过程的主要参照点，"系统结构指的是组成部分的特性及其关系或者结合体，出于分析的目的，在逻辑上或者实践中在可定义的限度内能被当作常量"④。系统单位中存在模式化关系，社会系统基本特性是特定的个体行为角色，基本的关系是在特定功能模式上建立的互惠互动，系统在个体多元化角色基础上组织起了更高秩序的集体性单位。

帕森斯把狭义的社会系统界定为"社会结构共同体"，它"是由秩序的规范系统和附属于成员的身份、权利和义务构成的，在共同体中，不同亚群体的成员关系变化多样"⑤。社会结构共同体是一个社会实体，它具有一般系统的基本特征，即对环境的开放性和内部的独立自足，"作为一个

① Talcott Parsons, Neil Joseph Smelser, *Economy and Society*, Routledge & Kegan Paul Ltd, 2005, p. 48.

② Talcott Parsons, Neil Joseph Smelser, *Economy and Society*, Routledge & Kegan Paul Ltd, 2005, p. 17.

③ Talcott Parsons, Neil Joseph Smelser, *Economy and Society*, Routledge & Kegan Paul Ltd, 2005, p. 69.

④ Talcott Parsons, *On Institutions and Social Evolution*, Edited by Leon H. Mayhew, The University of Chicago Press, 1982, p. 256.

⑤ Talcott Parsons, *Societies*, Prentice-Hall, 1966, p. 10.

系统，在与其环境的关系中，获得了最高程度的独立自足"①，实现了内部的统合，稳定性是它的界定特征。帕森斯根据价值、规范、角色和集体性四种变量透视了社会结构共同体内部的结构和"AGIL"关系。

首先，价值是结构分析的基本参照点，发挥着模式维持的功能。帕森斯发展了价值社会学，认为后者就是"与社会系统中价值取向模式制度化现象有关的社会系统理论"②，是社会学作为社会科学的基本任务所在。人类学家克拉克洪（Clyde Kluckohn，1905—1960）指出价值是一种观念，"是普遍的、有组织的，明确包括了关乎存在的判断"③；价值表达了情感"愿望"、认知"判断"和意志"选择"，"价值就是一种或隐或现的观念，表明了个体特色或群体特征，表达了希求愿望，后者影响了可供选择的行为的模式、方式和结果"④。

帕森斯集中于"价值取向"、"价值模式"和"文化模式"分析了价值在个人、社会和文化层面的结构关系。系统行为源自具有稳定特性的单位成员，包括个体和集体的行为，每一个具体行为都包括维持和约束两方面的功能，单位"个体"与系统范畴一起，确定了个体的动机取向（认知的、精神欲力的、评价的）和价值取向。帕森斯认为价值一词首先用来"指个人在社会系统中行为的最一般的定向性投入"⑤，包括对世界存在的信念、自身个性动机需要和社会关系网络等方面的取向。价值可以区分为认知的、审美的和道德的内容与积极/消极、赞同/反对的态度等不同层面。在社会维度上，集体行为中整合了"普遍价值"，受到"普遍价值取向"的支配，后者就是所谓的"价值模式"，它是"集体表象"的制度化，表达的是社会的"集体意识"，显示了群体或集体行为的团结，构成了社会系统整合的重要机制和明显特征。在文化层面上，价值与文化系统

---

① Talcott Parsons, *Societies*, Prentice-Hall, 1966, p. 9.
② Talcott Parsons, *The Social System*, Routledge, 2005, p. 371.
③ Talcott Parsons, Edward A. Shils (Editor), *Toward a General Theory of Action*, Harvard University Press, 1976, p. 409.
④ Talcott Parsons, Edward A. Shils (Editor), *Toward a General Theory of Action*, Harvard University Press, 1976, p. 395.
⑤ Talcott Parsons, *Structure and Process in Modern Societies*, The Free Press, 1960, p. 174.

的经验知识和象征结构联系在一起，维持了集体的文化取向即"文化模式"，作为认同的基础，结构共同体共享了文化价值。心理学家托尔曼（Edward Chase Tolman，1886—1959）认为文化价值也涉及认知、审美和道德三方面内容以及制度化标准，"文化不仅倾向鼓励认知的、审美的和道德的定位，也倾向把它的规则或者标准施加于其上，即什么是'这样的'或什么是真实的、美丽的和良善的"①，社会系统的整合是文化制度的重要成果，社会互动由此协调起来。

其次，价值不会自动实现，个体价值取向需要经由社会化而实现内在化，普遍价值也有赖于结构规范和制度来维系和整合。规范包含了内在化的角色期望，规定了群体行为的方向，发挥了整齐社会系统价值的功能。帕森斯的命题是，"社会系统的关系模式是规范的，也就是说，存在于制度化的规范文化中"②，规范可谓社会系统的核心，经由具体化并被赋予象征意义，组织在集体生活中，成为一种秩序模式，"它包括价值和分化与特化了的准则和规则，为了变成有意义和合理化的东西，这些都需要文化的指涉"③。制度是行为规范的一般模式，"这些规范界定了社会关系中指定的、允许的和禁止的行为的种类，即人们作为社会及其各种亚系统、群体的成员与其他成员之间的互动"④。制度界定了群体生活的处境，在具体行为层面发挥了一般化的"调节"作用，所以必须与普遍价值取向相契合，厘清行为者的权利和义务；制度的稳定性规准了规范模式自身的稳定性。

再次，社会结构共同体是由互补性的社会角色构成的。社会角色是指"依据其地位身份而被期望的一套行为"，即"依据既定社会结构或者制度中既定个人的地位，一系列适当的和被期待的行为方式，后者与特定对象相连"⑤。地位层面的"身份"暗含了其他行为者作用的结果，过程层面的

① Talcott Parsons, Edward A. Shils（Editor），*Toward a General Theory of Action*, Harvard University Press，1976，p. 344.
② Talcott Parsons, *On Institutions and Social Evolution*, Edited by Leon H. Mayhew, The University of Chicago Press，1982，p. 259.
③ Talcott Parsons, *Societies*, Prentice-Hall，1966，p. 10.
④ Talcott Parsons, *Structure and Process in Modern Societies*, The Free Press，1960，p. 177.
⑤ Talcott Parsons, Edward A. Shils（Editor），*Toward a General Theory of Action*, Harvard University Press，1976，pp. 349，350.

"角色"表明的是针对其他行为者的功能意义，社会角色主要发挥了系统适应功能。

社会角色是分化的，行为又是互补性的，追求集体目标，担负集体的"责任"。互补性关系构成了结构共同体的核心，但社会系统中角色关系也存在结构性，且很大程度上与规范模式和文化制度相关，表达了选择角色取向的可能性，帕森斯为此提出了角色定义中"模式变量"概念，分析行动者在一定社会情境中的行为取向，"在既定的一般化层面上，存在一套严格限定和界定的替代性选择，它们中的优先选择可以被看作关系构成模式的成分"①。基于传统取向和现代取向的区分，帕森斯构造了五组极值相对的选择模式变量，即满足律困境中的"情感投注性"与"情感中立性"；私人/集体利益困境中的"自我取向"与"集体取向"；价值取向标准类型选择中的"普遍性"与"特殊性"；社会目标模式选择中的"先赋性"与"获致性"；目标中利益范围界定的"专一性"与"扩散性"，② 在社会演化进程中，传统要素趋向衰微，现代要素得到了增强。

帕森斯把对角色的分析与对制度化的理解联系起来，聚焦取向模式的制度化，描述了不同角色作用及动机过程。制度化是基于普遍价值对多元角色、行为及具体规范的整合和表达，"把相辅相成的角色期望和制裁模式与更为包容的集体成员所共有的普遍价值体系整合起来，互补的角色行为系统可能是集体的一部分"③。制度化不仅涉及个体行为者的社会化，也是普遍价值在人格中的内在化，后者是制度化的重要机制，"制度化这个词的意思是，集体成员共同价值的内在化，以及责任角色所担负的不胜枚举的规定的或禁止的角色期望"④。

最后，集体性发挥了目标实现功能，"集体是角色活动中个人具体的

---

① Talcott Parsons, *On Institutions and Social Evolution*, Edited by Leon H. Mayhew, The University of Chicago Press, 1982, p. 106.

② Talcott Parsons, *On Institutions and Social Evolution*, Edited by Leon H. Mayhew, The University of Chicago Press, 1982, p. 114.

③ Talcott Parsons, *On Institutions and Social Evolution*, Edited by Leon H. Mayhew, The University of Chicago Press, 1982, p. 117.

④ Talcott Parsons, *On Institutions and Social Evolution*, Edited by Leon H. Mayhew, The University of Chicago Press, 1982, p. 126.

群体或组织，这些角色活动在它们作为局部所处的系统中具有某种功能意义"①。帕森斯社会系统理论延伸转向了组织理论，后者属于系统理论的个案研究。组织是社会亚群体，具有社会系统的基本性质，依据专门化目标取向与其他系统区别了开来，组织是"被组织起来实现特定类型目标的社会系统"，是更大社会系统的功能亚系统。组织的目标是实现"专门的或分化的功能"，"实现这种目标，同时也是为一个更广泛的系统即社会发挥一种功能"②，这个包罗广泛的社会构成了组织的外部环境。

组织内部结构涉及"文化制度"和"角色"两个方面，分别包含了价值系统、制度模式和适应模式、工作规范四个范畴，表明了组织的功能机制和分化过程。价值系统界定了组织基本的目标取向，合理化了组织的系统地位和功能，"组织的价值合理化了组织作为系统的存在"；"合理化了各种相对特殊的亚目标以及实现目标所必需的运行程序等范畴"③。制度模式确定和控制了程序界限。角色组织在整合、适应环境和实现目标等机制中发挥了多重功能，如整合外部环境，获取运行资源；制定规章制度，控制成员行为；部署决策管理，保证组织运行。

组织根据性质可以分为正式组织和非正式组织。功能是划分组织类型的依据，根据系统适应、实现、整合和模式维持四种功能目标，可以区分出基本的组织类型如经济组织、政治组织、医疗组织、文化组织以及教育组织等。"科层"组织指的是"在现代工业社会里承担特别重要职能的大型集体"④，是社会分工的结果，具有专业化功能。帕森斯发展了韦伯科层组织理论，认为科层组织由职业角色构成，"在角色层面，这些组织是由较为纯粹的'职业的'角色组成的，在职人员的地位和责任相对充分地与房屋、亲属关系、财产等方面的'私人的'事务分离开来"⑤，职业是现代工业社会的重要特征。

---

① Talcott Parsons, *Structure and Process in Modern Societies*, The Free Press, 1960, p. 197.
② Talcott Parsons, *Structure and Process in Modern Societies*, The Free Press, 1960, p. 56.
③ Talcott Parsons, *Structure and Process in Modern Societies*, The Free Press, 1960, p. 21.
④ Talcott Parsons, *Structure and Process in Modern Societies*, The Free Press, 1960, p. 16.
⑤ Talcott Parsons, *Structure and Process in Modern Societies*, The Free Press, 1960, p. 2.

二 演化变迁理论

帕森斯"结构-功能"理论片面强调社会系统整合，忽略了内外的矛盾和冲突，脱离了社会变迁理论的视野，没有对后者给予应有的重视或做出必要的解释，为了回应学术界对此的批评，从 20 世纪 50 年代中期开始，帕森斯在关注系统结构性分化过程中，阐述了作为社会变迁和功能结构分化过程的社会演化理论，并从历史的视角透视了西方社会从传统到现代的转型。

演化变迁。社会演化理论思想主要来源于达尔文（Charles Robert Darwin，1809—1882）生物演化论，表达了社会由简单向复杂、由低级往高级、由传统到现代不断进步的价值理念，但孔多塞（Marquis de Condorcet，1743—1794）在 1795 年出版的《人类精神进步史表纲要》（Esquisse d'un tableau historique des progrès de l'esprit humain）中就较早地表达了进步历史观。孔德、斯宾塞、爱德华·泰勒、摩尔根和腾尼斯、霍布豪斯（Leonard Trelawney Hobhouse，1864—1929）等都是社会演化论的早期代表，认为人类社会演化如同生物进化一样是有规律的，是缓慢的、持续的和渐进的直线式发展过程。孔德在 1844 年出版的《论实证精神》（Discours sur l'esprit positif）中提出人类心智发展经历了神学（宗教）、形而上学（哲学）和实证（社会学）三阶段的观点，强调用社会学代替哲学研究，他的这一思路后来为贝格所发扬，后者进一步主张在知识社会学以及人类学的视角中观察普通社会学问题，认为孔德用社会学"相对化"了哲学研究，自己的知识社会学则使普通社会学这一"相对化者"相对化了。斯宾塞 1852 年发表《发展假说》（The Development Hypothesis），1857 年发表《进步：法则和原因》（Progress：Its Law and Cause），较早使用了"改良""变迁""演化""进步"以及"结构""功能""分化""整合"等概念，认为社会演化是必然的，但也存在暂时退化的可能；演化可以区分为简单、复杂和高度三个阶段，分别是从分散到集中，从集中到分化，再由分化到平衡；整合是演化的首要特征，分化是演化的次生特性。爱德华·泰勒在 1871 年出版的《原始文化》中强调了人类理性，描述了人类社会从野蛮状态到文明状态的演化过程，表明野蛮和文明作为低级和高级类型及阶段是互相联系的。摩尔根在 1877 年出版的《古代社会》（*Ancient Society*）中从经济和文化中的发明和发现以及政治观念、家庭婚姻观念、财产观念的发展等方面说明了人类社会从蒙昧时代经过野蛮时代走向文明时代的过程。滕尼斯在《共同体与社会》中从社会关系增量角度透视了社会组织形式从传统的礼俗社群向现代法理社会的转型。霍布豪斯《社会演进与政治理论》（*Social Evolution and Political Theory*，1911）在区分演化与进步的基础上，着眼于人类幸福、精神发展和社会合作，主张将进步看作伦理秩序的实现。由这些社会演化理论引出了累积式社会变迁的理论，但大多认为演化变迁的路径是线性的。

斯宾格勒（Oswald Arnold Gottfried Spengler，1880—1936）在《西方的没落》（Der Untergang des Abendlandes，1918，1922）中提出了社会历史类似于生命周期循环，经历了婴儿期、青年期、成年期和晚年期发展以后将返回起点；汤因比（Arnold Joseph Toynbee，1889—1975）的《历史研究》（*A Study of History*，12 volumes，1934—1961）考察了世界主要民族文明的兴起与衰落，认为每个社会都经历了"挑战"与"反应"的循环，并以此模式解释了文明的起源与发展，表达了社会历史周期性的简单"循环"。

帕森斯评析了迪尔凯姆、马歇尔和帕累托社会发展理论。迪尔凯姆把演化看作社会内部专业化劳动分工由低到高发展的过程，同时社会发生了分化，随着功能变异、分离和专门化，社会组织从简单到复杂，由同质到异质，组织形式由传统的"机械团结"向现代"有机团结"过渡，但也产生了道德失范、发展失序等社会问题，威胁到社会的稳定、平衡和整合。马歇尔秉持社会演化观点，主张线性发展，描述和分析了现代经济秩序，认为经济史就是自由企业发展史，但他不认为演化是绝对连续不断和不可避免的。帕累托明确反对社会线性演化理论，坚持了循环理论，发展阶段按照相同的顺序不断重复。

演化必定意味着社会的变迁转型，德国社会学家达伦多夫（Ralf Gustav Dahrendorf，1929—2009）《现代社会的冲突》（The Modern Social Conflict，1988）在综合社会冲突理论基础上，把冲突看作社会变迁的重要促动力量，社会经历着普遍的变迁过程，存在普遍的和固有的内在冲突，其中重要的是围绕资源和权力分配展开的对抗和斗争。帕森斯自言受到黑格尔（Georg Whilhelm Friedrich Hegel，1770—1831）、马克思和韦伯等人学术思想的影响，在社会演化的视野中关注了社会结构主题，称自己的理论是"后结构"理论。相对于冲突论而言，帕森斯区分了系统结构和变迁过程，描述了社会变迁的基本性质和方向，强调了系统内部结构稳定性和外部功能均衡性，表达了社会整合的思想。在他看来，社会变迁是由系统不同部分的结构分化引起的，同时反映了社会系统与其环境关系的变化，打破了系统原有的稳定和均衡，社会变迁是系统对内部结构和外部环境的适应性演化，"演化代表的是对一种变迁过程的总结归纳"①。

帕森斯把"结构—功能"系统理论延伸到了社会演化变迁理论，他认为演化昭示了系统分化程度提高和"适应性提升"，是系统重组和价值重释的过程，意味着普遍化扩展和涵括（inclusion）性增加，从功能的角度来看，演化变迁的方向和标准就是系统普遍化适应能力的增强。社会演化过程贯穿着系统的结构分化，后者侵蚀了系统的"情境定义"，对环境产生了压力并引发了反应；与此同时，通过要素交换和传递，系统结构发生了质变，新的结构提升了支配、调整多样性环境压力的能力，适应能力构成了演化的重要方面。分化发生的同时，传统价值系统解体了，存在于制度化价值中的规范丧失了功能。随着系统结构获得重组，新的价值维持模式确立起来并发挥了整合作用，建立了新的制度化规范，新的价值适应于新现实因而更为普遍化了，意味着获得了更高的秩序功能，因而现代化被描述成价值的普遍化过程。系统是分化的行为系统，个体被组织进不同角色中，但分化不是系统的解体和崩溃，而是系统的变迁和转型，涉及借助更高秩序制度化规范把具有众多角色的个体整合到特定的目标组织中，分化尤其是劳动分工过程中，特殊化的角色与结构群体在新的秩序模式中重新结合起来。

帕森斯考索了世界文明的演化历史，区分出三个层次的序列，即原初的、中间的和现代的，从原初社会到中间社会的演化以文化系统尤其是语

---

① Talcott Parsons, *Societies*, Prentice-Hall, 1966, p. 20.

言为标准，从中间社会到现代社会的转型以规范秩序制度化编码为特征。帕森斯批评了对社会演化的一维解释，他虽然承认演化是以新的组织取代传统形式，但更主张用科层组织取代社群分析。

系统分化。分化是斯宾塞社会学思想的中心内容，迪尔凯姆也做出了相关的表述，帕森斯则把它作为描述系统演化变迁的关键概念，"在社会中地位单一且界限明确的单位、亚系统或者诸多单位、亚系统分成了结构和功能不同的许多单位或系统（通常是两种）"①，分化同时发生在内部结构和外部环境中。帕森斯重点关注了演化变迁过程中分化的作用，以及分化部分的整合机制和模式。

内部分化是所有系统的基本特征，"社会系统，就其重要的结构组成而言，是一个分化的系统"②。就社会结构共同体而言，系统内部分化是功能性的，"分化是把社会系统中的一个单位或结构分为两个或更多的单位和结构，后者在特征和系统的功能意义上是有区别的"③。分化构成了向更高层次秩序的演化，产生了稳定的和更为"进步"的系统，新分化的部分增强了适应能力，系统功能实现了"适应性提升"，即在新的结构中，主要功能会得到更好的发挥，而涵括的旧结构则会遭遇功能丧失，"与之前发挥主要功能的成分相比，新分化的成分具有更大的适应能力，只有在这个时候，分化过程才会造成更为进化的社会系统"④。如前所述，分化也产生了系统整合的新问题，帕森斯关注了系统内部围绕价值、规范、角色和组织等变量发生的整合。

系统涵盖了多种功能，一种功能也存在于多个系统。随着系统复杂性的增加，系统中都存在趋向分化的张力，因而在功能特殊化基础上，系统可以区分为小的亚系统，"一个系统以特殊化的、系统组织的手段来对付必要功能时，即是分化"⑤。亚系统可以进一步区分为更小的功能单位，

① Talcott Parsons, *Societies*, Prentice-Hall, 1966, p. 22.
② Talcott Parsons, *The Social System*, Routledge, 2005, p. 77.
③ Talcott Parsons, *The System of Modern Societies*, Prentice-Hall, 1971, p. 26.
④ Talcott Parsons, *The System of Modern Societies*, Prentice-Hall, 1971, p. 26.
⑤ Leon H. Mayhew, "Introduction", in *On Institutions and Social Evolution*, Edited by Leon H. Mayhew, The University of Chicago Press, 1982, p. 30.

"社会在理论上或实证的意义上是由相互之间关系非常复杂的分化亚系统形成的网络"①，功能单位或者亚系统对系统来说具有重要意义。分化表明的是功能特殊化而不是区隔化，"必须仔细区分分化和区隔，例如把分化从系统内任何没有分化的分隔单位或者分裂单位中区分出来"，"分化要求系统整体的团结和整合，具有普遍的忠诚及对情境的普遍规范定义"。② 经由分化机制重建的系统或者亚系统适应于新的价值模式，合理化了系统目标和功能，更具复杂性和更高程度的普遍性。

帕森斯分析了社会结构共同体和一般行为系统两个层面的分化，前者指的是系统内部结构分化；后者是作为行为系统各个亚系统的功能特殊化，"分化及其相关联的过程对人类行为系统的演化是重要的，包括文化、社会、人格和有机体亚系统"③。帕森斯着重勾画了文化、经济、社会和政治四种功能亚系统，每个亚系统相互构成了外部环境，"整个社会趋向于分化为亚系统（社会结构），它们分别专门化出四种主要功能"④，实现了外部环境之间的均衡关系。帕森斯把亚系统分化和制度分化联系了起来，"制度的主要功能即调控特定种类的行为"⑤，在高度分化的现代社会系统中，对应于特殊化的功能，社会、政治、经济、文化等具体的亚系统形成了专门化的制度场域，如社会范畴中的现代协会制度；政治范畴中的决定、管理、组织尤其是官僚制度；经济范畴中的市场和货币制度；文化范畴中的宗教制度等。自主性协会整合、科层组织化的目标实现、货币和市场适应机制以及普遍化的价值维持等分化功能一起构成了现代社会基本结构的主要轮廓。

这里的"社会"指的是狭义的社会系统即社会结构共同体，它分化出

---

① Talcott Parsons, Neil Joseph Smelser, *Economy and Society*, Routledge & Kegan Paul Ltd, 2005, p. 9.

② Talcott Parsons, *On Institutions and Social Evolution*, Edited by Leon H. Mayhew, The University of Chicago Press, 1982, p. 308.

③ Talcott Parsons, "Belief, Unbelief, and Disbelief", in *Action Theory and the Human Condition*, The Free Press, 1978: 233-263: 255.

④ Talcott Parsons, Neil Joseph Smelser, *Economy and Society*, Routledge & Kegan Paul Ltd, 2005, p. 47.

⑤ Talcott Parsons, Neil Joseph Smelser, *Economy and Society*, Routledge & Kegan Paul Ltd, 2005, p. 40.

了单独的整合功能，并以新的社会组织如自主性协会取代了传统社群，用角色涵括了前现代社会结构中被排除在文化和制度之外的群体，在新的价值模式中确立了制度化整合。政治亚系统着眼于选择、调整和实现集体目标，这种分化在前现代社会中已经取得较大发展，在现代化过程中，政治制度、机构、权力和管理建立了新的模式，尤其是自主的法律系统成为系统分化的重要指标；权力分化为相互制衡且正向运作的政府公权、市场私权、社会共权和文化人权。

经济是行为系统的重要部分，涉及所有单位、个人和集体，它是"从包罗广泛的社会系统即普通社会学意义上的社会中分化出来的亚系统"①，"是社会整体的一个功能亚系统，即为了适应而组织起来的"②，"它主要是根据社会整体的适应功能而分化的"③。作为特殊的亚系统，经济本身具有系统的基本属性，要求并表现出了稳定性和整合性，"自身也有目标实现、适应、整合和模式维持的需要"④；"作为一种社会系统，经济具有系统的全部属性：一个共同的价值系统、制度结构、适应、目标实现、整合和模式维持过程等"⑤。经济从其他亚系统中分化了出来，实现了社会适应功能的专门化，这种重要转型主要发生在现代社会，其中货币和市场是经济适应性功能分化最明显的体现。帕森斯观察了现代工业社会的结构性变革，认为"就社会结构整体主要部门而言，现代工业主义所要求的经济生产力主要取向，只有在分化过程达到相对先进的阶段后才会出现"⑥。

在帕森斯看来，经济是社会系统理论的基本概念和重要范畴，可以作为有关系统理论研究的典型范例，"社会系统理论的经济方面是一般社会

---

① Talcott Parsons, Neil Joseph Smelser, *Economy and Society*, Routledge & Kegan Paul Ltd, 2005, p. 7.

② Talcott Parsons, *Structure and Process in Modern Societies*, The Free Press, 1960, p. 5.

③ Talcott Parsons, Neil Joseph Smelser, *Economy and Society*, Routledge & Kegan Paul Ltd, 2005, p. 20.

④ Talcott Parsons, Neil Joseph Smelser, *Economy and Society*, Routledge & Kegan Paul Ltd, 2005, p. 39.

⑤ Talcott Parsons, Neil Joseph Smelser, *Economy and Society*, Routledge & Kegan Paul Ltd, 2005, p. 310.

⑥ Talcott Parsons, *Structure and Process in Modern Societies*, The Free Press, 1960, p. 102.

系统理论的一个特例"①。通过考察和评述马歇尔、韦伯以及帕累托等人经济学与社会学研究，帕森斯主张借助社会系统这一理论工具，在"行为"参照框架中，探究经济学与社会学的耦合关系，以社会学变量补充经济学解释，进行经验和理论两方面的反思。他认为经济学理论是有关经济典型过程的理论，其主要概念和范畴与一般行为理论和系统理论具有相似性，它与社会学理论是个别与一般的关系，"经济学理论是一般社会系统理论因而也是一般行为理论的一个特例"②。

文化是人类独有的能力，以象征和符号为特征，"存在于模式化或秩序化的象征系统中，它是行为取向的对象、个体行为者个性的内在化组成以及社会系统的制度化模式"③。文化是行为系统的一个亚系统，围绕价值形成模式取向，模塑为亚系统规范，提供了选择取向和秩序标准，在行为系统中发挥了"模式维持"的作用。文化也是构成系统演化普遍理论的重要部分，"从人类的起源来看，人类能够创造、学习和使用语言和其他媒介等象征系统（文化）。在此意义上，所有的人类社会都是'文化的'，拥有文化是人类社会至关重要的标准"④。文化亚系统结构分化往往伴随着规范的变迁，"分化过程伴随的是系统规范文化重组的过程，但不只是在运作的单位层面上，而且在准则和亚系统价值层面上"⑤，文化和社会结构之间的分化突出表现在宗教领域。宗教是文化的重要方面，宗教分化贯通于人类整个历史过程，最基本的表现就是神灵与人类之间不断拉大距离。在较为发达的原初社会中，宗教突破了血缘和地方社群结构，引发了文化运动，导致了分化的发生，逐渐从自然秩序中走出来；在古代社会中，宗教发展了"超自然"观念，走向了宇宙论宗教形式；宗教进一步的分化就是历史宗教的发展，走向普遍化和系统化的哲学层面，同时在社会层面宗教

① Talcott Parsons, Neil Joseph Smelser, *Economy and Society*, Routledge & Kegan Paul Ltd, 2005, p. 6.
② Talcott Parsons, Neil Joseph Smelser, *Economy and Society*, Routledge & Kegan Paul Ltd, 2005, p. 310.
③ Talcott Parsons, *The Social System*, Routledge, 2005, p. 220.
④ Talcott Parsons, *The System of Modern Societies*, Prentice-Hall, 1971, p. 2.
⑤ Talcott Parsons, *On Institutions and Social Evolution*, Edited by Leon H. Mayhew, The University of Chicago Press, 1982, p. 264.

和世俗出现了分层式分化。现代社会中宗教明晰地从其他亚系统中分化出来，自身确立并合理化为一种"世俗的"领域。

三 宗教信仰系统

宗教是社会学研究中的重要内容，通过追溯和检视社会学和人类学领域的经典研究，帕森斯立足于行为和系统理论，关注了宗教社会学问题，在广泛的历史视角中透视了作为文化亚系统的宗教现象，分析了宗教系统内部的结构功能，以及与环境的分化与演化，进而理解了现代工业社会中宗教的地位和世俗化问题。在帕森斯看来，宗教社会学属于经验研究，是由现象归纳为规律的实证科学，因而不应该拘泥于宗教制度和教义的规范研究，而应该联系经济、政体、社会和文化等行为领域进行实证主义分析。

学术批评。帕森斯讨论了斯宾塞、爱德华·泰勒、马林诺夫斯基、弗洛伊德（Sigmund Freud，1856—1939）等人宗教人类学研究，评析了韦伯和迪尔凯姆的宗教社会学思想，在厘清定义和区分要素中表达了对宗教的理解和解释。泰勒、斯宾塞和弗雷泽秉持"泛灵论"，认为宗教是人们对超人类力量的信仰。泰勒把宗教看成人类文化现象，产生于人类"万物有灵"的观念，"信仰精神存在"，如灵魂和精灵，"作为最低限度的定义，宗教就是对精神存在的信仰"①，泰勒使用了"超自然存在"一词，暗示了宗教的"超自然"要素。斯宾塞坚持了休谟的实体不可知论，将宇宙划分为可知的现象世界和不可知的实在世界，对于现象可以做出经验的描述，进而归纳为科学；"实在"虽然是客观的，但只能靠感知，可意识而无从把握，形成的只是有关它的表象和符号，后者即是宗教领域，他引入了牛顿力学概念，把这种不可知的客观世界表述为"力"，"宗教是这样的认识，即万事万物都是一种力量的化身，这种力量超越了我们的知识"②。在斯宾塞看来，科学和宗教都是认识世界的方式，科学无法超越经验，宗教

① Edward Burnett Tylor, *Primitive Culture*, Vol. I, Cambridge University Press, 2010, p. 383.
② *Encyclopedia of Philosophy*, Second Edition, Volume 8, Donald M. Borchert, Editor in Chief, Thomson Gale, 2006, p. 366.

不能进入事实，因而二者不是对立的而是相互补充的关系。弗雷泽通过比较原初社会的习俗，讨论了宗教和巫术起源，"就宗教而言，我理解为高于人类的力量的和解和安抚，它被信仰为指导和控制着自然和人类生活的路径"①，弗雷泽借鉴了孔德人类心智发展三阶段理论，概括出人类思维由巫术到宗教再到科学的演化路线，他认为巫术和科学都承认规律、秩序和推理，但前者歪曲了规律，导致了错误的认识，从而是伪科学；宗教是与巫术和科学都相对立的一种世界观，信仰与实践是宗教的基本要素，早期宗教与巫术是混合在一起的，之后发生了分离，宗教从巫术中独立了出来，表明的是人类理智的飞跃。早期人类学家把"超自然"、"神灵"或"力量"看作宗教的基本要素，立足于进化论观念和实证程式，在文化起源比较研究中勾勒了宗教经由低级神灵到高级神灵、多神信仰到一神信仰的演化图景。

迪尔凯姆有犹太教背景，他本人无须践行西方的宗教信仰，也没有对后者提供太多理解，关注的重点是原初社群的宗教，通过聚焦仪式客体和行为态度，他区分了神圣和凡俗，抛弃了早期人类学在"泛灵论"视角中对"超自然"实体要素的强调，把"神圣"作为宗教的基本要素，且把宗教作为人类社会的基本特征。神圣负有责任，表明了敬畏，暗示了权威，是宗教的中心，但神圣不是先天就存在的，而是来源于社会，是"社会"这一实体的象征，因而社会就成为宗教尊奉的真正客体。迪尔凯姆发挥了功能分析，他认为原初社会只能是一种强调机械团结的"社群"，并与宗教叠合在一起，强调道德联结与整合，因而宗教就具有了二重特性，即神圣与道德，宗教是"道德社群"，信仰和实践共同构成了它的象征表达，同时负载了道德意义。马林诺夫斯基是波兰天主教徒，他关注了特定情景中行为的功能，强调了宗教的社会和文化整合作用，"对功能主义者来说，宗教不是文化的附带现象，而是一种意义深远的道德力量、社会力量，这个力量最终整合了人类文化"②，仪式实践和巫术、宗教和超自然力量等都

---

① *Encyclopedia of Philosophy*, Second Edition, Volume 8, Donald M. Borchert, Editor in Chief, Thomson Gale, 2006, p. 366.

② Bronislaw Malinowski, *The Dynamics of Culture Change*, Edited by Phyllis M. Kaberry, Yale University Press, 1945, p. 48.

不是理性技术和科学知识，但可以作为一种补充手段在行为系统中发挥不同功能，弥补科学技术和理性知识调适机制的不足之处，例如通过增强自信形成积极乐观态度整合个人心理，"巫术是一种超自然的技术，借助于这种技术，人类自负能够获得理性的技术无法获得的所有东西。无论在哪里，只要为了有组织的人群而大规模地实施巫术，巫术就在纪律、秩序和共同依赖中确立了领导地位，增强了组织，并提供了另外一个因素"①。

韦伯把自然科学中的认知模式扩展到了"文化科学"中，后者包含社会科学和人文科学，从而确立起理性知识范畴，在此基础上阐明了"行为类型"。行为可以区分为实践状态行为、意义与象征模态，前者涵盖了生物的、社会的和文化的行为。韦伯受到新教影响，他从历史社会学的角度研究了新教与现代西方经济发展的关系，比较了中国、印度、古代犹太人宗教，讨论了宗教观念对社会结构产生的影响。他引入神魅概念，并把它看作非理性的革新力量，现代社会经由祛魅进入了理性化过程，因而与现代性相对的"传统"被他规定为如同"情感""意志"等认知意义上的非理性，"传统"定向于维持群体的稳定性。韦伯关注了人类价值问题，把它作为理解人类行为、分析行为结构的基础进行了重点强调。在他看来人类行为是有价值取向的，而价值与信仰系统密切相关，与社会结构分化相应，现代社会价值取向模式也发生了分化，这在宗教信仰系统有着明显的表达。弗洛伊德有犹太教背景，他解释了意识和潜意识的形成和相互关系，把精神区分为潜意识的且遵循"快乐原则"的本我如欲望、有意识的且奉行"现实原则"的自我，以及部分有意识且根据理想原则的超我如良知。弗洛伊德把宗教看作"无意识"的心理过程，"宗教是人类普遍的强迫性神经症"②，类似于韦伯对"情感"和"神魅"的区分，从认知和行为标准来看，宗教属于非理性的层面。

帕森斯认为原初宗教现象带有生理或心理等主观要素，但更多地展示出了理性行为特征，尽管后者缺乏充分的知识积淀，并受到粗鄙低下的技

---

① Bronislaw Malinowski, *The Dynamics of Culture Change*, Edited by Phyllis M. Kaberry, Yale University Press, 1945, p.49.

② Sigmund Freud, *The Future of an Illusion*, Translated and edited by James Strachey, New York: W. W. Norton & Company Inc, [1927] 1961, p.43.

术水平的限制。迪尔凯姆在"社会"参照框架中分析了宗教，弗洛伊德把它看作"客体关系"，帕森斯比较认同韦伯的分析，主张根据行为理论反思"社会"概念，按照行为程式解释宗教象征，分析仪式的心理学意义，在他看来"社会"是一般行为理论的组成部分，也是构成行为系统的亚系统和内部环境。相关研究在对待宗教时，引入了认知/非认知、理性/非理性的区分，帕森斯认为这些研究者是"象征化约论者"，都承认一种特定的宗教"现实"，同时也表达了非认知的范畴，如韦伯的"神魅"、弗洛伊德的"无意识"等。

帕森斯明言自己是新教信徒，[①] 他的学术观点受到黑格尔、马克思和韦伯等人社会结构分析和普遍进化论思想的影响，认同迪尔凯姆的实证主义和帕累托提出的经验科学的"逻辑-实验"标准以及由此而区分出的缺乏经验的"伪-科学"和"超越经验的理论"两种"非逻辑-实验"模式。[②] 在帕森斯看来，经验科学包括经验知识、制度化科学调查、应用科学和社会意识形态四部分，其中"意识形态是由集体成员共同秉持的信仰系统"[③]，这里的集体指的是社会组织或亚集体，其观念系统取向于集体整合。帕森斯主张破除早期实证主义"理性偏见"，在经验与事实基础上研究行为与认知，理解宗教观念的意义，避免直接从信仰中做出逻辑的结论，"基于这一事实，应该把宗教社会结构化的性质看作尚不确定的经验问题；不可能从宗教自身最一般的特征中把它推演出来"[④]。

信仰系统。帕森斯根据认知、精神欲力、评价这三种行为取向的基本功能把文化系统区分为信仰、象征和价值取向三种类型，也就是所谓的文化模式，由此在行为系统和功能理论框架内集中讨论了信仰、象征这两种文化传统以及相应的价值取向。

在帕森斯看来，信仰是一种"观念"亚系统，信仰对象包括物质对象

---

① Talcott Parsons, "The Institutionalization of Belief", *Sociological Analysis*, 1977, 38（2）: 137–139.

② Vilfredo Pareto, *The Mind and Society*, Volume I, Edited by Arthur Livingston, Translated by Andrew Bongiorno and Arthur Livingston, Harcourt, Brace and Company, 1935, pp. 9–10.

③ Talcott Parsons, *The Social System*, Routledge, 2005, p. 235.

④ Talcott Parsons, *Structure and Process in Modern Societies*, The Free Press, 1960, p. 303.

（包括有机体）或者"自然"、个体行为者或者人格、集体行为者或者集体性以及文化客体。以经验为标准，不同对象的信仰又可以归纳为两大范围，即经验信仰和非经验信仰。其中文化客体与实践科学密切相关，且是科学的文化功能等价物，属于经验信仰的对象，"就文化传统的重要取向而言，它们本身是传统一部分，它们关注的过程被定义为在'实践理性'模式中理解和控制，即我们所谓的实践科学及其在其他文化中的功能等价物"①。与其他三种信仰对象相关的"超自然"实体、人格和集体性属于非经验信仰范围，它们超越了经验科学方法论的认知和价值标准，通常与"知识问题"、宇宙学即"存在"问题有关。

帕森斯泛化了"信仰"概念，但他重点关注了非经验信仰尤其是宗教信仰，描述了后者的特征、价值取向和象征表达。作为一种文化亚系统，宗教信仰同样包含了认知、精神欲力和评价等行为情势层面的内容，"信仰系统显然包含认知成分，它是所有期望稳定性的宗教系统的基本构成要素"②。但帕森斯认为，宗教信仰更强调评价而不是认知，认知是经验科学和哲学的兴趣所在，"非认知的成分把宗教从哲学中区分出来，也把宗教与科学区别开来，这二者都是知识学科。神学可能也被看作这样的一种学科，但宗教明显不是"③，信仰评价层面往往是认知和精神欲力的综合。

结合韦伯对行为"意义"的诠释，帕森斯对信仰认知层面做了新的理解和强调，使它包容了广泛的经验验证，"宗教信仰是意义问题的认知取向系统"④，宗教涉及经验和非经验信仰对象的"意义"问题。在帕森斯看来，关于"存在"的意义是宗教的中心问题，主题如幸福、苦乐和善恶等，构成了个人生活的基本信仰，其中包含了情感调整和理性认知，遵循经验世界的知识。帕森斯还指出在西方传统中，信仰本身就包含了认知的成分，能够表述为命题，后者虽然不属于实践验证的范围，但涉及概念、

① Talcott Parsons, *The Social System*, Routledge, 2005, pp. 221-222.
② Talcott Parsons, "Belief, Unbelief, and Disbelief", in *Action Theory and the Human Condition*, The Free Press, 1978: 233-263: 260.
③ Talcott Parsons, "Belief, Unbelief, and Disbelief", in *Action Theory and the Human Condition*, The Free Press, 1978: 233-263: 235.
④ Talcott Parsons, *The Social System*, Routledge, 2005, p. 248.

逻辑和推理，并常常用"真理"的标准来加以证明。因而帕森斯认为宗教信仰的"无逻辑"和科学中的"实践"一样具有可靠性，如启示和体验，他更强调个人的宗教体验，"宗教归根结底是个人的事情，关涉的是个人内心最深处认同和信仰的个性核心"①。

帕森斯认同迪尔凯姆对宗教社会整合功能的强调，认为宗教信仰构成了认知整合的焦点，关涉人类状态、人类和社会的宇宙观，尤其是人类的道德态度和价值定位。帕森斯认为宗教信仰与人类行为的道德问题密切相关，宗教即道德，后者是人格和社会系统整合的重要层面，也是证明宗教功能的重要方面，由之而产生了具有宗教意义的"集体"及其"神圣"象征，负载了责任、准则和情感、敬畏，也包含了认知要素，"信仰系统制度化为集体角色系统的一部分，不管它是一个亚集体还是一个整体社会"②。

帕森斯认为人类行为是"文化"，用"象征"代替了基因，"象征"构成了行为意义和目的体系，社会互动都是在语言、货币、情感等象征编码基础上进行的，例如情感是"一般行为系统层面上互换的一种普遍化的象征媒介"③，所有的信仰系统都由象征构成，信仰内容就是象征表达。帕森斯把宗教与语言交流、亲属组织和技术看作人类行为系统的基本特征，即使对最早的人类社会和最简单的行为系统而言也是如此，它们各自都发展出了一套普遍的演化原则和象征体系。象征发挥了系统整合功能，是构成认知体系的要素，并成为宗教系统的核心，"最终，价值主要在宗教话语中被合理化了"④。帕森斯分析了西方宗教在尘世和超验两个层面的象征，这些象征表达了血缘联结和亲属关系，表明了年龄和性别范畴，教会成为神圣化了的世俗群体的象征。⑤

帕森斯秉持社会整合理念，强调内部稳定和外部均衡，但他承认系统结构和环境中存在各种张力，认为价值系统与真实期望之间充满不确定

① Talcott Parsons, *Structure and Process in Modern Societies*, The Free Press, 1960, p. 303.
② Talcott Parsons, *The Social System*, Routledge, 2005, p. 248.
③ Talcott Parsons, "Religion in Postindustrial America: The Problem of Secularization", *Social Research*, 1974, 41 (2): 193-225: 215.
④ Talcott Parsons, *The System of Modern Societies*, Prentice-Hall, 1971, p. 9.
⑤ Talcott Parsons, Renee C. Fox, Victor M. Lidz, "The Gift of Life and Its Reciprocation", *Social Research*, 1972, 39 (3): 367-415.

性，可能并不统一，不能实现完全的整合，"事件和制度化期望之间不统一的问题，存在对这些问题的社会结构化取向，这是一条律令"①，由此导致了错误、挫折、困难等冲突状态，相应产生了两种协调模式，一是依赖于系统自身的演化机制，着眼于未来状态，强调运用理性和科学，以进步的方式克服困难，完善发展的可能性，实现价值目标；二是借助"超自然"秩序补偿均衡，丰满道德，满足期望，消弭紧张，使系统达到再平衡，"均衡问题，即动机的和道德的经济之间最终的平衡，是社会学背景中宗教意义的核心"②。帕森斯强调说系统调节机制是社会建构的，整合在价值系统中，并在象征层面上表达出来。

帕森斯承认"超自然"是宗教的基本要素，认为超验是宗教的重要标志，但他把"超自然"概念看作宗教分化的结果和中间阶段，反映的是古代社会的宗教宇宙观，结合道德评价和非经验的哲学信仰要素，并与仪式、祈愿和冥思三种行为类型相联系，分别表达了不同的认知定向和行为目标。超验可以表现为认知领域的"知识"或者非认知的"体验"，不同宗教有不同的强调重点。

四　分化与世俗化

帕森斯关注了宗教在当代社会的发展，研究了宗教问题的社会背景，从行为理论的角度对世俗化做出了解释，分析了现代社会中宗教的地位，试图勾画出理解宗教和历史社会关系的新模型。

世俗化过程。帕森斯批评"世俗化"概念造成了误解，认为不应该把"世俗化"论题理解为现代社会满足于俗世的或物质的利益，背离了宗教信仰系统，从而夸大宗教丧失了价值，并把它解释为一种趋向"衰退"的单向变迁，这是一种功利主义思想"在它关注当代社会中，强烈的趋势已经最小化了宗教的重要意义，把它当作'迷信'，后者在现代人文明进步

---

① Talcott Parsons，*The Social System*，Routledge，2005，p. 114.
② Talcott Parsons，*The Social System*，Routledge，2005，p. 114.

的思想中没有地位"①。帕森斯寻求对现代社会中的宗教做出新的理解,"如果按照传统的术语来解释这个世界的话,其适当性问题在目前背景中就不是理所当然的了"②,他承认世俗化是一个社会历史过程,但在他看来这更是一个中间社会趋向于现代社会的内部适应性变迁与外部功能性分化的双重演化过程,其结果或目的是在系统整合的基础上实现内部结构稳定和外部环境均衡。

首先,在帕森斯看来,"超自然"和"超验"代表了宗教由原初社会到中间社会的新发展,成为前现代社会宗教的标志,同时形成了与俗世之间的张力,因而在趋向于现代社会的过程中,就社会文化领域而言,世俗化"这个词在语源上所指的东西显然是与超验相反的世界联系在一起的"③。由此可见,就认识层面而言,世俗化意味着经验主义发展趋向,古代社会发展起来的"超自然"观念和"超验"认识论经由知识神学到非经验的哲学最终走向现代经验科学阶段,这是一种认知变迁的过程。当然,帕森斯认为信仰是一种观念体系,超验的存在不再是一个永恒实体,在与俗世的张力中存在变迁的可能,"不管发生什么,张力不会消失,而是会被重新建构,从本质上来说,世界从来不会被超验的定义成完美的典型"④。

其次,作为文化系统,宗教信仰已经成为一种制度化的价值取向,为世俗秩序提供了规范模式,界定了世俗社会成员的行为情境和角色特征,但在制度功能分化机制的作用下,宗教价值随同文化和社会系统的演化发生了内部变迁。帕森斯总结了变迁的三种序列模式,即涵括,新的价值和秩序从旧的价值和秩序中分化出来,包容了后者且使它获得了新的意义;适应性提升,新的宗教价值整合能力增强;价值普遍化,新的价值在更为

---

① Talcott Parsons, "The Theoretical Development of the Sociology of Religion: A Chapter in the History of Modern Social Science", *Journal of the History of Ideas*, 1944, 5 (2): 176-190: 177.

② Talcott Parsons, *Action Theory and the Human Condition*, The Free Press, 1978, p.167.

③ Talcott Parsons, "Belief, Unbelief, and Disbelief", in *Action Theory and the Human Condition*, The Free Press, 1978: 233-263: 240.

④ Talcott Parsons, "Belief, Unbelief, and Disbelief", in *Action Theory and the Human Condition*, The Free Press, 1978: 233-263: 241.

普遍的水平上获得评价和共享。① 帕森斯认同韦伯对西方经济制度与宗教伦理精神之间存在亲和性关系的分析和对新的宗教伦理的强调，当然，韦伯关注的重点是现代西方世界沿着新的宗教价值制度化方向发生的社会变迁。

顺便提及，相对于帕森斯的宗教价值整合论，理查德·费恩表述了不同的理解，他承认现代社会的系统分化，集中讨论了与系统分化相关的合理化问题，认为分化如果不是合理化的充分条件，也是必要条件，他根据宗教结构的自主、宗教系统的文化整合、宗教结构和其他结构之间的文化依赖验证了宗教合理性。② 虽然分化的宗教体系仍旧在合理化社会系统及亚结构方面发挥作用，但现代工业社会的宗教基础越来越脆弱，"现代社会中的分化使宗教不可能（也没有必要）为文化的整合和（动机的支撑）提供基础"③，社会不再需要宗教整合，宗教也不再是社会所必需的整合要素，"在现代社会中，分化过程已经到达了一点，即建立在宗教信仰和价值基础上的规范秩序不再是可能的了"④，这就是世俗化。但罗伯特·贝拉认同帕森斯的观点，认为宗教仍旧是"行为系统中意义和动机整合的最普遍机制"⑤。

再次，帕森斯秉持实证主义科学立场，强调基于经验主义的理性认知，承认西方社会自中间阶段以来经历了韦伯所谓的"理性化"发展过程，主要表现为围绕科学和技术持续进步，以货币为媒介的经济交换、以角色为特征的社会团体、以官僚科层为原则的政治组织等获得了长足发展，导致"文化传统的不同方面受到了影响，以宗教价值世俗化的形式，尤其在基督教形式中，从传统的道德模式中解放出来，理性批判普遍倾向

---

① Talcott Parsons, "Belief, Unbelief, and Disbelief", in *Action Theory and the Human Condition*, The Free Press, 1978: 233-263: 242.

② Richard K. Fenn, "Religion and the Legitimation of Social Systems", in *Changing Perspectives in the Scietific Study of Religion*, Edited by A. W. Eister, John Wiley & Sons, 1974: 143-161.

③ Richard K. Fenn, "Toward a New Sociology of Religion", *Journal for the Scientific Study of Region*, 1972, 11 (1): 16-32: 19.

④ Richard K. Fenn, "Toward a New Sociology of Religion", *Journal for the Scientific Study of Region*, 1972, 11 (1): 16-32: 16.

⑤ Robert N. Bellah, *Beyond Belief*, University of California Press, 1991, p. 12.

破坏传统和保守的象征系统"①，破除了宗教对世俗领域的阻碍，促进了系统分化过程。在帕森斯看来，作为文化传统的西方宗教自身包含理性认知要素，吸收和包容了古希腊唯理智论、犹太教超验主义和普遍伦理主义以及包含在罗马法律中的实用主义，"超验主义为激发既定社会秩序中的变迁发挥了重要杠杆作用，而理性主义为整个社会变迁的普遍化提供了基础"②。

还有，世俗化贯穿于宗教演化的整个过程，历史地表现为社会结构在"宗教的"和"世俗的"两个面向上的分化，"为了评价这种类型的结构分化，有必要记住界定社会结构这一部分的首要功能的标准……'次要'功能可以通过分化过程转移到其他机构"③，一方面是宗教从世俗领域分离出去，伴随着次要世俗功能的丧失和首要信仰功能的专门化，成为自主的价值领域，但作为制度专门化的结果，宗教不再发挥众多的传统功能；另一方面是经济、政治、文化和现代社团等社会结构从传统宗教价值中分化出来，摆脱了宗教传统的影响和支配，实现了功能专门化，"社会结构团结从宗教、种族和领土等更为原初的基础上解放出来，倾向培植其他类型的内部分化和多元化，最重要的是以经济的、政治的和联合的（或者整合的）功能为基础"④，在整合的现代社会中，宗教和世俗达到了均衡状态。

最后，从系统演化的视角，帕森斯把宗教看作人类社会的基本特征，承认宗教在现代社会的特殊地位和专门化功能，宗教中的变化都产生于社会结构的分化。从未分化的原初结构经由分化的中间结构到专门化的现代亚系统，这一宏大历史过程中伴随着宗教在世俗领域功能的弱化和丧失，也伴随着信仰领域核心功能的专门化。宗教在社会结构中的核心功能是"调节个人信奉其社会价值的动机平衡，并且通过这些价值投身于他的社会角色"⑤，作为专门化的结果，信仰系统在价值普遍化基础获得了重新整

---

① Talcott Parsons, *Essays in Sociological Theory*, The Free Press, 1954, p. 118.

② Talcott Parsons, *Structure and Process in Modern Societies*, The Free Press, 1960, p. 103.

③ Talcott Parsons, *Structure and Process in Modern Societies*, The Free Press, 1960, p. 302.

④ Talcott Parsons, *The System of Modern Societies*, Prentice-Hall, 1971, p. 22.

⑤ Talcott Parsons, *Structure and Process in Modern Societies*, The Free Press, 1960, pp. 302 - 303.

合和适应性提升。因而帕森斯强调说专门化绝不是宗教的衰退，"衰退意味着系统在压力下回到早期发展阶段的主导和适当的模式上"①。

历史分化。基督宗教为西方社会系统提供了文化基础，帕森斯集中于西方宗教的历史演化过程，勾画了主要历史阶段和分化类型，分析和证明了世俗化过程中信仰系统的提升和整合。

分化在西方社会早期阶段就已经开始了，但更多地表现为群体分化。基督教建立了教会组织，远离了犹太社群，从罗马社会中分离了出来，"分化的起始过程非常普遍地与新出现的复杂性和从其中分化出的东西之间强烈对抗联系在一起——因而早期基督教对抗的是犹太人和罗马人，后来是新教对抗天主教"②。

成为罗马帝国官方宗教之后，基督教会内部发生了信徒地位分化，宗教秩序逐渐制度化为天主教模式，同时把世俗秩序即国家纳入其中，包容了世俗社会成员，后者由此具有了双重角色，发展出了世俗神职人员；世俗社会道德精神得到了提升，权力秩序获得了合理化，神学认知中体现了分层的宇宙秩序，即精神的/俗世的、神圣的/人间的或者上帝之城/世俗之城、教会/政权。

伴随着西方社会的变迁，基督宗教系统变得不稳定了，信仰危机增加了，引发了宗教改革运动，教会内部分化不断深入，教会丧失了圣事特权，"教随国定"的原则使教会处于世俗政权控制之下，追求个人宗教自主成为改革主题；个人对自己的宗教行为负责，不再强调共享的宗教价值，而是关注良心自由；维护个人宗教生活而限制群体生活，个人信仰取代了教会圣礼，有形教会变成了无形教会，"有形教会的地位降低了，成为一种启蒙和维护外部戒律的工具"③。

17世纪的理性和经验哲学都在一定程度上反映了宗教信仰演化进入新的阶段，宗教传统受到了激烈批判，天主教价值模式遭到了完全否定，世

---

① Talcott Parsons, "Belief, Unbelief, and Disbelief", in *Action Theory and the Human Condition*, The Free Press, 1978: 233-263: 255.

② Talcott Parsons, "Belief, Unbelief, and Disbelief", in *Action Theory and the Human Condition*, The Free Press, 1978: 233-263: 242.

③ Talcott Parsons, *The Structure of Social Action*, The Free Press, 1949, p. 54.

俗思想运动汇聚起了强大的社会力量，经由 18 世纪启蒙运动在 19 世纪的社会主义运动中达到了高潮。在帕森斯看来，17 世纪西方社会结构共同体在宗教、政治和经济三个方面发生了深刻分化，代表了现代社会的开始。就宗教而言，1648 年《威斯特伐利亚和约》表明西方社会不再维持罗马教会支持下的宗教统一，新教获得了在神圣罗马帝国内的合法地位，与天主教平等共存；西方宗教世界形成了稳定划分，新教在西欧获得发展，通过与专制政治结合形成了国家教会；教会分裂为不同的教派，多元化宗教的合理性获得了确认，防止了建制教会的垄断，减少了内部张力，意味着宗教宽容成为共识，表明了宗教与世俗政治的分离倾向。18 世纪西方社会系统的分化继续延伸，受启蒙运动自然神论的影响，世俗反教权主义构成了法国大革命的重要主题，伸张了政教分离和宗教宽容原则，要求剥夺教会对世俗权力的影响力，市民政治权利和社会身份不受宗教规则的约束，世俗政治不再干涉宗教的自主性。19 世纪的实证主义从实践科学的角度对西方传统宗教信仰的消解达到了新高点，但没有导致宗教衰亡，而是促使信仰系统变迁，天主教系统要求自身修正，新教系统发展出了新的类型，趋向泛基督教发展。法国巴黎公社革命之后，马克思主义者的社会主义运动将世俗宗教运动推动到了历史的顶峰。

作为中间阶段的西方古代社会，以天主教及其教会为中心，形成了基本的信仰系统和社会结构共同体，强调群体团结、委身和稳定，限制个人倾向，制度化的宗教传统成为人们生活的主要方式。新教在涵括旧秩序的基础上激发了适应性提升，竭力使禁欲主义、个体责任价值普遍化，否认宗教传统宣扬的世俗社会因"堕落"而彻底"崩溃"以及只有神圣干预才能救赎的论调，接受了制度化社会秩序；强调成员自愿原则，主张教会内部科层管理在同神学分化基础上实现民主化；宗教严格性松弛，世俗民众在日常生活中实践宗教生活；强调宗教宽容原则，随之而来的是多元宗教的勃兴，消除了特定宗教和教派与政治的勾连和垄断，趋向政教分离和世俗力量真正独立。

西方宗教的分化演化形成了两种基本类型，即"欧洲例外"和"美国例外"。欧洲政治统一体的瓦解导致了宗教结构共同体的分裂，涵括但保留了大量旧秩序残余，宗教宽容和政教分离只获得有限实施，国教结构上分化但享有垄断地位和法定特权；但经由宗教改革、启蒙运动、大革命和社会主义的洗礼，信仰价值系统适应性提升成就斐然，世俗主义成为社会主流思潮，世俗性成为社会基本的价值定位，宗教走向韦伯所谓的"入世"定位，"在宗教价值的名义下支配俗世的定位"①，与之相随，社会宗教性普遍衰落了。

美国社会是欧洲文化的散播与移植之地，尤其是信仰系统涵括了西方宗教的新旧秩序与价值，"美国社会的宗教构成基本上与西方的社会传统是一致的，而这个社会是围绕基督教价值组织起来的"②；"美国在这方面的制度结构是出现在世俗化一般过程的最后阶段，它植根于中世纪天主教统一体，与欧洲的遗产有关"③。新的系统需要在适应性提升基础上实现重新整合，"主要的趋势是进一步整合自主系统中的各种要素，这个系统能够成为较大社会的重要部分"④，其中重要的便是克服形形色色的世俗主义，从而凸显了美国社会的宗教性。

在帕森斯看来，自殖民地时代开始，美国社会经历的主要是社会结构的变迁和基本价值即制度化的新教禁欲观念的普遍化，而不是信仰价值的根本改变，"从主要是超验的指涉到以世间为中心的转变，并不是作为世俗化的一个阶段出现的，正如韦伯所极力强调的，它是在生机勃勃的禁欲主义新教传统中发生的"⑤；"通过比较早期的宗教形式，宗教似乎丧失了许多东西。不过在我看来，这些损失主要是社会中结构分化过程的结果，它与宗教取向的变迁相符合，但并不一定造成宗教价值本身力量丧失"⑥。帕森斯认为社会结构的分化表明美国进入了现代化阶段，市场体系、法律秩序、独立政府、教育自主以及民族国家都同宗教系统彻底分离了开来，

①　Talcott Parsons, "Christianity and Modern Industrial Society", in *Sociological Theory, Values, and Sociolocultural Change*, Edited by Edward. A. Tiryakian, Transaction Publishers, 2013: 33–70: 37.

②　Talcott Parsons, *Structure and Process in Modern Societies*, The Free Press, 1960, p. 320.

③　T. 帕森斯：《现代社会的结构与过程》，梁向阳译，光明日报出版社，1988，第 244 页。

④　Talcott Parsons, *Structure and Process in Modern Societies*, The Free Press, 1960, p. 321.

⑤　Talcott Parsons, *Structure and Process in Modern Societies*, The Free Press, 1960, p. 311.

⑥　Talcott Parsons, *Structure and Process in Modern Societies*, The Free Press, 1960, p. 320.

实现了分层性亚系统的自主，强调机会平等、文化多元以及政教分离、宗教宽容。

美国从法律层面规定了宗教与政治之间"政教分离"的关系模式，政府不再资助宗教，但保护宗教自由，市民社会身份不受宗教的支配，宗教影响局限于家庭等社会生活的狭小领域，"就政治权威组织而言，除了政治上保护宗教自由而外，宗教不再是'公共'关注的对象了，而是被转移到了私人事情领域"①。这一过程伴随着"宗派多元化"在宗教宽容原则中兴起，② 宗派发展成了在美国社会中占主导地位的制度化宗教生态的稳定模式，"在社群中有平等正式权利的无数竞争性宗教集体或'教会'"③。

宗教变迁。与宗教从世俗社会中分化出来的过程相关联，宗教系统内部经历了变迁过程，帕森斯认为现代社会中宗教制度化变迁主要表现在世俗取向和多元主义两个方面。

帕森斯承认现代社会中存在世俗化倾向，信仰系统沿着信仰—不信仰—无信仰—信仰的循环程式发生着变迁，并导向了"无神论"，其中每迈一步都会引起信仰的混乱，挑战了作为道德共同体的宗教的合理性，引起了内部结构的变迁和外部环境的分化，同时对制度化整合提出了要求，促进了涵括，刺激了提升，也开启了新的可能，"在制度化的解决、涵括和提升事实上已经发生了的时候，旧的模式不会消失，而是在继续发挥功能，尽管形式被修改了，经常意味着环境较之前受到更大的制约"④，宗教价值在更普遍的结构中整合了起来。

在帕森斯看来，"无信仰"只是构成信仰变迁的转折点或者循环的新起点，循环不是简单的回归而是螺旋式上升，导向的是信仰普遍化而不是彻底的世俗主义，"理性的世俗主义不仅没能根除教会宗教，而且在前进中变得包容了，自身包括了更广泛的宗教框架，具有某些资格的

---

① Talcott Parsons, *Structure and Process in Modern Societies*, The Free Press, 1960, p. 296.
② Talcott Parsons, "The Pattern of Religious Organization in the United States", *Daedalus*, 1958, 87 (3): 65-85.
③ Talcott Parsons, *Structure and Process in Modern Societies*, The Free Press, 1960, p. 295.
④ Talcott Parsons, "Belief, Unbelief, and Disbelief", in *Action Theory and the Human Condition*, The Free Press, 1978: 233-263: 261.

更为古老的宗教群体在后者中存留下来"①。因而他主张在坚持现代社会世俗取向的同时，结合竞争机制调节信仰与世俗的关系，维护多元化利益要求。

通过考察宗教组织与历史背景的变迁，帕森斯分析了多元宗教制度化过程。帕森斯承认现代社会"多元主义"发展趋势，认为多元化是基于角色的系统分化，与个体主义密切关联，"并不意味着作为社会类型和文化的族群或地域变量的简单的多样性，而是所有层面上系统的分化。尤其是个人参与社会互动系统，社会学家把这种参与称作角色层面上的高度分化，这些角色在某种程度上是独立变量"②，在这个意义上，多元化指的不是区隔化的亚系统，而是指众多功能专门化的亚系统。因而从系统分化角度来看，宗教多元化首先是宗教与其他亚系统功能分化，"宗教多元化是文化和社会系统中间分化过程的一部分，降低了相互之间死板的贯通和扩散，世俗社会的宗教合理化被保留了下来"③。

现代西方社会中不仅存在起源不一的各大世界宗教，也存在为数众多的历史教派以及民间膜拜团体，作为多元制度化的条件，机会平等、自由竞争和排除垄断是教派行为的重要社会机制原则，但帕森斯的讨论并没有涉及太多的宗教市场条件。教派信仰广泛、自主宽容、地位平等、相互尊重，消除了民族界限，包容在制度化多元信仰体系中。就西方宗教而言，多元化教派或宗派是内部结构分化的结果，与新教发展过程相一致，宗教亚系统的多元化更多地表现为功能同质的区隔分化，是信仰价值普遍化的主要形式，即通过众多教派、宗派这些载体，信仰价值在更广阔的范围中获得了社会化和制度化，走向了泛众运动。因而帕森斯所言的多元化并不构成世俗化的指南针，而可能是相反的方向。④

---

① Talcott Parsons, "Belief, Unbelief, and Disbelief", in *Action Theory and the Human Condition*, The Free Press, 1978: 233-263: 261.

② Talcott Parsons, "1965 Harlan Paul Douglass Lectures: Religion in a Modern Pluralistic Society", *Review of Religious Research*, 1966, 7 (3): 125-146: 125.

③ Talcott Parsons, *The System of Modern Societies*, Prentice-Hall, 1971, p. 52.

④ Frank J. Lechner, "The Case against Secularization: A Rebuttal", *Social Forces*, 1991, 69 (4): 1103-1119: 1109-1110.

当代宗教。帕森斯关注了当代西方宗教发展的新情势，结合迪尔凯姆的学术观点，他认同并整合了罗伯特·贝拉的"国民宗教"概念。[①] 国民宗教涵括了新教传统，且剥离了超验要素，聚焦于现世生活，代表了西方宗教发展的新阶段。帕森斯表达了迪尔凯姆社会整合论立场，"宗教实体不仅是一个道德社群，而且为了维持生存必须延伸社群来满足社会层面急切需要的稳定性"[②]。国民宗教正是这样的"道德社群"，强调情感联结，标榜非神论的"爱"的主题。情感是"一般行为系统层面上相互交换的一种普遍化的象征媒介"[③]，在行为系统各亚系统之间发挥着调节作用，爱是一种普遍化情感，表达了成员之间的团结，是情感媒介的具体运作。道德群体的团结或者说"爱""不会被投射进超验的世界，而是被界定和制度化为实践中人类社会、文化和心理等既定行为系统的一部分"[④]，在这个意义上，作为团结媒介的爱不再是超验的精神体现，而被还原为"世俗"的人格心理和群体行为。另外，道德社群"在制度化价值和文化合理性层面上具有一种统一的宗教基础"[⑤]，信仰发自"爱"的情感，在认知层面上规范成了集体共享的道德准则，作为群体组织的制度化行为规则，其中包含了认知理性要素，这些均体现了国民宗教的世俗特征。

国民宗教是自发的道德社群，分化过程改变了"有组织的宗教"形式，消解了传统的宗教实体，凸显了个体主义信念和宗教义务的自愿原则，信仰、实践和组织倾向私人化发展。但帕森斯指出国民宗教是抽象的、模糊的和不确定的，个体自主是有条件的，有赖于集体义务来维持和改善，"出于良善的社会学缘由，这些义务聚焦于所期望的社会类型的概

① Robert N. Bellah, *Beyond Belief*, University of California Press, 1991.

② Talcott Parsons, "Religion in Postindustrial America: The Problem of Secularization", *Social Research*, 1974, 41 (2): 193-225: 220.

③ Talcott Parsons, "Religion in Postindustrial America: The Problem of Secularization", *Social Research*, 1974, 41 (2): 193-225: 215.

④ Talcott Parsons, "Religion in Postindustrial America: The Problem of Secularization", *Social Research*, 1974, 41 (2): 193-225: 218.

⑤ Talcott Parsons, "1965 Harlan Paul Douglass Lectures: Religion in a Modern Pluralistic Society", *Review of Religious Research*, 1966, 7 (3): 125-146: 135.

念中，集中于个人在其中的处境中，作用于个人各种各样的多元角色中"①，它们代表了普遍化的价值，最基本的概念如"良知"，"这种普遍化完全与一个社会工具行为主义价值模式的整体性相一致"②。

帕森斯分析了新兴宗教运动与价值普遍化的关系以及与世俗化的联系。作为分化和宽容的结果，以及作为文化和宗教多元化的体现，新兴宗教延伸到了非西方宗教之中，纳入了印度教、佛教等东方宗教成分与要素，而且有别于任何东西方宗教传统，组织原则多样，表达不一，形式五花八门，倾向结构性发展，包括新分化的教义派系，也包含以新形式复兴的神秘主义，还包括精神狂热的膜拜团体和极端主义派别。新兴宗教强调信仰的私人化和情感表达，强调包容共享和道德提升，满怀同情怜悯和悲剧意识；定位于现世的精神需要，倾向非神论的世界解释和建造，"规避有神论的最重要动机是想强调有价值的对象和利益的此世定位"③；认知理性的文化定位和制度化模式，强调理性伦理观和道德委身，结合工业社会技术理性要素，不同程度地关注了世俗问题，普遍化的价值定位在社会和文化层面表现出了较强的吸引力，促使新的世俗化趋势达到高潮。但新兴宗教以疏离工业社会为特征，纯粹的情感表达、道德绝对化和极端自我与主流文化和社会之间存在张力，突出表现为"反文化"运动。帕森斯承认新兴宗教在历史意义上是世俗化宗教，能够与世俗社会达成特殊的新层面的整合。

帕森斯关注了包括西方宗教在内的当代社会的宗教复兴，看到新建教会和成员数量都在增加，宗教资金明显增长，承认复兴是宗教性的，但他认为这些现象不是单纯人口流动和社交的结果，而是与新的价值取向和整合有关，涉及个体精神和价值关怀，其形式与私人化和个体化是相吻合的。当代社会的经济增长和社会结构变迁，引起了角色价值的重组，反映

①　Talcott Parsons, "1965 Harlan Paul Douglass Lectures: Religion in a Modern Pluralistic Socie-ty", *Review of Religious Research*, 1966, 7 (3): 125–146: 136.

②　Talcott Parsons, "1965 Harlan Paul Douglass Lectures: Religion in a Modern Pluralistic Socie-ty", *Review of Religious Research*, 1966, 7 (3): 125–146: 135–136.

③　Talcott Parsons, "Belief, Unbelief, and Disbelief", in *Action Theory and the Human Condi-tion*, The Free Press, 1978: 233–263: 253.

在宗教复兴领域，是长时段内循环模式的周期性发展，涵括了传统，容纳了创新，重申了信仰，表明了宗教取向。宗教复兴反映的是宗教与社会之间建立起了新的关系模式，所以不能把其中的新要素理解为通常意义上"世俗化"，不是"要把有组织的宗教从社会场景中清除掉，而是重新确定它在社会场景中的位置"[1]，实际上它是宗教传统与现代世俗要素在社会系统中形成一种新的平衡状态形式。

---

[1] Talcott Parsons, *Structure and Process in Modern Societies*, The Free Press, 1960, p. 298.

| 第六章 |

演化与衰落：社会变迁与世俗化

社会变迁是社会学的核心论题之一，在孔德的阶段论、达尔文进化论、马克思螺旋上升论以及斯宾塞循环论中都有不同的表述。许多宗教社会学家试图从社会变迁的角度透视古今社会中宗教观念、制度和组织的历史演变和实践发展，迪尔凯姆、韦伯、帕森斯以及卢曼都强调了社会变迁的不同层面，更多的是研究了宗教内部变迁，在很长一段时间中，学术界的关注点集中在宗教制度即教会的转型方面。韦伯对于社会变迁的理解主要体现在他对社会祛魅和理性化过程的讨论中，他强调了宗教组织的两个端点，即教派和教会，初步构建了"教派-教会"类型。特洛伊奇（Ernst Troeltsch，1865—1923）进一步把韦伯提出的二分类型完善成了一种典型分析模式，讨论了它们与世俗社会的辩证关系。理查德·尼布尔（Helmut Richard Niebuhr，1894—1962）在借鉴马克思主义阶级理论的基础上，扩展并深化了对宗教类型的分析，发现教派和宗派之间存在动态机制，提出了教派宗派化理论。通过借鉴系统理论，英格（John Milton Yinger，1916—2011）提出了宗教场域理论，把社会结构、文化和个体性格看作变迁的亚系统；社会变迁为宗教场域提供了过程背景，他把"利益"看作社会变迁中的重要因素，考察了宗教群体的行为，分析了宗教与世俗围绕利益产生的冲突，提出了"宗教困境"理论，进一步充实和发展了宗教群体类型分析。阿奎维瓦（Sabino Samele Acquaviva，1927—2015）从人类学角度出发，在人类心理体验中寻找到了宗教的根本特征即"神圣体验"，同时把世俗化看作社会结构的本质和属性，认为现代社会中的宗教危机主要体现为个人体验中"神圣衰落"和工业社会变迁过程中社会宗教性"去神圣化"。考克斯（Harvey Gallagher Cox，1929—）对世俗化做出了神学层面的解释，他把现代社会比喻为"世俗之城"，基本的过程机制是都市化和世俗化，传统的宗教已经衰落了，需要做出神学的回应，他主张把信仰作为一种生活方式，强调宗教体验和感受，以此为基础考察当代新的宗教现象，就此而言，他的研究比较有代表性。

一　社会变迁与宗教类型

教会和教派是西方宗教的主要组织形式，被看作重要的社会和宗教制度，历来是宗教社会学关注和研究的中心领域。韦伯和特洛伊奇区分出了教派和教会类型，理查德·尼布尔进一步拓展了相关研究。

无形宗教。韦伯关于社会变迁的观点具有广泛而深刻的学术影响力，这集中体现在他对祛魅和理性化的相关论述中。神魅常规化是韦伯对社会变迁的基本判定，世俗化过程可以说是从"出世"取向到"入世"取向的变迁，但他并没有忽略和否认引起变迁的技术和经济关系等要素，变迁是由诸多力量相互作用的结果。韦伯认为社会变迁总的趋势是导向理性和进步，其中进步包含三种意义，即进步性的分化、技术理性的发展和价值的增加。韦伯借鉴了马克思主义有关上层建筑和经济基础之间关系的结构分析范式，认为经济需求会反映在上层建筑中，"经济生活的各种需求则经由对神圣诫命的再诠释，或者是决疑论式的迂回方式呈现出来"①，承认制度和意识形态等上层建筑会反作用于经济基础，因而宗教在社会变迁中发挥了一定作用，但它还算不上是决定或者驱动力量。

韦伯重点研究了宗教伦理对经济行为的影响，考察了宗教与现世世界的联系，讨论了宗教与社会活动的关系，根据宗教活动区分了"巫师宗教""教士宗教""先知宗教"等宗教类型；又从宗教世界观的角度用"禁欲"和"神秘论"这两个对照概念，把宗教区别为"入世禁欲"和

---

① 马克斯·韦伯：《宗教社会学　宗教与世界》，康乐、简惠美译，广西师范大学出版社，2016，第 257 页。

"出世冥想"两种途径的救赎追求；最典型的分析是，他围绕"拒世"概念将宗教划分为"与世界敌对且以救赎为其取向的信念宗教"和以"接受现世且试图适应现世的纯粹仪式性或律法的宗教"，[1] 前者即教派，后者就是教会。

韦伯把教派和教会作为宗教组织的两个极端即"极型"，进而讨论了教派到教会的发展。他把教派定义为世俗社群，是一种"无形宗教"，"如果有人想要从概念上区分教派和教会的话，教派不是一个像教会那样的机构，而是一个具有宗教属性的社群。……它是作为无形宗教存在的……，逐渐变成了有形的教会"[2]。教派最初是作为传统教会的一种异化力量出现的，主要是因为它不再认同传统教会的教义，而且较多地出现在乡村地区。但韦伯强烈反对僵化的"经济决定论"，反对把宗教的发展看作经济状态的反映，否认教派与社群经济之间存在必然联系，因此他否认所有的教派都是从农业乡村中产生的，特别是在中世纪的西方社会中，城市中同时存在教会和教派形式，"我们不会接受这样的观点，即把宗教发展看作其他东西的反映，看作特定经济状态的反映。……简而言之，我只想反对的是，单方面的经济解释，甚至说经济是主要原因，或者说是经济的单纯反映，这些都是完全错误的"[3]。

教派抗争。特洛伊奇是德国神学家和社会学家，他熟谙欧洲中世纪教会历史，以此为资料，结合 18 世纪末西欧、美国等地区和国家的宗教发展，研究了西方宗教和社会文化相互之间的历史影响，论题如宗教道德的历史和性质、真理和宽容的宗教概念、宗教生活的组织形式、宗教类型和思想的社会基础以及宗教与社会的关系等。通过借鉴历史学和比较宗教学的研究方法，特洛伊奇认为西方宗教是一个历史文化整体，具有特殊属性和丰富的人物个性；他还认为历史学和自然科学是有区别的，自然科学方

① 马克斯·韦伯：《宗教社会学 宗教与世界》，康乐、简惠美译，广西师范大学出版社，2016，第 358—359 页。

② Ferdinand Toennies, Georg Simmel, Ernst Troeltsch and Max Weber, "Max Weber on Church, Sect, and Mysticism", *Sociological Analysis*, 1973, 34（2）：140-149：141.

③ Ferdinand Toennies, Georg Simmel, Ernst Troeltsch and Max Weber, "Max Weber on Church, Sect, and Mysticism", *Sociological Analysis*, 1973, 34（2）：140-149：143.

法不能充分地解释历史事件、历史人物的个性特征以及历史整体的独特性。在他看来宗教独立于社会、文化等外部要素，有自己内在的逻辑，但存在与其他要素的辩证关系，宗教深刻影响了社会、文化制度，同时，后者也塑造了宗教信仰等宗教生活的形式。

特洛伊奇是韦伯的好友和追随者，沿着韦伯思路，他完善了"教会-教派"理想模型（ideal types），并根据教义解释的差异把西方宗教区分为教会、教派和神秘主义三种形式，分析了它们与世俗社会的结构关系。①他认为基督教内部存在辩证原则，作为两个极端，教会和教派之间始终保持着一种交互的张力。

作为外在于个人的实体，教会是客观的社会控制机构，主要提供终极价值解释，成员身份是先赋性的（ascribed），生而获之，吸纳了社会上层人士。教会又是高度制度化的甚至是过于制度化的组织，强调等级、传统和保守；存在差别性宗教委身，存在仪式、圣事、祷告以及管理等宗教劳动分工。教会一般认同并服务于世俗政治，接受并适应现存社会秩序，与俗世制度整合在一起，相互之间是妥协的关系；教会接受了世俗文化，构成了世俗文化的精神实质。

特洛伊奇比照教会发展了教派概念。教派也提供了终极解释，但成员身份是获致的（achieved），自愿追随但须经过勋绩验证，吸纳的主要是社会盲流。同韦伯一样特洛伊奇认为教派在本质上是一种自发的内向性世俗社团，成员追寻的是内向完美和团体情谊，强调内部共享的体验和平等，缺乏科层结构，否认委身的差别，强调个人忠诚，要求全部委身，而且缺乏外部品质特征，本身不受到人们的敬畏。教派抛弃了与俗世以及文化的联系，与俗世存在张力，是下层社会的一种抗争性表述，寻求改变俗世现状。神秘主义强调只有在精神体验中才能认识和确证"内向"精神原则，神秘主义者很少关心长久的组织，忽视崇拜和礼拜仪式，毁坏了宗教制度；尽管它与特定的教派运动有点相似，但特洛伊奇认为神秘主义是区别于教会和教派的一种独立的宗教表述。

---

① Ernst Troeltsch, *The Social Teaching of the Christian Churches*, Translated by Olive Wyon, George Allen & Unwin Ltd and the Macmillan Company, 1931.

特洛伊奇"教会-教派"理想模型受到了学术界的欢迎和借鉴，经过其他学者的不断完善最终成为一种有用的分析工具，"可以让我们使用标准的量杆来检验和比较特定的案例和变迁过程"①，预见宗教群体的行为趋向。但随着宗教社会学研究主题的不断拓展，这种分析模型也受到了批评和不断修正，"'理想'这个词没有价值的含义，它只是一个有别于现实的概念，只是从历史因素中随意建构起来的一种探究工具，不受真理、现实和准确性的标准的支配，只用于研究和分析"②；而且由于过于强调抽象类型构建，这种模型一定程度上模糊了实践调查和分析，忽视了"教会"和"教派"的实践资料。因而威尔逊批评说，在调查非西方宗教传统的新兴宗教运动时一定要认识到特洛伊奇模型的局限性，"尤其是宗教抗争的神学概念'教派'"，后者经常作为"'教会'的对立面被理解的"③，"其依赖于实践资料，案例越广泛变化就越多，对其本质要素的抽象程度就越高，到达一定的程度后抽象自身就限制了建构的有用性，尤其是研究的效用和价值，这是社会学理论中的一个问题"④，因而他提出新的分类分析对这种模型进行了拓展。斯达克等人也批评"教会和教派类型概念对所有的理论化构成了阻碍"⑤。

教会堕落。理查德·尼布尔是一位较有影响力的神学家、社会学家。1918 年，尼布尔获华盛顿大学（Washington University）学士学位，1923 年获耶鲁大学神学院（Yale Divinity School）硕士学位，1924 年获耶鲁大学（Yale University）博士学位；1919—1924 年、1927—1931 年任教于伊甸神学院（Eden Theological Seminary），1924—1927 年曾担任埃尔姆赫斯特学院（Elmhurst College）主任；自 1931 年起担任耶鲁大学神学院宗教道德教授，1955 年后曾指导开展美国神学教育调查。尼布尔的著作涉及宗教史、社会学、伦理学和神学，论题比较集中，如解释的普遍存在、历史相对主

① Bryan Wilson, *Religious Sects*, World University Library, 1970, p. 23.
② T. Scott Miyakawa, "Roeltsch and the Test of Time", *Journal of Bible and Religion*, 1951, 19（3）：139-141：141.
③ Bryan Wilson, *Magic and the Millenium*, Paladin, 1975, p. 12.
④ Bryan Wilson, *Religious Sects*, World University Library, 1970, pp. 23-24.
⑤ Rodney Stark, William Bainbridge, *The Future of Religion*, University of California Press, 1985, p. 23.

义问题、情感的认知贡献、个体和社会的正义、宗教和文化的关系等；主要作品如《宗派的社会起源》（*The Social Sources of Denominationalism*，1929）、《美国的上帝之国》（*The Kingdom of God in American*，1937）、《启示的含义》（*The Meaning of Revelation*，1941）、《基督和文化》（*Christ and Culture*，1951）等。尼布尔熟谙社会学，他的研究方法表现出了韦伯和特洛伊奇的修正历史唯物主义，并受到了托尼（Richard Henry Tawney，1880—1962）学术观点的影响，强调反思批判是他学术风格的一个方面。托尼是英国经济学家、社会批评家和历史学家，他的名作《宗教与资本主义的兴起》（*Religion and the Rise of Capitalism*，1926）从历史学的角度关注、回应、补充和批评了韦伯提出的宗教伦理与经济行为关系的命题，探究了16—17世纪西方新教和经济发展的关系。

作为一位有神学背景的社会学家，尼布尔认为除非从宗教内部开展研究，否则无法理解信仰及其对社会的影响；在解释教会历史之前，必须洞晓宗教观念在社会中的真实运作。尼布尔的历史编纂原则无疑是一种标新，打破了在信仰和生活之外研究宗教历史的传统认识。同时尼布尔还反思说，"社会学方法有助于解释特定渠道如民族、阶层和地方等中的宗教潮流，但无法解释潮流自身的力量"，"它可以研究依赖于文化的宗教，但无法解释独立的信仰，后者模塑了文化而不是被文化所模塑"。[①] 因此他根据宗教信仰观念的发展，在《美国的上帝之国》一书中把美国宗教历史划分为三个连续的发展阶段，即早期殖民地时代的"上帝之国"、大觉醒到内战时代的"基督之国"，以及其后的"世俗之国"。新教在早期阶段把神圣主权作为生活秩序，也发现了自身的困境；18世纪在剧烈的社会变迁过程中，出现了强调非传统宗教观念的启示宗教运动；随着社会变迁的加剧，面对纷繁复杂的社会问题以及个体意识的增长，强调并宣扬社会启示，之前的宗教运动逐渐走向制度化、教派化和世俗化，因而宗教动态显著降低了，并以不同的方式反映了"宗教传统的丧失"，削弱了人类属罪

---

① Helmut Richard Niebuhr, *The Kingdom of God in America*, Willett, Clark & Colby, 1937, pp. vii, vii-viii.

感和神圣救赎意义，① 尼布尔把这一过程看作教会堕落的历史。

借助韦伯和特洛伊奇对教会和教派的界定，并借鉴马克思主义阶级理论，尼布尔深化了对宗教类型的理解，刻画了民族、社会阶层以及遭受经济剥夺人群等宗教群体的特征，根据地域、语言、经济以及环境变迁要素解释了主导宗教制度的转型。尼布尔考察了西方宗教衍支教派的流变，强调了宗教运动的经济、社会、政治和种族因素。他认为宗教运动首先是社会现象，观察的重点不应该只集中在教义方面，还要充分考虑社会和经济要素。宗教运动本质上是一种阶层运动过程，开始于教会分裂，兴起于教派形成，但植根于经济剥夺，最终又会逐渐转型为教会，开始了新的轮回。

引起教会分裂的原因很多，如教义争议、制度异议和社会骚乱等因素，但主要的原因是教会内部出现了阶层经济地位上的差别，最后造成了被剥夺阶层抗争，由冲突、分裂而导致了教派的兴起。教派是以下层弱势大众为基础形成的新群体，"在新教历史中，教派一直都是被放逐的少数派的孩子，崛起在穷困之人和在教会或国家中没有有效代表的那些人的宗教反叛中"②，与经济独立而富有知识的中产阶层相比，弱势群众表现出了更多的宗教性，往往扮演了宗教分裂运动发起者的角色。教会是主流阶层和民族道德的代表者，教派是社会弱势群体，教派的出现是新社会群体针对教会变迁做出的反应，反映了宗教"对人类社会等级制度的适应"，因而"象征着俗世对教会的胜利"，因此教派主义意味了宗教道德的失败。尼布尔还讨论了民族主义和地方主义在教派形成中的作用，指出教派受到了民族界线的限制，也都带有地区性差异甚至偏见。

尼布尔感兴趣的是教派-教会的转型。新的教派强调彼世信仰，坚持成员皈依，对现世不妥协，但内部具有不稳定性，随着成员中经济地位的变化，中产阶层逐渐主导了宗教创新，调适了与外部世界的关系，作为代际变化的结果，降低了与外部世界的张力，"一代代人之后，（教派）与世

---

① Robert Hastings Nichols, "Reviewed: The Kingdom of God in America", *Church History*, 1938, 7 (1): 84-86.

② Helmut Richard Niebuhr, *The Social Sources of Denominationalism*, Henry Holt, 1929, p. 19.

界的隔离变得更加困难了"①，道德社群小"教派"最终转型成了正式组织大"教会"，社会阶层在其中发挥了群体组织作用。教派虽然不必定会转型为教会，但教派趋向教会发展的方向是不会逆转的，因而运动包含了教派产生、变化、分裂和再生的循环过程。尼布尔指出韦伯和特洛伊奇的教派分析过于强调归纳和"规则"，忽视了具体历史背景，因此他竭力详尽教会历史资料，强调了特殊的历史场域及其引起的教派差别，并试图从社会学角度解释美国宗派主义起源，提出了教派宗派化发展理论。

通过考察 19 世纪晚期和 20 世纪早期美国的教派运动，尼布尔发现教派和已经建立的宗派之间存在动态机制，教派最终都有望发展为一种宗派。他认为教派与社会阶层密切相连，是狭隘、排外且激进的抗争群体，随着代际时间变化和社会变迁，排外性减弱，逐渐接近世俗世界，弱化了与社会的张力；尤其是采取了开放态度，变得宽容了，放弃了对宗教解释的垄断，接受了其他宗教的合法性，最终可以变成宗派，这个过程就是教派宗派化，但最终实现有赖于特殊的历史和文化条件以及具体的社会环境等要素。

二 英格：宗教变迁与世俗化

英格是美国社会学家，1942 年获威斯康星大学麦迪逊分校（University of Wisconsin-Madison）博士学位，曾为欧柏林学院（Oberlin College）社会学荣誉教授，曾于 1976—1977 年担任美国社会学协会（American Sociological Association，ASA）主席。英格的论题非常广泛，涉及宗教、种族与种族关系、教育、社会理论、反主流文化等多个领域，他的著述被翻译成了法文、意大利文等多种文字，主要作品如：《权力斗争中的宗教》（*Religion in the Struggle for Power*，1946），《宗教、社会和个人：宗教社会学引论》（*Religion，Society and the Individual：An Introduction to the Sociology of Religion*，1957），《社会学视野中的宗教》（*Sociology Looks at Religion*，

---

① Helmut Richard Niebuhur, *The Social Sources of Denominationalism*, Henry Holt, 1929, p. 20.

1963），《行为的场域理论：人格与社会结构》（*Toward a Field Theory of Behavior：Personality and Social Structure*，1965），《宗教的科学研究》（*The Scientific Study of Religion*，1970）等。《宗教的科学研究》是对 1957 年出版的《宗教、社会和个人：宗教社会学引论》一书第一部分内容的修订，在后书的第二部分中，分别以"宗教、道德和巫术""宗教功能理论方法""宗教社会心理学""宗教的社会文化背景""宗教和社会分层""宗教、经济和政治""宗教和社会变迁"为章节标题，编录了三十九篇宗教社会学研究领域的论作名篇。英格说他修订该书的目的是：为宗教科学研究补充丰富资料，引入对东方宗教和原初社会宗教的分析；把《行为的场域理论》中的观点联系起来。①

英格致力于宗教社会学学科理论研究，他认为有必要在宗教社会学和特定宗教的社会学分析之间做出区别，"前者是要揭示宗教与社会关系的普遍原则，后者则是要把这些原则应用到对特殊场景的分析中去"②，他的相关论著大多也是围绕寻找"普遍原则"展开的。英格试图把宗教与人类行为科学联系起来进行研究，内容涉及宗教科学研究中许多特殊问题，他的目的是要建立一种解释宗教现象的参考框架，他所运用的历史和个案资料都证明了一种普遍的假设。

宗教场域理论。英格认为科学认识有赖于准确假设和有效资料，他把宗教分为两个层面，即形而上层面和经验层面，认为前者是哲学和神学的领域，后者是科学的主题。因此宗教是可以被科学地认识的，他的目的就是要为科学的宗教研究提供一种理论解释，而且"我们不是仅限于理论化研究，而是尽力完善一种概念程式来解释我们的资料，并且要灵活地运用理论来解释所有事实"③。

英格提醒说在对待宗教的定义时，要注意到定义的相对性、工具性、抽象性、多样性以及简化作用，他概括了四种基本的定义类型：评价性定义，基于定义者的判断做出的定义，这种定义不具有科学性，不是科学研

① John Milton Yinger, *The Scientific Study of Religion*, Macmillan Publishing Co., 1970, p. viii.

② John Milton Yinger, *Religion*, *Society and the Individual*, Macmillan Company, 1965, p. xii.

③ John Milton Yinger, *Religion in the Struggle for Power*, Duke University Press, 1946, p. xi.

究的任务；描述性定义，区别了宗教信仰与实践的不同种类，描绘并比较了不同宗教文化系统，但缺乏评价，也没有揭示功能；实质性定义，强调宗教是特定的历史文化事实而非泛人类现象，适合于稳定社会宗教研究；功能性定义，集中于过程分析，适合研究变迁社会中的宗教，"比较宗教学必须关涉功能"①。在英格看来宗教定义既涉及宗教的性质和功能，也涉及不同的价值和概念，而这些概念指的就是"我们生活在其中的宇宙的性质"②。英格认为宗教不是单一现象，具有特殊的社会结构背景，因此他抛弃了宗教基本要素和"本质"研究，强调关注宗教功能，研究宗教与人类行为模式的关系，因而他把宗教定义成了"为人类履行特定功能的某种努力"③，"努力把生活中相对的、暂时的和令人失望的、痛苦的事情带入到被认为是永恒的、绝对的以及宇宙论上是积极的关系之中"④。英格承认他对宗教的定义与莱因霍尔德·尼布尔（Karl Paul Reinhold Niebuhr，1892—1971）的理解较为相近，"所有深厚的宗教都努力地回答了悲观主义的挑战，在生活中寻找意义的中心，后者包括了整个存在，能够解释暂时威胁其宇宙的混乱的东西，并最终能够把它纳入自己的领域中"⑤。

在功能性宗教定义的基础上，英格又把宗教解析为"一种信仰和实践的体系，借助这种体系，一群人与人类生活中的那些终极问题进行着斗争"。他的解释强调了人类的悲剧和挫折，也间接指向了信仰战胜悲剧的愉悦、审美、恬和与狂喜等情感体验，就此而言，英格的定义又把宗教看作"一种残留至今的反应和调整的手段"，他认同莱因霍尔德·尼布尔的理解，宗教成为"建立在绝望边缘上的希望的避难所"。英格还进一步指出，宗教是社会性的而非个人的，"一个完善的宗教就是一种社会现象：它是被共享的，也只有在群体的互动中，它的许多最重要的方面才得以呈现出来"。⑥

① John Milton Yinger, *The Scientific Study of Religion*, Macmillan Publishing Co., 1970, p. 5.

② John Milton Yinger, *The Scientific Study of Religion*, Macmillan Publishing Co., 1970, p. 3.

③ John Milton Yinger, *The Scientific Study of Religion*, Macmillan Publishing Co., 1970, p. 6.

④ John Milton Yinger, *Religion in the Struggle for Power*, Duke University Press, 1946, p. 5.

⑤ Reinhold Niebuhr, *Christianity and Power Politics*, Charles Scibner's Sons, 1940, p. 179.

⑥ John Milton Yinger, *The Scientific Study of Religion*, Macmillan Publishing Co., 1970, pp. 7, 8, 10.

英格目的不是对宗教现象进行"综合定义性研究"，而是要把宗教作为人际行为中的一个因素，探讨宗教的起源、发展以及与社群交往过程的联系，揭示宗教功能和社会冲突模式之间的关系。借助于帕森斯的系统理论，英格提出了关于宗教研究的场域理论方法，"对人类行为的完整分析，要求研究社会的、文化的和性格的事实，这既是诸多分离的系统，又是一个大系统的相互影响的许多小部分"，主张借助社会学、人类学和心理学关于人类行为的一般理论，完善一种有关宗教的普遍理论，以此来研究"宗教行为中文化的、结构的和性格的要素以及它们之间的相互作用"，他自信地认为，"随着我们有关宗教行为的知识不断充实，这个理论也将会得到证明"。[1]

英格回顾了学术界有关宗教起源的理论，认为从这些理论中可以发现有关宗教问题的基本观点和有价值的线索，他概括出了两种宗教起源理论模型。从心理学角度出发的起源论要么强调宗教的认知层面，要么关注宗教的感情源泉，前者以理智的、个体的和进化论要素为特征，如爱德华·泰勒的万物有灵论和斯宾塞的进化论，其缺点是"忽略了宗教生活中社会和群体的要素，从而显得不充分了"[2]；后者虽然包含了一定的功能主义要素，如弗洛伊德图腾崇拜起源理论，但也不太令人满意。宗教起源的社会学理论不再强调历史起源，忽略了个体要素，把人际关系作为源泉，宗教成为行为互动和群体生活的产物，如西美尔（Georg Simmel，1858—1918）强调人类关系是宗教的起源，迪尔凯姆的功能主义分析尤为典型，在他笔下社会成为宗教崇拜的神圣对象。

英格从起源研究导向了功能讨论，他所谓的场域论实际上是更为宽泛的功能理论，而后者"在完全自然主义、非目的论的意义上，就是或者可能就是因果理论"[3]，理论重点是"因果过程"，"功能可以被解释为构成因果序列的一部分"[4]。根据因果解释宗教成为个人、文化和社会力量合力

① John Milton Yinger, *The Scientific Study of Religion*, Macmillan Publishing Co., 1970, pp.18, 82, 83.
② John Milton Yinger, *The Scientific Study of Religion*, Macmillan Publishing Co., 1970, p.85.
③ John Milton Yinger, *The Scientific Study of Religion*, Macmillan Publishing Co., 1970, p.89.
④ John Milton Yinger, *The Scientific Study of Religion*, Macmillan Publishing Co., 1970, p.95.

的产物，回过头来看，宗教作为独立变量也会导致各种各样个人、文化或社会的结果。相对于功能理论，场域论在系统的"部分-整体"关系中讨论了个人和社会的关系；除了功能理论强调的反馈因果模式，场域论还运用单向因果解释，"功能主义研究的是行为的特定模式，其中既涉及系统的性质，又涉及反馈过程。正如在人类行为科学的其他分支中一样，在研究宗教中，研究更'标准的'因果过程也是重要的"①；功能理论关注的是特定模式与系统的正常整合状态，场域论则聚焦社会、文化、性格的影响及相互作用，既探讨变化，也探讨个人、社会及各种要素之间的冲突。

在英格看来，"功能-强制"模式表达了一种社会场域，整合与冲突是这个场域的两个重要方面，他从功能理论导向了冲突理论，探讨了两者结合的必要性。功能理论着眼于追寻社会的团结和整合要素，强制理论则从相反的角度强调了社会竞争和冲突，以及对正常社会秩序和整合系统造成的危害。英格回顾并强调了冲突社会学对宗教研究的意义，冲突是引起宗教变迁的重要力量；冲突虽然造成了混乱、破坏和分裂，但冲突和竞争也是社会整合的源泉。英格强调说社会系统的整合和冲突不是绝对对立的，冲突和团结都是社会固有的过程；社会亚系统内部整合有助于解释大系统内的冲突，而冲突也可能会发挥整合的功能，"既要警惕小规模人际关系中的整合与冲突，也要重视大范围制度背景下的整合和冲突"②；宗教亚系统同样涉及整合和冲突两个层面的问题。作为社会整合的基本力量，宗教通过信仰和仪式维持了社会秩序，秩序是"结构控制（人际互动网络）、文化控制（共享规范）以及自我控制（秩序社会化）相互作用的产物"③，最终基础是"共同的终极目的"，后者经由社会化成为社会成员的基本价值，自我强化并被灌输到了成员的性格中，因而在考察宗教整合和冲突变量的过程中，需要关注相互作用的社会结构、文化系统和个人倾向等方面的要素，分析复杂社会变迁过程，理解具体的宗教行为。

英格没有回避宗教在现代社会和未来世界中的发展问题，但他认为要

---

① John Milton Yinger, *The Scientific Study of Religion*, Macmillan Publishing Co., 1970, p. 90.
② John Milton Yinger, *The Scientific Study of Religion*, Macmillan Publishing Co., 1970, p. 91.
③ John Milton Yinger, *The Scientific Study of Religion*, Macmillan Publishing Co., 1970, p. 109.

回答这个问题，首先需要在传统宗教和"内在性宗教"之间做出区分，否则会造成两个错误，即要么承认社会变迁会导致宗教崩溃或终结，要么极端地反对宗教在调适社会中出现的新因素。他认为宗教内在性要素正如迪尔凯姆所言，"宗教中有某种永恒的东西，一定会使特定的宗教象征连续不断地长久保留下去，宗教思想就是用这些象征表达了自己"[1]。

英格认同特洛伊奇的观点，"宗教思想是独立的，有自己内在的辩证，也有自己的发展力量"[2]，因而在研究制度、民俗等对行为的影响的过程中，除了考虑经济的解释之外，更应该去推敲互动场域中存在的观念、信仰等要素，但他没有否认"历史的经济解释"的有效性。英格的目的是要在社会变迁的视角中寻找到宗教观念的根源，"把我们的问题定位在一种普遍的科学领域中，我们回到了特殊的调查中，即研究宗教群体对发生在他们环境中的变迁的典型反应"[3]，在他看来这个根源并不是物质条件，而是围绕"利益"展开的权力斗争。"利益"是英格借用自韦伯的概念，他重点研究了宗教利益与其他制度利益的冲突，强调了冲突的动态过程。

社会变迁。英格强调社会变迁研究，后者是宗教场域的一种过程背景，其中包含了平衡、差异、分化和演化，"任何一种恰当的社会理论必定是关于变迁的理论，而不仅仅是一种有关自我平衡过程的理论。换句话说，它必定是关于社会如何演变为（或者没有演变为）不同形式的理论，而不仅仅是社会如何运转的理论"[4]。进化论、辩证论和循环论都包含了社会变迁的思想，英格有关社会变迁的看法，采取的是系统论的视角，社会变迁包含了社会结构、文化系统和个体心理等要素，"社会系统从一种相对自我稳定的'结构-文化-性格'平衡到另一种平衡的运动过程"。英格强调的是亚系统或者特定模式变迁，而不是亚系统或者模式中的特定单位要素的变化，因而他认为社会互动结构中的变化并不是社会变迁，"除非

---

[1] Emile Durkheim, *The Elementary Forms of the Religious Life*, Translated by Karen E. Fields, The Free Press, 1995, p. 429.

[2] Ernst Troeltsch, *The Social Teaching of the Christian Churches*, Translated by Olive Wyon, George Allen & Unwin Ltd and the Macmillan Company, 1931, p. 48.

[3] John Milton Yinger, *Religion in the Struggle for Power*, Duke University Press, 1946, p. 15.

[4] John Milton Yinger, *The Scientific Study of Religion*, Macmillan Publishing Co., 1970, p. 477.

它们相当强大并引起了文化和个人动机、价值中的持久转型"①，所以只有在社会系统重组的时候才发生社会变迁。

社会变迁是社会系统持续的重构过程，作为亚系统的宗教在这一过程中做出了多方面的反应，涉及宗教制度、实践和个人信仰价值的变化，要么宗教和社会系统独自发展，互不干涉；要么宗教变迁反映了环境变化；要么宗教成为社会变迁的障碍；或者宗教引发了变迁；或者宗教变成了相互依存系统的一部分。② 英格根据特定历史情形例证了社会变迁对宗教发展的影响，并一般性地阐述了社会变迁与宗教变迁相互作用的关系和模式。在他看来，宗教亚系统与社会大系统在功能上是相互依存的，社会背景发生变化，宗教也会经历变化，在教义、教会组织、崇拜方式以及宗教与政府、宗教与经济的关系等方面都有具体的反映，"社会变迁加快了宗教变迁，反过来，宗教变迁又影响了引起自身变迁的社会环境"③，宗教变迁是社会变迁的结果，又是影响社会变迁的重要因素。

首先，宗教观念与社会行为相互影响。英格认识到宗教传统、价值和制度模式具有保守性，承认宗教观念会在一定程度上成为经济发展和社会进步障碍，"在大多数人的生活中，宗教价值和需求与其他的利益和要求形成了强烈的对抗"，但英格不主张简单地把宗教理解为阻碍或者延缓社会变迁的独立力量，"这并不是说宗教阻碍了变迁，而是说竭力利用宗教来阻止变迁，最终的结果只能是，减缓了社会中强劲发展所促成的变迁"④，宗教更多地表现为一种必要的观念变量，而不是充分的社会力量。其次，社会环境变迁强烈影响了宗教演化，而后者又反过来影响了社会环境变迁，这是一种相互作用的过程。宗教思想、神学教义是特定社会环境的产物，其中包含的宗教意识反映了时代的重大变迁，但它们又赋予社会变迁以终极意义，因而对宗教的理解"离不开对它的社会和文化环境的认识，包括文化接触和文化借用"⑤。再次，宗教充当了引起变迁的重要角

① John Milton Yinger, *The Scientific Study of Religion*, Macmillan Publishing Co., 1970, p. 476.
② John Milton Yinger, *The Scientific Study of Religion*, Macmillan Publishing Co., 1970, p. 480.
③ John Milton Yinger, *The Scientific Study of Religion*, Macmillan Publishing Co., 1970, p. 488.
④ John Milton Yinger, *The Scientific Study of Religion*, Macmillan Publishing Co., 1970, p. 513.
⑤ John Milton Yinger, *The Scientific Study of Religion*, Macmillan Publishing Co., 1970, p. 520.

色。宗教信仰和观念是人类生活的组成部分，模塑了个人和群体的社会动机，进而影响了他们的社会行为，"它与既定处境中个人的、社会的和文化的事实有关"，"宗教观念和结构一旦形成，就会不断地卷入人们互动生活中"①；另外宗教可能会与政治或经济的目的结合在一起，成为影响政治、经济系统变迁和变迁进程的重要力量。

社会分化是社会变迁中的重要现象，英格认识到宗教结构的复杂性，讨论了社会分化与宗教分化的关系。宗教分化受到社会分化的强烈影响，是群体社会区分诸要素如地域、阶层、职业、群体、教育水平和性别、年龄等变量相互弥散影响的结果，"宗教分化发展自社会区分"，但是他关注的问题是"宗教在多大程度上能缩小分化"；"宗教分化是否会加剧社会区分"。② 为此，他立足于场域论讨论了宗教分化的原因、变量以及后果，宗教分化具有结构的、文化的和性格的缘由和变量，一是个人宗教需求和利益变量；二是经济和政治利益变量；三是社会结构和民族差异；四是社会流动和社会变迁，尤其是阶层升降引起的宗教情感的变化；五是宗教制度内部的发展和张力产生的差异；六是宗教领袖面临的两难窘境，即俗世利益和传统观念的冲突等，这些原因是相互作用、相互增强的。③

英格承认在世俗化过程中，"传统的宗教象征和形式丧失了影响力和吸引力"④。他认为宗教对于人类生活必不可少，现代社会依然需要宗教并受到宗教的影响，但在剧烈的变迁中，宗教与社会相互作用的关系已经发生根本变化，"20世纪是并且继续是宗教影响强烈的时代，但是这个时代中的宗教是局部的和分裂的"⑤，突出表现为宗教需求已经多样化了，而且社会需要的是高度灵活的"非教条宗教"。英格认识到传统宗教及其文化体系因自身的局限性和狭隘性已经在新的社会结构丧失了功能作用，"现存的主要宗教，正如它们在既定制度中所体现的那样，在重组人类宗教生

---

① John Milton Yinger, *The Scientific Study of Religion*, Macmillan Publishing Co., 1970, p. 527.

② John Milton Yinger, *The Scientific Study of Religion*, Macmillan Publishing Co., 1970, pp. 224, 225.

③ John Milton Yinger, *The Scientific Study of Religion*, Macmillan Publishing Co., 1970, pp. 232-234.

④ John Milton Yinger, *Religion, Society and the Individual*, Macmillan Company, 1965, p. 119.

⑤ John Milton Yinger, *The Scientific Study of Religion*, Macmillan Publishing Co., 1970, p. 535.

活中，似乎不可能发挥重要作用了"①。为了促成新的社会交往过程，适应复杂的社会结构，当今社会需要建构一种统一的文化体系，就宗教而言，英格曾寄望于超自然主义的普救论，但他也看到了都市化背景下"去超自然化"的现实，故而又期望现代社会诸种意识形态和哲学体系能够发挥准宗教的作用，回答人类的终极关注，"现代宗教要像那些传统宗教那样，必须直面使人绝望之物而不会避而不谈"②。英格对现代西方社会的宗教前景做出了较为乐观的展望，他看到的不是宗教的衰落，而是新的信仰体系的兴起，"这不是宗教衰落的时代，而是宗教变迁的时代"，"传统信仰处在了严重的张力之下，新的信仰带着救赎和启蒙的许诺出现了"③。

教会困境理论。英格试图通过解释宗教群体的行为研究宗教与社会变迁之间的关系，他为此完善了概念和解释框架，表述了宗教群体行为理论。英格把"利益"看作社会变迁中的重要因素，研究了宗教利益之间的相互作用以及对宗教教义和群体结构的影响。他承认他提出的概念很大程度上只适用于西方宗教群体，对其他宗教群体而言仅仅具有参考价值，而且重点关注的对象是作为教会的宗教群体，以及后者与世俗行为尤其是经济行为的关系。

英格围绕宗教利益假设并阐述了"教会困境"概念。他认为教义规定的模式使宗教具有了模塑人们行为的愿望，而教义规则限制了人类行为中的利己倾向，这就是所谓的"宗教利益"；但人类终究无法否定和摆脱利己倾向，因而宗教群体和个人就陷入了困境之中，如果教会过多强调宗教理想，就会导致与世俗权力的冲突而受到迫害；但如果忽视行为规则的话教会就会无法发挥影响力。④ 宗教困境反映的是宗教利益与世俗利益之间的冲突，英格讨论了典型宗教群体"教派"和"教会"对宗教困境的反应，要么抗争吁求更多愿望，要么修正需求放弃理想。

宗教群体以多种方式与社会发生联系，面对宗教困境时对社会处境做

---

① John Milton Yinger, *The Scientific Study of Religion*, Macmillan Publishing Co., 1970, p. 533.
② John Milton Yinger, *The Scientific Study of Religion*, Macmillan Publishing Co., 1970, p. 534.
③ John Milton Yinger, *The Scientific Study of Religion*, Macmillan Publishing Co., 1970, p. vii.
④ John Milton Yinger, *Religion in the Struggle for Power*, Duke University Press, 1946, pp. 17-18.

出了不同反应。英格的基本命题是，宗教理想和世俗利益之间存在严重冲突。宗教群体和个人面对冲突做出了不同反应，积极反应认为社会在本质上并不是属恶的，承认世俗利益有自身的合理性，故而接受了社会现实，经过妥协和调整适应了社会规则，并获得了世俗权力和影响力，制度表达走向了正式化；消极反应强调维持纯粹的宗教理想，坚持社会属恶，拒绝与世俗妥协，鄙视世俗权力，最终退出了"俗世"社会结构，在一种纯粹的宗教实体中保持理想；教会和教派分别代表了这两种不同的反应类型。但是不管是教会还是教派，在社会变迁过程中，它们的社会影响力都普遍降低了，"事实上，作为社会变迁中的一种力量，当教会和教派倾向由某种组织原则结合起来的时候，宗教最小化了它的权力"[1]。英格认为尽管教会与教派的区分更多地表现在神学教义中，但就功能而言，群体划分绝不是纯粹宗教性的，反映了不同的世俗利益和需求，群体行为具有社会根源，表达了世俗关联性，而且夹杂着民族心理、社会传统、文化遗产等变量，这就为宗派分析提供了一种解释线索。

围绕教会困境理论，英格重新思考了西方新教和资本主义的关系，辩证分析了新教群体的困境，对韦伯的经典理解进行了修正和完善，他承认新教与资本主义具有"亲和性"关系，表达了有利于资本主义的宗教道德，但它只能存在于资本主义社会中；新教教会及其宗教伦理是中产阶级的宗教表述，切合世俗利益和权力，但新教教派更多的是下层阶级要求分享俗世遗产的宗教努力。

宗教类型。宗教群体分类表明的是社会关系分类，参照特洛伊奇的类型分析，英格聚焦历史上和现实中的宗教群体行为过程，围绕教会困境理论建构了新的宗教群体类型划分框架，分析了宗教结构演变，研究了组织权力关系，解释了行为意义。

英格在特洛伊奇教会-教派二分法的基础上根据宗教群体与俗世的联系区分出了两种基本类型，即"完全接受俗世的教会"和"完全退出俗世的教派"，但他认为特洛伊奇的类型划分过多地强调了神学教义的差异而低估了"特定社会文化系统内所有宗教组织所共有的相似性"，"无法充分

---

① John Milton Yinger, *Religion in the Struggle for Power*, Duke University Press, 1946, p. 221.

地讨论各种宗教组织可能产生的条件",如社会和个人因素等,[1] 因而他进一步提出了宗教群体类型划分的三个标准,即成员数量在社会总人数中的占比;对待世俗价值观和社会结构的态度;组织结构化和科层化程度,并以此为基础刻画了"教会"和"教派"与社会、权力以及个人关系的基本特征。

教会强调社会稳定和秩序,主动与社会协调,努力与社会共存;承认世俗世界的各种力量,接受了现实中的权力平衡,支持现实权力;松弛了个人伦理道德要求。英格进而把教会区分为两种类型,"制度化教会"结合了教会和教派双方意向,试图包容社会中所有成员,满足各个阶层的多种需要;但在异质性社会中很难实现平衡状态,缺乏持续性和灵活性,最终会走向分裂。"弥散型教会","具有公共性的没有分化的社会的宗教"[2],存在于差异性较小的孤立社群中,在其中宗教是基本的社会制度,但不存在有形的宗教组织,宗教信仰和实践弥散在群体生活中;宗教职业分化程度极小;个体从属于具有宗教特征的社群。英格承认这种划分只是一种理想型分析方法,是作为"分化了的宗教系统的一个变量,而不是据此把社会划分为两种类型"[3]。

教派在起源上与贝克(Howard Paul Becker, 1899—1960)所谓的膜拜团体(cult)相近,[4] 强调共同的宗教情感和需要,注重"得体的"行为举止;通常与社会底层相联系,分离为小的群体,有小规模的自愿成员,但缺乏连续性,结构是不稳定的,也会解体;强调个人圆满和禁欲主义,抛弃了与"自然"世界的妥协,不接受俗世权威约束。结合权力剥夺和抗争行为,英格分析了教派与世俗社会的关系,教派是"对一种体制的抗争,在这种体制中,由于过分强调社会的和公会的秩序,对个体各种宗教功能的关注被掩盖起来了,后者不再起作用了",他进一步把教派定义为宗教运动,"在这种运动中,首先强调的是借助宗教的手段尽力满足个人

① John Milton Yinger, *The Scientific Study of Religion*, Macmillan Publishing Co., 1970, p. 252.
② John Milton Yinger, *The Scientific Study of Religion*, Macmillan Publishing Co., 1970, p. 259.
③ John Milton Yinger, *The Scientific Study of Religion*, Macmillan Publishing Co., 1970, p. 259.
④ Howard Becker, "Sargasso Iceberg: A Study in Cultural Lag and Institutional Disintegration", *American Journal of Sociology*, 1928, 34 (3): 492-506: 499, 501, 502.

各种基本的需要。一般把它看作对未能满足适当需要的宗教体制的反叛"[1]。根据反应形式教派运动可以分为三种类型，容忍型教派以中产阶级或者地位上升的下层阶级为主，表现出了参与和接受社会的趋向；进取型教派以贫困无权阶层为主，抨击现世和社会，疏远社会权力机构，但也表现出了争取权力趋向，试图通过宗教运动来获得权力，但常常以失败告终；逃避型教派以无望无权阶层为主，表现为逃避倾向，不接受社会，贬低现世生活的意义，把希望寄托在超自然世界。[2] 英格还讨论了一种建制型教派，作为宗教运动的副产品，它的范围比教派广泛，离社会生活较近，组织结构严密，更接近于宗派。

英格还描绘了膜拜团体、公会和宗派等宗教群体特征。膜拜团体规模小，没有机构，坚决与社会传统决裂；寻求神秘体验，关心个人问题；不关注社会变革和社会秩序问题，会趋向教派发展。"艾克莱赛亚"（ecclesia）即公会是借自贝克的概念，类似普遍制度化教会，成员包括各种阶层，典型的代表是13世纪的天主教会；专职宗教人员占比较大；宗教职业者中存在明显的等级制；有广泛的经济来源和专门场所。宗派的成员也包括各种阶层，但普遍化程度不如公会，受到了阶级、民族和地域等因素的限制；能够适应社会竞争环境，以宽容原则为特征；趋向整合、职业化和科层化制度。英格认为宗派是政治、经济和社会分化的结果，是教派向教会转型的一种中间类型，"很大程度上证明了社会的尤其是经济的意义"[3]。英格指出尽管教会是西方宗教历史中的主流类型，但教派、宗派也在不时地复兴，三者会相互转化，"不仅教派能够变成建制教派，而且教会也能变成非建制教会"，"用来划分宗教群体的三个层级中，每一种都有向两个方向运动的可能"[4]，现代社会宗教"多样化的结果是其文化要素与各种社会条件相互作用的产物"[5]，体现出了世俗化的特征。

---

[1] John Milton Yinger, *The Scientific Study of Religion*, Macmillan Publishing Co., 1970, p. 255.

[2] John Milton Yinger, *The Scientific Study of Religion*, Macmillan Publishing Co., 1970, pp. 255-277.

[3] John Milton Yinger, *Religion in the Struggle for Power*, Duke University Press, 1946, p. 30.

[4] John Milton Yinger, *The Scientific Study of Religion*, Macmillan Publishing Co., 1970, p. 270.

[5] John Milton Yinger, *The Scientific Study of Religion*, Macmillan Publishing Co., 1970, p. 266.

三　阿奎维瓦：神圣体验的衰落

阿奎维瓦是意大利社会学家，1961 年出版的《工业社会神圣的衰落》（*L'eclissi del sacro nella civiltá industriale*）一书是有关世俗化研究的重要参考书。阿奎维瓦在该书中集中于欧洲大陆的天主教，参照工业化、都市化、社会和地域流动以及现代技术发展等现代性要素，从社会变迁的视角把教会参与的减少与还俗化联系了起来，揭示了宗教在现代社会中的普遍衰落，较早表述了有关世俗化的理论。阿奎维瓦明确指出他的研究是基于田野实践的社会学志做出的分析，作为历史研究和实践调查的前提，他强调改正以往把宗教等同于教会的学术认识误区，世俗化是宗教性衰落和教会衰落的双重过程。

神圣体验。结合宗教社会学和心理学研究，阿奎维瓦重新理解了宗教，检视了神圣观念、神圣体验和神话、仪式以及心理动机等要素，解释了世界皈依凡俗的现象，他认为宗教植根于人性本身，现代社会的世俗化是一种客观现实，但他把世俗化解释为"神圣逐渐凡俗化"的过程。

为了阐明自己关于宗教的理解，寻求对宗教的准确描述甚或定义，阿奎维瓦考索了人类学对宗教的有关认识。爱德华·泰勒从经验主义的定义出发把"万物有灵论"看作宗教的中心事实；马雷特（Robert Ranulph Marett，1866—1945）修正了泰勒的观点，提出了"前万物有灵论"即"泛生论"，引入了仪式、神圣、非逻辑、巫术等概念；罗伯逊·史密斯把社会作为宗教的根底，而把个人作为巫术的操控者；弗雷泽则认为巫术是退化了的科学，因而既是逻辑的，又是非逻辑的；马林诺夫斯基强调说对宗教的理解要基于社会文化整体，他区别了巫术仪式、布道仪式与宗教仪式；普理查德主张"将宗教当作宗教"，而不是把宗教当作其他本质的表象。阿奎维瓦认为上述理论思考都不同程度地体现了心理学分析路径，包含了认知和文化两个层面的要素，都涉及迪尔凯姆关于神圣和凡俗二分范畴。

帕克（Robert Ezra Park，1864—1944）发展了迪尔凯姆的区分，较早提出了神圣-世俗二分法。贝克借鉴并精炼了帕克二分范畴的含义，区分了"神圣社会"和"世俗社会"，表述了"神圣价值"，[①] 他把神圣和世俗看作人类"社会过程"的两个相反的极端，围绕个体个性与传统的关系，强调了神圣与"公共"、世俗与"私人"的联系，"由传统在最大可能的程度上塑造的个体个性是神圣的个性，这种个性占优势的社会是神圣社会；反之，个体的行为最不可能受传统限制的个性是世俗的个性，这种个性占优势的社会是世俗社会"[②]，传统在"孤离"和"通合"社会中发挥了强弱不同的作用，因而他又区分出了"孤离的神圣社会"和"通合的世俗社会"两种端点的社会。在贝克的表述中，"社会"有不同的侧面，他用"sociation"一词表达了"社会过程"，尤其指人际互动等社会行为，而"society"指的是由互动等"社会过程"组成的网络，表达的是一种社会组织形态。从社会过程的角度，贝克重新理解了二分的社会范畴，神圣社会"高度的抵制变迁，尤其是社会秩序中的变迁"[③]，而在世俗社会中，成员为变迁做好了准备并能够变化。从神圣与世俗二分以及社会过程的角度，贝克承认世俗化"不过是作为社会控制手段的有组织的宗教重要性的一种衰落"，孤离的神圣与通合的世俗代表的不过是理想型社会组织的两个阶段，其中"包含了许多交叠的社会过程，如个性化、精神动员以及社会和个人的解体和重组等"[④]，世俗化是神圣社会向世俗社会的变迁。

阿奎维瓦认同贝克对神圣和世俗概念的理解，这二者都包含了基于需要的价值判断，人类因满足需要而建立互动，因而需要和价值之间存在联系，价值判断也受到了社会体验的强烈影响；神圣和世俗分别与两种不同的变迁趋势相联系，前者不易变迁而后者容易变迁，[⑤] 但二者并不是个人

① Howard Becker, "Supreme Values and the Sociologist", *American Sociological Review*, 1941, 6 (2): 155-172.

② Howard Becker and Robert C. Myers, "Sacred and Secular Aspects of Human Sociation", *Sociometry*, 1942, 5 (3): 207-229: 210.

③ Howard Becker, "Sacred and Secular Societies: Considered with Reference to Folk-State and Similar Classifications", *Social Forces*, 1950, 28 (4): 361-376: 363.

④ Howard Becker, "Processes of Secularisation", *British Sociological Review*, 1932, 24 (2): 138-154: 138.

⑤ Howard Becker, "Current Sacred-Secular Theory and Its Development", in *Modern Sociological Theory in Continuity and Change*, Edited by Howard Becker and Alvin Boskoff, The Dryden Press, 1957: 133-185.

的心理状态。阿奎维瓦认为神圣和世俗应该是定义宗教的关键要素，"我们所寻求的是这样的一种定义，它利用了迪尔凯姆和贝克的二分法，但是在主—客观层面上而不是在纯粹客观的层面上。这个定义也必须考虑我们提到的那些细微差别和其他要素，尤其是这个问题的历史维度"①。

阿奎维瓦对宗教的理解是从人类学视角切入的，主张从心理学角度在个人体验中寻找到共同要素，参考人格结构和宗教体验的性质理解宗教。他把宗教首先看作一种完全主观的现象，只能通过心理体验才能领悟；但他强调说纯粹的心理学方法不能克服个人体验和群体现象、整体解释和宗教现象之间的矛盾，很难解释宗教意识和体验，因而不能据此对宗教做出充分的定义。另外，宗教并非一种个人现象，个体宗教信仰作为一种体验，表明的只是普遍精神行为的特定模式。

阿奎维瓦试图在神圣与世俗二分框架中更为准确的描述宗教的普遍特征，因而把神圣、神圣观念和神圣体验抽象为基本的逻辑概念，主张结合人类"心理常量"理解宗教体验。他认为神圣是普遍人性的表达，是宗教的根本要素，也是宗教呈现的基本形式，作为一种心理体验而不是本体论范畴，神圣并不表达特定文化、时代和社会的现实，他对神圣的这种实质性强调明显区别于功能主义的理解。神圣观念呈现在个人心理中，基于个人认知，表达的是个体的体验。在阿奎维瓦看来神圣体验是一种心理学体验，它构成了宗教体验的核心。宗教历史表明每一种宗教都呈现出了神圣体验，后者衍生并统一了所有"宗教的"事实，"神圣的体验起初是一种个人的心理事实，其后才被看作一种特殊的宗教体验，后者成为所有与宗教相关的社会行为和事实的中枢"②。阿奎维瓦承认宗教是一种历史文化事实，后者影响着神圣体验的变迁，"在每一种宗教现象中，各种各样的特征表达了心理的、文化的、历史的以及其他的要素……具体的神圣体验随

---

① Sabino Samele Acquaviva, *The Decline of the Sacred in Industrial Society*, Translated by Patricia Lipscomb, Basil Blackwell, 1979, p. 15.

② Sabino Samele Acquaviva, *The Decline of the Sacred in Industrial Society*, Translated by Patricia Lipscomb, Basil Blackwell, 1979, p. 15.

着文化的、历史的和其他的影响而变化"①，因而神圣体验自身不能被看作反历史的东西，但它也不具有历史的根由。

阿奎维瓦认为宗教体验是神圣体验自身的产物，是人类文化的成果，是社会关系的结果，因而也是群体的体验。首先，借助于奥托（Rudolf Otto，1869—1937）的现象学研究，阿奎维瓦把神圣体验看作具有象征形式和本体论特征的"完全他者"（wholly other），并把"完全他者"作为理解宗教的重要概念，"我们在这里使用了'神圣'一词，是为了定义这样的一种现实，在心理学的维度上，这种现实在实质上或多或少与我们一直以来称为'完全他者'的东西相符"②，在由个人意识到神圣体验的心理过程中，总是感觉到与"完全他者"发生着联系，通过后者把神圣体验与现象现实联结了起来，实现了从神圣到"完全他者"以及本体论的飞跃。"完全他者"不同于凡俗生活，不同于日常体验，也不同于人类自然本质，经由心理阶段到理性和反映阶段，"完全他者"具有了不同于本体论品质的东西。正是在这个意义上，神圣成为文化的一种投射，成为时间之外历史之中的"超验"概念。因而在阿奎维瓦看来宗教体验是一种协调连续的心理过程，在这个过程中，神圣从内部到外部、从心理到逻辑，实现了从"完全他者"到本体论的飞跃，个人的心理状态表达在了"完全他者"中。正因为"完全他者"与心理状态存在密切关系，它就表现出了普遍性。

其次，随着宗教体验的结束，神圣在神话、仪式和象征符号等文化要素中具体化了，因而与现实联结起来，通过知识和情感进行交流，借助神话和仪式重复体验，通过象征符号来显示即"显圣"。神话、仪式和象征符号都来源于神圣体验，表达了神圣性，并与社会文化相连，但它们不一定同时发生，也不是神圣体验的全部。宗教体验因此而与文化发生了逻辑关系，也与历史有了辩证联结。

再次，宗教体验构成了社会关系的支点，作为宗教体验核心的神圣体

① Sabino Samele Acquaviva, *The Decline of the Sacred in Industrial Society*, Translated by Patricia Lipscomb, Basil Blackwell, 1979, p. 12.

② Sabino Samele Acquaviva, *The Decline of the Sacred in Industrial Society*, Translated by Patricia Lipscomb, Basil Blackwell, 1979, p. 32.

验则构成了社会结构的中心，但这种神圣体验反映的是群体的心理状态，具有了公共性，不再是个人的心理过程了，而是社会的神圣体验。在阿奎维瓦看来宗教社会的两个基本要素都涉及神圣体验，一是显圣物，它本身就是社会神圣体验的焦点；二是一般性宗教体验，它与显圣物、神话和仪式相关，由后者产生，又增强、传播和促进了后者包含的神圣体验。显圣系统和社会结构之间存在联结，阿奎维瓦曾试图找出表达现今社会经济结构特征的显圣系统，象征符号系统体现了巨大的社会结构维度。因而正如迪尔凯姆所理解的那样，社会具有了神圣性维度，但是阿奎维瓦的理解很大程度上局限于群体的心理感受层面，他试图在心理学基础上确定神圣性的指数，以此来感觉社会生活中神圣的存在、成长和衰落。他指出社会神圣性的界定本身是主观的，受到社会习俗、社会分层、民俗亚结构、民众宗教性等要素的影响而各有不同。

阿奎维瓦希望在人类个性、完全他者体验、具体化呈现以及宗教实践中发现神圣。从教会社会学角度来看，宗教实践是群体以宗教制度也就是教会为中心，围绕神圣体验发生的各种行为活动，包含了神秘体验、仪式体验和象征体验、惯习体验等，神圣体验在教会实践中具体化了。教会首先满足了个人的宗教需要，宗教实践体现出了持久而程度不同的个体宗教观念，如礼拜表明了宗教参与程度，教会出勤表明了持续的宗教意愿和委身；圣餐表明了强烈委身；婚丧礼仪受民俗和道德影响较大，而与委身强度关系不大。但是阿奎维瓦考察的重点不是传统的教会实践，而是另辟蹊径，试图把宗教现象与社会生活中宗教性实践联系起来，通过调查教会外的宗教特征，确定神圣性衰落和神圣感减少程度，分析社会生活中宗教性强度，由此而把教会的衰落和宗教的衰落区分开来。

阿奎维瓦认同卢克曼的分析，即不能把宗教等同于教会。在他看来教会外宗教即非教会类型的宗教突破了教会笃信范围，体现出了普遍"宗教性"，受到了世俗社会制度的深刻影响。宗教性作为一种社会事实与社会行为联系密切，现实中的教会不能囊括所有的宗教体验，因而存在社会宗教性与教会实践并存的现实。阿奎维瓦承认现代工业社会宗教面临着危机，但这种危机很大程度上是个人神圣体验危机在制度上也就是在教会中的反应，集中表现为教会价值逐渐消失了，教会实践凋零了，宗教变得更为私人化了，但从社会层面来看，"与宗教实践相比，宗教性消失的更少一点"①。

阿奎维瓦主张对工业社会的宗教做出"去神圣化"（desacralization）分析。去神圣化体现的是一种剧烈的心理变化，即丧失了神圣心理体验的过程，"把神圣体验作为一种完全他者的心理体验传播开来"②，去神圣化剥夺了宗教的心理基础，宗教变成了一种认知态度因而不再是"宗教"了。阿奎维瓦主张在世俗化和去神圣化之间做出区分。他认为就逻辑和概念框架而言，世俗化的宗教缺乏的正是神圣体验，但他更倾向把世俗化界定为神圣丢弃了巫术的用途，因而不包含巫术要素的宗教就是世俗的宗教，这种理解近似于韦伯的"祛魅"，强调的是理性和技术要素的显现和增长。他认为世俗化体现为一种社会结构，是一种现代社会过程背景，关涉神圣意义（或巫术操作）在物事、个人、空间以及道德行为等层面上的属性变化。③ 阿奎维瓦批评了帕森斯世俗化的系统分化图景，认为卢克曼私人化的"无形宗教"是对去神圣化问题的最佳回答；另外，他认为世俗化和去神圣化虽然经常一起出现，但二者不存在必然联系。

宗教危机。面对工业社会深刻的"宗教危机"，阿奎维瓦在社会变迁语境中讨论了"新的社会现象"即工业化对宗教的消释影响，以及宗教在世俗生活中支配地位的稳定削弱，重点关注了社会的去神圣化，分析了引起危机的社会因由和个人因素，并断言这种危机本质即去神圣化"还未达到其顶点"。

神圣体验是一种个体心理体验，随着世俗化的发展，传统的"神圣宇宙"丧失了重要性，神圣体验的心理强度降低，个体信仰高度主观化，表现出了去神圣化倾向，并在宗教实践中表现了出来。在现代工业社会中，

---

① Sabino Samele Acquaviva, *The Decline of the Sacred in Industrial Society*, Translated by Patricia Lipscomb, Basil Blackwell, 1979, p. 48.

② Sabino Samele Acquaviva, *The Decline of the Sacred in Industrial Society*, Translated by Patricia Lipscomb, Basil Blackwell, 1979, p. 35.

③ Sabino Samele Acquaviva, *The Decline of the Sacred in Industrial Society*, Translated by Patricia Lipscomb, Basil Blackwell, 1979, p. 35.

不管是都市还是农村，宗教兴趣和参与度降低了，奉献人数减少了，宗教职业衰微了，宗教体验走向个体化，更少教会组织，这些实践动态都表明了教会宗教正在不可逆转地走向削弱甚或衰落。与之相关，民间宗教性尽管表面上还维持着共享惯习框架，但也发生了自发的崩解，成为私人事情和负载个体人格价值的马赛克拼装；宗教不再是影响婚姻家庭的要素。但阿奎维瓦指出在工业化发展不充分的地区，宗教参与还具有文化意义，人们表现出了强烈的神圣感，社会生活的许多方面都维持着较高程度的宗教性。

工业文明表明了许多共同要素，科技进步和教育均衡发展，社会部门功能分化，以及工业化引起的社会流动和阶层分化，这些都显示出社会整体的世俗化属性在不断增长，非宗教性和无神论热情在膨胀，加快了宗教群体解体的步伐，也引起了社会宗教性的分解。但阿奎维瓦指出社会宗教性与神圣体验相关，作为一种群体的心理体验，它在工业化背景中曾获得了持续发展，只是在后工业化的服务型社会中，随着社会变迁而发生了变化，采取了新的形式，但现实中难以对它进行测量，无法区分出信仰或非信仰，因而不能够据此判断它是否正在经历危机。因此阿奎维瓦建议根据神圣体验的逻辑来解释工业社会的宗教信仰状况，这种方法不再区分信仰与非信仰，而是聚焦于单独的心理体验，"我们所谓的信仰者，不管其概念的类型和内容是什么，都与神圣体验相联系"，"工业和后工业社会中的社会-宗教研究与宗教性相关，被看作源源不断的神圣体验，这种体验是社会的重要组成部分，被社会和个人以多种形式一同概念化了"[1]。

神圣表达的是普遍的人性，世俗性是社会结构的属性。在社会变迁和宗教转型的语境中，结合社会结构的演化过程，阿奎维瓦强调了社会心理分析路径，重新审视了"神圣体验"的历史演化，解释了不同历史阶段中的神圣现象，探究了当代社会宗教危机的历史、社会和心理逻辑。

在阿奎维瓦看来，人类经历了从原初社会完全神圣到半神圣、半凡俗的社会再到完全凡俗的社会三个发展阶段。前历史阶段的社会历史首先是

---

① Sabino Samele Acquaviva, *The Decline of the Sacred in Industrial Society*, Translated by Patricia Lipscomb, Basil Blackwell, 1979, p. 49.

宗教历史，社会和宗教结合在一起，社会结构就是宗教结构；巫术宗教是社会生活的中心，个人与群体联结在一起，社会统一体由神圣价值维系；但社会结构中存在分化和分层，以及朝向世俗生活方式的发展。在宗教历史和社会历史的分化阶段，宗教和凡俗之间的分化开始了，个体意识出现，社会去神圣化逐步发展了，但人们还保留着深刻的神圣感；社会是神圣的，社会观念涉及超自然观念。去神圣化阶段，社会发展逐渐独立于宗教，世俗社会与宗教之间的联结削弱了；启蒙运动使大众脱离了宗教，社会实现了去神圣化，后者随着工业社会的出现而迅速传播，但世俗和宗教仍共存于个人中。

神圣衰落是社会变迁过程，也是历史发展趋势，在社会中表现为宗教性的衰落，阿奎维瓦从不同方面和角度对工业化时代神圣衰落进行了历史考索。首先，社会文化中非宗教发展了，从 10 世纪开始到 19 世纪，文化和社会生活凡俗化特征逐渐明显，知识从神学和宗教价值中解放了出来，经验主义和理性主义扩展了，文化、艺术和哲学以及科学技术领域去神圣化了；货币经济快速发展，世俗商业阶层壮大，城市规模扩大，市民社会自我意识提升，社会结构中更少宗教性；工业革命引发了经济和社会组织变迁，强化了都市化进程，破坏了宗教实践和宗教性。其次，宗教领域发生了变迁，主要表现在宗教职业、宗教实践、大众宗教性减少和降低等方面。宗教改革之前，教会宗教借助超自然宣称维持着在社会中的主导地位，"神圣"实践遍及社会生活的每个方面，并混合了巫术、迷信和神秘主义，稳固的教会宗教与强烈的大众宗教性联系在一起。随着文化的转型和工业经济的出现，尤其是启蒙运动和法国大革命的冲击，宗教实践衰落了，在 18 世纪末到 20 世纪中叶的西方社会表现得较为明显。再次，宗教在当今世界面临着普遍衰落的危机，工业发展、都市化、人口流动和社会变革强化了去神圣化过程，非宗教人口增加，都市成为去神圣化的中心，非宗教现象从城市发展到了乡村，社会生活更多的聚焦于凡俗领域，理性认知消解了人们的宗教感。

当然，从神圣体验是一种心理体验这一基本命题出发，在对去神圣化的历史追寻中，阿奎维瓦重点强调了作为逻辑-认知的个人行为，他认为后者才是解决宗教动态问题的关键。阿奎维瓦承认去神圣化是一种历史事实和过程，在工业化社会变迁的大背景中，这一过程与社会结构领域产生的新角色、观念和心理密切相关，沿着这一思路，他参考了社会经济背景（角色）与意识形态和文化背景（群体观念）二元分析结构，完善了解释去神圣化和世俗化的角色-观念-心理三重分析模式，其逻辑是：工业化社会变迁发生了，创造了新的角色，进而涉及观念和心理的变化，从中可以发现宗教态度和神圣感的变化。

纵观历史中的神圣现象，阿奎维瓦把工业社会的去神圣化确定在社会结构分化的过程中，分化是由劳动分工引起的，同时塑造了新的社会角色、职业和工作环境，个体在自主判断、选择的基础上扮演不同角色，不断改变惯习和观念，养成和修改自己的人格；科学技术和新道德观念出现并增强了，并随着现代化运载工具广泛交流和传播，改变了社会的认知心理，以理性的方式看待自然与人类现象，情感就不再起作用了，所有这些都是由工业社会的动态所支撑的。阿奎维瓦指出既定社会文化状态和既定宗教态度之间存在联系，所有的角色都与社会的去神圣化相关，工业化社会个体观念和心理取向消释了神圣体验的效力，更多地表现出了反宗教和非宗教的态度，这些都对宗教实践和社会宗教性产生了消极影响，强化了去神圣化和宗教性的衰落。因而阿奎维瓦断定说，作为去神圣化的场所，工业化社会环境诱发了现代社会的宗教危机，"只有根据一种综合的视角看待技术工业世界的发展，才能理解生活节奏中、感受性和感知中以及我们所追寻的逻辑发展中转型的重要性和意义"①，他还指出去神圣化不是偶然现象，而是社会迅疾变迁的结果，植根于人类心理和认知的变化，"神圣衰落的意义具有许多深刻的原因，其所产生的非宗教性在人类历史上前所未闻"②。

神圣的终结。从历史的角度来看，宗教在工业社会发生了持续的衰落，这是世俗化的经典论题，暗含了关于宗教未来命运的问题，相关的理

---

① Sabino Samele Acquaviva, *The Decline of the Sacred in Industrial Society*, Translated by Patricia Lipscomb, Basil Blackwell, 1979, p. 152.

② Sabino Samele Acquaviva, *The Decline of the Sacred in Industrial Society*, Translated by Patricia Lipscomb, Basil Blackwell, 1979, p. 161.

论观点都是基于历史的假设。阿奎维瓦承认历史动态并认同宗教历史分析路径，但他强调说作为宗教的一个方面，或者作为一种心理体验，神圣主要涉及个人对待宗教的态度和神圣感，因而必须在个人心理背景中寻找解答。然而他认识到神圣是一种先验范畴，形而上的考索并不能判断它在未来的结果，而且个人的神圣感和宗教态度会随着外部世界变迁而发生变化，因而必须结合神圣的外部表达，并把后者与工业技术秩序联系起来，在社会变迁的视角中考察神圣与社会的关系，理解和解释神圣衰落甚或神圣终结的未来趋向。

阿奎维瓦探究了经济发展、文化分层、社会关系等变量与神圣衰落之间的复杂关系，承认宗教实践和社会经济、教育水平之间存在联系，这些变量会随着时代的变迁而变化，并引起不同的个人心理、态度反应，其中包含对立和冲突。"危机"本身就暗示了对立的价值系统，常常与较低教育水平和经济状况的群体相关，他们容易受到非宗教性的影响而降低神圣感，最终导致宗教在这些群体中走向崩溃，相反教育水平和经济状况较高的群体倾向抵制去神圣化。另外，在阿奎维瓦看来人们的世界观是连贯的统一体，在理性科学逻辑和非理性宗教逻辑之间，以及在宗教和非宗教的认知之间存在着关联。在这一点上，阿奎维瓦明显避开了心理学分析，神圣体验通过神话、仪式和象征具体化为社会现实，显圣和凡俗杂糅在一起，使神圣带上了理性成分；同时神话、仪式和象征负载了文化知识，是神圣和凡俗两种认知领域之间的交流工具，神圣和凡俗在逻辑-认知统一体中整合起来。

正是神圣与社会的这种复杂关系，使人们很容易认为宗教在教会外的社会中找到了避难所，阿奎维瓦认为这是一种误解。教会外即社会宗教性是以世俗化为背景和以私人化为特征的。阿奎维瓦承认宗教私人化的现实，而且他的研究中心始终是个体的心理体验，所以他认为，宗教私人化也就是个体的神圣体验应该是衡量社会宗教性程度的标准，他把考察的重点放在了"完全他者"上，后者是区分宗教事实的基础，宗教危机很大程度上就是"完全他者"的危机。阿奎维瓦使用的"完全他者"等同于卢克曼的"超验"概念，都是超越了个体和社会秩序的精神实体，分别使个体和社会具有了意义，成为个体神圣体验和社会宗教性的基础，宗教私人化意味着"完全他者"的私人化。

在世俗化后工业社会中，私人和社会以及个人需要和社会需要之间的对比消解了，价值体系表明了消费社会的特征，服务而不是产品成为主导，社会宗教性脱离了传统的社会群体，成为一种自发的和私人化的宗教，表面上看社会还是宗教性的，不存在神圣和宗教的危机。但是消费社会自身排除了宗教性，宗教的意义涉及马尔库塞（Herbert Marcuse，1898—1979）所谓的"超验的投射"，"完全他者"在个体和社会两个层面同时被干缩、贬低甚至分解了，通常采用了道德或人格原型的形式，被掩盖在世俗化社会的凡俗之中了，个人抛弃了神圣观念，不再维持一种体验的维度了。

宗教危机是世俗化与工业社会新要素共同作用的结果，以去神圣化为基本特征，在个人神圣体验和社会宗教性两方面有不同的表现，这也就是所谓的"内在世俗化"和"外在世俗化"。阿奎维瓦聚焦于心理层面的"神圣体验"，在持续的世俗化背景中讨论了工业化社会的宗教危机，明确提出了"神圣衰落与社会和人类心理中的变迁紧密相连"的命题；[①] 在对后工业社会宗教命运的判断中，阿奎维瓦悲观的断言"我们见证了'神圣的终结'"，人类精神在整体上已经私人化和去神圣化了，并且预判说，"从宗教的观点看，人类已经进入了漫长黑夜之中，而且一代比一代的夜色更为黑暗，看不到结尾"[②]；去神圣化是不可逆的，世俗化过程不会结束或发生实质性逆转，宗教的终结也是不可避免的，这一切都与传统、文化和价值的崩解联系在一起。

现代社会神圣感的丧失是一种明显的趋势，它改变了宗教性的内容，与宗教衰落密切关联，但去神圣化是一个复杂过程，涉及多方面的原因，它没有完全消除人们对精神生活的需要，人们依旧经常陷入了"不确定性、疑虑和生存危机中"，需要宗教缓解痛苦和不安全感，意识底层仍然

---

① Sabino Samele Acquaviva, *The Decline of the Sacred in Industrial Society*, Translated by Patricia Lipscomb, Basil Blackwell, 1979, p. 201.

② Sabino Samele Acquaviva, *The Decline of the Sacred in Industrial Society*, Translated by Patricia Lipscomb, Basil Blackwell, 1979, p. 201.

保留着神圣的位置，神圣有可能凸显出来并进入社会，获得自我更新，结束不确定性的"漫长黑夜"。因而从神圣意义在社会中的表现来看，神圣体验的衰落并不意味着神圣的绝对终结。

四　考克斯：世俗之城与世俗神学

哈维·考克斯是一位神学家、历史学家和比较宗教学者，他是哈佛大学神学院神学教授、哈佛大学霍利斯（Hollis）讲席荣誉教授。考克斯1929 年出生于宾夕法尼亚州，先后在宾夕法尼亚大学（University of Pennsylvania）和耶鲁大学学习，1963 年获哈佛大学宗教历史与哲学博士学位。1955—1958 年，曾在欧柏林学院指导宗教活动，自 1965 年起任教于哈佛大学神学院和哈佛大学文理学院，他的研究与教学专精于宗教、文化与政治的互动，研究项目包括西方宗教与都市化、神学和宗教发展。他曾担任安德沃纽顿神学院（Andover Newton Theological School）、布兰迪斯大学（Brandeis University）、那洛巴学院（Naropa Institute）与密西根大学（University of Michigan）的客座教授。

考克斯是一位多产作家，主要著述如《上帝革命与人类责任》（*God's Revolution and Man's Responsibility*，1965）、《世俗之城：神学视野中的世俗化与都市化》（*The Secular City: Secularization and Urbanization in Theological Perspective*，1965）、《精神的诱惑：利用和滥用人们的宗教》（*The Seduction of the Spirit: The Use and Misuse of People's Religion*，1973）、《世俗之城中的宗教：后现代神学视角》（*Religion in the Secular City: Toward a Postmodern Theology*，1984）、《天堂之火：灵性的兴起和宗教的重塑》（*Fire from Heaven: The Rise of Pentecostal Spirituality and the Reshaping of Religion in the Twenty-First Century*，1995）、《信仰的未来：宗教的兴衰与灵性时代的复苏》（*The Future of Faith: The Rise and Fall of Belief and the Coming Age of the Spirit*，2009）等。考克斯田野调查功底深厚，个人自传阐义精要，其学术理念受到田力克（Paul Tillich，1886—1965）、朋霍费尔（Dietrich Bonhoeffer，1906—1945）、奥托等人的影响。考克斯的畅销书《世俗之城》从都

市化背景中社会激进转型的视角考察了当代宗教，提出了"以世俗的时尚谈论上帝，为圣经概念找到非宗教的解释"的神学发展的时代命题，[①] 该书出版以后享誉学术界，先后被翻译成十几种语言，销售超百万本，被誉为20世纪西方宗教神学最有影响力的书籍之一，奠定了考克斯在国际上的神学与宗教研究学术地位。《信仰的未来》是考克斯80岁高龄时出版的成熟之作，关注了当今宗教领域正在发生的变迁，他看到了宗教关怀正在从教义转向道德指训和灵性修炼，宗教逐渐远离了等级分层、地域和制度宗教。考克斯解释了宗教的历史和未来，揭示了教义和教条宗教正在让路于草根宗教运动，后者植根于社群、社会正义和灵性体验。

世俗化论题。西方学术界习惯在宗教典籍中寻找文化的源头，认为现代自然科学、社会制度、多元文化甚至世俗化都是宗教影响历史的结果，"世俗化是一种解放，它本身植根于圣经信仰"[②]。考克斯认为西方宗教滋养和支持了世俗化，其中传说的三个关键情节分别引起了三个维度的世俗化，即开始于创世纪的"自然的祛魅"；开始于"出埃及记"的"政治去神圣化"；以及开始于西奈约法的"价值除圣"，尤其是开始禁止偶像崇拜。

在考克斯看来，"世俗化"是一个描述性词语，描述了宗教在不同层面的变迁过程，最初专指神职人员职分俗化为教区责任的过程，后来又指教皇权力和政治分离的过程，另外还指文化整合中宗教象征要素消失的过程。政教分离过程贯穿了启蒙运动和法国革命并在之后持续进行，文化世俗化是政治和社会世俗化的伴随物，依赖于具体的历史环境。世俗化是一种不可逆转的历史发展过程，"在这个过程中，社会和文化从宗教控制和封闭的玄学世界观的监护中脱离了出来"[③]，世俗化有不同的表现形式，取决于相关地区的宗教和政治历史。

韦伯曾把自然从宗教掩蔽中解放出来称作"祛魅"。考克斯认为希伯来人的创世观念把自然从神圣中分离出来，并把人从自然中区分了出来，开始了前世俗社会的祛魅过程。创世纪中的起源传说是一种"无神论宣

---

① Harvey Gallagher Cox, *The Secular City*, Penguin Books, 1968, p. 18.
② Harvey Gallagher Cox, *The Secular City*, Penguin Books, 1968, p. 227.
③ Harvey Gallagher Cox, *The Secular City*, Penguin Books, 1968, p. 34.

示"，破坏了巫术的基础，不管是人类还是上帝，都不是以它们与自然的关系来定义的，都具有了历史意义，而且自然能够被人类所利用。一方面，人类可以通过实践的方式认识自然、利用自然；另一方面，人类与自然的关系不再是亲属联结，自然不再是人类的神灵，也不提供救赎。人类作为主体自主地面对自然，人类不再是自然的表述，自然也不再是一个神圣的实体。自然世界的祛魅为自然科学的发展准备了前提基础，也构成了现代都市化的必要条件。西方宗教在消除传统宗教对科学和技术的限制中发挥了作用，自然的祛魅是世俗化的一个必要方面。①

西方宗教典籍中记载的"出埃及记"传说描述了当时的人们从政治、文化和经济的束缚中解放出来，获得了新的象征、价值和认同。考克斯认为传说中的政治去神圣化是重大的政治变迁，这个过程与自然的祛魅密切相连，因而具有了历史意义，但不是自然为政治和社会变迁提供了可能条件。围绕政治去神圣化这一事件，希伯来人组织了他们对现实的整体认知，象征着人们从圣礼政治秩序中解脱了出来，摆脱了被宗教合理化了的君王，进入了以权力为基础的政治世界，从而走进了历史，迈入了社会变迁，早期的西方宗教显著促成了政治去神圣化，展示了一种"神圣的世俗"。然而世俗化是一个过程而不是一种状态，因而圣礼政治可能并没有被完全消除，但是现代社会世俗化力量无所不在，最终会增强政治去神圣化的趋势。②

世俗化强调在特定社会和历史背景中看待世界，世俗世界的价值相对化了，切断了与任何终极意义的联系，不再是神圣意志的表达。价值相对化是世俗化整体维度中的一个方面，部分地产生于反对偶像崇拜的过程中，禁止偶像是传说中的"西奈约法"的一部分。西方宗教典籍没有否定神灵及其价值，却使它们相对化了，把它们作为人类的投射，成为"人类的作品"。西方宗教历史中持续存在的破坏圣像运动是除圣的一种形式，价值相对化消融了传统的社会团结，新的价值共识要求把所有人纳入世俗化过程，不再认为自己的价值是终极的，价值系统在事实上是相对的，

---

① Harvey Gallagher Cox, *The Secular City*, Penguin Books, 1968, pp. 35–38.
② Harvey Gallagher Cox, *The Secular City*, Penguin Books, 1968, pp. 39–43.

"我们的任务是滋养世俗化过程，防止它变成一种僵化的世界观，并阐明它在圣经中的根由"①。考克斯指出价值相对化并不一定导向个人或群体的唯我主义和道德的无政府主义以及形而上的虚无主义，健康的相对主义会为多元化社会提供哲学基础。

在分析西方宗教典籍中传说的基础上，考克斯归纳了世俗化三个主要方面的内容，世俗化表达的是人类时代到来，增强了人类的自主和责任，因而也增进了人类自身的成熟。世俗化是划时代的运动，人类的注意力从彼世转移开来，开始关注此世和现时；把人类从宗教和形而上的监护下解放了出来，使人类不再专注于宗教，相对化了宗教世界观，"标志着人们把握生活和理解生活的方式变迁"②；宗教在世俗都市公共生活中的重要性降低了，走向了个体化，作为私人事务而存在；多元主义和宗教宽容是世俗化的结果，社会不再把任何特定世界观强加在民众身上。考克斯对世俗化持乐观态度，认为世俗化的过程不会逆转，神灵"形而上的象征消失了，世界越来越成为'纯粹的世界'，剥夺了圣礼和宗教的品格；人类越来越多地成为'人'，丧失了神话意义和礼仪夕照，后者是人类历史上宗教阶段的鲜明特征。这个阶段现在结束了，人类必须承担此世的责任"③。

世俗之城。考克斯把世俗化的现代社会比喻为一座城市，即"世俗之城"，通过借用法国哲学家梅洛·庞蒂（Maurice Merleau-Ponty，1908—1961）"生存方式"这一概念，他在世俗之城的生活方式中区分出了两个要素，即"形态"和"风格"，前者指的是社会构成，后者指的是文化风尚。世俗之城代表了一个新的时代，新的社会"形态"支撑起了特殊的文化风格，这个时代有自己特征性"形态"即技术，因此考克斯还用"技术都市"（technopolis）一词表达了现代社会文化风格不断融入了技术和政治要素，代表的是一种新的人类社群。在世俗之城中，道德和意义越来越少地受到宗教规则和仪式的限定；缺乏包罗广泛的、居高临下的关于个人和宇宙的终极价值及其解释系统；宗教或玄学丧失了确定性，变得边缘化

---

① Harvey Gallagher Cox, *The Secular City*, Penguin Books, 1968, p. 49.
② Harvey Gallagher Cox, *The Secular City*, Penguin Books, 1968, p. 15.
③ Harvey Gallagher Cox, *The Secular City*, Penguin Books, 1968, p. 227.

了，成为一种群体认同甚或业余爱好或审美愉悦；世俗化并不迫害宗教，因此世俗之城并不反对宗教教权或者反对宗教狂热，需要明确的是，作为一位神学家，考克斯内心仍为现代社会中的宗教留出了存在的空间。

为了更为明晰地描述"世俗时代"，考克斯在历史变迁的视野中比较了三种文化时代，它们分别代表了人类社群的不同模式，即"部落"、"城镇"和"都市"。考克斯认为不能脱离经济和社会背景来研究一个社会的文化和宗教，宗教是嵌入行为和制度中的，社会和经济模式的改变总是引起了宗教的变迁。部落、城镇和技术都市代表的是不同的社会、经济和政治社群，意味不同的信仰体系，经历了从信仰鬼怪到信仰神灵、从符咒到祈祷、从萨满到神职人员，以及从神话和魔术到宗教和神学的转变。部落社会展示了特定的共同特征，宇宙观反映了血亲关系和图腾崇拜，考克斯认为应该把部落生活作为一个过程来研究，而不是作为一个稳定的范畴来对待。从部落到城镇的过渡转型代表了人类历史的决定性突破，组成了一种新的社会形态，它的代表就是城邦的出现。城镇中确立了忠实于法律的原则，神灵取代了亲属联结；部落神灵降级了，新的宗教出现了；宇宙观反映了天国之城即神灵寓所模式，宇宙是城邦和领地的象征；货币的出现终结了部落存在，扩大了与外部世界接触的机会；书写发展减少了对萨满和神谕的依赖，成为商业贸易的工具和获取知识和权力的途径；"陌生人和外部人"变成了城镇市民。城镇时代发展了印刷和书籍、理性神学、科学革命、资本主义和官僚科层，这一切正是韦伯所称作的"理性化"。都市代表的是以人类主导、理性规划和科层组织为要素的世俗之城，传统的宗教掌控瓦解了，神灵从中逃离了，"俗世已经变成了当代人的城市，他的城市已经延伸并包括了俗世。这个过程就是世俗化"①。作为科学技术进步的结果，都市化带来了人们生活方式的变迁，影响了理解生活意义的方式，传统世界观崩溃了。在考克斯看来，"都市化"不只是指人口规模和密度在数量上的增大，不是指地理范围或者特定的政府形式，也不仅仅指城市，而是负载了高度流动性、经济聚集和大众传播工具等现代性本质要素。重要的是数量的发展释放了质量的变化，都市化意味着一种全新的公

---

① Harvey Gallagher Cox, *The Secular City*, Penguin Books, 1968, p.15.

共生活结构，意味着传统道德准则与熟人关系解体；意味着功能关系的多样化和非人格性；也意味着宗教宽容。考克斯指出部落时代、城镇时代和技术都市不是先后相继的，也不是相互排斥的，城镇文化是部落-技术都市、公社-集体形式之间的一种过渡阶段，"我们所有的人都是部落的、城镇的和技术都市的，但是后者的文化是未来的潮流"①。

考克斯把世俗化和都市化看作一种过程，同时也把世俗之城看作理解社会历史变迁的一把钥匙，他比照西方宗教典籍中"创世纪"、"出埃及记"和"西奈约法"等传说母题，解释了当今世界即世俗之城中两种事实之间的关系，即都市文明的兴起和传统宗教的衰落，前者是时代背景，后者是世俗化的结果，"世俗化不仅会先于都市化，而且会紧随都市化而产生"②。

世俗之城是一种技术社会，其社会结构具有特定形态，文化系统显示了独特风格。现代都市社会结构形态具有两个基本特征，即匿名性和流动性，它们是维持都市生活不可或缺的要素，而且二者与宗教信仰是一致的。匿名性为人们提供了摆脱律法传统束缚的可能性，保留了个人隐私，这可以在宗教典籍中找到依据，当然这是考克斯作为神学家的牵强理解。都市化有助于人们具备更多的自主性和做出多样的选择，但需要纪律调节人们的行为；都市社会关系是多方面的和"碎片化的"，存在明确的私人和公共区分。从神学上来理解，律法意味着传统习俗和约束，意味着"此世标准"，而福音意味着选择和回答，意味着未来的自主决定。匿名性摆脱了律法，都市化突破了前都市社会的束缚，都市人也摆脱了习俗，有了自主选择的机会。现代社会的流动性增强了，表现为地域流动、职业流动、地位流动、阶层流动等形式的社会流动，流动个体对新观念和可能性普遍抱持宽容态度。流动性、都市化和社会变迁三者紧密联系，地域流动总是指向都市中的社会和职业流动，空间上的流动表明了知识、经济或者心理上的移动，进而影响了现实社会权力结构的变迁，高度流动性引起了传统宗教的衰落，考克斯从神学的角度对现代社会的流动抱持积极态度。

社会结构风格指的是"社会投射自我形象的方式，以及社会组织价值

---

① Harvey Gallagher Cox, *The Secular City*, Penguin Books, 1968, p. 20.
② Harvey Gallagher Cox, *The Secular City*, Penguin Books, 1968, p. 135.

和意义的方式"①，世俗都市的社会结构风格是社会结构形态的反映，反过来影响和改变了作为基础的社会结构形态。形态和风格相互影响，共同构成了世俗之城生存方式的构型整体。世俗之城具有两种基本风格，即实用主义和凡俗性。"实用主义"排除了神秘要素，是依据"在实践中将会获得的结果"来界定的。都市世俗之人看待问题和理解真理都是实用主义的，关注的是"实践的和物质的事务"，不涉及"宗教的"问题，也很少关注"边界问题"和形而上的思考。"凡俗性"指的是世俗人完全立足于尘世，不再从任何远离俗世的角度来定义生活现实；世俗人之所以是凡俗的，不是说他亵渎了神圣，而是说他"与宗教无关"，"不是根据彼世看待世界，而是以自身看待世界"②。实用主义和凡俗性不是现代人成长的藩篱障碍而是成熟完善的通途大道。考克斯概括说，"世俗之城是这样的一个社会，它提供了一种背景，人类目的和规划的大杂烩在其中能够茁壮成长，因为它们都认为自己是暂时的和相对的。真正的世俗性要求没有正式强制的世界观、传统和意识形态……这反过来要求多元化社会"；"都市世俗之人走出了神秘和本体论年代，走进了功能主义时代，丢弃了部落和城镇风格，变成了一个技术社会的人"③。需要批评的是，考克斯认为所有这些在宗教典籍中都有展示，"神学中没有哀婉，它是鲜活的，福音书并没有召唤人们返回到早期发展阶段，回到依赖、敬畏和宗教性中，而只是召唤想象的都市性和成熟的世俗性，它不是召唤人们放弃对此世问题的兴趣，而是接受此世问题的全部重负，召唤成为技术时代的人"④。

都市化"代表的是人们努力应对新的历史现实，构想新的生活方式，即在一个越来越互惠的体制中平等地与他人生活"⑤，它为世俗化提供了宏大的背景。都市社会瓦解了传统秩序和神圣联结，塑造了人类行为的新模式，强调相互依赖，体现了世俗性的自主和解放，例证了人类的成熟和责任，其过程远没有结束。然而技术都市同时暗示了技术基础与制度结构之

① Harvey Gallagher Cox, *The Secular City*, Penguin Books, 1968, p. 73.
② Harvey Gallagher Cox, *The Secular City*, Penguin Books, 1968, p. 73.
③ Harvey Gallagher Cox, *The Secular City*, Penguin Books, 1968, p. 82.
④ Harvey Gallagher Cox, *The Secular City*, Penguin Books, 1968, p. 96.
⑤ Harvey Gallagher Cox, *The Secular City*, Penguin Books, 1968, p. 135.

间的张力和失衡，导致了革命性社会变迁，需要从制度上引导和控制，也需要做出世俗化的应对，"世俗化召唤人们行动，创造了自己的间隙，激励人们去闭合它"①。

世俗之城确立了一种新的处境，世俗化在其中持续进行。"世俗化是人类的行为，代表了客观现实，一种新的时代，我们在其中发现了自己"，它消解了宗教意义，打破了形而上，人类成熟起来，改变了态度，采取了新的价值定位，"世俗化发生了，我们失去了传统意义和价值资源"②；人们发挥了充分创造力，扮演着不同角色，并承担相应的责任，自主地参与社会和文化活动，准备应对新历史现实。世俗化消除了圣礼秩序和规则，把日常工作从宗教和形而上的支配下解放了出来，塑造了新的工作原则和组织形式，采用了技术程序和科层模式，形成了未来定向，使工作具有了世俗价值和意义。考克斯在这一点上借鉴了韦伯的学术观点，把世俗工作看作品格培养或奉献行为，从而把道德和经济联系起来，同时也体现出了自己的神学阐释立场。世俗化影响了宗教教育，后者不再是大学的基本功能，而教育则变成了一种世俗制度，宗教主导的时代已经结束了。

考克斯从跨文化角度透视了欧美以及亚非拉等地世俗化和都市化的不同历程，认为历史文化的巨大差异显著地造成了技术社会多样性的生存方式，同时证明了世俗化进程的多样路径，多样性是构成人类社会的必要条件，应该捍卫这种异质性。但他指出世俗化和都市化把人们丢进了不可避免的空前危机之中，因而需要做出全方位的应对准备。

世俗神学。都市化和世俗化开启了许多新的可能，现代社会的宗教实践证明，宗教必须对迅疾的社会变迁做出回应，也需要新的神学对世俗之城做出解释，在考克斯看来这是一种关于社会变迁的神学，"当今的任何教会神学的出发点必须是社会变迁的神学"③。

考克斯对历史神学持批评态度，"历史神学经常是误导的"，适应于社会变迁，他倡言做出新的神学解释，这种神学能够表达新的伦理道德，可

① Harvey Gallagher Cox, *The Secular City*, Penguin Books, 1968, p.128.
② Harvey Gallagher Cox, *The Secular City*, Penguin Books, 1968, p.135.
③ Harvey Gallagher Cox, *The Secular City*, Penguin Books, 1968, p.117.

以重塑世俗之城中宗教生活。世俗之城是人类的勋绩，要求理性和专门技术，强调了社会变迁，同样体现和包含了宗教，但使后者具有了新的想象。在世俗之城中，宗教扮演了不同的结构角色，发挥了不同的系统功能，显现的是"历史事件"，而后者可以称作"社会变迁"。作为世俗之城中的教会，它受到了俗世定义和塑造，这意味着教会必须突破传统，消除神话意义，走出历史，不断回应现代社会的变迁。适应于迅疾分化的社会，未来西方教会生活必定会采用分化的、专门化的形式。

考克斯对宗教有着自己独特的理解，宗教是包含意义的簇体，"是一簇记忆和神话、希望和想象、礼仪和习俗，它把个人或者群体的生活一同放入了一个有意义的整体中"；宗教无处不在，"联结着生活，提供了意义，统一了人类事件，指引人们做出决定"①。他概括了宗教的三个要素，即"起源神话，创世与崩溃""投射了救赎和开悟，描绘了拯救和解脱"，以及摆脱崩溃状态。可以看出，考克斯对宗教做出了宽泛的描述，而且表明的是西方宗教的神学话语。根据表述的不同载体，考克斯进而把宗教区分为传说、信号两种形式；其中传说又可分为个人的自述以及作为集体传说模式的"大众宗教"，而后者又可分为民间宗教和流行宗教；信号则是由专家编码并经过系统化，且由专家控制和散布的宗教形式。传说混杂了社群情感、价值和历史，是记忆和期待；信号则使大规模的、复杂的群体联结成为可能，考克斯强调说社会既需要传说，也离不开信号。

考克斯想要强调的是宗教以传说和信号满足了人类精神需要，但是当代社会遭受到了过多的信号干扰，"这是传说和信号关系中的另一种歪曲，它损害了人类社群结构甚至于引起失衡"，"当信号开始充当传说时，当控制暗示伪扮成其他事物时，这就是我称作的'精神的诱惑'"②，即"为了控制和主导的目的有计划地扭曲人们自然的和健全的宗教本能"③，这是对宗教的滥用。因而就健康的信仰而言，当今社会更需要的是保持传说宗教和信号宗教之间的平衡，以此摆脱大规模有组织、有计划的程式和

---

① Harvey Cox, *The Seduction of The Spirit*, Wildwood House, 1974, p. 14.
② Harvey Cox, *The Seduction of The Spirit*, Wildwood House, 1974, pp. 15-16.
③ Harvey Cox, *The Seduction of The Spirit*, Wildwood House, 1974, p. 16.

外部信号的控制。考克斯认为不但组织化的教会宗教和教派宗教是信号宗教，而且大众传媒信号簇也可被理解为宗教，"指导决定，灌输认知，提供了行为实例"①。但当代社会的信号宗教是一种伪装的宗教形式，对传说宗教构成了威胁，"生活是在冲突的价值和完全不同的信仰中进行的一系列永无止境的选择，我们自己不做出选择的时候，别人已经为我们选择了"②。后宗教时代需要的是传说的角色，而不是不断强化的制度化和程式性。考克斯看到大众宗教在当代复苏了，"是到了复兴见证和大众宗教的时候了"③；信仰的本质在这种宗教中发生了深刻变化，"'信仰'作为一种生活方式所具有的务实和经验元素，正在逐渐取代以往强调的体制和'信念'"④。

为了更为准确的理解当代社会宗教的结构性变化，考克斯在信仰与信念之间做出了区别。信仰作为一种生活方式，"涉及深层次的信心，在日常生活中，我们通常用在信任的人或珍视的价值观上面。这正是神学家田立克所谓的'终极关怀'"；而信念"更像是一种意见，一般我们常用这个词来表达某种程度的不确定性"⑤，所信的对象和内容往往是假设性的，真实的存在性在信念中较为软弱，相对信念而言，信仰对人们的生活极为重要。

考克斯认为西方宗教历史表明它本身并不是一种信条宗教，"教义只是基督徒在某些时候寻求代表自己信仰的符号而已"⑥。西方宗教历史经历了三个时代，信仰时代在最初的三个世纪，这时候不存在教义，信仰的意义是成为信徒；教理时代在 4—20 世纪，经历了希腊哲学和罗马帝国的社会制度，是信念时代，教会制定了原则，并用信条取代了信仰，强调正统

① Harvey Cox, *The Seduction of The Spirit*, Wildwood House, 1974, p. 14.
② Harvey Cox, *The Seduction of The Spirit*, Wildwood House, 1974, p. 15.
③ Harvey Cox, *The Seduction of The Spirit*, Wildwood House, 1974, p. 12.
④ 哈维·考克斯：《信仰的未来：宗教的兴衰与灵性时代的复苏》，郭胜杰译，台北，启示出版，2016，第 22 页。
⑤ 哈维·考克斯：《信仰的未来：宗教的兴衰与灵性时代的复苏》，郭胜杰译，台北，启示出版，2016，第 22 页。
⑥ 哈维·考克斯：《信仰的未来：宗教的兴衰与灵性时代的复苏》，郭胜杰译，台北，启示出版，2016，第 24 页。

与"正确的信条"，同时固化了教阶制度。君士坦丁（306—337）时代，313 年颁布米兰诏书（Edict of Milan），敕定基督教为合法宗教，西方宗教"融入了僵化的帝国方阵，加进更多必要的信念，从而为接下来几百年每个阶段的基本教义派的登场埋下了伏笔"[①]，人们习惯把教义即理念、教条和教理作为宗教核心，推崇理性思维，但对宗教的理解局限于形而上，西方宗教成为具有教义、神职体系的制度化宗教。此后虽然历经了文艺复兴和宗教改革、启蒙运动和法国大革命、欧洲世俗化以及 20 世纪反殖民主义运动等重大历史过程，但都未能改变"教理时代"的基础。灵性时代是 21 世纪的新潮流，更接近于"信仰时代"，它面向未来，破除了传统宗教藩篱，强调信仰，忽略教条，但目前尚处于朝向新时代的过渡时期。

考克斯一面回首历史，一面远眺未来。他看到了当代西方宗教信仰的复兴，但教条正在逐渐凋零。他强调宗教体验和感受，也对信仰极尽褒美之词，"宗教吸引多数人的元素依旧是体验，而不是教义"[②]，信仰比信念更深刻，"信仰是身体力行而不是朗诵格言"[③]，当今的神圣体验正在取代神圣教会。考克斯跨越西方宗教范围，研究了犹太教、伊斯兰教、印度教以及流行日本的禅宗等世界宗教的历史与实践，认为在全球化脉络下，这些宗教相互交融，它们共同的特性是抛弃了"教理"而拥抱了"体验"，释放了信仰。在他看来，拉丁美洲的新兴宗教运动点燃的正是信仰的火焰，颠覆了制度性宗教，打破了传统教会框架，从教理中解放了出来，重新回向了早期教会的"信仰时代"。

20 世纪 90 年代，全球范围内的佛教、印度教、基督教、犹太教、伊斯兰教、神道教以及教派宗教呈现活跃复兴的局面，拉丁美洲、非洲和亚洲部分地区的新兴宗教运动引起了欧美学者的关注，相关问题也引起了考克斯的深思，他通过查阅资料、调查拜访、参加会议和聚会，考察了四大

[①] 哈维·考克斯：《信仰的未来：宗教的兴衰与灵性时代的复苏》，郭胜杰译，台北，启示出版，2016，第 27 页。

[②] 哈维·考克斯：《信仰的未来：宗教的兴衰与灵性时代的复苏》，郭胜杰译，台北，启示出版，2016，第 36 页。

[③] 哈维·考克斯：《信仰的未来：宗教的兴衰与灵性时代的复苏》，郭胜杰译，台北，启示出版，2016，第 45 页。

洲教会，通过解释新兴宗教的内部意义和吸引力源泉，为理解大范围宗教信仰的高涨提供了线索。

新兴宗教大多是一个由神圣覆盖的包容性社群，注重于宗教体验而不是宗教信仰。通过拜访新兴宗教教会和研究它们的历史，考克斯发现世界范围的新兴宗教运动主要是一种都市现象，在大城市中增长迅速，结合了现代社会的许多传媒方式，综合了不同的宗教传统，也杂糅了催眠术、符咒、抽搐和入神等部落宗教和民间宗教要素。考克斯认为西方宗教窒息了原初的信仰，新兴宗教之所以成功，是因为他们对社会变迁做出了回应。变迁的基本背景是世界范围内大规模都市化，大城市人口持续增加，乡村和小城镇人口不断衰减，人口流动和相应的文化转型斩断了与传统宗教的联系，但都市化过程中的文化冲击又迫使他们努力恢复古老象征和信仰。文化变迁引发了新的宗教状况，"双管齐下的幻灭，即传统宗教及其制度表述与技术进步和理性启蒙的虚假宗教，结果大量新近都市化的大众既没有满足于世俗化，也没有满足于'古代的宗教'，而是走向了第三种选择"，"开始使用古老信仰的碎片构建新的精神认同"。① 考克斯认为现代社会充满了世俗性，但不意味着信仰正在衰退，任何宗教运动必然与文化密切相关，文化变迁是宗教变迁的基础，当代的宗教运动表明的是价值和认知模式重组的新态势。

---

① Harvey Cox, *Fire From Heaven*, Da Capo Press, 2001, pp. 104, 105.

| 第七章 |

危机与选择：贝格知识社会学视角

彼得·贝格（Peter Ludwig Berger，1929—2017）是闻名国际学术界的奥地利裔美国社会学家、宗教学家，也是路德教派神学家。贝格出生于奥地利维也纳，20 世纪 40 年代末，他和家人移居美国，在瓦格纳学院（Wagner College）获得学士学位，1954 年在纽约社会研究新学院（New School for Social Research in New York）获博士学位，受到任教该校的现象社会学代表人物阿尔弗雷德·舒茨（Alfred Schultz，1899—1959）的学术影响。之后的数年间，贝格先在北卡罗来纳大学格林斯伯勒分校（University of North Carolina at Greensboro）担任助教（1956—1958），后在哈特福德神学院（Hartford Theological Seminary）担任副教授（1958—1963）。20 世纪 70 年代，贝格曾担任纽约社会研究新学院、罗格斯大学（Rutgers University）社会学教授，并编辑期刊《社会研究》（*Social Research*）。1981 年以后担任波士顿大学（Boston University）社会学和神学教授，直到 2009 年退休。1985 年，贝格主导建立了经济文化研究所（Institute for the Study of Economic Culture），即后来的文化、宗教和世界事务研究所（Institute on Culture，Religion and World Affairs，CURA），并长期担任主任，这个研究所目前隶属于波士顿大学帕迪全球研究学院（Pardee School of Global Studies）。

贝格学术志趣广博，思路开阔，研究主题涉及当代政治、经济、社会、文化和神学等重大前沿问题，尤其是知识社会学、宗教社会学、现代化以及神学等领域的基本理论研究可谓影响广泛。主要著述如《会堂的噪声》（*The Noise of Solemn Assemblies*，1961）、《与社会学同游：人文主义视角》（*Invitation to Sociology: A Humanistic Perspective*，1963）、《神圣帷幕：宗教社会学理论之要素》（*The Sacred Canopy: Elements of a Sociological Theory of Religion*，1967）、《天使的传言：现代社会与超自然再发现》（*A Rumor of Angels: Modern Society and the Rediscovery of the Supernatural*，1969）、《献祭的金字塔：政治伦理与社会变迁》（*Pyramids of Sacrifice: Political Ethics and Social Change*，1974）、《异端的律令：当代宗教确信的可能性》（*The Heretical Imperative: Contemporary Possibilityes of Religious Affirmation*，1979）、《直面现代性：社会、政治与宗教》（*Facing up to Modernity: Excursions in Society, Politics and Religion*，1979）、《遥远的荣耀：轻信时代寻找信仰》（*A Far Glory: The Quest for Faith in an Age of Credulity*，1992）、《给笑声正名：人类经验的喜剧性》（*Redeeming Laughter: The Comic Dimension of Human Experience*，1997）、《信仰问题：怀疑中确信基督教》（*Questions of Faith: A Skeptical Affirmation of Christianity*，2003）、《相对性时代宗教传统之间的对话》（*Dialogue Between Religious Traditions in an Age of Relativity*，2011）、《现代性的祭坛：多元化时代的宗教范式》（*The Many Altars of Modernity: Toward a Paradigm for Religion in a Pluralist Age*，2014）等。

贝格与托马斯·卢克曼合著《现实的社会构建：论知识社会学》（*The Social Construction of Reality: A Treatise in the Sociology of Knowledge*，1966）；与布里吉特·贝格（Brigitte Berger）合著《社会学传记》（*Sociology: A Biographical Approach*，1972）；与布里吉特·贝格、汉斯弗里德·凯尔纳（Hansfried Kellner）合著《飘荡的心灵：现代化与意识》（*The Homeless Mind: Modernization and Consciousness*，1973）；与凯尔纳合著《重新解释社会学：方法与天职》（*Sociology Reinterpreted: An Essay on Method and Vocation*，1981）；与布里吉特·贝格合著《勃谿之家：中间立场》（*The War Over the Family: Capturing the Middle Ground*，1983）；与格瑞斯·戴维（Grace Davie）、埃菲·福克斯（Effie Fokas）合著《宗教的美国，世俗的欧洲：一个主题与多种变量》（*Religious America, Secular Europe: A Theme and Variations*，2008）；与安东·泽德瓦尔德（Anton Zijderveld）合著《疑之颂：如何信而不狂》（*In Praise of Doubt: How to Have Convictions Without*

Becoming a Fanatic，2009）等。

另外，贝格主编了《上帝的另一面：世界宗教中的对立》（*The Other Side of God: A Polarity in World Religions*，1981），主编《社会团结的界限：多元社会中的冲突和调节》（*The Limits of Social Cohesion: Conflict and Mediation in Pluralist Societies—A Report of the Bertelsmann Foundation to the Club of Rome*，1998）；编著《世界的非世俗化：复兴的宗教及全球政治》（*The Desecularization of the World: Resurgent Religion and World Politics*，1999）；与塞缪尔・亨廷顿（Samuel Phillips Huntington，1927—2008）合编《多样全球化：当代世界中的文化多样性》（*Many Globalizations: Cultural Diversity in the Contemporary World*，2002）等。

贝格与卢克曼所著《现实的社会建构：论知识社会学》出版伊始就广受关注，被评价为知识社会学领域里程碑式著作之一，在1988年国际社会学会（International Sociological Association，ISA）评选出的影响20世纪社会学的十本书中，该书排在第五位，列在它之前的分别是韦伯的《经济与社会》、查尔斯・米尔斯（Charles Wright Mills，1916—1962）的《社会学想象》（*The Sociological Imagination*，1959），罗伯特・默顿（Robert King Merton，1910—2003）的《社会理论和社会结构》（*Social Theory and Social Structure*，1949）以及韦伯的《新教伦理与资本主义精神》。

贝格研究领域广泛、视角敏锐，被视为新经典世俗化理论的标杆式学者，[1] 他在知识社会学框架内表述了世俗化理论的经典命题即"现代性必然导致宗教衰落"，思考了由此而引发的宗教危机，又在现代性语境中反思了世俗化和多元化的逻辑关系，揭示了两种解释范式的内在联系，相关论述标新立异，独树一帜。

一　社会建构的世界

贝格是社会建构论（Social Constructivism）的代表人物，20世纪50年代他与卢克曼一同伸张并推动了20世纪20年代由德国哲学家舍勒（Max

---

① Karel Dobbelaere, *Secularization*, P. I. E. -Peter Lang, 2002, p. 17.

Scheler，1874—1928）所主倡的知识社会学研究。舍勒在 1925 年出版的《知识的形式与社会》（Die Wissensformen und die Gesellschaft）文集中使用了"知识社会学"（Wissenssoziologie）概念，强调既定社会中人类知识先于个体经验，并为后者提供了"意义秩序"，成为他看待世界的方式；相对于特定社会历史处境，舍勒把这种意义秩序称为"相对自然世界观"。①其后，曼海姆（Karl Mannheim，1893— 1947）、默顿和沃纳·斯塔克（Werner Stark，1909—1985）等人从不同的问题面向促进了知识社会学研究的发展。曼海姆认为人类思想必定会受到社会背景意识形态化的影响；②默顿从结构功能论的视角采用"显性功能"和"隐形功能"概念区分了有意图的、有意识/无意图、无意识的作用；③斯塔克重点关注了知识本身赖以存在的社会条件。④

知识社会学主要研究人类思想与思想所由产生的社会背景之间的关系，⑤"其中心问题是'真理'的社会学，而不是'谬误'的社会学"⑥，但直到 20 世纪 50 年代，其学科重要性尚未获得学术界充分认可，只是作为观念史的分支而存在的，正是在这种背景下，贝格等人主张在"系统的理论推理"基础上，"重新定义知识社会学的性质和范围，并将其从社会学理论的边缘推向核心"⑦。贝格等人遵循欧洲尤其是法国和德国经典社会学理论传统，引入马克思主义辩证观，同时受到了美国社会心理学、象征互动理论以及社会现象学的影响，并表达了深厚的人文主义理念，他们对日常生活与制度秩序的强调体现了奥地利裔美国哲学社会学家舒茨的现象

---

① Peter Berger, Thomas Luckmann, *The Social Construction of Reality*, Penguin Books, 1991, p. 20.
② Karl Mannherm, *Ideology and Utopia*, Routledge & Kegan Paul, ［1929］1936.
③ Robert King Merton, *Social Theory and Social Structure*, Free Press of Glencoe, 1957.
④ Werner Stark, *The Socrology of Knowledge*, Routledge, 1998.
⑤ Peter Berger, Thomas Luckmann, *The Social Construction of Reality*, Penguin Books, 1991, p. 16.
⑥ Peter Berger, Thomas Luckmann, *The Social Construction of Reality*, Penguin Books, 1991, p. 24.
⑦ Peter Berger, Thomas Luckmann, *The Social Construction of Reality*, Penguin Books, 1991, p. 29.

学视角，"这样做的目的是让社会学资料鲜活起来"①。

社会现实。贝格的理论融入了深刻的哲学思辨，他的基本命题是"世界是由社会建构并由社会维系的"②。"世界"是康德和黑格尔曾经采用和充分规定的概念，在他们的笔下指的是作为整体性存在的世界。贝格和卢克曼把人类社会看作一种"世界"建构活动。从现象学角度理解，"世界"被他们规定成了可感知的与不可感知的现实的总和，包括了物质世界和概念世界，并用"现实"与"知识"这两个术语阐释了人类存在需要面对的这种双重世界。在他们看来，知识社会学的研究对象应该是社会"现实"，而重点则是日常生活中被当作"现实"所知的常识性"知识"，后者具有确定性，"构成了各种意义的结构，离开后者，任何社会将无法存在"③。贝格遵循的是欧洲大陆经典社会学理论传统，迪尔凯姆曾把社会事实看作"物"，④ 也就是贝格所谓的"现实"，只是后者中负载了客观性；韦伯把认知对象看作主观意义关联体，⑤ 即贝格所言的"知识"，通过引入马克思的辩证观念，贝格把二者联系了起来，"知识"是一种"现实"，而"现实"则是"知识"的建构，知识社会学"必须研究人类社会中丰富多样的经验'知识'，而且必须研究所有'知识'被社会地建构为'现实'的过程"⑥。

贝格把"现实"规定为"现象的特性"，"现象是真实的，它们拥有具体的特性"⑦，由此区分并阐释了"社会现象"的多种"现实"即特性。

---

① Peter Berger, Brigitte Berger, *Sociology*, Basic Books, 1975, p. Ⅷ.

② Peter Berger, *The Sacred Canopy*, Anchor Books, 1990, p. 45.

③ Peter Berger, Thomas Luckmann, *The Social Construction of Reality*, Penguin Books, 1991, p. 27.

④ Emile Durkheim, *The Rules of Sociological Method and Selected Texts on Sociology and Its Method*, Translated by W. D. Halls, The Macmillan Press Ltd, 1982, p. 32.

⑤ Max Weber, *The Theory of Social and Economic Organization*, Translated by A. M. Henderson and Talcott Parsons, Oxford University Press, 1947, p. 101.

⑥ Peter Berger, Thomas Luckmann, *The Social Construction of Reality*, Penguin Books, 1991, p. 15.

⑦ Peter Berger, Thomas Luckmann, *The Social Construction of Reality*, Penguin Books, 1991, p. 13.

一是客观性，社会现象"独立于我们自己的意志，不能寄望它们会消失"①。二是强制性，社会现象会强行渗入到意识中，通过强制力量表达为政治、法律等社会控制机制，强制性自身具有客观性，"强制客观性把社会特征化为一个整体，呈现在所有的社会制度中，包括那些建立在合意共识基础上的制度"；"社会基本的强制性不是存在于社会控制机构中，而是存在于它的强力中，即构成并强加自己为现实的力量"②。三是差异性，这与特定社会背景相关，"差异"构成了不同社会中多样性的"知识"，而后者之所以被作为"知识"，则因它具有舒茨所谓的"理所当然"即"理然性"③，知识社会学理解的重点正是这种"差异性"及其社会背景。需要指出的是贝格所言的"差异性"表达了社会相对性本质，"理然性"则是主观的"视而有理"。四是多重性，贝格追捧舒茨的理念，借用了后者"多重现实"概念。舒茨把意识现象学和社会学理论联系起来，认为个人意识现实不是一个连贯的统一整体，存在性质差异和层次区域，即他所谓的"多重现实"，日常生活现实是最高现实，最具真实性和最强似然性结构，是定位的起点和出发点，与之相对，"意义的限定范围"是从最高现实中移出的现实，是限定的、暂时的，即奥托所谓的"完全他者"。五是不稳定性，所有社会现象都是不确定的，即使作为最高现实的日常生活，也常常由于起支撑作用的社会结构的破裂而被相对化，"个体发现自己处在一个完全不同的世界中"④；相对于现实"知识"负载的是一种"确定性"。

在贝格看来"日常生活现实"是最重要的现实，包含了"即时"和"即地"井然有序的时空要素，既包括人们相互的主观世界，也指他们共享的客观世界。首先，日常生活现实是社会互动，主体间通过各种典型化程式体现出了互惠关系，最基本的互动范本就是"面对面的处境"；社会互动逐渐远离面对面情景，趋向匿名，后者构成了日常生活的基本特征。

① Peter Berger, Thomas Luckmann, *The Social Construction of Reality*, Penguin Books, 1991, p. 13.
② Peter Berger, *The Sacred Canopy*, Anchor Books, 1990, p. 12.
③ Peter Berger, Thomas Luckmann, *The Social Construction of Reality*, Penguin Books, 1991, p. 15.
④ Peter Berger, *The Heretical Imperative*, Collins, 1980, p. 39.

其次，日常生活现实只有经由客观化才能展现出来，贝格把人类创造的符号系统强调为一种特殊而重要的客观化系统即意义。"所有客观化事物都可以被利用为符号，即使它们最初并不是为了利用而产生的"①，其中语言是人类社会最重要的声音符号系统，超越了所有日常生活现实，建构了语意和意义，可以客观化并保存、累积个人体验，建立起社会知识储存。再次，日常生活知识根据关联性构建起来，最基本的关联结构是现成的社会知识，而后者作为一个整体，也有自己的关联性结构。

辩证过程。社会现实包含了辩证关系，具有主观意义和客观真实性双重属性。韦伯把社会现实理解为人类意义的构成，迪尔凯姆理解为与人对立的外物。贝格采用了迪尔凯姆在《社会学方法的准则》中发展了的"独具一格的现实"即"社会"概念，用辩证的方法综合了二者的理解，分别指向社会现实的主观意义和客观真实性，即主体与客体的辩证，而且强调指出二者的结合才构成了完整的"现实"，否则"类似韦伯式对主观性的强调只会导致对社会结构现象的唯心论歪曲，而类似迪尔凯姆式对客观性的重视只会导致社会学意义上的物化"②。

贝格还借用黑格尔和马克思"外在化"和"客观化"概念，并在社会心理学语境中理解了"内在化"概念，指出这三个片段共同构成了社会现实，同时体现了人类和社会之间的辩证关系。在他看来社会不仅是作为客观的和主观的现实存在的，而且是由外在化、客观化和内在化组成的持续辩证过程。这三个片段分别对应社会世界的三个基本特性，即"社会是人类的造物；社会是客观的现实；人类是社会的造物"③。外在化、客观化和内在化的辩证构成了社会现实。

首先，外在化是人类存在的本质，社会植根于人类外在化关系中，"人类的存在打一开始就发生着持续的外在化。人类外在化自己的同时就

① Peter Berger, Thomas Luckmann, *The Social Construction of Reality*, Penguin Books, 1991, p. 50.
② Peter Berger, *The Sacred Canopy*, Anchor Books, 1990, p. 187：(2).
③ Peter Berger, Thomas Luckmann, *The Social Construction of Reality*, Penguin Books, 1991, p. 79.

把世界建构进了外在化自己的世界中"①。人类存在面对的是双重世界，即先于人类存在的世界和自己"创造"的世界。从人类学的视角来看，人类本质上具有"社会性"，人类创造世界的经验现实是社会行为。一方面，世界是开放世界，接受人类活动的塑造，获得了客观现实地位，同时也打上了人类造作的烙印。另一方面，人类本质上并不是封闭在自身内在性之内的，而是在不停的活动中表达自己，进行着持续外在化，"在肉体和精神活动中不断地把人类倾注进世界中"②，以此达成了人与世界、人与自身之间的平衡。正是在这种建造起来的世界中，人类发现了本身，实现了自身，"人类不仅建造了世界，也造就了自己，更准确地说，人类在世界中造就了自己"③。

其次，客观化是人类活动的外在化产物获得客观性成为现实的过程，"作为一种外在于最初的生产者（不是生产者本身）的真实性，这种现实性与生产者对峙起来了"④，"把人类产物转化进了这样的一个世界，它不仅源自人类，而且作为一种外在于人类的真实性与人类对峙起来了，这种转化意指客观化"⑤。社会是"客观化"的人类活动的产物，因而获得了独立于人类的现实性，正是通过客观化社会才成为了一种"独具一格的现实"，"没有一种人类的建构可以被准确地称为社会现象，除非它已经获得了客观性"⑥。社会客观性延展到了所有的构成要素，如制度、角色和身份等都是社会世界中客观真实的现象，同时都是人类活动的产物。因此在人类的经验中社会是一种外在于自身的现实，具有"外部的、主观晦暗的、强制的真实性"⑦，不能通过反省而必须借助经验调查才能揭示它的意义。正因为社会世界具有客观现实性，所以对于生活于其中的个人而言，他的生活也是客观真实的。

---

① Peter Berger, Thomas Luckmann, *The Social Construction of Reality*, Penguin Books, 1991, pp. 121-122.
② Peter Berger, *The Sacred Canopy*, Anchor Books, 1990, p. 4.
③ Peter Berger, *The Sacred Canopy*, Anchor Books, 1990, p. 6.
④ Peter Berger, *The Sacred Canopy*, Anchor Books, 1990, p. 4.
⑤ Peter Berger, *The Sacred Canopy*, Anchor Books, 1990, p. 8-9.
⑥ Peter Berger, *The Sacred Canopy*, Anchor Books, 1990, p. 12.
⑦ Peter Berger, *The Sacred Canopy*, Anchor Books, 1990, p. 11.

但极端客观化会导致物化，"把人类现象理解为非人类的或者超人类的事物"，或者"是将人类活动的产物理解为人类产物之外的东西如自然现象、宇宙法则的结果，或者神圣意志的表现等"①。物化是一种意识状态，是人类客观化世界的方式，但它在意识中颠倒了人与世界之间的真实关系，作为世界创造者的人类被理解为世界的造物，人类的活动被理解成了非人类过程的附带现象，人类意义不再被理解为世界的造物，而被理解为存在或者"事物本质"的产品。② 从物化的角度来看，人创造世界的活动是对人类的现实否定，物化的世界"是一个去人性化的世界，作为一种陌生的真实性为世人所经验，是世人无法控制的虚己之工，而非人自己生产活动的内生之物"，因此"客观化世界丧失了其作为人类事业所具有的可理解性，固定为一种非人类的、无法人性化的、没有生机的真实性"③。

再次，内在化是人重新把客观化的世界吸收进意识之中，"重新利用了同样的现实，再次把它从客观世界结构中转换进了主观意识结构中"④，"把一个客观事件即时的理解或者解释为意义表达，即另一个主观过程的表现，因而该过程在主观上变得对自我本身具有意义"⑤。贝格把社会世界看作制度、角色和身份认同等维度的客观现实，在内在化辩证过程中，社会世界的客观真实性变成了一种主观现实性，它既是客观的外部现实，也是意识的内部现实。制度是客观的社会世界，真实地反映在个人主观意识中，"个人依照自己的角色和身份利用制度现实"⑥，从而内在化过程也就包含了社会指定身份的认同过程，"主观身份认同和主观现实产生在相同的辩证中"⑦。

---

① Peter Berger, Thomas Luckmann, *The Social Construction of Reality*, Penguin Books, 1991, p. 106.

② Peter Berger, Thomas Luckmann, *The Social Construction of Reality*, Penguin Books, 1991, p. 107.

③ Peter Berger, Thomas Luckmann, *The Social Construction of Reality*, Penguin Books, 1991, p. 106.

④ Peter Berger, *The Sacred Canopy*, Anchor Books, 1990, p. 4.

⑤ Peter Berger, Thomas Luckmann, *The Social Construction of Reality*, Penguin Books, 1991, p. 149.

⑥ Peter Berger, *The Sacred Canopy*, Anchor Books, 1990, p. 17.

⑦ Peter Berger, *The Sacred Canopy*, Anchor Books, 1990, p. 16.

最后，外在化、客观化和内在化是社会的根本辩证，是社会化的不同片段。个体的外在化和社会现实的内在化都是主观意义过程，贝格把这一过程称作主观意义的"叠合"。充分的叠合预设了含义，内在化是基础，个体首先要习得和理解周围社会世界，然后才把社会世界理解为一种有意义的社会现实，"在相互作用和反映的复杂过程中，个人的内部世界和外部社会世界之间建立了平衡"①，同时个体完成了社会化，变成了社会一员。内在化、外在化和客观化是同一辩证过程的三个层面，避免了"个人是社会的造物"这样的机械决定论。个人必然要向社会世界外在化自己，也要将社会世界作为客观现实完成内在化，但"社会世界不是被动地为个人所吸收，而是主动地被其所利用"②。

社会化是个人学会成为社会成员的过程，"广泛而持续地把个体归入客观社会世界或其某个部分之中"③，成功的社会化在社会客观世界和个人主观世界之间建立了匀称关系，这是一个贯穿个人终生的持续过程。贝格把社会化分为两个层次，即初级社会化和次级社会化。前者是个人童年时期经历的社会化，涉及认知学习和情感培养即认同感；只有通过初级社会化，内在化才会发生，将"重要他者"内在化为自己，成为社会成员。内在化是个人社会化的起点，是在社会化过程中完成的，"经由内在化，客观化的社会世界在社会化过程回到了意识之中"④，这一过程包括了他人认同、自我认同、客观赋予和主观认定的身份之间的辩证，他者的角色和态度在个人意识中完成了从具体到泛化的抽象。在意识中形成泛化他者意味着"对社会本身的内在化，以及对在社会中建立的客观现实的内在化，与之同时一种统合的、连续的认同在主观上确立起来了"⑤，标志着初级社会化结束了。次级社会化是把已经社会化的个体归入进客观社会世界的新部

---

① Peter Berger, Brigitte Berger, *Sociology*, Basic Books, 1975, p. 61.

② Peter Berger, *The Sacred Canopy*, Anchor Books, 1990, p. 18.

③ Peter Berger, Thomas Luckmann, *The Social Construction of Reality*, Penguin Books, 1991, p. 150.

④ Peter Berger, Thomas Luckmann, *The Social Construction of Reality*, Penguin Books, 1991, pp. 78-79.

⑤ Peter Berger, Thomas Luckmann, *The Social Construction of Reality*, Penguin Books, 1991, p. 153.

域中，是对制度的或者建立在制度基础上的"亚世界"的内在化，"因此其范围和特点是由劳动分工以及相伴随的知识的社会分布的复杂程度决定的"①，涉及的是局部的、内聚的现实，带有规范的、情感的和认知的特点；在这个部域中，服务于次级社会的专门机构和要素发展起来了，如仪式的和物质的象征符号等。

制度规范。在贝格的理解中，社会结构是由日常生活的典型程序以及经由后者建立的互动模式构成的，人们日常事件都是在特定社会结构中发生的，其中重复性的活动经由习惯化被铸就成了各种纵横交错的模式，重要规范模式如制度，"不论何时，只要存在习惯化行为的互惠典型化，制度化便出现了"②。制度是典型化的互惠行为模式，贝格对"制度"进行了形象的描述，"一个社会具有理所当然性的行为程序被称作'制度'。强势的制度运作起来犹如本能——个体自动地遵循制度程序，不需要停顿下来反思"③。

制度规约着人们的互动行为，并把行为与意义背景联系起来，形成了礼仪规则、道德准则和法律制裁等，其中语言是最基本的制度。制度具有如下基本特征：第一，外在性，制度是外在于个体的现实，不同于个体内在的思想、感情或者幻想；第二，客观性，制度是先于个体存在的确定的、真实的现实，个体无法通过内省理解制度，但贝格强调，"制度世界的客观性，不管它对个体来说是多么巨大，它也是人类生产和建构的一种客观性"④，是客观化了的人类活动；第三，强制性，制度是社会强加在个体行为上的程式，作为外部强制力量与个体相对峙；第四，历史性，制度是历史产物，是历史事实和过程，其中的意义需要经过历史积累；第五，控制机制，随着历史化和客观化，制度发展了社会控制作用；第六，制度

---

① Peter Berger, Thomas Luckmann, *The Social Construction of Reality*, Penguin Books, 1991, p. 158.

② Peter Berger, Thomas Luckmann, *The Social Construction of Reality*, Penguin Books, 1991, p. 72.

③ 彼得·伯格、安东·泽德瓦尔德：《疑之颂：如何信而不狂》，曹义昆译，商务印书馆，2013，第15页。

④ Peter Berger, Thomas Luckmann, *The Social Construction of Reality*, Penguin Books, 1991, p. 78.

负载了道德权威，与强制力量一起维系自身。

贝格评述了德国社会学家阿诺德·盖伦（Arnold Gehlen，1904—1976）的制度理论，并借用戈夫曼（Erving Goffman，1922—1982）"前台"与"后台"概念，讨论了"制度化"与"去制度化"。在贝格看来社会允许成员拥有选择的机会；同时理然性行动程式预先规定和限制了其他选择机会，前者所属的生活领域被称为"前台"，后者的属域被称为"后台"。① 制度为人类行为提供了稳定的"后台"，"如果没有日常化行为（其意义具有理然性）的后台，人类的生活将是非常沉重的"②，制度化行为与"自发的"无意识相连，这种行为不具"反省性"；相反"前台"是有意识的、反省性的和有目的的行为。贝格描述道，"当某些东西从'前台'移到'后台'时，我们可以谈论'制度化'，相反的过程则可称之为'去制度化'"③。制度化的范围取决于关联结构的普遍性，共享的关联结构越普遍，制度化的范围就越广，反之亦然。

制度化不是一个不可逆的过程，它的范围可能会缩小，这会导致两种结果，即去制度化和制度区隔，后者形成了"意义亚领域"，这两种结果都意味着社会意义整合系统提供客观性的能力削弱了，"在去制度化的过程中，客观性被拆消了，变得主观化了"④。因此贝格认同盖伦的观点，"主观化"一词可作为"去制度化"的同义词，去制度化可以发生在社会生活的任何领域。贝格认为意义亚领域为特定群体所承载，在群体之内具有客观现实性，而且随着意义亚领域的确立，形成了自主的知识体系，因此形成了观察社会整体的不同视角即世界观，同时也为整个社会搭起了稳定的象征帷幕。⑤

① 彼得·伯格、安东·泽德瓦尔德：《疑之颂：如何信而不狂》，曹义昆译，商务印书馆，2013，第 13 页。

② Peter Berger and Hansfried Kellner, "Arnold Gehlen and The Theory of Institutions", *Social Research*, 1965, 32 (1): 110–115: 112.

③ 彼得·伯格、安东·泽德瓦尔德：《疑之颂：如何信而不狂》，曹义昆译，商务印书馆，2013，第 15 页。

④ Peter Berger, *The Many Altars of Modernity*, Walter de Gruyter, 2014, p. 34.

⑤ Peter Berger, Thomas Luckmann, *The Social Construction of Reality*, Penguin Books, 1991, p. 103.

制度合理化。制度活动的客观化意义即为知识，所有社会"客观化"的"知识"都具有合理性。由于个体利益是相互冲突的，所以社会建构起来的世界在本质上是不稳定的，为了平息纷争、包容抵制、确保合意，就要借助社会化、社会控制以及合理化等维系手段，"还有一种尤为重要的过程，它服务于支持这种风雨飘摇的社会秩序的知识大厦，即合理化过程"①。

贝格"合理化"概念借用自韦伯，意思是"社会客观化了的'知识'，它解释并正当化了社会秩序"②，经由社会客观化具有了客观性地位，是维系了社会现实理然性的机制。意义整合是合理化的典型目的，它是意义的次级客观化，也就是指使已经制度化的初级客观化在客观上可用、在主观上似然。

制度框定了人们的行为，但需要合理化，能够获得解释并被正当化，需要为制度秩序进行"解释"和"辩护"。在贝格看来合理化不仅是"价值"问题，也蕴含"知识"内涵，而且"知识"往往先于"价值"。知识属于认知层面，而价值属于规范层面，"通过把认知的有效性归因于其客观化的意义，合理化'解释'了制度秩序"，而"通过赋予制度秩序实践强制性以规范层面的尊位，合理化为制度秩序提供了辩护"③。因此，合理化包含了认知和规范两方面的要素。

在贝格看来合理化可以分为诸多层面，即语言传承、基本命题、专门知识、专化理论以及象征符号等，这些都为不同的制度化行为提供了解释框架。贝格从历史演进的角度划分了合理化的不同层次，前理论阶段对合理"行事方式"的传统确认；初级理论阶段采用了格言、道德准则和传统智慧的形式，并以神话、传说和民间故事的形式进行了知识的完善和转译；然后是专门"知识"解释和正当化了社会秩序的特殊部分；最后是高级理论建构从整体上合理化了社会规则，"所有的局部合理化在理论上被整合进了一种包罗万象的'世界观'中"④，社会规则到此达到了理论上的

① Peter Berger, *The Sacred Canopy*, Anchor Books, 1990, p. 29.
② Peter Berger, *The Sacred Canopy*, Anchor Books, 1990, p. 29.
③ Peter Berger, Thomas Luckmann, *The Social Construction of Reality*, Penguin Books, 1991, p. 111.
④ Peter Berger, *The Sacred Canopy*, Anchor Books, 1990, pp. 31-32.

自我意识。

象征符号是意义的集合体，囊括了所有客观化了的且在主观上具有真实性的意义，"整合了很多对于现实的定义，并把体制秩序作为一个象征性符号的整体呈现在个体面前"①。在外在化过程中人类将意义投射进现实中，通过客观化获得了现实性，建构起了象征，把不同现实范畴的体验包覆进一个整体中，整理、整齐与整合了日常生活、个体经历、历史社会、制度秩序甚至生命的边际状态，"在一个包含过去、现在及未来的连贯统一体内，放置了所有的集体事件"，②建立起了象征宇宙，构成了宇宙观，提供了合理化，宣称"从人类的角度来看，所有的现实都是有意义的，并且要求整个宇宙表明人类存在的正当性的意义"，象征宇宙"构成了这种投射的最远处"③，"是遮蔽着制度秩序和个体经历的帷幕"④。

同样作为人类社会活动的建构，象征宇宙本身也需要合理化，这就引出了宇宙维系机制，"从最简单前理论对不连续的制度化意义的合理化，到建立起象征领域的宇宙，所有合理化都可以被描述为宇宙维系的机制"⑤。在贝格看来，道德、神学、哲学、宗教、科学甚至于异端、心理治疗和虚无化等都可作为宇宙维系的机制，其中意识形态提供的解释方式取决于团体的既定利益。纵观人类历史，大部分维系机制的合理化原则都是由宗教提供的，后者以朴素的方式把社会结构和制度解释为宇宙基本秩序的一部分。

社会定义的世界现实具有主观性和客观性，必须接受内部的支持，也必须受到外部的维系。与之相连合理化也涉及主观和客观两个层面，前者是指内在化，是对主观现实的界定，是意义的投射；后者是对客观现实的

---

① 彼得·贝格尔：《现代意识：包裹和载体》，魏德东、钟智锋编《宗教社会学：彼得·贝格尔读本》，谢夏珩译，中国社会科学出版社，2015，第234页。

② Peter Berger, Thomas Luckmann, *The Social Construction of Reality*, Penguin Books, 1991, p. 120.

③ Peter Berger, Thomas Luckmann, *The Social Construction of Reality*, Penguin Books, 1991, p. 122.

④ Peter Berger, Thomas Luckmann, *The Social Construction of Reality*, Penguin Books, 1991, p. 120.

⑤ Peter Berger, Thomas Luckmann, *The Social Construction of Reality*, Penguin Books, 1991, p. 123.

界定，是社会客观化"知识"的一部分，维持着社会秩序，有效合理化要求在两种现实之间建立匀称关系。另外，因为社会化是一个永远都不会完成的过程，因此合理化是不断重复的。

二 作为现代社会过程的世俗化

贝格借鉴了马克思、韦伯和迪尔凯姆的学术解释，把宗教理解为一种历史现实，并采用宗教历史和宗教学研究中的基本概念，讨论了 20 世纪 60 年代宗教社会学界重要学术论题即世俗化问题，在对宗教现象的考察中发扬了知识社会学理论。

意义投射。贝格舍弃了对宗教的社会学定义，主张按照"常识"理解宗教，"存在一种现实，它超越了日常体验，并且它对人类生活而言具有重大的意义"①，"把痛苦的、可怕的生活甚至死亡体验整合进一种对现实和人类宿命的综合解释中"②，为人类生活提供了终极意义，体现为连贯的"世界观"，"指的仅仅是那些对生活的终极解释，这些生活包括信仰上帝、神灵以及其他超自然实体"③。在此基础上，贝格进一步区分出了宗教的两个层面，即个人意识和行为中的宗教以及集体制度即教会中的宗教。

韦伯强调了社会行为的意义，舒茨根据社会"世界"发展了其内涵。贝格认为人类社会负载着意义，他关注的是社会建构的世界的意义的辩证与投射，并把它与人类的宇宙观联系了起来。在他看来社会世界的构建是规则化的集体活动，是行为者体验的秩序化和普遍化，"行为者的意义被整合进了一种普遍意义的秩序之中"④，由此相互分离的个人体验附加了有意义的规则。贝格进一步区分了"客观规则"和"主观规则"等概念。社会规则既是客观的也是主观的，规则的客观性是在客观化过程中获得的。借助于客观化，对体验的一般性秩序解释变成了集体共有规则即"客观知识"，参与社会就是共享"知识"。另外，经由社会化过程，客观规则实现

① Peter Berger, *The Many Altars of Modernity*, Walter de Gruyter, 2014, p. 17.
② Peter Berger, Brigitte Berger, *Sociology*, Basic Books, 1975, p. 384.
③ Peter Berger, Brigitte Berger, *Sociology*, Basic Books, 1975, p. 381.
④ Peter Berger, *The Sacred Canopy*, Anchor Books, 1990, p. 19.

了内在化，变成了个人主观体验，"生活在社会世界中，就是过有秩序、有意义的生活。社会是秩序和意义的保护者。秩序和意义在制度结构中是客观的，但在个人意识结构中则是主观的"①。既然规则是一种知识结构，那么它就与人类的宇宙观联系在一起。

> 不管历史变量如何，对于人类建构的秩序的意义来说，其趋势就是被投射进宇宙本身。可以轻易地看到，这种投射如何倾向于稳定这种精细的普通建构。如果做出宇宙学或人类学的理解话，规则被理所当然地认为与"事物的本性"相连，但它被赋予了一种稳定性，与人类存在的历史成就相比，这种稳定性具有更加强大的根源。②

从宇宙论和人类学的角度考察，这正是宗教，贝格由此断定"宗教是人类事业"，"暗示了人类自我外在化的最远范围，以及把自己意义注入现实的最大程度"。③

从经验角度来说，宗教涉及人类对待超自然和神圣这两种体验的态度、信念和行为。超自然和神圣都是人类的体验，二者向来是宗教的核心要素，虽然互有重叠，但是并不重合，俗世的神圣不一定与超自然相关，超自然体验也可能处于一种凡俗的状态中。超自然体验是"有限意义领域"的现实，无所不包但协调一致，永恒存在且独立于外，在超自然体验中，空间和实践范畴都被转换了，对自我和他者的认知也改变了。神圣体验经常被用来定义宗教，"可以把宗教定义为一种人类的态度，即把宇宙（包括超自然）想象为一种神圣秩序"④；"宗教也能更简单地定义为人类在面对神圣中的一种态度"⑤。神圣体验完成了宇宙化，在宗教设定中，神圣宇宙既"超越"人类又"包含"人类，人类把神圣宇宙对峙为一种强力的现实，并把人类生活定位在一种终极意义秩序中。

---

① Peter Berger, *The Sacred Canopy*, Anchor Books, 1990, p. 21.
② Peter Berger, *The Sacred Canopy*, Anchor Books, 1990, p. 25.
③ Peter Berger, *The Sacred Canopy*, Anchor Books, 1990, pp. 25, 27–28.
④ Peter Berger, *The Heretical Imperative*, Collins, 1980, p. 43.
⑤ Peter Berger, *The Heretical Imperative*, Collins, 1980, p. 44.

迪尔凯姆在《宗教生活的基本形式》中采用了神圣和凡俗两分法，贝格考索了奥托在《论神圣》（Das Heilige，1917）、范·德·莱乌（Gerardus van der Leeuw，1890—1950）在《宗教现象学》（Phänomenologie der Religion，1933）、伊利亚德（Mircea Eliade，1907—1986）在《神圣与凡俗》（Das Heilige und das Profane，1956）中对神圣概念的相关阐述，认为神圣意指神秘和敬畏的力量，意味着秩序，作为体验的客体，它具有多样的表现形式，可以是自然的、人造的或者是人类文化的客观化产物。"凡俗"是与"神圣"相对的一个概念，指的是所有不会"凸显"为神圣的现象，与之相连，"失去神圣特征就相当于世俗化"①，正是在这个意义上，世俗化与凡俗化具有近似的含义，都是分析宗教现象的重要概念。在贝格看来神圣既然是有意义的秩序，与其相对还有另一个范畴"混沌"，神圣源自混沌，"神圣宇宙在其现实秩序中超越并包含了人类，为人类对抗失范的恐惧提供了终极庇护"②。

人类经由外在化过程把意义倾注进现实之中，"人类社会就是一种外在化了的、客观化了的意义的知识大厦，总是意指一种充满意义的整体"③。在建构有意义的世界中，宗教扮演了重要作用，"宗教表明人类秩序被投射进了存在的整体之中。换句话说，宗教是一种大胆的尝试，即把整个宇宙想象为人力所及的意义重大的东西"④，达到了宇宙化，意味着"把人力所及的有意义的世界等同于世界本身，前者现在植根于后者之中，并在基本结构中反映着它，而且起源于它"⑤。纵观历史，大多数宇宙化都具有神圣的特征，作为人类的意义投射和体验，宗教总是以人类具体的历史结构为基础，建构起来的神圣秩序涵盖普遍，涉及意识、行为、象征等各个社会和文化层面，"宇宙化指的不仅是包罗万象的规则结构，而且指的是既定社会中的特定制度和角色，指定给它们的宇宙地位是客观化了

---

① Peter Berger, *The Sacred Canopy*, Anchor Books, 1990, p. 26.
② Peter Berger, *The Sacred Canopy*, Anchor Books, 1990, p. 26.
③ Peter Berger, *The Sacred Canopy*, Anchor Books, 1990, p. 27.
④ Peter Berger, *The Sacred Canopy*, Anchor Books, 1990, p. 28.
⑤ Peter Berger, *The Sacred Canopy*, Anchor Books, 1990, p. 27.

的，即变成了客观上可以获得的制度和角色现实的一部分"①。

世界维系。宗教是世界维系的重要手段，反过来说，世界维系是宗教的功能表现。从历史角度考察，宗教是合理化现实最为广泛而有效的机制，它把人类现实与终极的、普遍的和神圣的现实联系起来，根据宇宙秩序解释了社会规则，给予人类建构的规则以宇宙论地位，从而把社会现实与宇宙终极现实认同起来，结合仪式象征解释并合理化了社会制度、社会角色和社会处境，"日常社会体验也直接地与神灵的意志属性联系了起来"②。

首先，宗教在神圣和宇宙论的参照框架中合理化了社会制度，涉身社会就意味着置身于神圣宇宙，贝格显然在这一点上受到了迪尔凯姆的启发。在他看来亲属结构和家庭、政治结构和权力，政府和惩罚以及统治者等都具有神圣的性质和宇宙论地位，制度由此增强了客观性，超越了个体和偶然性，"获得了必然的、稳固的和持久的外表"。在历史上，虽然宗教合理化社会秩序的程式发生了改变，虽然这种改变是人类思想发展的结果，但是神圣力量一直持续地渗透在人类的体验中，宗教始终占据了合理化的中心位置。此外，宗教不仅合理化而且会去合理化社会制度。

其次，宗教合理化意味着对秩序的强调，以及对失序与混乱的否定，失序"是所有社会建构的规则的对立面"，混乱"则是神圣的古老对手"③。违反社会秩序就是"失范"，同样违反宗教合理化了社会秩序就是否认社会界定的现实，会陷入"虚构"或者"否定"的现实即混乱的、毁灭性的"魔怪王国"中。

再次，宗教仪式通过象征运用包含了三方面的内容，其一是"基本的现实定义"，其二是"适当的合理化"，其三是宗教观念的展示。宗教观念植根于宗教活动，二者"类似于人类行为与其产品之间的辩证关系"；"宗教植根于日常生活的实践关注中"④。贝格进一步指出宗教合理化是一种观念，它出自人类行为，具体化为意义复合体，一旦成为传统就会反作用于

---

① Peter Berger, *The Sacred Canopy*, Anchor Books, 1990, p. 36.
② Peter Berger, Brigitte Berger, *Sociology*, Basic Books, 1975, p. 20.
③ Peter Berger, *The Sacred Canopy*, Anchor Books, 1990, p. 39.
④ Peter Berger, *The Sacred Canopy*, Anchor Books, 1990, pp. 40, 41.

日常生活。

最后，宗教还对死亡、自然灾害、战争和社会巨变等人类的边缘处境做出了合理化整合，为俗世社会提供了神义论。韦伯曾把神义论称为社会建立起来的对人类苦难、不公正和不平等的解释，区分出了苦难神义论和福祉神义论，贝格更多地把神义论理解为有意义的宇宙论。

似然性结构。似然性结构（plausibility structure）是知识社会学的基本概念，也是贝格理解社会行为和意识之间深层辩证关系的核心概念，是他用来解析宗教和阐述世俗化理论的重要工具，它"指的是任何特定的现实界定具有可信性的社会环境"[1]，关于现实观点的似然性取决于社会支持，人们"关于世界的看法最初来源于其他的人"，前者之所以合理，"是因为他人仍在继续肯定这些看法"[2]。在贝格看来社会建构的世界具有两个层面的真实性，即主观的个体真实性与客观的普遍真实性，前者表达了主观似然性的意识状态，"对自己及其同仁在情势上占优势但只是部分制度化了的动机背后的所有观念的主观认可"[3]；后者更为重要，它依赖于"具体的"社会过程，即不间断的"重新建构并维系特定世界"的过程，"世界要作为一种具有真实性的'世界'而继续存在，就需要一种社会的'基础'"[4]，这种社会基础或背景就是似然性结构。

贝格的基本命题是，"世界是由社会建构的并由社会维系的"，似然性结构是构成现实维系的前提，显然他的这种理解受到了马克思主义经济基础与上层建筑结构关系的启发，似然性依赖于起支持作用的社会结构，"任何对现实认知的和规范的定义都是似然的"；"没有合适的似然性结构就没有似然性"[5]。但在贝格看来，似然性结构是不稳定的，当其丧失完整

---

[1] 彼得·伯格、安东·泽德瓦尔德：《疑之颂：如何信而不狂》，曹义昆译，商务印书馆，2013，第35页。

[2] 贝格尔：《天使的传言：现代社会与超自然再发现》，高师宁译，中国人民大学出版社，2003，第39页。

[3] Peter Berger, Thomas Luckmann, *The Social Construction of Reality*, Penguin Books, 1991, p. 110.

[4] Peter Berger, *The Sacred Canopy*, Anchor Books, 1990, p. 45.

[5] Peter Berger, *The Many Altars of Modernity*, Walter de Gruyter, 2014, p. 31.

性或者连续性的时候，它的现实性"就不再把自身强行当作自明的真理了"①，需要借助特定活动、仪式以及合理化论证来维持，因此合理化正是在似然性结构受到消解的处境中发挥作用的。

社会和宗教这两种现实都是人类活动的产物，它们之间是一种辩证关系，在特定历史发展中，宗教世界可能是社会过程的产物，反之社会过程也可能是宗教观念结果；宗教世界的客观现实性通过社会过程来建造和维系，但作为基础和背景，似然性结构既存在于宗教世界中，也存在于宗教维系世界的合理化中。然而世俗化消解了宗教存在的客观似然性，从而削弱了宗教世界的现实性，并影响到了个体的主观似然性，最终将导致宗教在现代社会中衰微。

描述世俗化。世俗化是现代化广泛过程的组成部分，作为描叙宗教的一种范式，世俗化理论基本论题是"现代性必然导致宗教衰落"或"世俗化是现代性不可避免的结果"，贝格早期的思考基本上也是围绕这一主题展开的。1967 年《神圣的帷幕》出版之后，立即在社会学界产生了强烈反响，贝格在该书中表述了"主观世俗化"和"客观世俗化"概念，分别指意识和社会结构两个层面的世俗化，二者在"多元主义"下相互关联起来。在 1979 年出版的《异端的律令》中，贝格概括了上述两个方面，把世俗化描述为现代背景中"宗教在制度和人类意识两个层面丧失了控制力的过程"②。在他看来世俗化根源于宗教在合理化现实似然性中的全面危机甚至崩溃，带来了信仰的不确定性，也产生对宗教现实的不同解释，由此导致了现代社会"多元化"处境，引发了宗教危机。

贝格认同德国神学家朋霍费尔后期的思想，把世俗化看作西方宗教本身的主旨，主张从宗教传统中寻找世俗化要素，在宇宙观、超验化、历史化和理性化等方面从西方宗教更早传统即古代以色列宗教中发现世俗化根由，"'世界祛魅'在旧约中就开始了"③。

贝格认为古代以色列人的宗教是历史一神教，"上帝"是超验的，与

① Peter Berger, *The Sacred Canopy*, Anchor Books, 1990, p. 46.
② Peter Berger, *The Heretical Imperative*, Collins, 1980, p. 26.
③ Peter Berger, *The Sacred Canopy*, Anchor Books, 1990, p. 113.

"人为"的历史相关；圣典实现了去神话化，充满历史叙事，蕴含历史化主题，其中的"宇宙论"把人类世界理解为宇宙秩序的一部分，假定经验世界/超验世界、人世/神界、神圣/世俗等两极之间存在"连续性"，"人类事务通过宇宙化不断实现规范化"[①]；与超验化和历史化密切相连，圣典中始终存在理性化要素，在反巫术的基础上产生并发展了礼仪和律法制度，这些都体现了世俗化的要素。

贝格认为中世纪的西方宗教是对以色列人宗教世俗化主题的一种"倒退"，世界重新神话化和神魅化了，理性化过程由此受到了阻断，宗教实践和道德生活"使世界彻底理性化没有必要了"[②]。但贝格也指出这种倒退并不是完全的复归，其中包含不自觉的世俗化，保留了历史化主题和历史性世界观，形成了专门化的宗教制度，教会是褪去了神圣色彩的世俗领域，存在继续世俗化的可能。新教再现了西方宗教内在的世俗化力量，在现代世界中扮演了特殊角色，"无论其他因素有多重要，新教开启了决定性的世俗化历史序幕"[③]。

贝格从历史角度考索了"世俗化"的两层含义，一是宗教领域的凡俗化，教会丧失了财产控制权，神职人员返归"俗世"，这是对世俗化的纯粹描述，不具价值判断意义；二是与"世俗主义"一起被作为意识形态概念，即世俗政治中的"反教权"和"反宗教"，以及传统教会中出现的"去基督教化"和"异教化"等，这些都包含了价值判断的含义。贝格主张对世俗化只做价值中立的客观描述，主要关涉宗教同现代社会制度的分离，以及宗教对个体主观意识和思想观念影响力的减弱，因而他认为没必要对世俗化过程发出"哀叹"或者"欢呼"[④]。

贝格把世俗化描述为一种现代过程，是现代性的逻辑结果，在这个过程中，宗教制度逐渐转移到了社会生活的边缘，"在越来越多的人类生活领域丧失了重要性"[⑤]，宗教传统不再是指导行为的重要原则。

---

① Peter Berger, *The Sacred Canopy*, Anchor Books, 1990, p. 114.
② Peter Berger, *The Sacred Canopy*, Anchor Books, 1990, p. 122.
③ Peter Berger, *The Sacred Canopy*, Anchor Books, 1990, p. 113.
④ Peter Berger, *The Sacred Canopy*, Anchor Books, 1990, p. 107.
⑤ Peter Berger, Brigitte Berger, *Sociology*, Basic Books, 1975, p. 385.

首先，世俗化是社会制度从宗教中分离出来的过程，"经由这一过程，社会和文化部门从宗教制度和象征控制中移出"①，同时影响了社会意识观念的改变。贝格区分了三个方面的内容，一是社会结构方面宗教与现代社会制度分离了，丧失了以前控制和影响的领域，最终的表现如政教分离、教育世俗化、教产剥离等；二是在意识观念方面，宗教对文化生活的影响减弱了，艺术、哲学、文学中宗教内容减少了，自主而世俗的科学兴起了；三是个体世界观世俗化了，思想观念不再参考宗教解释。

其次，追随韦伯的研究，贝格把世俗化看作现代工业化经济过程的结果。工业化经济秩序是现代化的一般过程，也是世俗化动力之源。现代化的本质是理性化，而理性化是工业社会的必要前提，对于世俗化而言，"决定性变量不是特定财产关系的制度化，也不是不同宪制体系的特性，而是理性化过程"②，这不仅包括基础结构层次上的理性化，也包括意识层次上的理性化。

再次，贝格承认世俗化是一种全球化现象，通过分析社会结构以及经济和文化等要素，他认为世俗化向全球延伸中的重要载体是西方工业化经济过程，因而世俗化首先是现代化过程，其次是西方工业文明影响世界的过程。在全球化视野中，贝格关注并解释了欧洲和美国两种不同的世俗化案例，提出了"欧洲例外论"，即世俗性是一种特殊的欧洲社会现象。

在贝格看来世俗化是现代社会结构"辩证"过程的反映，传统社会似然性在社会结构层面开始崩溃了，继而发展到意识和观念中，信仰堕落根源于经验上可见的社会结构过程，而不是开始于神秘精神和思想。因此世俗化过程中的宗教现实是一种"应变量"，是社会结构变化的结果。贝格承认宗教在特殊历史环境中具有"反作用"，可以表现为一种"独立变量"，例如西方宗教传统就是一种独立历史力量，因而基督教也能成为自身的掘墓人。但是贝格对世俗化的认识倾向于"去意识形态化"，他所谓的辩证不是马克思主义唯物辩证，认为包括宗教在内的一切意识根源于日常拼凑和堆积的经验世界，主张用宗教的"观念作用"解释社会结构的实践变迁。

---

① Peter Berger, *The Sacred Canopy*, Anchor Books, 1990, p. 107.
② Peter Berger, *The Sacred Canopy*, Anchor Books, 1990, p. 133.

世俗化突出表现为宗教在公共领域的退缩和在私人领域的道德化，"在制度秩序最具公共性与最具个体性的部门之间，特别是在国家和家庭制度之间，存在'两极分化'的趋势"①，由此造成了两方面的结果，也就是贝格所谓的意识层面的"主观世俗化"和社会结构层面的"客观世俗化"。一方面，宗教被隔离在了私人日常生活领域如家庭中，完全"私人化"和"个体化"了，"不再涉及宇宙或历史，而只涉及个体的存在或心理"②，个人根据"偏好"做出理性"选择"，这种分离"对于维系现代经济和政治制度的高度理性化的秩序非常'有用'"③；另一方面，宗教丧失了传统社群基于终极意义的价值整合功能，即"确立关于现实的一套完整的解释，为社会成员提供共同的意义宇宙"④。

> 在现代社会中，（宗教）被设置在了日常社会生活的私人领域中，带上了这一领域的各种特性。其中一个基本的特性就是"个体化"。这意味着私人化的宗教是个人或核心家庭的"选择"或者"爱好"，事实上它缺乏共同的、有约束力的性质。这种私人的宗教性对于采纳它的个人来说无论如何"真实"，也不再可能完成宗教的传统任务，即建造一个共同的世界，在这个世界中，一切社会生活都获得了绑缚在每个人身上的终极意义。相反这种宗教性被限制在了社会生活的特殊飞地中，后者可以从现代社会世俗化的部门中有效地分离出来。一般而言，私人宗教性的价值与制度背景而不是私人领域毫无关系。⑤

宗教在公共层面的退缩使它丧失了提供合理化论证的现实基础，而作为私人领域的真实存在，它又缺乏基于普遍意义的公共价值观，因而"就宗教的普遍性而言，它缺乏'现实性'；而就它的'真实性'而言，它又缺乏

---

① Peter Berger, *The Sacred Canopy*, Anchor Books, 1990, p. 129.
② Peter Berger, *The Sacred Canopy*, Anchor Books, 1990, p. 152.
③ Peter Berger, *The Sacred Canopy*, Anchor Books, 1990, p. 134.
④ Peter Berger, *The Sacred Canopy*, Anchor Books, 1990, p. 134.
⑤ Peter Berger, *The Sacred Canopy*, Anchor Books, 1990, pp. 133–134.

公共性"①。

贝格最初认为世俗化与多元主义密切相连，多元化是世俗化的结果，也是世俗化的载体，"随之而来的是'公共性'和（或）'现实性'的丧失……事实上导致了多元化处境"②；现代社会过程让宗教陷入了危机之中，普遍特点是世俗化，关键点是多元化。多元主义相对化了宗教内容，使宗教经由"去客观化"丧失了主观现实性，从而出现了多样化似然性结构及其合理化论证，产生了多元世界观以及众多的亚社会群体，多元化的教派和新兴宗教运动随之出现了。

贝格较早表达了宗教经济的观点，把多元化看作一种自由市场处境，"在其中，宗教制度变成了市场机构，宗教传统变成了消费商品"③。宗教传统作为商品进入市场，宗教活动受到市场经济逻辑的支配，宗教垄断解体了，竞争形成了，信仰变成了自愿选择的商品。首先，从宗教市场结构来看，"世俗化带来了宗教传统的去垄断化，因而事实上导致了一种多元化处境"④。多元化打破了传统宗教制度对社会生活终极合理化的垄断，形成了竞争性市场机制，这不仅反映了宗教间的相互竞争，也反映了各种非宗教的价值体系的竞争。其次，从供给侧组织结构来看，为了参与市场竞争，宗教制度自身发生了改变，强化了科层机构，有效配置了宗教资源，参与了市场交流，科层管理体制成为当代宗教制度的显著特征，"既选择也塑造了运转所需的人员类型"⑤；从宗教商品供给来看，宗教产品不再是强加的，而只能出售，为迎合多元市场需求，扩大市场份额，宗教制度对产品进行了修改和调整，趋向于多样化和标准化生产。再次，从需求侧来看，个人根据消费"偏好"在市场中寻找宗教商品，满足私人信仰需要，并可能会在市场上形成一种"时尚"，但贝格强调说消费者的偏好并不能决定宗教产品的实质内容和变化方向。最后，多元化处境造成了"信仰遗产的重新发现"，强调信仰遗产和教派身份，但这也是理性化选择和市场竞争的组成部分。

---

① Peter Berger, *The Sacred Canopy*, Anchor Books, 1990, p.134.

② Peter Berger, *The Sacred Canopy*, Anchor Books, 1990, p.135.

③ Peter Berger, *The Sacred Canopy*, Anchor Books, 1990, p.138.

④ Peter Berger, *The Sacred Canopy*, Anchor Books, 1990, p.135.

⑤ Peter Berger, *The Sacred Canopy*, Anchor Books, 1990, p.140.

宗教危机。贝格20世纪60年代对世俗化论题的迷恋体现了他对当时西方宗教命运的关切，这一论题对他来说也具有了神学含义，拓展了他对神学前景的理解。在1969年出版的《天使的传言》一书中，贝格把世俗化背景中的宗教状况概括为"超自然的隐遁"，超验从现代生活中消失了，神学绝对性被消解而相对化，信仰和可信度危机产生了；1975年，贝格与纽豪斯（Richard John Neuhaus，1936—2009）等人一同发表了所谓的"哈特福德神学宣言"，[①] 重申西方宗教信仰与超验有关，而不涉及任何世俗行为；在《异端的律令》一书中，贝格进一步扩展了《天使的传言》一书中的观点，认为神学思想应该遵从归纳法，主张聚焦宗教体验，在体验中发现超验表征，分析神学对多元化处境的各种回应。在贝格看来现代性让宗教陷入了内外危机之中，基本过程是世俗化，载体是多元化，而根由则是传统社会似然性结构的崩溃，因此他主张根据现代社会结构和宗教体验来把握危机的实质，但他的出发点是寻求"在当前形势下神学思考的可能性"。[②]

世俗化消解了西方宗教赖以存在的似然性结构，从而引发了三个层面的危机，即神学"相对化"、"超自然隐遁"和"异端的普遍化"。

（1）神学"相对化"。西方神学体系受到来自外部的历史学、心理学尤其是社会学等现代人文社会科学解构的挑战。贝格认为神学是非经验性规范学科，相对于现代自然科学对神学不触及信仰本质的"温和的"批判而言，人文社会科学所带来的挑战则更具"危险性"，动摇了神学的神圣根基，威胁到了神学独特性和权威性，"当宗教传统在历史上产生的社会动力被理解时，它们的历史性质、产品特征与相对性而非绝对性也就变得更加清楚透明"[③]；尤其是社会学相对化了神学世界观，"现代世俗性的世界观是多么的具有相对性"[④]，从而导致了针对神学的可信度危机。

---

① *Against the World for the World：The Hartford Appeal and the Future of American Religion*，Edited by Peter Berger and Richard John Neuhaus，New York：Seabury Press，1976.

② 贝格尔：《天使的传言：现代社会与超自然再发现》，高师宁译，中国人民大学出版社，2003，前言第1页。

③ 贝格尔：《天使的传言：现代社会与超自然再发现》，高师宁译，中国人民大学出版社，2003，第36页。

④ 贝格尔：《天使的传言：现代社会与超自然再发现》，高师宁译，中国人民大学出版社，2003，1990年版前言第3页。

贝格是在现代性语境中剖析相对性的，他所言的社会学对神学的相对化可以理解为现代性对神学的相对化。现代性导致了"去制度化"，消解了舒茨所言的"理然性世界"在个体意识中的客观地位，消释了产生和维系个体间互动的信仰、价值和身份，导致了信仰、价值和角色的多元化，进而引发了骤然的或渐进的相对化过程，出现了对现实的不同定义，"一些事物的绝对地位被弱化，或在极端的情形下被取消"①，"现代性一旦涉入，相对化会使可信性结构变得更加地脆弱和暂时"②，神学信条走向不确定性，神学世界也变成了众多世界之一。从神学中的这一重要变化出发，贝格分析了现代性处境中宗教面对相对化时的三种反应，即排他主义、多元主义和涵括主义立场。排他主义否认相对化过程，重申了绝对真理，但在面临相对化压力而无法维系时会突然瓦解为各种形式的相对主义；多元主义承认各种宗教传统享有平等地位；涵括主义既强调特定宗教传统也可能会接受其他宗教传统。辩证分析是贝格思想的逻辑主线，相对性蕴含着不确定性，相对化过程并不是线性的和不可改变的，而是一个辩证过程，相对化者也会被相对化，三种宗教反应立场存在互相转化的可能。

在贝格看来，社会学对现代性的解析及所引出的相对化是人类理性认识的一次解放，而知识社会学则通过聚焦人类思想与社会条件之间的关系，揭示了基于似然性结构的多元世界观，进一步深化了相对化问题并使之普遍化，"史学提出了作为事实的相对性问题，而认知社会学则提出了作为我们环境之必要性的相对性问题"③。贝格认识到现代学科边界不断拓宽交叉，"相对化者自身也在不断地被相对化"④，知识社会学通过似然性结构这一命题为一般社会学提出的相对性问题提供了答案，使后者这一"相对化者"相对化了，"那种相对化的分析，在它被推向最终结果之时，

---

① 彼得·伯格、安东·泽德瓦尔德：《疑之颂：如何信而不狂》，曹义昆译，商务印书馆，2013，第26页。
② 彼得·伯格、安东·泽德瓦尔德：《疑之颂：如何信而不狂》，曹义昆译，商务印书馆，2013，第36页。
③ 贝格尔：《天使的传言：现代社会与超自然再发现》，高师宁译，中国人民大学出版社，2003，第44页。
④ 彼得·伯格、安东·泽德瓦尔德：《疑之颂：如何信而不狂》，曹义昆译，商务印书馆，2013，第54页。

它开始转向了自身。使相对化者被相对化，使揭示者被揭示"，其本质"乃是在询问真理问题方面的某种新的自由和灵活性"①。

（2）超自然隐遁。"超自然"是宗教的基本范畴，即由神圣存在组成的具有终极意义的超验现实。就内在要素而言，在现代宗教体系中，"超自然"隐遁了，随之而来的是信仰危机。在贝格看来人类社会是意义的载体，不仅包含经验世界的意义，而且蕴纳了超越经验并构成终极意义的超验，"神灵是人类思想的投射，神灵是人类状况的象征"②。就社会世界而言，自然/超自然即此世/彼世分别构成了日常生活的中心地带和各种不同的边缘领域。一方面，现代宗教危机表明了超自然现实在社会中正在经历消亡过程，"作为一种有意义之实在，超自然者已从现代社会许多人，很可能是大多数人的日常生活范围内消失或远离了"③，贝格把这种状况概括为"超自然的隐遁"，"以传统形式表现出来的神性，已经退入人类关注和意识的后台了"④，超验化约为"传言"了。另一方面，作为社会存在的神学家，他也是社会化的产物，其神学"知识"也是在社会中获得的，在超自然隐遁的语境中，神学知识也受到了消解而陷入了危机之中。现代社会宗教和神学危机具有世界性，延伸到了社会、政治和文化等领域，其根源于似然性崩溃后的合理化危机，"当社会的理然性受到削弱的时候，社会作为一个整体或者部门就成了一个问题，人们随之也开始思考社会问题了"⑤。在这种境况中，现代宗教和神学必须做出时代的选择。

韦伯把新教看作现代西方社会的主要现实，贝格承认新教在西方历史中发挥的重要作用，认为新教在现代社会发展过程中具有原型意义，"其他宗教传统可能注定要完成新教所经历的各种变化"，而新教之为原型的

---

① 贝格尔：《天使的传言：现代社会与超自然再发现》，高师宁译，中国人民大学出版社，2003，第48—49页。

② 贝格尔：《天使的传言：现代社会与超自然再发现》，高师宁译，中国人民大学出版社，2003，第114页。

③ 贝格尔：《天使的传言：现代社会与超自然再发现》，高师宁译，中国人民大学出版社，2003，第6页。

④ 贝格尔：《天使的传言：现代社会与超自然再发现》，高师宁译，中国人民大学出版社，2003，第1—2页。

⑤ Peter Berger, Brigitte Berger, *Sociology*, Basic Books, 1975, p. 20.

原因在于它与现代世界的"起源和内在特征之间存在的特殊关系"[1]。围绕"超自然"要素，贝格把新教神学在现代西方社会的发展分为三个阶段，一是自由神学，以 1799 年施莱尔马赫（Friedrich Daniel Ernst Schleiermacher，1768—1834）《论宗教：致有教养的蔑视宗教者》（Über die Religion：Reden an die Gebildeten unter ihren Verächtern）发表为标志，结束于"一战"前，是西方宗教对现代世界的调适过程，拆解了超自然主义的支架；二是新正统神学，以 1919 年巴特（Karl Barth，1886—1968）《罗马书释义》（Der Römerbrief）出版为代表，结束于"二战"结束，号召回归古典信仰，坚持信仰应以启示为基础，拒弃人类理性和体验，在贝格看来它代表的是世俗化暂时停止而不是逆转；三是"二战"后新自由神学的兴起与新正统神学的衰落。

　　所有的宗教传统在现代化过程中都会遭遇到新教那样的危机，这种危机与现代化的程度是相一致的。贝格认为现代宗教和神学面对世俗化有两种选择，一是坚持超自然主义，选择拉大与现代社会距离，走向封闭教派主义，但在公开竞争的世界观市场中，难以再现宗教垄断局面，"现代环境有利于相互竞争相互交流中的公开的'知识'体系，而不利于广义的异端'认识'"[2]，教派发展也举步维艰；二是适应现代化趋势，剔除超自然要素，用此世观念转换彼世观念，转译传统宗教义理，重新表达传统知识，继续推进神学世俗化，"神学对于所谓超自然者的隐遁的屈从，在多大程度上成功，也就在多大程度上击败了自身。最终它代表的是神学以及体现神学传统的那些机制的自我消解"[3]。贝格对新教神学在现代社会中的适应性充满自信，虽然坚信世俗化在全球将会继续发展，但承认超自然主义会在某些飞地中继续保留下来，他把这种现象看作所谓的"文化滞后"，"世俗化不可能像某些人想的那样包罗万象，被知识界权威剥夺了认识上

---

① Peter Berger, *The Sacred Canopy*, Anchor Books, 1990, pp. 156-157.
② 贝格尔：《天使的传言：现代社会与超自然再发现》，高师宁译，中国人民大学出版社，2003，第 22 页。
③ 贝格尔：《天使的传言：现代社会与超自然再发现》，高师宁译，中国人民大学出版社，2003，第 24 页。

的尊严的超自然者，也许还存活在文化之隐匿的角落和缝隙中"①，因此未来既非"宗教之末日"，也非"诸神之复活"。

如果说贝格从多元世界观"似然性结构"和使"相对化者相对化"两个命题出发分析了现代社会中宗教和神学危机的外部原因的话，那么"从日常体验出发"与"从投射转向投射者"则是他从神学内部给出的解决危机的答案。贝格主张一种从哲学人类学出发的神学，提出神学应该转向人们的经验感受，"从日常体验出发"，"从投射转向投射者"，以此回应并解决神学相对化问题，建构新的神学体系，他同时强调说这种办法"并未预先假定一种静态的历史之外的'人性'。它也没有预先假定一种历史'进化'或'进步'的理论"②。

贝格把费尔巴哈有关宗教是人类的产品和投射的思想推向了极致，"宗教是一种在科学上可以理解的人类历史的创造者"③，不论是作为人类投射也罢，还是作为超自然神圣实在反射也好，宗教都是人类进行的社会建构，是人类历史的产物，神学结论必然是人类的投射，宗教想象最终反映的也是人类存在。宗教是人类的投射，其中包含了人类对超自然、神圣等超验要素的体验，在日常生活中完成了意义设置，"可以把宗教理解为一种人类的投射，因为它是在人类的象征符号中进行交流的。但是这种交流是由一种体验来促动的，在这种体验中，超人类的现实被注射进了人类生活之中"④；"投射的概念在其社会学形式而非心理学形式中变得更加合理，因为前者在日常的'意识'体验中更简单，更容易证实"⑤。贝格用"超验"来"指超越出通常的、每日的世界"，在他的表述中这个词涵盖了"超自然""神圣"等概念。

---

① 贝格尔：《天使的传言：现代社会与超自然再发现》，高师宁译，中国人民大学出版社，2003，第 28 页。

② 贝格尔：《天使的传言：现代社会与超自然再发现》，高师宁译，中国人民大学出版社，2003，第 85 页。

③ 贝格尔：《天使的传言：现代社会与超自然再发现》，高师宁译，中国人民大学出版社，2003，第 53 页。

④ Peter Berger, *The Heretical Imperative*, Collins, 1980, p. 52.

⑤ 贝格尔：《天使的传言：现代社会与超自然再发现》，高师宁译，中国人民大学出版社，2003，第 36 页。

以此为前提，贝格提出了一个基本的命题，即"在经验世界之内，存在着超验之表象"①，也就是说作为人类投射结果的超验要素最终会以表征的形式反射到人类经验世界中，实现"从投射转向投射者"，因此，"如果人的宗教投射与超人或者超自然的实在相对应，那么，在投射者即人之中去寻找这种实在的痕迹，看来就是符合逻辑的"②。神学危机出现了，"超自然"要素隐遁了，但在日常生活中可以寻找到超验表征的东西，即"能在我们的'自然'实在范围内发现，而看来却指向实在之外的现象"③，贝格由此在日常生活中找出了五种超验的表征，即秩序、游戏、希望、诅咒和幽默，对它们的信仰都植根于日常生活体验。

由此看来，人类经验世界沿着入射线投射到超验的镜面上，形成了关于超自然等的体验，后者又沿着出射线照到了经验世界中，只不过在世俗化的现代社会中，这种体验中的"超自然"要素隐藏起了，有待于根据其表征把它们从日常体验的背后发现出来，"宗教不仅是（从经验理性的观点来看）人类秩序的投射，而且是（从可以被称为归纳信仰的观点来看）人类秩序之终极真实的见证"④。因而在贝格看来，这是以人类即投射者体验为出发点"归纳信仰"的过程，后者是建构现代神学的一种方法。在这一点上，贝格明显受到了施莱尔马赫新教自由神学的影响，强调从普遍存在的体验出发去进行归纳，区别于保守神学从传统出发进行的"演绎信仰"，"归纳信仰是从人的经验出发到关于上帝的命题，演绎信仰则从关于上帝的命题出发来解释人的经验"⑤。

（3）异端普遍化。现代性带来的宗教危机还可以从宗教内部结构来分析和理解，可以描述为"现代性就是异端的普遍化"。"异端"这个词的希

① 贝格尔：《天使的传言：现代社会与超自然再发现》，高师宁译，中国人民大学出版社，2003，第120页。
② 贝格尔：《天使的传言：现代社会与超自然再发现》，高师宁译，中国人民大学出版社，2003，第55页。
③ 贝格尔：《天使的传言：现代社会与超自然再发现》，高师宁译，中国人民大学出版社，2003，第60页。
④ 贝格尔：《天使的传言：现代社会与超自然再发现》，高师宁译，中国人民大学出版社，2003，第65页。
⑤ 贝格尔：《天使的传言：现代社会与超自然再发现》，高师宁译，中国人民大学出版社，2003，第66页。

腊语词源含义就是"选择"，指信众选择特定宗教观点，形成小派别或者聚会，异端否认宗教权威，因而经常被后者视为离经叛道而受到边缘化。一方面，现代性对宗教的冲击导致了世俗化，产生了多元处境，削解了传统似然性结构，消除了宗教垄断，宗教群体都变成了"异端"；另一方面，个体在多元处境中面对众多竞争性世界观，竞争反映了选择，选择成为必要，异端普遍化成了必然，个人"有机会而且更有必要选择自己的信仰，这一事实构成了当代处境中异端的律令"①，当然这里所言的异端就是指摆脱了传统宗教制度的众多教派、宗派和膜拜团体等新兴宗教。

在现代性语境中，作为社会亚群体记忆和合理化需要，必然会涉及如何维持宗教群体传统的问题，贝格指出了三种可能性，即在捍卫中重新确认、世俗化、揭示并恢复传统体验，分别对应演绎、化约和归纳三种选择。归纳选择植根于现代情境，坚持经验主义的立场，排除了权威，发挥了相对化作用，揭示了宗教传统中人类体验，重要的是归纳选择可以从内部克服世俗化背景中宗教必定衰落甚至消亡的假设焦虑，在以普遍的相对性意识为特征的现代思想环境中，更有望重新接近宗教真实，而且"归纳方法为跨文化综合理解宗教现象提供了一种新的机会"②。

三 现代性语境中的多元化

贝格的世俗化理论紧扣了"现代性必然导致宗教衰落"这一中心论题，但他对世俗化的研究更多地局限在西方宗教的单一视野中，这在很大程度上限制了他早期对相关问题的认识。20 世纪 60 年代，贝格最初认识到世俗化与多元化是密切相关的现代现象，世俗化导致了多元化，后来他又指出多元化比世俗化更重要，是世界观市场选择的结果。20 世纪 70 年代之后，贝格更多地关注了现代化理论、第三世界发展，以及从社会学角度研究了公共政策，相关经历和调查对他思考和理解宗教产生了重要影响。1969 年，贝格应伊里奇（Ivan Illich，1926—2002）邀请访问墨西哥，

① Peter Berger, *The Heretical Imperative*, Collins, 1980, p. 30.
② Peter Berger, *The Heretical Imperative*, Collins, 1980, p. xii.

引发了他研究第三世界的兴趣，开始关注拉丁美洲、亚洲和非洲社会中的宗教；同时他考察了欧美的"反文化"、宗教复兴和新兴宗教运动；看到了印度等亚洲地区多样性的宗教传统，认识到当代世界充满强烈宗教性；1979 年伊朗革命爆发，他密切关注了事件进程，看到了宗教性向世俗性发起的挑战。这些都促使他对早期研究进行了深刻反思和检讨，认识到现代性与世俗性处于危机之中，现实中存在反现代化与反世俗化现象，因而动摇了他在 20 世纪 60 年代坚持的世俗化观点，逐渐摆脱了学术思考中西方宗教视角，开始在全球化视野中重新思考世俗化论题，但"这并不意味着世俗化理论是一个错误，但是……世俗化的程度和不可抗拒性都被夸大了"①。

在 1999 年出版的贝格编著的《世界的非世俗化》一书，他甚至颠覆了自己早期的认识，认为世俗化理论主题是错误的，他重点关注了当代"旺盛的宗教运动"，后者在"拒弃现代化中也抛弃了现代性"，现代化同样引起了"强烈的反世俗化运动"；西欧"顽强宗教遗存"是"宗教制度定位中的转型，而不是世俗化"；西方精英负载了世俗化，但存在针对世俗化的抗争和抵制，如文化论争，从而呼吁"去世俗化"，② 他曾乐观地喊出，"不是我一个人的观念转变了"，"只有一小群学者还在捍卫世俗化理论"③。在 2008 年出版的合著《宗教的美国，世俗的欧洲》一书中，贝格围绕"宗教的美国，世俗的欧洲"这一命题，解释了美国和欧洲范例之间的巨大差异，即宗教性美国例外论和世俗性欧洲例外论，同时认识到一方面是世界大部分地区爆发的狂热宗教运动现象，另一方面是世俗化的传统论题即"现代性导致了宗教的衰落"，他虽然认为后者已经"被经验证据所证伪"，但对"去世俗化"激进观点进行了折中，承认世俗化已经成为欧洲文化的一部分，因此"欧式世俗性"（Eurosecularity）这个术语是恰

---

① 贝格尔：《天使的传言：现代社会与超自然再发现》，高师宁译，中国人民大学出版社，2003，第 137 页。

② Peter Berger, "The Desecularization of the World: A Global Overview", In *The Desecularization of the World*, Edited by Peter Berger, Grand Rapids, The Ethics and Public Policy Center and William B. Eerdmans Publishing Co., 1999, pp. 1–18.

③ Peter Berger, *The Many Altars of Modernity*, Walter de Gruyter, 2014, p. x.

当的，"欧洲人夸大了世俗性"，"美国人夸大了宗教性"①。

更晚些时候，贝格对"去世俗化"论题反思说，当时他的"这种意向改变不是某种哲学和神学上的转变……越来越明显，实践资料与理论相矛盾了"，他继续坚信"我们的世界绝不是世俗的，一如既往是宗教的"②，但他更为平和地表达了关于世俗化问题的看法，除了继续主张放弃世俗化理论旧范式并代之以多元化理论新范式之外，在全球化视野中，他认识到"对于大多数信仰者而言，信仰和世俗性之间不存在一种完全的（要么／或者）两分，而存在一种不固定的建构（两者／和）"③，承认世俗化是一种全球现象，世俗化理论也不失为一种有用的解释模式，"我现在准备做出这样的断定，即世俗化理论家并不像我以前想的那样错误，我现在更为全面地理解了世俗话语的全球现实，不只是在欧洲……而且在每个信仰者的日常生活中，他们既在世俗生活中也在宗教生活中都取得了成功"④。

现代处境。现代化是现代性实现的过程，现代性是许多特性的集合体，涵盖技术、经济、政治、社会和心理等方面。现代性是一种历史现象，没有"进步"和"倒退"甚或"反动"之分，也没有单一范式和解释，在世俗和宗教两种条件下都能实现。韦伯曾用"选择性亲和"概念解释制度与观念、价值和信念之间相互影响的关系，认为制度一经建立就会在意识层面上发挥反作用。贝格遵循韦伯的研究路径，试图揭示现代制度和现代意识之间的内在关系，他用"现代处境"一词描述和涵盖了作为外部要素的现代性制度和作为个体内在世界的现代意识两种力量，"个体存在于特定的外在条件之下，即特定的技术、经济和政治安排等所创造的条件之下，意味着对这些条件中的一部分进行内在化，……即称作为现代意识的心理及认知结构的集合"⑤，两方面要素共同塑造了当代生活和思想境界。

---

① Peter Berger, Grace Davie and Effie Fokas, *Religious America*, *Secular Europe*, Ashgate, 2008, p. 12.

② Peter Berger, *The Many Altars of Modernity*, Walter de Gruyter, 2014, p. x.

③ Peter Berger, *The Many Altars of Modernity*, Walter de Gruyter, 2014, p. x.

④ Peter Berger, *The Many Altars of Modernity*, Walter de Gruyter, 2014, p. xii.

⑤ Peter Berger, *The Heretical Imperative*, Collins, 1980, p. 5.

现代意识是现代处境的重要组成部分，是思想观念、心理和认知结构的复合体，其中包含了"必然"和"偶然"因素；① 现代意识是一种个体处境，个人不仅置身于现代世界中，而且置身于现代意识结构中；现代意识拓宽了人们对宇宙的认识，相对化了世界观，"但是现代性本身就是一种相对现象，它是人类意识历史运动中的一瞬间，既非顶峰，也非高潮，更非终结"②；现代意识也是历史性建构，处于变化之中，最终将会消亡或者转化。

贝格用"封包"概念表达了制度过程尤其是技术和官僚科层与意识形式之间的联系，区分了"内在的"和"外在的"两种封包，实际上反映的是意识和行为之间的特殊联结。"内在封包"不能拆解，"外在封包"能够拆解并以不同的方式重新组装。现代社会依赖于技术和组织设施，作为显著特征的现代性是内在的，处于世俗话语支配下；现代社会的外在封包更为多元，宗教话语就是其中之一。现代社会的世俗和宗教话语也是多元化的，存在不同版本的现代性，描绘并反映了宗教性和世俗性共存状态。贝格还用"载体"概念表示产生或者传输特定意识的制度或者群体，并区分出了首要载体和次要载体，前者如技术和官僚体制国家，后者如城镇化、流动性社会分层、个体生活的"私人领域"、科学技术创新、大众教育及大众媒介等社会和文化进程，就制度进程和意识形式之间的联系而言，前者较后者包含了更多的内在联系。③ 贝格所言的"现代处境"是高度世俗化的，人们面对世俗性可能会表现出哀叹或者欢呼，这取决于个人的立场。贝格也指出现代处境不一定带来世俗化，但必定导致多元化。

多元处境。现代处境与多元主义或多元化紧密相连，贝格认为"多元主义"具有意识形态含义，从而更愿意使用"多元化"一词，并把后者看作日常社会中存在的事实。现代性释放了都市化、人口流动、高等教育、通信技术等多样化力量，多元化成为现代性的标志和现代生活的基本主题，不仅影响了人们的行为，而且影响了人们的意识。相对之前"世俗

---

① 彼得·贝格尔：《现代意识：包裹和载体》，载魏德东、钟智锋编《宗教社会学：彼得·贝格尔读本》，谢夏珩译，中国社会科学出版社，2015，第227页。

② Peter Berger, *The Heretical Imperative*, Collins, 1980, p. 10.

③ 彼得·贝格尔：《现代意识：包裹和载体》，载魏德东、钟智锋编《宗教社会学：彼得·贝格尔读本》，谢夏珩译，中国社会科学出版社，2015，第228—231页。

化"语境中作为市场处境的"多元化"，贝格又在现代性语境中把多元化定义为一种社会处境，即"同一社会中共存着不同世界观和价值体系"，在这种处境中，"具有不同世界观和道德的各民族和平地生活在一起，相互友善地交流"①。积极交流是多元化的重要特征，贝格重视日常交流，他使用"认知互染"一词来表达"人们持续地相互交流就会相互影响"的事实，②即具有不同世界观的"他者"之间相互影响并相对化的过程。

信仰和价值观念依赖于具体的似然性结构，后者是由特定社会环境构成的，现代处境打破了信仰、价值和生活方式的同质性，使似然性结构变得多元化了。多元化意味着相对化，"破坏了宗教和其他生活理然的确定性，人们可能会持守信仰，可能会因应信仰生活，但信仰可能不再垄断理然性真理"③，"信仰、价值观和生活方式失去了它们理所当然的地位"④，信仰和价值观念碎片化，世界观多元选择成为必然，个体可以像选择私人生活一样选择自己的世界观。

在早期著作中，贝格坚持世俗化理论中心论题"现代性必然导致宗教衰落"，后来他承认这是一种误解，甚至可以说是一种错误的假定，主张在全球化语境中重新认识现代化、世俗化和多元化的辩证关系。

贝格承认世俗化是确实存在的事实，多元化也是一种全球现象，而现代化作为固有根由的地位更无可否认，但新经典世俗化理论的理解存在逻辑错误，把多元化解读为现代性所导致的世俗化引出的结果或者支持要素。他强调说与世俗化一样，多元化是一个描述性词语，指的是"现代性导致的宗教在个人心目中和制度秩序中地位的重大变迁"⑤。

现代性改变了宗教的社会处境，不一定带来世俗化，但必定导致多元化；即使引起了世俗化，"也不能假定这种发展，而必须解释它"；多元化可能与世俗化相连，也可能与世俗化无关，它独立于世俗化，甚至可以说

---

① Peter Berger, *The Many Altars of Modernity*, Walter de Gruyter, 2014, p. 1.

② Peter Berger, *The Many Altars of Modernity*, Walter de Gruyter, 2014, p. 2.

③ Peter Berger, "Postscript", in *Peter Berger and the Study of Religion*, Edited by L. Woodgead, P. Heels and D. Martin, London, Routledge, 2001, p. 194.

④ 彼得·贝格尔：《相对性的时代中宗教传统之间的对话》，魏德东、钟智锋编《宗教社会学：彼得·贝格尔读本》，谢夏珩译，中国社会科学出版社，2015，第 346 页。

⑤ Peter Berger, *The Many Altars of Modernity*, Walter de Gruyter, 2014, p. ix.

滋育了世俗化，"剥夺了宗教理然性品质"，"使信仰面临严重挑战，但却不同于世俗化带来的挑战"。① 因此作为现代性的结果，多元化与世俗化的地位是同等的，但不同的是前者增强了宗教的不确定性，而后者"不可避免地导致了宗教的衰落"。基于上述认识，贝格建议用多元化范式代替世俗化理论来解释当代全球化世界中的宗教现象。

贝格用"个体化"和"去制度化"概念修正了之前的"主观世俗化"和"客观世俗化"，重新表述了多元化在个人主观意识与社会客观场域这两个相互关联的层面上产生的影响。就个体化而言，随着宗教市场的形成和竞争机制的确立，在多元化市场处境中，宗教传统的确定性经由意识判定而变成了个人"反思和抉择"，信仰脱离宗教由个人决定，"宗教偏好"意味着在宗教市场中自主选择。

就去制度化而论，确定性的破坏损害了宗教理然性，主观化了宗教，拆消了客观性，宗教从其他制度中分化出来，退出社会生活领域，实现了"自主"，强化了多元化趋势。多元化反过来又对宗教自主产生了动力，最重要的变化是宗教与政府之间的分化即政教分离；多元化改变了不同宗教传统之间的关系，体现为宗教宽容；消解了宗教人士的权威和权力；自愿联合的"宗派"成为典型的宗教社会形式。所有这些新发展在使宗教陷入危机的时候也使它面临新的发展机会。

宗教对话。贝格对多元化的理解深嵌在现代化理论中，把现代性看作"不同宗教选择"以及"宗教话语和世俗话语"两种多元主义的负载者。贝格展望了多元处境中不同宗教传统之间以及宗教与世俗之间接触与对话的前景，建议不同宗教传统开展"互动式对话"，但前提是必须"接受相对化所带来的不确定性"②，自愿原则和彼此共识是达成对话的重要条件。贝格借用艾森斯塔德（Shmuel Noah Eisenstadt，1923—2010）"多重现代性"和舒茨"多重现实"概念，反思了社会生活领域宗教性与世俗性并存的现实，认为"西方世俗性不是现代性的唯一形式，还有其他版本的现代

---

① Peter Berger, *The Many Altars of Modernity*, Walter de Gruyter, 2014, p. 20.

② 彼得·贝格尔：《相对性的时代中宗教传统之间的对话》，魏德东、钟智锋编《宗教社会学：彼得·贝格尔读本》，谢夏珩译，中国社会科学出版社，2015，第351页。

性，宗教在后者中被给予了更为中心的位置"①。现代性不一定导致世俗化，但确实形成了世俗的话语氛围，"它能使人们在不参考任何宗教性现实的情况下应对许多生活领域"②；当代世界既存在宗教定义的现实，也存在世俗定义的现实；既充满宗教话语，也充满世俗话语。在个人体验中，世俗性和宗教性不是相互矛盾和排斥的，而是共存的，对应于不同的话语，"我们向来生活在不同的关联性中，不独在宗教的和世俗的关联性之间航行"③，这种"多重关联性"是现代性的关键特征和现代人的基本特性。

在对宗教和现代性问题的思考中，贝格的学术理念遵循的是经典社会学理论尤其是韦伯学术传统，借鉴了马克思的辩证方法，也表达了自己的人文主义观念，主张关注人类生活状态，探讨日常体验与制度秩序的关系，研究各种意义结构尤其是常识性"知识"。在贝格看来，作为一种历史现实，宗教不仅是终极意义投射的象征体系，而且是维系社会理然性的主要机制，是"遮蔽着制度秩序和个体经历的帷幕"④，不仅合理化而且去合理化了社会制度。贝格用似然性概念解析了现代化背景中的宗教处境，现代社会结构改变了传统宗教环境，作为共同结果，世俗化和多元化已然成为全球现象，前者不可避免地导致了宗教衰落和危机，后者则意味着选择和机会；他承认相对化巨大的消解力量，但也批判相对主义是现代性中的流亡者，拒绝理性并破坏了秩序稳定性。⑤ 贝格对世俗化论题的追捧、怀疑、修正、回应和重新认同，伴随了他整个学术生涯，始终体现着研究和思考的深化，也引导并拓展着学术界对相关问题的讨论。

四 卢克曼：无形宗教人类学理解

社会学家托马斯·卢克曼（Thomas Luckmann，1927—2016）在对宗

---

① Peter Berger, *The Many Altars of Modernity*, Walter de Gruyter, 2014, p. xi.

② Peter Berger, *The Many Altars of Modernity*, Walter de Gruyter, 2014, p. 51.

③ Peter Berger, *The Many Altars of Modernity*, Walter de Gruyter, 2014, p. 56.

④ Peter Berger, Thomas Luckmann, *The Social Construction of Reality*, Penguin Books, 1991, p. 120.

⑤ 彼得·贝格尔：《相对性的时代中宗教传统之间的对话》，魏德东、钟智锋编《宗教社会学：彼得·贝格尔读本》，谢夏珩译，中国社会科学出版社，2015，第349页。

教和世俗化论题的思考中，关注了个体与社会的辩证关系，即个体在社会秩序中的定位，也就是个体的"自主存在"问题。

理论预设。卢克曼批评社会学理论忽视了对社会秩序与个体存在关系的研究，且没有注意到现代社会中二者的关系已经发生了根本转变，即由于高度组织化的现代社会的"压制"，"个体的自主性存在似乎已经出现了问题"①。他认为时下流行的社会化、社会变迁以及结构功能等理论解释已经不合时宜了，需要提出新的命题，建构新的理论，"社会学将会面对这样的一个问题，后者不能简单地运用社会化和社会变迁的'普遍'结构功能理论来解决"②，这个问题就是个体在现代社会中的存在问题。因此卢克曼的学术视野从传统的社会结构和过程研究转向了对个体存在的关注，思考了"现代社会对个体生活历程的影响""个体以何种方式维持在社会中的自主"③ 以及实现个体化、发展个性等问题。

卢克曼在经典社会学传统中找到了解决问题的线索，他提出了这样的一个预设，即"个体在社会中的存在问题是一个'宗教'问题"④。他赞同迪尔凯姆和韦伯对个人与现代社会关系的研究，认为二人"都在宗教研究中找到了理解个体社会定位的钥匙"⑤，前者把宗教看作集体意识的核心，后者在社会关系中梳理了宗教的历史头绪。不同的是卢克曼从基本的预设出发对宗教做出了人类学的理解。

卢克曼摒弃了社会学对宗教的经验研究，舍弃了宗教的功能性定义，也不太认同宗教的实质性定义，认为前者未能揭示构成社会事实的普遍基础，后者则可能导致意识形态偏差。因而卢克曼从探求宗教的人类学条件入手，在知识社会学的视野中把宗教看作提供了意义、终极性和超验的"社会事实"，试图揭示构成宗教各种社会形式的人类学基础，然后理解宗教历史性表述中的共同要素、隐含功能和结构性决定因素。

卢克曼尽力避免将社会与宗教等同起来，把"超越生物性是人类的一

---

① Thomas Luckmann, *The Invisible Religion*, The Macmillan Company, 1967, p. 9.

② Thomas Luckmann, *The Invisible Religion*, The Macmillan Company, 1967, p. 11.

③ Thomas Luckmann, *The Invisible Religion*, The Macmillan Company, 1967, pp. 9–10.

④ Thomas Luckmann, *The Invisible Religion*, The Macmillan Company, 1967, p. 12.

⑤ Thomas Luckmann, *The Invisible Religion*, The Macmillan Company, 1967, p. 12.

个普遍现象"作为立论前提，提出了一个重要命题，即把"人类机体对生物性的超越称为宗教现象"，或者"形成自我的社会过程基本上是宗教过程"①，这是宗教概念的基本含义，包含了宗教社会形式的历史根源，也暗示了宗教普遍而具体的人类学条件。

首先，人类机体自身无法超脱自我，"不能自发地创造意义"，因而"不能发展成为个人自我"，它只有在社会建构的"客观的"且具有道德性的意义体系中才能完善自我。社会过程是机体超脱的基础，机体只有在日常社会生活中才能超越生物性，超脱孤立的、直接的和无意义的体验，实现意识的个体化，"并最终有可能建构起意义系统的解释程序"②。社会化辩证过程中发生了世界观的客观化，世界观是社会的构成要素之一，因而也走向了具体；同样神圣世界在这一过程中内在化为宗教表象。宗教表象是神圣世界的具体表现，体现为宗教具体的社会历史形式。

其次，意义系统是在社会过程中产生的，经过了客观化的建构，同时也成为客观化的结果；它以连续性社会关系作为先决条件，所以是历史性存在，并形成了特定的解释程序。世界观是普遍而稳定的意义系统，象征体系是较为特殊的意义系统，象征将日常生活体验与"超验"层面联系了起来，既指涉日常生活世界，也包含超越了日常生活的超验世界。

再次，宗教是社会事实的独特部分，具有普遍的人类学条件，植根于"人类机体对生物性超越"这样的人类学事实。人类机体在社会化过程中成就了自我，这一过程本质上是宗教的，"它基于宗教的普遍人类学条件，依据的是社会过程中意识和良知的个体化，并且在意义组态内在化中得以实现，这种意义是构成历史社会秩序的基础，我们把这种意义组态称作世界观"③。所有宗教形式都是象征体系的制度化，涉及世界观社会客观化等问题，这正是他与贝格在《现实的社会建构》一书中讨论的主题。

宗教形式。卢克曼的"宗教"概念暗示了一种"普遍"指涉，"成为一种包罗万象的现象"④，通常以"非具体"的形式存在于所有社会和社会

---

① Thomas Luckmann, *The Invisible Religion*, The Macmillan Company, 1967, p. 49.
② Thomas Luckmann, *The Invisible Religion*, The Macmillan Company, 1967, p. 48.
③ Thomas Luckmann, *The Invisible Religion*, The Macmillan Company, 1967, p. 51.
④ Thomas Luckmann, *The Invisible Religion*, The Macmillan Company, 1967, p. 49.

化的个体中，表达的是个人与社会的"意义"关系。他立足于知识社会学的视角，在批判"历史决定论""功能主义"理论方法的同时，根据"个体在社会中的存在问题是一个宗教问题"这一预设，以"客观世界观的建构"和"神圣世界的表述"为中心，揭示了宗教"普遍的"社会形式和"具体的"历史形式；并在社会变迁和社会分化的视点上强调了宗教"制度专门化"形式的社会结构条件，同时暗示了宗教最终以"无形"和个体化虔信形式存在于现代社会中。卢克曼强调说宗教的诸种社会形式都是历史的存在，是相互关联的。

（1）普遍的社会形式。同贝格一样，卢克曼基于社会建构论把世界观看作"客观的""普遍的"意义系统，它是宗教最普遍的社会形式。世界观包含了时间、空间、因果、目的等社会建构的范畴以及专门的解释程式，包罗了"自然的"逻辑和分类系统，同时体现出了社会实用维度和道德维度，"包含了普遍性不同层面上的象征、解释程式和行为规定"①；语言是世界观客观化的重要形式和工具，包含着最综合的、最分化的解释系统。

在卢克曼看来，世界观与社会结构之间存在辩证关系，世界观是从制度化的人类活动中产生的，而社会行为和制度则依赖于世界观的内在化；世界观是个人社会化的基础，通过世界观这个意义系统，"个体的过去和未来整合进了连贯的经历之中；在这个系统之中，自然出现的个人在与同伴、社会秩序以及超验神圣秩序的关系中，确定了自己的位置"②。在这个过程中，客观意义系统转化成主观现实，意义的层次结构也变成了主观关联系统，后者是构成个人认同的要素，在个人行为选择中具有优先地位，"历史个体的个人认同是某种历史性世界观客观意义的主观表达"③。另外，世界观通常以社会控制手段对个人行为施加外在影响，因而卢克曼认为世界观是一种客观化的历史存在，具有稳定性和强制性。

世界观是超验的、普遍的秩序的表现，为人类超越生物性提供了基

---

① Thomas Luckmann, *The Invisible Religion*, The Macmillan Company, 1967, p.55.

② Thomas Luckmann, *The Invisible Religion*, The Macmillan Company, 1967, pp.69-70.

③ Thomas Luckmann, *The Invisible Religion*, The Macmillan Company, 1967, p.70.

础，"世界观的历史优先性为人类机体'成功'超越生物性提供了经验根底"①；"作为意义的一种单一的基质，世界观作为一个整体提供了一种历史背景，人类机体在其中形成认同，并因而超越了生物性"②。因此世界观实质上发挥了宗教的基本功能，"把一个自然族类的成员转化为一个历史地产生的社会秩序内的行动者"，也就是说，"把人的本质嵌入一种历史的社会秩序"③，世界观可以说是最基本的、普遍的宗教形式。世界观的宗教功能由象征符号组成。象征符号代表着世界观不同层级的意义，即生物的、社会的和历史的意义。

（2）具体形式。宗教的具体形式指的是各种宗教象征。日常生活世界具有"凡俗性"，超验世界具有"神圣性"，二者彼此既分离而又相互渗透。神圣世界是世界观的一部分，因而也是普遍的，代表着世界观的意义层级结构，并在仪式行为、圣像形象和语言文字等媒介中实现了客观化，成为社会现实的一部分，染涉进社会结构关系之中，渗浸在各种制度领域，为社会行为提供了合理化。

神圣世界经由内在化展现为具体的宗教表象，作为独特的意义层面，与意识的其他部分相分离，构成了一种"终极"的关涉。宗教表象是代表神圣世界的各种象征，也是神圣世界的具体表现，"这些象征以具体但凝缩的方式发挥了世界观整体广泛的宗教功能"，因此"构成神圣世界的宗教表象组态会被定义为'宗教具体的历史社会形式'"④，可以说宗教表象蕴含了历史积淀和成就。通过内在化了的宗教表象，日常生活被放置在了超验意义的背景中，受到了神圣体系"逻辑"的正当化。

世界观和神圣世界经由内在化都成为个人认同的组成部分。既然世界观是宗教的普遍社会形式，那么同样也可以把个人认同看作个人虔信的普遍形式。个人虔信是个人世界观的社会化，也是神圣世界在个人意识中的内在化，但它比个人认同更为具体，"神圣世界在世界观中表达的越清晰，内在

---

① Thomas Luckmann, *The Invisible Religion*, The Macmillan Company, 1967, p. 53.
② Thomas Luckmann, *The Invisible Religion*, The Macmillan Company, 1967, p. 56.
③ 卢克曼：《无形的宗教：现代社会中的宗教问题》，覃方明译，中国人民大学出版社，2003，第119、120页。
④ Thomas Luckmann, *The Invisible Religion*, The Macmillan Company, 1967, p. 61.

化的宗教表象越有可能在个体意识中形成一个相对明显的'宗教'层面"①。

（3）制度形式。同样作为宗教的社会形式，神圣世界"以世界观内具体宗教表象的区隔为特征"②，具有多样制度基础和具体的历史社会形式。随着社会制度分化的发展，神圣世界的社会基础发生了变化，宗教制度逐渐实现了专门化。在卢克曼看来神圣世界只是宗教制度专门化的一个必要而非充分的条件，更多条件还需在社会结构中去寻找。首先，社会进步引起了社会分化，在不同职业群体和社会阶层中产生了异质性的世界观，神圣世界社会维系作用削弱了，宗教表象不再平衡分布，威胁到了社会整合，同时对神圣世界的标准化建设提出了迫切要求，随后建构出了系统化宗教知识。其次，生产技术进步丰富了物质生活水平，促进了劳动分工的发展，引起了社会角色的不断分化，产生了专门化宗教职业人员，掌握了神圣知识及解释权力，扮演了"神圣"与"凡俗"两个世界的中介角色。再次，宗教行为走向制度化，教会成为普遍的宗教制度，建构起了以教义为中心的神学体系，编纂了典籍，制定了仪式，确立了科层管理体制，建造了雄伟的教堂，建立了宗教教育、税负征收和资金募集等制度，"作为宗教的一种社会形式，制度专门化是以神圣世界的标准化为特征的，如明确定义的教义、专职宗教角色的分化、认可特殊机构拥有遵奉教义和仪式的约束力，以及'教会'型组织的出现等"③，"宗教变成了一种范围明晰、显然可观的社会现实"④。制度专门化宗教最终以"官方宗教"形态垄断了解释"终极"意义的权力，同时追求各种"世俗"目标和利益，在这种特殊的历史社会环境中，个体虔信经由社会化也融入其中，并在教会取向中被塑造和具体化了。

卢克曼认为"分化"不是现代社会的专利，贯穿在人类整个历史社会过程中。在原初社会中，人类社会就存在较低程度的制度分化，分布着相对均质的世界观，神圣世界占据支配地位，渗透到相对未曾分化的制度层

① Thomas Luckmann, *The Invisible Religion*, The Macmillan Company, 1967, p. 71.
② Thomas Luckmann, *The Invisible Religion*, The Macmillan Company, 1967, p. 62.
③ Thomas Luckmann, *The Invisible Religion*, The Macmillan Company, 1967, p. 66.
④ Thomas Luckmann, *The Invisible Religion*, The Macmillan Company, 1967, p. 73.

面，"作为一种社会现实，神圣世界的维系及其代际传袭有赖于普通的而不是制度专门化的社会过程"①；祭司制度代表了制度专门化的早期阶段，神权政治代表的是中间阶段，而西方宗教传统代表的是完全的制度专门化，集中表现为教义的完备、教会制度的发展以及宗教与其他社会制度之间的分化。

无形宗教。卢克曼用人类学"相对化"了社会学宗教研究的地位，解构了社会学的世俗化论题，批评社会学用宗教特殊的历史形式代替了宗教原型，由此得出了宗教在现代社会中正在衰落的结论，他强调在人类学基础中发现各种宗教形式的共同要素，通过分析社会结构来揭示宗教"潜功能"，理解当代社会中宗教的处境，明确个人与社会的辩证关系。

卢克曼承认工业化和都市化是现代社会必经的历史过程，是导致剧烈社会结构变迁和引起个人生活模式转型的重要变量，他看到现代社会中宗教制度的社会定位和内在意义体系发生了变化，社会学所谓的"世俗化"过程发生了，但这些都不能说明现代世界丧失了"宗教性"或者"不存在任何宗教"或者"在实质上是非宗教的"，不意味日常生活模式中缺乏宗教的意义。卢克曼强调说工业化社会结构虽然是世俗的和理性的，但透过人类学的滤镜可以发现，日常社会生活中弥漫着丰富的宗教要素，"基本的社会变迁和文化变迁丝毫没有改变人类生活根本上的宗教本性。现代生活的社会条件并没有产生全新的人类本质"②。不论是社会结构、生活模式和观念意识，还是宗教形式、宗教制度和意义体系，都在发生着独立的变迁和转型，相互之间并不排斥和抵牾，人类自身整体上还在延续着宗教的过程，"社会建构的现实模式的主题已经发生了变化。作为那些导致现代社会结构变迁的结果，单个人的意识引以为标准的典型样式也发生了变化。但是，把单个的人置入一种社会的和历史的超验现实之中的那种模式化，本身是一个宗教的过程"③。卢克曼还指出，就社会学论题而言，工业

① Thomas Luckmann, *The Invisible Religion*, The Macmillan Company, 1967, p. 62.
② 卢克曼:《无形的宗教:现代社会中的宗教问题》，覃方明译，中国人民大学出版社，2003，第 119 页。
③ 卢克曼:《无形的宗教:现代社会中的宗教问题》，覃方明译，中国人民大学出版社，2003，第 119 页。

化与世俗化之间不存在直接的因果关系，不应"从一个可能更'基础的'制度变迁中导出另外一个制度中的变迁"，或者"把这个过程解释为一个可能更'强大'的价值体系取代了另一个体系"①，他不主张把宗教制度的衰落看作世俗意识形态、无神论甚至新宗教兴起的结果。

持续分化基础上的社会变迁导致的社会结构变化是卢克曼观察制度专门化宗教向现代社会"无形宗教"过渡的基本视角，但他解释变迁的根据则是宗教的人类学基础。现代工业社会持续的社会变迁构筑了复杂的社会结构，改变了日常生活模式，重要的是导致了政治、经济以及宗教等领域制度专门化的进一步发展，社会结构日益"理性"，且明确区隔、相互分离，倾向于高度自主，"权限范围明确，在有限范围内维持着不容置疑的有效性"②。

制度专门化对宗教表象产生了影响，后者中的神圣要素减少了，可信度和意义整合作用减弱了，"宗教的制度专门化通常会使具体化的宗教表象的权限范围变得更狭隘，这反过来又削弱或破坏了这些表象作为意义整合模式的有效性"③。尤其在现代社会中，传统宗教表象已经成为一种异质性存在，被限制在区隔化领域，规范作用受到了削弱，这也改变了它与其他专门化制度领域之间传统的渗透关系，"专门化制度领域越自主越理性，它们与超验神圣世界的亲密关系就越疏间"④。但在卢克曼看来，这不是说神圣"价值"最终退出了人类历史舞台，而只是"世俗"制度领域在分化基础上实现了自主，"'世俗化'在其早期阶段不是传统神圣价值简单的消退过程，而是自主性制度'意识形态'在自身领域内取代了支配性超验规范的过程"⑤。

制度专门化导致了官方宗教危机，也引起了个体虔信分离。在制度专门化背景下，"官方宗教"所表述的神圣世界瓦解了，逐渐蜕变为专业神学知识，消解了终极意义的连贯性和可信度；宗教表象日益脱离了日常生

① Thomas Luckmann, *The Invisible Religion*, The Macmillan Company, 1967, p. 39.
② Thomas Luckmann, *The Invisible Religion*, The Macmillan Company, 1967, p. 95.
③ Thomas Luckmann, *The Invisible Religion*, The Macmillan Company, 1967, p. 85.
④ Thomas Luckmann, *The Invisible Religion*, The Macmillan Company, 1967, p. 101.
⑤ Thomas Luckmann, *The Invisible Religion*, The Macmillan Company, 1967, p. 101.

活，丧失了终极意义的整合作用；加之多元竞争性神圣世界的兴起和影响，所有这些都加剧了个体宗教虔信分离倾向。卢克曼聚焦和竭力展现的是从"有形宗教"到"无形宗教"发展的历史社会动态，着墨较多的是新旧模式更迭的过程，他"不仅是在描述'官方'模式的消亡和新模式出现之间的交替间隙"，重要的是他精练了分析概念，强调了"一种新的宗教社会形式的出现，它既不以神圣世界通过社会结构扩散为特征，也不以宗教制度性专门化为特色"①，这种新的宗教形式便是无形的"个体化宗教虔信"。在卢克曼看来，官方宗教遇到的诸种危机和面临的衰退危险，以及个体化宗教虔信的流行乃至兴盛，分别在客观和主观两个方面表明了"世俗化"的主题，"教会取向的宗教虔信的独特心理模态的强化，以及实现高度专门化的宗教规范的常规化，乃是所谓的世俗化缘起中的重要因素"②。

教会是基本的宗教制度，在卢克曼很多表述中，"教会"与"宗教制度"是同义概念。教会包含的价值规范涵盖日常生活各个方面，并贯穿到政治、经济等所有"世俗"制度中，与后者发生着多层面的关系，既会相互支持、适应，也可能走向竞争、冲突，形成了自己"世俗"利益。工业化强化了制度专门化趋势，并最终把世俗制度从包罗万象的宗教价值影响下解放了出来，宗教仅局限在了"个人生活领域"，被定义为私人事务。同时宗教制度也赢得了内部自主，结构趋向理性，发挥了世俗功能，发展了世俗利益，从社会学角度来看，卢克曼把宗教的这种自主称作"内部世俗化"，意味着传统的制度专门化教会的衰落，也意味着价值规范影响范围的减缩，从而丧失了在社会结构中的垄断地位，"教会不再依赖国家来强化其权限要求，而成为与其他制度地位同等的制度，它的要求和利益局限在"适宜的"的范围中③；"传统教会宗教的衰减，可以被看作教会宗教中制度化的价值相关性退缩的结果"④。卢克曼认为宗教制度即教会走向边缘化以及它"内部世俗化"包含了"世俗化种子"，后者就是"引起官方模型和个人宗教虔信之间日益增长的不一致的因素，同时也是瓦解教会

---

① Thomas Luckmann, *The Invisible Religion*, The Macmillan Company, 1967, pp. 104, 105.
② Thomas Luckmann, *The Invisible Religion*, The Macmillan Company, 1967, p. 76.
③ Thomas Luckmann, *The Invisible Religion*, The Macmillan Company, 1967, p. 94.
④ Thomas Luckmann, *The Invisible Religion*, The Macmillan Company, 1967, p. 39.

与宗教认同的因素"①，表现为剧烈的宗教制度变迁和形式变化。在卢克曼看来，宗教制度的衰落并不是宗教的衰落，前者会被新的形式所取代，"传统基督教衰落可能就是一种更具革命性变迁的征兆，即用新的宗教社会形式取代了宗教的制度专门化"②，这种新的形式便是"无形宗教"。

现代社会的"自主"涉及制度客观自主和个人主观自主两个辩证关联的方面，"'主观'自主与基本制度自主，现代工业社会的这两个最显著的特征是真正矛盾的现象"③。卢克曼在宗教"私人化""个体化"即他所谓"无形宗教"中分析了个人主观自主。

制度专门化导致了公共制度与神圣世界的分离。在现代工业社会中，神圣世界丧失了维系公共制度的作用，不再是整齐划一"终极"意义体系，宗教主题也缺乏连贯性，无法满足个体内在化要求，"现代神圣世界的实际社会基础，既不能在教会中，也不能在国家中，更不能在经济体系中找到"④。公共制度不再受到神圣世界或宗教世界观的支撑，宗教象征的意义组态不再与社会制度存在直接联系，"当代社会的社会结构既不会增强也不会促成传统宗教象征现实的内在化"⑤。神圣世界退出了公共领域，但在私人范围中找了避难所，"现代工业社会中的普通个人发现'终极'意义主要存在于'私人领域'之中，因而也存在于他的'私人'经历之中"⑥。

卢克曼承认私人化是现代社会生活的基本特征，"就'值得考虑'的事务而言，个人被围于'私人领域'之中"⑦，这"预设了一系列特定的且具有历史独特性的社会结构因素，在重新定义个人对'内在的人'的认同中找到了相似的主题"⑧。同样作为制度专门化和社会结构分化的结果，

① Thomas Luckmann, *The Invisible Religion*, The Macmillan Company, 1967, p. 93.

② Thomas Luckmann, *The Invisible Religion*, The Macmillan Company, 1967, p. 91.

③ Thomas Luckmann, *The Invisible Religion*, The Macmillan Company, 1967, p. 116.

④ 卢克曼：《无形的宗教：现代社会中的宗教问题》，覃方明译，中国人民大学出版社，2003，第100页。

⑤ Thomas Luckmann, *The Invisible Religion*, The Macmillan Company, 1967, p. 37.

⑥ 卢克曼：《无形的宗教：现代社会中的宗教问题》，覃方明译，中国人民大学出版社，2003，第107页。

⑦ 卢克曼：《无形的宗教：现代社会中的宗教问题》，覃方明译，中国人民大学出版社，2003，第108页。

⑧ Thomas Luckmann, *The Invisible Religion*, The Macmillan Company, 1967, p. 110.

宗教不再存在于教会中，而是存在于"私人领域"。卢克曼由此得出结论认为，"与其他制度的专门化一起，宗教制度的专门化开始了这样的一种发展，即将宗教转变为一种逐渐'主观'与'私人'的现实"①，自我表达为"无形宗教"。

个体"自主"是现代社会的重要主题，也是对"私人领域"的合理化，有着多种表现形式，强调自我表现、自我实现，但卢克曼把这一主题泛化成为宗教现实，他概括说："现代神圣世界是个体主义社会历史现象的象征，它以各种不同的表述方式将'终极'意义赋予了由结构决定的'私人领域'现象"，意味着个体与传统宗教以及生活模式的疏离，也暗示了建立新的宗教形式的需要，"现代神圣世界的结构及其主题内容代表着一种新的宗教社会形式的出现"②。

现代社会结构为个体自主发展创造了有利条件，一方面，传统神圣世界主题和单一世界观瓦解了，市场上出现了多样化相互竞争的不具强制性、较少超验性的"终极"意义，它们的主题源自"私人领域"，贴近于日常生活体验，且依赖于个体的偏好，为个体虔信提供了选择，"现代社会中的'终极'意义系统以内容上的丰富多样为特征，它们是结构上类似的。它们是相对灵活而不稳定的"③；另一方面，个体意识从传统结构中解放了出来，发展了个性，可以自主的建构认同、选择意义、组织生活并扮演不同的社会角色，当然也摆脱了传统束缚和外在限制，可以直接地接近宗教表象，根据喜好在宗教市场中挑选宗教主题，重组个体意义系统，"宗教一旦被界定为'私人事务'，个体就可以从'终极'意义的什锦中做出选择，他觉得合适的意义只由本人的偏好来引导，而偏好则由他的社会经历来决定"④。

卢克曼从"个体在社会中的存在问题是一个宗教问题"这一预设出发，主张探究这一命题的人类学条件。在他看来，关于教区、教会、教派

---

① Thomas Luckmann, *The Invisible Religion*, The Macmillan Company, 1967, p. 86.

② Thomas Luckmann, *The Invisible Religion*, The Macmillan Company, 1967, p. 114.

③ 卢克曼：《无形的宗教：现代社会中的宗教问题》，覃方明译，中国人民大学出版社，2003，第103页。

④ Thomas Luckmann, *The Invisible Religion*, The Macmillan Company, 1967, p. 99.

以及宗教参与等方面的社会学调查研究忽视了宗教本体在理论建构中的核心地位，注重组织制度，排斥信仰意义；重视社会解构，忽略本质理解；关注历史考据，疏于贯通整合；尤其是理论碎化，缺乏统一框架和普遍性概括，注重实用而忽略了体系建构，他目的是要为宗教在现代社会中的存在提供一种基于人类学条件的普遍解释。

卢克曼批判了一种普遍的学术误解，即把"教会等同于宗教"，认为后者化简了研究主题，模糊了研究对象，缪用了理论方法，由此得出了许多错误的结论，典型的就是把教会宗教在现代社会中的边缘化假定为宗教"变成了现代社会中的一种边缘现象"[①]，把教会衰落理解成了宗教衰落，并断定"现代社会是非宗教的"，因此世俗化也就被化简成了宗教在现代社会衰败的过程。重要的是这种误解还忽略了宗教虔信"客观"和"主观"维度之间的区别，由此混淆了教会取向的宗教虔信和个人取向的宗教虔信之间的差别，混同了宗教的社会学功能和心理学作用，最终导致研究重心旁落他处，忽略了对个人在社会中自主存在问题的研究。卢克曼注意到世俗化理论在面对教会衰落和宗教前景问题时陷入了逻辑和解释困境，他为此提出了"内部世俗化"概念，在社会分化背景中，宗教发展出了世俗功能和利益，其根由在于制度专门化宗教与其他社会制度之间存在张力。

---

① 卢克曼：《无形的宗教：现代社会中的宗教问题》，覃方明译，中国人民大学出版社，2003，第25页。

第八章

系统与分化：卢曼论多重观察世俗化

卢曼（Niklas Luhmann，1927—1998）是德国当代著名社会学家，是社会系统理论代表人物。卢曼在 20 世纪 60 年代初开始从事学术工作，1960—1961 年曾在哈佛大学跟随帕森斯学习社会学理论尤其是社会学功能主义。1966 年，卢曼获得博士学位，在明斯特大学（Munster University）任教职，1969 年之后任教于比勒菲尔德大学（Bielefeld University），直到 1993 年退休。

卢曼阅读了卷帙浩繁的书籍，不断扩大学术研究范围，为他实现建构一种"普遍社会理论"的志向积累了丰富知识。卢曼认识到社会学研究在不断深入的同时面临知识碎片化危机，主要表现为缺乏原则性的解释统合力度，他不满足于单纯描述社会规律，想在宏大的理论框架中揭示社会结构，认识和解释规律，他试图建立一种宏大的"学科的统一理论"，用它解释纷繁复杂的社会结构现象。卢曼重新考察了经典社会学理论，参考了控制论反馈机制，运用逻辑数学语言，结合严密准确的法律推理，杂糅了生物学、现象学、心理学等学科理论见解，发展出了较为独特的社会理论框架，开创了崭新的学科视角。

卢曼用心考察了有关"系统"的研究成果，立足于韦伯对行为意义的解释和帕森斯互动行为理论，结合模态分析理论和演化论概念，在区分环境的基础上发展出了涵盖现代科学研究最新成果的社会系统理论。社会系统的本质是社会关系，体现为由交流构成的事件网络。有别于帕森斯一般系统理论，卢曼发扬了一种"自我组织"、"自体再生"和"自我指涉"

的系统理论，包括社会层面的交流媒介理论、时间层面的社会演化理论和现实层面的功能分化理论三个维度，阐发了相互依赖的系统的形成、演化和分化。卢曼强调世界充满复杂性、偶在性，系统在结构上是开放的，运作上是封闭的，遵循自己的逻辑，互不干扰；分化是系统的关键机制，涉及涵括和摈斥等方面的内容，因而系统整合不再是必须的。卢曼竭力把他这种复杂而抽象的系统理论套用在社会的所有领域，审视了权力、激情、货币、真理等交流媒介及其价值规则，透视了政治、法律、教育、科学、艺术、宗教等诸多领域，讨论了权力、信任、风险、爱情、生态以及现代性、理性等主题。

卢曼是一位高产作家，从 1964 年出版《正式组织的功能与后果》（Funktionen und Folgen formaler Organisation）开始，围绕建构宏大社会科学理论，发表和出版了大量论著，其中两卷本的《社会的社会》（Die Gesellschaft der Gesellschaft，1997）可以说是他的名作，另外，较为著名的还如《社会系统》（Soziale System：Grundriß einer allgemeinen Theorie，1984）、《社会的经济》（Die Wirtschaft der Gesellschaft，1988）、《社会的科学》（Die Wissenschaft der Gesellschaft，1990）、《社会的法律》（Das Recht der Gesellschaft，1993）、《社会的艺术》（Die Kunst der Gesellschaft，1995）、《社会的政治》（Die Politik der Gesellschaft，2000）、《社会的宗教》（Die Religion der Gesellschaft，2000）、《社会的教育系统》（Das Erziehungssystem der Gesellschaft，2002）等。卢曼的学术理论框架宏观，体系复杂，推理严密，分析别致，尤其是概念表述较为新颖，但也抽象难懂，在给人耳目一新的同时常常让人迷惑不解，本章试图从卢曼的"意义""区分""观察""交流""指涉"等概念入手，对卢曼有关宗教研究的学术思想进行肤浅的理解和简析。

一　作为意义的世界

韦伯认为社会行为负载了"意义"，并在主观与客观二元结构中分析了意义。"意义"也是卢曼引入的一个最基本的概念，但他对意义的理解可谓匠心独运, 他以现象学描述的形式呈现了意义, 从建构论的角度阐述了"意义"主观的、心理学的和超验的内涵。在他的定义中, 意义具有普遍性、统一性、开放性、社会性等多种特性。

首先, 意义具有普遍性, 适用于人自身, 也适用于社会系统。意义是根据内容描述的, 无法直接观察到, 普遍化的意义是由集体建构和认同的, 这就为基于意义的交流提供了根据, "普遍化的意思是意义取向的一般化, 为了得出相同的或者相似的结论, 它使在不同处境中面对不同搭档时坚持同一意义成为可能"[1]。其次, 意义包含了具有高度表现力的内容, 这些内容可以被描述出来。在卢曼的描述中, "意义"是矛和盾的"统一体", 或者更准确地说, 是一个"两面体", 即所谓的"吊诡"。吊诡是对世界整体性内在对立的描述, 是在知识里唯一无条件存在的东西, 取代了先验主体, "每个意义 (而且也可说是, 每个终极意义) 自身的统一性都只能是个吊诡, 也就是肯定与否定、真实与非真实、好与坏的一体两面, 无论是从肯定面或否定面去看"[2]; 在诸多的"吊诡"体网络中, 现实性和可能性是"意义"统一体最集中的表现, "意义是现实性与可能性的差异的统一体"[3]。卢曼进一步指出任何事物的统一性都是相对的, 它不是事物的根本属性, 因而不可作为分类的依据, 与其说事物具有统一性, 不如说仅仅表现出了同一性, "所以没有可作为所有其他东西基础的统一性", 因而作为吊诡统一体的意义就是暂时和不稳定的, 是能够断裂和改变的, 是空洞的、碎片的和受条件限制的, "任何被规定的东西, 都要预设吊诡的开展形式, 也就是说, 用一个 (某种程度上是似真性的, 但也是历史相对性的) 可规定的同一性的区别, 来取代吊诡的统一性"[4]。意义的同一性可以维持, 因而可以看作事物、人、事件、符号、价值、概念和规范等的属性。再次, 意义是一种

① Niklas Luhmann, *Trust and Power*, Translated by Howard Davis, John Raffan and Kathryn Rooney, John Wiley & Sons, 1979, p. 127.

② 尼克拉斯·卢曼:《社会的宗教》, 周怡君、张存华、林敏雅译, 台北, 商周出版, 2004, 第46页。

③ 尼克拉斯·卢曼:《社会的宗教》, 周怡君、张存华、林敏雅译, 台北, 商周出版, 2004, 第48页。

④ 尼克拉斯·卢曼:《社会的宗教》, 周怡君、张存华、林敏雅译, 台北, 商周出版, 2004, 第46页。

开放结构，不排斥否定。当然否定性意义也是一种意义，表达的是"不可能性"，因而意义本身不排除否定的可能性，"在不持久的、需要被消融的、需要补充的弔诡形式里，证明了我们本来对意义的认识：即使是否定性的自我指涉也凝结成一个形式，而此形式能说明、象征和解释某种不可能性。……唯有意义操作的网路里，弔诡才可能实现"①。最后，社会性是意义的重要特性，意义是在社会中建构和生发的，也是在社会中表达和维持的，"重点是，任何作为意义而有意义的东西，都是在某些社会情境里表述自己的"②。

卢曼对意义的社会特性做了精致的现象学描述和功能解释。他围绕精神和社会、意识和交流表达了意义概念的内蕴。精神和社会都具有统一性，前者的基础是统一的（自我指涉的）意识状态联系，后者的基础是统一的（自我指涉的）交流联系，二者互为必要的环境，一起演化导致了共同的成就，"我们把这种演化的成就称为'意义'"③。人们以系统的方式建立起自己的世界，精神系统是意义目的的客体，社会系统是意义交流的主体，二者共同构成了事实维度，它们的共同演化指向并产生了复杂性问题，从而使世界免于坍缩。

世界是意义的建构，具有复杂的、偶在的结构。社会世界是基于意义的交流系统，意义是在社会中通过交流建构起来的，交流"把一种关于世界复杂性的表征引入系统。我把这种复杂性表征称为'意义'"④。卢曼强调意义是"世界复杂性的表征"，"复杂性"的意思是指存在诸多的可能性，"通过系统形态开放出来的许多可能性"⑤。具体而言，复杂性"应该被理解为体验和行为中可能性的总和，在其被实现之时，就意味着一种有

① 尼克拉斯·卢曼：《社会的宗教》，周怡君、张存华、林敏雅译，台北，商周出版，2004，第 46 页。
② 尼克拉斯·卢曼：《社会的宗教》，周怡君、张存华、林敏雅译，台北，商周出版，2004，第 167 页。
③ Niklas Luhmann, *Social Systems*, Translated by John Bednarz, Jr., Dirk Baecker, Stanford University Press, 1995, p. 59.
④ 卢曼：《宗教教义与社会演化》，刘锋、李秋零译，中国人民大学出版社，2003，第 5 页。
⑤ Niklas Luhmann, *Trust and Power*, Translated by Howard Davis, John Raffan and Kathryn Rooney, John Wiley & Sons, 1979, p. 6.

意义的结构"①；"复杂性意味着被迫选择，被迫选择意味着偶在性（con-tingency），而偶在性则意味着冒险"，"我们借用'偶在性'这个负载传统的术语来指代这种'也可能是其他'的东西。它也暗示了无法达到最可能的形态的可能性"②。复杂性中包含着可能性，而可能性成为现实则是一种偶在，这很大程度上是冒险选择的结果。由此看来，卢曼所谓的"偶在"只是一种非必然的非不可能存在的现实，往往与期望中的可能性差别很大，可以看作必然的或期望的可能性的条件或者环境，"就复杂性而言，我们会这样理解，即与能够实现的可能性相比，总是存在更多的可能性；就偶在性来说，我们的理解是，标示出来的进一步体验的可能性从期望中非常不同地出现了"③。

意义本质上指涉的是结构，"结构是有意义与无意义的分野岭"④。"指涉"指的是划分区别并对区别的一面进行标示的行为，自我指涉是一个区别借其中的一面进行的自我指认，被指认的"我"需要以另一面"非我"作为前提，相对的是"外在指涉"。意义的指涉就是区分其结构上的"吊诡"，意义的自我指涉就是意义通过把自己包纳进指涉结构中，为自己提供了再现实化，在众多的体验和行为可能性结构中选择，"透过那些只有在意义建构过程中才能辨识其自身界限的系统，因为系统自身具有向内和向外的双重指涉，以及自我指涉和异己指涉的自我区别"⑤。

交流和意义生产了冗余信息，包含了多余的可能性结构，增加了选择的不确定性，"意义的形式，通过它的指涉结构，下一步就是强迫选择。选择不可避免地进入了意义的意识中，对社会系统来说，就是进入了关于

① Niklas Luhmann, *A Sociological Theory of Law*, Translated by Elizabeth King and Martin Albrow, Routledge & Kegan Paul, 1985, p. 5.

② Niklas Luhmann, *Social Systems*, Translated by John Bednarz, Jr., Dirk Baecker, Stanford University Press, 1995, p. 25.

③ Niklas Luhmann, *A Sociological Theory of Law*, Translated by Elizabeth King and Martin Albrow, Routledge & Kegan Paul, 1985, p. 25.

④ 尼克拉斯·卢曼：《社会的宗教》，周怡君、张存华、林敏雅译，台北，商周出版，2004，第52页。

⑤ 尼克拉斯·卢曼：《社会的宗教》，周怡君、张存华、林敏雅译，台北，商周出版，2004，第158—159页。

什么是有意义的交流中"①，选择形式构成了意义。另外，意义只存在于"长链推理"过程中，不存于现世世界或系统中，是描述而不是本质，表明的是"一个复杂的、高度相互依存的、带有受逻辑控制的问题的语义框架"②。

卢曼进一步解释说，意义在社会中以"自我复制"的方式被建构起来，是自我再生系统一种媒介，"意义可以被定义为一种媒介"③，在系统内部的运作上，意义无法否定，因而是没有尽头的。意义媒介没有自然指示物，也不具有本质属性，"意义只能够以自我指涉的方式被定义，在递归的网络化里，指涉其他事物以及与世界的未标示状态，也就是融入没有根据的事物里"④，"递归"指的是持续地将运作结果作为继续运作的基础。卢曼强调说作为负载意义的媒介都远离了超验的品质，"那个能够产生并再制意义媒介的操作，是在真实的世界里进行，而非在实在性之外的超验领域里"⑤。

从现象学的角度卢曼把意义区分为主体和客体两种形式，每种意义实际上只是无数可能性中的一种，可能性之间的关系是松散的，只是表现形式上可以是主体的，也可以是客体的，仅仅是这样的不同而已，"我们可以用现象学的传统来分析意义形式的显现，并因而主张说：每个实际意指的对象都是个意义核心的形式，这意义核心则指向其他无数的意义实现的可能性；其中部分指向同时并存的东西，部分指向各种结合的可能性。这两种表现的可能性的区别，就奠基在客体与主体的区别"⑥。

区分观察。意义及其指涉都以"区分"作为前提，"所有意义都存在

---

① Niklas Luhmann, *Social Systems*, Translated by John Bednarz, Jr., with Dirk Baecker, Stanford University Press, 1995, p. 60.

② 卢曼：《宗教教义与社会演化》，刘锋、李秋零译，中国人民大学出版社，2003，第 7 页。

③ Niklas Luhmann, *Risk*, Translated by Rhodes Barrett, Routledge, 2002, p. 17.

④ 尼克拉斯·卢曼：《社会的宗教》，周怡君、张存华、林敏雅译，台北，商周出版，2004，第 158 页。

⑤ 尼克拉斯·卢曼：《社会的宗教》，周怡君、张存华、林敏雅译，台北，商周出版，2004，第 57 页。

⑥ 尼克拉斯·卢曼：《社会的宗教》，周怡君、张存华、林敏雅译，台北，商周出版，2004，第 47 页。

于现实性与可能性的区别中"①。"区分"作为形式的标记被界定为"差异"，后者是万物之间以属性为基础的界限。卢曼把"区分"看作"差异统一体"，又把它称为"距离"。差异统一体表明了区分的两面，是偶在性的建构，是阐释吊诡的出发点。区分可以分为客观区分和概念区分，前者指的是"有别于其他一切东西的东西"②，而且不需要另一面来说明，对它的标示和区分是"叠合"在一起的；后者指一种区分必须考虑到区分的另一面，卢曼强调说两种区分都是由观察者建构的。

观察是处理区分的具体行为，有时间向度，是对区分的描述，借区分做出标示，标记一面或另一面，但不能同等地观察到两面，"观察是做出区分的任何操作，以便标定一面，而不是另一面"③。观察发生在事件网络中，依赖于区分，自身具有"意向性"，它的每一步操作都涉及一个区别。在卢曼表述中，观察的概念涵盖了人类体验、行为、认知和意志等领域，有时候似乎是主观活动的同义词，涉及意识，主观活动本身也是客观的。"观察"区别于"环境"，与"系统"是交互规定的概念，"所有的观察（所有的区别、体验、行动、沟通）的动作都是始自不可观察性"④。

有别于一般的表述，卢曼杜撰了一种模态逻辑概念，借助观察概念解释了偶在性，进而理解了现代社会世界。在卢曼看来，观察的定义本身就是偶在性的，即偶然性是必然的，而必然性则是否定的，对观察的东西做不同的区分就会产生不同的意义，即使它们的名称是相同的。卢曼用"观察者"概念代替了古典哲学中的"主体"概念，观察者是观察的主体，观察的抽象概念不依赖于观察者，观察者的观察凭借的是区分，也是对区分的描述，"每个观察者都必须使用区分，否则他不能标示的东西正是他想观察的东西。标示只有在区分被标示的状态基础上才有可能，做出区分使

---

① Niklas Luhmann, *Risk*, Translated by Rhodes Barrett, *Routledge*, 2002, p. 17.

② Niklas Luhmann, *Risk*, Translated by Rhodes Barrett, *Routledge*, 2002, p. 15.

③ Niklas Luhmann, *Observations on Modernity*, Translated by William Whobrey, Stanford University Press, 1998, p. 47.

④ 尼克拉斯·卢曼：《社会的宗教》，周怡君、张存华、林敏雅译，台北，商周出版，2004，第 126 页。

标示区分的一面或者另一面成为可能"①。

观察者本身就是差异的"统一体",包含"自我指涉"和"异己指涉"两面,"所以观察者无法自我描述。观察者对自己本身而言是看不见的",也就是说,观察者对自身而言具有不可观察性,"进行观察的操作对自身而言,是无法观察的"②。观察者与被观察者的区别就在于前者"不可观察"而后者"可观察",当然这只是在客观观察即卢曼所谓的"一阶观察"的层次上来说的,例如把区分作为程式对系统运作所做的观察,再如从"没有标明的空间"到"标明的空间"的观察,涉及的是客观的观察对象。卢曼强调的是对概念的观察即"二阶观察",对"观察的观察",涉及的是客观观察的主观结果。概念观察即二阶观察在意义的生产中区别了社会维度和时间维度,区分了自我观察(内部观察)和外来观察(外部观察),提供了选择,增加了复杂性,也为意义中包纳偶在性提供了基础;二阶观察依据观察者的解释图式如精神分析、意识形态批判等可以发现潜在的结构和功能;在一阶观察中观察者不能自我观察,但在二阶观察中观察者可以进行自我观察,即把客观观察者当作观察对象来观察。

卢曼把偶在性看作是世界的基本特征,尤其在现代社会中所有体验都变得偶在了,科学系统转型到二阶观察,方法论中排除了主观干涉,拆解了真理的权威性,强调独立和自主选择,运用概念观察来观察、特征化和理解其他观察者,同时"我们自己的观察正在受到观察"③。研究者对经济系统(如市场价格)、法律系统(实证法)、现代家庭(爱)、教育系统(家庭教育)的观察都是二阶观察,关注的是现代社会的"深层结构"。现代社会功能系统自主性增强,进入了世俗化模式,宗教系统从其中分化出来,实现了自主的系统区隔和自体再生。卢曼认为世俗化概念区分、标示并描述了宗教系统,"根据基督宗教对偶在性语义普遍化的历史重要性,世俗化同时是一种历史(尤其是当代)定义,一种'思想政治概念'。但

① Niklas Luhmann, *Risk*, Translated by Rhodes Barrett, Routledge, 2002, p. 14.

② 尼克拉斯·卢曼:《社会的宗教》,周怡君、张存华、林敏雅译,台北,商周出版,2004,第 58、59 页。

③ Niklas Luhmann, *Observations on Modernity*, Translated by William Whobrey, Stanford University Press, 1998, p. 62.

是每个功能系统都为它们自己发明了二阶观察形式，因而都有它们自己的偶在性体验。相应地社会准许个体不带宗教地生活，如果他想的话会生活得很好"①。社会功能系统的偶在性具有开放性，宗教面对的是不能改变的偶在性事实，不再能够在政治、家庭、教育等领域发挥确定性功能，也不再能确定未来的发展图景，所以卢曼认为迪尔凯姆所谓的宗教的社会团结作用和整合功能在现代社会中不再具有现实意义，同样社会其他功能系统不再负载宗教信念，但在宗教系统之内，宗教信仰通过交流可以发挥自己的"非整合"功能。

社会交流。在卢曼看来，社会维度的关注点不是人与人之间的关系，而是个体作为自我与他者参与的交流，社会维度具有双重层面，即体验和行为的角度以及自我和第二自我的角度，主导区分是自我和他者的区别。区别是意义的操作，观察是区别的操作，交流又是观察的操作，社会系统的运作重点是交流，"我们应该从社会系统的角度观察世界，并把交流作为实施这一观察的真实行动的先决条件。因为被交流，它必须把自身理解为自己对象的组成部分，那么它就只是这一出发点'自体逻辑'的一个结果"②。

韦伯和帕森斯都把行为作为主要的研究对象，或作为意义的负载者，或看作社会系统的基础，卢曼认为行为是在"交流"网络中产生的，社会系统的基本过程只能是"交流"，因而主张不应该着眼于行为，而应该从"交流"概念开始做出新的理论思考，"交流是一种不可避免的社会操作，无论在什么时候，一旦形成社会情势，这个操作必定会被掀动起来"③。卢曼批评了心理学和人类学对交流的理解，主张应该从社会学视角研究人与人之间的"交流"而不是去关注人本身，"我们想要用'沟通'这个概念来取代人的概念，以社会学理论取代传统人类学的宗教理论"④。

---

① Niklas Luhmann, *Observations on Modernity*, Translated by William Whobrey, Stanford University Press, 1998, p. 61.

② Niklas Luhmann, *Risk*, Translated by Rhodes Barrett, Routledge, 2002, p. xxxiii.

③ Niklas Luhmann, "What is Communication?", Translated by Joseph O'Neil and Elliott Schreiber, in *Theories of Distinction*, Edited and introduced by William Rasch, Stanford University Press, 2002: 155-168: 157.

④ 尼克拉斯·卢曼：《社会的宗教》，周怡君、张存华、林敏雅译，台北，商周出版，2004，第41页。

首先，卢曼交流概念的新颖之处在于他从系统理论的角度强调了交流本身是一种自我指涉和自体再生的系统。交流是一种自我指涉的系统，"只有作为一种自我指涉的过程，交流才是可能的"①，因而具有系统的基本属性即封闭性，是一个完全封闭的系统。交流没有起源，是自己本身的产物，"像生活和意识一样，交流是一种自然发生的现实，一种自我产生的事件状态"②，"我们将沟通理解为从本身的产物里复制出自己的操作方式，换言之，就是作为一种'自我再制'系统的操作方式"③。交流通过系统生产和再生产，即交流通过交流实现自体再生，也就是"只有交流能够交流"④。交流系统作为整体发挥功能，特殊化了系统要素和结构，"只有交流能够影响交流，只有交流能够分解交流的单位，也只有交流才能够检验和修正交流"⑤。当然交流必须具备一定的条件，包括生物的、心理的和环境的要素，"只有当心理的、有机体的、化学的、物理的特定结构性耦合获得保障时，沟通才有可能"⑥。另外，作为系统环境要素的开放系统的个体可以参与交流，但不会影响交流系统的自主性。

其次，意义是交流的媒介，而交流是意义的实现，所以交流才属于社会的维度。社会中存在不同的意义及交流方式，"沟通是唯一能够在社会里自我实现的形式。并不存在着其他的可能性去社会性地实现意义"⑦。交

① Niklas Luhmann, *Social Systems*, Translated by John Bednarz, Jr., with Dirk Baecker, Stanford University Press, 1995, p. 143.

② Niklas Luhmann, "What is Communication?", Translated by Joseph O'Neil and Elliott Schreiber, in *Theories of Distinction*, Edited and introduced by William Rasch, Stanford University Press, 2002: 155-168: 157.

③ 尼克拉斯·卢曼：《社会的宗教》，周怡君、张存华、林敏雅译，台北，商周出版，2004，第 73 页。

④ Niklas Luhmann, "What is Communication?", Translated by Joseph O'Neil and Elliott Schreiber, in *Theories of Distinction*, Edited and introduced by William Rasch, Stanford University Press, 2002: 155-168: 156.

⑤ Niklas Luhmann, "What is Communication?", Translated by Joseph O'Neil and Elliott Schreiber, in *Theories of Distinction*, Edited and introduced by William Rasch, Stanford University Press, 2002: 155-168: 161.

⑥ 尼克拉斯·卢曼：《社会的宗教》，周怡君、张存华、林敏雅译，台北，商周出版，2004，第 72 页。

⑦ 尼克拉斯·卢曼：《社会的宗教》，周怡君、张存华、林敏雅译，台北，商周出版，2004，第 208 页。

流具有封闭性，但意义是开放的，所以基于"意义交流系统"的社会，既是封闭的又是开放的，通过自主的封闭达到环境的开放。借助"意义"概念，卢曼认为交流总是"一件选择性事件"和"选择的过程"①，选择在交流中实现了，交流构成了选择的内容。选择是社会系统的一种机制，社会系统的产生是满足选择需要的结果，系统也存在于选择性协调配合中，系统结构的功能就是要借助系统的演化变迁机制维持交流和选择的协和关系，"社会系统永远只有通过交流才能形成，换句话说，它们总是假定，借助期望或者被期望，决定了相互之间复杂的选择过程。社会系统首先产生于对双方都接受的选择的需要，正如另一方面，这种需要首先是在社会系统中被体验的，让这种相互关系成为可能的条件就是演化和与它一同变迁的结果"②。

再次，卢曼把交流看作社会系统的基本过程，认为不能把交流想象为行为，也不能把交流过程想象为行为链条，"交流是自构的基本单位，行为是社会系统自我观察和自我描述的基本单位。二者都是高度复杂的状态，并因之而被用作单位，被缩略为必然的格式"③。但交流与行为是不能分离的，尽管二者存在明显的区别，但交流往往借助行为化简了自己的复杂性，并被分解进具体行为中，"作为一种特殊的现实，构成社会领域的基本过程是交流过程。然而为了控制自己，这种过程必须化简为行为，分解作行为。相应地社会系统不是由行为建造的；……相反，社会系统分解成了行为，通过这种化简，社会系统要求一种连接的基础，这种连接能够使交流进程继续进行"④。

最后，交流是在发送者和接收者之间传播信息，一般称作"播送"。卢曼把交流理解为信息、告知和理解三种不同选择的综合体，三者的协调

①　Niklas Luhmann, *Social Systems*, Translated by John Bednarz, Jr., with Dirk Baecker, Stanford University Press, 1995, p. 140.

②　Niklas Luhmann, *Trust and Power*, Translated by Howard Davis, John Raffan and Kathryn Rooney, John Wiley & Sons, 1979, p. 110.

③　Niklas Luhmann, *Social Systems*, Translated by John Bednarz, Jr., with Dirk Baecker, Stanford University Press, 1995, p. 175.

④　Niklas Luhmann, *Social Systems*, Translated by John Bednarz, Jr., with Dirk Baecker, Stanford University Press, 1995, p. 139.

统一产生了交流，"它出自三种不同选择的综合，即信息选择、信息告知选择，以及对这种告知和信息选择的理解或误解"①。因而交流不只是双方选择性的发送和接收信息，而且信息选择自身就是交流的一个方面。交流之外无信息、告知和理解；三种选择构成了因果序列和循环预设，即信息是告知的原因，告知是理解的缘由，理解是未来交流的前提，是系统自体再生的条件，"沟通希望能够综合资讯、告知和理解，而这个综合在其意义里是收敛性的，因此让沟通可以继续下去。沟通的表意行为（资讯的）以及遂意行为（告知的）的元素，必须在每个沟通性的操作里去调整，并在操作的脉络里去理解。这样说来，宗教的信仰就是且始终是告解"②。卢曼还指出，"三种构成要素，即信息、告知和理解不能因为有效的吁求而被解释为功能、行为或界限"③。

卢曼认为在前现代社会中个体依赖于社会且完全淹没在社会之中，失去了个性，个人领域与社会领域叠合在一起，交流是社会互动中的交流，意义确实性没有"个人化"。基于意义的交流是演化发展的结果，由此分化产生了社会的基本结构，"社会和文化演化导致了逐渐的分化"④；现代社会是社会分化和功能分化的社会，社会系统和外部环境趋向复杂化，系统指涉更多地指向个性人格，复杂性和选择性都增加了，"社会演化理论以及改变社会承袭的分化类型会引起社会系统复杂性突增这种主张，让人得出这样的推断，即不只是社会交流过程确实会遵从这样一种发展进程，而且它们会努力找寻一种非常不同的选择与动机的结合，并且是两者同时

① Niklas Luhmann, "What is Communication?", Translated by Joseph O'Neil and Elliott Schreiber, in *Theories of Distinction*, Edited and introduced by William Rasch, Stanford University Press, 2002: 155-168: 157.

② 尼克拉斯·卢曼:《社会的宗教》，周怡君、张存华、林敏雅译，台北，商周出版，2004，第73页。

③ Niklas Luhmann, "What is Communication?", Translated by Joseph O'Neil and Elliott Schreiber, in *Theories of Distinction*, Edited and introduced by William Rasch, Stanford University Press, 2002: 155-168: 160.

④ Niklas Luhmann, *Trust and Power*, Translated by Howard Davis, John Raffan and Kathryn Rooney, John Wiley & Sons, 1979, p.109.

在更普遍和更专门化水平上的结合"①，交流媒介倾向使用普遍化的符码，如真理、爱情、货币、权力等，用它们来化简和标记句子、情感、交易、威胁等的特性。

意义符码。卢曼从知识社会学和媒介理论角度讨论了意义、交流和符号普遍化。人类能够借助抽象赋予事物以意义，能够使用象征和符码（符号和代码）指称和代表事物，承载交流信息，"意义"和"符码"联系密切，不可分离，相互定义和解释。

符码本身不创造意义，它的本质是意义与实在之间的区分，意义世界分裂了，赋予实在以新的意义，实在也因此区分于其他事物，一个符码就是一个区分，"符码化其实就是把实在的区别改写为另一个紧密且更能够区别的形式。符码化会藉此适应一个新式的世界经验，并以更加克制的方式并存着"。由实在到意义，由意义到符码，是一种"双重化"，其中包含了化简或者扩充，"某个东西或事件被赋予一个特别的意义，这个特别的意义跳脱了习惯世界（在那里可继续接触到它们），并获得特殊的'灵光'以及特殊的指涉范围"。分裂的意义统一体通过双重化再次实现实在和符码的新的统一，"符码这个概念应该描述一种形式，藉此形式，实在双重化的问题，以及真实实在的新建立，能被转换到各种操作里……符码投射了另一种区别的方式，但是它只有以实在双重化为基础才有可能，并且将实在双重化回溯到分裂的世界观的统一"②。

符码与系统紧密相连，"符码是系统用以把自身从环境中区分出来并组织自己闭合运作的形式"③，系统以自身符码为导向区分出了自己的行为，并排斥其他行为。符码表达的是结构，"符号体系（符号和代码）必须被理解为一种结构化非常复杂的互动处境，表达在简单的形式中，这样

---

① Niklas Luhmann, *Love as Passion*, Translated by Jeremy Gaines and Doris L. Jones, Harvard University Press, 1986, p. 19.

② 尼克拉斯·卢曼：《社会的宗教》，周怡君、张存华、林敏雅译，台北，商周出版，2004，第 92、98—99、124 页。

③ Niklas Luhmann, *Risk*, Translated by Rhodes Barrett, Routledge, 2002, p. 78.

才被体验成了一个部件单位"①。普遍化的符码隐匿了确定性,化简了交流的复杂性,因而在卢曼看来,爱情不再是情感,权力也不再是能力,符码指导的交流只能在交流中实现,"这里所说的'密码化'并不单纯是指把符号当做指示某种别的东西——某种它们所指示的、无法直解的东西——的记号来使用,而是指通过消减性确定来进行的知识生产"②。另外对社会和文化演化而言,最重要的符码是借助语言形成的。

符码自身是区分,但又不是单纯的区分,不同于复制或者肖像、镜像,它有两个面向或者两个"值","符码是指一个严格的二值图式论,其中只有两个项或是'值'"③。符码表达的是交流的意义,通过抽象类比把现实世界转译成了一种二值图式,植入了反身性,实在与意义相互决定,"就反身性而言,我们应当这样理解,一个过程被运用于它自身,或者说被运用于一种同样类型的过程。只有这样它才会最终运作起来。反身性机制是一种非常普遍的意义加工形式,意义加工的发端可以回溯很远"④。在宗教符码中内在性和超越性差异就是一种二值图式,相互决定,从而把宗教与其他实在区分开来。

偶在性图式。卢曼分析了核心意义即偶在性问题,并对后者做出了新的理解。偶在性是帕森斯社会学理论的基础问题,主要指涉社会秩序的可能性,强调了自我与他人的互动过程,这个过程包含了"双重偶在性",即他人对自我的反应以及自我对这一反应的反应,寄托了对互惠期望的依赖。借助于模态逻辑概念,结合现象学和系统理论、意义分析和系统/环境分析,卢曼修正和扩展了帕森斯偶在性概念,研究了必然性、可能性等相关概念的逻辑性质。

---

① Niklas Luhmann, *Trust and Power*, Translated by Howard Davis, John Raffan and Kathryn Rooney, John Wiley & Sons, 1979, p. 128.

② 卢曼:《宗教教义与社会演化》,刘锋、李秋零译,中国人民大学出版社,2003,第45页。

③ 尼克拉斯·卢曼:《社会的宗教》,周怡君、张存华、林敏雅译,台北,商周出版,2004,第99页。

④ Niklas Luhmann, *A Sociological Theory of Law*, Translated by Elizabeth King and Martin Albrow, Routledge & Kegan Paul, 1985, p. 164.

　　这个概念的产生排除了必然性和不可能性。某种东西是偶在的，是在它既不是必然的也不是不可能的这个范围来说的；它只是它（或者过去的它，或者将来的它），尽管它也能是其他。因而这个概念根据既定某物可能的其他存在描述了它（被体验、期望、牢记和想象的某物），在可能变量层面中描述了对象，它预先假定世界正如其既定的，然而并没有描述普遍可能。在这个意义上，近期它被习惯上说成是一个真实生活世界的"可能世界"。这个世界的现实由偶在性概念预先假定为它第一的和不可取代的可能性状态。①

　　在卢曼看来，"偶在性"是对不可能性和必然性的否定，是一种相对的现实，"偶在是由对不可能性的否定和对必然性的否定来界定的"②，"凡是虽然可能、但并非必然的东西，就都是偶在的"③，正因为如此它才构成了"吊诡"世界的属性。这里所谓的"吊诡"即"偶然性之必然性"，也就是说意义包纳了偶在性，"偶在性指涉是如此的直觉，以至于它是探寻必然性、先验合理性和不可侵犯的价值的一部分"④。

　　偶在性是世界的本质属性，也是现代社会的基本特征，所有对现代社会的描述最终都指向了偶在性，并且主要指涉的是社会结构。有意义的交流、复杂性结构、众多可能性和不确定性选择，使社会中"每个具体项目都表现出一种偶在的性质，能够成为某种不同的东西"⑤；"任何东西是偶在的，它既不是必然的，也不是不可能的。因而这个概念是由对必然性和不可能性的否定来界定的。事实中的问题是不能把这两个否定化简为一种单一的否定"⑥；非必然中包含了可能性，不可能中存在必然性，世界处于

①　Niklas Luhmann, *Social Systems*, Translated by John Bednarz, Jr. , with Dirk Baecker, Stanford University Press, 1995, p.106.
②　卢曼：《宗教教义与社会演化》，刘锋、李秋零译，中国人民大学出版社，2003，第162页。
③　卢曼：《宗教教义与社会演化》，刘锋、李秋零译，中国人民大学出版社，2003，第163页。
④　Niklas Luhmann, *Observations on Modernity*, Translated by William Whobrey, Stanford University Press, 1998, p.44.
⑤　卢曼：《宗教教义与社会演化》，刘锋、李秋零译，中国人民大学出版社，2003，第6—7页。
⑥　Niklas Luhmann, *Observations on Modernity*, Translated by William Whobrey, Stanford University Press, 1998, p.45.

一种不确定的状态之中，不确定性才是必然的，而确定性只是一种可能，"与必然性和不可能性相比，偶在性代表的是弱必要归纳，正是出于这个原因，它要求一种复杂的逻辑工具，似乎世界明确性的丧失就要求通过逻辑工具来补偿一样"①。现代社会剧烈分化产生了偶在性问题，观察者在描述世界的同时也在建构多重偶在性，其中便包含了确定与不确定、可能与不可能、期望与失望，因而经常会涉及决定中的风险问题。

卢曼借用康德"图式"概念，"图式"即"范型""构架"，在康德的笔下它潜藏在人的心灵深处，是一种先验范畴，现代心理学则把"图式"用作组织、描述和解释认知信息的基本结构。在卢曼看来系统中充满偶然性，因而偶在性是系统的必然，但系统偶在性具有共同的构架即"偶在性图式"，它指的是系统偶在性中基本的、概念化的"共同的元素"，如经济系统中的"短缺"；政治系统中的"公益""合法性"；教育系统中的"学习目标"，知识体系里的"真理"；法律系统中的"正义"；以及宗教系统中"救赎观念"等。偶在性图式压抑了其他既有的可能性，"公众的沟通以既定的偶然性公式为导向，并在可预期被接受的安全层次上去操作"②。卢曼在宗教功能系统讨论中延伸了偶在性含义，宗教系统的分化形成了自己的角色和功能，把不确定的偶在转化成了确定的偶在。

二 自我指涉的系统

对于卢曼的系统理论我们需要理解世界、系统和环境三个基本概念及相互之间的选择关系。按照卢曼的表述，世界关联的是意义，系统关涉的是功能，环境牵扯的是条件，"世界的可能性超出了系统有能力对其做出反应的范围。一个系统把自己设置在选择性建构成的'环境'中，而且将

---

① Niklas Luhmann, *Observations on Modernity*, Translated by William Whobrey, Stanford University Press, 1998, p. 46.

② 尼克拉斯·卢曼:《社会的宗教》, 周怡君、张存华、林敏雅译, 台北, 商周出版, 2004, 第189页。

在环境与'世界'离析的情况下崩解"①。他从系统论的角度讨论了系统与环境的关系，每一种系统及其环境重构了社会，系统在自体再生的封闭性中发挥了功能，同时维持了对环境的开放性。

系统环境。系统、环境是在差异的基础上借助界限规定并通过观察做出区分而建构起来的，"系统/环境范式最重要的结果是人们必须区分出系统的环境和这种系统的环境中的系统"②；"系统这一概念将内与外、环境与系统的差异带进分析建构过程之中"③。观察对象是系统，对象之外的背景为环境，系统可以作为环境中的系统，也可以构成系统的环境。卢曼认同奥地利理论生物学家贝塔朗菲（Ludwig Von Bertalanffy，1901—1972）等人的观点，主张用"系统"与"环境"取代"整体"与"部分"的区分，这样做的目的是"把有机体理论、热力学和演化理论相互联系起来"④。

卢曼的基本假定是，"系统"本身意味高度复杂的结构，包含了意义体验、信息处理和功能结构；系统中既存在不可能性，也存在不确定的可能性，因而就存在体验、行为的选择；系统具有内在封闭性，自我决定，能够自我再生，"这出发点就指涉了系统的建造，更确切地说：指涉了操作性封闭的、自我再制的系统建造"⑤；系统无法通过其中的元素及其之间的关系来加以描述。根据与环境的关系，系统可以分为"开放系统"和"封闭系统"，后者"被界定为一种限制性情况：作为系统，环境对它来说是没有意义的，或者说环境只有通过特殊的渠道才会对它产生影响"⑥。根据复杂程度，系统又可以区分为分化系统和未分化系统，后者主要指涉简单系统，如面对面接触的互动系统。

① Niklas Luhmann, *Trust and Power*, Translated by Howard Davis, John Raffan and Kathryn Rooney, John Wiley & Sons, 1979, p. 6.

② Niklas Luhmann, *Social Systems*, Translated by John Bednarz, Jr., with Dirk Baecker, Stanford University Press, 1995, p. 17.

③ 卢曼：《宗教教义与社会演化》，刘锋、李秋零译，中国人民大学出版社，2003，第 34 页。

④ Niklas Luhmann, *Social Systems*, Translated by John Bednarz, Jr., with Dirk Baecker, Stanford University Press, 1995, pp. 6-7.

⑤ 尼克拉斯·卢曼：《社会的宗教》，周怡君、张存华、林敏雅译，台北，商周出版，2004，第 55 页。

⑥ Niklas Luhmann, *Social Systems*, Translated by John Bednarz, Jr., with Dirk Baecker, Stanford University Press, 1995, p. 7.

环境是由单位系统一同组建起来的，包含了许多复杂的系统，因而环境比系统更为复杂，"环境总是比系统自身更为复杂"①。环境没有自我反省能力，它虽然通过系统获得统一性，但因为系统本身的封闭性，因而它不能感知、处理和影响系统。环境或者构成资源，或者形成干扰。系统与环境之间是一种选择关系，系统不能脱离环境存在，必须适应环境并由环境定向，以内在逻辑对环境做出反应。在卢曼看来，所有的确定性都是不确定的，而所有的不确定性则是确定的，因而系统与环境的关系本质上是不对称的，不构成因果和要素关系，系统必须克服环境的复杂性来保持自己。

系统之所以为系统是区别于环境而言的。相对于自己的亚系统而言，系统则又构成了后者的环境，这就涉及系统分化问题。系统分化是系统复制过程，"系统分化不过是系统内系统与环境之间区别的复制。通过它，整个系统把自身用作环境，形成了自己的亚系统"②，整个系统构成了亚系统的"内部环境"，二者相互区分开来。亚系统自身是整体系统的一部分，同时依赖于系统内部环境。每个亚系统都表达了系统整体，如现代社会系统就分化成了政治、经济、科学和宗教等亚系统，每个亚系统从不同方面表达了现代性要求，"亚系统的每一种形态不过是整体系统统一性的一种新的表达。亚系统的每一种形态把整体系统的统一性分解成了系统和环境的特殊差异，即整体系统内部亚系统及其环境的差异。因而每一种亚系统能够以自己独特的方式利用这样一条边界线反映整个系统"③。所有社会亚系统在社会大系统中相互定位并组成了内在的社会环境。

系统分化是内部分化，以"自体再生"方式进行的复制。系统通过自我指涉将自己与环境区别开来，重要的是系统具有自我再生的能力，能够在自己内部产生出更小的单位，"这些系统在进一步的条件之下，不仅只

① Niklas Luhmann, *Social Systems*, Translated by John Bednarz, Jr., with Dirk Baecker, Stanford University Press, 1995, p. 182.
② Niklas Luhmann, *Social Systems*, Translated by John Bednarz, Jr., with Dirk Baecker, Stanford University Press, 1995, p. 7.
③ Niklas Luhmann, *Ecological Communication*, Translated and introduced by John Bednarz Jr., Cambridge: Polity Press, 1989, p. 107.

是有能力自我分出，而且还能紧接着将自己从环境里区别出来。系统与环境的区别就会在自己内部里进一步复制"①。新的环境出现了，亚系统也形成了，并定向于自身的系统/环境差异，开始了适应过程，为自己重建了整个系统。系统分化是持续的，在系统中重复着整体系统的构成，"整个系统被重建为亚系统和亚系统环境之间的内部差异，对每个亚系统来说，这种重建是不同的。遵循这些内部的截线，整个系统被多次包纳进了自身之中，增殖了自己的现实"②。

系统分化重构了亚系统的自我指涉，增加了整体系统的复杂性，是系统统一性和亚系统多样性的统一，"系统分化是复杂性逐渐增加的过程，复杂性深刻地影响了被观察为整体系统统一性的东西"③，每一种亚系统呈现为整体复杂性的一部分。系统复杂性的增加同样最终会导致系统发生分化，因而可以把自我再生看作自我复杂性增加的结果，"如果整体系统能够建构更多不同种类的要素，并把它们用更为严格的选择关系联结起来，只有在这样的时候，系统分化才是可能的"④。系统分化、复杂性的增殖和自我选择都是持续不断发生的，"因而可以把系统分化特征化为反身性系统形态或者特征化为系统分化的反身性增加：通过把系统构成的过程运用于自身，系统增强了它的功能倾向。像所有的社会系统形态一样，内部系统构成自身催化般地发生了，即通过自我选择"⑤。

系统通过以自我指涉为基础的分化程式使自己独立于环境，但环境分化也是系统构成的必要条件，没有环境分化，系统就不能获取和处理信息，相对于系统分化而言，环境分化是外部分化。卢曼在讨论宗教的外部分化时说宗教系统从经济、政治、教育等制度领域分离了出来，这种"外

① 尼克拉斯·卢曼：《社会的宗教》，周怡君、张存华、林敏雅译，台北，商周出版，2004，第 55 页。
② Niklas Luhmann, *Social Systems*, Translated by John Bednarz, Jr., with Dirk Baecker, Stanford University Press, 1995, p. 191.
③ Niklas Luhmann, *Social Systems*, Translated by John Bednarz, Jr., with Dirk Baecker, Stanford University Press, 1995, p. 18.
④ Niklas Luhmann, *Social Systems*, Translated by John Bednarz, Jr., with Dirk Baecker, Stanford University Press, 1995, p. 191.
⑤ Niklas Luhmann, *Social Systems*, Translated by John Bednarz, Jr., with Dirk Baecker, Stanford University Press, 1995, p. 190.

部分化仅仅携带着对世界的局部解释；而且这已经不再是对世界的解释了。放弃对世界的解释是放弃社会功能的第一步"①，外部分化反衬了系统功能的专门化。需要明确的是，卢曼系统分化理论表达的不是整体与部分的区分，分化的亚系统也不是由许多部分及其关系而是由众多系统/环境区分组成的，这种区分能更好地理解整体的同质性。

自我指涉。在卢曼对系统理论的表述中，"指涉""观察"以及"自我指涉""自我观察"等都是构成"区分"框架的重要概念，都是为做出"区分"服务的，而"区分"的基础则是作为万物界限和属性的"差异"，"差异的统一体"表明和确定了"区分"的两面。

基于区分指涉的意思是标示某种东西之所以为"它"并为"它"认同的属性，指涉本身就被包含在所标示的东西中，其中的认同可以有不同的形式。"自我指涉"是卢曼系统理论的中心概念，它在严格意义上来说是一种"自我"，即标示自己、认同自己，把自己同环境区分开来。为了适合当代科学去中心化的程式，卢曼不再认同意识是世界的主体，也不再把关注点放在"主体"上，而集中于探析"自我指涉"概念的意义和边界，从而区分出了社会系统中不同的自我指涉类型。卢曼用"自我指涉的系统"概念取代了经典的主观-客观认识论，绕开了内部和外部要素解释模式以及因果法则决定论，把因果关系解释为系统/环境的差异。

自我指涉遍及所有社会生活领域，"指代的是要素、过程和系统成为自身的统一性"②，卢曼根据主导区分区别出了三种"自我指涉"。一是"基本的自我指涉"，它是最小的也是最基础的自我指涉形式，区分出了要素和关系，使系统自我再生成为可能，但它自身标示的是一种要素而不是系统，主导区分是要素/关系而不是系统/环境，所以这种指涉不是一种系统指涉。二是"反身性"，它是过程的自我指涉，主导区分是之前/之后，"自我"不再是区分的一个层面，而是由区分构建的一个过程，即过程作为一个"自我"对所指涉的东西发挥作用，经常构成一种结合了多重要素

---

① 卢曼：《宗教教义与社会演化》，刘锋、李秋零译，中国人民大学出版社，2003，第79页。
② Niklas Luhmann, *Social Systems*, Translated by John Bednarz, Jr., with Dirk Baecker, Stanford University Press, 1995, p.33.

的统一体，如在"交流"中人们能够交流那个交流过程；这种指涉增加和增强了象征过程的特征，如在"交流过程中交流"即"关于交流的交流"，在"观察过程中观察"即"关于观察的观察"，在"运用权力的过程中运用权力"等。在卢曼看来，"反身性"指涉的是过程，内容包括"之前"和"之后"的事实，扩展进了过去和未来，历史建构在特殊的时间维度中，意味着真实的事件序列和因果联结，被理解为过去原因的结果和未来结果的原因。三是"反省"，它展示了系统指涉的事实特征，主导区分是系统/环境，"自我"与"系统"两个概念范畴叠合了，自我是系统，自我指涉就是系统指涉，系统对照环境标示了自己，由此区分了系统和环境。

卢曼把系统分为机械系统、生物体系统、社会系统和精神系统，其中社会系统和精神系统是自我指涉的"反省"系统。在卢曼看来，精神系统的自我指涉独立地发生在意识范畴之内，它的基础是统一的（自我指涉的）意识状态联系，以意识的方式处理自我指涉，借用传统的术语来说，"自我指涉"在这里可以看作"主体"的代用词。社会系统的自我指涉不能完全化简为意识，它的基础是统一的交流联系，既不能解释为个人有意识的内容，也不能化简为公共合意范畴的意识内容，社会成了自我指涉的体验，"不可否认，社会结构系统的环境中包含的现实，观察者可以把它们描述为意识或者机械，但是如果把社会结构系统作为我们的指涉点，那么只能把这些事实看作这种系统的环境的附属物。意识是交流不可或缺的环境条件，但是它本身不在交流中"①，意识和交流是各自独立的系统，互为环境和条件，之间持续发生着信息交换。卢曼在精神系统和社会系统、意识和交流以及个人和社会范畴下表述了"意义"的概念，这些二分范畴互作环境，共同演化，导致了共同成就，"我们把这种演化的成就称为'意义'"②，其中精神系统指向的是所有有意义的目的的客体，而社会系统代表的是意义交流的主体，二者共同构成了事实维度。

卢曼"自我指涉"概念描述了世界的复杂性，较之于之前的系统理

---

① Niklas Luhmann, *Risk*, Translated by Rhodes Barrett, Routledge, 2002, p. xxxii.

② Niklas Luhmann, *Social Systems*, Translated by John Bednarz, Jr., with Dirk Baecker, Stanford University Press, 1995, p. 59.

论，他的理解可谓别出机杼，"系统只能通过自我指涉进行区分，也就是说在建构要素以及要素的运作中，系统指涉自身，即同一系统的要素、运作或统一性"①，强调了作为区分要素的环境的存在，重申系统自我再生因而自我决定，能够递归地用要素创造要素。"自我指涉"系统理论关注的是运作层面和系统过程，为了使自我指涉成为可能，系统必须区分出自身的系统和环境，因而有必要引入自我描述、自我观察和自我简化等概念。

卢曼用"自我指涉"代替了封闭/开放区分的分析模式，强调自我指涉的系统把系统自身看作它的对象，这种系统"能够与自身建立关系，并且把这些关系从与环境的关系中区分出来"②，但他也指出系统是具体的、真实的，不是纯粹的概念建构，而系统指涉只是一种分析概念。卢曼承认自我指涉的系统理论是对封闭/开放区分系统分析的发展和深化，自我指涉系统综合了封闭性和开放性，"人们或多或少会谈到范式中的变化，即用自我指涉的概念替代了环境开放性概念，反过来又使把系统的开放性和封闭性结合起来成为可能"③；这种二分之间不是对立的关系，只是存在不同的相对程度，"开放性假设了封闭的自我再生产，它或多或少依赖于封闭性。在这些环境中复杂性中的条件增强了"④，系统演化就是在这种二分关系中进行的。需要指出的是，卢曼的自我指涉概念参考了"自我组织"概念，其中包括了后者强调的系统结构，"指涉统一性即系统或其要素的同时取代了指涉结构，当然尽管没有排除结构"⑤。

自我指涉的系统是自我生产、自我组织和自我调节的递归封闭系统，卢曼将智利生物学家马图拉纳（Humberto Maturana，1928—）和瓦勒拉（Francisco Varela，1946—2001）关于生命系统自体再生理论借用到社会系

---

① Niklas Luhmann, *Social Systems*, Translated by John Bednarz, Jr., with Dirk Baecker, Stanford University Press, 1995, p. 9.

② Niklas Luhmann, *Social Systems*, Translated by John Bednarz, Jr., with Dirk Baecker, Stanford University Press, 1995, p. 13.

③ Niklas Luhmann, *A Sociological Theory of Law*, Translated by Elizabeth King and Martin Albrow, Routledge & Kegan Paul, 1985, p. xii.

④ Niklas Luhmann, *A Sociological Theory of Law*, Translated by Elizabeth King and Martin Albrow, Routledge & Kegan Paul, 1985, p. 282.

⑤ Niklas Luhmann, *Social Systems*, Translated by John Bednarz, Jr., with Dirk Baecker, Stanford University Press, 1995, p. 9.

统分析中，并将"交流"而不是"行为"作为其中的基本要素。"自体再生"是系统自我维持的根本机制，交流是系统的基本运作，"意味的是这种系统只由自体再生的事件组成"①；"有必要指出，这并不意味着心理与物质（机械类）现象，我们对社会的分析唯独与交流有关，是交流而不是其他东西在运作，社会正是借助这种运作才作为一个系统通过'自体再生'生产和再生产自身的"②。卢曼进一步解释说，"自体再生"系统是一个功能统一体，具有聚合和选择的功能，但内部发挥作用的要素不来自外部环境，而只能在面对差异中由内部产生，由系统联结起来的要素不断地再生产了要素，"自我指涉的——就此而言，自体再生的——系统依靠一些通过系统而相互关联的要素生产出另外一些通过系统而相互关联的要素"③，要素只有在系统中并只有通过系统才能获得统一性，"通过要素的运作，它们自己产生并限制着要素统一体的运作……严格地说，正是这种自体再生的过程才把它自己的统一体贡献给了系统"④。

系统维度。 系统具有自主性，信息处理是系统本身的功能。在卢曼看来，信息处理不外乎时间、现实和社会三个维度，他在分析反省即系统指涉、反身性即过程指涉以及交流概念中表达了分化、演化和交流理论，三种亚理论不能相互归约，也不能相互否定，"系统论探讨世界的客观维度，演化理论探讨时间维度，沟通理论探讨社会维度"⑤。卢曼指出三个维度不是隔离的而是连接的，不同维度的程式化降低了复杂性，减少了指涉，化简了信息处理，有助于加深理解。

（1）交流：社会维度。卢曼感兴趣的是有关"社会系统"的普遍理论，在他看来社会系统是自我指涉系统的一个实例，包含了互动、组织和行为等要素，充满了人与人之间的关系。社会系统有它外在的条件，也会

---

① Niklas Luhmann, *Observations on Modernity*, Translated by William Whobrey, Stanford University Press, 1998, p. 56.

② Niklas Luhmann, *Risk*, Translated by Rhodes Barrett, Routledge, 2002, p. xxxii.

③ 卢曼：《宗教教义与社会演化》，刘锋、李秋零译，中国人民大学出版社，2003，第4页。

④ Niklas Luhmann, *A Sociological Theory of Law*, Translated by Elizabeth King and Martin Albrow, Routledge & Kegan Paul, 1985, pp. 281-282.

⑤ 贝耶尔：《论卢曼的宗教社会学》，载卢曼《宗教教义与社会演化》，刘锋、李秋零译，中国人民大学出版社，2003，第35页。

产生外在的后果，但它是在封闭循环的过程中不断自体再生的系统，既具有运作上的封闭性，又具有对于环境的开放性。卢曼认为封闭性社会系统的所有运作都是自然同步的，遵循共时性规律，并指向递归的行为，"递归性运作（运作性封闭的）系统是在已经达到的状态基础上进行的"①。社会系统生产并递归性再生产了交流，"预设了一个由现在的沟通、过去的沟通、进一步的沟通以及发生在别处的沟通所共同组成的网络"②，交流只有在社会系统中才有可能，而且采取的是循环递归的方式，交流单元之间是相互指涉的关系；交流产生网络，进而由交流事件产生了社会，社会是包容性系统，囊括了所有的交流。社会依赖于自身环境，但不能与环境交流，一旦形成交流，这种交流因之而成为内在的社会结构过程，"社会是关于其环境的交流，而不是与其环境进行交流"③。社会是基于意义的交流系统，而交流是也意义的实现，"社会是一个为其自身的选择性奠定基础的社会系统，因为正是它构成了意义，从而把对诸多可能性的普泛化与社会结构和过程纳入到一种共时关系之中"④。交流是封闭性的，但意义是开放的，所以作为基于意义的交流系统，社会既是封闭的又是开放的，是在封闭、递归基础上的开放系统，即通过封闭达到开放。

（2）演化：时间维度。时间是一种意义的维度，表达的是过程指涉，可以理解为社会结构上的新旧差异，体现的是之前/之后或者历史/未来的差别，不同社会存在不同的时间想象，如之前/之后、变化/永恒、线性/循环等。时间中的这些区分通过归因调节和弥合成了过程序列，"事件的之前与之后变得不相关联了，高度复杂的系统最终能够在过去的镜子中窥见未来，并能够借助过去和未来之间的区分做出自我定向"⑤。卢曼进而在系统论和结构论框架内检视并重新表述了演化理论，系统通过记忆区别了时间，时间暗示了历史，历史是社会演化的结果，而演化是社会自体再生

① Niklas Luhmann, *Risk*, Translated by Rhodes Barrett, Routledge, 2002, p. 35.
② 卢曼:《宗教教义与社会演化》，刘锋、李秋零译，中国人民大学出版社，2003，第 4 页。
③ Niklas Luhmann, *A Sociological Theory of Law*, Translated by Elizabeth King and Martin Albrow, Routledge & Kegan Paul, 1985, p. 282.
④ 卢曼:《宗教教义与社会演化》，刘锋、李秋零译，中国人民大学出版社，2003，第 35 页。
⑤ Niklas Luhmann, *Risk*, Translated by Rhodes Barrett, Routledge, 2002, p. 36.

的继续，通过交流复制交流，因为区分产生区分，这一过程指涉包含了差别性事件序列，体现了系统与环境的区别；演化包括内部分化和层次化两个方面。

演化过程由三种机制同时发挥作用，即创造变化的变异机制、接受有用可能性剔除无用可能性的选择机制、维持被选可能性的再稳定机制。在演化过程中，变异是偶然性的，系统无法控制其诱因，引起了物理分化，系统复杂性和偶在性增加了，包含了吊诡的转化，系统环境变得更有问题了，社会结构经受着变迁的压力；但演化同时是持续调适可能性的过程，复杂性和偶在性的增加包含了发展的原则，"系统和环境之间的复杂性程度是演化的发动机和调节器"①。针对系统复杂性和环境问题，社会系统创造了更高的选择性适应能力，获得了更多可能性，"演化选择起初产生了一种不可能的高度复杂的秩序，它把一种不可能的秩序转换进一种可能（功能的）秩序中。这正是负熵或复杂性等概念意指的东西。但是它并不意味着不可能性消失了"②。因而演化的主要课题是"使极不可能者成为可能"，系统通过结构维持并稳定了与环境的关系，这便成为演化的最终目的，分化是演化的主导机制，"通过分化——尤其是系统与环境的分化，自我指涉型系统的非或然状态已经成为可能了，甚至已经具备了或然性，结果便出现了非或然之事的或然性，这同时也是或然之事的非或然性"③。因此在卢曼的阐述中，系统演化是确定存在的，但充斥偶在性，充满不确定性，这构成了演化的必然动力，演化遵循着分化——复杂性——环境问题——适应——稳定化的路径图式，目的是获得更多的可能性，以便维持一种偶在的稳定状态。

对于演化的起因，卢曼抛弃了传统的因果解释，把最初的原因化约为差异，"演化论透过差异来解释演化，而差异本身又是演化的结果"④。他

---

① Niklas Luhmann, *A Sociological Theory of Law*, Translated by Elizabeth King and Martin Albrow, Routledge & Kegan Paul, 1985, p. 106.

② Niklas Luhmann, *Ecological Communication*, Translated and introduced by John Bednarz Jr., Polity Press, 1989, p. 108.

③ 卢曼：《宗教教义与社会演化》，刘锋、李秋零译，中国人民大学出版社，2003，第 11 页。

④ 尼克拉斯·卢曼：《社会的宗教》，周怡君、张存华、林敏雅译，台北，商周出版，2004，第 258 页。

不主张根据进化理念来看待演化结果，不做出价值判断，演化只是变化而不是进化，是结构上的变迁和功能中的稳定化而不是时间维度中的进步，"演化不保证选择所有可能的世界中最好的，也不保证任何意义中的'进步'"①，他强调的是系统复杂性的增加以及系统和环境之间获得的功能性稳定关系，"演化理论不再根据一种简单的原因过程即因果关系的宏大设计来表述，并因而不再指向解释演化和'进步'意义的道德范畴。相反它必须凭借系统理论的概念，解释结构变迁作为演化的成就为什么能够稳定化，而这从过去的视角来看的话总是不可能的"②。卢曼舍弃了社会学视角中的演化阶段论和历史学视域中的线性发展观点，"演化理论试图解释无计划结构变化的可能性；它不是一种描述过程之结构的理论，更别说是一种有关历史的按阶段发展的惟一过程的理论了"③，在他看来演化论表达的是一种循环式结构变迁，"变异涉及操作，选择涉及结构，而再稳定则涉及系统与环境的关系。这也可以解释演化论必然的循环，因为操作、结构与系统无法个别独立出现"④。

（3）分化：事实维度。事实维度也称为客观维度，主导区分是系统/环境区分，根据外部归因和内部归因的区别，可以把意义系统区分为体验和行为，归因于环境就是体验，归因于系统自身就是行为。系统与演化互为前提条件，系统自体再生是演化的基础，而演化则是系统的转型和再造，演化的作用是建立起特殊的专门化的互动系统，即"能够在很低的生成或然率下，产生高度的维持或然率，也就是说，能够建造系统"⑤，其中发挥主导作用的就是分化机制，"分化是社会演化到目前为止的结果，而

① Niklas Luhmann, *Ecological Communication*, Translated and introduced by John Bednarz Jr., Polity Press, 1989, p. 108.
② Niklas Luhmann, *A Sociological Theory of Law*, Translated by Elizabeth King and Martin Albrow, Routledge & Kegan Paul, 1985, pp. 105–106.
③ 卢曼：《宗教教义与社会演化》，刘锋、李秋零译，中国人民大学出版社，2003，第 11 页。
④ 尼克拉斯·卢曼：《社会的宗教》，周怡君、张存华、林敏雅译，台北，商周出版，2004，第 254 页。
⑤ 尼克拉斯·卢曼：《社会的宗教》，周怡君、张存华、林敏雅译，台北，商周出版，2004，第 78 页。

且分化也是进一步社会演化的诱因"①。卢曼把系统分化理解为差异的演化，演化中内在复杂性不断增加，产生的问题需要通过社会系统的分化解决，演化的系统经历了区隔式、分层式、功能式创建过程，"社会演化导致了更大、更复杂和分化程度更剧烈的社会系统。为了弥合这种更大程度的分化，这些系统发展出了更高程度普遍化同时也是更高程度专门化的交流媒介，并且使社会结构上更重要的组件系统与这些媒介协调了起来"②。

卢曼考察了"分化"概念，着重表述了对功能理解，通过功能个殊化描述了系统分化，但他始终在竭力地使自我指涉系统理论尽量脱离"结构-功能"分析模式，"功能分析是一种像数学一样的理论技巧，它会归入胡塞尔（Edmund Gustav Albrecht Husserl，1859—1938）有关数学的判定中，如果我们没有清除这种判定的根由话，即构成和支撑意义的主题假定"③。

功能的概念是从数学以及其他经验科学中抽象出来的，功能是社会演化的结果，社会演化是功能转换过程。卢曼借助区分概念定义了功能，把它看作处理复杂性的能力，是"吊诡"的展开，是由观察者建构起来的。观察理论的基本原则是"人们必须能够区别相关的问题"④，系统演化过程中社会通过自体再生机制不断地通过交流复制了交流，同时也创造了大量问题，围绕问题及其解答方法的区别产生许多功能，"可以将功能定义为问题的差异的统一"⑤。站在观察者的角度可以区分出外显的和潜在的两种功能，后者对系统来说是不可理解的，遮蔽着系统的自明性。

在卢曼看来，系统分化是内在功能分化，是在系统内建立了以个殊化

① 尼克拉斯·卢曼：《社会的宗教》，周怡君、张存华、林敏雅译，台北，商周出版，2004，第 253 页。

② Niklas Luhmann, *Trust and Power*, Translated by Howard Davis, John Raffan and Kathryn Rooney, John Wiley & Sons, 1979, p. 108.

③ Niklas Luhmann, *Social Systems*, Translated by John Bednarz, Jr., with Dirk Baecker, Stanford University Press, 1995, p. 52.

④ 尼克拉斯·卢曼：《社会的宗教》，周怡君、张存华、林敏雅译，台北，商周出版，2004，第 154 页。

⑤ 尼克拉斯·卢曼：《社会的宗教》，周怡君、张存华、林敏雅译，台北，商周出版，2004，第 153 页。

为基础的功能区分，形成了功能亚系统，意味着"在原初的系统内建立起新的系统/环境区分"①，同时反映了系统内部部分与整体的联系，"（在功能分化的情况下）部分系统与整体系统发生关系，并且共同影响着社会"②。功能分化增加了更多可能性，"因而也增加了选择的机会和冲动，正是在这种形式中，才能把高度复杂性的社会结构组织起来"；"功能分化似乎是创造多样性、丰富替代选择以及进行过剩规范生产的主要机制"③。重要的是功能分化最终创建起了解决具体社会问题的诸多亚系统，如经济、政治、法律、宗教等，并形成了不同的符码，在系统限定条件下即在"限制自身，不及其他"的范围内实现特殊功能。

功能分化是对现代社会的描述，古代社会虽然存在并维持着等级分化，但没有经历功能性分化，因而是整合型社会。现代社会分化形成了经济、政治、科学、家庭和教育等不同亚系统，完善了不同交流媒介和价值规则，形成了相互尊重的边界，因而也消解了社会大系统的整合功能，"在功能分化的社会中，系统分化以各种不同的符码化为基础，相反的，整合的形式以及道德的最高重要性则必须被放弃"④。因此分化是一个"功能扬弃"的过程，包含了功能实现和功能丧失两个方面，"这个命题与现代社会作为功能分化系统的描述其实是一致的"⑤。

结构是列维-施特劳斯（Claude Levi-Strauss，1908—2009）阐发的一个概念，它是基于实践现实建构起来的抽象模式。卢曼承认社会系统中形成了错综复杂的结构，没有结构也就不会存在系统，"我们会把自己限制在这样的结构中，即把社会系统的行为组织到系统自身的结构中去。这并

---

① Niklas Luhmann, *Social Systems*, Translated by John Bednarz, Jr., with Dirk Baecker, Stanford University Press, 1995, p.53.

② 尼克拉斯·卢曼：《社会的宗教》，周怡君、张存华、林敏雅译，台北，商周出版，2004，第179页。

③ Niklas Luhmann, *A Sociological Theory of Law*, Translated by Elizabeth King and Martin Albrow, Routledge & Kegan Paul, 1985, pp.110, 113.

④ 尼克拉斯·卢曼：《社会的宗教》，周怡君、张存华、林敏雅译，台北，商周出版，2004，第104页。

⑤ 尼克拉斯·卢曼：《社会的宗教》，周怡君、张存华、林敏雅译，台北，商周出版，2004，第181页。

没有否定，同样的结构概念也运用到了世界结构、语言和语义学上"①，但他指出就认识论而言结构主义的"结构的概念没有提供充分的指导，不可否认的危险是，缺乏更好的现实标准"②。他试图突破社会机体论，抛弃对人性、心理和道德的关注，对结构概念做出新的理解和补充，主张把自我指涉的结构作为区分社会系统和心理有机系统的边界，"作为一种在意义上相互关联的行为的结构化系统，社会系统排除而不是包括了具体的人类"③。自我指涉系统的结构是一种模型，但是这种模型是由现实自身产生和描述的，通过自我指涉而同观察者的知识抽象区分开来，表达的是现实层面，指涉的是复杂性问题，经由这种模型，分解的系统要素经由时间联系和组织了起来，并被限制在系统中，由此把没有结构化的复杂性转换进了结构化的复杂性中，从而调节和化简了复杂性。

系统结构的形式和复杂性程度是互为条件的，一方面，系统结构依赖于自身的复杂性，社会发展体现为社会系统复杂性的增加；另一方面，系统结构具有调节系统复杂性的功能。因而卢曼把结构看作系统演化的一个变量，也看作对系统演化的反应，结构的复杂化促进了系统的演化，而系统演化回过头来又引发了结构变迁，"整体上看，社会结构系统的演化可以看作社会变迁的刺激因素，法律结构中的变化是社会结构系统（与其是它的分化模式）重建所促生一个附带后果，同时有助于稳定演化过程中重要的制度成就"④。因而"社会变迁"很大程度上就是结构变迁，"就'社会变迁'这个词语而言，我们不会简单地理解为人类共同生活过程方面，也不是这个过程中的互动行为，而是这种互动行为结构的变化。对于结构来说，我们理解为社会系统及其与环境关系的无问题的、有意义的前提，系统

① Niklas Luhmann, *Social Systems*, Translated by John Bednarz, Jr., with Dirk Baecker, Stanford University Press, 1995, p. 282.

② Niklas Luhmann, *Social Systems*, Translated by John Bednarz, Jr., with Dirk Baecker, Stanford University Press, 1995, p. 281.

③ Niklas Luhmann, *A Sociological Theory of Law*, Translated by Elizabeth King and Martin Albrow, Routledge & Kegan Paul, 1985, p. 104.

④ Niklas Luhmann, *A Sociological Theory of Law*, Translated by Elizabeth King and Martin Albrow, Routledge & Kegan Paul, 1985, p. 227.

是通过互动与环境联系起来的"①。

在系统演化过程的推动下，随着系统复杂性和偶在性的增加，社会结构依据不同的原则发生变迁，分化为不同形式的亚系统结构，通常有区隔、层级和功能等形式，共同存在于各种社会系统中。"区隔分化组成的是各种同样的或者至少是相似的等份系统"②，如简单社会中基于年龄和性别的功能性角色分化组织，古代社会中各种形式的家庭、部落组织，现代社会中多种多样的组织和机构等。传统社会形成了以阶层分化为主导特征的结构形式。现代社会中社会亚系统从先前结构简单、功能发散的系统中剥离出来，形成了经济、政治、宗教、教育等特殊功能，实现了从区隔和阶层分化结构向具有特殊功能的亚系统结构的重构，从而导致了多样性选择的进一步增长，"社会系统由分层分化模式向功能分化模式的转型，引起了概念资源中的深刻变化，能够让社会保证连续性的再生产，适应相互的行为"③。

三　自主的宗教亚系统

卢曼主张把信仰看成宗教交流的重要媒介，作为教义学的中心概念，信仰"是宗教的特殊沟通媒介，它与其他媒介——如权力、权威、真理、情爱或艺术——的分化只有借助于一种通过符号而普泛化的代码才能实现"④。卢曼避开了宗教实质性定义对信仰的强调，抛弃了宗教功能性定义对满足客观"需求"的主张，以及人类学解释对"意义追求"的关注，认为对宗教的观察应该是文化性的，他借用迪尔凯姆"事实"概念，建议把宗教看作独立于信仰的文化"事实"和文化概念，理解其中所负载的文化

---

① Niklas Luhmann, *A Sociological Theory of Law*, Translated by Elizabeth King and Martin Albrow, Routledge & Kegan Paul, 1985, p. 230.

② Niklas Luhmann, *A Sociological Theory of Law*, Translated by Elizabeth King and Martin Albrow, Routledge & Kegan Paul, 1985, p. 110.

③ Niklas Luhmann, *Love as Passion*, Translated by Jeremy Gaines and Doris L. Jones, Harvard University Press, 1986, p. 8.

④ 卢曼：《宗教教义与社会演化》，刘锋、李秋零译，中国人民大学出版社，2003，第 106 页。

意义以及对这些意义的解释，"宗教的概念看起来是一种文化概念，也就是意指着宽容性的概念"①。

宗教观点。卢曼坚持借助意义定义宗教，强调从"区分"的角度理解宗教。在他看来宗教正是在对自我的描述中和非宗教区分开来，只有"区分"才能描述宗教，"这区别须由宗教本身来进行，而且只有在那赋予同一性的区别当中去自我定位，选择区别的其中一边，才能让宗教成为系统"；"宗教就是透过一个能辨识出宗教的区别来凸显其特征，当区别'再进入'被区别的事物里时，这个区别变的可理解"②。宗教的区分是从交流的主题开始的，以宗教自体再生系统的形成作为结束，这是一个历史的过程，其中包含了宗教的两个面向，即宗教交流内在性的自身复制和外在的超验性指涉，概括地说，宗教是内在性和超验性的区分，而不是独特的信仰想象。

区别于其他实在，宗教实在是建构起来的，"宗教最初的贡献可以说是建构实在，方式即是为观察准备了一些不会掉入这个范畴的事物"③。与有意义的"终极实在"有关的一切符号和价值都属于宗教范畴。世界是意义的建构，"终极实在"就是由空无与圆满、有意义与无意义、秩序与混乱建构起来的统一的吊诡世界，"吊诡世界的圆满与空无乃是宗教的终极现实"，正是"吊诡意义""把宗教从其他生活领域中分化出来，使之与这些生活领域相对峙"。宗教描述的是有关吊诡世界的基本问题，"一旦诸形式能够被当做指涉终极吊诡的东西来观察，它们也就是被当做宗教形式来观察；一旦诸形式能够被当做指涉终极吊诡的东西来描述，它们也就是被当做宗教形式来描述"④。"吊诡"的意思是"偶在性之必然性"，偶在性是必然和确定的，通俗的理解就是所有的存在本质上都是偶在的，包含了

---

① 尼克拉斯·卢曼：《社会的宗教》，周怡君、张存华、林敏雅译，台北，商周出版，2004，第 34 页。

② 尼克拉斯·卢曼：《社会的宗教》，周怡君、张存华、林敏雅译，台北，商周出版，2004，第 108、122—123 页。

③ 尼克拉斯·卢曼：《社会的宗教》，周怡君、张存华、林敏雅译，台北，商周出版，2004，第 93 页。

④ 卢曼：《宗教教义与社会演化》，刘锋、李秋零译，中国人民大学出版社，2003，第 7、8、10 页。

对必然的否定和对非不可能的肯定，指涉的正是宗教所表述的超验问题，宗教是处理吊诡的一种比较成功的方法，宗教的吊诡"是一个既包括自身又排除自身的集合"①。

二元结构是人们对世界的一种预设，常见于古代社会，包含着对立的两个方面。宗教是一种二元结构建构，包含了内在性与超验性两个专属方面，"宗教性沟通牵涉到一个特殊事件，我们可以称之为实在的双重化"；"宗教起源于实在的双重化"，即超验性的精神世界和内在性的系统化社会，宗教的意义涉及超验与内在差异的统一。超验性是"一个无法描述的、透过宗教而被遮掩的现存事物、可达到事物以及熟悉事物在另一个意义领域的重复"，宗教借助超验性而成为宗教；超验具有意义赋予的特殊功能，基于超验的交流是宗教性的，但它也具有偶在性。内在性关涉的是系统交流，其本质是"社会"，包括宗教区分在内的所有区分，只有在内在性的领域才可以进行观察、描述，"所有的区别，都是内在性区别，就是存在与虚无的区别，神圣与世俗的区别，上帝与凡人的区别。他们只能透过沟通来获得实在"②。

与二元结构相关，宗教符码是宗教自我意义的象征，即把意义赋予转移到符码区别中。符码联结了超验性和内在性，是具有"双重价值"的统一体，一方面是真实的东西和事实，另一方面是想象的东西和事实。宗教交流的符码表达了社会结构，负载了内在与超验的二元意义，卢曼认为不应该只从二元符码象征角度去理解宗教，而应该在主题、情境、角色和系统分化的背景中，在宗教系统及其结构与生态环境的关系中去解释宗教的发展。

借助心理学内归因和外归因概念，卢曼把系统/环境、行为/体验和内在/外在三种对照区分联系了起来，探讨了相互依赖的认知和动机过程，行为被看作选择过程，选择属于系统，体验则归属于环境，从而结合知识社会学和行为社会学分析透视了宗教问题。宗教体验涉及的是内在心理要

---

① 卢曼：《宗教教义与社会演化》，刘锋、李秋零译，中国人民大学出版社，2003，第21—22页。
② 尼克拉斯·卢曼：《社会的宗教》，周怡君、张存华、林敏雅译，台北，商周出版，2004，第92、97、114、123—124页。

素，宗教行为受到外在社会条件的制约，二者分别指涉宗教本体与教会实体，相互关联，预示了系统分化背景中宗教与社会大系统尤其是政治的关联以及对它们的超越。

"神圣"历来被作为界定宗教的要素之一，迪尔凯姆把宗教看作道德事实，区分出了神圣与凡俗两个范畴，认为社会是神圣的。卢曼虽然不主张区分神圣与凡俗，但承认神圣与二元结构存在联系，把神圣看作内在性对超验性的"限制"规定，是"围堵沟通"，防止"超越产生过剩的意义可能性"的机制，"'宗教'这个字的历史，是以'重新约束'的想象为基础，而涂尔干也在'神圣'这个概念中强调对于限制的认可。能够作为超越而且神圣的事物，其限制会一直产生（就像每个描述的动作）一个可以跨越的新界限"①。因而通过反身性过程指涉机制，"神圣"成为一种"秘密"的界限和"禁止"的规定，所以"神圣"绝不属于彼岸世界，而是"透过唯一的、社会系统能掌握的操作方式"即"透过沟通"对"情境"也就是对世界时空做出的界限标示，"神圣事物在一定程度上，是凝聚于描述超越性与内在性之区别统一性的界线上。宗教绝对不会发生在天国彼岸"②，神圣本身包含凡俗。因而在世界的内在性中，神圣"体制化为形式以及可描述的、在操作上可连接的意义内容"，"因为现在所有的事物，不管是从超越性或从内在性的观点来看，都是可描述的，而这要视人们必须观察的观察者而定"；相对于神圣"世俗"则"是对一个充满罪恶痛苦渴求解脱的世界状态之描写"③。

卢曼关注的重点不是宗教实体而是交流，"对社会来说，只有在那透过沟通去复制沟通的递归网路里发生的事物，才是有意义的"，他把宗教理解为内在性领域的"交流事件"，经由交流而区分出来并发展成自体再生的封闭系统，"社会秩序的生成，以及不断的维持和复制，只能以对此

① 尼克拉斯·卢曼：《社会的宗教》，周怡君、张存华、林敏雅译，台北，商周出版，2004，第115页。
② 尼克拉斯·卢曼：《社会的宗教》，周怡君、张存华、林敏雅译，台北，商周出版，2004，第115、117页。
③ 尼克拉斯·卢曼：《社会的宗教》，周怡君、张存华、林敏雅译，台北，商周出版，2004，第118、124、329页。

真正起作用的操作为基础去解释，也就是那实际进行的、自我再制的沟通。这里指的仅仅是宗教的沟通，宗教的意义，在沟通里被实现为沟通的意义"①。

卢曼承认宗教主题关乎人类本性，牵扯到意识问题，也承认交流需要考虑有机体和心理条件，而且意识与交流之间存在结构性叠合，但他认为人类学和心理学有关宗教起源于人类深层需要的论说缺乏事实依据，"因为人们很少能够独立于宗教去确认这种需求"，而且需求因人而异，甚至没有这种需求，因此他提醒说对宗教的讨论应该限定在社会学而不是心理学和人类学视野中，主张在宗教主题分析中抽离意识的命题，剔除心理的考虑，关注宗教交流和意义问题，并把交流化简为系统的指涉，"在社会学理论的脉络下，我们只能将宗教理解为沟通事件。意识的过程也起了共同作用，而这事实也是毋庸置疑的。没有意识就没有沟通。不过，宗教的实现，正如同社会秩序的实现，是无法被理解为（各自是自我封闭的）意识操作的聚集体"②。

卢曼强调把社会"这个系统指涉作为功能规定的基础"③，认为宗教功能也是一种建构，但这种建构不是科学的建构，而是观察者的建构，它为本质上是偶在性的混乱世界带来了秩序，它既指涉了世界确定的复杂性，也表述了不确定复杂性，由此而表现出了外显功能和潜在功能，这一切都是偶在性的体现，与个人有意义的取向有着重要关联。卢曼认为宗教的传统定义局限在了超验信仰方面，化简了宗教功能范围，导致了"一种具有历史相对性、而不再能够普遍适用的宗教概念"④。卢曼承认宗教在前现代社会中发挥了重大作用，规范、制约了政治权威，为权威提供了合理性，但与迪尔凯姆社会整合理论以及宗教具有团结和道德功能的观点不同，卢曼更强调宗教是引发社会冲突的重要因素，"完全相反的，宗教是最主要

---

① 尼克拉斯·卢曼：《社会的宗教》，周怡君、张存华、林敏雅译，台北，商周出版，2004，第177、71页。

② 尼克拉斯·卢曼：《社会的宗教》，周怡君、张存华、林敏雅译，台北，商周出版，2004，第176、71页。

③ 尼克拉斯·卢曼：《社会的宗教》，周怡君、张存华、林敏雅译，台北，商周出版，2004，第177页。

④ 卢曼：《宗教教义与社会演化》，刘锋、李秋零译，中国人民大学出版社，2003，第44页。

的冲突来源，这也不只发生在现代社会"①，社会系统担负着抑制矛盾、克服冲突的功能，部落社会禁忌和献祭仪式通过模仿控制了冲突。

卢曼把宗教看作重要的交流媒介，把对宗教功能的分析限定在社会交流中，宗教仪式和教义都被理解为交流的形式。仪式是最原初的功能负载物，包含了种种禁忌，浓缩了社会基本结构，目的是在不确定性中寻求确定性，在混乱中建立秩序。宗教的发展不是通过功能置换而是借助主题普遍化和抽象化实现的，教义用语言和概念诠释了主题，它和仪式一样都是建构的，解释了不确定性的经验与行为，发挥了区分作用，确证了信仰，排除了异端，固定了成员，正当化了组织；由仪式转化为教义，宗教不断提升了适应性。

宗教演化。演化是时间维度中对事件在偶在性支配下发展状态的描述，虽然存在基本的路径程式，但演化的原因、事件、过程和结果都是偶在的，不会对演化的形式产生决定性作用，演化的目的是维持一种偶在的稳定。卢曼虽然承认存在一般性演化理论，但他认为宗教演化具有独特性。宗教只是社会大系统的一个亚系统，它的演化和分化过程很早就开始了，而且有别于其他功能系统的演化，它的起因并不是来自内部的动力要求，即基于复杂性增加而获得更多可能性和适应能力，从而一般化为社会交流媒介，宗教的演化更多的是适应于社会系统交流结构的变化而发生的变迁。

卢曼承认宗教演化是自体再生成就及其压力的结果，"宗教可以在一种类似无预设条件下开始，进而发展递回并发现自我再制"，但他规避了因果关系辨析，通过强调"偶在"性演化动力，从宗教语义学和社会结构方面，考察了变异、选择和再稳定三种功能机制的共同作用，"系统本身任凭偶然摆布，偶然可以忽视系统或是当系统发生时，将其视为机会加以运用"；"偶然在针对选择、变异和再稳定性的演化机制的断裂处上，起了特定的作用"。变异与选择表明的是复杂性的增加而不是前进的方向，二者的结合与分离都具有偶然性。在对宗教演化变异动力的考察中，卢曼发

---

① 尼克拉斯·卢曼：《社会的宗教》，周怡君、张存华、林敏雅译，台北，商周出版，2004，第 157 页。

现早期宗教系统是自我封锁的，宗教交流变异程度较低，圣物、禁忌和礼拜等要素没有显示出变异，选择机制没有明显的区分，宗教权能没有表现出社会差异，现世世界和彼世世界之间没有明确界限。随着宗教系统自体再生的扩大和发展，内部复杂性增多，宗教角色出现了专业区分，尤其是神职人员对圣礼权能进行了垄断，由此产生了宗教系统中的社会分化，区分和选择的界限显现了，"界限是创造性的结构，因为界限突显差异，并隐藏其统一性"①。

显然，在对宗教亚系统的讨论中，卢曼突出了作为环境或背景的社会大系统的条件作用。卢曼强调了文字进入宗教系统所带来的重大影响，认为文字充满吊诡和歧义，在维持系统结构的同时破坏了稳定化机制，成就了新的差异，扩大了可能性选择，再创了再稳定机制，成为推动宗教演化的主要媒介，"文字打破了先前的经由排挤差偏改变，经由遗忘所产生的变异自我稳定性。文字在变异和再稳定化中安插了一个新的过程，即变异的选择——不管是正面还是负面的——都是在改变结构的观点下发生的"。卢曼还把宗教与道德的关系看作影响宗教演化的重要因素。道德即善恶之别，宗教把道德纳为己用，利用道德符码与社会接轨，从而与道德叠合起来，实现了符码化演化。但是把宗教与道德等同起来可能会把道德交流中的冲突引向宗教，引起争端，"当信仰问题被附带地道德化，就是把神圣的油浇到火上"，而且在功能分化的社会中，宗教与道德不再具有社会整合的功能，"道德不适合长久作为社会整合的形式。尽管层级化了的社会用宗教或是道德来得到阶级差异的统一性，在功能分化的领域里，显然没有任何功能系统的符码能将其正负值等同于道德的正负值。……所以社会性整合必须把行为空间的相互限制交付给功能系统。……道德现在只有对于日常生活的沟通（包括媒体与电视）还有点重要性，还有对于那些病态的事件"②。

从历史角度来看，在早期阶段宗教交流限制在一定范围内，回避了偶在性，选择确定；宗教与社会结合紧密，仪式浓缩了社会结构，承担着宗

---

① 尼克拉斯·卢曼：《社会的宗教》，周怡君、张存华、林敏雅译，台北，商周出版，2004，第 302、303、305、310 页。
② 尼克拉斯·卢曼：《社会的宗教》，周怡君、张存华、林敏雅译，台北，商周出版，2004，第 220—222、308 页。

教功能，控制着交流风险，禁忌神圣化了现实问题，注重心理体验。在前现代社会的演化过程中，高度发展的宗教"以稳定性作为选择机制导向"①，从而走在了教条化道路上。进入现代社会，随着复杂性和偶在性的增加，合法性政治原则、有限供给经济原则、法律规范以及科学限制原则等形成了自己的结构和表述，选择的可能性增多，宗教交流丧失了威信，成为多余选择，甚至构成了阻碍，陷入了"遂意行为的冲突"中，宗教文本成为荒谬，教条和组织僵化，即便这些不是"宗教终结"的预兆，也反映了宗教系统在现代社会变迁中遭遇的窘迫境况，但宗教对社会仍旧具有意义，承担了特定的普遍性功能。

卢曼为当代社会中的宗教构想了一种"世界宗教"图景，他把后者看作宗教演化的重要成果，体现的是多样性选择和演化机会。在他看来所谓的"世界宗教"就是抽离了历史根源、社会结构特征且不受种族、民族和地域等要素限制的普泛化宗教，宣扬"宗教事件无关其他，仅仅涉及信仰"②，表现出了个人体验、系统分化和世界社会的典型特点，"宗教系统正是经由这个方式，在现代条件下履行其再稳定的演化功能。不管更新的选择是如何产生的，不管进入宗教系统的各种宗教之间的差异有多大：宗教沟通的群体，构成了一个社会自治的领域，并说明了宗教自始至终一直存在的事实"③，借助多元主义和宗教宽容，宗教可以挽救自身。

功能分化。演化产生了压力，改变了系统，引起了分化。卢曼从系统分化的角度分析了社会、系统及亚系统三者之间的关系机制，就宗教而言，"功能是指系统与大的社会的关系；演示是指系统与社会的其他子系统的关系；反省则是指系统与其自身的关系"④，透视了宗教亚系统的功能分化。

宗教亚系统始终存在两个层面上的分化，即外部分化和内部分化。外部分化指的是宗教与社会其他部门之间的功能分化，包括政治、经济、科

---

① 尼克拉斯·卢曼：《社会的宗教》，周怡君、张存华、林敏雅译，台北，商周出版，2004，第314页。
② 尼克拉斯·卢曼：《社会的宗教》，周怡君、张存华、林敏雅译，台北，商周出版，2004，第325页。
③ 尼克拉斯·卢曼：《社会的宗教》，周怡君、张存华、林敏雅译，台北，商周出版，2004，第322—323页。
④ 卢曼：《宗教教义与社会演化》，刘锋、李秋零译，中国人民大学出版社，2003，第78页。

学等亚系统，这些亚系统本身也都是社会系统功能分化的结果，共同构成了宗教亚系统的外部环境，同时宗教也是构成其他亚系统环境要素之一，"所有的宗教形式都可以与社会中其他的功能系统，同时也和无关宗教的日常沟通区别开来，这虽然是：自我区别，无关乎环境是否参与一起履行这个区别"[1]。

外环境与亚系统之间既存在张力又存在选择期望，因而也存在或抵制或适应的反应。环境压力迫使宗教基于差异而不是统一原则在教义层面做出适应性建构，并在教会组织形式基础上走向特殊化，因之与其他功能系统相互分离开来，成为自主的亚系统，同时不再获得其他功能系统的支持。卢曼指出功能特殊化是亚系统分化和获得再平衡的基础，也是亚系统完成建构的过程，"正是在现代条件下，宗教才能明显地与社会的其他功能系统区别开来。宗教不仅履行其特殊功能，并以自成一套、不同于社会其他功能系统的符码为导向"[2]，在此基础上，宗教与政治分离了，放弃了经济行为和利益要求，宗教角色独立于个体其他角色，加入教会成为私人选择，宗教逐渐"私人化"为隐私。重要的是宗教功能不再以仪式为基础，中心问题从仪式转向了信仰，宗教亚系统主导权转移到了教义学层面，宗教日益与社会无关了。卢曼强调说功能分化对整个社会系统来说是有益的，促进了系统的发展，但条件是亚系统必须维持功能的封闭性和自限性，不能涉入和影响其他亚系统领域，"如同经济、政体、教育、社会化等等的功能一样，宗教的功能也是必要的。由于这个缘故，也由于宗教功能对于社会系统的建构具有如此重要的意义，所以在这里便出现了一些限制性因素"[3]。

作为封闭性自体再生的亚系统，由于所处外环境的变迁，尤其是其他功能系统的分化和自主，宗教内部分化也受到了影响，一方面，"社会的宗教系统处于不断加剧的外部分化与内部分化之中，而这两种分化已经彼

---

① 尼克拉斯·卢曼：《社会的宗教》，周怡君、张存华、林敏雅译，台北，商周出版，2004，第 322 页。

② 尼克拉斯·卢曼：《社会的宗教》，周怡君、张存华、林敏雅译，台北，商周出版，2004，第 321 页。

③ 卢曼：《宗教教义与社会演化》，刘锋、李秋零译，中国人民大学出版社，2003，第 79 页。

此关联在一起了"；另一方面，"外部分化在很大程度上削弱了宗教行动与世俗行动之间的功能联系，从而使系统的内部分化必须走别的道路"①。亚系统内部发生了层级分化，崇拜行为出现了专业化，分化出教士与信徒角色；教会内部产生了区隔性组织，形成了教区、管区差别，分裂为教派、宗派或小教会；存在不同教义学，增加了复杂性和不确定性。

　　一般认为，在趋向现代社会的过程中，社会亚系统发生了功能变迁，宗教遭遇到了所谓"功能丧失"的窘况，"宗教已经从许多领域中退隐下来，之前宗教曾在这些领域里完成它的功能，诸如规范效力的最后保障、政治权威的根据、掩饰战争的暴力、侵略征战以及布道。即使在知识的奠基里，宗教也不再发挥共同影响力。如果宗教还能解释什么东西，其实是在解释那些早已解释过的，或无法被解释的东西"②。卢曼举例说明了宗教在现代高度分化的社会中丧失了人生过渡仪式功能，"随着社会的复杂性和分化程度的日益增加，宗教再也不必为过渡状态提供非常具体的界定了"，除了宗教系统内部举行的洗礼和圣餐礼/坚信礼等之外，在社会中，"宗教仅限于扮演'帮手'的角色，它只在某些特定的情况下才被呼请出场，在整体社会的层面上不再具有功能上的必要性"③。但在卢曼看来变迁演化过程包含了可能性的增加和能效的提升，所以"功能丧失"无法描述现代社会中宗教持续存在的事实，尤其无法解释宗教复兴和新兴宗教运动现象，所以更准确地说应该是宗教亚系统功能的"扬弃"和转化，"这个功能丧失的论点今天虽然也还很少被提及，但这与对世俗化概念的广泛批判有关。不过这里还是没有回答，尽管有许多支持的证据，为什么这个论点还是站不住脚"④。

　　因而在卢曼看来，宗教在退出传统功能领域、丧失社会影响力，尤其是与政治分离的同时，发展态势改变了，产生了许多新的机会选择，增强

① 卢曼：《宗教教义与社会演化》，刘锋、李秋零译，中国人民大学出版社，2003，第76页。
② 尼克拉斯·卢曼：《社会的宗教》，周怡君、张存华、林敏雅译，台北，商周出版，2004，第180—181页。
③ 卢曼：《宗教教义与社会演化》，刘锋、李秋零译，中国人民大学出版社，2003，第83页。
④ 尼克拉斯·卢曼：《社会的宗教》，周怡君、张存华、林敏雅译，台北，商周出版，2004，第181页。

了现实可能性，"在宗教自许多其他的功能领域退出，并且放弃'社会控制'与政治权力合法化的条件下，宗教的机会就会提高"①。卢曼进一步分析说新的发展不仅意味着宗教在现代社会中自主发展，获得新的能力提升，不只是反映了信仰的个体化和对教义形成新认知，更值得提及的是神圣与宗教区分的传统解释为新的差异理解所取代，角色分离与身份区别变得明显了。

> 这不一定是指高度发展的宗教的自我描述，像是现代的信仰、或是在生活里实践宗教的规定性、或是信仰和怀疑的可以沟通的内化过程。宗教机会的提高，绝对不是代表个体比以前更被包容在宗教规定的生活方式里。更可能的是，包容与排除之间的差异越来越大，而且区别的两边，也就是宗教的生活以及对宗教性漠不相关的生活，都会具有沟通的能力并被社会所接受。②

受马图拉纳和瓦勒拉关于生命组织理论的启发，卢曼对组织做出了有别于韦伯的理解。现代社会的组织不是控制工具，而是在系统下发展的一种层级分化结构，"组织的概念必须表明被区分的东西的统一性，也就是说，在上级和下级、规则和规则运用、正式和非正式组织、输入和输出等诸种关系之间相同的东西"③；组织虽然具有制度目的和规章约束，存在层级管理，但没有中央主管机构，没有等级制差异，成员通过资格进入/退出或者涵括/拒斥实现角色的转变。与系统一样组织也是封闭性的，借助交流联结成网络，实现自体再生，独立自主发挥功能作用，改革自己，而不影响社会及社会功能系统，"在组织化了的社会系统里，一位成员的沟通总是其他成员行为的前提；也就是这个前提赋予产生决定行为，之后这

---

① 尼克拉斯·卢曼：《社会的宗教》，周怡君、张存华、林敏雅译，台北，商周出版，2004，第 182 页。
② 尼克拉斯·卢曼：《社会的宗教》，周怡君、张存华、林敏雅译，台北，商周出版，2004，第 182 页。
③ Niklas Luhmann, Rhodes Barrett, *Organization and Decision*, Cambridge University Press, 2018, p. 26.

决定行为又递回地让此前提本身被看出来是决定"①，系统层面的结构性变迁也不会被组织完全复制。

前现代的"社会"通常被理解为"人类共同生活的自然秩序，或者被理解为一种社会契约的结果，这契约本身是由自然所促成的"，具有多样的组织形式，其中包含了现代企业组织与法人团体要素的萌芽。就宗教而论，这个亚系统内存在着不同强度的等级组织，"教会"是典型的宗教"组织"，但它是一种"世俗"的组织，不是"神圣"的客体，并且长期与"社群"概念混同在一起，没有区别开来。教会有自我文化描述和交流能力，具有制度化社团规范和层级管理结构，可以获取资源，决定信仰，提供服务，将不确定性信仰转变为确定性委身。不同于一般的组织，宗教在前现代社会的主要目的是抗拒帝国的神权政治，确保信仰，"教会作为社群，其宗教意义同时保存于信仰中，而且提供不可或缺的神圣性支持，给予那些几乎已被描述为组织的事物"②，但是教会内部信仰者的角色和地位发生了分化。

宗教系统的分化是一个历史过程，与社会大系统的演化相关，宗教区别与社会区别、宗教分化与社会分化经常联系在一起，价值区别与历史变迁相互交织，往往与功能系统的分化有关，但宗教系统内的教派等组织结构分化则是按照区隔化原则而不是功能分化原则进行的。

四　多重观察的世俗化

卢曼借助"观察"概念对世俗化做出了新的理解，世俗化是"与观察者有关的表述"③。区分和观察是以系统为基础的，不同的观察者分别代表了亚系统、宗教亚系统和社会大系统的立场。从亚系统角度的看，世俗化

① 尼克拉斯·卢曼：《社会的宗教》，周怡君、张存华、林敏雅译，台北，商周出版，2004，第 275—276 页。

② 尼克拉斯·卢曼：《社会的宗教》，周怡君、张存华、林敏雅译，台北，商周出版，2004，第 270、272 页。

③ 尼克拉斯·卢曼：《社会的宗教》，周怡君、张存华、林敏雅译，台北，商周出版，2004，第 333 页。

是在观察宗教的过程中作为区分宗教的相对标示出现的，表达的是非宗教的交流范围；在宗教的自我指涉中，世俗化则是宗教自身这一特定观察者对社会环境的描述，也只有在宗教的背景中，世俗化才显示出了意义；而世俗化的概念概括和理论阐释则是从社会系统角度对亚系统、宗教亚系统观察以及自我观察做出的反思，也即对观察的观察，"如果观察一个藉世俗化概念来观察的观察者，此观察者观察到的是另一个专以非宗教模式观察的观察者无法观察到的"①，因而世俗化概念表明的是多重观察，分别体现了对宗教社会形式、宗教系统指涉和外部社会环境的再描写，从而把世俗化的问题引向了系统功能分化分析。

在卢曼看来世俗化是一个历史概念，而且指涉的仅仅是现代历史。前现代社会是分化不充分甚至可以说是未分化的社会，社会复杂性和可能性较少，只存在神圣与尘世、中央与边缘等层级或等级区分甚至可以说没有区分，满足于神圣观察或者全能观察者即世界外神灵的观察，宗教与社会是耦合关系，所以世俗只表达为宗教自身指涉和神学反思。现代社会的系统分化为多重观察、区分和描述提供了可能，也为学术反思留出了余地，学术反思是立足于大系统的再观察，因而世俗化概念"是为了多重脉络可观察的世界量身订做的"②。

卢曼追溯了世俗化概念的历史线索，指出不同时代为它附加了不同内容，他强调的是外环境蕴含的历史主题和时代特征。启蒙运动时代世俗化概念是作为政治运动的话语建构而出现的，包含了反对教会的政治纲领理念和意识形态意义，"世俗化同时是一种历史（尤其是当代）定义，一种'思想政治概念'"③；19世纪浪漫主义时期的世俗化被卢曼理解为一种"移置"，"亦即具宗教色彩的期待被推移到宗教以外的、世俗的领域"，例如美学负载了宗教的象征功能；当代世俗化概念更多的是一种学术建构，

---

① 尼克拉斯·卢曼：《社会的宗教》，周怡君、张存华、林敏雅译，台北，商周出版，2004，第333—334页。
② 尼克拉斯·卢曼：《社会的宗教》，周怡君、张存华、林敏雅译，台北，商周出版，2004，第334页。
③ Niklas Luhmann, *Observations on Modernity*, Translated by William Whobrey, Stanford University Press, 1998, p. 61.

形成了不同的理论侧重点，如"非教会化""去制度化""去神圣化"等，因而卢曼承认世俗化仍旧是一个有用的概念，"世俗化这概念仍然无法在没有找到替代概念的情况下就这样删去"①。

卢曼承认世俗化概念所表述的传统学术命题，即宗教在制度层面的衰落、宗教社会影响的丧失和个体宗教信仰的淡化，"认为宗教没落，丧失对社会的重要性并且无法为个体提供足够的动机力量，这样一个命题在十九世纪及二十世纪初被视为不争的事实"②。经典世俗化理论在"世俗"与"宗教"二元描述的基础上，强调了前现代社会与宗教同生共长关系以及所内含的世俗化要素，假设宗教在现代背景中面临多方面的挑战，被动的回应着社会的变迁，传统行为和组织衰退了，失去了整合社会的意义。

> 现代社会可以透过功能分化的优先性突显其特征。这也可能会与现代社会作为世俗化社会的描述和谐并存，宗教完全就存在这个社会中（其加强与要求或许甚至是在古老社会中所没有的，或仅是与禁欲或是与自社会"退出"相耦合），但在这个世俗化社会中，宗教不再是必要的中介机构，能建立起所有社会活动对于整体意义的关系。以前认为宗教是用来整合社会的这种论点，因此再也站不住脚了③。

现代社会的契约建构和法治主权，限制了教会的经济行为，剥夺了神职人员特权地位，终结了政治神权合理性，拉远了宗教与社会的距离，使政治、学术和教育摆脱了宗教影响，"上帝之手隐匿了"，神圣帷幕降落了。

卢曼把"神圣"理解为宗教内在性对超验性的限制规定，在这一点上他认同迪尔凯姆对神圣的看法，即神圣是社会集体意识的造物，信仰是对

---

① 尼克拉斯·卢曼：《社会的宗教》，周怡君、张存华、林敏雅译，台北，商周出版，2004，第331页。
② 尼克拉斯·卢曼：《社会的宗教》，周怡君、张存华、林敏雅译，台北，商周出版，2004，第328页。
③ 尼克拉斯·卢曼：《社会的宗教》，周怡君、张存华、林敏雅译，台北，商周出版，2004，第162页。

社会的崇拜，宗教是对社会的复制，现代社会集体意识的消解导致了信仰中神圣的瓦解，实质上是与之关联的传统社会的瓦解冰消。在这个意义上宗教是"去神圣化"的，"宗教的社会演化将其重点从一个可能性转移到另一个，也就是将宗教去神圣化"①。与之相联自然也经历了"去神圣化"，抛弃了宇宙论规定，蜕掉了宗教的品质，"它不再是一种宗教的要求，而变成了一种只要是科学的或经济的要求，宗教不能干涉这个过程，因为它必须宣扬同样的说教"②。

卢曼意识到了世俗化与现代社会系统的功能分化之间存在密切联系，他甚至提出，"这个相当有疑问并具争议性的'世俗性'（Säkularisation）概念也可以透过功能分化加以定义"③。系统功能分化是区别于层级和等级分化的一种系统演化形式，它以功能的特殊化为基础，并以形成自体再生的封闭亚系统为目的。现代社会是功能分化的大系统，分化出了经济、政治、科学和宗教等功能亚系统，正如资本、合法性、真理等一样，世俗化也是宗教亚系统新的自我描述，"当越来越多社会功能系统被分出成自动、操作封闭的系统，这些组成形式也随着适度改变"④，宗教亚系统被多重的观察为"世俗化了"，发生了功能"扬弃"，一方面是自体再生系统的新建构和平衡，另一方面是外环境的选择性化简。

在现代社会的变迁中，社会系统从层级分化过渡到功能分化的同时，亚系统内部导向了封闭性操作，自我组织起来完成自体再生产，内部充满不确定复杂性，存在多种交流的可能性，即所谓的"微观多样性"。宗教亚系统在重塑与家庭、政治、经济和教育等外环境关系的同时，内部实现了神话、教义、礼仪、戒规等知识的自我复制，努力把不确定的复杂性转化为确定的复杂性，内部达成新的平衡和再稳定。

---

① 尼克拉斯·卢曼：《社会的宗教》，周怡君、张存华、林敏雅译，台北，商周出版，2004，第 164 页。

② Niklas Luhmann, *Ecological Communication*, Translated and introduced by John Bednarz Jr., Polity Press, 1989, p. 97.

③ 尼克拉斯·卢曼：《社会的宗教》，周怡君、张存华、林敏雅译，台北，商周出版，2004，第 162—163 页。

④ 尼克拉斯·卢曼：《社会的宗教》，周怡君、张存华、林敏雅译，台北，商周出版，2004，第 337 页。

世俗化描述了功能分化的具体事实，涉及社会整体系统，表现为系统共生关系的断裂。社会亚系统赢得了各自的自主性，消解了宗教的传统功能。

> 随着近代的开始，出现了护持在侧的功能系统，它们彻底尊重宗教，但也遵循本身的动力运行。宗教鲜少能抗拒这社会演化的转折。宗教浓缩自身组织与教条的资源，而且，如果我们可以这样说的话，它将含有高度干扰的沟通领域脱手出去，来自我救济。最后的结局只能是，正因宗教尝试给出终极关怀与超越日常性的事物，宗教仅能是众多功能中的一个功能而已。[1]

宗教同样作为一个亚系统，丧失了前现代社会所负载的政治、经济、科学、家庭、教育、医疗等方面功能，"它现在必须承认其他子系统的自律性，即世俗化"[2]，卢曼认同帕森斯对于世俗化的理解，宗教功能的丧失"也许应该说是对现代化社会诸多条件的暂时性（？）适应失调"[3]。

信仰个体化是经典世俗化理论的一个重要命题。在功能分化的现代社会中，个体意识形成了新的认知和建构，信仰成为私人选择，取决于个人偏好，宗教变成了菜单，菜品新颖别致，但民众整体性表现出了对宗教的淡漠态度，前往教堂的人数减少，退出教会人数增多，卢曼观察到了同样现象，但他对宗教个体化的观点做出了新的解释。

个体化是社会系统与自然界、超验事物等环境之间分化的结果。卢曼指出社会的本质是人与人之间的关系，但强调个体是构成社会和系统的环境而不是要素，"一个人——即一个个体化的人——必须被看成是环境的一部分，而不是社会系统的一个要素"[4]。卢曼描绘了现代社会平等自主的

---

① 尼克拉斯·卢曼：《社会的宗教》，周怡君、张存华、林敏雅译，台北，商周出版，2004，第 265—266 页。

② 卢曼：《宗教教义与社会演化》，刘锋、李秋零译，中国人民大学出版社，2003，第 21 页。

③ 尼克拉斯·卢曼：《社会的宗教》，周怡君、张存华、林敏雅译，台北，商周出版，2004，第 351 页。

④ 卢曼：《宗教教义与社会演化》，刘锋、李秋零译，中国人民大学出版社，2003，第 65 页。

属性，凸显出了人文价值观，与之相随的是作为个体意识的世界观与宗教观的时代性断裂，平等意味着差异和多样化，自主使选择成为可能，个人体验构成了信仰的动机，皈信、改信或不信成为自主决定，"宗教内部理所当然的事，现在也受到个人宗教自决的影响"①。卢曼思考了帕森斯"委身"概念，后者在宗教教义学中"有认信、皈依、受洗等等"，"这些概念表示一种选择性的自我认同"②。他建议引入和借用"狂热"、"通胀"和"紧缩"等概念，分析自我满足的偏狭信仰和结构性的自主选择，这二者分别指基要主义神学和"国民宗教"。

个体化表明在层级分化向功能分化过渡中，人格系统凸显了自身的差异，进而从社会系统中区分出来，自我成为体验的焦点，自我认同成为行为的基础，同时传统的社会团结束缚松开了，承认个体性和自主性发展。卢曼认识到现代社会是一个相互依赖的复杂整体，社会交流的实现并非完全由纯粹的个人组成，大众社会包含了大量非个人要素，相互之间形成了"亲密关系"，因而他强调说，"现代社会在两个方面都得到了更为精致的展示，它既为非个人的关系，也为更深入的个人关系提供了更多的机会"，社会中建构起了新的人际关系，一方面，"个人个体的、独一无二的个性或者归根结底地说他们的独特性变得更有意义了"，另一方面，个人"自身参与其中的同时也是为了他人"③，这种新的关系就是卢曼所谓的"人际互渗"。

卢曼对许多主题的研究都例证了世俗化在不同领域的深远影响，他注意到学术研究和艺术很早就脱离了宗教，"当艺术系统的自我反省及其风格历史走出自己的路时，便能够解开艺术系统与宗教系统之间的关系"④；现代传播媒介技术革新改变着交流方式，也影响了人们对社会的世俗理解和想象，宗教色彩日益淡漠。同时卢曼对现代社会中宗教的未来提出了比

---

① 尼克拉斯·卢曼：《社会的宗教》，周怡君、张存华、林敏雅译，台北，商周出版，2004，第 347 页。
② 卢曼：《宗教教义与社会演化》，刘锋、李秋零译，中国人民大学出版社，2003，第 89 页。
③ Niklas Luhmann, *Love as Passion*, Translated by Jeremy Gaines and Doris L. Jones, Harvard University Press, 1986, pp. 12, 13, 16.
④ 尼克拉斯·卢曼：《社会的宗教》，周怡君、张存华、林敏雅译，台北，商周出版，2004，第 265 页。

较适中的评判，认为急剧变迁的社会依然充满偶在性和复杂性，难以描绘出宗教的适当形式，世俗化不代表宗教本身，因而在这一概念下谈论宗教危机是有误导性的，但他不反对在世俗化语境中继续观察宗教，"世俗化也可以理解成一种清理、平整的活动，这样一来才能发展出符合时代潮流的宗教形式"①。

---

① 尼克拉斯·卢曼：《社会的宗教》，周怡君、张存华、林敏雅译，台北，商周出版，2004，第 357 页。

第九章

叙事与辩证：马丁世俗化普遍理论

大卫·马丁（David Alfred Martin，1929—2019）是英国宗教社会学研究领域重要领军人物之一，伦敦政治经济学院（The London School of Economics and Political Science）社会学荣誉退休教授，长期致力于宗教社会学研究，在世俗化理论、新兴宗教、政教关系以及宗教在暴力、战争与和平中的作用等方面的研究成就突出。马丁学术志趣广泛，发表著作 20 余部，早期著作如《和平主义：历史社会学研究》（*Pacifism: A Historical and Sociological Study*，1965）、《英国宗教社会学》（*A Sociology of English Religion*，1967），引用了翔实的历史资料，展示了丰富的社会学和神学知识。其后在《宗教性与世俗性：世俗化研究》（*The Religious and the Secular: Study in Secularization*，1969）、《当代宗教的困境》（*The Dilemmas of Contemporary Religion*，1978）等著作中，学术重心转向了当时学术界热点论题"世俗化"上。马丁的著作《世俗化通论》（*A General Theory of Secularization*，1978）对现代社会世俗化的必然性提出了质疑，认为世俗化现象是复杂的、偶然的、易变的，主张对其进行仔细而严肃的比较分析。之后在《火舌：新教在拉丁美洲的扩张》（*Tongues of Fire: The Explosion of Protestantism in Latin America*，1990）等著述中，马丁在世俗化理论框架内分析了拉丁美洲等地区新教扩张的个案。《禁阻的革命：拉丁美洲灵恩信仰和东欧天主教》（*Forbidden Revolutions: Pentecostalism in Latin America and Catholicism in Eastern Europe*，1996）、《反思社会学与神学》（*Reflections on Sociology and Theology*，1997）等论著继续致力于比较社会学研究，在社会学与神学结合点上提出了创造性思考和方法。《论世俗化：对通论的修正》（*On Seculariza-tion: Towards a Revised General Theory*，2005）重新思考和深化了对世俗化的认识和讨论。此外，马丁不同时期的作品还如：《影像的破碎：基督教理论和实践的社会学》（*The Breaking of The Image: A Sociology of Christian Theory and Practice*，1980）、《面包中的神性》（*Divinity in a Grain of Bread*，1989）、《基督教会引起战争？》（*Does Christianity Cause War?*，1997）、《基督教语言及其变异：社会学理解文集》（*Christian Language and Its Mutations: Essays in Sociological Understanding*，2002）、《世俗之城中的基督教语言》（*Christian Language in the Secular City*，2002）、《基督教的未来：反思暴力与民主、宗教与世俗化》（*The Future of Christianity: Reflection on Violence and Democra-cy，Religion and Secularization*，2011）等。在长期的学术实践中，马丁把丰富的神学、历史学知识与他对文化、历史和现实问题的关注结合了起来，在广阔的社会学框架中展现了关于宗教研究的独特视角，不仅在英国宗教社会学研究领域，而且在国际宗教社会学界享有较高声誉。

一　概念辩证与批判

为了整体性地观察、认识和系统性地描述、呈现世俗化现象及其与社会、文化和历史的动态关系，马丁分析了宗教的传统定义、性质以及信仰与制度的区别，完善了对宗教概念的理解和阐述，进而讨论了宗教与世俗之间的辩证关系。

宗教观念。马丁认为"宗教是象征、感情和意义领域一种造物"[1]，负载着人类文化，外在表现为信仰、制度和气质。但他没有也不主张对宗教做出明确的界定，"如果把宗教理解为世界中的一种存在模式，那么很明显，宗教模式反在定义中体现"[2]。马丁只把宗教看作一种现实，承认"超验"是宗教的要素，但强调宗教最终指向的是意义系统，"就'宗教的'而言，我的意思是可以把它认作一种现实的层面，但这种现实超出了

---

[1]　David Martin，*A General Theory of Secularization*，Basil Blackwell，1978，p. 13.

[2]　David Martin，*The Future of Christianity*，Ashgate Publishing，2011，p. 23.

科学能够观察的世界，具有达到圆满和超越纯粹人类领域的先赋性意义和目的"①。同时马丁不主张把"超验"当作构成宗教的必须要素，宗教不一定指"超验"的世界，把"超验"作为宗教的核心要素，这是一种比较古旧的观点，一般与探究宗教的起源相关。

马丁把"宗教"与"世俗"作为宗教社会学基本而关键的概念，强调在对照区分二者的基础上明了各自的意义指涉。但马丁的目的不是要去确定"宗教"和"世俗"的范围，"我的关注点并不限定在'宗教'终结和'世俗'开始的清晰的边界上"②，而是要厘清二者的辩证关系，他既看到了二者的对立关系，也注意到了它们之间存在复杂联系，"几乎没有什么东西可以被看作宗教的，也不能被当作世俗的；几乎没有什么特征展现在世俗背景中，也没有出现在宗教处境中"③。在马丁看来，宗教是包含多元对立面的统一体，本身带有世俗取向的性质，集中体现在与世俗的辩证关系中，指涉人性的根本，关乎生活的意义，牵涉世界的价值和历史的评判，呈现为宗教与社会的关系、宗教与文化的联系以及宗教与历史匹配的过程，也涉及对人、社会和历史的态度和看法。

马丁承认宗教是构成文化的重要内容，镶嵌着文化符号和意义，甚至体现出了特定文化的一般特征；从世俗角度理解，宗教必须以社会历史结构为背景。作为一种制度，宗教负载了社会功能和角色作用，而作为制度维护者的宗教组织教会，其中包含了超验与内在、平等与等级、秩序与权力等世俗张力和辩证。宗教不能凭借超验指涉而同社会分离开来，但它也不是构成社会动态的优先要素。历史地看，作为现代性的一个重要叙事宗教的各种要素封装为一个整体，在社会分化的基础上获得了独立性，继续为人类注入精神力量，呈现为一种"泄溢的宗教"存在。④

马丁承认自己关于宗教的观点和视角受到了莱因霍尔德·尼布尔的学术影响，关心宗教信仰的未来，利用丰富的社会学资料证明了宗教在现代社会的活力。在他看来宗教的世俗性质体现在信仰与自然的辩证中。信仰

---

① David Martin, *A General Theory of Secularization*, Basil Blackwell, 1978, p. 12.
② David Martin, *A General Theory of Secularization*, Basil Blackwell, 1978, p. 12.
③ David Martin, *The Religious and the Secular*, Routledge & Kegan Paul, 1969, p. 3.
④ David Martin, *The Religious and the Secular*, Routledge & Kegan Paul, 1969, p. 19.

与自然表达了超自然/自然区分，前者暗示了超验和神魅，后者包含了内在和理性，二者之间存在长久张力，自然始终拒斥着超自然的力量。但无论如何，信仰最终都是嵌入社会的，信仰与自然的辩证暗含了社会/自然的区分和辩证，宗教包含的每一项悖论中都涉及"自然"问题，宗教的世界想象中体现了针对自然的社会取向和态度。从历史角度来看，超自然并没有远离人们的日常生活，信仰也会周期性地让路于世俗权威或者"堕入自然"，[①] 并且双方不断实现互渗和转型。现代社会宗教自身的分化也意味着自然赢得了自主，"自然根据个人理性和实践现实的自主确证了自己"[②]，其中包括自然的祛魅。因而在马丁看来，应该根据信仰与自然的辩证关系，根据信仰典型的社会体现，对宗教做出更多的社会学理解和解释。

马丁有关宗教的社会学讨论显示了深厚的学术积淀和深刻洞察力，也展示了丰富的神学知识，表明了社会学解释和神学理解之间的密切联系，在他的叙述中，社会学变成了一种充满神学音符的交叉学科。马丁认为社会学对宗教行为模式的解释，特别是功能主义者对宗教功能差别、变迁和趋同问题的讨论，表达的是一种不太令人满意的化约性实证论解释。他认为社会学与神学在现代社会中具有共同感兴趣的实践问题，社会学解释模式已经对神学理解产生了影响，神学也为社会学分析提供了信仰背景，"本着同情理解的精神探究宗教社会学，而不是把信仰看作一种疏离的谬论，认为它注定会在理性化过程和历史辩证中消亡"[③]。

概念批判。马丁从概念的辩证中引出了对"世俗化"的学术批判。基于进化论理念，社会学之父孔德提出了人类心智经历了神学、形而上学和实证科学三个发展阶段，人类学家弗雷泽也阐述了人类心智经历巫术、宗教到科学的"三阶段论"，他们都把宗教看作人类社会和文化发展的起点和过渡，并且认为宗教最终会走向衰落。马丁认为人类始终无法"超越"宗教，把所谓的"世俗化"想象为是对"宗教的"东西做出反应的单向历史过程是不准确的；正如"被俘的普罗米修斯"一样，现代社会的宗教在

---

① David Martin, *On Secularization*, Ashgate Publishing, 2005, p. 4.

② David Martin, *On Secularization*, Ashgate Publishing, 2005, p. 5.

③ David Martin, *On Secularization*, Ashgate Publishing, 2005, p. 25.

屈从于"世俗化"命运的同时表现出了挑战现实的活力；即使存在"世俗化"的事实，但不存在"世俗化"的统一过程，在对现代性的反应中，世界宗教制度没有表现出共同特征，没有统一的过程因而也就不能谈论统一的原因。马丁注意到了世俗化的历史复杂性，从概念上看，它是与现代化、理性化和科层化等"过程名词"相联系的各种观点的大杂烩，① 内容上不完全投合兼容，定义中存在模糊性，② 使用中引起了许多混乱，因而在 1965 年到 1969 年的一系列论文中，马丁对"世俗化"概念的合理性提出了质疑，"我建议认真思考一下'世俗化'这个词的用途，这样我们就会发现，这些用法（或者更准确地说是错误的用法）是宗教社会学前进中的障碍"③。

在对世俗化概念的批判中，马丁从哲学、神学、历史学和社会学等角度强调了与世俗化主题密切相连且作为其理论根源的理性主义和意识形态的局限。他认为世俗化是一种假冒的历史理论，不是真实的历史推论，是理性主义、科学主义和存在主义等强加于历史之上的一个赘疣，也是特定意识形态投射出的一幅歪曲的人类历史图像，包含了许多偏见和荒谬，导致了肤浅的归纳概括，把它与不可逆转的统一过程联系了起来，以宗教的衰落为根据确证世俗社会发展趋势，从而"世俗化不是一个科学概念，而是一个反宗教的意识形态工具"④。"世俗化"概念植根于意识形态而且是碎片化的意识形态，因而它不是一个整合的现实，具有讽刺意味的是，这些反宗教意识形态"经常自相矛盾地包含了通常被断言为宗教的要素"⑤，无非是"把自然的一元论转换成了社会的一元论"⑥，勾画了终极和谐的乌托邦图景，重构了被它们抛弃的宗教世界，最终充当了"世俗宗教"的典型。

"世俗化"概念植根于意识形态，尤其是"乌托邦"玄学，主张沿着

---

① David Martin, *The Future of Christianity*, Ashgate Publishing, 2011, p. 5.
② David Martin, "Towards Eliminating the Concept of Secularization", in *Penguin Survey of the Social Sciences*, Edited by Julius Gould, Penguin, 1965, pp. 169–182.
③ David Martin, *The Religious and the Secular*, Routledge & Kegan Paul, 1969, p. 9.
④ David Martin, *The Religious and the Secular*, Routledge & Kegan Paul, 1969, p. 9.
⑤ David Martin, *The Religious and the Secular*, Routledge & Kegan Paul, 1969, p. 54.
⑥ David Martin, *The Religious and the Secular*, Routledge & Kegan Paul, 1969, p. 35.

理性和进步路线，利用客观标准展示人类社会历史变迁，达到揭示人类生活及其意义的目的，因而世俗化不是一个中立的纯粹描述性概念，它本身就负载有价值，这是它的重要特征。在马丁看来，社会学家通常都注意到了启蒙运动以来西方宗教"衰落"的现实，并力图根据自然科学方法来解释这种现象，但他们不是在中立地转述一种社会学事实，而是大多都表达了自己的价值评判，重要的是，是否"衰落"其本身就是一个价值判断。马丁不否认价值判断会影响每一种社会学表述，但是认为当它导向歪曲证据时就应该受到否定和批判。①

马丁对世俗化概念的批判，"主要集中在把世俗化看作一种普遍的单向趋势的说法上"②。单向演化是西方学术界长期以来坚持的一种社会发展观念，甚至被完善成了一种思想理论范式，它与进步观哲学立场密切相连，又与特定意识形态叠合在一起，并在实践中形成了一种社会运动。单向演化观点把12世纪以后的欧洲社会发展看作一种模式，它的"世俗化"主旨与宗教密切相关，西方宗教自中世纪以来就走上了不断衰落的历史过程，具体来说，这个过程开始于14世纪的虔信运动，结束于20世纪"上帝死了"。马丁认为这种发展观把大量离散的、单独的要素结合成了一种松散的知识体，形成了一种社会学与历史学的主流观念，即普遍的、直线的和不可逆转的演化观，它是一种"有限历史观"，"世俗化是观念史或者通俗科学史的人为作品"③，蕴含了矛盾的、不连续的且与任何经验没有关联的要素，在涉及宗教问题时，往往忽略了对社会、文化、地域和民族等具体因素的分析，例如宗教实践中的社会和地域流动，"我们利用主导叙事组织了世俗化资料，如私人化、个体化、理性化和社会分化，这引起了误导，因为它们提出了一种通向共同终点的单向路径"④。

马丁批判说世俗化绝不是一种单向演化过程，"我并不认为或多或少具有统一的典型特征表现的世俗化从属于一种不可逆转的主导趋势"⑤，即

① David Martin, *The Religious and the Secular*, Routledge & Kegan Paul, 1969, p. 22.
② David Martin, *The Future of Christianity*, Ashgate Publishing, 2011, p. 5.
③ David Martin, *The Religious and the Secular*, Routledge & Kegan Paul, 1969, p. 3.
④ David Martin, *On Secularization*, Ashgate Publishing, 2005, p. 47.
⑤ David Martin, *The Religious and the Secular*, Routledge & Kegan Paul, 1969, p. 3.

使存在这样的一种主导趋势，那也是某种意识形态历史观，即所谓的单向式"总体规划"，"没必要假定世俗化是一种长期的不可避免的趋势"①。马丁承认宗教中存在多样的历史变迁，而且变迁没有明确的序列，"社会组织扩大和衰微，其原因是多种多样的，宗教组织也不例外……因此不存在单一的世俗化过程"②。同样因为没有单一的过程也就没有单一的原因，更没有预定的方向，但还是受到了特定条件的规定，"选择的历史不再是线性的，而是循环的，既不是斜线也不是圆形，更不是随机任意"③。

因此在马丁看来，世俗化存在翻转即去世俗化的可能，这在拉丁美洲、亚洲和撒哈拉以南非洲部分地区已经成为实践，"去世俗化和世俗化相互存在于一种辩证的关系中，而不是存在于一种单线的方式中，后者经常被理解成一种可定义为趋向世俗的序列"④。在这一点上，马丁拒斥"后世俗主义"观念，后者认为社会中正在经历着从世俗化向所谓的"回归""复兴"或者"新型公共宗教"等的单向转变，他借鉴了理性选择理论的视角，"宗教自身是一种受历史影响的范畴，从哲学角度看，它'本质上是角逐竞争性的'"⑤。在竞争性市场选择中，经由内部妥协和相互适应，去世俗化表现在宗教信仰与实践复兴、世俗化丧失现实影响和再神魅三个方面，其中表明的是一种螺旋式上升发展，"既定社会中世俗性的命运和形式依赖于螺旋式运作的方式"⑥，而且是特定社群宗教想象的建构，因而不具有普遍性范式意义，"对于去世俗化，我已经表明了最明显的案例……在西北欧，特殊的形式是正在持续的世俗化，美国的宗教情势比较稳定，在拉丁美洲和非洲，世俗化与去世俗化毫不相关，都同样受到了很大的激励"⑦。

马丁对世俗化的看法经历了一定改变，在早期的《宗教性与世俗性》一书中，他试图揭示"世俗化"概念中的混乱和矛盾，认为"世俗化"不

---

① David Martin, *A General Theory of Secularization*, Basil Blackwell, 1978, p. 12.
② David Martin, *The Religious and the Secular*, Routledge & Kegan Paul, 1969, p. 16.
③ David Martin, *The Religious and the Secular*, Routledge & Kegan Paul, 1969, p. 6.
④ David Martin, *The Future of Christianity*, Ashgate Publishing, 2011, p. 104.
⑤ David Martin, *The Future of Christianity*, Ashgate Publishing, 2011, p. 13.
⑥ David Martin, *A General Theory of Secularization*, Basil Blackwell, 1978, p. 16.
⑦ David Martin, *The Future of Christianity*, Ashgate Publishing, 2011, p. 104.

是植根现实的合理构念，而是一个人为造作的概念，因此社会学研究中应该避免不加选择地使用"世俗化"，他甚至建议说应该把"世俗化这个词从社会学词典中删除掉"①。后来在《世俗化通论》和《论世俗化》中，他试图解释世俗化现象，并说当初对"世俗化"概念的质疑与批判，其目的是引发讨论，提醒研究人员谨慎地、批评性地运用宗教社会学研究中这一假定的分析工具，而不是简单地"删除"这个词语，"目的并不是要删除一个词，而是要更为适中地解释已经失去了更为广泛共鸣的世俗化"②。

主导叙事。马丁注意到世俗化问题的复杂性，但他目的不是只为"世俗化"提供答案，而是在借鉴 20 世纪 60 年代西方学界出现的叙事学理论和方法的基础上，对这一重要论题做出新的理解和解释。叙事学是作为文学批评理论兴起的，它的内核是结构主义，通过聚焦于"故事"和"情节"或者说是"故事"与"话语"两个层面，解析叙事文本的事件内容和呈现方式，表现其中蕴含的叙事结构、特征和差异，凸显叙事技巧。"故事"即事件序列以及背景展现，"情节"或"话语"是对"故事"的排列、设计和表现，二者共同构成了一种完整叙事，因此同样一套故事经由情节或者话语架构可以形成不同叙事；事件本身并不构成叙事。单就概念而言，叙事可以分为不同层次，其中宏大叙事（grand narrative）是对人类历史的过去或未来做出包罗万象的整体性解释的权威叙事，与之相对的是微小叙事（petits recits）；元叙事（meta-narrative）规定、组织和描述其他叙事并为后者提供合理性，思辨性地对历史知识和意义做出完整的哲理解释；主导叙事（master narrative）表达的是一种事实、朴素真理或者全局观念，具有排他性。

马丁主张把叙事作为理解和解释历史的模式，但他没有对主导叙事和宏大叙事做出明确区分，"我承认存在像个体化、社会分化等特定的主导叙事，或者是宏大叙事，分化的意思是教育和福利等社会生活领域从教会监管中脱离了出来"③。马丁重新解构了历史叙事中的许多关键事件，结合

① David Martin, *The Religious and the Secular*, Routledge & Kegan Paul, 1969, p. 22.
② David Martin, *On Secularization*, Ashgate Publishing, 2005, p. 141.
③ David Martin, *On Secularization*, Ashgate Publishing, 2005, p. 49.

特定地区和国家的文化背景，描述了不同结果模式的宗教叙事，如英国革命与新教模式、法国革命与天主教模式、美国革命与多元模式等，并运用辩证方法解释了持续的社会转型，形成了有关现代西方宗教的主导叙事。

马丁关于世俗化的阐述遵循两条线索，其一是对世俗化概念做出批判，其二是在批判的基础上表述一般化理论，这种理论被他理解为一种有力的社会和历史叙事。马丁的批判是对有关世俗化的叙事的批判而不是对世俗化叙事的批判，也就是说，是对多种版本的世俗化理论的批判，而不是对世俗化本身的批判。马丁看到了现代社会中的巨大社会变迁和转型，基于西方宗教信仰和实践衰落的事实，认为世俗化不是一个神话，"即使它具有深刻的神话和意识形态来源和共鸣"①。他追溯了罗杰·培根（Roger Bacon，1214—1293）、马基雅维利和彼特拉克（Francesco Petrarca，1304—1374）以及弗朗西斯·培根等人的哲学思考，考察了理性主义和启蒙运动的宣示，透视了叔本华（Arthur Schopenhauer，1788—1860）、尼采（Friedrich Wilhelm Nietzsche，1844—1900）、弗洛伊德和萨特（Jean-Paul Sartre，1905—1980）等人对理性、世俗以及现代性的解构，评述了理性选择理论，承认各种形式的"世俗化理论补充了宗教理论，化约论不必与对世俗未来的自信预测相连"②，但他认为这些叙事大多基于西方宗教历史，并与某种形式的意识形态相关，通常把理论关注化简成了对一些命题或亚命题的特殊强调，远非一种完整的普遍理论，因而表现出了不同程度的解释困难。因此马丁主张立足于哲学视角，结合社会学方法，在反思人性中观察世界，以世俗语言探查信仰路径，在意识危机中寻找未来希望，根据具体的历史过程和细致的实证调查，进行辩证的、逻辑的、连贯的和比较的分析，精练世俗化主导叙事的概念、模式和过程，完善范式理论假定。

马丁主张对世俗化标准叙事（standard narrative）做出新的理解和表述，这种叙事假定了世俗化观念起源的"寄点"，结合各种历史、文化和社会要素，把宗教想象为信仰似然性结构崩溃和非然性形成，建构了宗教稳定"废弛"的单向贯穿、单线过程和单一模式的主导"连续叙事"，

---

① David Martin, *The Future of Christianity*, Ashgate Publishing, 2011, p. 5.
② David Martin, *On Secularization*, Ashgate Publishing, 2005, p. 127.

"从前'或许'存在着宗教的过去，就'肯定'会逐渐出现世俗的未来"①。马丁承认世俗化是一种主导叙事，"世俗化是那些主导叙事的重要组成部分，它自身就是一种主导叙事"②，但他更主张"把宏大的社会过程与特定历史框架联系起来，在制度、信仰和气质三种不同类型程式中把这种关系概括起来"③，在此基础上准确地陈述世俗化的普遍理论。

马丁认为"特定的历史""引出了非常不同的世俗化形式"，"我们能够列出许多世俗化中固有趋势，但是它们很大程度上受到不同历史的影响，不同的历史甚至能够颠倒似乎是普遍性的趋势"④。世俗化主导叙事包括了许多关键事件和无数故事，这些关键事件虽然不属于叙事，但在民族、文化等因素合力作用下共同形成了故事展开的框架，影响甚至塑造了叙事的主导趋势，引出了对应的结果模式，如启蒙运动就是最常用到的世俗化历史架构，存在新教的英国、天主教的法国、多元宗教的美国和拉丁美洲等模式，以及德国哲学发展、英国社会运动和法国政治演变等故事。

一般认为，现代性是一个宏大叙事，不同的社会遭遇了不同现实。马丁没有界定"现代性"，也没有把后者作为一种叙事。他借鉴了马克思、迪尔凯姆、韦伯等人的社会学概念和分析方法，把"现代性"更多地看作一种过程框架，其中包含了从世俗人文主义到现实主义过渡转型两个阶段。马丁承认世俗化主导叙事包含了现代性语境中的分化、理性化、科层化和私人化等叙事，这些叙事又在各自的语境框架中构成了一种主导叙事，他重点关注了现代社会中分化和失范两种普遍现象。马丁竭力使自己的理论更具一般性和宏大程式，在全球化背景框架中丰富对世俗化的理解，把未来作为一种主导叙事进行描述，后者包括了公共性和个体性、普遍性和特殊性以及中心和外围等二元辩证的多重主题，总体上表达的是一种民族和宗教的多元文化潮流。

① David Martin, *On Secularization*, Ashgate Publishing, 2005, p. 8.
② David Martin, *The Future of Christianity*, Ashgate Publishing, 2011, p. 25.
③ David Martin, *A General Theory of Secularization*, Basil Blackwell, 1978, p. 10.
④ David Martin, *The Future of Christianity*, Ashgate Publishing, 2011, p. 27.

二　历史叙事与辩证：世俗主义关键转型

马丁从研究英国宗教史开始，进而聚焦欧洲大陆、北美宗教历史，后来又把学术视野扩展到对整个北大西洋地区宗教的讨论上。基于丰富的考古学和历史学资料，马丁描述了诸多关键历史事件，分析了事件的起因和结构，结合对宗教组织和信仰多样性的类型分析，在特定历史和文化框架中重新审视了世俗化主导叙事。

马丁注意到西方宗教衰落是当代社会生活领域的一个显著现象。他以精湛的学术技巧和直白易懂的语言揭示了世俗化的主要特征，其中提到了与教会制度及人事紧密相关的权力、影响和财富的衰落，提到了宗教实践频次、数量和强度的减少和减弱，也提到了信仰、道德和社会行为中的重要变化。其中，信仰从先验论的观点转变到理性主义者、科学主义者和怀疑论者所坚持的理念上来了；道德变化的明显特征是对快乐主义、现世道德理念的普遍接受，这些新道德观取代了传统宗教道德理念，如传统宗教价值取向集中在献祭、受难、谦逊和纯洁等方面。①

马丁没有重新定义世俗化，他也是在"衰落"的叙事语境中进行观察和做出反思的，他从探究宗教/世俗、彼世/此世的辩证区分入手，主张把世俗化看作宗教制度的衰落，但强调说这不是一种制度的衰落，而是一类制度的衰落，主要指"信仰和实践"的衰落。马丁还指出所有社会制度都会有兴衰，宗教制度也不例外，引起兴衰的原因也是多种多样的，但兴衰可能只是某些要素的表现而不是制度自身，世俗化主导叙事正是要表明宗教制度影响力减弱和信仰与实践减少的社会过程和历史文化因素，"正如在实践中把宗教信仰和实践与都市化、工业化、繁荣程度、阶层和性别相互关联起来所概括的一样，世俗化理论受到了特定历史的深刻折射，在现今时代，后者就是民族历史，程度不同地受到地区变量的限定，尤其在中心和外围之间，宏观上也经常受到地域和职业中民族主义的限制"②。

---

① David Martin, *The Religious and the Secular*, Routledge & Kegan Paul, 1969, pp. 48–57.

② David Martin, *The Future of Christianity*, Ashgate Publishing, 2011, p. 7.

马丁试图探寻和发现宗教构成的长期形式和潜在的"核心"模式，建构一套普遍的阐释框架，以此展现世俗化叙事蕴含的历史进程和走向，他对于历史和叙事的强调体现了新历史主义的笔法。新历史主义萌芽于20世纪80年代，代表人物如哈佛大学人文学教授格林布兰特（Stephen Jay Greenblatt，1943—），20世纪90年代获得了较大影响力。新历史主义认为历史不是对过去事件的单纯记载，而是在时间、地点和观念基础上建构起来的叙事，即历史由不同层面和层次的叙事构成，应该透过各种叙事尽可能地去还原历史。马丁主张在基本的历史框架中建构新的叙事，根据新的结构呈现完整的宗教历史过程，为此他在比较历史视角中分析了天主教和世俗主义叙事，观察和勾画了欧洲、北美的宗教历史地理，精练了关键历史事件，概括了不同结果模式，协通了相互矛盾的历史过程。

天主教是一种元叙事。天主教时代创造的精神家园中包含了苦修、禁欲和教会主导等宗教叙事，在封建系统中又不可避免与帝国权力存在密切联系，成为意识形态、经济和政治的中枢，形成了关键事件运行的历史框架，实现着国家、宗教和社会的统一，其中包含了垄断/自主、敌对/妥协、对抗/适应等二元运动。区别于天主教垄断，新教表达是世俗主义的元叙事，经由开始于中世纪后期的一系列改革，开创了理性、连贯和世俗的现代性叙事。新教反对天主教旧文化和僧侣制度，遵循自主原则，肯定个人选择，捍卫多元主义，打破了政治束缚，导致了政教分离，实现了跨组织、跨国家延伸，发展了无形教会形式。天主教和世俗主义新教根据不同的历史框架、社会逻辑和文化基础，纠缠卷入在宗教/世俗的辩证历史叙事中。

在马丁看来，基于启蒙运动基本历史框架，欧洲是现代性肇始的地方，产生并成为世俗性的中心，宗教变迁发生了，天主教失去了凝聚力，教会权威失去了社会基础。英国较早形成了多元宗教格局和自由竞争机制并输出到了北美；欧洲大陆维持了较多的天主教垄断，也形成了有条件的多元化局面和新教与天主教共存模式；借助于爱德华·希尔斯中心与外围的概念，马丁认为西欧伦敦、巴黎等城市是世俗化核心地区，但威尔士、苏格兰、爱尔兰和阿尔萨斯、比列塔尼等外围地区则处于不同的情势；总体而言，欧洲"世俗性"例外于世界很多地区的宗教普遍性，形成了所谓的"欧洲例外"。北美形成了多元宗教混合模式，经由"内部世俗化"发展，宗派成为主要组织形式，社会阶层多样，整体上形成了去权威、去精英的文化，因而较少发生社会分裂，宗教教派、宗派适应于多样性文化发展，能够相互宽容，凸显了"宗教性"而形成了所谓的"美国例外"。另外，全球化视野中亚非拉等新兴宗教繁兴地区形成了区隔化多元宗教和亚文化。

马丁对世俗化概念的批判很大程度上缘起于他所坚持的怀疑论态度，他认为"世俗化"这个词意蕴深长，应该客观描绘，仔细界定，并慎重地对待各种理论叙事模式。马丁无意于世俗化模式和范式讨论，而是立足于历史学、社会学和神学，围绕世俗化主导叙事把许多分散的事件与故事联结起来，在西方宗教历史范围内重新思考世俗化主题，他在解释"作为整体"的西方宗教史以及世俗化主导叙事中，遵循了宏观社会学逻辑模式和元历史叙事方式。①

马丁虽然较多地运用了例证或者经验性证据，但他更多地受到了英国学术界霍布豪斯和金斯伯格（Morris Ginsberg，1889—1970）历史社会学研究的影响，认为历史学不仅为社会学提供了丰富资料，而且提供了分析资料的精巧方法和独特视角，主张将历史观念融入现实理论抽象中，以现实动态观念补充历史静态概念，在历时性中关注社会变迁，在共时性中回溯历史叙事，对未来做出理论预测。他强调把急剧的历史转型看作关键叙事，进而总结宗教和世俗历史辩证，他甚至嘲笑以经验为定位的研究人员说："（他们计算了）耶稣会成员花费在刮脸上的时间的标准偏差"②。

"元历史"（metahistory）是一种"思辨的历史哲学"，研究的是"如何在历史话语中对过去的某一部分做出历史学处理，使它似乎成为一个值得进行历史学研究的主题，然后经由选择过程，把符号、形容和主题化以及题献铭刻组合起来，遵循话语所属文化特有的故事类型的路径，来呈现

---

① David Martin, *The Dilemmas of Contemporary Religion*, Basil Blackwell, 1978, p. ix.

② David Martin, *The Religious and the Secular*, Routledge & Kegan Paul, 1969, p. 68.

其作为历史的指涉"①，主张以思辨的态度，在普遍模式和最终意义框架内，把断面性偶然事件建构为历史叙事，呈现历史发展进程和规律。基于特洛伊奇、韦伯、理查德·尼布尔和莱因霍尔德·尼布尔的相关研究，马丁追溯了西方宗教的历史，讨论了多主题历史叙事的双重动态辩证。

首先，世俗化本身表明了宗教和世俗的复杂联系，世俗化讨论涉及如何看待历史的问题。在马丁看来，西方宗教辩证中充满社会历史内容，形成了政教张力叙事的历史框架，西方宗教萌芽于一种自主的亚文化群体，后来逐渐吸纳了等级贵族，从而与政治权力紧密结合了起来，包含了战争和暴力；新教革命打破了教会的垄断，宗教和政治各自实现了自主和对等。就信仰本身而言，西方宗教中弥漫着历史阶段观念，暗示了过程指向，关注了未来，包含了尘世意义，以及圣典/经典、神圣荣耀/公平正义、神圣之城/世俗之域等象征/主题，揭开了神圣天启的面纱，掀开了历史辩证的帷幕。马丁认为西方宗教本质上是世俗宗教，它的历史叙事是世俗化的一种特殊形式，"世俗化被想象基于犹太教和基督教的特定预设之上，从这二者中拿走了重要的限制条件。因而神灵的属性如统一、和谐被给予了俗世的指涉，用整体性历史意义取代了部分意义"②。马丁同时指出西方宗教世俗化绝不是"一次性的单向过程"③，经常会发生特定历史反冲，但每次变革都会实现信仰的跳跃，从不同角度掩蔽在世俗叙事中。

其次，马丁分析了西方宗教内部张力，探寻了辩证运动的内生动力机制，正是存在多种多样内涵与形式的张力，宗教才不易达到整体稳定状态，也正是由于张力，宗教才获得了世俗化促动力。西方宗教包含了超验/秩序、彼世/此世、神圣启示/世俗权力等二元观念和张力，既超越现实又与世俗社会密切相连，"经常祈求神圣合理化来使社会结构神圣化"④。马丁对西方宗教进行了历史比较，他强调说尽管存在不同的宗教传统和行为方式，但它们都通过指涉超验的能指事物而维持了神圣/世俗的辩证，否则会导致

---

① Hayden White, "Preface to the Fortieth Anniversary Edition", in *Metahistory: The Historical Imagination in Nineteenth-Century Europe*, Johns Hopkins University Press, 2014.

② David Martin, *The Religious and the Secular*, Routledge & Kegan Paul, 1969, p. 31.

③ David Martin, *On Secularization*, Ashgate Publishing, 2005, p. 3.

④ David Martin, *The Dilemmas of Contemporary Religion*, Basil Blackwell, 1978, p. 86.

神圣意义的消解，结果在内部产生不同形式的反文化，在外部则是社会平衡状态受到了破坏。西方宗教中存在主观/客观、情感/理性和个人/群体、私人/公共张力和辩证，包容了多元性和自主原则，既存在作为群体情感归属的教会，也存在个人自主选择信仰的宗派，摆脱了对特定社群的依附，中断了宗教和社会的认同，排除了强制、等级和权力，完善为秩序、公共和天职的公共宗教叙事。另外，西方宗教包含的"男性（阳性）"和"女性（阴性）"二元象征也表达了辩证主题，"既颂扬胜利，也包容失败，既赞扬力量也接纳脆弱，既主张恬淡寡欲，也强调炽烈情感"①。

再次，马丁强调历史叙事和意义，关注社会、文化和宗教之间的关系模式，认为作为制度衰落的世俗化是透过特定历史文化这面背景滤镜"折射"的"普遍过程"，其要素是繁复庞杂的，或者相互连接，或者相互抵消，要么发挥促进作用，要么扮演阻碍角色，诸种要素的特定结合构成了各种各样世俗化模式，因而他主张在"特定关键要素的"基础上表明"它们内部的复杂性和特征模式"②，既强调同时期不同文化之间的比较，也强调同一文化不同时间的对照，根据复杂文化情状，考察普遍过程中的运作，理解世俗化叙事，"普遍理论之所以普遍，是因为它关涉'普遍过程'，从经验的观点看，后者牢固地建立在文化背景类型学基础之上，详细说明了过程所经历的折射类型"③。马丁明言世俗化是一种西方宗教现象，发生在西方文化框架中，受到后者的深刻影响，在不同的地区和历史社会中形成了中心/外围、同质/异质等差异化叙事模式。

三 现代叙事与范式：社会分化过程

社会学研究自身就是知识现代化甚或世俗化的结果和组成部分，主要指涉的是现代性叙事，而作为社会学分支的宗教社会学，主要关注的是现代社会的宗教事实，通常表现为两个层面的倾向，或者是记录宗教事实，

---

① R. Stephen Warner, "Reviewed work: The Dilemmas of Contemporary Religion", *Sociological A-nalysis*, 1980, 41 (3): 280-281: 281.

② David Martin, *A General Theory of Secularization*, Basil Blackwell, 1978, p. 3.

③ David Martin, *A General Theory of Secularization*, Basil Blackwell, 1978, p. 3.

即把有关宗教事象的资料以特定的叙事方式呈现出来；或者是分析研究，讨论宗教事象的整体性质及在现代社会中的运作。马丁承认世俗化是现代化过程的固有部分，是现代性的体现或者在特定领域的实现，已经成为现代社会的普遍趋势，因此他重新接纳了"世俗化"这一具有争议性的概念，把它又放回到了社会学词典之中，并基于深厚的社会学、历史学和神学学识，参照社会学经典理论对这一重要主导叙事进行了详确的经验描述与细致的理论阐释。

范式逻辑。马丁关注的是宗教构成的长期形式和潜在模式，试图从命题和假设入手，在叙事框架中建构如库恩所言的范式。马丁把"范式"称作"网格"，"指的是我们自主地构建整个想象领域的方式"①，后者"在潜意识层面上像一种范式，等着由结构开放来激活"②。马丁比较了社会学有关现代化的理论和假定，承认"世俗化"是社会学研究中的重要范式。他评述了有关世俗化的理论观点，认为后者尽管是对"宏大理论"的化约，但可以对特别定义的环境中的趋势做出连贯分析和准确描述，因而仍然是一种无可争论的范式。

马丁在强调主导叙事和辩证思想的基础上发展了世俗化理论。首先，他的"普遍理论"带着历史信息勾画出世俗化前行的特殊路径，在他看来世俗化既是一种"普遍的"理论，也包含"特殊的"模式，它与特定社会的历史叙事和文化传统紧密相连，既是一种广泛的过程，也充满特别的细节。基于对宗教历史动态和现实趋势的考察，以及对未来的展望，马丁的世俗化普遍理论包括历史叙事和社会过程两个层面，同时又把现代社会中的宗教区分成了现代和未来两种模式。

其次，马丁赞同有关理论著作对宗教信仰和实践的强调，关注了宗教制度即教会在现代社会中的实践命运，但在他看来，制度层面只是社会现实的一部分，考察宗教发展趋势需要结合更宽泛的和更综合的社会学解释，即他所谓"社会-逻辑"结构。③ 马丁比较了宗教和政治两种实体的历

① David Martin, *On Secularization*, Ashgate Publishing, 2005, p. 18.
② David Martin, *The Dilemmas of Contemporary Religion*, Basil Blackwell, 1978, p. 29.
③ David Martin, *The Dilemmas of Contemporary Religion*, Basil Blackwell, 1978, p. ix.

史和现实关系，强调宗教和政治一样是"真实的"，而且宗教涉及更多人，基于对西方宗教教义责任和社会功能的理解，他区分了基本范畴，定义了不同的信仰系统，剖析了宗教的"社会-逻辑"，描述了分化过程，探析了因果链条，概括了新教多元、天主教垄断、世俗主义垄断、"混合"亚文化整合和拉丁美洲外部主导等五种社会-逻辑模式，认为不同的过程可能产生同样的结果，同样的过程也会产生不同的结果。

再次，马丁承认世俗化理论是对宗教状态的系统表述，即宗教制度在现代处境中所经历的时代变迁，他的目的是寻找"在什么条件下，宗教制度如教会和教派影响力会变得越来越小，宗教信仰更难以被人们接受"[1]。马丁承认宗教包含了象征符号、感情和意义等要素，但建议更应该关注宗教的"结构"，因而他尽量不去触及"象征的转化，范式的转换或者观念的转变与革命"[2]，很少讨论不同时间不同地区的宗教适应和变迁。马丁聚焦于宗教的"社会-逻辑"结构，探析了现代化背景中支配各种要素力量的普遍原则，"我主要关注跨入现代后发生的事情，以及社会历史网络构架如何禁止或者允许具有不同潜能和轨迹的不同变量的出现"，而不是"结构坐标系中诸多要素随时间发生的化学变化"[3]。

最后，马丁强调对于社会过程的观察和对世俗化意义的理解需要参照历史、文化、观念和地理等要素，而且社会学家本身就是知识的载体，对特定历史、文化形成了个人的观点立场，因而他们之间需要进行理论对话，而不是对某种公认知识的迷信和固执。

现代滤镜。马丁遵循经典社会学对现代性的理解和阐释，承认现代化包含都市化、工业化基本过程和理性、个体性和公共性等要素，也包含祛魅、科层化、私人化等过程表达，构成了宏大的现代性叙事，这些要素被人们看作社会发展的重要指标，且存在不同的现代化路径模式。马丁没有过多界定现代性，而是把它作为宗教迅疾变迁的背景，为世俗化提供了主要框架，世俗化"把现代性特征化为这样的一种情况，人类在其中从宗教

---

① David Martin, *A General Theory of Secularization*, Basil Blackwell, 1978, p. 12.
② David Martin, *A General Theory of Secularization*, Basil Blackwell, 1978, p. 13.
③ David Martin, *A General Theory of Secularization*, Basil Blackwell, 1978, p. 13.

模式转变到了世俗模式"①。马丁认为世俗化基本过程即标准理论模式包含
分化、理性化、科层化和私人化等叙事，主张在工业化、社会流动、传统
主义等历史滤镜中谨慎透视世俗化意义。

马丁把工业化看作一个重大历史叙事，它构成了世俗化的基本背景。
通过详细描述工业化历史图景，利用中心和外围概念，马丁比较了都市世
俗性和乡村宗教性，试图勾勒出不同宗教生态模式，"在工业化社会，人
们在熟悉的环境中如家中、农场或者其他可以展示个人技能和职业能力的
地方实践宗教，对宗教更为敏感；而如果身处茫茫大众，从事商业或者政
府事务，或者处于一种以机器为基础的没有灵魂的过程中，那他就不太可
能去实践宗教，不太可能明白宗教的意义"②。

马丁发现"工业社会已经很好地建立了大范围的世俗化倾向"③，工业
化引起了宗教组织区隔化，围绕教会组织起来的乡村社会或围绕亲属网络
组织起来的工业团体，依赖的是"有机"联结，强调团结和教条，表现为
"有形宗教"形态；基于科层理性自愿组织起来的各种宗教协会，形成的
是"无机"联结，表现为"无形宗教"。区隔化最终导了宗教的碎片化，
"最普遍化的趋势是朝向了淡漠，从明确的制度宗教中退出了，要么与有
机的乡村社群关联，要么与自愿的宗教协会相联系"④，区隔化和碎片化表
明的是宗教功能同质性。

工业化引起了人口流动，"流动为个体主义提供了背景，流动即各种
形式的运动，到处游动，社会位置和角色改变，通过现代媒体瞬间交
流"⑤。首先是地域流动增强，在较大空间内延伸了交流，获得了新体验，
导向了多样的异质性观念和行为；其次是社会流动，人口更多地向都市聚
焦，产生了新社会阶层，改变了社会地位，排斥等级和先赋身份，形成了
强调勋绩和获致身份的现代阶层文化。

人口地域和社会流动表明了迅疾的社会变迁，侵蚀了传统的宗教制度

① David Martin, *On Secularization*, Ashgate Publishing, 2005, p. 18.
② David Martin, *A General Theory of Secularization*, Basil Blackwell, 1978, p. 160.
③ David Martin, *A General Theory of Secularization*, Basil Blackwell, 1978, p. 2.
④ David Martin, *A General Theory of Secularization*, Basil Blackwell, 1978, p. 92.
⑤ David Martin, *Reflections on Sociology and Theology*, Clarendon Press, 1997, p. 236.

即教会，削弱了"有形宗教"影响范围，而且使人们的世界观相对化了，宗教认同发生了困难，个体宗教实践随之衰落，在回应社会分化中，教会制度分解了，形成了多元形态的教派和宗派。马丁强调说世俗化是工业社会的一般过程，但也只是一种倾向而已，不必定会发生。与韦伯关于工业社会与新教伦理的亲和论不同，马丁看到工业社会与多样性宗教之间存在兼容性，从而断定意识观念绝不是影响二者之间共存关系的关键要素。

马丁没有界定传统，而是为传统提供了例证，主张在与现代性的区别中重新认识传统，在他看来，"传统基于一种单一的意义领域"①，具有封闭性，遮蔽在神圣帷幕之下，暗示了权威，并内在化为一种自我意识，维持着社群认同。马丁明言自己是一个传统主义者，但他试图在旧的形式中寻找新的萌芽，在新的事象中回溯旧的要素，认为宗教自身构成了一种传统，宗教制度即教会负载了文化连续性，"现代社会中的所有宗教都标示了传统性"②。面对现代性需要在现代自我意识中反思传统，根据现代生活方式和立场选择理解、评价包括宗教在内的所有传统。

主流世俗化理论强调理性，通过推理思维认识世界，用科学方式支配自然，以技术手段措置社会，与之相关联的概念是"祛魅"，理性被看作现代性的基本属性。马丁认同理性在现代社会中是一种合理性存在，但他对宗教"祛魅"做出了不同理解，认为神魅和祛魅都与神圣历史相关联，纵观人类历史，宗教有时与神圣和神魅结合在一起，有时候则会促进世俗、祛魅和凡俗的现实，为"俗世"保留了一块空地。

科层是现代社会组织的基本架构，追随韦伯的分析，马丁承认现代科层体制对宗教产生了影响，强调教会中的区组化、非人格化、技术理性和长期规划等要素正在成长，伴随教会和管理分化管理效率提高了。马丁也看到了现代宗教发展中的另一面，教会中弥漫着人格化、神魅等情感要素，从而断言宗教在现代处境中既面临困难也充满机遇，这是"它与韦伯范式趋势关系的辩证：部分地看它是理性、科层和祛魅的担纲者，因而否认这些东西就是所有那些能够被认知的东西，或者就是耗尽了超验和神秘

---

① David Martin, *The Dilemmas of Contemporary Religion*, Basil Blackwell, 1978, p. 23.

② David Martin, *The Dilemmas of Contemporary Religion*, Basil Blackwell, 1978, p. 22.

可能性的东西"①。

标准叙事。通过反思世俗化理论，马丁指出世俗化虽然与理性化、科层、私人化等现代性要素联系紧密，但这些要素之间并不密切关联和相互适合，而是引出了多维度主题，因而复杂化了世俗化问题。在他看来，世俗化在分化领域得到了最连贯表达，应该把分化作为世俗化过程分析的中心，因而他把分化表述为一种标准叙事，"把切实可行的世俗化精髓呈现为社会分化的亚理论"，同时"对理性化的亚理论提出严重怀疑"。② 世俗化与分化实际上是同一个问题的两个面向，分别与宗教和社会这两个主体系统相关联，既表达了二者各自的自主性，也表明了二者的自我限制和被限制，它们都变成了有限领域。

分化是现代社会最普遍的社会过程，一般认为它是工业化的重要结果。分化也是马丁世俗化普遍理论中借用的一个关键概念，分化早已发生，贯通于前工业、工业化和后工业化等不同时期，只是在工业革命后获得了空前发展，"它指的是每一个社会部门走向特殊化的过程，中心缩小了，每种社会功能都构成了一种明显的特殊领域"③，即所谓的"社会分化"，它造成了社会部门区隔化分布和网格状联结。

工业化摧毁了传统社会的宗教框架，也触发了社会领域世俗化的普遍过程，马丁对此表述较多，"政治意识形态、教育、经济和福利等每一个生活领域很大程度上已经从宗教观念和教会影响中解脱出来"④；"社会领域和知识行为从教会保护和神学思想模式中解脱出来。曾经围绕教会聚集起来的东西如教育、康愈、娱乐和管理，以及法律和艺术等都分离出来，在它们自己专业行家的控制下成为无数自主的领域"⑤；"世俗化观念建立在社会现实之上的一个相对清晰的支点，它表示不同生活领域从教会控制

①　David Martin, *The Dilemmas of Contemporary Religion*, Basil Blackwell, 1978, p. 54.

②　David Martin, *On Secularization*, Ashgate Publishing, 2005, p. 17.

③　David Martin, *A General Theory of Secularization*, Basil Blackwell, 1978, p. 69.

④　David Martin, *The Dilemmas of Contemporary Religion*, Basil Blackwell, 1978, p. 13.

⑤　David Martin, *Reflections on Sociology and Theology*, Clarendon Press, 1997, p. 237.

中分离出来"①;"人类行为的各种领域逐渐赢得了自主"②,经由世俗化过程、艺术、管理、医疗和福利等生活领域和法律、教育和职业等功能部门从教会控制中获得了自主,拒绝与宗教联合,思想观念不再受到神学支配。

可以把功能部门的自主看作广义分化,而从狭义的角度来理解则是宗教自身的自主,也就是宗教的功能性特化,宗教从其他制度领域中分离出来。教会从政府中获得了部分自主,成为专门机构,不再是日常社群中心,不再发挥权力合理化、社会控制、教育和福利等作用。如果从社会分化角度审视宗教的话,则是社会分化打破了宗教垄断,限制了宗教作用。如同流动一样,分化为个体化提供了背景,宗教分化"意味着从社会领域分离出来","根据社会学标准理论,这些过程托运着教会趋步向前,进入个人领域,走向社会边缘,归入私人领域"③,激励个人根据自己的偏好,在多样性宗教市场上选择信仰,个人宗教角色随之也区隔化了,各自在世俗性中探寻神圣。当然,从分化结果看,宗教分化表达了"衰落"的命题,可看作宗教"世俗化"。

在马丁看来,宗教"世俗化"发生在两类领域,一是制度和习俗;二是思想和态度,这两类领域又分为四个方面。就教会而言,无论是传统的权力、财富和声望,还是社会影响力、控制范围都衰落了,在社会中的地位降低了,支配领域主要限制在文化领域;教会地产变成了非宗教用途,神职人员成了在俗人员;在习俗方面,仪式频率、数量和强度减少了,标准、重要性和功效降低了,在生活中被边缘化了;在认知维度上,更多采用理性的、实证的和怀疑论的思想取向;采取世俗态度,拒绝神魅、权威和传统,拒绝荣光、敬畏和奉献。就西方宗教而言,马丁总结为两种世俗化类型,即宗教从属并适应于政治、权力和权威,以及教派的兴盛发展,后者构成了世俗化过程中的显著特征,④ 两者包含并充分体现了世俗化历史和现实两个方面的辩证联系。马丁指出世俗化表明的只是宗教制度的衰

① David Martin, *The Dilemmas of Contemporary Religion*, Basil Blackwell, 1978, p.44.
② David Martin, *On Secularization*, Ashgate Publishing, 2005, p.123.
③ David Martin, *Reflections on Sociology and Theology*, Clarendon Press, 1997, p.236.
④ David Martin, *The religious and the secular*, Routledge & Kegan Paul, 1969, p.23.

落，具体地说就是西方宗教教会的衰败，并不代表宗教的最终衰亡，在咨询、社会工作和精神诊疗等现代社会领域，宗教依然非常活跃。

马丁阐述的是世俗化普遍过程，但他承认"普遍"是有条件的，分化和世俗化是在特殊文化模式之内发生和进行的，都是受控过程。不同文化模式有不同文化要素、历史主题和宗教问题，也面临不同分化压力，塑造了多样化世俗化形式，因而马丁建议对社会分化进行跨文化比较研究，"目的是为理论打好基础，把它从一种不可避免的趋势转换进根据历史环境而以或这或那的方式选择发生东西"①。

分化和失范通常被看作工业化的直接后果和现代社会两种普遍趋势，失范意味着整合缺失、人格解体和社会瓦解。但在马丁看来，失范是分化导致的，必然会唤起包括宗教在内的各种社会力量的回应，且通常以"去分化"的形式出现，如果世俗化是分化的产物，那么去分化就意味着神圣化，但这不是简单地把宗教重新整合进传统框架内，而是在现代性新要素基础上的辩证。

典型叙事。西方新教通过福音主义先在北大西洋地区后在全球范围内广泛传播，尤其在天主教主导的拉丁美洲地区获得了迅速发展，当地多元宗教生态显著成长，随之而来的是剧烈的社会、经济和政治变迁，20世纪80—90年代，学术界对这一现象给予了热切关注。马丁试图把普遍理论阐述延伸到对拉丁美洲、非洲和亚洲的新教研究中，在《火舌》等著作中，他从现代性视角出发观察和区分了清教、卫理公会和新兴宗教等西方宗教传统的复兴，力图在全球框架下围绕世俗化主题勾画出宗教与民族社会、政治制度之间的关系，他所理解的世俗化不是宗教衰微，而是宗教在现代社会中转型。

马丁考察了拉丁美洲多元宗教发展和社会变迁，持续关注了新兴宗教在亚、非、拉等地区社会中的转型，认为新兴宗教包含了福音主义和神魅运动，适应竞争和多元宗教生态，形成了教派亚文化，因而是一种文化运动而不是政治运动；新兴宗教运动不仅是对现代性的反应，也是通向现代性的主要路径，构成了现代性的典型叙事，新兴宗教"教派证明和发展了

---

① David Martin, *On Secularization*, Ashgate Publishing, 2005, p.20.

现代性"①。重要的是，新兴宗教教派充分利用了现代交流方式和国际经济助力，以跨国宗教形式在全球扩展，是一种全球性选择，它们虽然不是以理性化、科层化为目标，但与理性相关，因而马丁又主张把新兴宗教看作全球现代性的元叙事。

借助于历史分析和地域比较，马丁提出了新教与经济、政治和文化关系的假设，提到了政治变革和社会变迁的影响，同时验证了他关于宗教世俗化的一般理论。首先，宗教是全球社会日常特征，它不是历史残余因素，而是一种重要的精神资源，后者不会受到权力的支配，也与民族和地域没有联系。就拉丁美洲新教而言，它是对现代都市化过程中边缘化人群和流动人口精神需求的积极反应，在适应当地社会的基础上，为远离民族文化、热望包容、渴望改变的人们提供了一种文化赋权，使他们稳定地融入当地社区，引导和改善着经济、政治、教育和健康等状况。②

其次，新教在全球的传播是自身在当地本土化的过程，它不是简单的复制，而是在吸收大量本土文化基础上进行的模式转化。马丁运用丰富的宗教历史知识，借助人类学田野研究方法，考察了亚非拉等地区多维度的历史特异性和地区性差异，分析了当地新教的"小生境"及社会学意义。他认为拉丁美洲经济发展、迅疾都市化和不断增加的文化和宗教多元化构成了新教发展的主要原因，但存在多样性模式表现，拉丁美洲世俗化很有限，历史教会没有深远的社会基础，作为主要的社会历史力量，迅疾的城市化导致了混乱的社会场面和无序的经济秩序。新教在非洲提供了一种结束传统社会体制和精神体系的方式；亚洲根深蒂固的文化传统限制了新教的成长。③ 马丁在欧洲/拉丁美洲形成的中心/外围文明动态中辩证地审视了拉丁美洲新教的发展，后者虽然是西方宗教的"外围"，但不妨碍它会发展成当地的核心文化。在谈到拉丁美洲多元宗教时，马丁没有对其中的张力做出明确界定，也没有预测其趋向和路径。

---

① David Martin, *Pentecostalism*, Blackwell Publishing, 2002, p. 1.

② David Martin, *Tongues of Fire*, Blackwell Publishers, 1990, pp. 283–286.

③ John Burdick, "Reviewed work: Pentecostalism: The World Their Parish", *The Journal of the Royal Anthropological Institute*, 2003, 9 (2): 368–369.

再次，文化是社会结构的衍生物，会随着经济和政治范畴的变迁而变化。拉丁美洲新教自我定位不关心政治，把自身从核心社会结构如阶层、权力和暴力中转移了出来，把宗教虔诚与民族认同分离了开来。但世俗化并不代表宗教的去权化，宗教仍旧是文化的重要负载者。拉丁美洲新教以人口地域性和社会性流动为特征，并在文化认同和价值亲和基础上结合起来，构造了平等、友爱、和平模式，吸引个人在自主选择基础上皈依。另外，马丁注意到了教会与政治分离经常使个人处于一种道德失范状态，但这也为新的认同表达提供了空间。

最后，新教在全球的发展与工业化密切联系，尤其在非、拉和太平洋地区的发展中地区；新兴宗教教派的扩散是现代性的体现，跨国发展的同时伴随着当地持续的现代化。

多元叙事。历史叙事着眼于宗教衰落的命题，过程叙事强调了分化的现代性结果，多元叙事则展望和预测了宗教的未来。马丁认为未来主导叙事朝向的是多元文化表达和多重现代化路径，作为其中的一个重要叙事，公共宗教预示了未来世俗化的主流，体现了个体/集体、私人/公共以及普遍/特殊、中心/外围等多重主题及其辩证。

宗教多元开始于西北欧，扩展于英国，实现于北美，是现代西方社会宗教维持活力的基础，马丁承认宗教多元与较高宗教参与水平之间存在正相关联，但他的理解有别于宗教经济理论的解释，也与市场结构和竞争机制无关，而是更多地强调了政治和社会要素及相互辩证。在马丁看来，垄断会增强宗教与政治和社会的认同，多元化则消解了这种认同，但二者都会导致较高的宗教参与，而不只是多元化引起了较高的参与水平。马丁认同多重现代性的观点，认为这也符合宗教未来发展趋势，未来不一定预示必然的世俗主义，而是可能存在各种模式的现代性。

遵循迪尔凯姆的学理，马丁把宗教和社群统一起来，对公共宗教进行了深入理解，认为后者以特定文化群体的社会团结为基础，通过公共象征和礼仪表达了隐含的宗教价值观；信仰模糊，但不同于"无形宗教"，是高度外显的，发挥了维护社会秩序的作用。借助于韦伯对权力概念的理解，马丁对与公共宗教相关的权力问题做出了分析，在他看来，古代社会公共宗教有两个表现，一是膜拜与文化的统一，体现了宗教与文化的同构关系，宗教合理化了社会等级地位；二是迷信、占星、道德等的大杂烩。这两种形式分别代表了社会权力和运作权力，都包含了世俗性，既适合于社会运作，又符合实用主义，① 古代犹太教是世俗公共宗教的典型。古代社会以多元宗教为特征，公共宗教内部以选择原则为基础产生了"反文化"，威胁到了自身一致性及特定宗教传统。西方宗教不断重复和展示了这种"反文化"辩证，先后采用了天主教、新教和后新教形式，分别指涉神圣社群、圣洁个人和选择观念，冲破了传统社群和代际窠臼。"反文化"通常在社会边缘找到基础，针对中心也针对之前的反文化，侵蚀等级观念，颠覆了权力，引起了传统变迁，"反文化必定被不同的反文化所追随：辩证中的辩证"②。现代社会是多元和理性社会，公共宗教以开放性选择为特征，由公众美德组成，新的"反文化"反对的是代际社群权力和先前的辩证，尤其是新教道德。

公共宗教提供了两种选择，即个人选择和可选性社团，分别表达了个体性和公共性。个体性即自主的个人，现代社会个体性的扩展意味着宗教私人化，宗教成为一种选择偏好，也意味着教会消失。马丁对"私人化"主题表达了质疑，指出宗教在关乎和平、正义和经济问题的公共领域无所不在，扮演了重要角色；教会放弃了与权力结构的联系，登上了社会舞台，获得了公共声音，拒绝私人化和边缘化。马丁也指出，"现代性在公共组织层面上引入了累积的碎片，诱发了极度的内在化表现和极端的集体主义变异趋势"③，内在化保持的是个性，而宗教的极端集体主义湮灭了个人，消磨了个性。

马丁学术兴趣广泛，涉及神学、政治学、艺术、教育等领域的学术论题，这些都与他的世俗化研究相联系，他用翔实的个案研究证明了论点，为学术界贡献了自己关于世俗化的普遍理论，他的理论"不是一种抽象的

---

① David Martin, *The Dilemmas of Contemporary Religion*, Basil Blackwell, 1978, pp. 1–2.
② David Martin, *The Dilemmas of Contemporary Religion*, Basil Blackwell, 1978, p. 3.
③ David Martin, *The Dilemmas of Contemporary Religion*, Basil Blackwell, 1978, p. 33.

理论，相反它是一种经验性的理论，它以研究的资料为基础"①。遗憾的是，马丁的研究过多局限于西方宗教社会之内，因此他关于世俗化的普遍理论似乎也是不太"普遍的"，而且他的理论也因为过于宽泛而无法有效论证所有案例。

四　格里利：宗教想象与去历史主义

格里利（Andrew M. Greeley，1928—2013）是美国宗教社会学家，天主教神职人员，曾任亚利桑那大学（University of Arizona）社会学教授、芝加哥大学（University of Chicago）全国民意研究中心（National Opinion Research Center）资深主任，致力于民族多元和民族家庭结构研究，并以宗教想象理论闻名社会学界。

格里利沿着韦伯和迪尔凯姆社会学分析路径，从人类是追寻意义并建构群体的动物这一基本假定出发，基于对宗教概念的新理解，根据经验证据提出并验证了有关宗教想象的一系列（99个）命题，试图结合政治、社会、经济和宗教自主等度量要素，阐述一种有关宗教"模式"的简洁、连贯而精致的理论。

首先，立足于韦伯学术视角，追随贝格和卢克曼等人的学理，格里利认为人类存在就是对意义和价值的不断追寻，借助于"宗教"建构了终极意义系统，并将它神圣化了，"人们只要还需要意义那么就还需要宗教。什么会是人们生活意义的最终解释呢，那便是他们的宗教"②，也就是说宗教是人类的衍生品和造作物，是人类寻求意义的行为，或者说宗教为人类生活提供了终极意义系统，是理解终极现实的工具。格里利把"希望"看作人类最基本的心理状态，并把它化约为最基本的人类"基因"，"人类个性中存在着希望的倾向"③，基于这一命题（命题1），并通过宗教团体、

① 罗伯托·希普里阿尼：《宗教社会学史》，劳拉·费拉罗迪英译，高师宁译，中国人民大学出版社，2005，第186页。

② Andrew M. Greeley, *Unsecular Man*, Schocken Books, 1985, p. xiv.

③ Andrew M. Greeley, *Religion*, The Free Press, 1982, p. 15.

文化社群和传统社会，人们逐渐发展出了复杂观念，借助象征、故事、遗产、信仰等表达了创造性想象，其中蕴含着人类的希望和体验，"希望、需要希望以及能够体验重生的希望，一个人的这种倾向越大就越可能处于'宗教的'这个词所表达的意义中"①。从人类学角度，格里利认为宗教倾向虽然不是人类的基因编码，但它早在原初人类的前意识中已经生根发芽了，是开始于前理性阶段的创造性想象，因此宗教不是非理性、反理性的或者迷信的，相反它从属于理性反思，而反思是人类的本领，正是在对宗教想象的反思中，个人发展了一种"世界观"，对人类苦难和死亡做出了反应。

其次，格里利避开了社会学对宗教的传统定义，对"神圣"和"超验"这两个宗教定义中的关键要素做出了新的解释。他认同伊利亚德对神圣的理解，神圣与凡俗相对，作为社会建构的基础，它提供了意义，并为日常生活体验赋予了秩序，"生活关键时刻狂乱的、神秘的、沉思的和无聊仪式性的、间歇性的狂迷和压抑，这些都是对神圣的反应模式，它与人类的宗教一样古老"②，因而他强调说宗教研究的中心应该集中在"神圣"的态度和行为上。格里利认为虽然神圣与世俗是不同概念，但二者区别是细微的，相互之间界限是模糊的、可渗透的，而绝不是对立的，"在日常生活中，世俗挤进了神圣，神圣也浸入了世俗"③。另外，格里利不主张把超验指涉看作宗教的必要要素，即不再把宗教单纯地限定在"超自然的"范围内，他借助于体验概念把超验与神圣直接关联起来，"神圣是超验（真实的或者想象的）闯入了日常生活"④。

再次，随着人类社会复杂程度的增加，制度化就成为不可避免的和必要的过程。如同家庭一样，教会是宗教社会化的重要制度，它是以特定群体为基础制度化的产物，向个人、家庭或者社群传递、解释神话、故事、遗产和符号等传统要素，但教会是宗教的结果而不是起因，宗教也并非只存在于教会中。

---

① Andrew M. Greeley, *Religion*, The Free Press, 1982, p. 51.
② Andrew M. Greeley, *Unsecular Man*, Schocken Books, 1985, p. 168.
③ Andrew M. Greeley, *Religion*, The Free Press, 1982, p. 1.
④ Andrew M. Greeley, *Unsecular Man*, Schocken Books, 1985, p. 153.

　　格里利的目的是建构一种简明的宗教社会学解释"模式"，在他看来，模式即"一种过分简化和程式化的设计或者模板、模型，为理解特定现象提供了一种有用的视角"[1]。他所言的"模式"即"范式"，通过把宗教概括为体验、符号、故事和社群等模式，勾画出了多种主题的"宗教想象"。但他也指出特定模式不能详尽对现实的所有描述，需要不同学科范式提供补充，从而也就承认了其他模式的解释作用。

　　格里利从心理学角度分析了宗教体验，认为宗教源自日常世俗体验，是日常生活的重要部分，且渗透到了生活的所有方面。宗教产生在对希望的体验中，体验增强、重申了人类的希望，由文化和结构背景共同塑造，回过头来它又塑造了个人看待生活的视角和关系模式。在个人层面上，日常生活体验内化成了个人的信条和信仰，对于社会群体而言，这些体验则被编码在了想象和符号中，积淀成了宗教传统和遗产，系统化为推理、反思和诠释，升华成了宗教故事，固化成了制度，为社群成员所继承、共享、保护和忠守。格里利强调研究宗教不应该从观察教会入手，而应该"在对宗教植根于并从中汲取巨大力量的日常生活体验的观察中开始"[2]。

　　格里利追随并推进了格尔茨（Clifford Geertz，1926—2006）对意义系统的理解，把意义看作"独特"符号的译码，这些符号被安排、措置成了象征系统。宗教是追寻意义的工具，并在作为文化系统的象征中表达了出来，宗教"是一种象征系统；它要在人类中建立有力的、普遍的和长期的情绪和动机；通过构想出有关存在的普遍秩序的概念，以及通过给这些概念营造一种实在性气氛，使情绪和动机看上去是唯一现实的"[3]。宗教象征表达了生活体验，赋予了生活意义和方向，"宗教遗产是象征系统，设计出来表达一种早先的强烈体验"[4]，"宗教是给予生活以意义和方向的一套象征"[5]。

---

① Andrew M. Greeley, *Religion*, The Free Press, 1982, p. 2.
② Andrew M. Greeley, *Religion*, The Free Press, 1982, p. 2.
③ Andrew M. Greeley, *Unsecular Man*, Schocken Books, 1985, p. 61.
④ Andrew M. Greeley, *Religion*, The Free Press, 1982, p. 84.
⑤ Andrew M. Greeley, *Unsecular Man*, Schocken Books, 1985, p. xiv.

正如迪尔凯姆所言宗教是"集体意识",格里利强调宗教是社会的自我意识。人们在宗教中追寻和发现意义,为了重建希望围绕一种普遍体验组成了社群,共享解释程式、文化系统和神话,宗教自然成为社群焦点,"宗教社群的存在是为了复制、增强、确认、解释和重申过去良善的体验并为未来体验提出假设"①。个人在社群中习得并体验宗教,因而他的宗教体验受社群塑造,社会化过程受到了社群影响。简单社会中的宗教社群尚未从部落和家庭等基本社会现实中分化出来,宗教在现代社会则形成了多种团体关系,其中纵向社群是由信仰者组成的统一体,共享信仰、信条和象征、故事等宗教传统;水平社群有如教会或宗派等的组织结构,拥有堂区和会众,在特定时间共享象征、信仰和信条;教会是宗教社群的制度结构,也是宗教体验的产物。

叙事是人类的一种艺术,格里利把宗教当作人类的一套故事或一种叙事符号,而不是一个叙事,"人们用它来为自己和别人指导性地解释最基本的生活意义和目的"②。格里利从社会学视角研究了"普遍宗教故事"的发展,描述了宗教体验与家庭等人们社群故事,在他看来体验和故事都属于个人事件,但都受社会和文化影响和塑造,并通过社群集体和历史过程呈现,"人们为自己创造的宗教故事多种多样,它们是由生物的、文化的、教育的、心理学的、民族的和传记的因素来塑造的"③。宗教故事以独特的方式描述了事物的真实形式,解释了宇宙意义、个人体验和人类行为方式等。既然是一种故事,宗教故事往往忽略了准确性和现实性,"其首要目的是表达良善和邪恶的关系,存在四种剧情梗概,即乐观、悲观、宿命论和希望"④,格里利认为宗教伴随乐观、希望,世俗充满悲观,走向宿命。格里利还指出宗教故事并非与真实的世界毫无联系,历史宗教中包含了真实要素和时间联系,但由于语言等的时代变迁,需要批判性地审视和解释宗教故事。

根据对宗教的基本想象,格里利概括了宗教的基本功能,宗教是解释

① Andrew M. Greeley, *Religion*, The Free Press, 1982, p. 123.

② Andrew M. Greeley, *Unsecular Man*, Schocken Books, 1985, p. xv.

③ Andrew M. Greeley, *Religion*, The Free Press, 1982, p. 60.

④ Andrew M. Greeley, *Religion*, The Free Press, 1982, p. 62.

世界存在意义的模式，为人们提供了应对终极问题的意义系统即信仰，通过宗教故事可以明了未来；宗教塑造了人们日常生活模式，提供了意义轨道，人们通过宗教共享了终极委身和相互支持，获得了群体归属感；在人类历史中，宗教还是最有效的社会化工具，整合并增强了人们应对干扰力量的心理能力；提供了与神秘或狂迷力量接触的渠道，寻找到了神魅领导，获得了心理安慰。即使在现代社会中，宗教的这些功能也没有受到任何削弱，宗教角色一点也没改变，而且可能会成为一种重要的社会资产。

宗教变迁。格里利的目的不是要解释宗教的历史起源，也不是要描述和表达进步观念，事实上，他反对历史主义和进化理论解释，他关注的不是宗教历史，也不关注历史中的宗教，他援引了韦伯、迪尔凯姆的理论，并过滤了伊利亚德、帕森斯和格尔茨的观点，从社会学、人类学、心理学和文学批判等视角分析了宗教与人类基本需要的关系。他承认现代社会发生了剧烈变迁，引发了功能分化和个体化选择，通过研究宗教"社会适应"思考了世俗化现象，并提出了批评性见解。

格里利承认社会和技术变迁对宗教生活产生了重要影响，也承认 12 世纪早期以来西方宗教发生了重大变迁，但是他坚持说虽然人们生活环境改变了，但人类本身没有改变，"超自然"也并没有远离人们的日常生活体验，作为人类永恒的主题，宗教在现代社会仍旧维持着重要角色，"人类基本的宗教需求和宗教功能自冰河时代晚期以来就没有改变过，已经发生改变的东西在当代使宗教问题面临更多的批判"[1]。

首先，现代社会中人们抽象思维能力不断提高，理性得到充分表达，从而对神圣象征做出了不同理解，科学取代宗教成为主要解释方式。但知识增长、自我意识增强以及人际关系复杂性增多引发了种种问题和危机，科技社会不能提供充分的解决办法和答案，理性思维和科学思想无法完全替代宗教神话解释，而只能是对后者的一种补充。

其次，随着现代社会复杂性增多，社会分化使宗教面临巨大挑战，宗教不再直接影响政府、商业、军事和教育等机构的公共职能，但社会部门也没有完全取代宗教解释和传统功能。

---

[1]　Andrew M. Greeley, *Unsecular Man*, Schocken Books, 1985, p. 1.

再次，现代社会中人类拥有许多不同意义系统，宗教自身也构成了一种涵盖社会、文化和语言等要素的解释市场，宗教成了个人事情，宗教委身成了个人自主选择，"道德不再植根于现实的宗教观，变得个人化了，不再包含抽象原则，而是基于自主决定个人在环境中找到了自我，并在环境中做出决定"①。但这不意味着个人彻底脱离了群体，道德决定没有完全去神圣化，没有整体地从宗教中分离出来，个人只是拥有了较多选择自主性和决定空间而已，"像他们的远古先祖一样，现代人需要信仰、社群、神话、道德，这些都表达了现实的本质，需要体验神圣的机会"②。

最后，格里利看到了宗教制度中发生的变化，他延伸了韦伯对神魅领导关系的分析，认为复杂社会现实的确使传统的神职角色受到了影响，圣礼重要性减小了，但同时使它的神魅解释作用在新的社会要求中得到了强化，继续标识着意义系统，发挥着预言、治疗以及组织意识形态、协调人际关系和履行管理功能等作用。

在格里利看来，变迁没有弱化宗教在现代社会中的功能，反而使它更加明确、有意识和更具选择性，"更多的知识、权力和更复杂的社会，以及相对更多的自由，并没有消除人类对信仰、社群、有意义的性情趣、神圣或宗教领导关系的需要"③；他对变迁方向抱持怀疑态度，否认变迁是沿进化路线发展的，"我对变迁的单向性甚至对变迁远离了宗教信仰持怀疑态度"④。

格里利虽然没有否认世俗化，承认世俗化和进化理论作为一种解释模式具有自己的学术贡献，但他很少关注世俗化理论或者进化论的世俗化观点，他明言自己的理论是"世俗"理论，但并不是"世俗化"理论。他对后者所秉持的所谓宗教危机的"传统观点"提出了批评，指出这种论断根据的是两种有关社会变迁的假定，即有机进化理论和社群-社会演化理论，"这些假定表达了一种头脑简单的、单向性的有机体演化模式"，进而把宗教描述并规范为走向消亡的宿命，"宗教不仅衰落了，而且产生了危机，

① Andrew M. Greeley, *Unsecular Man*, Schocken Books, 1985, p. 201.
② Andrew M. Greeley, *Unsecular Man*, Schocken Books, 1985, p. 261.
③ Andrew M. Greeley, *Unsecular Man*, Schocken Books, 1985, p. 53.
④ Andrew M. Greeley, *Religion*, The Free Press, 1982, p. 161.

这种衰落和危机是本该如此的，因为它们代表了启蒙和理性对蒙昧、无知和迷信的过去的胜利"①。格里利指出没有经验证据可以证实这种基于演化过程的宗教衰落的假定，"宗教不再像曾经那样是真正重要的了，这种固执的看法既没有数据也没有理论支持"②。即使存在宗教衰落，那也只是知识群体中遇见的宗教危机，并不反映大众的宗教状态，而且表达的也不是进化论的前景，"在从神圣到世俗的变迁中，不存在单向的演化运动"③；"我们并没有看到一种从礼俗社会向法理社会的单一的、线性的和单向的演化。所发生的是社会惊人的复杂化，即建立在原初关系基础之上的法人团体结构的巨大金字塔"④。格里利强调说宗教在现代社会中并没有瓦解冰消，人们依然保留着深刻的宗教体验，宗教实践没有减少，而且宗教复兴已经存在较长时间了，这绝不是一种暂时的勃兴，"宗教在现代世界中以或这或那的形式设法坚持存在，尽管世俗化和变迁的力量据称是非常强健的"⑤；"宗教态度和行为的持续存在表明，可能有强大的对抗力量在起作用，如果不是完全废止的话，至少会在某种程度上削弱世俗化和变迁的趋势"⑥。

①　Andrew M. Greeley, *Unsecular Man*, Schocken Books, 1985, p. 54.
②　Andrew M. Greeley, *Unsecular Man*, Schocken Books, 1985, p. xii.
③　Andrew M. Greeley, *Unsecular Man*, Schocken Books, 1985, p. 262.
④　Andrew M. Greeley, *Unsecular Man*, Schocken Books, 1985, p. 36.
⑤　Andrew M. Greeley, *Unsecular Man*, Schocken Books, 1985, p. 13.
⑥　Andrew M. Greeley, *Unsecular Man*, Schocken Books, 1985, p. 14.

第十章

构化与反应：威尔逊教派研究

布莱恩·罗纳德·威尔逊（Bryan Ronald Wilson，1926—2004）是当代英国宗教社会学家，以研究教派和新兴宗教运动著名学术界。威尔逊1926年出生于利兹，大学就读于莱斯特大学学院（University College, Leicester），1952年获伦敦大学（University of London）理学士（经济）学位，其后在伦敦经济学院学习，并在唐纳德·麦克雷（Donald MacRae，1921—1997）指导下于1955年获博士学位，论文题目是《宗教教派的社会层面：英国米德兰市当代群体研究》（*Social Aspects of Religious Sects: A Study of Some Contemporary Groups in Great Britain with Special Reference to a Midland City*），毕业后在利兹大学（University of Leeds）任讲师。1957年，获联邦基金会哈克尼斯奖学金（Harkness Foundation），1958年赴美国进行学术访问，重点关注了巫术和千禧年运动。1961年，在博士论文基础上出版第一部专著《教派与社会》（*Sects and Society*）。1962年牛津大学授予他文学硕士，并委派他担任牛津大学社会学讲师。1963年，威尔逊成为牛津大学万灵学院（All Souls College, Oxford）研究人员，此后的时间中，他经常在欧洲、美国、非洲、亚洲或者澳大利亚进行学术访问或者担任研究人员。1966年威尔逊被选为美国学术团体理事会研究员，返回美国从事学术研究，使他得以关注北美印第安人中不同时期的宗教运动。1958年和1966年这两次访学，他选择的都是加利福尼亚大学伯克利分校（University of California at Berkeley），该校调查研究中心为他的学术研究提供了方便条件。1984年，牛津大学授予他文学博士；1992年，比利时鲁汶天主教大学

（Catholic University of Leuven）因他在宗教社会学研究中的杰出贡献，授予他荣誉博士学位。2004 年 10 月 9 日在牛津郡的米德尔顿去世。

威尔逊有关教派和新兴宗教运动的论著较多，如《教派与社会》（*Sects and Society: A Sociological Study of the Elim Tabernacl，Christian Science，and Christadelphians*，1961）、《世俗社会中的宗教：社会学评论》（*Religion in Secular Society: A Sociological Comment*，1966）、《宗教教派：社会学研究》（*Religious Sects: A Sociological Study*，1970）、《巫术和千禧年》（*Magic and the Millenium*，1973）、《当代的宗教转型》（*Contemporary Transformations of Religion*，1976）、《社会学视角中的宗教》（*Religion in Sociological Perspective*，1982）、《教派的社会维度：当代社会中的教派和新兴宗教运动》（*The Social Dimensions of Sectarianism: Sects and New Religious Movements in Contemporary Society*，1990）；与多贝雷尔合著《赞美时刻：英国的创加佛教》（*A Time to Chant: The Soka Gakkai Buddhists in Britain*，1994）。

威尔逊对英国宗教社会学研究产生了重要影响。1959 年在《美国社会学评论》（*American Sociological Review*）发表的文章《教派发展分析》（*An Analysis of Sect Development*）和 1961 年出版的著作《教派与社会》可以看作他研究当代新兴宗教运动的开始，通过借鉴教派概念和类型分析法，为新兴宗教运动建立了新的类型分析模式。在《教派的社会维度》一书中，威尔逊进一步提炼了有关外源性社会要素与新兴宗教运动发展关系的观点，阐明了关于世俗化论题的独到见解。他还是千禧年运动研究的先行者，《巫术和千禧年》一书出版以后，这一领域的研究逐渐引起了学术界的注意。

威尔逊学术成就影响深远，受到了学术界的好评，为了表达对他学术业绩的敬意，1993 年，由他的朋友与学生发起，巴克尔（Eileen Barker，1938—）、贝克福德（James Arthur Beckford，1942—2022）与多贝雷尔担任主编，组织学者撰稿出版了《世俗化、理性主义和教派》（*Secularization，Rationalism and Sectarianism: Essays in Honour of Bryan R. Wilson*）一书。在该书中，巴克尔等人高度评价了威尔逊的学术贡献，说他是英国宗教社会学研究的老前辈，"世界各地成千上万的学者都应该感谢他，感谢他为我们带来了理解当代社会的丰富财富";他们还说威尔逊是"一个正直诚实的学者,他严谨审慎,细致入微,授人以知识,启人以智慧,理论宽泛,方法精湛,其影响少有人超越"①。

一 世俗化与社会结构化

在宗教社会学语境中,世俗化论题涉及现代社会两种截然不同的事实,即西方社会传统宗教的"衰落"和新兴宗教运动的兴起,也即前者逐步世俗化现实与后者代表的"逆世俗化"现象。学术界围绕世俗化曾存在激烈争论,世俗化经典理论家都坚持宗教在现代社会普遍衰微的观念;而新经典论者如卢克曼则认为宗教在现代社会中并没有减少,只是从以教会为基础的"有形宗教"转化为以个人虔信为基础的"无形宗教";马丁曾把世俗化看作"反宗教的"意识形态,主张剔除世俗化概念。威尔逊考索了有关世俗化论题的各种观点,以"教派"宗教为主要研究对象,协调了有关理论解释,提出了自己的认识,即世俗化概念不包含意识形态意义,指的是宗教在现代社会中重要性逐渐减少和影响力逐渐丧失的过程。

世俗化是人类历史长河中的漫长过程,是社会变迁基本过程的一个伴随过程,世俗化论题本身是对社会变迁过程的理论关注,即社会"变得越来越世俗"了。世俗化可以发生在不同社会历史背景中,并表现为许多不同侧重点,例如世俗化最初的含义就是指有意识地剥夺宗教机构的权力,俗化教会不动产,再如超自然要素对日常生活的影响力减弱了。但在威尔逊看来,世俗化指的是宗教社会重要性减少的过程,"世俗化是这样的一个过程,经由这个过程,宗教制度、行为和意识丧失了它们的社会重要性"②。他还说社会学研究对于世俗化过程的关注不是要支持、倡导或者鼓励世俗化,社会学家提出世俗化这一论题,也不代表他们就是世俗主义者,目的不是要去赞成世俗性,而只是为了证明社会变迁,解释观察到的

---

① Eileen Barker, James A. Beckford, Karel Dobbelaere, *Secularization*, *Rationalism and Sectarianism*, Clarendon Press, 1993, p. v.

② Bryan Wilson, *Religion in Sociological Perspective*, Oxford University Press, 1982, p. 149.

每个案例。

威尔逊在现代化学术语境中考察了世俗化现象并阐述了世俗化观点，他在迪尔凯姆和韦伯学术传统中对现代社会进行了内涵界定，把世俗化看作现代化的一个方面，是现代社会制度理性化、社会结构化以及结构分化的结果，现代化一般过程包含了世俗性。

遵循韦伯理性化理念，威尔逊分析了世俗化的社会背景，强调了现代社会理性与技术发展对宗教重要性产生的影响，"技术程序和理性规划逐渐成了社会组织的主导"[1]。理性是现代社会基本属性，当代社会结构依赖理性建构起来。首先，现代社会正经历着去道德化过程，理性取代了道德，社会系统不再依靠道德而是更多地依赖于结构理性来维持秩序；社会联系不再表现为传统社群关系，社会控制基础发生变化，科层秩序逐渐成了社会组织主导原则，人们行为不再由地位决定和道德调节，而由角色规准。其次，理性化推动了科学进步和技术发展。现代科学要求理性思维，技术是人类理性积淀，是达到目的的有效方式，实践理性支配着人们行为实践，生产消费、管理控制、知识传播等都在经验和理性规定上组织起来。再次，社会行为分化为专门组织，行为和组织科学等社会过程从属于理性原则，人们涉身公司、公共服务、教育和政府等理性组织，经济和法律关系以及工作秩序、管理机制等都表明了工具性。最后，在工具价值、理性程序和科学技术原则主导下，社会秩序不再具有神圣意义和神秘性，超自然信仰边缘化了，归属于"自主"行为领域，"不确定性"被看作人类理性尚未完全掌控的要素，可以通过精确计算、范畴抽象以及实践验证等来消除，从而实现自我救赎，超自然救赎不再是适宜的了。

世俗化是伴随着社会结构化发生的，后者指理性化主导下社会系统不断地分解成新的结构性要素和关系，经由分割重组最终形成新结构的过程。相对于"社会结构"（social structure）一词，威尔逊似乎更喜欢用"社会结构化"（societalization）来区别于一般意义上的"社会"概念并强调现代社会组织转型、结构分化以及社会性的完善等过程。社会结构化是

---

[1] Bryan Wilson, *Contemporary Transformations of Religion*, Oxford University Press, 1976, p. 39.

现代化的重要方面，是现代性逐渐显现的过程。经由社会结构化现代社会最终从属于理性，借助技术和程序安排事务，如法律程序主导了社会控制；章程宣言和权利清单宣示了社会团结；科学术语提供了解释；大众娱乐释放了情感。当然社会结构化还产生了广泛的社会结果，强化了社会分化，社会异质性增加，群体类别增多，社会不公平程度强化，也表现为现代经济增长下的阶层分化、组织分化、利益分化和观念分化等，由此滋长了社会和文化多元化。威尔逊强调说社会结构化强化了理性，从而导致了世俗化，"世俗化是社会结构化的伴随物"①，改变了人们寻求超自然干预的愿望，"未解问题"不再具有神秘性，宗教成为过时的东西，不再为社会行为提供合理化解释，"社会结构化过程有效消除了宗教与社会生活结合的基础"，也"威胁到了基本的价值定位，后者则是所有形式的人类社会必须依赖的"②。

批判社会学和文化保守主义思潮的代表人物贝尔（Daniel Bell, 1919—2011）在理解现代社会中用到了"结构分化"概念，把它看作社会系统尤其是经济亚系统中发生的结构变迁，"变迁模式是社会系统（技术-经济管理领域）中的一种结构分化，其论说来自亚当·斯密、赫尔伯特·斯宾塞和迪尔凯姆，其动因是人口增长、制度规模化、社会互动多样化以及专门化发展，但最基本的是作为变迁的决定原则即效率"③。贝尔认为现代社会经济、政治和文化系统是分离的，经济层面是理性化的，工具手段和效率成为经济技术领域的标准；政治制度从神圣转变到世俗；文化从神魅变化到凡俗，"在信仰和文化领域，是祛魅的过程，或者我把它称之为凡俗化"④，这就是他所谓的"结构"分化。可以发现贝尔的结构分化近似于威尔逊理解的社会结构化。

---

① Bryan Wilson, "Aspects of Secularization in the West", *Japanese Journal of Religious Studies*, 1976, 3（4）：259-276；265-266.

② Bryan Wilson, "Aspects of Secularization in the West", *Japanese Journal of Religious Studies*, 1976, 3（4）：259-276；276.

③ Daniel Bell, "The Return of the Sacred? The Argument on the Future of Religion", *The British Journal of Sociology*, 1977, 28（4）：419-449；424-425.

④ Daniel Bell, "The Return of the Sacred? The Argument on the Future of Religion", *The British Journal of Sociology*, 1977, 28（4）：419-449；427.

贝尔提出了"文化自主性"假说，文化和社会结构不存在统一关系，文化不受社会结构影响，社会结构既不会决定价值，也不被价值决定。文化是宗教运作的场域，因而宗教凡俗化源自"文化中的自主趋势"。贝尔根据"文化自主性"分析了宗教与社会结构的关系，区别出"道德型"和"救赎型"两种宗教类型及倾向神秘的传播趋势，"道德型"在社会结构中的代表是"农民、中低阶层和小城镇技工等"；"救赎型"代表阶层是专业人员和知识分子，他们主张舍弃现代性和社会义务，恢复并回归传统社群。不管哪个类型，宗教群体不由社会主导，都被边缘化了，形成了新的文化和社会结构关系，新的宗教也在试图改变社会结构。

贝尔把政治制度变迁与文化变迁区别开来，他虽然承认世俗化，但把它看作政治制度范围内发生的现象，是"俗世中制度权威的分化，它受到理性过程的增强"，宗教权威退出公共生活，"退回到私人世界，在那里宗教只对信徒拥有权威，而对政体或者社会其他部分没有权威"。他认为信仰中没有出现世俗化，"信仰的特征和范围并没有出现必要的、决定性的收缩"[1]。因而在政治制度和文化两个层面上，社会分别发生了世俗化和凡俗化，世俗化源自制度的理性化，凡俗化源自文化自主发展。威尔逊认为贝尔的理论过于简约，忽视了现代社会生活的复杂性，经济理性化、政治世俗化和文化凡俗化之间存在紧密联系，并表现在社会生活方方面面，重要的是宗教重要性的降低是由社会结构决定的，而不是文化的自主演化。

威尔逊在社会结构化概念下透视了社会系统分化。"分化"是功能主义理论的重要论题和概念。迪尔凯姆用它强调了社会分工结果，帕森斯侧重指社会碎裂为"专门机构"和制度并发挥了特殊功能，斯梅尔瑟明确地把它表述为"从一个社会角色或组织……分化为两个或者两个以上在新的历史环境中充分发挥功能的角色和组织，后者在结构上互相不同，但在功能方面却结合成整体，能像分化前的整体那样发挥作用"[2]。威尔逊认为在社会结构化过程中，社会制度领域逐渐从属于有意识的、理性的组织规划，走向

---

① Daniel Bell, "The Return of the Sacred? The Argument on the Future of Religion", *The British Journal of Sociology*, 1977, 28（4）: 419-449: 427.

② Neil Joseph Smelser, *Social Change in the Industrial Revolution*, University of Chicago Press, 1973, p. 2.

功能自主和专门化，如家庭发挥了繁衍和养育功能；经济组织分配资源和维持生计；政治系统分配权力；法律和刑罚体系具有控制作用；社会分层系统分配地位；教育系统提供社会化等。他把这种制度领域的自主化看作社会结构化的结果，表现为社会系统"结构分化"，社会结构领域从宗教控制中解放了出来，世俗化正是随着这一过程出现的，"世俗化与社会系统中结构分化相关联，即社会行为不同领域被分成了更为专门化的形式"①。结构分化削弱了宗教在传统社会的潜在功能，宗教不再涉入工作秩序、身份系统、政治舞台以及法律运作、教育活动和娱乐等领域，丧失了曾经发挥的主导人们行为的作用，"停止在社会系统运作中发挥重要性"②，"丧失了对于其他制度的支配力"③。由此他推断说，现代宗教运动不再具有真正意义上的社会重要性，尽管它们都提供了个人救赎，但是这些救赎明显来自社会系统。

世俗化是社会变迁过程的一个方面，反映了社会组织由社群到社会的结构性变化过程，威尔逊的命题是世俗化是宗教的社会表达，表明的是社群衰落。"社群"与"社会"是相对应的概念，也都是社会学重要论题，分别指代礼俗社会和法理社会，由德国社会学家斐迪南·滕尼斯使用并由韦伯进行了回应和拓展。韦伯把它们作为历史和社会变迁的关键概念，认为社会是理性化的结果，理性社会系统取代了传统社群秩序，迪尔凯姆把它们区别为传统"机械"社群和现代"有机"社会，前者通过内部相似性结合在一起，后者依赖的是分化基础上的合作。

在威尔逊看来，普遍意义上的社会是一种历史实体，经历了工业化之前的"社群"和现代意义上的"社会"。历史上所谓的"社会"其实是社群的松散聚结，是情感倾向的乡土群体，经历了很长历史过程，较少受到中心权力影响，人们遵循乡土习俗要求生活在其中，形成和发展了价值目的。在社会结构化过程中，社群显著衰落了，逐渐丧失了作为社会组织的基本地位。现代社会中人们的"生活逐渐按照社会而不是乡土网入并被组

① Bryan Wilson, *Contemporary Transformations of Religion*, Oxford University Press, 1976, p. 40.

② Bryan Wilson, *Religion in Sociological Perspective*, Oxford University Press, 1982, p. 150.

③ Bryan Wilson, "Secularization: The Inherited Model", in *The Sacred in a Secular Age*, Edited by Phillip E. Hammond, University of California Press, 1985: 9-20: 15.

织起来"①，社会是基于理性结构化的世俗性自主群体，规模巨大、复杂性高，有组织有计划，并由工具价值主导，容纳了大量关系碎化和角色化了的个体，"不是时代是世俗的"，"而是现代社会结构是世俗的"②。现代社会中虽然人们还在广泛使用社群概念，宽泛地用它指代民族、工业城市中的人群、宗教群体等，但之所以"继续使用社群这一概念，不是因为其准确性而是其修辞性，这个术语描述的不是事实，但激发了情感"，"涉及的是熟人之间面对面的关系"③。立足于这一基本的社会学认识，威尔逊分析了宗教历史过程，演绎了宗教发展的阶段论逻辑，即宗教是一种传统"社群"，现代社会没有为宗教社群留出空间，因而宗教会在现代"社会"中消失。

社群与宗教密切相连，社群本质上是宗教性的，是宗教发生之处和力量之源，个体可以从中获得救赎，救赎是由神灵或者超自然力量赋予的终极救赎。在威尔逊看来，宗教植根于非理性的社群组织，涉及社群生活，体现的是社群整体关系，反映的是社群意识形态，它用象征性符码唤起了个体情感、乡土观念，赞美和合理化了社群定位，在传统社群生活中都能找到宗教象征和宗教展示。理性的、技术高度发展的现代社会没有为终极救赎留出位置，现代救赎的实现依赖的是社会系统中制度化的理性程序。随着社群衰落，宗教也丧失了合理化社群关系、制度结构以及风尚习俗的作用，成为历史遗存或者对社群"自然秩序"的记忆，它的衰落也是显而易见的。威尔逊结合这一认识分析了西方宗教，认为天主教和犹太教甚至新教在传统上都体现了农地社会或者前工业社会的社群价值，早期教会都保持了乡土群体的语言、习惯和风俗，是社群价值的保护库；随着与政治权力关系的逐渐强化，社群价值被纳入国家制度框架中，成为政治意识形态的一部分，在履行政治价值的同时丧失了社群价值，宗教最终不再负载社群价值，而只是反映了它们。

---

① Bryan Wilson, *Religion in Sociological Perspective*, Oxford University Press, 1982, p.154.

② Bryan Wilson, "Aspects of Secularization in the West", *Japanese Journal of Religious Studies*, 1976, 3 (4): 259-276: 259.

③ Bryan Wilson, "Aspects of Secularization in the West", *Japanese Journal of Religious Studies*, 1976, 3 (4): 259-276: 264.

　　在对世俗化论题的阐述中，威尔逊也为宗教在现代社会中的存在预留了逻辑空间，他承认世俗化是社会事实，但同时指出完全世俗化的社会是不存在的，"现代社会是世俗社会"这种观念只是一种假定。首先，人类保留了一定程度的非理性要素，思想保守，拘泥传统，寻求情感满足，无法单纯地接受理性，因而没有完全消除意识中信仰和理性的张力，宗教性会长期持续存在，世俗化"没有表明大多数个人放弃了对宗教的所有兴趣"①。威尔逊认为社群道德和社会理性都是"价值系统"，古老道德构成了实体价值体系，新理性组成了程序价值体系，② 他并不简单地迷信理性，认为"理性主义在许多方面都是一种狭隘的信条"③。因此在威尔逊看来，尽管宗教在现代社会丧失了社会重要性，但仍是一种制度化情感机构，保持了独立的系统结构，具有持续存在的社会基础，不可能完全消失，"世俗社会中宗教是周缘的、微弱的，为身处无灵魂的社会体系夹缝中的人们提供了一点慰藉"④。其次，在世俗化过程中，宗教很大程度上支撑了意识形态，继续与世俗制度发生关系。宗教在历史上对经济、政治、社会、道德等世俗领域的行为产生过强烈影响。在工业化社会，随着剧烈的社会变迁，宗教和其他社会制度分离趋势明显加快，丧失了传统社会许多功能，成为社会的活化石，但是它仍然有可能作为一种有组织的利益群体，对医疗、婚姻、教育等社会问题发挥影响力。再次，当代社会结构中仍然存在社群残余，维持社群关系或寻求社群支撑都需要宗教的支持。

　　威尔逊对宗教进行了功能论理解，通过考察宗教潜在功能，解释了宗教在历史上存在的理由。宗教具有如下潜在功能，一是宗教是一种社会控制机构，是禁忌和规定体系，并由超自然秩序做出了合理化；现代社会控制不再依赖超自然道德观念而依赖技术要求；二是宗教促进了社会团结，正如迪尔凯姆所论，宗教为人们的价值观提供了超自然理由，而这些价值是社会生活的特征和属性；三是宗教合理化了群体目标和行为；四是宗教

---

① Bryan Wilson, *Religion in Sociological Perspective*, Oxford University Press, 1982, p. 150.
② Bryan Wilson, *Religion in Sociological Perspective*, Oxford University Press, 1982, pp. 159-162.
③ Bryan Wilson, *Religion in Secular Society*, C. A. Watts & Co. Ltd., 1966, p. 52.
④ Bryan Wilson, ""Aspects of Secularization in the West"", *Japanese Journal of Religious Studies*, 1976, 3 (4): 259-276: 276.

解释了宇宙，为物质世界、社会世界和人们的生活赋予了意义；五是宗教为人们表达情感提供了便利的环境和方式。当然，宗教发挥功能有赖于适应性社会结构基础，后者一旦消失，也就预示宗教衰落开始了。但威尔逊强调说宗教在回应现代社会变迁中获得了新的功能形式，潜在功能逐渐表现出来，对于现代社会系统而言，重要的是领会潜在功能的含义，完善机构和机制来负载和履行这些功能，这正是教派宗教的责任所在。

二　教派视角中的世俗化

教派是一种宗教社会历史现象，也是宗教社会学的重要概念和传统研究领域。韦伯曾把教派定义为世俗社群，暗示它是"无形宗教"，"教派不是像教会一样的机构，而是具有宗教属性的社群"[1]，但他反对僵化的"经济决定论"，不太认为教派与社群经济状态之间存在必然联系。与韦伯的视角相同，特洛伊奇结合阶层理论完善了教会－教派类型分析法，把教会和教派看作西方宗教的两种典型形式，认为教会、教派以及神秘主义对教义的解释是不同的，[2] 重要的是，教会与俗世结合在一起，接受了世俗文化，并成为后者的精神家园；而教派本质上是世俗组织，却与俗世存在张力，是下层社会的抗争表述，要求远离"罪恶的"俗世生活。[3] 理查德·尼布尔拓展了韦伯和特洛伊奇的学术视角，解释了宗派起源，提出了教派宗派化发展模式，认为宗派首先是社会现象，与社会阶层紧密地联系在一起，教派和宗派之间存在动态机制，教派除非消亡否则有望通过代际变迁发展为宗派，但是这一过程依赖特殊的历史、文化条件以及独特的社会环境等要素。[4] 此外，贝克曾用"cult"一词指代教派；[5] 克拉克（Elmer

① Ferdinand Toennies, Georg Simmel, Ernst Troeltsch and Max Weber, "Max Weber on Church, Sect, and Mysticism", *Sociological Analysis*, 1973, 34 (2): 140-149: 141.

② Ernst Troeltsch, *The Social Teaching of the Christian Churches*, Translated by Olive Wyon, George Allen & Unwin Ltd and the Macmillan Company, 1931.

③ T. Scott Miyakawa, "Review: Troeltsch and the Test of Time", *Journal of Bible and Religion*, 1951, 19 (3): 139-141.

④ Helmut Richard Niebuhr, *The Social Sources of Denominationalism*, Henry Holt, 1929.

⑤ Howard Becker, *Systematic Sociology*, John Wiley & Sons, 1932.

Talmadge Clark，1886—1966）分析了教派范畴包含的倾向、教义和组织等要素；[1] 英格认为教派会发展成"建制教派"，后者强调社会属恶本性，带有最低层次的建制权力特征，[2] 宗派化教派注重减少个人焦虑和犯罪感；教派是建制化还是宗派化取决于它能否融入主流宗教，是否抗争世俗社会。[3]

自特洛伊奇和理查德·尼布尔关于宗教类型的学术讨论开始，宗教社会学界的很多学人把世俗化与组织类型联系起来进行分析。普福茨（Harold W. Pfautz）分析了传统宗教之间不断扩大的分裂现象，从人口学和生态学、组织理论和社会心理角度，根据规模大小、增长方式、生态范围、内部差别、象征联结、边界定义、成员招募、领导关系、民族来源以及阶层地位等方面把宗教群体分为膜拜团体、教派、制度化教派、教会和宗派五种类型。根据普福茨描述，膜拜团体规模小，成员自愿加入且相互了解，一般是下层人员组成的群体；散发性增长，内部团结基于共同情感；它是最基本的宗教组织形式，是社会运动或者现存宗教组织内部分裂的结果。教派可以由膜拜团体发展而来，规模增大了，出现了层级关系，成员自愿加入，容纳了声望较低的阶层，但社会差异增加，互动规则增多，意识形态目标清晰且具冲突性。"制度化教派"是普福茨添加的一个新类型，成员根据选择自愿加入，相互不了解；内部存在地位差异，领导关系正式化了，权力和威望有所增长；结构更为复杂，分化出了履行特定功能的正式组织，仪式、规约带有制度化特征，与社会之间存在冲突。教会是宗教组织最发达的形式，成员招募根据传统而不是自愿原则；内部高度区别，领导是正式的和职业性的；结构复杂而正式，规范体系明确而广泛，但倾向于分裂。宗派明显的特征是高度世俗化，呈现为联合形式，规模较大，成员随父母亲信教；增长缓慢而稳定，能够适应社会，行为相对理性。普福茨认为从膜拜团体经由教派到宗派发展，表明的是世俗化序列，分别代表了不同层面世俗化进程，在功能上与更为综合的社会变迁如都市化相

---

[1] Elmer. T. Clark, *The Small Sects in America*, Nashville：Abingdon Press，1937.

[2] John Milton Yinger, *Religion in the Struggle for Power*, Duke University Press，1946，p. 22.

[3] John Milton Yinger, *Religion*, *Society and the Individual*, Macmillan Company，1965，pp. 151-152.

连，其中膜拜团体世俗化程度最低，宗派世俗化程度最高；他还指出"世俗化是普遍的社会过程，不仅是宗教，而且经济制度和政治制度都走向了世俗化"①。

赫伯格（Will Herberg，1909—1977）参考特洛伊奇的研究，对美国社会中的宗教进行了历史考察。他发现美国社会中不存在制度化教会组织，但确实存在类似特洛伊奇笔下教会的宗教实体，其实也就是尼布尔所谓的宗派。赫伯格认为美国宗派在相互共存框架中可以分为新教、天主教和犹太教三种较大信仰群体，它们可能都会进一步世俗化，他借用普福茨的概念和分析视角，讨论了宗教组织的特征和运动，即膜拜团体—教派—宗派—社会宗教群体—多重信仰体系的世俗化序列，在此序列的结尾点位上，世俗化便不再进行了。②赫伯格认为膜拜团体世俗化的可能性最低，但它的道德程度较高，它会变成一个教派，随着规模、领导关系和组织结构等方面变迁，沿着世俗化道路持续前进。教派不稳定，要么消失要么发展为教会或者宗派；按照他的理解，教会必须是民族社群，所以美国历史上没有教会只有宗派。宗派主要是美国的宗教组织类型，它是一种类似于欧洲教会的稳定宗教实体，虽然发展成了建制宗教形式，并进一步发展了世俗化，但缺乏欧洲教会那样的统一性；多元化是宗派显著特征，相互承认存在的合理性，强调共存，宗派多元化表明了彻底世俗化。理查德·尼布尔把教派看作一种暂时的宗教组织，趋向于宽容、松散变迁，最终会发展成为一个宗派；赫伯格也认为教派处于社会文化的边缘，为了共享文化价值，会朝向宗派发展，表现为从边缘向中心运动，因而从教派到宗派的发展是一种快速世俗化运动，从膜拜团体经由教派再到宗派，世俗化获得了充分发展。

学术界对教派的关注是持续的，社会学家戴尼斯（Russell Dynes，1923—2019）继续了类型分析，他采用"亚文化"概念把教会与教派看作不同文化群体，教会被整合进了社会主流文化中，与社会达成了均衡关

---

① Harold W. Pfautz, "The Sociology of Secularization: Religious Groups", *American Journal of Sociology*, 1955, 61（2）：121-128：128.

② Will Herberg, "Religion in a Secularized Society: Some Aspects of America's Three-Religion Pluralism", Lecture II, *Review of Religious Research*, 1962, 4（1）：33-45：39.

系；教派在社会中形成了亚文化孤岛，与社会文化环境之间存在张力，
"教会构成已经表明了一种宗教组织类型，它接受了社会秩序，并把现存
的文化定义整合进了它的宗教意识形态中。与之相反，教派拒斥与社会秩
序整合，发展出一种分离的亚文化，后者强调严格要求成员的行为"①。本
顿·约翰逊（Benton Johnson，1928—）在亚文化视角下强调了"张力"
概念，把它作为区别教会与教派、膜拜团体的要素。亚文化偏离了社会主
流文化，教会和教派分别处于宗教群体两个极端，"作为宗教群体，教会
接受了生存于其中的社会环境，而教派则拒弃了社会环境"，"教派与其环
境常常处在张力状态中"②，他只强调了教派否定社会环境，没有讨论社会
否定教派；他还指出了宗教群体的连续性演变，即"从完全拒绝环境到完
全接受环境，延续着一个连续统一体"。奥迪（Thomas O'Dea，1915—
1974）分析了教会和教派的"属性"特征，就教会而言，成员来源基于家
庭出身；存在等级制度和行政体制；具有地理或种族包容性；倾向要求所
有人皈依；倾向适应社会并与社会妥协。就教派来看，它与社会是分离
的，对抗社会及其制度和价值观；社会结构上是封闭的；自愿加入；再生
精神；具有禁欲等严肃的伦理道德。③

　　威尔逊沿用教派概念，发展了特洛伊奇、理查德·尼布尔等人的类型
分析法，解释了西方教派缘起的救赎论母题，考察了教派产生的社会环境
以及同俗世和主流宗教之间的张力，从众多要素中概括出了教派的普遍特
征，提出了教派研究的新视角。

　　（1）宗教类型。教会是一种毗连社会的宗教组织，在欧洲早期的封建
社会中就得到了充分发展，在既定地域内垄断了精神力量。早期教会不受
民族和种族边界限制，但是依赖于政治权威；西方民族主义兴起之后，教
会倾向认同政府，接受了政府的主导地位，从而与政治相联系。其后随着
新兴阶层兴起并掌握了新技术资源，社会制度发生显著分化，人们不再适

---

① Russell Dynes, "Church-sect Typology and Socio-Economic Status", *American Sociological Review*, 1955, 20（5）：555-560：555.

② Benton Johnson, "On Church and Sect", *American Sociological Review*, 1963, 28（4）：539-549：542, 544.

③ Thomas F. O'Dea, *The Sociology of Religion*, Prentice-Hall INC., 1966, p. 68.

应传统教会，反教权主义成为政治激进主义的显著特征；新教宣扬宗教宽容，多元主义发展削弱了教会精神垄断，宗教逐渐丧失了传统特权和功能。国家教会虽然在欧洲的许多国家持续存在，但实际上丧失了有效权威。随着社会多元化和世俗化进程的加剧，教会要么降低为教派，要么演化为宗派，因此"从教会到教派"似乎是世俗社会中宗教组织发展的序列。①

教派出现在教会之前，是一种保护性群体，一般是在社会动荡的时候兴起的，面对的是广泛社会和主流宗教制度。西方宗教中始终存在制度化教会和保护性教派之间的辩证，这也正是教派能够保持改革、抵制腐朽、保持活力的动力所在。在多元化社会中，教派有可能具备成为教会所必需的仪式、建筑以及组织特征，但在威尔逊看来，这并不是教派到教会的发展，因为"教会是教派追求的高级地位，但没有希望达到"②。

威尔逊解释了西方社会历史上存在的宗派事实，认为宗派是较为后期的宗教历史现象，是现代工业社会中一种独特的宗教模式，也是新阶层适应社会的产物，代表了世俗化过程。其一，宗教宽容引发了多元化，出现了更为独特的宗教组织即宗派，并且日益秩序化、系统化和制度化，因而传统的教会和教派两分法不再有用了，教派概念越来越不适合于讨论新的现实，尤其在美国这样缺乏建制教会的地方。其二，威尔逊重申了韦伯理性化宗教伦理观点。新阶层经历着深刻的去组织化和社会化过程，根据社会实践中不断增长的理性、秩序解释宗教观念，界定宗教委身，规定人们与超自然的关系，从而消除了迷信，建立了有效的社会控制，"宗派"组织出现了，这一过程同时是社会逐渐去神秘化的过程。其三，威尔逊认同马丁的观点，宗派依赖于限制性程度较大的社会和政治条件，与特定社会阶层相联系，适应于他们的生活实践和精神气质，为他们提供了合适的宗教制度。宗派走向了专门化，有职业化管理和全职执行机构，重要的是，宗派接受了社会价值，不再强调对抗俗世，不再垄断宗教解释，为了共同利益可与其他宗教组织合作。宗派多样性也为尚未委身的人们提供了多种选择，声明信仰后即可自愿加入，制度化地表述了社会差异和社会区隔。

① Bryan Wilson, *Religion in Secular Society*, C. A. Watts & Co. Ltd., 1966, pp. 221-225.
② Bryan Wilson, *Religion in Secular Society*, C. A. Watts & Co. Ltd., 1966, p. 223.

宗派具有独立认同，强调群体道德秩序的力量，维持普遍宗教忠诚。

（2）教派性质。威尔逊在参考特洛伊奇、理查德·尼布尔等人描述的教派典型特征的基础上，考察了教派出现的社会环境、群体实质，分析了内外张力和抗争要素。教派代表的是受到社会和主流宗教驱离群体的利益，是一种自我区分的抗争运动，涉及很少一部分社会人口。教派拒弃了主流信仰和行为，与俗世维持着一定张力，对抗世俗社会传统，反映了宗教多元化的社会现实。首先，教派存在于宗教多元的社会环境中，表明的是特定社会中多样性宗教信仰。在多元化社会中，多样性促使正统宗教观念碎片化，丧失了独特性，并引入了外源性新宗教。教派是西方宗教历史上常见现象，是社会结构历史变迁和宗教世俗化的结果。其次，教派概念暗示了区分，是新社会群体的具体化，自身在除却社会责任的同时维持了群体团结，但也产生了与世俗社会之间的张力，教派兴起于世俗社会，抗争的也是世俗社会。教派是规模相对较小的群体，生活方式和社会关系是社群模式，因此与主流社会区分开来，宣扬相对另类的生活，道德立场也不同于世俗社会，"为俗世提供了一种暂时的道德选择"①，它的教义实践、思潮倾向、行为操守和组织形式等都背离了世俗社会，成为它趋向分离的理由。教派具有独特的意识形态，拒绝世俗权力，因此不可避免地与社会、政府之间存在张力，可能发生冲突。尽管教派反对制度化社会秩序，但较少扰乱社会，相反规定了严格的行为标准，而且为了降低与世俗社会的紧张关系，有些教派可能试图退出社会。再次，教派是一种宗教抗争运动。教派在信仰、实践、机构和制度等方面与教会等其他宗教组织区别开来，它存在于传统宗教的边缘，或者兴起于教会之外，抛弃了传统宗教的救赎信念及其实现方式，反对祭司制度和圣事主义，适应世俗文化需要，变成为一种俗世运动。另外教派挑战了教会对超自然和救赎的垄断，反对牧师权威，反对教会组织；在教会看来，教派是异端分裂，是教会的对立面。②

（3）救赎母题。威尔逊强调了宗教的救赎母题，并从功能论的角度解

---

① Bryan Wilson, *The Social Dimensions of Sectarianism*, Carendon Press, 1990, p. 50.
② Bryan Wilson, *Religious Sects*, World University Library, 1970, pp. 15-16.

析了教派出现的社会因由和方式。潜功能构成了宗教存在的理由，而显功能则是宗教存在的根据，后者指的是宗教向人们提供了救赎前景以及获得救赎的路径导引。救赎是宗教的一个普遍主题，在发达宗教体系中，救赎首先是一种精神前景，强调借助道德行为获得救赎，救赎虽然普遍可得，但如果脱离社群背景和社群体验，仅凭个人努力是无法获得的；救赎也是一个多元化的概念，不同文化、不同宗教中救赎及其方式是不一样的，甚至可以规定为个体的、本土的、社会的等不同层面的救赎，但是从社会学角度来看，不同救赎观念中存在共同东西即都提供了现时安慰；心理安慰是所有宗教的共同要素，这就是宗教的显功能。① 在现代西方社会中，虽然社群背景已经弱化了或者失去了效力，宗教不再与社群相连，退缩为教会或者教派"聚群"状态，但是"自然的"社群传统观念依然存在；虽然社会行为和组织原则基于实践和理性，传统救赎方式已经边缘化了，但是宗教世界观继续存在，当个体生活中出现了张力需要精神慰藉时，就会寻求如巫术等古老救赎，后者也会以新的和更为个体化的方式出现。②

教派兴起有意识形态理由，救赎母题是它的中心内容。教派是救赎机构，主导着救赎解释、委身和信仰等。然而教派抛弃了正统宗教体系，宣称拥有独特救赎渠道，强调了一种更为明确的救赎即从俗世的属恶中解脱出来，③ 既预言了后世也暗含了现世生活，向人们许诺了更快捷的精神流动和更好的救赎前景；救赎要求日常生活必须遵循禁忌，但后者本身就是获得救赎的组成部分。作为体验救赎的机构场所，教派不仅赞美自己的道德要求，而且强调履行这些要求从而获得喜乐。④ 需要说明的是，所有宗教都规定了救赎程序，但对于救赎却有不同的宗教想象，教派包含了不同救赎类型，形成了独特救赎文化。在威尔逊看来，教派的出现反映了社会秩序失范，是社会中存在压力和张力的结果，如封建专制时代集权制度的迫害；民主和多元化时代的社会动荡；工业化和都市化等社会变迁过程中的处境恶化、社会关系混乱和调适失败等，这些都会刺激教派做出救赎反

① Bryan Wilson, *Religion in Sociological Perspective*, Oxford University Press, 1982, pp. 27-32.
② Bryan Wilson, *Magic and the Millennium*, Paladin, 1975, p. 504.
③ Bryan Wilson, *Religious Sects*, World University Library, 1970, p. 37.
④ Bryan Wilson, *The Social Dimensions of Sectarianism*, Carendon Press, 1990, p. 48.

应，即从属恶世俗社会中解脱出来。在这样的背景下，教派可能围绕神魅性领导经过自然发展、分裂以及有组织复兴而形成，可能随着领导的去世而解体，也可能发展为宗派；分裂的教派可能会调整为新教派，也可能回归母体。① 现代社会强调劳动分工、角色责任、角色期望，没有为神魅留出位置，所以教派的神魅色彩黯淡无光了。

（4）普遍特征。透过多样化宗教社会现象，威尔逊从众多不同的要素中概括出教派的普遍特征。首先，威尔逊强调了教派社会关系性质，同宗派和教会相比，教派是抗争性群体，背离常规，与"俗世"是分离的，中世纪对抗的是教会，现代社会中针对的是世俗社会，但是教派在本质上更倾向于世俗组织。其次，教派是一种小型社群组织，具有稳定的内部结构、秩序模式和价值规范。在教派背景中，特定愿望获得了合理化，允许特定行为，个体可以寻求地位、获得权力和展示才能，但领导角色是教派组织的重要特征。② 因为坚持平等地接近宗教解释，所以宗教义务也是平等的，否认宗教性劳动分工和特殊宗教技巧。在当代社会中，教派倾向中心化发展，但这并不等同于宗派倾向。再次，教派是自我意识的宗教少数群体，具有不同于其他宗教实体的信仰，教派意识形态明确而具体，宣称垄断了宗教解释，提供了信仰崇拜、社会事务和道德价值等框架。教派没有完全抛弃传统宗教的所有要素，而是对后者的教义、戒条和体验进行了不同程度的选择和强调，③ 一般而言，教派坚守圣典传统，强调圣事，从而也认为自己是"教会"。但是教派教义趋向理性发展，具有特定目标和实现方式，如成功、健康、财富、长寿、幸福等；就道德价值而言，教派与传统宗教的道德定位并没多大区别，但它的道德要求更为强烈、严谨。④ 最后，教派有强烈的自我认同意识，维持着明确的群体边界。教派一般自我认同为社会精英，宣称拥有通向超自然解释的特殊途径，强调信仰和服从，倾向于排他主义，要求成员完全委身和绝对忠诚，这也就意味着彻底

---

① Bryan Wilson, *Religion in Sociological Perspective*, Oxford University Press, 1982, p. 95.
② Bryan Wilson, *Religion in Secular Society*, C. A. Watts & Co. Ltd., 1966, pp. 182-183.
③ Bryan Wilson, Religious Sects, World University Library, 1970, pp. 25-27.
④ Bryan Wilson, *Religion in Sociological Perspective*, Oxford University Press, 1982, p. 94.

断绝与其他教派和宗教群体的关系。[1] 但是教派与成员之间是相互选择的，一方面，教派以信仰为优先，根据信仰安排生活，要求成员具有一定品质和业绩；另一方面，遵循自愿原则，成员可以根据教派的信仰和行为标准自由选择委身。在现代多元社会中，自愿委身已经成为教派的主要特点。

（5）教派运动。特洛伊奇教会-教派模型是宗教类型研究的一种实用的分析工具，理查德·尼布尔曾在这种模型下建构了教派趋向宗派的发展模式，教派和宗派一样都标示着群体阶层地位划分，教派通过代际发展会转化成宗派或者教会。[2] 威尔逊借鉴了特洛伊奇两分法模型，承认尼布尔教派可能宗派化的观点，也承认代际变化是教派演化的重要因素，但他批评了尼布尔代际决定论，代际变化不会必然快速地导致宗派化，[3] 因而不是这一过程的决定要素，宗派化受到了意识形态、组织、社会结构或者纯粹偶然性因素的制约；教派并不一定代表特定社会阶层，而是代表了社会中的错位群体。

威尔逊承认教派宗派化发展路径，"对俗世有独特回应的教派更会经历宗派化过程"[4]，认为宗派化实质上是教派的制度化。教派一开始重申的是宗教传统，推动的是复兴运动，其后根据环境需要重新解释了宗教传统，不再强调教义和礼拜体验，更多地强调情感导向，而且在这一过程中，内部实现了协调和稳定，开始出现宗教劳动和管理分工，倾向宗派发展。宗派化了的教派走出了隔绝状态，丧失了之前的宗教认同，适应并宣示了世俗文化。在理性化社会中，教派制度化过程是难以避免的，现代社会的宗教宽容也会使教派很容易地变成宗派。

宗教在多元化社会中并不是消极待世的，会对变迁的社会秩序做出不同回应，走向不同发展模式。威尔逊认为在教派、教会和宗派三者辩证关系中，就时间序列而言，教派出现最早，教会获得了垄断，宗派是现代社会一种独特宗教模式，代表了世俗化进程，"在世俗社会中，严格来说是

---

① Bryan Wilson, *Religion in Secular Society*, C. A. Watts & Co. Ltd., 1966, pp. 179-180.
② Helmut Richard Niebuhr, *The Social Sources of Denominationalism*, Henry Holt, 1929, p. 19.
③ Bryan Wilson, *Religion in Secular Society*, C. A. Watts & Co. Ltd., 1966, pp. 206-207.
④ Bryan Wilson, *Religion in Secular Society*, C. A. Watts & Co. Ltd., 1966, p. 205.

没有教会的，然而存在宗派"①。宗派不是教派和教会的中间物，也不都趋向教会发展。教派有时会持续存在，有时会宗派化，但是教派宗派化不是所有教派都必然遵循的演化路径和结果，而是需要具备特定社会历史条件如宗教宽容、多元主义、社会流动等；教派有可能赢得一些教会特征，但无法发展到教会。在现代世俗社会中，正统宗教委身削弱了，丧失了传统权威，教会失去了特殊身份，倾向宗派化发展。②

三　新兴宗教运动与世俗化

威尔逊紧随现代化理论的学术转型即从理论体系的建构完善到处理非西方的欠发展国家发展中的传统与现代的关系，用西方社会中的教派现象衬托了"欠发展人群"中的新兴宗教运动，解释了后者的发展逻辑和趋异反应。他认为学术界现有的有关宗教实体从膜拜团体经由教派、宗派到教会发展模式"这种有意识建构的正式的和系统的组织在很大程度上是西方社会特有的文化现象"③，对于西方世界之外的社会而言，宗教运动并没有获得充分的制度化发展，因此他希望超越西方社会背景和基督教语境，按照教派的历史起源、教义、组织结构以及其他社会标准，为世界范围内的教派和宗教运动建构普遍类型及演化发展模式。

西方宗教社会学研究受到西方宗教主导的意识形态的影响，继承了后者的道德价值及所滋养的人文传统，所运用的概念、假设和逻辑很大程度上局限在西方宗教范畴之内。因此威尔逊主张摆脱西方宗教内涵的束缚，把教派研究中用到的概念和建构起来的类型模式运用到更广泛、更多样的现象中去，解释西方宗教之外的新兴宗教运动。

在实践观察和深入研究的基础上，威尔逊反思了理查德·尼布尔的归纳，借鉴了学术界的有关研究成果，试图建构新的教派类型模式。他对教派分类概念进行了不断提炼，注意到以往的教派研究大多局限于神学和宗

---

① Bryan Wilson, *Religion in Secular Society*, C. A. Watts & Co. Ltd., 1966, p. 223.
② Bryan Wilson, *Religion in Secular Society*, C. A. Watts & Co. Ltd., 1966, pp. 216-220.
③ Bryan Wilson, *Magic and the Millenium*, Paladin, 1975, p. 13.

教组织两个方面，根据教义和制度化进行了类型分类，在反思的基础上他提出"我们可能要放弃两种方法，即根据教义划分教派的神学传统，以及根据制度化程度区分新兴宗教运动的社会学传统"①。

威尔逊早期研究中采用了"传教"这一概念，根据意识形态和教义对教派进行了分类，后来随着对教派运动认识的深化，他认为"传教"概念很大程度上还是落入了西方宗教范畴的窠臼，研究对象是稳定的和有组织的宗教组织，强调教义会妨碍从社会、经济和文化视角解释社会现象，同时强调了宗教偏见，把教派与异端等同起来，限制了对抗争性宗教运动的客观描述。

学术界试图发现西方社会中教派运动的机制，并根据教派制度化程度区分教派的类型。这种方法主要用于分析西方教派，在研究全球教派运动中缺乏普遍适用性。在威尔逊看来，教派本身要求去结构化，并不刻意建立起正式的组织模式，但现实中社群也最低程度地保留了必要的组织形式，有些教派还发展出精致的组织模式，西方社会之外的宗教也倾向组织化和程序理性，"西方社会宗教之外的领域中发展起来的组织以及不断增长的程序理性体系要求教派采纳更为系统和正式的安排和结构"②。另外，他还主张教派社会学研究中使用的概念要摆脱特定文化传统和时代的限制，进行跨文化比较研究。但在威尔逊看来，多元化发展的现代社会中，很难把某种组织类型作为界定宗教运动的标准，他批评特洛伊奇对高度制度化教会和不稳定教派之间的区分是"一种轻率假定，经常无法得到证明"③。

因此威尔逊主张根据宗教对社会的价值定位和关系即对"对俗世的反应"建构新的类型模式，研究教派发展的不同路径。"反应"就是"对广泛社会及其文化、价值、文化目标、罪恶体验、逃避罪恶和获得救赎的方式的复杂定位"，"我们把所有这些简单地称为'俗世'"④。在他看来，与"传教"相比，"反应"概念消除了西方宗教文化中心论色彩，不仅脱

---

① Bryan Wilson, *Magic and the Millennium*, Paladin, 1975, p. 16.
② Bryan Wilson, *Magic and the Millennium*, Paladin, 1975, p. 14.
③ Bryan Wilson, *Magic and the Millennium*, Paladin, 1975, p. 15.
④ Bryan Wilson, *Magic and the Millennium*, Paladin, 1975, p. 26.

离了教派神学内涵，而且摆脱了特定文化传统和历史时代限制；虽然受到了教义的影响，但不随教义而随社会环境变化，① 且能够标识年龄组、社会阶层、教育程度等特定社会群体的行为模式。

威尔逊不主张对宗教运动进行单纯类型划分，但他承认后者是一种便利的分析工具，可以表明社会应对特定宗教运动的措置逻辑，揭示教派历史的、组织的和结构的特征。在提出"反应"概念的基础上，威尔逊还为此强调了一种认识论根据，即人类"如何（在俗世中）获得救赎"，这是包括教派在内所有宗教群体都要面对的最普遍和基本的问题。面对这一问题，既存在超自然救赎，也存在世俗反应，后者占主导地位，即通过接受世俗文化和制度建制获得救赎。教派"反应"抛弃了世俗文化，强调神义论的救世神学。由于获得救赎的方式各不相同，教派对俗世的反应也迥然相异，既体现了不同的神学、组织要素，也受到了特殊的社会、历史和文化等条件限制，因此威尔逊建议"根据运动的主导社会定位及其对俗世的反应来考虑这些宗教运动"。②

根据获得救赎的不同方式，教派对俗世做出了不同反应，从而有不同的强调重点和发展定位。威尔逊据此提出了皈心型、变革型、内省型、驾驭型、秘术型、完善型和幻世型等新的类型划分。

皈心型强调人类属恶，认为俗世的堕落是人类堕落的结果，人类改变俗世就会改变。救赎不能通过客观机构获得，只能靠自我深刻感知和超自然凝练；虽然客观世界不会改变，但可以获得人们的主观取向，从而它自身就会救赎。皈心型是一种"心灵的体验"，关注的是心灵的变化，强调的是情感，这种体验是救赎所必需的，只有具有这样的救赎体验，社会才能变好。皈心型兴起于高度个体化的环境中，工业化导致了传统社会大崩溃，劳动分工扩展了，社会流动性增强了，稳定的社群结构削弱了，开始了单元化过程；个人同社群分离了，个体化程度提高，获得了独立的心灵和情感控制，需要对新的秩序体系做出反应。个体化是文化发展的结果，

---

① Bryan Wilson, *Magic and the Millenium*, Paladin, 1975, p. 20.
② Bryan Wilson, *Magic and the Millenium*, Paladin, 1975, p. 17.

文化多样性有助于形成社会化过程中的差异性，增强了个人身份意识。①
变革型强调俗世属恶，不要求人类内在体验改变，而要求俗世改变，只有
俗世、自然尤其是社会秩序发生变革才能拯救人类。人的主观取向影响不
了俗世状态，唯一的救赎就是用超自然颠覆俗世，即使现时无法改善当前
秩序，不能获得拯救，但是天道颠覆之时就能得到解救。变革型避开了情
感主义和心灵体验，抛弃了西方宗教传统末世论，信仰和工作都不能获得
救赎，只有信仰天启指令才能救赎。内省型认为俗世属恶，不要求人类改
变，也不要求俗世改变，而要求抛弃俗世，退入内圣生活，保存和培养道
德，免受俗世的沾染；末世论观念降低了，强调断绝与俗世的关系，纯化
自我救赎，但强调社群是救赎源泉，培养的是强烈的社群体验。内省型出
现在世俗化的多样性社会中，宗教表达和实践虽然不再依赖集体行为，但
发展有赖于宗教宽容。内省型拒绝了社会和主流宗教，有时会形成孤立社
群，但不意味着退出所有社会关系，世俗社会参与还在继续。

　　驾驭型强调在俗世中寻求对付罪恶的方式，客观世界在驾驭下会走向
和谐。救赎不是彼世的、超验的概念，而是如健康、财富、长寿、幸福、
成功和社会地位等俗世目标。主张在俗世中寻求救赎，享受俗世，认为俗
世受到了利益控制，只要了解并掌握超自然的、深奥的和神秘的方式和技
术，就能获得救赎征服罪恶。驾驭型繁兴于西方宗教历史的不同时期，依
赖于学习宗教规则，适应于抽象思维，强调控制特殊知识，仪式是象征
的，崇拜是边缘的。驾驭型也依赖高度个体化的社会环境，关注的是客观
业绩、身心健康、精神慰藉等。秘术型涉及狭义救赎，不涉及救赎俗世。
救赎是个体的、即时的，通过超自然和魔力使个人从身心疾患中解救出
来，反映的只是一种神迹，而不是普遍的救赎原则。完善型认为俗世是属
恶的，但能够在超自然洞悉中完善，洞悉是对良知的理解，罪恶能够通过
道德完善被克服；关注俗世的完善，通过交流道德获得救赎，宗教灵感正
当化了理性程序。完善型是隔离孤立的，很大程度上是传统的，倾向于个
体主义。幻世型认为俗世是属恶的，主张根据神圣原则重构俗世，建立消

---

① Bryan Wilson, *Magic and the Millennium*, Paladin, 1975, pp.40-41.

除了罪恶的社会；救赎不是抛弃或者颠覆俗世，而是在世俗中寻求救赎，但强调由人按照天启原则重构社会从而获得救赎。幻世型退出社会不是为了修行，而是为救赎提供组织，致力于为成员重构生活模式。[①]

教派反应类型模式是威尔逊在研究西方宗教社会过程中完善起来的，之后他把这一模式运用到对欠发展人群中的新兴宗教运动研究中，主张在社会转型的背景下审视新兴宗教反应，他的目的也是阐发世俗化的大义。威尔逊认识到当代社会中宗教转型的迅疾程度超出了以往任何时代，表现最明显的是传统信仰的衰落以及新兴教派和膜拜的兴起。他认为当代西方社会的整合不再依赖宗教的潜功能，后者被世俗社会的组织机构所取代，因此宗教在社会中的重要性降低了；与此同时人们逐渐失去了信仰，减少了宗教委身，宗教逐渐丧失了对社会生活的影响，保留在个体和家庭生活领域，成为人们隐性体验，"宗教尤其是在其传统的形式中，它的社会重要性已经越来越少了"[②]。当西方传统宗教制度丧失社会重要性之际，世界其他地区尤其是第三世界新兴宗教作为对社会变迁的一种反应而兴起了，它们范围广、规模大，对传统宗教构成了严重挑战，但它们与传统宗教的衰微一样，都是对世俗化过程的确认。

威尔逊重点关注了欠发展人群中的千禧年运动，解释了其中的巫术要素。当代千禧年梦想标志着宗教新时代的到来，发挥了欠发展人群中思想催化剂的作用，超越了个体和地方局限，代表了一种新的社会意识和秩序；但是面对占主导地位的传统宗教，千禧年梦想始终处于从属地位，并且注定会失败。威尔逊认为它是宗教领域在面对西方文化冲击中的一种反应，是对失去世界的惋叹和对重新回归的期许和诺言，其中包含了一种暂时的安全生活背景，即一种现世的救赎。千禧年运动主要定位于秘术型和变革型，前者很少超出个体、家庭和社群范围，后者经常是部落的或民族的，威尔逊把它们分别称作"巫术的"和"千禧年的"反应，分别代表了两个极点。[③] 千禧年梦想借助"巫术"来实现社会秩序转型，也强调以理

① Bryan Wilson, *Religious Sects*, World University Library, 1970, pp. 38-47.

② Bryan Wilson, *Contemporary Transformations of Religion*, Oxford University Press, 1976, p. 6.

③ Bryan Wilson, *Magic and the Millenium*, Paladin, 1975, p. 484.

性程序来规划和讨论具体方式。

社会学研究的价值在于理解广泛的社会过程。在威尔逊看来，新兴宗教运动是一种持续性社会过程，它显示了社会意识，表达了社会需要，揭示了社会解体及其反应，自身是世俗化、理性化的一个方面。新兴宗教运动是当代社会经历的世俗化的表征之一，当代社会是民族和文化多元化社会，社会流动性增强了自主性，也带来了新的道德，与此同时宗教丧失了许多传统功能和价值，尤其是社会控制功能，逐渐从公共生活领域退了出来。在社会变迁过程中，人们面对新的生活环境倾向接受新的社会意识，也需要以新的宗教术语重新解释生活价值，作为功能和价值补偿新形式，新兴宗教开启了新的信仰实践，因此可以把它们看作对宗教丧失传统社会功能和主导价值的一种反应。新兴宗教反应带有较多的理性色彩，随着社会结构化和社会分化的逐步深入，新兴宗教会对变化了的环境做出理性反应，接受现代社会制度逻辑，理性程序、技术方法和个体化逐渐成为内部秩序的主导原则，角色关系网络表达了个人的社会联系，"理性组织原则成为维持控制和凝聚力所必需的东西了，社会中成长起来的运动自身也逐渐根据理性原则组织起来了"①。比较明显的是，欠发展人群中的新兴宗教已经脱离了巫术取向，较为理性地表达了本土愿望，在形式多样的宗教委身中，神圣秩序已经从属于世俗秩序，宗教制度也从属于社会制度，因此威尔逊坚信，巫术和千禧年运动作为救世神学形式注定会消失。

新兴宗教运动在社会转型中扮演了重要角色，是剧烈社会变迁的结果，也是宗教对社会变迁的反应和调适。当代社会关系尤其是生产关系发生了巨大变化，传统宗教社会影响力减弱了，新宗教兴起了，"当古老宗教制度丧失其社会重要性之际，当人们越来越多地不再接受古老信仰文化的时候，新兴的而且经常是高度专门化的宗教膜拜就产生了"②。作为持续性宗教行为的一种新形式，新兴宗教在寻求自身合理化过程中，重新定位了自己的社会处境，以便符合时代潮流，为社会变迁做出了新的超自然主义解释，也为世俗社会的宗教委身提供了多样化选择，如治疗、神秘主

---

① Bryan Wilson, *Religion in Sociological Perspective*, Oxford University Press, 1982, p. 110.

② Bryan Wilson, *Contemporary Transformations of Religion*, Oxford University Press, 1976, p. 84.

义、冥想以及科幻等，表达的是世俗需要，显示的是世俗意识。威尔逊分析了社会变迁对新兴宗教造成的影响，除了引起宗教制度和组织结构的变化之外，他强调新兴宗教在面对变迁过程中显然抱持的不是消极规避的态度，而是对变迁的世俗社会秩序做出了积极回应，但由于特殊的历史和社会文化背景，新兴宗教对变迁的反应方式也不一样，有的表达的是群体愿望，有的诉求的是民族前景，有的则因为无法适应社会而表现出了抗争行为；有的预示了社会结构的崩溃，有的则标志着社会的复兴和整合。

四　教派研究的理论视角

威尔逊承认世俗化的现实，同时他必须解释"逆世俗化"现象。借助于学术界相关著述和报告，威尔逊比较研究了西方教派和欠发展人群中的新兴宗教运动，揭示了二者之间的连续关系，完善了基于救赎论母题的特殊"反应"的类型模式，从而建构和拓展了自己的解释框架，统合了世俗化论题。威尔逊借鉴和使用的理论、概念既表现了社会学视角，也反映了人类学的方法，同时显示了他对以往研究的扬弃。

威尔逊主张跨文化比较研究，他比较了西方社会中的教派与欠发展人群中的新兴宗教运动，指出二者存在明显区别。在西方宗教传统中，教派具有明确的组织结构和稳定程序，内部和外部边界明晰，强调宗教排他性，而且教派反应是逐渐变化的。新兴宗教缺乏西方教派那样的组织结构和教义形式，转而强调符号象征、情感表述、灵感领受、起誓慰藉等，所有这些都较少理性要素；信仰依赖于神魅型领导地位；与社群主流价值关系不稳定，反对社会中现存的宗教；抗争运动是不稳定的，很少坚持程序理性，也缺乏稳定的组织形式。尽管如此，新兴宗教运动显露了西方宗教具有的教派特征，因此威尔逊认为"教派"概念对于二者来说都适用，它表明了一个普遍要素，可以涵盖不同时期的宗教运动现象，即特殊的抗争反应以及所代表的救赎方式。威尔逊承认特洛伊奇教会-教派类型划分可以用作"标准的量杆来检验和比较特定的案例和变迁过程"[1]，但他同时指

---

[1]　Bryan Wilson, *Religious Sects*, World University Library, 1970, p. 23.

出，这种类型模式只是一种便利的分析工具，由于过于强调抽象类型的构建而模糊了实践调查和分析，这种模型本身"依赖于一系列实践资料，如果资料不够充分，对要素的陈述就会过于具体；显然案例越广泛变化就越大，对其本质要素的抽象程度就越高，到达一定程度后抽象自身就限制了建构的有用性"①。

借助人类学文化变迁理论以及"文化涵化""文化适应"等概念，威尔逊分析了新兴宗教运动中的文化变量以及因之发生的不同文化变迁过程和变迁前景。

首先，威尔逊澄清了文化变迁的相关概念。文化变迁是指具有不同文化传统的社会互相接触而导致一方或双方体系改变的过程。变迁发生的前提是文化接触，后者存在于社会变迁的整个过程中。现代社会变迁主要指的是工业社会对处于不同发展阶段的前工业社会的冲击和影响。文化变迁可以分为涵化、同化以及融合三种类型。涵化是指两个群体接触时，其中一个群体直接或间接地干预另一群体的物质文明、传统、风俗和信仰等；同化是指个人或群体融入居社会支配地位的文化中的过程，前者通常是移民或孤立的少数群体，虽然彻底同化很少见，但在不断地接触中，原有文化特色逐渐减少直至无法区分；融合则是两种文化接触时彼此要素在混合中结合起来，而不是被消灭了。

因为宗教对终极解释的要求是不变的，所以宗教很少会有意识地发生变迁，虽然如此，宗教所蕴含的风俗习惯和社会价值变化了，宗教也发生了深刻变化，也正因为如此，宗教变迁实质上是文化变迁，涉及信仰、态度、行为和制度等诸多方面。当代宗教变迁超出了传统宗教信仰及实践范围，新的宗教解释和组织出现了，表现为多样化的宗教运动，后者采纳了主流宗教要素，尤其是模仿了西方宗教实践，因此可以看作文化涵化的过程，其本身反映了支配和从属人群特定的社会关系状态。②

在威尔逊看来，新兴宗教运动兴起于文化接触状态，它的发生具有特定社会条件，如经济崩溃、权力混乱、规范瓦解等，这些都是社会变迁的

---

① Bryan Wilson, *Religious Sects*, World University Library, 1970, pp. 23-24.

② Bryan Wilson, *Magic and the Millennium*, Paladin, 1975, p. 490.

结果；每一种运动必须联系特殊的文化状态进行解释，如本土神话性质、文化目标以及文化接触的积淀和性质、文化传播的速度和内容等。根据文化变迁的主导力量，威尔逊把新兴宗教运动分为三类，即当地人控制的运动，强调本土文化要素；外部接触激发的运动，保持了当地的自主；直接来自西方的教派。[①] 威尔逊重点关注了宗教运动的文化特性，认为后者影响着变迁过程，例如作为文化接触的结果，同西方接触之后当地运动在本质上是巫术的，即使在改革型运动中也仍旧存在如缓解病痛等大量个人救赎，但这种救赎是以改变社会秩序的名义表达出来的。[②]

文化适应是当地人在文化接触和变迁中建立的"本土方式"的反应。林顿（Ralph Linton，1893—1953）精练了本土运动概念，把它看作主位文化因客位文化的冲击而引起的重整反应，可以分为两种类型，即复兴式本土运动和存续式本土运动，前者是一种保守主义运动，后者主张在文化接触过程中采借外来文化要素，并同本土文化中有价值的要素整合起来，形成新的文化体系。新兴宗教运动中经常存在林顿所言的"本土"要素，当地人的文化适应是对变迁了的社会环境的调适，"社会成员有意识地、有组织地竭力恢复或者永存文化的被选方面"[③]。与之相关，华莱士（Anthony Francis Clarke Wallace，1923—2015）使用了"复兴运动"概念，"社会成员蓄意地、有组织地、有意识地努力建构一种更为满意的文化"[④]。在华莱士看来，复兴运动的起点是一种"稳定状态的文化"，之后背离起点直到最终达到一种"新的稳定状态"，特定文化系统内的复兴运动涉及改变个人的认知定位和社会现实，因而他把林顿所言的本土运动看作复兴运动的子集，从而认为欠发展人群中的新兴宗教运动就是复兴运动。威尔逊认为在华莱士的概念框架内千禧年运动就是复兴运动，但就它的意识形态性质而言，则从来没有达到一种"新的稳定状态"，并非所有的新兴宗教运动

① Bryan Wilson，*Contemporary Transformations of Religion*，Oxford University Press，1976，p. 47.

② Bryan Wilson，*Magic and the Millenium*，Paladin，1975，pp. 5-8.

③ Ralph Linton，"Nativistic Movement"，*American Anthropologist*，1943，45（2）：230-240：230.

④ Anthony F. C. Wallace，"Revitalization Movements：Some Theoretical Condideration for Their Comparative Study"，*American Anthropologist*，1956，58（2）：264-281：265.

都是要"有意识地努力构建一种更为满意的文化"①，而不妨把它看作宗教潜功能的发挥。

威尔逊评析和借鉴了宗教运动研究中的相关社会学理论。斯梅尔瑟提出了集体行为理论，区分了包括宗教在内的集体行为，重点研究了许多背离性集体行为，如社会价值、规范等系统的紊乱，把宗教运动界定为价值取向运动，把抗争反应看作社会系统"张力"的表现，其概念框架是结构-功能主义的。②威尔逊不主张用集体行为概念分析宗教运动，认为它过于抽象，宗教"运动"表明的是连贯的、秩序的和有组织的要素特征，而不单是现实中集体抗争行为，因而宗教运动研究的重点不是社会系统中的"张力"，而是宗教运动反应的特殊"模式"，是要解释救赎的性质以及普遍的文化状态。③

宗教运动通常被看作社会秩序失范的一种反映，相对剥夺和补偿理论是社会学解释社会失范的代表理论。相对剥夺论认为，在既定群体中个体因为行为比预期差或者比参考群体失败而经历了相对剥夺的感觉；该理论代表如库尔（Ted Robert Gurr, 1936—）就认为，相对剥夺是一种社会心理状态，具有意识形态根源，常常是社会冲突发生的重要原因，"相对剥夺是一种心理学变量，是一切内乱的前提，剥夺的范围越大，强度越剧烈，内乱的量级就越大"④，"相对剥夺感是人们对于他们的价值期望与价值能力之间差异的主观感知。价值期望是人们认为他们理应得到的物品和生活条件，价值能力是指他们认为自己能够得到并保持的物品和生活条件"⑤。社会学家经常把宗教看作一种补偿，运用相对剥夺理论来解释特定情况下的教派和宗教运动的起源，分析二者的"异常"行为，即"异常"是被剥夺了满足或者满足感人的一种补偿行为，特洛伊奇就曾认为教派是在穷人中兴起的，后者通过参与教派补偿了现实生活中的被剥夺感。

---

① Bryan Wilson, *Magic and the Millenium*, Paladin, 1975, p. 488.

② Neil J. Smelser, *Theory of Collective Behavior*, The Free Press, 1965.

③ Bryan Wilson, *Magic and the Millenium*, Paladin, 1975, p. 4.

④ Ted Robert Gurr, "A Causal Model of Civil Strife: A Comparative Analysis Using New Indices", *American Political Science Review*, 1968, 62 (4): 1104-1124: 1104.

⑤ Ted Robert Gurr, *Why Men Rebel*, Routledge, 2016, p. 24.

威尔逊承认社会变迁会引发社会秩序失范从而带来相对剥夺感，这是因为在变迁过程中，原有的社会关系破裂了，传统社会同质性消解了，旧的意识形态消融了，不同文化冲突发生了，随之而来的是新社会关系的确立以及可能出现的相对剥夺感。他也承认相对剥夺理论揭示了经济的、社会的、肉体的、心理的或者道德的等不同类型相对剥夺与特殊教派形式之间的关系。但在他看来教派和宗教运动有自身变迁机制，就起源而言，它可能是从现存教派中分裂出来的，本身可能会刺激并诱发相对剥夺感觉并做出反应，[1] 但不全是因为外部剥夺而造成的；就社会支持而言，参加教派和宗教运动的也不都是贫困之人，成员来自社会不同阶层，尤其对年轻人有吸引力；[2] 重要的是，相对剥夺理论无法解释教派与宗教运动反应的多样性，剥夺感是主观的，客观上可能并不存在，而且"特定相对剥夺环境中的人们并不会主动地采用一种教派表达形式来满足他们的需要"[3]。另外，威尔逊不主张对宗教进行功能主义定义，认为后者排除了世俗化的可能，即如果宗教对维持社会整合必不可少的话，它就会持续存在于社会中。但威尔逊不反对对宗教做出功能主义理解，他分析了宗教的潜功能，解释了宗教在现代社会持续存在的理由，认为现代社会逐渐"社会结构化的过程就是宗教潜功能显现的过程"[4]。

结合宗教在现代社会中面临的困境，在强调救赎论母题的基础上，通过考察西方教派和欠发展人群中新兴宗教运动的救赎反应，威尔逊讨论了宗教在现代社会中存在的合理性，回应了学术界关于世俗化论题的争论，并重申了这一重要命题，即世俗化是宗教社会重要性减少的过程。威尔逊"不仅同情宗教的困境，而且同情社会的困境"，认为社会组织"变得越来越世俗"，世俗社会机构主导了自我救赎，社会整合不再依赖宗教的潜功能从而无法消弭潜在的张力。威尔逊对世俗化的讨论也表达了对社会变迁

---

① Bryan Wilson, *Religious Sects*, World University Library, 1970, pp. 231-233.

② Bryan Wilson, *Religion in Sociological Perspective*, Oxford University Press, 1982, pp. 113-115.

③ Bryan Wilson, *Religion in Sociological Perspective*, Oxford University Press, 1982, p. 118.

④ Bryan Wilson, "Aspects of Secularization in the West", *Japanese Journal of Religious Studies*, 1976, 3 (4): 259-276: 268.

的理论关注，认为宗教在对现代社会转型的调适和反应中，以教派和新兴宗教运动的形式诠释了社会处境，合理化了自身的存在，他还说社会学家提出世俗化论题，不是"支持、倡导或者鼓励世俗化"，"不表明是世俗主义者，也不是赞成世俗性，而只是为了记录和证明社会变迁"①，因此对于世俗化现象"既不必欢欣鼓舞，也不必悲痛欲绝"②。

① Bryan Wilson，*Religion in Sociological Perspective*，Oxford University Press，1982，p. 148.
② Bryan Wilson，*Religion in Secular Society*，C. A. Watts & Co. Ltd.，1966，p. xi.

|第十一章|

整合与范式：多贝雷尔论多维世俗化

卡雷尔·多贝雷尔（Karel Dobbelaere，1933—）是比利时宗教社会学家，曾任国际宗教社会学会（The International Society for the Sociology of Religion，ISSR）大会主席（1985—1991），学术兴趣广泛而不失专精，在宗教参与、柱式化社会、世俗化以及新兴宗教与教派研究方面有较大学术影响力。国内学术界对多贝雷尔相关研究译介不多，本章仅对他提出的作为多维概念的世俗化的层面分析试做简析。

一 社会变迁语境中的世俗化

多贝雷尔出生在比利时尼乌波特，青年时代就学于比利时天主教鲁汶大学，1966 年获社会和政治学博士学位；曾在加利福尼亚大学伯克利分校参加过研究学习。1968 年任鲁汶大学社会学教授，并曾任该校社会科学系主任，他也是安特卫普圣依纳休斯大学（Universitaire Faculteiten Sint-Ignatius Antwerpen，UFSIA）教授，主要担任社会学和宗教社会学教学工作。多贝雷尔是欧洲科学院（Academia Europaea）和比利时皇家科学和艺术学院（The Royal Flemish Academy of Belgium for Science and the Arts）成员，曾工作于比利时国家科学研究基金会社会科学委员会（The Social Sciences Committee in Belgium's National Fund for Scientific Research）。

多贝雷尔曾在世界多所科研机构和大学进行过高级学术访问，他是美国俄亥俄州肯特州立大学（Kate State University，Ohio）访问教授（1969

年）；牛津大学万灵学院访问学者（1977 年）。在万灵学院访问期间，他有机会遇见了布莱恩·威尔逊，请教和磋商学术问题，曾与威尔逊一起开展过田野工作，研究新兴宗教运动和教派宗教，并在关注人类学家罗德尼·尼达姆（Rodney Needham，1923—2006）学术观点中，加入了关于世俗化与柱式化亚社会关系的讨论中，形成了关于多维世俗化概念的主要观点。威尔逊和多贝雷尔是世俗化理论"旧信仰者"，认为这种理论在解释现代历史过程方面具有重要学术价值。

天主教鲁汶大学是欧洲久负盛誉的顶级学府之一，其深厚的学术积淀和浓郁的学术氛围为多贝雷尔学习和工作提供了不可或缺的条件。1948 年，该校哲学研究所教授天主教蒙席雅克·勒克莱克（Jacques Leclercq，1891—1971）等人发起成立了国际宗教社会学大会（Conférence Internationale de Sociologie Religieuse，CISR），以社会中的宗教事实为对象，倡导"宗教的社会学"实践研究。在这一学术主题招引下，20 世纪 50—60 年代，面对宗教领域传统学科如神学、教规教法、宗教心理学以及宗教的"社会志"研究等，学术界试图定义和建立"宗教的社会学"的学科地位，践行关于宗教的实证研究。这一时期，虽然以 CISR 为代表的新的学术群体出现并逐渐壮大，但在短时期内，"宗教的社会学"研究积累不多，尤其是理论创新稍显薄弱，相关研究开展有限。直到 20 世纪 60 年代后半期，这一局面才有所改观，宗教社会学界在借鉴迪尔凯姆和韦伯主流社会学传统的基础上，开始参考西美尔形式社会学、结构功能分析、贝拉国民宗教视角以及贝格和卢克曼的知识社会学等理论观点和研究方法，结合学科反思，开始了实证研究基础上的理论归纳，[1] 例如卢克曼认识到宗教社会学领域理论准备不足极大地影响了方法论发展，重实证轻理论使宗教社会学成为服务于教会管理和教会组织的"应用和附属科学"[2]，研究重点是社会结构中的个人参与，而不是个人与社会之间的动态关系；分析的是个人与教会而不是与社会的相关性。[3]

---

① Karel Dobbelaere，"The Karel Dobbelaere Lecture：From the Study of Religions to the Study of Meaning Systems"，*Social Compass*，2014，61（2）：219-233：220-221.

② Thomas Luckmann，*The Invisible Religion*，The Macmillan Company，1967，p. 20.

③ Karel Dobbelaere，*Secularization*，P. I. E-Peter Lang，2002，p. 17.

作为时代见证人，多贝雷尔亲身经历了重要学术转型。他很早就注意到了社会结构变迁对人们宗教信仰、道德观和宗教实践等"宗教性"的影响。20 世纪 60 年代末期，作为宗教社会学中的一个重要范式，世俗化论题激发了浓烈的学术讨论热情。1967 年，学术界出版了贝格的《神圣的帷幕》和卢克曼的《无形的宗教》，阐述了有关世俗化的学术主题，对社会学家产生了很大影响，英国学者马丁和威尔逊撰写了相关论著，深化了对世俗化相关问题的讨论。同为新生代学术达人，多贝雷尔也是在世俗化论题浓郁学术氛围熏染下和对它长期关注中成长起来的，他力倡研究宗教行为方式与社会结构之间的关系，构建二者之间张力和冲突的社会学理论，[①]主张把世俗化作为社会结构变迁过程进行分析，他与劳韦尔斯（Jan Lauwers）在向 CISR 第十届大会（罗马，1969 年）提交的一篇论文中分析了宗教参与，他们写道："社会学家必须分析社会结构变迁的影响，理解我们在个人宗教行为中所看到的变迁"[②]。

学术界围绕世俗化论题的讨论不断深入，其义理庞杂但体系乏善的现实引起了学人重视，理论系统化和范式概括成为重要课题。多贝雷尔密切关注并及时回应了学术动态，他的关注点是宗教在社会结构中的地位，以及公共制度中宗教角色的世俗化是如何影响社会和宗教自身的。1975 年，CISR 在西班牙滨海略雷特（Lloret de Mar）举行第十三届会议，多贝雷尔受邀为国际社会学会官方刊物《当代社会学》（*Current Sociology*）撰写关于世俗化理论的"趋势报告"。[③] 1977 年，他在牛津大学万灵学院访问期间，有机会与威尔逊等人一起讨论了报告初稿，并与费恩、格洛克（Charles Young Glock，1919—2018）、卢克曼、马丁和帕森斯等人交流过修改意见。多贝雷尔在 1979 年夏天写成该报告初稿，1980 年夏天最终完稿，1981 年该报告以《世俗化：一个多维的概念》（*Secularization: A Multidi-*

---

① Karel Dobbelaere，"The Karel Dobbelaere Lecture：From the Study of Religions to the Study of Meaning Systems"，*Social Compass*，2014，61（2）：219-233：221-222.

② Karel Dobbelaere and Jan Lauwers，"Involvement in Church Religion：A Sociological Critique"，in *Actes de la 10e Conférence de laConférence Internationale de Sociologie Religieuse*，CISR，1969：103-129：123.

③ Karel Dobbelaere，"Trend Report：Secularization"，*Current Sociology*，1981，29（2）：1-216.

mensional Concept）为名出版，2002 年修订再版为《世俗化：三个层面的分析》（*Secularization: An Analysis at Three Levels*），在这部著作中，多贝雷尔表述了关于多维概念的世俗化的观点。多贝雷尔宗教社会学研究涉及柱式化、世俗化、新兴宗教与教派宗教以及宗教参与等主题，其中比利时天主教柱式化研究是他较早进入的领域，集中体现了他有关世俗化和功能分化的观点。

柱式化宗教社群。柱式化理论是社会学家构建的一种社会结构模型，经常被宗教社会学研究人员用来评估新兴宗教运动等群体世俗化和去世俗化的影响。柱式结构组织建立在宗教基础之上，并负载着社会功能，它由参加教会的成员建立和运作，并向成员提供各种社会组织和机构如政府、自由协会、商业机构等的功能性服务。马丁曾经指出柱式化组织是由"整合的亚文化"组成，"每个亚文化中的精英人士越过分隔藩篱进行协谈、结合和重新结合"[①]。多贝雷尔认为柱式化是功能分化社会中区隔分化的一种形式，经济上倾向于自给自足，而且提供的服务越多就越自给自足，意识形态受到了宗教的合理化，促成了组织的排他性和群内心理。

西欧社会在适应现代化过程的基础上，形成并发展了不同的柱式组织，荷兰发展了新教和天主教柱式，奥地利、比利时、德国、意大利和瑞典建立了天主教柱式。多贝雷尔致力于比利时柱式结构和世俗化研究，同时关注了宗教对现代社会的适应。比利时柱式组织是一种天主教亚社会-文化社群，形成于 19 世纪末 20 世纪初，20 世纪 20 年代随着天主教政党的出现，柱式结构逐渐走向制度化。20 世纪 50 年代，比利时柱式结构进一步巩固，覆盖了大多数学校、医院、银行、保险等机构和行业，拥有报纸、书局、图书馆、老年之家、文化协会、运动俱乐部、疾患基金会等组织。20 世纪 60—70 年代，随着工业化和现代化进程推进，宗教信仰和实践受到了"世俗化"影响，出现了代际分化，年轻人自主性增强，不再委身宗教，教会参与减少，宗教认同弱化，天主教柱式制度面临变迁。[②]

---

① David Martin, *A General Theory of Secularization*, Basil Blackwell, 1978, p. 189.

② Karel Dobbelaere and Liliane Voyé, "From Pillar to Postmodernity: The Changing Situation of Religion in Belgium", *Sociological Analysis*, 1990, 51: S1-S13.

　　表面看来，柱式结构目的是保护宗教免受世俗世界影响，宗教组织试图建立一种封闭性柱式社会，并通过它发挥一些社会功能来维持权威，所以它的形成似乎经历了"神圣化"过程。但多贝雷尔感兴趣的是特定社会中"世俗化"问题，他分析了制度、组织和个人层面世俗化对宗教信仰亚群体的影响，认为现代社会功能分化使传统宗教系统降低为一种亚系统，丧失了社会结构重要性也即对世俗领域的影响力。伴随着剧烈社会变迁过程，功能分化、理性化和社会结构化等影响了人们的意识观念，尤其影响了人们的职业选择，生活伦理不再受传统约束，信仰结构脱离了宗教解释，这些都引导着柱式结构宗教系统走向了世俗化。

　　多贝雷尔研究了医院和学校这两种重要"柱式结构"中的世俗化，主要体现为医院和学校中的职业化和专门化。首先，理性成为重要的职业原则，柱式结构中职业理性发展了，负载了世俗倾向，与之同时宗教职业没落了。职业化又进一步破坏了传统的宗教价值和道德，在柱式结构内部边缘化了宗教，后者更多地表现为一种私人偏好。

　　其次，职业理性发展促进了医院组织结构变化，医院在分化和专门化基础上组织起来，医疗和宗教服务是分开的，相互独立，根据各自原则发展，有自己的专家。现代医疗理性挑战了传统宗教伦理，医生在更宽泛的道德框架下运用专业知识主导复杂的医疗问题，表明了不同于宗教的现代价值。同时宗教作为单独系统也专门化了，丧失了作为"首要意义系统"的功能，关注病人的精神健康，提供精神慰藉服务，宗教道德变成了对医生的责任要求。

　　再次，职业理性在天主教学校中获得了长足发展，价值"多元化"和管理科层化过程促进了学校世俗化，现代教育学原则挑战了宗教教育基础。学校教育受世俗政府主导和津贴，同时推行教师任职资格制度，从法律上专门化了教师职任，降低了宗教教学功能。宗教同时边缘化为一门课程，由专门老师任教，学校更少宗教服务。①

　　最后，结合对医院和学校的研究，多贝雷尔还分析了引起柱式结构变

---

① Karel Dobbelaere, "Professionalization and Secularization in the Belgian Catholic Pillar", *Japanese Journal of Religious Studies*, 1979, 6 (1-2): 39-64.

迁的思潮观念因素，新的宗教意识形态即柱式"国民宗教"取代了传统宗教价值，强调个人意识和社会团结，通过新的价值认同合理化了柱式结构，调适了功能分化和理性化过程，从而走向了世俗化。[1] 多贝雷尔指出，尽管经历着世俗化，但不预示宗教柱式结构终结，作为一种主导各种社会资源的组织，柱式结构还会持续存在，并且会发挥"无形宗教"的作用。

普遍世俗化。多贝雷尔见证并经历了世俗化论题的学术转型，他关于世俗化的观点也发生了变化，20 世纪 70 年代中期，他坚持世俗化理论是"社会理论"，是"意识形态的"而不是"社会学的"；到 20 世纪 70 年代末期，他逐渐认识到世俗化并非意识形态的结果，而是宗教在社会结构中发生的变迁，是在文化背景中依赖参与者、群体逐步展开的，从而主张把世俗化作为社会过程进行多层面分析。[2] 多贝雷尔虽然始终坚持世俗化是社会变迁过程，但更强调是功能分化和系统化约过程。

多贝雷尔最初采用法语"Laïcité""laïcisation"讨论过世俗化，这两个词可译为"返俗化"或者"俗化"，被用来泛指制度领域显著的世俗化过程，即政治、教育、文化、法律和医疗等机构通过与教会长期斗争逐渐赢得自主权，最终摆脱了宗教道德观念和权威的束缚和影响，博贝罗（Jean Baubérot，1941—）和米洛（Micheline Milot，1959—）曾把它解读为"政教分离"，[3] 就此而言，"俗化"就具有了意识形态意义，其实在较早时候，这一点也曾引起过迪尔凯姆密切关注和集中表述。迪尔凯姆在观察 20 世纪早期法国教育系统时就强调了"俗化"实例，积极宣扬宗教与政治、教育分离，希望政府推行世俗化教育政策，建立世俗性国民教育。但在英语世界中，"Laicite""laicization""laicism"等词借自拉丁语，更多用来指教会"俗化"过程，从而被理解为世俗化的一个亚范畴。通过对照英语语汇，多贝雷尔后来采用了"secularization"一词，但同时把

---

[1] Karel Dobbelaere and Liliane Voyé, "From Pillar to Postmodernity: The Changing Situation of Religion in Belgium", *Sociological Analysis*, 1990, 51: S1-S13.

[2] Karel Dobbelaere, "Secularization Theories and Sociological Paradigms: A Reformulation of the Private-Public Dichotomy and the Problem of Societal Integration", *Sociological Analysis*, 1985, 46（4）：377-387.

[3] 让·博贝罗：《法国政教分离中的文化传递与民族认同》，萧俊明译，《第欧根尼》（中文版），2009 年第 1 期。

"laïcisation" 限定为 "secularization" 一词的狭义，即与 "世俗-宗教" 二分法相联系的社会结构世俗化，专指作为世俗化潜功能的制度俗化。

在关注世俗化论题中，阿奎维瓦、卢克曼、贝格、威尔逊、马丁等人围绕教会参与展开调查和研究，逐步把理论关注点转移到了社会系统分析上，透视现代社会理性发展和功能分化，强调社会-文化要素，描述了传统社群衰落和教派发展变迁，从而解释了个体宗教性的变化，充实和完善了解释世俗化的普遍概念。多贝雷尔回顾了学术界有关世俗化主题的基本观点，分析了学者关注世俗化过程的不同视角，探究了理论分歧，认为对世俗化的进一步研究不应该只集中于概念区分、过程描述和历史追溯，更应该在 "普遍世俗化" 概念基础上综合理论，精炼方法，整合体系，构建世俗化研究基本范式。

遵循迪尔凯姆和韦伯社会学分析传统，学术界在现代化语境中讨论了世俗化，强调产生 "现代" 复杂过程的关键要素如工具理性、科学发展、功能分化和工业化、都市化、人口和社会流动、个体化等。多贝雷尔仔细检讨了世俗化理论有关宗教与现代性之间关系的表述，认为 "现代性" 是一个包罗万象的词，不能解释世俗化，充其量是为世俗化设置了特殊的时代背景，即社会学家所描述的 "现代"，从而不主张把宗教与普遍现代化直接联系起来。但是他承认社会分化建构起了现代社会结构，所以应该分析产生 "现代性" 的社会过程，以及这个过程对宗教的影响，由此他完善了分析这一过程的基本要素，即功能分化、自主性、功能理性、世界祛魅、社会结构化和个体化等。①

通过概括学术界有关世俗化研究的范式性成就，多贝雷尔建议集中于制度俗化、宗教变迁和个人参与三个层面，探讨它们之间的相互关系，由此提出和发展了研究世俗化的 "层次" 理论和 "多维" 概念。世俗化三个层面具有共时性和历时性特征，作为社会变迁宏大过程的共同结果，它们分别代表了世俗化普遍过程的一个方面，即社会结构分化、宗教组织转型

---

① Karel Dobbelaere, "The Meaning and Scope of Secularization", in *The Oxford Handbook of the Sociology of Religion*, Edited by Peter B. Clarke, Oxford University Press, 2011, pp. 599-615.

和个人脱离信仰。① 在多贝雷尔的表述中，俗化专指社会制度领域世俗化过程，具体而言就是社会功能分化，政治、教育、科学以及其他制度脱离了传统宗教制度，从而赢得了功能自主，与此同时，宗教也从优先地位上跌落了下来，化简成了社会众多制度之一，并且日渐边被缘化了。显然多贝雷尔遵循的是传统社会学研究思路，既与迪尔凯姆的分析有关，也与韦伯的解释相连，既表明了社会逐渐担纲了之前是由宗教发挥的所有世俗功能，也反映了世俗领域的转型即"俗世的去神圣化"，后者正是韦伯所描述的"祛魅"即制度领域理性化。宗教组织变迁反映的是内部世俗化过程，它与制度领域分化和世俗世界发展是相符合的，表现为教会、教派等传统宗教群体衰落和膜拜、宗派等新宗教群体兴起。宗教脱离指的是个人宗教信仰和实践中的变化，反映了个人对宗教的评价持消极态度，集中体现为宗教参与减少。

多贝雷尔强调把俗化过程与宗教变迁和个人参与变化区分开来分析，他认同卢曼的观点，即"世俗化"是一个描述性术语，本质上是社会功能分化与社会亚系统专门化过程的结果，在此过程中，山包海涵的超验宗教体系萎缩了，化简成了一种社会亚系统，不再是涵盖一切的首要意义系统。多贝雷尔指出，狭义世俗化即制度领域的俗化，涉及社会整合问题，也涉及历史分析与评判，意味着对所谓"神圣"的"基线"和"世俗"的"终点"做出价值判断，② 但是他强调说，作为社会变迁过程及其显著结果，世俗化并不是机械演化过程。

二　基于经典解释范式的理解

多贝雷尔是较早在库恩"范式"视角中反思世俗化理论的学者之一，他在瑞泽尔（George Ritzer，1940—）所区分的社会定义和社会事实框架内贯通整合了贝格、卢克曼、卢曼、威尔逊等人有关世俗化的理论解释，

---

① Karel Dobbelaere, "Trend Report: Secularization", *Current Sociology*, 1981, 29（2）: 1-216.

② Karel Dobbelaere, *Secularization*, P. I. E-Peter Lang, 2002, p.48.

对推动宗教社会学研究中新旧范式转换产生了一定影响。

库恩是美国科学史历史社会学派主要代表，早期从事理论物理学学习，后来转向了科学史研究，又满怀科学哲学兴趣，对科学的理解逐渐从认识论范围扩大到社会历史领域。库恩面对现代社会迅疾的知识变革，从思考科学史研究对象和内容开始，进而认识到自然科学和社会科学研究中关于科学问题和科学方法的认识存在分歧，他在为《国际统一科学百科全书》（International Encyclopaedia of United Science）第 2 卷第 2 册撰写的著作中，首次提出并系统阐述了"范式"概念，试图借助于"共同的范式""共享的范式"勾画出科学发展的历史框架，解答科学研究中具有"模式"性的问题，统合科学研究的不同方式，以此整合学派之间的歧见，消解科学研究中"任意性"因素的消极作用。该著作 1962 年以《科学革命的结构》（The Structure of Scientific Revolutions）为名出版，其后又于 1970、1996 和 2012 年再版。

库恩认识到范式对科学研究的重要作用，主张把科学看作特定科学群体在共享"范式"基础上进行的专业活动，他描绘了一种常规科学和科学革命交互替代的发展模式，区别了科学发展中"前范式"和"后范式"阶段。常规科学意味着"研究稳固地建立在一种或者多种已有科学成就基础之上，而且特定科学群体承认这些成就在短时期内为进一步研究实践提供了基础"①。常规科学包含理论研究和事实收集两部分活动，后者又包括判定重大事实、理论匹配事实和事实说明理论三类，总而言之，常规科学的基本作用是积累、继承并在范式支配下解决难题，在为研究者确定基本研究领域和框架的同时提出未来研究的新问题，库恩接着说，"凡是共有这两个特征的科学成就，我今后就把它们描述为'范式'，这个词与'常规科学'联系密切。选用这个词，我是想说现行科学实践中某些公认范例——包括定律、理论、应用以及仪器设备等——提供了种种模式，科学研究的那些条分缕析的特定传统就从后者中产生了"②。

库恩表述说，范式是科学研究背后的"结构"性东西，是关于解决科

---

① Thomas Kuhn, *The Structure of Scientific Revolutions*, University of Chicago Press, 1996, p. 10.
② Thomas Kuhn, *The Structure of Scientific Revolutions*, University of Chicago Press, 1996, p. 10.

学难题的"模型"或者"范例"，"范式是一种公认模式或模型"①，引导着科学研究，"借助直接的模型，且通过抽象规则来指导研究"②。"共享的范式"包含了常规科学的基本问题、共享的假定和观点、规范的模式和范例以及共同的规则和标准，范式由典型的代表人物、具体的科学群体、共享的主要概念以及"范例基础结构"等要素来标识，反映了既定研究群体共享的信仰、价值和技术等，"获得一种范式，以及有了范式所认可的更为深奥的研究类型，这便是任何既定科学领域发展中成熟的标志"③。库恩指出范式在科学研究中具有优先地位，它表明了科学领域问题界定和方法原理，能够规定常规科学，避免在基本原则、实践规则和选择标准上出现分歧；更能指导常规科学，成功解决问题，并维持解决问题的稳定方式；研究者借助范式可以化简研究领域，跨越基础原则和概念讨论，着眼于前沿和深奥问题，进行详细而深刻的研究，并开展科学交流和教育。

在库恩看来，科学既是人类的社会活动，也是历史发展过程，常规科学是知识积累时期，随着专业性分化与重组的增强，现存范式解释危机也在增加，迟早爆发的科学革命会冲破常规科学研究中的成规束缚，抛弃主导范式，创建起新的理论和范式体系，就此而言，通过科学革命从一种范式过渡到另一种范式，这是成熟科学的发展模式。库恩承认科学进步是累积的，科学革命是世界观变迁，意味着进步历史观，范式转型包含了进步要素。但应该批判的是，库恩主观地断定主导范式的性质决定了科学技术，科学变迁是范式变革的结果，"范式变迁携领着科学家和学习者越来越近的走向真理"④。库恩指出社会科学在事实搜集、理论创新、方法精炼和问题预设等方面有了积累和发展，但相比自然科学而言，范式建构还有待充实和完善。

舒茨曾经说范式是"社会学独特的或者至少是本质的主题"⑤。瑞泽尔进一步把范式概括为"对某种科学主题的基本构想"，"界定了研究对象和

① Thomas Kuhn, *The Structure of Scientific Revolutions*, University of Chicago Press, 1996, p. 23.
② Thomas Kuhn, *The Structure of Scientific Revolutions*, University of Chicago Press, 1996, p. 47.
③ Thomas Kuhn, *The Structure of Scientific Revolutions*, University of Chicago Press, 1996, p. 11.
④ Thomas Kuhn, The Structure of Scientific Revolutions, University of Chicago Press, 1996, p. 170.
⑤ Alfred Schutz, Collected Papers, Vol. I, The Hague: Martinus Nijhoff, 1971, p. 10.

内容、问题、提出问题的方式以及解释问题的规则等",他区分出了范式的四种基本要素,即范例模式、主题构象、理论、方法和工具,"范式是最宽泛的科学共识单元,把科学社群或者亚社群从其他社群中区分了出来。它把存在于其中的范例、理论、方法和工具蕴含了进来,界定并相互关联了起来"①。范式区分出不同学术群体,在此基础上形成了不同学派,即所谓"范式化科学"。

瑞泽尔把库恩所谓的科学研究受特殊范式支配的思想运用到社会学研究中,但他认为当代社会学是一种多重范式科学,为此他特别强调确立"元社会学"即社会学学科主导范式的地位。库恩曾经提到学科范式包括诸多"基质",后者"由各种有序的要素组成,每个要素需要进一步说明"②,共同构成了一种功能整体,他列举了四种主要组分,即象征归纳、共同信念、价值和范例。瑞泽尔认为可以把"基质"作为理解社会学元理论地位的一个有用工具,"关于社会学当前地位和未来目标,学科基质而不是范例告诉了我们太多东西"③。在他看来,是学科基质而不是范例界定了社会学范式特征,基质本身必须拥有实践科学群体,体现了群体共同信念,并在成员的理论和研究中得到了证明,而且必须指引实践和理论的发展。结合库恩范式表述和自己的理解,以及对社会学发展前景的展望,瑞泽尔提炼出了社会事实、社会定义和社会行为三种社会学研究范式。④

社会事实范式的范例是迪尔凯姆社会学,典型代表作是《社会学方法的准则》与《自杀论》,运用了社会事实概念,包括群体、准则、制度和社会系统等事实,事实外在于个人并强迫个人;主题想象是社会结构和制度,个人社会行为受社会结构和制度决定;范式理论很多,如结构功能理论、系统理论和冲突理论等;方法是实践研究中用到的问卷调查和访谈。瑞泽尔后来又提出了社会学"整合范式"概念,认为迪尔凯姆虽然认识到

---

① George Ritzer, "Sociology: A Multiple Paradigm Science", *The American Sociologist*, 1975, 10 (3): 156-167: 157.

② Thomas Kuhn, *The Structure of Scientific Revolutions*, University of Chicago Press, 1996, p. 182.

③ George Ritzer, "Paradigm Analysis in Sociology: Clarifying the Issues", *American Sociological Review*, 1981, 46 (2): 245-248: 247.

④ George Ritzer, *Sociology: A Multiple Paradigm Science*, Allyn and Bacon, 1975, p. 24.

了多重层面的现实及其相互关系，以及纵贯历史的社会变迁，在宏观分析方面贡献颇大，但由于他的讨论过于强调宏观主观层面和单向因果关系，以及不充分的人性概念和有限科学观，因而不构成整合范式的充分范例。[1]

社会定义范式的范例是韦伯社会学研究，研究对象是社会行为。主题想象强调人的主动性，把人看作社会现实的积极创造者，而不只是对刺激做出消极的反应；社会结构和制度不是稳定的社会事实，集中于心理过程、行为和互动；理论有行为理论、象征互动理论和现象学；方法是观察，适合于收集过程信息，排除了问卷调查和访谈，这二者适合于收集稳定的信息。

社会行为范式的范例是斯金纳（Burrhus Frederic Skinner，1904—1990）新行为主义；主题想象是个人和环境的关系，关注个人行为与环境的互动，外部刺激的性质决定了个人反应，个人反应是机械的，把行为主义原则运用于社会问题，把社会化界定为一种互动过程，根据群体规则和标准修正个人行为；理论是行为理论、交换理论；方法杂糅了观察、访谈和问卷调查，但因为与心理学的联系，因而都是微观的，偏好使用实验方法。

借助"层面"这个概念，瑞泽尔又从水平和垂直两个面向把社会学范式完善成了一种"整合范式"，"理解新范式和现有范式的关键概念是社会现实的'层面'概念"[2]。每一种范式都集中于社会现实的一个或几个层面，在水平层面上，三种现有的"社会学范式"是并列的，各自对应不同的范例、主题想象、理论和方法，是构成整合范式的内容，涵盖了所有社会现实，但如果对其做出"社会现实的层面"分析，就可以把它们划分成两组四种基本的纵向组成，即客观/主观、宏观/微观以及对应的组合，共同构成了一种社会学的连统体，"充分整合的社会学范式必须拥有两种基本的社会维度，即社会生活的宏观到微观和客观到主观的层面"[3]。社会事实范式关注的是宏观主、客观层面，社会定义范式涉及宏观主观和心理过

① George Ritzer and Richard Bell, "Émile Durkheim: Exemplar for an Integrated Sociological Paradigm?", *Social Forces*, 1981, 59 (4): 966-995: 966.

② George Ritzer, "Paradigm Analysis in Sociology: Clarifying the Issues", *American Sociological Review*, 1981, 46 (2): 245-248: 246.

③ George Ritzer and Richard Bell, "Émile Durkheim: Exemplar for an Integrated Sociological Paradigm?", *Social Forces*, 1981, 59 (4): 966-995: 966.

程（行动）的宏观客观层面，社会行为范式主要指微观客观层面，但不涉及意识过程（行为）。就"范例"而言，宏观客观层面包括社会、法律、科层、建筑、技术和语言；微观客观层面包括行为模式、互动；宏观主观有文化、准则和价值；微观主观包含社会建构的现实的各方面。社会现实具有复杂性，层面是理解社会学范式的一种抽象方法和分析工具，并不是说社会现实真的被划分为了不同的层次，也不是要取代范式理解，而是对后者的充实和完善，"层面是社会学的建构，而不是社会世界中的真实存在"，"四个层面的社会现实是出于研究的目的假定出来的，不意味着对社会世界的准确描绘"。①

瑞泽尔考察了马克思、韦伯、迪尔凯姆、西美尔、帕森斯、舒茨、米德（George Herbert Mead，1863—1931）以及贝格和卢克曼等人的社会学研究，他认为马克思有关行为者意识（主观）和宏观结构（客观）之间辩证关系的思想切合整合范式的范例标准；② 但他把贝格和卢克曼现象学分析划分进了社会定义范式中，"社会事实论者把社会事实作为强加于人身之上的力量，而现象社会学论者研究的则是人们如何参与到创造和维持强加于其上的社会事实的过程中去的"③；他承认社会事实是变迁的，社会学研究也要适应这种变迁，用新的范式描绘未来发展，"事实上，最好把社会事实看作种类庞大的社会现象，它包含了连续的互动和持续的变迁"④。

多贝雷尔在范式尤其是瑞泽尔社会学范式框架中考察了贝格、卢克曼和卢曼、威尔逊对世俗化普遍过程的解释，分析了他们多"层面的解释"中的理论分歧和默契之处。⑤

贝格和卢克曼代表的社会现象学范例属于社会定义范式，遵循韦伯社会

① George Ritzer and Richard Bell, "Émile Durkheim: Exemplar for an Integrated Sociological Paradigm?", *Social Forces*, 1981, 59 (4): 966-995: 967.

② George Ritzer, *Toward an Integrated Sociological Paradigm*, Allyn and Bacon, 1981, pp. 64-69.

③ George Ritzer, *Sociology: A Multiple Paradigm Science*, Allyn and Bacon, 1975, p. 122.

④ George Ritzer and Richard Bell, "Émile Durkheim: Exemplar for an Integrated Sociological Paradigm?", *Social Forces*, 1981, 59 (4): 966-995: 967.

⑤ Karel Dobbelaere, "Secularization Theories and Sociological Paradigms: Convergences and Divergences", *Social Compass*, 1984, 31 (2-3): 199-219.

学分析理念重点阐述了社会建构。贝格把社会看作"文化的一个方面"，研究了社会外在化、客观化和内在化三个辩证过程，分析了制度化、理性化及"世界祛魅"。他聚焦于世俗化得以发生的原型文化即西方宗教传统，认为后者除了超验性要素之外，更重要的是包含了历史化和道德理性主题，包含了世俗化的根源和指向。历史发展是世俗化持续萌发过程，中世纪西方宗教是历史性倒退，但其中也区分出了凡俗领域并制度化了，新教改革再现了世俗化力量，因而贝格指出历史现象"不应该用任何单因果关系来解释"[1]。

贝格对社会结构的分析虽然寡言无多，但他强调了"似然性结构"概念和"多元化处境"。他认为现代工业经济和科层管理体制要求并预示了高度理性化，宗教传统的意义体系解释现实的似然性崩溃了，导致了主观意识层面和客观社会结构层面世俗化，宗教传统的垄断被取消了，因此世俗化"实际上导致了一种多元化处境"[2]，形成了理性竞争的宗教市场，刺激了宗教产品分化，也影响了个人宗教消费意识和需求，最终引发了对宗教的"信仰危机"。

贝格强调"个体化"是现代社会的基本特征，宗教植根在个人意识之中，由此对社会结构做出了文化理解，建构了一种"私人"－"公共"领域两极化宗教模式，集中表现为公共"修辞"和私人品格，尤其在"私人"领域，宗教被归置在个人日常生活体验中，与自我解释关联，与公共价值无涉，不受强制约束，并走向了市场。

卢克曼集中关注了文化和个人层面的变迁，他的命题是"个体在社会中的存在问题是一个'宗教'问题"[3]，世俗化是社会结构制度性区隔和世界观社会异质性分化的结果，"是自主性制度'意识形态'在自身范围内取代了支配性超验规范的过程"[4]，表现为宏观上的制度区隔、中观宗教俗务和微观个人"拼贴"。[5]

---

① Perter Berger, *The Sacred Canopy*, Anchor Books, 1990, p. 110.

② Perter Berger, *The Sacred Canopy*, Anchor Books, 1990, p. 135.

③ Thomas Luckmann, *The Invisible Religion*, The Macmillan Company, 1967, p. 12.

④ Thomas Luckmann, *The Invisible Religion*, The Macmillan Company, 1967, p. 101.

⑤ Thomas Luckmann, "The Structural Conditions of Religious Consciousness in Modern Societies", *Japanese Journal of Religious Studies*, 1979, 6 (1/2): 121-137: 135.

现代社会中，理性组织发展起来了，经济、政治、教育等制度在功能上走向专门化，在分化和自主化基础上发展出"世俗"规范，同时宗教被边缘化，宗教规范被限制在特殊领域，在这一复杂过程中，"制度专门化的长期结果，以及社会秩序的全面转型扮演了决定性角色"①。在卢克曼看来，世俗化破坏了制度专门化宗教社会形式，神圣世界观解体，传统宗教不再表达价值观意义，形成了新的社会建构，多元主义发展起来了，新宗教群体出现了，而且较为成功地解决了"神圣宇宙"和"世俗要求"之间的矛盾。卢克曼随之指出虽然社会结构世俗化了，但个体并没有世俗化，于是私人的、拼贴的、无形的宗教出现了，即所谓的"制度上非专门化宗教社会形式"。②

在分析宗教私人化中，卢克曼也遵循了"私人"–"公共"视角，就私人领域而言，"个体倾向把特殊宗教规范限制在这样的领域，即'世俗'制度管辖要求还没有占据的领域，宗教因此成了一种'私人事务'"③；就公共领域而言，制度化宗教丧失了公共功能和官方支持。但在卢克曼看来，"私人事务"表达了两层含义，一开始，这种表述"具有政治的含义，现在它实质上是一种心理学的东西"④，就后者而论，高度"随意性"和"拼贴"的现代意识决定了个人宗教态度，根据自己"消费偏好"，在宗教市场上"自主"选择适合的"终极"意义，"'自主的'个人不仅会选择特定的主题，而且会用它们建构起一种明确的私人'终极'意义系统"⑤。

卢曼和威尔逊的研究属于社会事实范式，很大程度上放弃了世俗化过程分析，着力讨论宏观和中观社会事实即系统和亚系统。卢曼考察了亚系统以及亚系统与环境的关系，分析了社会系统功能分化对宗教亚系统的影响，在新的视角框架中区分和表述了涵括、个性化、区隔和整合等概念，统合了世俗化不同过程。

---

① Thomas Luckmann, *The Invisible Religion*, The Macmillan Company, 1967, p. 90.
② Thomas Luckmann, *The Invisible Religion*, The Macmillan Company, 1967, p. 101.
③ Thomas Luckmann, *The Invisible Religion*, The Macmillan Company, 1967, p. 86.
④ Thomas Luckmann, "The Structural Conditions of Religious Consciousness in Modern Societies", *Japanese Journal of religious studies*, 1979, 6 (1/2): 121-137: 136.
⑤ Thomas Luckmann, *The Invisible Religion*, The Macmillan Company, 1967, p. 105.

卢曼关注的是社会系统结构层面，强调功能分化是现代社会的特征，进而分析了功能分化对宗教亚系统的影响。卢曼认为现代社会经历了连续分化的变迁过程，包括马克思笔下的阶层分化即社会分化和迪尔凯姆阐述的功能分化即区隔分化两个方面。分化建构起了现代社会结构，尤其是经济、政治、科学、家庭、宗教等亚系统发展了不同功能，依赖各自的交流媒介如货币、权力、真理、爱和信仰完善出了自己的价值规则，产生了角色分化和角色期望。适应于系统功能分化，宗教变成了一种自我管理的亚系统，同时丧失了社会整合功能，要求新的形式和功能表述。

卢曼认为世俗化是现代社会功能高度分化的结果，是宗教亚系统适应新的社会结构的过程。作为一个描述性术语，世俗化描述了功能分化对宗教亚系统的影响以及后者的反应。世俗化也是一种社会变迁和历史演进过程，早期宗教化简了许多可能性，以超验方式影响了社会，但在世俗化过程中，尤其在现代社会，正如教育、科学和医疗等亚系统功能分化一样，宗教完成了从一个包罗万象的意义系统到一个功能分化的亚系统的演进。卢曼认为宗教功能指涉的是偶在性问题，现代宗教功能分化开始于中世纪，17 世纪延伸到科学和教育结构中，其后又扩展到了家庭领域。

卢曼借用帕森斯"涵括"概念，认为个体化是系统功能分化结果，宗教"个性化"与决定"私人化"相连。功能分化的现代社会兼容了各种稳定的社会亚系统，可以确定的是，个体在自主和平等价值观主导下能够接近这些系统，同时不会受到他具有的其他角色的限制，但不确定的是，个体无法被"归于"某个亚系统，这种状态正是"涵括"这个概念的内涵所在，它表达了系统单位接受新成员的可能性，可以理解为"宽容"前提下的"含纳"。在功能分化的社会中，个人不可能穷尽各种功能，也不会扮演无量角色，更多是进入专门化职业亚系统和扮演互补性的职业角色。功能分化、个性化对宗教系统产生了重要影响，导向宗教多元，个人可以自主决定信仰和选择宗教，而不再归属于特定宗教。[1]

---

[1] Karel Dobbelaere, "Secularization Theories and Sociological Paradigms: A Reformulation of the Private-Public Dichotomy and the Problem of Societal Integration", *Sociological Analysis*, 1985, 46 (4): 377-387; 381-383.

迪尔凯姆把传统社会中的集体意识看作群体共享道德责任和团结情感的源泉，认为群体经由集体意识达到内聚性整合，帕森斯也为社会整合提出了"价值模式"，卢曼借助系统分析对现代社会"非整合"问题做出了理解。在功能分化社会中，亚系统在社会大系统中相互定位并组成了内在社会环境，根据自己特定价值准则发挥系统功能，拒斥外部干预，且尊重其他亚系统边界和功能性规范。相对于传统社会而言，社会系统对亚系统支配力度发生了变化，内部不再存在特定的上层价值和标准，缺乏普遍价值和准则引导，从而不再整合亚系统。作为社会的一个亚系统，宗教丧失了控制社会的能力，反映的只是与其他亚系统的环境关系，既不能整合社会，也不表达社会整合，既不会阻碍也不会改变社会演化进程。

威尔逊遵循韦伯社会学传统，借助自主化、理性化、社会结构化等概念，分析了群体组织，解析了角色结构，把世俗化看作现代化的一个方面，它是现代社会组织理性化的结果，理性化产生了社会结构化，引起了经济、政治、教育、家庭、文化和道德等领域的变迁。

威尔逊感兴趣的是传统社群变迁对宗教产生的影响，社会结构化过程中，人们的"生活逐渐按照社会而不是乡土网入并被组织起来"，[1] 随着社群衰落，宗教丧失了合理化社群关系、制度结构以及风尚习俗的作用，世俗化是宗教在现代社会中重要性逐渐降低和影响力逐渐丧失的过程，经由世俗化"宗教制度、行为和意识丧失了它们的社会重要性"[2]。威尔逊强调说世俗化不只局限于经济、政治等公共领域，也表现在文化、道德和家庭领域。

威尔逊描述了宗教"私人化"和"个体化"，认为宗教不再为现代社会系统所需要，只为个人发挥功能，"它是个体用于应付社会的一个基本功能，社会自身的运作没有为宗教留出位置"[3]。他重复了贝格个体世俗化论题，并延伸到宗派研究中，证明新兴宗教运动是对世俗世界的调适，是高度个体化的，是聚焦于个体自我和自我选择的社群，而不是社会或者道

---

① Bryan Wilson, *Religion in Sociological Perspective*, Oxford University Press, 1982, p. 154.

② Bryan Wilson, *Religion in Sociological Perspective*, Oxford University Press, 1982, p. 149.

③ Bryan Wilson, *Religion in Sociological Perspective*, Oxford University Press, 1982, p. 50.

德群体。①

世俗化集中体现为社群衰落，与之相伴的是宗教在社群中丧失功能。威尔逊认为宗教具有社会整合、角色动机和个人意义体系三种功能，他把宗教早期负载的功能称作"潜功能"，即迪尔凯姆所谓的宗教是社会团结的介质。在威尔逊看来，一方面，潜功能构成了宗教存在的理由，但在结构化过程中转移到了科学、教育、政治等亚系统中；另一方面，宗教的存在也有赖于显功能的发挥，即为人类提供救赎前景及获得救赎路径导引，但在社会变迁过程中，显功能也受到了破坏。

多贝雷尔考察了上述四人对世俗化的讨论，他的目的是要在综合概括的基础上为世俗化提供一种普遍理论，建立整合的范式框架，所以他认为社会事实和社会定义两种范式强调了世俗化的不同侧面，并不相互矛盾。

两种范式都讨论了宏观社会问题，表达了功能分化的基本观点，如社会定义范式中的区隔化、功能理性和制度化，社会事实范式中的亚系统、社会互动和社会结构化等。多贝雷尔认同卢曼的分析，把功能分化看作现代社会结构得以确立的逻辑前提。在功能分化社会中，社会整合不再依赖价值整合，而依赖系统之间功能专门化；作为亚系统的宗教不再发挥社会整合作用。多贝雷尔还指出两种范式都涉及世俗化普遍过程的两个层面，即系统演化和宗教变迁，世俗化更多地表达了社会结构变迁而不是宗教变迁。

两种范式都讨论了宗教"私人化"问题，即贝格所谓"个体化"、卢克曼所言个人"拼贴"、卢曼所论"决定私人化"，威尔逊所说"个体救赎"，但多贝雷尔对贝格和卢克曼建构的"私人"－"公共"两极化宗教模式提出了批评。贝格和卢克曼引入了一种结构对比，把"私人领域"界定为"公共领域"的对照面，强调说宗教私人化是功能分化和自主化过程的结果。贝格认为现代社会"私人"领域对文化价值的理解与"公共"领域毫不相干，"在制度秩序最具公共性与最具个体性的部门之间，特别是在国家和家庭制度之间，存在'两极分化'的趋势"②；而公共领域的

① Bryan Wilson, *Contemporary Transformations of Religion*, Oxford University Press, 1976, p. 61.
② Perter Berger, *The Sacred Canopy*, Anchor Books, 1990, p. 129.

"功能性"在于"维持现代经济和政治制度高度理性化的秩序"①。在卢克曼看来，现代社会宗教只在私人生活中还具有有效性，而宗教一旦成了"私人事务"，个人对"终极意义"的选择只受偏好引导，与公共领域关涉无多。多贝雷尔认为社会定义范式的这种二分法把世俗化限制在"公共领域"，排除了家庭生活等领域的世俗化，没有全面表述功能分化过程的社会影响，因此它的分析不太完善和准确；另外在多贝雷尔看来，"公共领域"还是一个意识形态工具，被用来合理化世俗制度的功能分化和自主化，因而不是一个社会学概念。② 更重要的是，"私人"和"公共"领域只是社会调查的"对象客体"，并不是客观的社会结构事实，是社会定义的概念而不是社会学解释范畴，贝格和卢克曼把参与者的"社会"定义当成了"社会学"范畴，并通过"社会定义"把它建构为"社会事实"，从而歪曲了分析，引起了误解。③ 另外，多贝雷尔对卢克曼个人"拼贴"的观点提出了批评。卢克曼强调个人自主选择并通过拼贴方式建构起自己的"终极"意义系统。多贝雷尔认为拼贴的意义的合理性只限于家庭、朋友和教派范围内，缺乏普遍社会系统意义；与系统整合相关，不仅要研究个人生活意义系统的"拼贴"，更要研究不同意义系统对"私人"和"公共"领域的影响。

多贝雷尔承认个体化是现代社会功能分化结构性结果，主张参照社会背景及宗教亚系统变迁分析个体宗教行为，借助于社会事实范式解释宗教个体化，表述社会整合问题，他借用帕森斯"涵括"概念和角色理论分析了亚系统中个人宗教参与。角色理论强调社会中角色地位及角色期望对个人态度与行为的影响，林顿的结构角色理论把角色看作社会结构和社会组织的基石，拉尔夫·特纳（Ralph Herbert Turner，1919—2014）过程角色理论以社会互动为出发点，强调角色扮演、角色期望、角色冲突与角色紧张等问题。在功能分化的社会系统中，不同亚系统之中发展了角色分化，

---

① Perter Berger, *The Sacred Canopy*, Anchor Books, 1990, p. 134.

② Karel Dobbelaere: "Towards an Integrated Perspective of the Processes Related to the Descriptive Concept of Secularization", *Sociology of Religion*, 1999, 60 (3): 229-247: 233.

③ Karel Dobbelaere, "Secularization Theories and Sociological Paradigms: Convergences and Divergences", *Social Compass*, 1984, 31 (2-3): 199-219: 207.

产生了角色地位和角色期望，社会系统容纳了各种角色，社会互动是角色取向的。就功能而言，宗教是人们寻求精神安慰和支持的亚系统，也是一种角色扮演动机系统，但在功能分化现代社会中，随着宗教传统影响力的丧失，角色扮演动机结构发生了变化，宗教选择和决定都个体化了，而且在有些新的宗教组织中，通过决定的个体化形成了中心化角色联结，当然宗教中的这种变化只发生在个体层面和微观动机中。多贝雷尔批评说集中于个体层面分析很容易陷入一种误区，即把对宗教的分析由系统结构层面降低到个体层面，从而化简了"普遍世俗化论题"，研究失去了社会学意义而导向心理学分析，使"宗教社会学丧失'普遍世俗化过程'的精髓，即社会系统的世俗化和宗教变迁"①，因此他建议把角色作为一个"桥接"概念，把对个体的分析与系统功能分化联系起来，在亚系统变迁背景中讨论个体宗教行为，在多维层面上验证世俗化理论。

三　作为多维概念的世俗化

"世俗化"是客观存在的"事实"，但很难对它做出普遍认可的实质性定义，通常被用作为一个描述性概念。考克斯认为世俗化是西方宗教本身的主旨，根源于圣经传说中"自然的祛魅""政治去神圣化""价值除圣"以及对文化世俗化的描述，"世俗化是描述性词语，具有包罗广泛的含义，有不同表现形式，取决于相关地区的宗教和政治历史"②。贝格认为世俗化是"纯描述性"概念，不具价值判断意义，因而没必要对它"哀叹"或者"欢呼"。③ 卢曼认为世俗化描述了功能分化对宗教亚系统的影响，宗教不再是社会首要意义系统，降低为一个亚系统。辛纳回顾了学术界有关世俗化的相关研究，他总结说从韦伯和特洛伊奇开始，"世俗化"一直被用作

---

① Karel Dobbelaere, "Secularization Theories and Sociological Paradigms: A Reformulation of the Private-Public Dichotomy and the Problem of Societal Integration", *Sociological Analysis*, 1985, 46 (4): 377–387: 386.

② Harvey Gallagher Cox, *The Secular City*, Penguin Books, 1968, p.34.

③ Perter Berger, *The Sacred Canopy*, Anchor Books, 1990, pp.106, 107.

"一个描述和分析的工具"①。多贝雷尔认同卢曼的理解，指出宗教在社会结构中重要性弱化了，丧失了对其他亚系统的要求，也丧失了作为合理性基础的神圣宇宙观，因此世俗化概念不是因果概念，也不是解释概念，而是一个涵盖多维层面的描述性概念。

多贝雷尔回顾了社会学界有关世俗化论题的基本观点，在检视理论分歧的同时，他发现这些解释基本都围绕"制度世俗化""宗教自身变迁"和个人"宗教虔敬"等方面描述了一种"普遍世俗化过程"。阿奎维瓦、卢克曼、马丁集中于经济社会领域工业化、都市化，以及制度领域理性化、专门化和区隔化等变量，从社会和制度变迁视角解释了宗教衰落；威尔逊讨论了亚系统社会结构化，分析了社群-社会结构变迁，提出了世俗化是社群衰落的观点；费恩也描述了世俗社会的形态。②贝格描述了宗教"似然性结构"解体和神圣帷幕降落；卢克曼对制度上非特殊化的宗教社会形式的讨论涉及宗教亚系统变迁即他所谓的"内部世俗化"；卢曼强调了宗教连续演化过程，它在现代社会分化为一种亚系统，逐渐丧失了社会结构功能；威尔逊把新兴宗教运动看作宗教世俗化的表现。阿奎维瓦、贝格、卢克曼、马丁和斯达克等都研究了个人"宗教虔敬"。

上述研究都涉及对世俗化不同层面的分析，英格建议"最好在世俗化和宗教变迁之间做出区分"③。针对世俗化研究中的学术分歧，辛纳回顾了世俗化一词在历史上和实践研究中的用法，讨论了宗教衰落即社会去宗教化，他概括了学术界对世俗化不同层面的关注和研究成果，结合研究范例划分了"世俗化"六种含义，其中"宗教衰落""切合现世""脱离宗教"强调了社会制度领域宗教丧失了传统影响和公共角色，世俗政府和教育、福利机构取代了宗教权威和功能，宗教被贬低到了私人生活范围内，"分化"注定了最终"衰落"。"信仰和制度换位""世界去神圣化"表明了自然世界的客观性和人类理性、自主性、创造力，人类精神、思想、知识独

---

① Larry Shiner, "The Concept of Secularization in Empirical Research", *Journal for the Scientific Study of Religion*, 1967, 6（2）: 207-220: 209.

② Richard K. Fenn, *Beyond Idols*, Oxford University Press, 2001.

③ John Milton Yinger, *Sociology Looks at Religion*, Macmillan Co., 1963, p. 72.

立于信仰，科学、道德和艺术从宗教世界观和宗教控制中分离了出来，趋向世俗前景。"社会由神圣到世俗的运动"则强调了一种基于理性和实用主义考量的普遍的、多变量和多阶段的变迁过程，他认为世俗化包括去神圣化、分化和换位三个过程。[1]

借助于辛纳的分析，并结合瑞泽尔对社会学整合范式的相关表述，多贝雷尔建议在"层面解释"基础上统合有关世俗化的理论观点，统一世俗化不同过程，他提出世俗化是一个包括多维度含义的概念，应该进行多层次分析。多贝雷尔主张探析宏观社会结构层面制度的普遍化、中观宗教亚系统层面的多元化，微观个人层面宗教参与的个性化，建构一种"普遍世俗化"过程，"世俗化理论指的是俗化、宗教变迁和教会参与的过程"[2]，是涵盖"社会结构的、组织的和个人的世俗化"[3]。

社会结构世俗化。在对世俗化的研究中，社会制度和社会结构始终是学术关注的中心，围绕宗教与社会的关系，以迪尔凯姆为代表的社会事实范式和以韦伯所代表的社会定义范式强调的侧重点虽然有所不同，但都表达了宗教在现代社会地位和影响力衰微趋势。迪尔凯姆把宗教作为所有重大制度缘起的根源和传统社会整合的基础，把世俗化看作贯穿人类历史的一般过程，所表达的不过是传统的衰落；韦伯强调人类行为受理性主导，现代社会经历了制度"祛魅"过程。帕森斯在社会演化视角中讨论了制度分化，后者导致了一种"适应性提升"，作为制度专门化结果，宗教丧失了最初功能；卢曼在世俗化概念下描述了系统功能分化对宗教亚系统的影响。贝格指出世俗化更多地表现为一种社会结构过程，经历了功能分化的社会部门从宗教制度中脱离了出来，宗教影响范围缩小了；卢克曼"世俗化"概念表达了制度"俗化"过程，同时包含了结构分化和意识形态意义，在其中"自主性制度'意识形态'在自身范围内取代了支配性超验规

① Larry Shiner, "The Concept of Secularization in Empirical Research", Journal for the Scientific Study of Religion, 1967, 6 (2): 207-220: 209-217.

② Karel Dobbelaere, "Trend Report: Secularization", *Current Sociology*, 1981, 29 (2): 1-216: 15.

③ Karel Dobbelaere, *Secularization*, P. I. E-Peter Lang, 2002, p. 29.

范"①。威尔逊提出"在社会系统运作中，宗教不再具有重要性"论断；②查维斯在考察社会结构世俗化过程中也认为宗教权威在社会结构层面影响范围缩小了，并把它与中观组织和微观个人中的世俗化中区分开来，"在社会结构层面上，可以把世俗化理解为宗教精英对其他制度领域发挥权威的能力降低了"③。多贝雷尔以社会结构为中心，通过研究制度化宗教，总结概括了学术界理论成果，特别是阐发和扩展了卢曼功能分化理论，在社会层面为理论整合提供了一种"普遍世俗化过程"框架，即系统分化过程、理性化过程、结构化过程和辩证过程。

（1）系统分化过程论。多贝雷尔对世俗化的解释是从社会系统功能分化的角度展开的，他认同学术界的基本分析，把世俗化界定为一种过程。但在他看来，与其说世俗化是历史演变过程，不如强调它是结构功能分化过程，即法语"laïcisation"指代的制度"俗化"过程，"概念化为分化过程"，也就是他所谓的狭义世俗化，包括社会制度专门化和宗教亚系统特化两个方面。

一方面，世俗化是社会亚系统自主分化过程，也包含这个过程的结果。多贝雷尔认同卢曼的观点，现代社会沿着功能专门化路线发生了分化，形成了经济、政治、科学、家庭、教育和宗教等不同亚系统，完善了各自的自主性，相互之间出现了角色分化和角色期望。高度分化社会发生了不同层次世俗化，即宗教与其他亚系统之间不同层次的分化，"制度领域逐渐独立，如经济、政治、教育、科学，形成了各自的根据，抛弃了宗教的首要要求"④，最终形成了"制度领域的区隔化"，相互分离的制度领域逐渐在功能上实现了理性化和自主。

另一方面，"世俗化"描述了现代社会功能分化对宗教亚系统的影响，宗教从包罗万象的意义系统降低为一个功能特化的亚系统，"原本上层的

① Thomas Luckmann, *The Invisible Religion*, The Macmillan Company, 1967, p. 101.

② Bryan Wilson, *Religion in Sociological Perspective*, Oxford University Press, 1982, p. 150.

③ Mark Chaves, "Secularization as Declining Religious Authority", *Social Forces*, 1994, 72 (3): 749-774: 757.

④ Karel Dobbelaere, "Trend Report: Secularization", *Current Sociology*, 1981, 29 (2): 1-216: 14.

和超验的宗教系统在功能分化的现代社会中缩小为与其他亚系统并行的一种亚系统"①，而且经由这一过程，宗教潜功能显现并发生了转移，同时显功能逐渐丧失，作为结果宗教社会重要性降低了，失去了对其他亚系统的要求、影响和控制力，而这些正是它在前现代社会所具有的东西。

（2）理性化过程论。正如韦伯所言，世俗化是世界祛魅即理性化过程及其结果。亚系统的功能分化和自主化为理性发展留出了空间，"制度领域逐渐独立""自我理性有所发展""拒弃了宗教要求"②，受人类理性主导的现代经济、政治和管理行为由目标或者功能手段来决定，失去了宗教意义，也不再为传统和神魅留有位置。但多贝雷尔认为，根据韦伯对目标导向的工具理性行为与价值导向的价值理性行为的区别，理性评价依赖个人价值判断，因此"理性"或者"非理性"是相对的；宗教受价值主导，不能简单地把它归为非理性行为，而且就算宗教是非理性的，但许多功能理性行为也有可能是从宗教中发展起来的。无论如何，现代社会系统变迁对个人意识产生了影响，理性的、批判的认知能力提高，前逻辑的、宗教的观念减少了，消解了对超自然、圣洁、彼世等图景的想象。作为世俗化的结果，宗教对社会文化的影响力减弱了，文学艺术中宗教内容减少了，哲学观念改变了，教育脱离了教会控制，科学发展起来。

（3）结构化过程论。世俗化反映了社会群体结合方式的结构性变迁。德国社会学家滕尼斯在《共同体与社会》一书中区分了"有机的"社群和"机械的"社会，作为理解人类群体的两种基本模式，前者是以人的"本性意志"为基础通过血缘纽带和邻友关系结合起来的相互依赖的结合体，后者则是本质上相互分离的个体根据"理性意志"以权力、法律和制度等作为手段有选择地建立起来的组合体，滕尼斯表达了演化论思想，认为前者是前现代群体形式，后者是现代主导模式。③ 迪尔凯姆也表达了同样的

---

① Karel Dobbelaere, "Testing Secularization Theory in Comparative Perspective", *Nordic Journal of Religion and Society*, 2007, 20 (2): 137-147: 138.

② Karel Dobbelaere, "Professionalization and Secularization in the Belgian Catholic Pillar", *Japanese Journal of Religious Studies*, 1979, 6 (1-2): 39-64: 40.

③ Ferdinand Tönnies, *Community and Civil Society*, Translated by Jose Harris and Margaret Hollis, Cambridge University Press, 2001.

群体二分法，他把社会分为"机械团结"和"有机团结"，作为理解社会整合的两种类型，前者以成员情感、意志、价值观和信仰等的同质性为基础，以不发达的社会分工和强烈的"集体意识"为特征，成员之间相互依赖度较低，宗教与社会密切联结在一起；后者建立在高度发达的社会分工基础上，强调个体之间的异质性和自主意识，分工精细而相互依赖程度强大。社群和社会两分法也被韦伯结合进了自己的理性观念中，他在"结合体"概念下分析了社会经济以及管理等领域专门化导致的社会结构变迁，传统社群纽带破裂了，变得更为"社会"了，现代社会互动是碎片化的，着眼于实用主义，社会控制也不再依赖道德和宗教来实现。威尔逊描述了社群关系衰落，把这一过程称为"社会结构化"，他承认"宗教曾经是社会控制和社会化的主要机构"[1]，作为社群向它的成员提供"救赎"。威尔逊基本命题是"世俗化是社群衰落"[2]，在结构化社会中，社群不再是群体组织的基本形式，宗教失去了对社群的支配力，丧失了潜功能，社会控制不再依赖道德或者宗教，而由技术和科层机构来实现。卢克曼对现代社会的"社群"进行了特别关注，他与威尔逊的观点一致，认为"宗教是社群的构成要素"[3]，组成了生命意义系统，但他把社会结构化描述为功能分化。多贝雷尔主张用社群/社会、情感/理性、公共/私人三组关联词来多角度理解群体互动关系和变迁特征，现代社会中传统"社群"纽带断裂了，变得更为"社会"了；社会互动由理性定位，不再是情感、道德和宗教的而是实用、正式和契约的；公共范围内宗教被排除在理性之外。[4]

（4）辩证过程论。多贝雷尔分析指出俗化不是由超验或抽象力量导致的机械演化，而是由希望社会及其亚结构俗化的群体推动的，尽管在经济和政治领域不大可能出现再圣化和去俗化，但这种可能性在家庭及教育领域是存在的，因此世俗化过程不是直线的，而是可以逆转的。在

[1] Bryan Wilson, *Contemporary Transformations of Religion*, Oxford University Press, 1976, p. 3.

[2] Bryan Wilson, "Aspects of Secularization in the West", *Japanese Journal of Religious Studies*, 1976, 3 (4): 259-276: 265.

[3] Thomas Luckmann, "A Critical Rejoinder", *Japanese Journal of Religious Studies*, 1976, 3 (4): 277-279: 277.

[4] Karel Dobbelaere, *Secularization*, P. I. E. -Peter Lang, 2002, p. 86.

这点上，多贝雷尔又绕回到马丁最初对世俗化概念的批判上，即"世俗化"是一个植根意识形态并负载价值的概念，因而主张把它"从社会学词典中删除掉"①。

内部世俗化与宗教变迁。宗教变迁反映的是宗教组织的结构转型，以及相伴随的教义教规、神学制度、道德情感、圣典仪式等的改变，也表现为旧社群衰落和新社群兴起，卢克曼把这种过程称作"内部世俗化"。英格把宗教看作一种独立变量，区分了宗教变迁和社会世俗化，讨论了宗教和社会变迁以及整合与多元化问题。多贝雷尔认为作为内部世俗化的宗教变迁和作为俗化过程的结构变迁是世俗化不同方面，应该做出区别分析，前者与社会文化变迁密切相关，主要由内部因素决定，但也是外部世界经济发展、技术创新、劳动分工、制度专门化以及科层组织和多元主义发展等多重因素影响的结果。

社会变迁引起了宗教变迁，社会系统功能分化使宗教特化为一个功能亚系统，丧失了影响整个社会系统的传统权威，宗教观念发生了改变甚至于瓦解了，个体有了更多的自主选择，"集体意识变得更加理性，因而变得更少确定性，由于这一原因，它对个人多样化自由发展施加的限制也就越少了"②；社会祛魅和理性化过程消解了宗教神圣观念的合理性，降低了主观信仰的地位，先前针对整个社会的普遍价值如团结、仁爱和慈善、谦逊等要求现在局限为典型的价值原则，而且后者也不再为宗教专门特有；这些变迁进一步加剧了宗教传统似然性结构的崩溃，"带来了宗教传统的去垄断化，因而事实上导致了一种多元化处境"③。

学术界对宗教历史和现实的考察都表明宗教内部发生着持续的世俗化。伴随着宗教意识形态变迁，宗教组织越来越趋向俗世定位，政教分离促使宗教组织从经济、政治和其他社会部门中分化了出来，走上了以教会为中心的制度专门化道路。多贝雷尔研究了比利时柱式化天主教亚社会，认为后者源自天主教亚系统专门化和职业化，经历了神学、仪式、圣事等

---

① David Martin, *The Religious and the Secular*, Routledge & Kegan Paul, 1969, p. 22.
② Emile Durkheim, *The Division of Labour in Society*, With an introduction by Lewis Coser, Translated by W. D. Halls, Macmillan Education Ltd, 1989, p. 233.
③ Perter Berger, *The Sacred Canopy*, Anchor Books, 1990, p. 135.

方面调适，越来越趋向"现世"定位。① 贝格和卢克曼根据宗教世俗定位解释了美国相比欧洲较高的宗教参与率，前者"自身变得高度世俗化了"②，多贝雷尔试图引入理性选择理论来折中解释较高参与率与世俗化理论主题之间存在的矛盾。

宗教变迁不仅意味着宗教意识形态和组织结构变迁，也刺激了膜拜团体、教派、宗派等新组织类型出现和新兴宗教运动兴起。特洛伊奇和理查德·尼布尔提出了教会-教派宗教类型分析，普福茨、赫伯格、威尔逊都在这种二分模式基础上做出了进一步完善和阐发，揭示了新兴宗教运动性质及其与世俗过程的联系。威尔逊认为教派是存在于多元化社会中的世俗组织，而宗教运动是对世俗化过程的确认；沃利斯（Roy Wallis，1945—1990）指出新兴宗教运动是"俗世定位"，③ 卢克曼则认为它是"无形宗教"的范例，彼世超验萎缩了，变成了"现世的"或者"俗世的"。④ 多贝雷尔认同斯达克和班布里奇（William Sims Bainbridge，1940—）的观点，认为新兴宗教运动是宗教对世俗世界的调适，新的宗教信仰在对变迁的反应中日益关注内在性，强调现世和日常生活体验，并自我宣称是精神运动。⑤

个人层面世俗化。在微观个人层面上，世俗化表明制度化宗教传统丧失了对个人信仰、实践、态度的掌控力，表现为个人没有宗教信仰，或者宗教成为个体化选择、拼贴对象，以及在个人认知中宗教整体性衰落了。为了验证世俗化理论，多贝雷尔主张考察个人信仰、委身实践以及个人对宗教与其他亚系统之间关系的认识，分析个人宗教性变迁。

宗教退出了公共领域，局限于私人生活范围内。帕森斯和卢曼使用"涵括"概念表达了个体化是功能分化的结构性结果，"职业"领域的专门

① Karel Dobbelaere, Jaak Billiet and Roger Creyf, "Secularization and Pillarization: A Social Problem Approach", in *The Annual Review of the Social Sciences of Religion*, Vol. 2, Mouton Publishers, 1978, pp. 97-123.

② Perter Berger, *The Sacred Canopy*, Anchor Books, 1990, p. 108.

③ Roy Wallis, *The Elementary Forms of The New Religious Life*, Routledge and Kegan Paul, 1984.

④ Thomas Luckmann, "Shrinking Transcendence, Expanding Religion", *Sociological Analysis*, 1990, 51 (2): 127-138.

⑤ Karel Dobbelaere: "Towards An Integrated Perspective of the Processes Related to the Descriptive Concept of Secularization", *Sociology of Religion*, 1999, 60 (3): 229-247; 235-236.

角色和"公共"领域的补偿角色是相互分离的，这对宗教亚系统和生活世界造成了影响，减弱了宗教归属性角色，刺激了选择个体化，宗教成为"私人领域"。贝格和卢克曼把"私人化"与"自主"选择、表达和实现联系了起来，私人宗教性与公共秩序是分离的，"限制在了社会生活的特殊飞地中，后者可以从现代社会世俗化的部门中有效地分离出来"①。多贝雷尔把个体化表述为"决定的个性化"，认为在功能分化社会中，随着社会结构变迁，人们角色扮演和信仰结构发生了变化，日常行为划分成私人和公共两大领域，而且公共范围的延展和干预与私人范围的维持和保护之间存在张力和冲突，其中涉及文化和宗教个性化情势。但是多贝雷尔认为宗教个性化不是建立私人"领域"，个性化与"公共"/"私人"领域二分毫无关系，二分具有意识形态特征，想把宗教化简为私人事情；个性化是功能分化的结构要素，指的是决定的个体化，二分则是所有亚系统的典型特征。最后，多贝雷尔赞同斯达克的判断，虽然宗教制度丧失了公共权力，社会制度摆脱了宗教主导，但这不意味着"世俗化预示了个人宗教性显著衰落"，微观层面世俗化并没有表明宗教衰落，所谓的"衰落"只是一个"宗教衰落的迷思"，② 所谓"宗教终结"的"世俗化预言"不是真正的社会学分析，而是带有意识形态色彩的"信仰"和"愿望"，因此不能把个人层面世俗化化简为宗教衰落或者个人宗教性衰退。

个人层面世俗化集中表现为信仰和实践等方面的转变。贝格认为追求超验意义的宗教冲动是"人性的一个长久特征"③，多贝雷尔承认追求意义是典型的人性，但他指出并非所有意义系统都是宗教的，无宗教和非宗教意义系统也在特定群体中发挥着作用，因而现代社会个人信仰发生了质变，个人体验成为信仰基础，强调灵性和精神历程，对精神的追求而不是对宗教的"虔诚""笃信"成为信仰的标注。

① Perter Berger, *The Sacred Canopy*, Anchor Books, 1990, p. 134.

② Rodney Stark, "Secularization, R. I. P.", *Sociology of Religion*, 1999, 60 (3): 249-273: 253.

③ Peter Berger, "The Desecularization of The World: A Global Overview", in *The Desecularization of the World*, Edited by Peter Berger, Grand Rapids, The Ethics and Public Policy Center and William B. Eerdmans Publishing Co., 1999: 1-18: 13.

现代社会中传统群体结构破坏崩溃，制度化宗教受到不断侵蚀，"集体意识"瓦解冰消，丧失了对个人信仰、实践和道德的影响力，同时打开了多样化意义系统大门，导致了宗教区隔化发展，形成了多元化竞争市场，存在制度宗教、民间宗教、迷信以及非宗教或无宗教形态等"自选宗教"或如多贝雷尔所言的"菜单宗教"。

个性化信仰从传统权威中解放了出来，摆脱了教条宗教的拘束，在多元化处境中不断发展，凸显了自我，个人从宗教市场中选择并"拼贴"自己的信仰，选择适合自己的崇拜，建构起了自己的宗教信仰体系。卢克曼用"拼贴"概念表达了现代社会中宗教意识的"随意性"，[①] 强调了个性化拼合和重构，是异质性宗教信仰和实践与世俗选择之间的结合，多贝雷尔把这种状态称为"宗教交融"，但他也指出虽然后者没有特殊模式，但交融和选择的结合对个人来说是特殊的，宗教和个人都有特定社会特征。当然，传统权威丧失和多元化市场培育有助于宗教组织发生转型，教会除了在神学、仪式、圣事等方面进行适应世俗化的调整之外，重要的是变成了"选择性社群"，"个人在其中体验了归属的愉悦"，其"终极意义是个人个性的表达"[②]，更多注重的是个体的人性观照。

委身与参与。 多维世俗化各个层面是同时存在且相互影响的，其中社会结构世俗化是主要方面，对社会过程其他层面发挥了主导性影响，多贝雷尔综合了有关宗教委身和宗教参与的研究，分析了社会结构世俗化对个人宗教认知、态度和行为的影响。

首先，社会结构世俗化影响了个人对宗教与其他亚系统之间关系的认知，多贝雷尔把它看作一种心理世俗化，并借用心理学概念称之为"间隔化"，如人们会认为"宗教不应该影响其他亚系统，亚系统是自主的，宗教对亚系统的任何干涉都应该被清除掉和不被接受"[③]，"个人世俗化即间

---

① Thomas Luckmann, "The Structural Conditions of Religious Consciousness in Modern Societies", *Japanese Journal of religious studies*, 1979, 6 (1/2): 121–137: 135.

② Bellah, R. N., R. Madsen, W. M. Sullivan, A. Swidler, and S. M. Tipton, *Habits of the Heart: Individualism and Commitment in American life*, New York, Harper & Row, Publisher, 1985, p. 230.

③ Karel Dobbelaere, *Secularization*, P. I. E-Peter Lang, 2002, p. 169.

隔化或者'心理世俗化'，即人们认为教会不应该干预或者把自己的观念强加进所谓的世俗亚系统"。为了验证微观层面世俗化，多贝雷尔建议引入一套综合的世俗化和间隔化指标，结合动机结构分析方法，研究社会结构世俗化以及间隔化对个人教会委身的影响，"间隔化主要以教会委身为基础"[1]。教会委身即固定地隶属某一宗教组织，它是衡量个人宗教性的常用指标。多贝雷尔分析发现教会委身和间隔化之间呈现负相关性，教会委身对间隔化产生了影响，反过来也影响了社会世俗化过程。

其次，社会结构世俗化影响了宗教参与。宗教参与是人们日常涉入宗教实践的行为和活动，它反映了群体准则和成员行为之间契合的程度。学术界通常把宗教参与看作内部世俗化的一个指标，用它来度量宗教实体规范整合程度，一般而言，世俗化程度越高，宗教参与度就越低。多贝雷尔承认教会参与度降低与社会结构世俗化是同一过程，且受到历史、社会和文化等多种因素综合影响，其中功能分化、理性化、社会结构化与工业化、都市化、科层化以及人口和社会流动等现代化过程要素导致了宗教参与度的实质性降低，而教派差别、社会分裂、大众媒介以及代际、家庭等特定历史文化要素也会引起宗教参与的时段性波动。[2] 多贝雷尔把社会结构世俗化看作影响教会参与的主要因素，社会系统功能分化和理性化等普遍过程导致了宗教亚系统特化，同时造成宗教组织结构变迁，影响到宗教参与度变化，也影响了个人对宗教参与的主观认知和态度，在社会结构世俗化程度越高的社会中，宗教系统价值与其他系统价值之间的个人心理分离程度就越高，即间隔化越多宗教性就越少。

最后，社会结构世俗化是一种社会结构过程，多贝雷尔认同贝格观点，社会结构世俗化虽然是影响个人宗教性的重要因素，但不是唯一而充分的因素，"社会结构层面上的世俗化无须与个人意识层面上的世俗化相连"[3]，因

---

① Karel Dobbelaere, Alfonso Perez-Agote & Celine Beraud, "Comparative Synthesis", in *The Intimate*: *Polity and The Catholic Church*, Leuven University Press, 2015: 199–221: 205.

② Karel Dobbelaere, "Trend Report: Secularization", *Current Sociology*, 1981, 29（2）: 1–216: 136–137.

③ Peter Berger, "The Desecularization of The World: A Global Overview", in *The Desecularization of the World*, Edited by Peter Berger, Grand Rapids, The Ethics and Public Policy Center and William B. Eerdmans Publishing Co., 1999: 1–18: 3.

而他主张说，不能简单直接地化简对个人行为的解释，必须考虑其他因素对人们信仰的影响。

多贝雷尔关于宏观和微观层面的讨论是在经典范式中进行的，而对于中观层面宗教变迁的分析则受到早期教会社会学研究的影响以及自己基于天主教柱式化社会研究的经验总结。社会结构世俗化不是机械演化过程，也取决于文化背景和个人及群体等要素；宗教变迁意味着组织结构和意识形态变化，是文化适应的结果；① 社会结构世俗化影响了心理世俗化，但它不能单独解释后者，个人宗教性的衰落也不是社会结构世俗化的有效指标。

四　多维概念的影响和学术回应

多贝雷尔承认人类生活需要意义系统的支持，他借助卢曼对宗教亚系统的理解和分析，把宗教看作发挥社会认同和整合作用的意义系统，但鉴于世俗化在现代社会结构和个人层面上的不断深化，宗教意义系统的社会影响衰微了，所以更应该强调其他意义亚系统对社会行为的影响，后者很大程度上与个人生活和社会定位有关，社会学应该着眼于人类社会的整合开展研究，理解人类生活的意义。

多贝雷尔对世俗化理论系统化进行了尝试，他对瑞泽尔范式的追捧和对社会学两大传统的强调为学术界建构世俗化范式提供了示范。查宁（Olivier Tschannen）系统地回顾了 20 世纪 60 年代初期以来学术界有关世俗化问题的讨论，他的目的不是要进行具体的理论批判，而是着眼于"范例共享的基本结构"研究，为建构世俗化范式做出学术积累，"范式层面上的统一性比理论层面上的分析更为重要"②。

查宁承认根据库恩"范式"框架要求，围绕在学术团体 ISSR 周围已经形成了一个具体的"科学共同体"。帕森斯、费恩和贝拉从不同视角讨

① Karel Dobbelaere, "Testing Secularization Theory in Comparative Perspective", *Nordic Journal of Religion and Society*, 2007, 20 (2): 137-147.

② Olivier Tschannen, "The Secularization Paradigm: A Systematization", *Journal for the Scientific Study of Religion*, 1991, 30 (4): 395-415: 396.

论了普遍化、私人化和多元化等问题；贝格研究了主客观维度的世俗化，主观方面指的是世界观崩溃，客观方面则是多元化，多元化与世界观又产生了相互影响；卢克曼也认为"世界观分化"和"社会分化"导致了"自主化"、"私人化"和"多元化"；私人化引起了"俗务"和"普遍化"，多元化引起了世界观崩溃。马丁着眼于分化和标准叙事，讨论了宗教在现代社会中的转型；威尔逊从"社群"概念入手，沿着理性化进路，分析了分化、自主化、多元化和社会学意义上的非信仰，这些最终导致"社会"层面宗教组织世俗化，查宁认为威尔逊所谓的世俗化"传统模式"事实上构成了一种范式。

在库恩看来，范式除了共享"概念"之外，重要的是要有"范例"作为基础，"一种范式必须简单，建立在典型范例基础上，而不是建立在精致定义基础上"[①]。范例在自然科学中发挥了基础角色，被界定为科学成就共享的例子或者是问题解决，依据这一断定，查宁认为世俗化理论中虽然存在分歧，但共享了大量范例，可以用它们来解释现代世界中的宗教事实，因此他建议把世俗化作为一种范式，并把"分化"、"理性化"和"俗务"作为三个中心范例，分析自主化、私人化、普遍化、多元化以及世界观崩溃等实例，"这个范式的核心是由三个要素组成的，即分化、理性化和俗务"[②]。

基于库恩模型和多贝雷尔世俗化报告，在参考贝格等经典世俗化理论的基础上，查宁"系统化了"世俗化"通用框架"即"范式"，回应了学术界对是否存在系统的"世俗化理论"的质疑，围绕三个中心范例论证了两大假定，即"宗教自身包含了世俗化过程的根由"，"宗教天生与人类状态相连，因而不会彻底消失"[③]，在他看来这一范式共享了概念，消解了理论分歧，描绘了系统的、连贯的世俗化图景。

---

① Olivier Tschannen, "The Secularization Paradigm: A Systematization", *Journal for the Scientific Study of Religion*, 1991, 30 (4): 395-415: 400.

② Olivier Tschannen, "The Secularization Paradigm: A Systematization", *Journal for the Scientific Study of Religion*, 1991, 30 (4): 395-415: 400.

③ Olivier Tschannen, "The Secularization Paradigm: A Systematization", *Journal for the Scientific Study of Religion*, 1991, 30 (4): 395-415: 402.

沃纳（R. Stephen Warner，1941—）主张立足于社会学视角把宗教看作制度领域，而不是当作文化或者心理学现象。他回顾了学术界有关世俗化的研究，结合理性选择理论对宗教制度多元化、结构调适、自主发展和个体意识的阐述，注意到出现了一种"公开市场体系"的"新范式"，也注意到世俗化理论在解释美国宗教时失去了话语自信，遇到了范式危机，"主导理论似乎不再发挥作用已经成了一个公开秘密"①，宗教社会学研究正置身于新旧范式的冲突和转换状态中。

旧范式聚焦欧洲历史和现实中的宗教变迁，讨论了宗教制度中的垄断，认为世俗化既是一种历史事实也是一种理论，基本假定是把"宗教想象成整个社会的一种特性，现代社会政教制度化分离只向宗教提供两种选择，一是宗教价值逐渐普遍化，使它们能够维持逐渐多元化整体社会的特性；二是如果要坚决地维持特殊性，它们就会落入无足轻重的私人领域"②。旧范式感兴趣的是社会变迁，关注的是宗教逐渐边缘化、私人化和"无形宗教"发展前景，主叙事是"线性世俗化"；旧范式的经典是韦伯的《新教伦理与资本主义精神》和迪尔凯姆的《劳动分工》，代表人物是贝格、莱希纳（Frank J. Lechner 1958—）和亨特（James Davison Hunter，1955—）。

旧范式在解释美国宗教时遇到了困难。美国宗教始终与社会结构分化和多元化相联系，形成了持续的市场竞争模式。美国社会经历了动态的、迅疾的变迁，在阶层、种族、民族、语言、地区等社会分化要素基础上形成了众多亚文化群体，宗教在促进群体联系和自主认同的同时发生了变迁，制度上是去建制的，文化上是多元的，结构上是调适的，体现为宗派长足发展和主动供给宗教消费品。新范式基于对美国宗教制度的历史考察和对现实发展的理论反思，"强调对美国宗教机构的合理理解需要一个解

---

① R. Stephen Warner, "Work in Progress toward a New Paradigm for the Sociological Study of Religion in the United State", *American Journal of Sociology*, 1993, 98 (5): 1044-1093: 1048.

② R. Stephen Warner, "Work in Progress toward a New Paradigm for the Sociological Study of Religion in the United State", *American Journal of Sociology*, 1993, 98 (5): 1044-1093: 1046-1047.

释框架"①，核心概念是"公开市场"和"教会去建制"，关键预设是"公开市场中运作的宗教制度"②，即把宗教系统的"制度因素""作为研究宗教的分析准则，尤其是把去建制和制度活力结合起来"③。通过借鉴古典经济学理论，新范式形成了宗教研究中广为传布的经济想象框架，不再强调社会变迁证据，主叙事是"复兴和常规化"；新范式虽然假定了社会结构层面的世俗化，但关注的是宗教转型而不是宗教衰退，"分析的关键点是教会和公开宗教市场的兴起"④。新范式的经典是韦伯的《新教教派和资本主义精神》和迪尔凯姆的《宗教生活的基本形式》，代表人物有斯达克、芬克（Roger Finke，1954—）、格里利。沃纳也说新范式只是由部分学人表现出的观点流派，并不是具体的学术群体，"由少量独立调查者有意识展开的新范式彰显不足，但有更好的机会为这一领域提供连贯的知识"⑤，他呼吁更多的研究人员加入新范式研究中。

沃纳建议根据宗教系统内部结构而不是社会制度来解释宗教，新范式只是区别于世俗化理论的一种新的思考方法，只是提出了有关美国宗教的一些新观点，不是说旧范式就是错误的，他的目的并不是要拒弃旧范式或者是要颠覆世俗化理论，他说"范式不是一种理论，而是一套凸显问题及其紧迫性的观点"⑥。但沃纳强调说，"显而易见，新范式和理性选择理论之间存在亲和性，宗教生产者和消费者行为都是理性的，垄断没有效率，选择越多宗教越繁兴"⑦。

---

① 斯蒂芬·沃讷：《宗教社会学范式及理论的新进展》，《中国人民大学学报》2006 年第 6 期。

② R. Stephen Warner, "Work in Progress toward a New Paradigm for the Sociological Study of Religion in the United State", *American Journal of Sociology*, 1993, 98（5）：1044–1093：1045.

③ R. Stephen Warner, "Work in Progress toward a New Paradigm for the Sociological Study of Religion in the United State", *American Journal of Sociology*, 1993, 98（5）：1044–1093：1080.

④ R. Stephen Warner, "Work in Progress toward a New Paradigm for the Sociological Study of Religion in the United State", *American Journal of Sociology*, 1993, 98（5）：1044–1093：1050.

⑤ R. Stephen Warner, "Work in Progress toward a New Paradigm for the Sociological Study of Religion in the United State", *American Journal of Sociology*, 1993, 98（5）：1044–1093：1045.

⑥ R. Stephen Warner, "Work in Progress toward a New Paradigm for the Sociological Study of Religion in the United State", *American Journal of Sociology*, 1993, 98（5）：1044–1093：1055.

⑦ R. Stephen Warner, "A Paradigm Not a Theory：Reply to Lechner", *American Journal of Sociology*, 1997, 103（1）：192–198：196.

　　沃纳"朝向一种新范式"的论断引起了学界热烈讨论，也招来了不少批评。莱希纳就指出，沃纳对旧范式特征的描述和评价是不准确的，因而对它缺陷的批评也是有遗憾之处的，很少有人会把宗教作为整体社会的特性；沃纳对宗教事实的解释根据的是传统的学术观点，如认为宗教实践和象征植根于社群结构和体验；沃纳并没有提出建立新范式所需要的连贯理论。① 德莫拉斯（Nicholas Jay Demerath Ⅲ，1937—2021）分析了沃纳的研究，他概括说世俗化解释模式开始自启蒙运动时代，较晚时期由贝格等人进行了理论提升，主题是宗教线性的和不可避免的衰落，这种模式经常被用来解释欧洲宗教历史和现实，但旧范式无法解释美国宗教市场中高度的宗教活力，因而造成了学术误导，由此呼吁用新的学术范式取而代之，"现在该是新的范式登上舞台的时刻了，它是以我们日常的体验为基础的"②。德莫拉斯认为沃纳宣持的"公开市场"宏大范式存在两个基本问题，范式只有经验性观点且以一些断定为基础，没有提炼出概念，没有设定基础变量和解释性假定，更没有揭示有关理论的一般性问题，因而无法理解普遍化现实；由此导致这种新范式的最终解释只能是以部分代替了整体，因而新范式尚处于初始阶段，"实际上只是半个范式"③。德莫拉斯比较了两种范式的论争，承认世俗化是另一轮神圣化的前提条件，相对而言，新范式强调微观、结构、归属、理性和市场、选择、神圣化；旧范式注重宏观、文化、意义、非理性和垄断、社会化和世俗化。

　　多贝雷尔多维概念及层面解释也为许多新世俗化（neosecularization）论者所认可，后者"强调了制度分化在社会结构层面的中心位置"④，从而重新表述和伸张了世俗化。查维斯重新断定了社会结构层面世俗化的重要意义，基于卢克曼的"内部世俗化"，在修正"宗教权威"概念基础上强

---

① Frank J. Lechner, "The 'New Paradigm' in The Sociology of Religion: Comment on Warner", *American Journal of Sociology*, 1997, 103 (1): 182-192: 183.

② N. Jay Demerath, Ⅲ, "Rational Paradigms, A-Rational Religion, and the Debate over Secularization", *Journal for the Scientific Study of Religion*, 1995, 34 (1): 105-112: 109.

③ N. Jay Demerath, Ⅲ, "Rational Paradigms, A-Rational Religion, and the Debate over Secularization", *Journal for the Scientific Study of Religion*, 1995, 34 (1): 105-112: 109.

④ David Yamane, "Secularization on Trial: In Defense of a Neosecularization Paradigm", *Journal for the Scientific Study of Religion*, 1997, 36 (1): 109-122: 115.

调了"宗教权威结构"，它是"一种社会结构，通过控制个人获得某种期望的商品，来竭力地增强秩序并达到目的，而合理化的控制包括某种超自然成分，不管它是多么微弱"[1]。他结合多贝雷尔对多维世俗化概念的阐释，把世俗化表述为宗教权威在"返俗化""内部世俗化""宗教脱离"三个维度的衰退。因而世俗化的对象不是宗教，而是宗教权威，世俗化不是"宗教衰落"而是"宗教权威"范围衰缩；他批评了多贝雷尔"社会变迁"观点，认为宗教变迁可以发生在所有三个层面。

卡萨诺瓦重申了世俗化理论，但他在多维层面分析方面走得更远，认为世俗化"只是分化普遍理论的一个亚理论"[2]，中心主题是社会结构制度分化，其"坚不可摧的核心"是"世俗领域从宗教制度和规则中分化和解放了出来"[3]，宗教"变成私人了"，这成为"一种历史选择，无可否认是一种'首选'"[4]。但这只是分化的逻辑结果，现实中"公共宗教"兴起见证的却是"现代世界中宗教的'去私人化'"[5]，他把后者解释为西方传统与现代性弥合，即传统在文化市场上找到了庇护"角落"，也在国家公共"万神殿"中兴盛起来。卡萨诺瓦表达的是由分化主导的一种"多样的分化、多样的世俗化以及多样的现代性"模式，[6] "其他宗教也在制度化自己特定的世俗化模式中扮演了角色"[7]；他重申了宗教在现代化进程中继续发挥着作用，认为宗教虽然不是道德实践理性化的唯一载体，但也没有理由要求"一种道德实践理性化理论原则上要系统地忽略宗教"[8]。

亚曼（David Yamane）把"宗教经济"模式尤其是理性选择理论标称

[1] Mark Chaves, "Secularization as Declining Religious Authority", *Social Forces*, 1994, 72 (3)：749-774；755-756.

[2] Jose Casanova, *Public Religions in the Modern World*, University of Chicago Press, 1994, p. 18.

[3] Jose Casanova, *Public Religions in the Modern World*, University of Chicago Press, 1994, p. 40；6.

[4] Jose Casanova, *Public Religions in the Modern World*, University of Chicago Press, 1994, p. 39.

[5] Jose Casanova, *Public Religions in the Modern World*, University of Chicago Press, 1994, p. 5.

[6] Jose Casanova, "Rethinking Secularization：A Global Comparative Perspective", in *Religion, Globalization and Culture*, Edited by Peter Beyer and Lori Beaman, Koninklij Brill NV, 2007：101-120；105.

[7] Jose Casanova, *Public Religions in the Modern World*, University of Chicago Press, 1994, p. 234.

[8] Jose Casanova, *Public Religions in the Modern World*, University of Chicago Press, 1994, p. 233.

为"后世俗化"（postsecularization）范式。基于 20 世纪 60—70 年代新兴宗教运动证据，理性选择理论强调了宗教在现代社会中的活力，从而挑战了"世俗化"理论，对后者的主题"宗教在现代社会的衰落"进行了诘难，并坚持世俗化理论应该终结了。亚曼研究后认为，一方面，世俗化旧范式关注了宗教在宏观社会层面的重要性，但理论核心不是宗教衰落或消亡，而是宗教在现代社会的转型，"只是有限度地讨论了宗教衰落，从来没有说过宗教'灭绝'"①；相对而言，后世俗化范式关注的重点是个人和组织层面，没有认真考虑社会结构层面，因而歪曲了世俗化理论。作为对后世俗化论者挑战的回应，亚曼说自己要捍卫一种"新世俗化"范式，后者保留了旧范式核心认识，结合了对新观点的批评吸收，"世俗化理论者有机会阐述一种新世俗化范式，它回顾了早期对世俗化的理解，在抛弃次要关注和不能维持的主张的同时，保留了概念化所必需的东西"②。亚曼追随并扩展了查维斯的观点，认为新世俗化范式强调了社会结构层面制度分化的主导地位，世俗化指的不是宗教衰落而是宗教转型，是宗教权威影响力在个人、组织和社会结构层面衰落。

歌德斯坦（Warren Goldstein）检讨了沃纳所谓的宗教社会学"旧范式"即世俗化理论，除了"线性"模式之外，他还把世俗化概括为循环/螺旋、辩证和反论三种演化论模式，同时把多贝雷尔的研究列入了旧范式之中。

线性模式把社会想象为从低级到高级、从神圣到凡俗直线演化的过程，如斯宾塞笔下的工业社会线性演化发展过程，以及迪尔凯姆所论机械团结到有机团结等，世俗化旧范式主题"宗教衰落"就是一种"线性"过程。循环论者如帕累托把社会变迁看作"循环运动"，帕森斯区分出了线性、循环和辩证三种社会变迁方式，抛弃了社会结构线性演化理论，采纳了帕累托循环论模式，他和卢曼从功能分化角度透视了世俗化。反论模式是后现代标志，主张演化是非线性的、不连续的，且没有明确发展方向。

---

① David Yamane, "Secularization on Trial: In Defense of a Neosecularization Paradigm", *Journal for the Scientific Study of Religion*, 1997, 36 (1): 109-122: 110.

② David Yamane, "Secularization on Trial: In Defense of a Neosecularization Paradigm", *Journal for the Scientific Study of Religion*, 1997, 36 (1): 109-122: 112.

辩证模式认为社会变迁是由冲突、张力和对抗力量驱动的，存在前进或者逆转可能，代表理论如马克思和韦伯的辩证社会演化理论，贝格和卢克曼利用现象学方法辩证研究了宗教，威尔逊和马丁、费恩世俗化研究中都表达了辩证观点。世俗化辩证模式强调世俗化与神圣化是同时双向发生的过程，"辩证理解世俗化过程能使我们意识到，如果发生了世俗化的话，它也不必定是以线性的方式发生的，也可能充满矛盾，或趋向进步，或发生逆转"①。歌德斯坦认为"线性"过程这种理解是错误的，主张辩证理解世俗化过程，以此解释世俗化和神圣化共存现象，"完善一种世俗化辩证理论，作为宗教批评理论的一部分"②。

布鲁斯重申了世俗化主题并建构了范式，他关于世俗化与现代性的讨论体现了多贝雷尔多维和层面分析手法。他把世俗化看作充满现代性要素并具有地区因果变量的宏大社会历史过程，基本论题是"现代化侵蚀了宗教的权力、声誉和人望"③。但他认为范式概括只是为"宗教信仰和仪式中的权力、人望和声誉的长期衰退"提供一种解释，④ 而不是一种理论。

多贝雷尔集中表达了自己关于现代性、多元化的理解，折中回应了反世俗化（antisecularization）或去世俗化论题，认为后者和世俗化理论一样都是对宗教现实不同层面的解释，是互补的而不是对立的，因此需要而且也能够把它们整合起来。现代化及其本质现代性是世俗化理论的核心指向，基本的命题是"现代性必然导致宗教衰落""世俗化是现代性不可避免的结果"。贝格最初认为现代化是理性化过程，是世俗化动力之源，⑤ 后来他放弃了这一观点，认为现代化同样引起了"强烈的反世俗化运动"⑥，存在抗争世俗化的运动如文化论争，从而认为"去世俗化"过程开始了。

---

① Warren S. Goldstein, "Secularization Patterns in the Old Paradigm", *Sociology of Religion*, 2009, 70 (2): 157-178: 175.

② Warren S. Goldstein, "Secularization Patterns in the Old Paradigm", *Sociology of Religion*, 2009, 70 (2): 157-178: 158.

③ Steve Bruce, *Secularization*, Oxford University Press, 2011, p.178.

④ Steve Bruce, *God is Dead*, Blackwell Publishers, 2002, p.44.

⑤ Peter Berger, *The Sacred Canopy*, Anchor Books, 1990, pp.132-133.

⑥ Peter Berger, "The Desecularization of the World: A Global Overview", in *The Desecularization of the World*, Edited by Peter Berger, Grand Rapids, The Ethics and Public Policy Center and William B. Eerdmans Publishing Co., 1999: 1-18: 3.

斯达克强调说没人能预言宗教消亡，即使有消亡的那一天，那也不是由现代化引起的，与世俗化过程也不一样；世俗化理论是一种"痴心妄想"，应该结束对它的"信仰"，"是时候把世俗化的说教抬到失败理论的坟场去了"①。多贝雷尔认同这些新的理论解读，认为现代化为世俗化提供了时代背景，即社会学家描述的"现代"，但它只是后者的必要条件而不是充分原因，"现代性"是一个包罗万象的概念，不能解释世俗化，不能把世俗化与普遍现代化直接关联起来。但是多贝雷尔承认社会分化建构了现代社会结构，所以应该分析产生"现代性"的社会过程及其对宗教的影响，如功能分化、亚系统功能理性、世界祛魅、社会结构化等。②

多元化是指社会中共存着不同世界观和价值体系，世俗化理论把它看作世俗化导致的一种社会处境，在其中"社会按照不同的文化传统划分成了诸多亚社会"③，刺激了世俗主义；"多元化和宽容是世俗化的子嗣"④。帕森斯把宗教亚系统的制度分化或者多元化看作宗教价值在世俗社会中普遍化。贝格最初把多元化理解为世俗化条件下的一种宏观市场处境，在后者中，宗教垄断解体，宗教传统成为消费品，"之前的宗教传统是由权威强加的，而今可以在市场上买到"⑤；宗教商品化和市场竞争"相对化了宗教内容"，引起了中观层面宗教内部变迁。贝格后来又把多元化看作现代化必然结果，主张用多元化理论代替世俗化理论，"现代性不一定导致世俗化"，但"必定导致多元化"⑥；多元化"可能与世俗化相连，也可能与世俗化不相连，它是独立于世俗化的"⑦。布鲁斯认为多元化消解了宗教传统的确定性和合理性，产生了"自由宗教"，促进了个人层面世俗化。多贝雷尔进而指出多元化增强了宗教相对性，滋生了宗教变迁，刺激了世俗

① Rodney Stark, Roger Finke, *Acts of Faith*, University of Chicago Press, 2000, pp. 78, 79.
② Karel Dobbelaere, "The Meaning and Scope of Secularization", in *The Oxford Handbook of the Sociology of Religion*, Edited by Peter B. Clarke, Oxford University Press, 2011, pp. 599–615.
③ Milton Yinger, "Pluralism, Religion, and Secularism", *Journal for the Scientific Study of Religion*, 1967, 6 (1): 17–28: 17.
④ Harvey Cox, *The Secular City*, Penguin Books, 1968, p. 17.
⑤ Peter L Berger, *The Sacred Canopy*, Anchor Books, 1990, p. 138.
⑥ Perter Berger, *The Many Altars of Modernity*, Walter de Gruyter, 2014, p. 20.
⑦ Perter Berger, *The Many Altars of Modernity*, Walter de Gruyter, 2014, p. ix.

道德建构，剥离了社会问题中的宗教要素，减少了张力和冲突，即俗化了社会。①

多贝雷尔提出了独树一帜的多维概念，意在整合世俗化相关理论。他博采众长，借鉴了卢曼的系统论，讨论了贝格和卢克曼的观点，剖析了马丁和威尔逊等人的论说，通过聚焦社会过程，参照社会学范式，分析社会结构，把宗教化简到社会亚系统层面，解释了三个层面的世俗化。尽管他的许多观点始终局限于世俗化新经典理论基点之上，但在研究思路和分析方法上取得了新突破，是对世俗化理论系统化的较早尝试。在多贝雷尔看来，世俗化是一种全球趋势，但基于功能论的世俗化理论只是一种解释，"允许不同世俗化理论存在"②。他还强调后现代社会需要研究意义，但更需要研究整合，因为后者是意义的社会基础，"意义需要社会支持，需要人类网络"③，而宗教是普遍"意义系统"亚范畴，在功能分化社会中可以发挥整合作用。多贝雷尔希望自己的学术反思有助于学术界开展更多比较研究，从多维世俗化角度考察宗教现实，但他并不认为世俗化理论能够单独解释后者。

---

① Karel Dobbelaere, *Secularization*, P. I. E. -Peter Lang, 2002, p. 119.

② Karel Dobbelaere, "The Meaning and Scope of Secularization", in *The Oxford Handbook of the Sociology of Religion*, Edited by Peter B. Clarke, Oxford University Press, 2011, pp. 599-615.

③ Karel Dobbelaere, "The Karel Dobbelaere Lecture: From the Study of Religions to the Study of Meaning Systems", *Social Compass*, 2014, 61 (2): 219-233: 228.

|第十二章|

扬弃与建构：理性选择与自限性世俗化

理性选择理论（Rational Choice Theory，RCT）也称作理性行为理论，是 20 世纪 70 年代后由许多领域的研究者在从交叉学科角度反思世俗化论题基础上建构起来的理论框架，它的基本理论根源于启蒙运动时代阐发的理性主义，尤其是借鉴了古典经济学家亚当·斯密的宏观经济学说。格洛克（Charles Young Glock，1919—2018）、斯达克（Rodney Stark，1934—）、班布里奇（William Sims Bainbridge，1940—）、亚纳科（Laurence Robert Iannaccone，1954—）、芬克（Roger Finke，1954—）等学者都对相关论题进行了专文讨论，共同为 RCT 炮制了理论观点。

格洛克和斯达克较早对宗教本体进行了研究和表述，代表论著如《张力中的宗教和社会》（*Religion and Society in Tension*，1965）、《基督教信仰与排犹主义》（*Christian Beliefs and Anti-semitism*，1966）、《美国人的虔敬》（*American Piety*，1968）。亚纳科聚焦宗教市场中的多样性和集中程度调查了"市场结构"，通过分析西方国家的调查数据，对宗教经济进行深入研究，涉及宗教理性、经济市场、宗教参与等，为宗教研究完善了经济学视野，他在 1991 年发表的《宗教市场结构的后果》（*The Consequences of Religious Market Structure: Adam Smith and the Economics of Religion*）一文中充分分析和表述了宗教经济观点，对宗教多元化与活跃性关系提供了斯密主义的解释，发展了供给侧假定，认为自由宗教市场会产生更高水平的宗教参与；1995 年，国际宗教社会学会在爱尔兰美奴斯举行第 21 届会议，亚纳科在会上提出了理性选择范式；他的著述如博士论文《消费资本和惯习形成：宗教参与研究》（*Consumption Capital and Habit Formation with An Application to Religious Participation*，1984）、《教会和教派正式模式》（*A Formal Model of Church and Sect*，1988）、《宗教实践：一种人力资本方法》（*Religious Practice: A Human Capital Approach*，1990）、《宗教市场和宗教经济学》（*Religious Markets and the Economics of Religion*，1992）、《宗教经济学进展》（*Progress in the Economics of Religion*，1994）、《风险、理性和宗教投资组合》（*Risk，Rationality，and Religious Portfolios*，1995）、《伏都经济学：宗教理性选择方法回顾》（*Voodoo Economics? Reviewing the Rational Choice Approach to Religion*，1995）、《宗教经济学导论》（*Introduction to the Economics of Religion*，1998）。芬克和斯达克研究了宗教多元对宗教参与的影响，确定多元性和宗教活力之间存在稳固关系，提出了影响市场与活跃性的宗教经济假设，如芬克和斯达克合著的《宗教经济和神圣帷幕》（*Religious Economies and Sacred Canopies*，1988）；芬克的《宗教去管制：起源及后果》（*Religious Deregulation: Origins and Consequences*，1990）；芬克和亚纳科合著的《变化中的需求错觉：美国宗教变迁供给侧解释》（*The Illusion of Shifting Demand: Supply-Side Explanations for Religious Change in America*，1992）、《宗教群体和运动的理性命题》（*Rational Propositions about Religious Groups and Movements*，1993）；斯达克和亚纳科合著的《欧洲世俗化供给侧再释》（*A Supply-side Reinterpretation of the Secularization of Europe*，1994）；亚纳科、芬克和斯达克合著的《去管制宗教：教会和国家经济学》（*Deregulating Religion: The Economics of Church and State*，1997）等。

斯达克、班布里奇和芬克在关注教派运动中发展了宗教理论，斯达克和班布里奇合著《宗教的未来》（*The Future of Religion*，1985）、《一种宗教理论》（*A Theory of Religion*，1987）；斯达克和芬克研究了教派、宗教委身以及市场模型，并对美国教会进行了历史考察，著作如《信仰的法则》（*Acts of Faith*，2000）、《美国人做礼拜（1776—2005）》（*The Churching of America，1776-2005*，2005）等。斯达克越过现代宗教发展实例范围，从历史角度对宗教与理性、现代性、文明的关系进行了综合思考，对历史宗教做出了经济学解释，并对世俗化理论提出了批评，作品如《基督教的兴起》（*The Rise of Christianity*，1996）、《安息吧，世俗化！》（*Secularization*，*R. I. P.*，1999）、《理性的胜利》（*The Victory of Reason*，2005）、《基督教的胜利》（*The Triumph of Christianity*，2011）、《信仰的胜利》（*The Triumph of Faith*，2015）等。

RCT 聚焦西方宗教发展历史和世界宗教复兴的现代实践，借用古典经济学理论并根据演绎逻辑，通过解析市场变量，解释了社会学视野中"非市场"的宗教行为，批判了世俗化理论"现代性必然导致宗教衰落"命题。RCT 被视为宗教社会学研究范式的再次转型和关于"新""旧"范式主题的大讨论，概念新颖明晰且具启发性，理论体系统一规范而相对简洁，方法也有别于传统的归纳概括，因而一度受到许多学人的追捧。但学术界很快就发现，RCT 在理论视角、观点推论和分析方法等方面存在许多缺陷，因而提出了独到批判。国内学术界对 RCT 研究和批判成果累累、周详备至、理解深刻，但对理论的整体把握稍显欠缺，如侧重理性选择与经济理论批判而忽略了对宗教观和方法论的解析；再如强调范式转型研究而淡化了对世俗化内涵的解释等，本章试图就 RCT 对经典理论化约性地选择扬弃以及它基于宗教变迁视角对世俗化理论的批评做出肤浅理解和评述。

一 扬弃：宗教观念与方法原则

RCT 规避了宗教功能性定义，以人类理性认知和交互行为为起点，强调宗教定义中"超自然"要素的普遍性以及特殊情感体验，把演绎推理推崇为人类逻辑理性主要体现。

作为理论化约的宗教观念。RCT 强调了宗教定义的认知要素，把对宗教的理解建立在"哲学"解释之上，把宗教复原到了哲学反思和推断。斯达克等人批判了自然主义宗教观，不主张把自然主义信仰作为宗教定义的要素，舍弃了迪尔凯姆等功能主义者排斥"超自然"而把"神圣"作为宗教普遍要素的宽泛定义。从迪尔凯姆开始，功能主义者如马林诺夫斯基、拉德克里夫-布朗都排斥宗教定义中的"超自然"要素，强调社会本身如"整合""团结"等非人格力量的影响，认为宗教崇拜对象是社会，"神灵是社会，社会整合是真正的圣迹"①，社会人类学家埃文斯-普理查德对此评论说："是迪尔凯姆，而不是野蛮人，把社会当成了神"②。斯达克等人虽然承认宗教是通过社会层面显现出来的，但批判了宗教源于社会团结的观点，反对功能性宗教定义，否认"宗教是社会整合的基础"，"把宗教定义为整合，理论上就无法解释社会瓦解和冲突的宗教根源"③。

遵循 19 世纪宗教研究创始人的观点，RCT 把"超自然"作为所有宗教的普遍要素，"宗教涉及某种概念，即超自然存在、俗世或力量；以及某种观念，即超自然是活跃的，尘世的事件和状况受到超自然的影响"④，"缺乏超自然假定的宗教绝不是宗教"⑤。"超自然"是"模糊和非人格的概念"，指的是力量和实体，而不是"存在"，"超自然是超越或者外在于自然的力量，悬置、改变或者忽略了自然力量"⑥。RCT 承认信仰、行为和仪式是构成宗教的基本要素，但更多的是对宗教做出纯粹认知性定义，把宗教行为排除在了宗教定义之外，例如个人有信仰但不归属特定宗教。但亚纳科的定义明显包括了行为，"宗教是信仰和实践体系，关注的是终极的意义，后者假定了超自然的存在"⑦，"任何以信仰超自然力量为前提的共享的信仰、行为和制度"⑧。

RCT 认同爱德华·泰勒等人类学家关于宗教是理性的论述，认为宗教复杂而系统的观念体系具有内在逻辑性，体现了人们和超自然之间理性交换关系，"它的信仰和实践不但不是一堆五花八门愚蠢的垃圾堆，从开始就具有高度的一致性和逻辑性，一经粗略分类就展示出了形成和发展的原

① Rodney Stark, Roger Finke, *Acts of Faith*, University of California Press, 2000, p. 93.

② Evans-Pritchard, *Nuer Religion*, The Clarendon Press, 1956, p. 313.

③ Rodney Stark, Roger Finke, *Acts of Faith*, University of California Press, 2000, p. 96.

④ Rodney Stark, William Bainbridge, *The Future of Religion*, University of California Press, 1985, p. 5.

⑤ Rodney Stark, William Bainbridge, *The Future of Religion*, University of California Press, 1985, p. 3.

⑥ Rodney Stark, William Bainbridge, *A Theory of Religion*, Peter Lang, 1987, p. 81.

⑦ Rodney Stark, Laurence Iannaccone, "A Supply-Side Reinterpretation of the Secularization of Europe", *Journal for the Scientific Study of Religion*, 1994, 33 (3): 230-252: 232.

⑧ Laurence Iannaccone, "Introduction to the Economics of Religion", *Journal of Economic Literature*, 1998, 36 (3): 1465-1495: 1466.

则，这些原则被证明在本质上是理性的"①，"持续地用他们的信仰来'解释'现象"②。人们的愿望超出了此世的、直接的回报时，就会寄望于神灵和来世，对宗教回报的期望就成为必要了，"超自然假定是人们强烈期望的许多回报中唯一貌似合理的源泉"③，且"在追求回报中，人们会利用和操纵超自然"④。但回报具有不确定性，因此产生了关于补偿信仰和交换行为即仪式，回报也因此更具现实性，"只有假定存在一个活跃的超自然，才能创造出可信赖的补偿物"⑤。RCT 据此进而把宗教定义为"基于超自然假定的普遍补偿系统"⑥，宗教是"人们的一种组织，主要从事的是在超自然假定的基础上提供普遍补偿物"，是"各种最大补偿的唯一源泉"⑦。宗教提供了普遍补偿物，教会提供了直接回报，宗教运动不仅提供普遍补偿物，而且提供直接回报，而人们偏好于回报甚于补偿，因而努力借助信仰委身教会或教派运动来获得回报。

RCT 排除了宗教定义中"恐惧""依恋""敬畏"等情感要素，认为它们会造成宗教范畴内涵的扩延，所认可的只是"神秘体验"即跟神灵直接接触的感受，"人们感觉到并展示了与宗教行为和任务有关的恰当情感"⑧。RCT 进一步将超自然本源概念化为神灵，保留了神灵定义中的人格性，抛弃了伦理要素，"神灵是具有意识和欲望的超自然'存在'"⑨，可以区分为善、恶和乖戾之神。人们在对待神灵时是理性的，强调人与神之间的交换关系，"在追求回报中，人们会寻求跟神的交换"，而且这种交换

---

① Edward Burnett Tylor, *Primitive Culture*, Vol. 1, Cambridge University Press, 2010, pp. 20-21.

② Clifford Geertz, "Religion as a Cultural System", in *Anthropological Approaches to the Study of Religion*, Edited by Michael Banton, Tavistock Publications, [1966] 1978: 1-46: 15.

③ Rodney Stark, William Bainbridge, *The Future of Religion*, University of California Press, 1985, p. 431.

④ Rodney Stark, Roger Finke, *Acts of Faith*, University of California Press, 2000, p. 90.

⑤ Rodney Stark, William Bainbridge, *The Future of Religion*, University of California Press, 1985, p. 7.

⑥ Rodney Stark, William Bainbridge, *A Theory of Religion*, Peter Lang, 1987, p. 73.

⑦ Rodney Stark, William Bainbridge, *The Future of Religion*, University of California Press, 1985, p. 8.

⑧ Rodney Stark, Roger Finke, *Acts of Faith*, University of California Press, 2000, p. 104.

⑨ Rodney Stark, Roger Finke, *Acts of Faith*, University of California Press, 2000, p. 91.

行为中存在竞争机制，"群体崇拜的神灵数量越多，同每个神灵交换的价格就越低"，"人们愿意为可靠的神灵支付更高的价格"①。不难发现，RCT对宗教范畴的这些理解，纯粹是为了把宗教化约为单纯的"商品"，把"超自然"要素看作宗教商品的交换价值所在，由此为建构所谓的宗教经济市场设定了概念基础和逻辑前提。

RCT 承认宗教是一种社会现象，弥散在行为、文化和制度各个层面，体现了不同的社会属性，发挥了特定的功能。遵循社会学分析路径，RCT认为宗教在本质上是人类行为，且具有社会的根由，提供了普遍补偿，在社会中表达了自己，并受到社会结构的影响。宗教是"社会性的而不是个体性的现象"②，通过社会关系凸显出来并表达了意义，"社会交换和正式组织在确立并维持态度、信仰和行为体系中发挥了重要作用"③；宗教需求虽然是个体性的，但信仰源泉则是社会性的，社会结构影响了宗教归属、成员身份、宗教认同和人际关系。

RCT 强调了韦伯社会学的解释传统，宗教成了"范围广泛的文化体系，对主要的生活问题给出了普遍解释"④，提供了以超自然解释为基础的普遍补偿，是构成并支撑文化解释的"意义体系"。意义体系存在于社会结构中，在社会关系中建构、维持和解释，"只有通过专门的、有组织的社会行为才可能被构造和维系"⑤，"几乎所有的人都拥有一种相对连贯、整体且清晰的'世界观''视角''参考框架''价值取向'或者'意义体系'"⑥。斯达克等人区分了社会结构中的有神论、个体主义、社会科学和神秘主义等四种"意义体系"，借用"价值""价值取向"以及"终极意义"

① Rodney Stark, Roger Finke, *Acts of Faith*, University of California Press, 2000, pp. 96, 97.

② Rodney Stark, William Bainbridge, *The Future of Religion*, University of California Press, 1985, p. 325.

③ Rodney Stark, William Bainbridge, *The Future of Religion*, University of California Press, 1985, p. 381.

④ Rodney Stark, William Bainbridge, *The Future of Religion*, University of California Press, 1985, p. 370.

⑤ Rodney Stark, William Bainbridge, *The Future of Religion*, University of California Press, 1985, p. 370.

⑥ Rodney Stark, William Bainbridge, *The Future of Religion*, University of California Press, 1985, p. 366.

"广泛视角"等概念解释了宗教的意义，"即作为价值取向，那些信仰、象征、价值和实践等制度化体系，为人们群体提供了解决终极意义问题的办法"①。

社会学家斯梅尔瑟把"价值"定义为"社会行为最普遍的组成部分，概括地说，它表述了期望的目的，后者引导着人类努力的行为"②；人类学家克拉克洪用"价值取向"强调了人类行为的意义基础，"可以把价值取向界定为一种普遍化的有组织的概念，即关于自然、人们在自然中的地位、人与人的关系以及期望和不可取之物的概念，当它们与人类—环境和人们之间关系相联系时，影响着人们行为"③。斯达克等人"价值取向"概念则表达了共享信仰和价值的总和即世界观，那些"与终极意义相关的象征、信仰、价值和实践的总括性的神圣体系，人们用这些终极意义解释了他们的世界"，它是人类社会普遍特征，也是宗教最"普遍的但不是唯一的表现"。④ 斯达克等人还借鉴涩谷保（Tamotsu Shibutani，1920—2004）对"视角"的表述，把价值取向分为宗教的视角和人文主义的视角两种类型，前者确证了超自然或力量的存在，预测了它们的终极根据；后者把对终极意义的陈述限制在物质世界中，视角是一种参照框架，"是个人对世界的有序看法，是关于各种物体、事件和人类本性的理然性的东西"⑤。

RCT 推进了迪尔凯姆对宗教的理解，承认宗教与神圣要素相关，但神圣并不构成宗教定义的要素，只表现为宗教的一种社会属性，在斯达克等人对价值取向概念的扩延中，"宗教，或者社会秉持神圣的东西，构成了

---

① Charles Glock，Rodney Stark，*Religion and Society in Tension*，Rand McNally & Company，1965，p. 17.

② Neil J. Smelser，*Theory of Collective Behavior*，The Free Press，1965，p. 25.

③ Clyde Kluckhohn，"Values and Value-Orientation in the Theory of Action：An Exploration in Definition and Classification"，in *Toward a General Theory of Action*，Edited by Talcott Parsons and Edward Shils，Harvard University Press，1976：388-433：411.

④ Charles Glock，Rodney Stark，*Religion and Society in Tension*，Rand McNally & Company，1965，p. 9.

⑤ Tamotsu Shibutani，"Reference Groups as Perspectives"，*American Journal of Sociology*，1955，60（6）：562-569：564.

一种象征、信仰、价值和实践等的制度化体系，聚焦于终极意义问题"①。可以看出，RCT 更多地借鉴了韦伯解释社会学对意义和价值的强调，宗教是关于现实的意义体系，"制度化"表明了宗教稳定的社会特性，"终极意义"指涉现实的性质、目的即存在和世界观的根据，也被称作"终极关怀"，"所有的个人和人们群体都有一些终极价值、一种世界观或者视角，为他们提供关于世界多多少少有序的、可理解的图景"②。

宗教性表达的是宗教的核心领域，体现在体验、意识形态、仪式、知识及结果等不同方面，它是多维度的，各方面相互之间虽然不是截然独立的，但也不是线性关系，一个方面的变化并不意味着其他方面的变化。意识形态指涉的是信仰，是制度化了宗教教义；仪式指向宗教行为的意义；体验是伴随信仰与实践的宗教感情；知识即宗教知识以及态度；结果指的是信仰、实践、知识和体验对个人的俗世影响，涉及的是人与人的关系而不是人与神的关系，"一种行为只有产生自宗教性才会具有宗教的效果"③。

RCT 强调宗教体验与超自然力量密切相连，以此把它与人们其他体验区分开来。宗教体验分为个体和群体两个层面，"行为者所体验到的所有那些感情、认知、知觉，或者由宗教群体或社会界定的与神圣存在如上帝、终极现实、超验权威之间不管多么细微的交流"④；"宗教体验指的是人们相信他们获得了一种与超自然特殊交往的感觉的情形"⑤；"他们自己与某种超自然意识之间的一种相遇"⑥。宗教体验是宗教心理学的经典主题，斯达克等人则强调宗教体验是社会行为，从属于社会处境，而不仅仅

① Charles Glock, Rodney Stark, *Religion and Society in Tension*, Rand McNally & Company, 1965, p. 4.

② Rodney Stark, William Bainbridge, *The Future of Religion*, University of California Press, 1985, p. 367.

③ Charles Glock, Rodney Stark, *Religion and Society in Tension*, Rand McNally & Company, 1965, p. 35.

④ Charles Glock, Rodney Stark, *Religion and Society in Tension*, Rand McNally & Company, 1965, p. 42.

⑤ Rodney Stark, William Bainbridge, *The Future of Religion*, University of California Press, 1985, p. 85.

⑥ Rodney Stark, "A Taxonomy of Religious Experience", *Journal for the Scientific Study of Religion*, 1965, 5 (1): 97-116: 99.

是个人动机和精神状态，"人们认为自己与超自然力量相遇了，显然这种情况大多数发生在社会处境中，这种体验在那里并非是罕见的，而被认为是正常的"，因而批评心理学有关假定是以社会均质性为基础的，忽略了亚群体和亚文化以及现代社会的复杂性，"这些理论在运用到跨文化时失败了"①，主张开展跨文化宗教体验研究。

斯达克等人保留了功能主义者有关宗教功能的观点，把宗教看作社会必要的支撑力量，承认宗教在社会中具有需求补偿、社会控制和道德教化等作用。人们对宗教有着持续需求，"不管社会科学家怎样写，宗教都将会持久存在"，"只要人类还是凡人，即使神灵在事实上并不存在，它们也会作为希望存在于人们的意识中"②，人们把宗教看作提供回报和补偿的源泉，正是在这个意义上，世俗化是不可能的。斯达克等人还从社会变迁的角度分析了宗教社会整合、团结和凝聚功能，这涉及规则、价值和信仰三个方面的协调。社会整合是以人们实现正常交换并满足利益最大化为目的，行为规则表现并促进了价值，价值构成了规则基础，信仰体现了理性价值，"规则是工具，价值是目的，信仰是根据"③，"如果把宗教界定为一种'神圣'或者对一套规则、价值和信仰的终极委身，那么宗教确实是社会整合所必需的"④。斯达克们承认"社会整合"是一个理想型概念，在现实中每个社会都会面临多样性、分裂和瓦解等问题，宗教发挥的不只是整合力量，宗教冲突会威胁社会整合，"可以确定的是宗教不是社会价值的唯一来源和支持，它可能对后者有所助益，但很明显它不是一个单独的要素"⑤。

作为逻辑原则的演绎框架。RCT抛弃了归纳概括研究方法，推崇启蒙运动大师对人类推理能力的伸张和对理性的标榜，强调从假定前提出发经

---

① Charles Glock，Rodney Stark，*Religion and Society in Tension*，Rand McNally & Company，1965，p. 152.

② Rodney Stark，William Bainbridge，*A Theory of Religion*，Peter Lang，1987，p. 23.

③ Charles Glock，Rodney Stark，*Religion and Society in Tension*，Rand McNally & Company，1965，p. 173.

④ Charles Glock，Rodney Stark，*Religion and Society in Tension*，Rand McNally & Company，1965，p. 180.

⑤ Charles Glock，Rodney Stark，*Religion and Society in Tension*，Rand McNally & Company，1965，p. 172.

由逻辑规则达到特殊结论的演绎推理，体现的是从一般到特殊的逻辑理性。具体而言，就是从人们行为和互动的基本原则出发，通过阐释定义，按照假设、引证、验证到确证等逻辑序列，推理出有关社会、文化和人类心理发展的普遍判断，以此阐述宗教的基本特性及人们的宗教表达，解释宗教与特定文化和社会的关系。

任何理论都是由抽象概念组成的系统化的理性知识体系，包含了对概念关系的陈述。概念是"确定抽象的范畴，倾向于界定一般'相似的'现象"①。斯达克等人指出科学概念具有"有用性""丰硕性"，能够用于分类，便于理论化，可以化约理论，因而他们依据理论陈述的需要对概念做出了不同的理解，"如果改变概念的定义会产生更有力的理论，那么这个概念就应该被改变"②。演绎理论的起点是作为最普遍陈述的"公理"，从公理中推论出了诸多"命题"，并借助"定义"把公理、命题与实践世界联系起来，结合其他变量验证理论，"（演绎理论）构成了一小套基本原则……这些规则（或者公理）引出了许多衍生物（或者命题）……一旦称述了一套公理（并定义了他们的术语），就隐含了所有的命题"③。公理是对人性和人类存在状态及其基本属性的一般性描述。命题是在定义和公理基础上理性认识的延伸，包含在公理中，由验证推理出来，并在逻辑上暗示了公理，也就是说，公理"强迫"命题根据逻辑规则排列推论，这正是"演绎"的含义所在。斯达克等人力求理论创新，注重提出和验证新的命题，"新颖命题是非常有价值的理论成果，可以指导我们关注之前没有注意到的重要东西"④。

演绎理论利用了自然科学中的逻辑形式，其目的是从元逻辑出发为人们的行为和互动提供解释，"竭力陈述解释某种现象的基本原则"⑤。在斯达克等人看来，文化系统的特殊解释由更普遍解释即公理统一起来，构成了演绎理论的重要组成部分，"如果文化系统中的单个解释失败了，人们

---

① Rodney Stark，William Bainbridge，*A Theory of Religion*，Peter Lang，1987，p. 15.
② Rodney Stark，William Bainbridge，*A Theory of Religion*，Peter Lang，1987，p. 18.
③ Rodney Stark，William Bainbridge，*A Theory of Religion*，Peter Lang，1987，p. 13.
④ Rodney Stark，William Bainbridge，*A Theory of Religion*，Peter Lang，1987，p. 118.
⑤ Rodney Stark，William Bainbridge，*A Theory of Religion*，Peter Lang，1987，p. 15.

会倾向寻找另外一个来代替它，而没有扰乱系统；而文化系统中的解释失败时，人们会寻找最适当的修订，明明白白地修补损害"①。但演绎理论具有反身性，其本身就是文化系统，具有解释功能。

在构建演绎理论体系的过程中，斯达克等人把许多特殊结论化约为普遍原则，推断验证了一系列命题，涉及"发现"和"简化"过程以及"理论"和"实践"两个层面，查究事实并构建了描述现实的新陈述、新命题，然后简化普遍命题并同公理结合起来加以解释、验证，同时进一步寻找能够涵盖更多特殊命题的新公理。斯达克等人承认演绎理论是化约论，但强调"化约是科学的首要任务，即用尽可能少的指称解释世界上尽可能多的事物"②；"一个理论者应该尽可能地成为一个化约论者……我们认为这是我们理论的价值所在，即它从非宗教现象中找到了宗教现象的起源，它把一种宗教理论化约为一种人们行为的普遍理论"③。

斯达克等人提出了关于宗教行为理论的诸多公理、定义和命题，由普遍公理推论出了许多新颖命题，把命题结合起来形成了理论洞见，然后结合实践事实，通过多重变量、定量分析并调整公理来检验实践证据，描述了宗教社会的基本特征，推演出了有关宗教行为和宗教经济的表述，回应了世俗化的经典论题，演绎理论"产生的命题看上去使宗教成为人类场景中的一个永恒部分"④，"塑造了人们所体验的真实的世界，主要的宗教事实都源自那种模式"⑤。

首先，人们在解决问题中必然会寻求解释，"解释是关于如何和为什么会获得回报并付出成本的陈述"⑥，解释随着期望回报而变化并存在竞争性解释。RCT 寻求关于"回报"的普遍解释，从交换行为理论和微观经济学角度阐述了许多有关回报的价值、多样性、稀缺性和交换的公理、定义和命题，基本的公理如"人们谋求回报而避免成本"；定义如"回报是人

① Rodney Stark，William Bainbridge，*A Theory of Religion*，Peter Lang，1987，p. 319.
② Rodney Stark，*The Rise of Christianity*，Princeton University Press，1996，pp. 169–170.
③ Rodney Stark，William Bainbridge，*A Theory of Religion*，Peter Lang，1987，p. 26.
④ Rodney Stark，William Bainbridge，*A Theory of Religion*，Peter Lang，1987，p. 324.
⑤ Rodney Stark，William Bainbridge，*A Theory of Religion*，Peter Lang，1987，Editor's Preface.
⑥ Rodney Stark，William Bainbridge，*A Theory of Religion*，Peter Lang，1987，p. 30.

们付出成本获得的东西""成本是人们尽力规避的东西"；由公理和定义推论出回报和成本是互补性的命题，"丧失或者放弃回报等同于成本，规避了的成本等同于回报"。①

其次，RCT 强调的是人们对待回报时的理性行为，即谋求最大化回报、最小化成本并"寻求高交换比率"，"交换比率是交换中净回报与成本比"②。交换是人们为了获得期望回报而发生的互动关系，其基础是由包括宗教在内的各种解释组成的文化意义体系。斯达克等人分析了交换行为中权力的角色并对权力进行了定义，权力不仅是一种影响力，而且是控制力，"权力是控制个人交换比率的程度"；权力广泛存在于交换关系中，短缺回报容易受到权力的影响并通过交换进入权力者手中，"拥有权力的个人和群体经常垄断了有限供应的回报，因而别人相对无法获得"③。

再次，"补偿"是理解宗教经济理论的关键概念，"补偿是根据解释假定的回报，这些解释不易受到模糊估量的影响"，指的是对无法获得的回报的替代，人们不能获得期望回报时经常会接受补偿解释，这正是信仰的价值所在，如永生期望不能用回报满足但可以用信仰来补偿。补偿可分为特殊补偿和普遍补偿，"替代单个的、特殊的回报的补偿被称作特殊补偿"，而"替代众多大范围和大价值回报的补偿称作普遍补偿"④。补偿不完全是宗教的，也存在世俗补偿；与补偿相比，人们更喜好回报，尽力用补偿交换回报。

最后，RCT 从有关"补偿"的定义和命题中推论出了宗教的根源，把宗教限定为"以超自然假定为基础的普遍补偿系统"⑤，提供的是有关终极意义问题的普遍性解释，而意义只能由超自然解释来支撑，"宗教这个词最好把它保留为最一般的补偿系统"⑥。

---

① Rodney Stark, William Bainbridge, *A Theory of Religion*, Peter Lang, 1987, p. 27.

② Rodney Stark, William Bainbridge, *A Theory of Religion*, Peter Lang, 1987, p. 32.

③ Rodney Stark, William Bainbridge, *A Theory of Religion*, Peter Lang, 1987, p. 33.

④ Rodney Stark, William Bainbridge, *A Theory of Religion*, Peter Lang, 1987, p. 36.

⑤ Rodney Stark, William Bainbridge, "Of Churches, Sect, and Cults: Preliminary Concepts for a Theory of Religious Movements", *Journal for the Scientific Study of Religion*, 1979, 18（2）: 117-131: 121.

⑥ Rodney Stark, William Bainbridge, *A Theory of Religion*, Peter Lang, 1987, p. 39.

斯达克等人基于对现代社会宗教的考察，提出了演绎理论的基本原则，并对自己的理论充满信心，通过"成功地解释大量的为人熟知的事实和传统假设，我们努力展示了我们理论的力量。从简单的根源开始，它把所有观点联系在了一个令人满意的逻辑结构中，导出了人类宗教的丰富性"；在斯达克等人接下来的研究中，"这个理论整体上获得了一种积极的验证，它能够导出许多关于教派和分裂的众所周知的事实"①。需要指出的是，演绎理论不是对宗教本质的陈述，也不是关于宗教现象的普遍理论归纳，而是对宗教事实的理解和解释。

二 建构：理性选择与宗教经济

RCT 反思了古典经济学家亚当·斯密、政治社会学奠基人托克维尔以及韦伯以至于贝格的理论洞见，借助于交换理论和经济学模型，在演绎框架内建构起了理性行为逻辑以及宗教市场、供给侧等宗教经济理论。

作为理论起点的理性选择。 启蒙运动反对教会权威，强调人性尊严，推崇科学，重新发现了人类理性精神。斯密的劳动交换理论暗示了后来被称作理性"经济人"的假设，人们所有行为都是为了实现自身利益最大化。韦伯认为人们的行为受理性驱动，并强调了指向终极目标、事关道德审美和宗教信仰的价值理性，"有意识地坚信自身伦理的、审美的、宗教的或其他特定行为形式的价值"②。贝格把宗教定义为知识体系，指出宗教在多元化处境中变成了理性反思和选择的对象。20 世纪 80 年代初，萨里大学（University of Surrey）哲学教授钱德拉·塔库尔（Shivesh Chandra Thakur）遵循韦伯理性论述和贝格知识社会学架构，描述了宗教概念，明确了宗教本质，区分了宗教与科学、巫术的关系，较早地从认知论和方法论角度对理性选择做出了理解。

首先，"神灵"不是定义宗教的普遍而关键概念，宗教团体不是宗

---

① Rodney Stark, William Bainbridge, *A Theory of Religion*, Peter Lang, 1987, p. 153.

② Max Weber, *Economy and Society*, Edited by Guenther Roth and Claus Wittich, University of California Press, 2013, p. 24.

从业者社群或者社会。界定宗教不需要一个全能的、人格神的特殊概念，对神的信仰既不是宗教必要条件，也不是充分条件，因为"不能证明作为全能的人格神的存在"，"同样不能证明神不存在"，"从纯粹概念的角度证明一个实体是否存在都是错误的"，但这不是说神的存在与否无关紧要，"如果不是对非神论公然偏见的话，应该按照这样的方式定义宗教，即宗教不需要特别的参照神；在表达中也不必把有神论形式排除在外，因为神的概念不是所有宗教所必需的"①。

其次，塔库尔认同贝格知识论解释，把宗教信仰体系看作一种蕴含了宇宙观的玄学理论，发挥了解释系统的功能，是对普遍的日常体验的解释，其中暗含的宇宙论和价值体系合理化了宗教社群的信仰、态度和对世界的反应。但他的目的是要从宗教哲学的角度揭示所有宗教共享的普遍特征即超验要素，提供一种"描述性的和普适性的"概念，而不是对宗教的规定性解释，这种概念"既不是过分以神灵为中心，也不是化约论者，它考虑到了宗教性非制度化的、个人的表述"②。从这一基本假设出发，塔库尔认为宗教普遍和本质的特征是它源自不同寻常的体验、知觉或"布里克斯"（bliks），后者指的就是因身陷苦海而在日常生活中产生的危机感；重要的是，宗教遵循的是一种玄学理论，与这种理论相联系的是认同于社群的三种委身，即信仰委身、态度委身和行为委身。他由此概括说，在定义宗教中，玄学、体验和委身是必须考虑的三个基本要素，"宗教是一种根植于体验的玄学理论，指导着信众个人尊奉特定信仰，秉持特定态度，恪守特定行为，这样的委身是或者被看作由这种理论所造成的"③。需要说明的是，塔库尔认为宗教虽然是一种玄学理论体系，其目的也是提供解释，但是宗教玄学理论重点解释的不是日常体验世界或者常识，而是独特之人如佛陀、耶稣和穆罕默德等人的非凡体验，而且委身是宗教与其他玄学的

---

① Shivesh Chandra Thakur, *Religion and Rational Choice*, The Macmillan Press Ltd, 1981, pp. 15, 17, 20.

② Shivesh Chandra Thakur, *Religion and Rational Choice*, The Macmillan Press Ltd, 1981, p. 21.

③ Shivesh Chandra Thakur, *Religion and Rational Choice*, The Macmillan Press Ltd, 1981, p. 32.

重要区别。

再次，塔库尔比较了宗教和科学的区别以及这两个领域的选择过程，评述和强调了宗教选择的理性特征。宗教的目的不是控制自然，解释理论模式和逻辑方法虽然不同于科学，但这不意味着宗教就是伪科学。宗教和科学在思维结构和功能上具有相似性，都是对日常体验世界的解释，都是解释性的超验理论。超验玄学"是宗教概念的核心，也是科学的火炬手"①，宗教解释符合科学解释的结构。宗教和科学的选择都受理性主导，"采纳（有意识的选择）、保留或者拒弃宗教信仰确实涉及'逻辑'，我把这种逻辑称作为'辩证法'，由推想、信奉和批评以及理性步骤组成"②。

塔库尔认同库恩对科学实践的解释和对情感的、审美的和实用的等非理性要素的强调，"其真实地描述了在真正拒弃和保留科学理论及其修正和诡辩中非理性要素的角色"，批评了科学纯化论者的理性观，"希望把'理性'的范围限制在一种严格的逻辑演绎中，在其中情感的、审美的、道德的和审慎的考量不再发挥作用，他们应该记得这样一种纯粹的推理只运作于正式逻辑和数学中"③。在塔库尔看来，理性不应该只是干枯的逻辑和推理，应该充满人文色彩，"人类行为'活生生'的非正式领域所证明的理性绝不是单一的和纯粹的结构，它确实展示了我们随手指定为'常识''思维规则'等内核，显然宗教也不例外"④，宗教实践以现实作为基础和前提，"宗教世界观"不是最糟糕的世界观，不会导向本体论的相对主义。

我们再看一下 RCT 对理性选择的理解。斯达克等人的理性选择涉及理性观念、收益估量、回报稀缺性及其补偿以及"彼世回报"概念与价值等要素，探求了宗教选择的解释理性和逻辑理性。斯达克等人把理性作为公

---

① Shivesh Chandra Thakur, *Religion and Rational Choice*, The Macmillan Press Ltd, 1981, p. 94.

② Shivesh Chandra Thakur, *Religion and Rational Choice*, The Macmillan Press Ltd, 1981, p. 105.

③ Shivesh Chandra Thakur, *Religion and Rational Choice*, The Macmillan Press Ltd, 1981, p. 105.

④ Shivesh Chandra Thakur, *Religion and Rational Choice*, The Macmillan Press Ltd, 1981, p. 106.

理和演绎推理的起点，关注的是理性的逻辑层面以及与行为的关系，"理性表明的是持续的目标取向行为"①，作为基本的公理可以表述为"在给定信息和选择的前提下，人们的行为方式一般是理性的"②。目标暗含了理性的真理意义，作为行为的预期目的，是可以理解和预测的，但目标在现实中是多元的并且可能是相互排斥的。人们追求不同目标，期望不同回报，愿意付出必要的成本，在这个过程中，"理性与人们追求的目标无关，而只与人们用来达到目标的手段相连"③，RCT 强调把逻辑选择当作接近目标真理的工具。借用赫伯特·西蒙（Herbert Alexander Simon，1916—2001）"主观理性"概念以及符号互动理论，斯达克们把理性选择原则表述为"在其信息和理解的限度内，在可行选择的限定下，以及在其偏好和趣味的引导下，人们努力做出理性选择"④。

人们所有行为都发生在社会关系网络中，由交换组成并实现了规则化和稳定性。RCT 的基本假定是，人们行为从属于成本效益衡量，即以低廉成本寻求最优化效益，人们寻求回报最大化和成本最小化，⑤"理性通常是指做出选择时对预期回报和成本的主观估量"⑥。面对广泛的选择，"人们试图最优化——以最小的代价获取最大回报"⑦，以"相同方式处理所有行为，估量成本和效益，所有行为都是为了使他们的净利润最大化"⑧，这一行为理论的公理"是包括宗教行为在内的所有人们行为理论的更好出发点"⑨。斯达克等人承认选择受个人偏好和趣味的制约，而后者受到了文化和社会化熏染和塑造；追求利益最大化是人们共同的倾向，但受环境条件

① Rodney Stark，William Bainbridge，*A Theory of Religion*，Peter Lang，1987，p. 113.

② Rodney Stark，Roger Finke，*Acts of Faith*，University of California Press，2000，p. 21.

③ Rodney Stark，Roger Finke，*Acts of Faith*，University of California Press，2000，p. 39.

④ Rodney Stark，Roger Finke，*Acts of Faith*，University of California Press，2000，p. 38.

⑤ Rodney Stark，"Rational Choice Propositions about Religious Movements"，in *Religion and the Social Order*，vol. 3-A：*Handbook on Cults and Sects in America*，Edited by David G. Bromley and Jeffrey K. Haddon，Greenwick，CT：JAI Press，1992，pp. 241-261.

⑥ Rodney Stark，Roger Finke，*Acts of Faith*，University of California Press，2000，p. 85.

⑦ Rodney Stark，Roger Finke，*Acts of Faith*，University of California Press，2000，p. 36.

⑧ Laurence lannaccone，"Voodoo Economics? Reviewing the Rational Choice Approach to Religion"，*Journal For the Scientific Study of Religion*，1995，34（1）：76-88；77.

⑨ Rodney Stark，Roger Finke，*Acts of Faith*，University of California Press，2000，p. 21.

的制约而有不同的偏好，因而"人们对于特定回报或收益的相对估量很不一样"①。

人们都在寻求获得回报，并准备为之付出成本，回报和成本有不同种类，负载多样的价值，最为稀缺的回报价值最高。斯达克和芬克推论说，回报和成本是互补的，失去或者放弃回报是付出成本，避免付出成本则是获得回报。在追求彼世的回报中，人们愿意接受延长的和排他的交换关系，人们会拖延支付宗教代价，最小化他们的宗教代价，试图最优化自己的收获。斯达克等人承认有些回报是短缺的，无法直接获得，"回报在供应上总是有限的，包括那些不只在可察世界中存在的供应"②，当期望回报无法满足时，人们接受了替代性"补偿"。补偿与回报是不同的，回报是希望获得之物，补偿是回报预期，是不确定的；回报通常是现世的、物质的、凡俗的和可见的；补偿可以是彼世的、精神的、神圣的和潜在的，"对回报和成本的评估服从于不能预测的外部因素，后者可能会增加（狂热）或者降低（沮丧）对所有回报的评估"③。

同人类其他行为一样，宗教行为是理性的。借助人类学领域的研究，斯达克等人认为宗教起自人类对非理性的反应，宗教信仰使许多非理性的东西变成了理性，宗教是"一种理性的人类行为，不是深层非理性冲动的发作，也就是说，正如人类文化的其他方面一样，宗教补偿系统产生于相同的推理和试错过程"④。斯达克等人认同韦伯的断言，"宗教或巫术驱使的行为是相对理性的行为……它遵循经验的规则……因而，务必不要把宗教的和巫术的行为或思维从日常有目的的行为中隔离出来，尤其是宗教和巫术行为的目的由经济主导时"⑤。遵循经济学效益最大化原则是宗教理性行为的主旨，选择受到成本与收益的限制，强调收益和效用的最大化，"与其他选择一样，宗教选择也要权衡成本和收益"⑥，"宗教行为的发生，一般

---

① Rodney Stark，*The Rise of Christianity*，Princeton University Press，1996，p. 170.

② Rodney Stark，Roger Finke，*Acts of Faith*，University of California Press，2000，p. 88.

③ Rodney Stark，William Bainbridge，*A Theory of Religion*，Peter Lang，1987，p. 166.

④ Rodney Stark，William Bainbridge，*A Theory of Religion*，Peter Lang，1987，p. 84.

⑤ Max Weber，*The Sociology of Religion*，Translated by Ephraim Fischoff，introduction by Talcott Parsons，Beacon Press，1993，p. 1.

⑥ Rodney Stark，Roger Finke，*Acts of Faith*，University of California Press，2000，p. 85.

是以成本/收益计算作为基础的，因而与人们其他行为完全一样都是理性的"①；"个人理性地选择自己的行为，包括那些与补偿有关的行为"②。

格洛克和斯达克最初提出的是"回报-义务"二分概念，回报可能是直接的或者是对未来的许诺，直接回报包括心理平和、摆脱了担心、意识到健康幸福以及物质方面的成就等；未来回报包括救赎、永生、再生等。斯达克和班布里奇后来认为，期望回报是短缺的，以超自然为基础的宗教体系能够提供可靠补偿。宗教成功与否取决于提供回报和补偿的能力，与直接回报相比，宗教更多提供的是补偿，如永生预期等，这种补偿与宗教义务相连，例如宗教禁忌，依赖于人和神之间交换过程，"有效的宗教组织依赖于这些基本的交换关系"③。在斯达克看来，宗教补偿"承诺作为对所放弃价值的回报，最终会获得期望收益"④；"宗教为稀缺的或者难以获得的回报提供了补偿"，"是期望回报的一种替代品"⑤。

首先，宗教补偿是一种解释，"在回报稀缺或者不能直接获得时，人们倾向构想并接受在遥远的未来或者在其他一些无法验证的情况中获得回报的解释"⑥；"补偿为如何切实地获得期望回报（或等价选择）提供了解释"⑦，是"根据许多解释的回报假定，这些解释不易进行明确评价"⑧，也就是说关于补偿的解释缺乏确然性。

其次，宗教补偿是期望回报难以确定情况下的替代物，"具有不可预测的特征，其价值呈现在信仰中"⑨，所以它本质上是一种信仰。对宗教的需求是人类生活状态中的持续性要素和不变量，人们无法获得物质回报时，

---

① Rodney Stark, Roger Finke, *Acts of Faith*, University of California Press, 2000, p. 56.

② Rodney Stark, *The Rise of Christianity*, Princeton University Press, 1996, p. 169.

③ Rodney Stark, *The Rise of Christianity*, Princeton University Press, 1996, p. 168.

④ Rodney Stark, "Must All Religions Be Supernatural", in *The Social Impact of New Religious Movements*, Edited by Bryan Wilson, Rose of Sharon Press, 1981: 159-177: 161.

⑤ Rodney Stark, *The Rise of Christianity*, Princeton University Press, 1996, pp. 167, 168.

⑥ Rodney Stark, Roger Finke, *Acts of Faith*, University of California Press, 2000, p. 88.

⑦ Rodney Stark, *The Rise of Christianity*, Princeton University Press, 1996, p. 168.

⑧ Rodney Stark, William Bainbridge, "Towads a Theory of Religion: Religious Commitment", *Journal for The Scientific Study of Religion*, 1980, 19 (2): 114-128: 121.

⑨ William Bainbridge and Rodney Stark, "Cult Formation: Three Compatible Models", *Sociological Analysis*, 1979, 40 (4): 283-295: 284.

会把超自然作为提供"补偿"的可靠源泉,"宗教是某些回报唯一貌似可信的来源,人们对其有着普遍的无尽需求"①;"补偿假定在遥远的未来或者在其他一些无法验证的情况中获得期望回报,人们把补偿作为回报"②。

再次,就个人而言,宗教补偿的真实性超出了估算,彼岸补偿具有"风险性",面临"机会成本"问题,回报选择需要规避风险,由此产生了可信度问题。但是宗教本质上是社会现象,是"集体生产的商品"③,对补偿价值的认知基于社会互动和交换,信仰需要群体生产和维系,仪式活动有赖于共同参与,这些集体行为有助于减少风险,解决可信度危机,"宗教经常能够合理化失败的预言,并修正信仰体系来充分地克服这样的困难"④。

最后,斯达克和芬克修正了之前的相关表述,放弃了宗教补偿概念,着重理解了彼世回报,对理性选择做出了更为"社会学"的阐述。斯达克们认为在所有宗教回报中,最有价值的是彼世回报,"只有在非经验的(通常是死后)情况中才能获得的回报"⑤,但彼世回报具有不确定性,需要付出长期成本。

RCT 批评"旧范式'非理性选择'宗教理论把一切溯源为无知或精神病理学,我们发现这种深受推崇的架构一点也不精致妙绝",因而坚持认为"正如世俗选择一样,宗教选择也受理性引导"⑥。但是斯达克等人承认理性选择只是一种化约解释,而不是一种完善理论,理性命题"只是大多数现代社会科学假定的起点,因而虽然极为重要,但也没能提出多少理论",承认理性选择更多地局限在解释个体行为的范围内,不太能够充分地延展到社会结构和过程分析中,"我们也没有错误地把理性前提当作个体行为的充分解释,更不用说宏大的社会过程","在建构许多宗教方面的理论中,我们自己很少提到理性,因此我们反对被称作'理性选择理论者'"⑦。

① Rodney Stark, Roger Finke, *Acts of Faith*, University of California Press, 2000, p. 85.
② William Bainbridge and Rodney Stark, "Cult Formation: Three Compatible Models", *Sociological Analysis*, 1979, 40 (4): 283-295: 284.
③ Rodney Stark, *The Rise of Christianity*, Princeton University Press, 1996, p. 173.
④ Rodney Stark, *The Rise of Christianity*, Princeton University Press, 1996, p. 185.
⑤ Rodney Stark, Roger Finke, *Acts of Faith*, University of California Press, 2000, p. 88.
⑥ Rodney Stark, Roger Finke, *Acts of Faith*, University of California Press, 2000, p. 41.
⑦ Rodney Stark, Roger Finke, *Acts of Faith*, University of California Press, 2000, p. 41.

需要批评的是，RCT 在强调人类认知理性的同时忽略了人类心理情感等要素，认为人类行为都是理性行为，这种观点是不科学的。理性是人类区别于动物的基本特征，指的是在逻辑规则基础上进行的判断、推理、综合等认知活动，是对事物本质和规律的认识；但人类认知也受感觉、知觉等心理情感的支配，往往满足于对事物现象的认识。因而人类认知存在理性认知和感性认知的差别，而且认知能力也存在高低之分；人类行为并不都是理性行为，也存在非理性行为。人们的宗教选择不都是理性行为，很大程度上是感性的、非理性的行为，是为了满足个体的心理和情感需求，重要的是，这种选择经常受到社会、文化和历史等要素的影响。因此 RCT 基于理性选择建构宗教经济学说的企图至少缺乏坚实的理论根据和完备的逻辑基础。

作为理论主体的经济理论。RCT 鼓吹古典经济学家斯密和政治社会学家托克维尔的思想，把西方经济学原理和政教关系原则运用到宗教现象分析中，从市场供给的角度描述和发挥了宗教经济理论。

斯密宣扬自由贸易提供了充分的市场供给，强调市场的自发调节机制和"供给侧"要素作用，关注了供给与需求的市场关系，区分了垄断和竞争两种宗教市场结构。托克维尔从自由市场角度强调了政教分离原则，批评政教勾连导致宗教丧失合理性并最终走向了衰落。韦伯关注了伦理理性与经济行为的关系，认为宗教观念内在化成了社会精神气质，激励企业家追求利润，并进行财富投资。贝格把多元化界定为自由经济和多样性宗教，受市场逻辑支配，是世界观市场竞争的结果，导致了宗教宽容和宗教自主，形成了宗教经济市场。

阿奇（Corry Azzi）和埃伦伯格（Ronald Gordon Ehrenberg，1946—）较早开始了宗教的经济学研究，重点关注了个人、群体和市场层面上的宗教行为。首先，他们观察到个人宗教行为频次随着工资增长而降低，随之而来的是相对世俗的发展；失业上升导致了时间机会成本降低，引起了高密集度的宗教行为，他们提出，"宗教参与应该被添加到逐渐增长的非市场行为中，后者可以在多时段家庭时间分配框架中进行分析"①。其次，聚

---

① Corry Azzi, Ronald Ehrenberg, "Household Allocation of Time and Church Attendance", *Journal of Political Economy*, 1975, 83（1）：27-56：53.

焦家庭宗教行为，分析了家庭时间分配和宗教性相互影响，完善了多时段家庭行为效益最大化模式，即家庭在宗教的或世俗的商品生产过程中，以既定的时间和资源分配达到效益最大化。最后，分析了影响宗教性、宗教参与以及委身的要素，指出个人宗教行为有"救赎动机"、"消费动机"和"社会压力动机"三种动机因素，强调"来世消费"是宗教行为的主要目标和动机，是影响宗教行为时间分配的重要因素。

贝克尔（Gary Stanley Becker，1930—2014）把经济学研究扩展到了社会学领域，主张"用经济学方法理解各种背景和处境中的人们行为"，"经济学方法是一种综合的方法，适用于所有人们行为"，"为理解所有的人们行为提供了一种有价值的统一框架"。① 在贝克尔看来，最优化行为、市场平衡和稳定偏好是经济学分析的核心，"可以把所有人们行为看作参与者从一套稳定的偏好中最优化他们的效益，在各种市场中积累最优化的信息及其他投入"。首先，经济学解释人们行为根据的是人们从事于最优化行为这一假定，"与其他方法相比，经济学方法更明确而宽泛地假定了最佳化行为"。其次，强调了市场能够有效协调个人、企业或者国家等不同参与者的行为，发挥了社会学理论中"结构"功能；与垄断市场相比，竞争市场更有效地满足了消费者的偏好；价格、税收等市场工具调解了市场行为，"'企业'这个词在这个背景中包括了基金和其他私人的非营利性组织、政府、选择职位和雇用的个人，以及'商业组织'"②。最后，偏好是选择的基础，具有稳定性特点，不存在贫富和社会文化差别，反映了与市场商品和服务的稳定联系，预测了对各种变迁的反应。

贝克尔基于家庭行为最优化和稳定偏好，较早宣讲"新家庭经济学"，主张对"非市场"家庭制度和行为做出经济学解释，即从人们最优化行为原则出发解释家庭领域"非市场"的传统行为，主张在商品和家庭产品分析中引入生产技能等人力资本要素。他阐发的新家庭经济理论涉及非市场商品、家庭生产、时间分配、人力资本投入等方面。首先，家庭不仅是市

---

① Gary S. Becker, *The Economic Approach to Human Behavior*, The University of Chicago Press, 1976, pp. 3, 8, 14.

② Gary S. Becker, *The Economic Approach to Human Behavior*, The University of Chicago Press, 1976, pp. 5, 14, 167.

场商品和服务的消极消费者，而且是非市场商品和服务的积极生产者，根据成本最小化和效益最大化原则生产商品，如声望、健康、儿童、婚姻等。其次，贝克尔把经济学运用于婚姻、生育和分工分析，关注成员之间的协调和互动，强调家庭成员相互依赖的整体效益功能，如有关婚姻和生育的决定、与工作时间有关的劳动分工以及技能投资、家庭安全和代际转换等。再次，家庭生产涉及时间成本和价值问题，如何分配市场商品和非市场产品的生产时间，尤其是家庭在有关今生现世的决定中的时间分配，涉及消费时间、收入预期、家庭分工、人力资本投入等要素。复次，贝克尔用家庭生产函数分析了消费，强调了收入和价格变迁，减少对偏好的依赖，"家庭生产函数为消费分析提供了有用的参量，所有的陈述甚至能够转化为衍生效用函数"①。最后，贝克尔分析了家庭成员宗教性与社会、经济行为的关系，涉及犯罪、健康、婚姻、生育以及种族、性别、年龄、阶层和教育等因素的影响，结合最优化行为、平衡市场和稳定偏好三个基本假定，"选择他们会接受和广泛参与的宗教"②。

亚纳科是 RCT 经济学理论的主要贡献者，他是一位自由市场经济学家，思考了宗教与社会经济的关系，主张对宗教行为做出经济学解释，"经济促成了宗教，宗教影响了经济结果"，"经济学涉及个人、群体和市场中的宗教行为，经济理论倾向合理化政府培育竞争性宗教市场的政策"。③ 他从个人、群体和市场三个维度阐释了理性选择解释的不同层面，微观分析了宗教的人力资本，宏观讨论了教会和教派模式，并用宗教市场把两个层面的假定协调了起来。

首先，亚纳科力倡把经济学方法运用于社会学研究，"经济学的逻辑甚至其语汇是社会科学研究宗教的强有力的工具，经济理论或者更准确地说理性选择理论在宗教社会学中提供了一种新范式，最终可能取代和包括

---

① Gary S. Becker, *The Economic Approach to Human Behavior*, The University of Chicago Press, 1976, p. 147.

② Laurence Iannaccone, "Voodoo Economics? Reviewing the Rational Choice Approach to Religion", *Journal For the Scientific Study of Religion*, 1995, 34 (1): 76-88: 77.

③ Laurence Iannaccone, "Progress in the Economics of Religion", *Journal of Institutional and Theoretical Economics*, 1994, 150 (4): 737-744: 742, 743.

许多归纳和方法"①。在他看来，宗教经济包括一般社会经济的基本要素，如生产和消费、需求和供给、成本和收益、投资和回报、广告和市场等。行为最优化原则是理性选择的基本假定，个人宗教决定会衡量行为成本和收益，以便最大化净收益；作为宗教经济的基础，宗教商品是选择对象，依赖于超自然力量，能够提供回报补偿，但具有不确定性；教会是世俗机构，遵循市场竞争机制，或接受政府宗教管制。他还聚焦宗派动员、皈依年龄、教内婚姻、出勤与奉献、教养和信仰内婚姻等变量对宗教参与的影响，研究了与个人宗教决定相联系的各种要素，为理性选择理论建立了微观经济学视角。

其次，亚纳科延伸了阿奇、埃伦伯格和贝克尔的研究，把家庭生产模式与宗教人力资本等经济学模型结合了起来，研究了影响宗教生产和个人宗教决定的各种要素，解释了宗教参与模式。亚纳科曾与贝克尔一起同学，明显受到了后者学术思路的启发，他认为宗教商品不是普通的物质商品，而是家庭为了自我消费而生产的"家庭商品"，家庭是从事于这种商品生产的准企业组织，家庭的信仰实践就是宗教的生产过程。亚纳科还积极评价贝克尔等人宗教人力资本研究为宗教科学贡献了经济学理论，"在独立的框架中整合了许多预测；为观察到的实践规律提供了理论解释；为指导未来实践研究提供了新的假设"。在他看来，宗教满足不仅有赖于宗教专家，也依赖于自己的技能和体验，如宗教知识、谙习仪式、教友情谊以及天赋才能、普通教育、特殊培训等，他把这些技能和体验称为"宗教人力资本"，"经济学经常把生产力提高的技能指为'人力资本'"，决定了个人生产和鉴别宗教商品的能力。亚纳科进一步讨论了宗教人力资本与宗教参与的关系，认为宗教人力资本是宗教行为的前提和结果，提高了参与水平，增强了宗教满足度；宗教参与本身就是宗教生产，是"增强一个人宗教人力资本股金的唯一重要方式"②；宗教行为最优化原则要求人们最

---

① Laurence Iannaccone, "Religious Markets and the Economics of Religion", *Social Compass*, 1992, 39 (1): 123-131: 123.

② Laurence Iannaccone, "Religious Practice: A Human Capital Approach", *Journal for the Scientific Study of Religion*, 1990, 29 (3): 297-314: 313, 298, 299.

大化宗教资本，如宗教信仰相同的家庭会更多地参与宗教活动等。

再次，亚纳科延伸了斯密的讨论，表述了多样性宗教市场观点，调查了垄断和自由的"市场结构"，推导了可能产生的结构性结果，阐述了宏观宗教经济理论。亚纳科把西方政府管制作为影响宗教参与的重要变量，管制越高，出勤率越低，他从资助与垄断两个层面考察了政府管制行为。其一，受国家资助或津贴的"公共宗教"因受到诸多规则制约而经济效率低下甚至无效力，一方面，西方政府会基于自己的利益控制宗教内容、种类和政策，管理人员也会最大化自己的世俗利益和政治地位，而消费者无法影响宗教质量和数量，导致了宗教实践背离了偏好，公众宗教满意度降低了，接近宗教的动机减退了；另一方面，管制增加了宗教的生产成本，造成了人力资本投入浪费，束缚了宗教活力，宗教服务数量少而质量低劣，宗教消费水平也随之降低。其二，宗教依靠政府对抗其他宗教、教派的竞争，维持了宗教垄断；垄断意味着失去活力和无效率，宗教商品供给单一，最终导致消费不足，相反摆脱垄断或寡头特权的宗教市场会产生较高水平的宗教消费，因此垄断必然会成为一种负担。①

最后，亚纳科用多元化一词描述了非管制的宗教市场，讨论了宗派市场占有率、人口占有率和市场集中，认为宗派参与和信仰率依赖市场集中总量，宗派市场集中依赖（负相关）市场占有率。在多元化市场中，个体宗教性表现较为强烈，教会出勤较多。亚纳科比较了西方多元化新教社会和垄断主导的天主教社会，解释了两种结构的宗教结果，"一种精炼的实践分析区分了市场分享和政府支持的结果，能够很好地解释新教和天主教"②。

当然，西方宗教经济理论是由亚纳科、芬克、斯达克、班布里奇等人共同吹嘘出来的，提出了许多定理法则，"核心是宗教作为一种商品和选择对象的观念"③。他们在社会学框架内，结合经济学、心理学、人类学和

① Laurence Iannaccone, "The Consequences of Religious Market Structure: Adam Smith and the Economics of Religion", *Rationality and Society*, 1991, 3 (2): 156-177.

② Laurence Iannaccone, "The Consequences of Religious Market Structure: Adam Smith and the Economics of Religion", *Rationality and Society*, 1991, 3 (2): 156-177: 171.

③ Laurence Iannaccone, "The Consequences of Religious Market Structure: Adam Smith and the Economics of Religion", *Rationality and Society*, 1991, 3 (2): 156-177: 158.

宗教学研究视角，借鉴系统论、市场论、交换理论、公共选择和边际产品等理论观点，借助市场、企业和市场渗透、市场区隔等经济学概念，以宗教行为为中心，以行为效用最大化为基本假定，把宗教看作成本收益决定的产物，完善了宗教市场理论的不同侧面，以简单的经济原则解释了广泛宗教现象，理解了宗教变迁，从而使宗教市场模式成为宗教社会学研究的"新范式"，① 宗教的经济学解释也被完善成为一种流行的经济理论。

（1）作为商品交换的宗教。交换是一种规则化社会行为，是为了获得期望回报而发生的互动关系，"为了满足可消费的回报期望，人们会进行重复交换以寻求同样的回报"②。社会交换有两个主要层面，个人自由选择的交换关注的是成本和交换率；群体交换强调持久而多样的交换关系。RCT 揭示了交换行为负载的价值意义，从而把经济、文化和宗教系统联系了起来。文化由社会创造并由解释组成，文化是解释的复合体，"解释是某个普遍性层面的回报"③，交错联系的普遍解释构成了文化系统，宗教体现出来的就是人们交换解释的信仰和实践。出于交换的需要，文化分别在个人和群体两个层面上发生了特化，并围绕各自的文化专长展开了交换，由于交换率控制力存在差异，因而形成了权力分化和社会分层。

斯达克和亚纳科主张用经济学理论观点解释宗教现象，"宗教经济"是他们较早采用的核心概念，"包括任何社会中发生的所有宗教行为"。他们对宗教经济要素与一般经济要素进行了比照，前者"包括一种现时的和潜在的消费者市场、一套试图服务市场的'宗教机构'以及由各种机构提供的宗教'生产线'"④，强调宗教经济是一种市场行为。借助于帕森斯系统论，芬克和斯达克又把宗教经济看作社会大系统中的亚系统，"经济"指的是"就某些关键要素而言，任何社会的宗教亚系统完全类似于世俗（或商业）经济亚系统：两者都涉及有价值产品的供给与需求的互动"。他

① Stephen Warner，"Work in Progress toward a New Paradigm in the Sociology of Religion"，*American Journal of Sociology*，1993，98（5）：1044–1093.

② Rodney Stark，William Bainbridge，*A Theory of Religion*，Peter Lang，1987，p. 58.

③ Rodney Stark，William Bainbridge，"Towards a Theory of Religion：Religious Commitment"，*Journal for The Scientific Study of Religion*，1980，19（2）：114–128：117.

④ Rodney Stark，Laurence Iannaccone，"A Supply-Side Reinterpretation of the Secularization of Europe"，*Journal for the Scientific Study of Religion*，1994，33（3）：230–252：232.

们进一步对市场要素做出了具体限定，"即现时的和潜在的信徒'市场'，一套或多套试图吸引或维持信徒的组织，以及由这些组织提供的宗教文化"①，具体指的是信徒的市场需求、服务于需求的市场供给以及宗教组织提供的教义和实践等产品。

宗教经济本质上是特定社会文化环境中宗教机构的市场行为，包含一般商品经济的基本要素，即以宗教产品为联结的宗教机构（垄断的或竞争的）和信徒消费者（现时的或潜在的），二者之间是一种亲和性选择关系。② 宗教机构是一种社会企业，依赖教义产品、教会组织、神职布道和市场工具服务消费需求，"它的主要目的是向某些个人创造、维持和提供宗教"③。芬克和斯达克指出，教会和俱乐部都是追求利润最大化的机构，扮演了生产宗教商品的角色，可以把教会看作标准的、新古典主义的企业，生产并"售卖"宗教产品和服务；俱乐部是互惠性集体生产组织，提供崇拜服务、信仰教导以及其他准公共产品。

（2）市场结构。亚纳科、芬克、班布里奇和斯达克等人通过研究西方社会的宗教参与，运用新古典经济理论分析了宗教市场结构，区分了西方开放竞争的自由经济和垄断低效的管制经济两种经济模式，深化了对宗教经济的理解。当然，RCT 标榜的这两种经济模式只不过是其强调的演绎方法的极致发挥，抛弃了基于事实考察的概括和归纳，表明 RCT 本身具有重大的方法论缺陷。

在他们看来，开放性、排他性和多样性是自由经济最基本的市场条件，"非管制"是自由市场的"自然状态"。西方宗教团体就个体而言是宗教"企业"，而就集体来说则构成了宗教市场，"只要存在一种自由的宗教市场，没有获得满足的宗教需要就会在社会中促生出竞争性宗教群体"④。

① Rodney Stark, Roger Finke, *Acts of Faith*, University of California Press, 2000, pp. 35-36, 193.

② Roger Finke, Rodney Stark, *The Churching of America*, *1776-2005*, Rutgers University Press, 2005, p. 9.

③ Rodney Stark, Laurence Iannaccone, "A Supply-Side Reinterpretation of the Secularization of Europe", *Journal for the Scientific Study of Religion*, 1994, 33（3）：230-252：232.

④ Rodney Stark, William Bainbridge, *The Future of Religion*, University of Californian Press, 1985, p. 508.

自由市场充满竞争和淘汰机制，相互竞争的多元化宗教在宏观上受到自由市场这只"看不见的手"的引导，后者促使宗教机构按照成本最小化效益最大化原则为消费者生产满意的宗教产品和服务，通过竞争机制淘汰低效宗教机构。宗教"消费"在自由市场中有更高水平，消费者自由选择、接受并参与宗教，同时也引导着宗教生产者进行有效生产。自由选择、竞争和商品化最终决定了宗教商品的内容和宗教制度结构，竞争和多元不会销蚀宗教信仰的可信度，反而会提升整体的消费层次。从西方宗教内部来看，在自由市场条件下，教职人员不再由国家补贴，教会依赖信徒奉献，牧师必须公开竞争信徒，宗教服务高度专业化；宗教成员既是宗教商品生产者也是消费者。

斯达克、亚纳科和芬克等人把西方政府管制看作宗教经济的关键变量，透视了管制影响下的宗教市场。斯达克认识到管制对宗教经济尤其是垄断经济的影响，它构成了影响宗教经济的外部环境要素，宗教管制程度与传统宗教的组织活力之间表现出了负相关性。斯达克和芬克把管制区分为支持和压制两个方面，前者指的是对主流宗教提供资助、津贴，后者是对特定宗教的歧视和打压。西方政府管制破坏了市场竞争机制，扭曲了宗教经济，改变了宗教机构的生产动机和机会，造成了生产懈怠、产品单一，效率低下或者无效率，无法满足多样化市场需求。重要的是管制导致了宗教垄断，而后者可能引发冲突。现实中任何一个宗教都不可能满足所有需求，无法通过自身取得垄断地位，宗教垄断必须依靠国家强制力来实现。斯达克和亚纳科、班布里奇、芬克多次强调了一个基本命题，"宗教机构单独垄断宗教经济的能力取决于国家使用强制力量管制宗教经济的程度"[1]，认为西方政府管制助力了宗教垄断机构的产生，"宗教垄断只有依赖国家的强制性力量才能实现"，"政治上的反对派必须对付宗教上的反对派"[2]。在垄断经济中，由于排斥了竞争机制，拥有巨大市场份额的宗教组织及其负责人缺乏对信徒需要做出积极反应的动力，处于垄断地位的宗教

---

[1] Rodney Stark, *The Rise of Christianity*, Princeton University Press, 1996, p. 194.

[2] Rodney Stark, William Bainbridge, *The Future of Religion*, University of Californian Press, 1985, p. 508.

机构丧失了在强劲市场中才有的效率，在这个意义上垄断产生了惰性；宗教消费者普遍最小化了行为代价，宗教参与维持在较低水平。斯达克也指出西方政府管制力量无法实现全面垄断，"宗教经济从来都不会是完全垄断的"①，尽管受到压制，但是宗教机构一直在与垄断宗教进行着竞争，压制一旦解除，多元经济就会发展起来，通过引入新文化和技术要素如音乐、通讯、教育和组织策略等，实现高水平宗教参与和委身的目标，"管制越少竞争越显著"②，"只有在非管制的宗教经济中，才存在大量竞争性宗教机构，也才存在高度的委身"③。

（3）供需模型。遵循斯密的自由放任思想，并受 20 世纪 70 年代兴起的供给学派经济理论和政策的影响，西方宗教经济学界把市场经济模式运用于宗教经济研究，聚焦于宗教机构行为，强调自由市场、经济主体和总供给等"供给侧"要素对宗教经济增长的影响，关注的是宗教机构的供给与创造的需求，主张借助"去管制"手段激发西方宗教市场供给活力，以此反驳世俗化研究中预设的宗教"需求"衰落的命题，表明西方社会宗教消费仍然需要并包括了超自然信仰。

"供给侧"是宗教市场的重要方面，它的基本假定是：宗教信仰和行为由宗教市场结构或者环境决定，多元主义、市场份额、竞争和管理等都是宗教市场变量；西方政府对宗教市场管制程度越低，宗教会更"自由"且更具活力，宗教参与也会越高。宗教市场理论把这一假定看作解释政教分离的美国和存在不同程度宗教管制的欧洲宗教参与差异的根据。

首先，任何经济的正常状态是多元化，多元宗教经济的前提条件是高度的宗教自主，内在机制是竞争，竞争的结果激发了宗教活力，提供了广泛的宗教回报和多样性市场供给，刺激了多样化的需求选择。迪尔凯姆曾谴责多元化处境中存在多种宗教选择，道德具有了不确定性，最终导致了社会病

① Rodney Stark, *The Rise of Christianity*, Princeton University Press, 1996, p. 194.
② Laurence Iannaccone, "Voodoo Economics? Reviewing the Rational Choice Approach to Religion", *Journal For the Scientific Study of Religion*, 1995, 34 (1): 76-88: 77.
③ Rodney Stark, Laurence Iannaccone, "A Supply-Side Reinterpretation of the Secularization of Europe", *Journal for the Scientific Study of Religion*, 1994, 33 (3): 230-252: 248-249.

态。特洛伊奇和韦伯认为，多元化产生了有活力的宗教组织。[1] 贝格把多元化看作宗教经济的社会处境，认为多元化使信仰失去了理然性地位，"剥夺了宗教理然性品质"[2]，意味着宗教发展既面临危机，也包含了机遇和选择。

多元是环境条件，竞争是发动机，斯达克、亚纳科和芬克从市场角度解析了西方多元宗教的经济机制，表达了多元化和竞争性正相关效应的见解，回应了贝格观点，认为多元化没有对宗教产生消释作用，没有摧毁"遮蔽着制度秩序和个体经历的帷幕"[3]，而是构成市场竞争的必要条件，宗教活力是自由市场背景下多元市场供应的结果。斯达克把多元化界定为经济处境，"活跃在经济中的企业的数量"[4]，分享市场份额的宗教机构越多，市场多元化程度就越高，他认为多元化是西方宗教早期发展中的机遇。斯达克和亚纳科认为西方宗教市场多元化建立在非管制经济基础上，"非管制宗教经济活动中活跃着大量竞争性宗教机构"[5]，"宗教经济一旦达到了非管制的程度，就会倾向多元化"[6]，从而也使专门化宗教机构成为必要。斯达克和芬克关注了自由宗教市场的多样性和竞争力，竞争和多样性构成了多元化市场的两个方面，竞争增强了宗教观念，多样性丰富了宗教供给，动员了更多信仰委身，"多元化程度越高，宗教动员的人口就越多，委身信仰的人就会越多"，作为直接结果，"教会专门化程度越高，越有进取心，个人被激发的可能性就越大"[7]。但是因为市场存在饱和点，多元化不必定会导致竞争和高度的宗教委身。

其次，斯达克、亚纳科和芬克强调从宗教供给侧演绎西方宗教经济的

[1] Max Weber, "Church and Sects in North American: An Ecclesiastical Socio-Political Sketch", Translated by Colin Loader, *Sociological Theory*, [1906] 1985, 3 (1): 7-13.

[2] Perter Berger, *The Many Altars of Modernity*, Walter de Gruyter, 2014, p. 20.

[3] Perter Berger, Thomas Luckmann, *The Social Construction of Reality*, Penguin Books, 1991, p. 120.

[4] Rodney Stark, *The Rise of Christianity*, Princeton University Press, 1996, p. 194.

[5] Rodney Stark, Laurence Iannaccone, "A Supply-Side Reinterpretation of the Secularization of Europe", *Journal for the Scientific Study of Religion*, 1994, 33 (3): 230-252: 249.

[6] Rodney Stark, *The Rise of Christianity*, Princeton University Press, 1996, p. 194.

[7] Roger Finke, Rodney Stark, "Religious Economies and Sacred Canopies: Religious Mobilization in American Cities: 1906", *American Sociological Review*, 1988, 53 (1): 41-49: 43.

规律。斯达克和芬克的结构模型假定，宗教经济变化的动力主要来源于生产供给，消费需求是相对稳定的，而且从长时段来看，供给与需求是趋向平衡的，稳定和动力是相互依赖的，"供给侧提供了动力，需求侧奠定了稳定的基础"①，其中供给是关键；在非管制的、高度竞争和专门化的宗教经济中，多元化主要体现在宗教供给侧，由专门化宗教机构维持。从供给侧来看，宗教市场模式和一般经济市场一样，自由是本质特征，竞争是基本机制，教职人员是宗教生产主体，他们不再寻求和依赖政府支持来垄断特惠权力，会为了竞争消费者而积极组织生产和创新产品。对于宗教创新，传统解释强调的是需求侧心理状态的改变，"宗教变迁通常反映了宗教消费者期望和需求的变化"，供给侧理论认为宗教创新是对宗教去管制的回应，是宗教生产者对宗教市场要素和机会做出的理性反应和选择，"宗教中的重要变迁源自供给而不是需求的变化"②。

斯达克和亚纳科认为，多元竞争经济效率较高，市场拥有充分的商品供给，生产是专门化的，"各种各样的宗教群体成功地满足了特定市场区隔中的特殊需要和利益"③，满足了消费者各种不同的偏好与品味。斯达克们还把宗教经济划分为投资组合和排他性委身两种类型，投资是为了交换以超自然为基础的补偿物，"投资是交换中花费的成本，这种交换并不会产生充分的潜在期望回报"④。从供给侧角度来理解，投资组合专注于生产个体性宗教产品，不具排他性，但无法让消费者产生归属感；排他性委身从事于生产集体性宗教产品，特点是组织强大、有效资源动员、可信的宗教补偿以及世俗的利益，但机构之间可能会存在更高程度的冲突。⑤ 他们把这一区分运用到新兴宗教运动的分析中，认为新兴宗教运动属于个体性宗教产品，初始成本较低，产生了过剩的市场供给，机构之间的竞争、消费者规避风险的心理以及多样化宗教投资组合迫使新宗

① Rodney Stark, Roger Finke, *Acts of Faith*, University of California Press, 2000, p. 194.
② Roger Finke and Laurence Iannaccone, "Supply-Side Explanations for Religious Change", *The Annals of the American Academy of Political and Social Science*, 1993, 527: 27-39: 28.
③ Roger Finke, Rodney Stark, *The Churching of America 1776-2005*, Rutgers University Press, 2005, p. 9.
④ Rodney Stark, William Bainbridge, *A Theory of Religion*, Peter Lang, 1987, p. 129.
⑤ Rodney Stark, *The Rise of Christianity*, Princeton University Press, 1996, p. 203.

教机构逐渐走向专门化生产，提供更好的产品和服务，当然成本也随之增高了。

再次，多元化的一个命题是，自由市场认可更大的多样性，而多样性确保了更多的消费。在售宗教供给越多，多样性就越大，个人满足自己趣味偏好的机会就越多，也就是说宗教供给的增长导致了宗教需求的增长。从需求侧来看，多元市场中的宗教"消费"是高水平的，消费者自由寻找、选择和接受多样化的商品和服务，宗教需求体现为各种偏好，且在市场中呈现为稳定的分布状态。宗教需求或者偏好受到多种因素的影响，"诸如社会阶层、年龄、性别、健康、阅历和社会化等人们状态中的'常态'变量"①，这些变量构成了宗教市场的"自然区隔"。在斯达克们看来，无论是从宗教商品供给还是市场条件来看，多样化宗教需求的动力都来自宗教供给，但他们又强调说宗教需求侧会反作用于供给侧，对宗教生产产生限制性影响，塑造了宗教商品的内容和制度结构，"不管什么时候，只要宗教机构提供私人商品，竞争力量和风险规避就会引导着消费者光顾多个机构，因而也使他们的宗教投资组合多样化了"②；另外，因为政府管制影响了生产动机、消费选择和市场总体平衡，因此在西方高度管制和垄断的宗教经济中，需求差异不太明显。

三 批判：作为自限性的世俗化

RCT 借助实践资料通过演绎推理试图转型西方宗教社会学研究范式，对世俗化传统论题这一"老问题"做出了新理解，提出了"新观点"，所完善的"不是一种宗教衰落或者衰败的理论，而是宗教变迁的理论"③。

世俗化批判。RCT 对现代性导致了宗教衰落的论题进行了批判。世俗化理论断言现代科学把人们从信仰的束缚中解放了出来，现代性消解了超

---

① Roger Finke, Rodney Stark, *The Churching of America 1776-2005*, Rutgers University Press, 2005, p. 10.

② Rodney Stark, *The Rise of Christianity*, Princeton University Press, 1996, p. 204.

③ Rodney Stark, Laurence Iannaccone, "A Supply-Side Reinterpretation of the Secularization of Europe", *Journal for the Scientific Study of Religion*, 1994, 33 (3): 230-252: 231.

自然解释的合理性，导致了神灵"隐遁"，"以传统形式表现出来的神性，已经退入人类关注和意识的后台了"①，从而引发了可信度危机，集中表现为个体宗教虔敬尤其是信仰显著减弱、宗教参与减少和宗教委身降低，宗教走向衰落并面临消亡的危险。

斯达克等人承认"超自然"是宗教基本要素，承认作为人格化超自然存在即神灵消退，"超自然观念已经退却为一个遥远的、闲置的而且几乎不存在的神圣"，认同世俗化是"超自然信仰的销蚀，即对彼世力量信仰的丧失"，是"所有以超自然存在为先决条件的思想体系可信度的降低"②。但他们认为科学与宗教是两种互不相干的范畴，科学无法解答终极性问题，现代科学的发展和传播并不能导致世俗化结果，"超自然"隐遁反映的只是宗教提供回报和补偿的能力降低了。

斯达克等人批评世俗化论说对许多现象做出了误判，误解了宗教参与和潜在个体宗教需求的关系，实践研究显示，现代社会宗教参与减少没有表明个体信仰弱化，更不意味着主观宗教性丧失，参与水平较低，但信仰却非常坚定，如果忽略战争和社会运动等影响要素的话，从长时段来看宗教性是基本稳定的，"主观宗教虔敬保留在很高的程度"；另外，世俗化混同了宗教与宗教组织的概念，他们承认世俗化削弱了传统宗教组织，但后者的世俗化绝不是宗教末日，衰落中同样存在新生和成长。斯达克等人断定，世俗化与现代性之间不存在必然联系，所谓的宗教在现代社会正在走向衰落或消亡的命题是一个神话，不符合历史事实和现实证据。从观察到的实例来看，即使传统"民间宗教""在回应迅疾的现代化中，也没有表明哪怕是最轻微的衰落"③，"未来不信宗教的看法只是一种幻想"④。RCT假定的不是宗教急剧衰落而是逐渐转型，从而对宗教未来满怀信心，"世

---

① 彼得·贝格尔：《天使的传言：现代社会与超自然再发现》，高师宁译，中国人民大学出版社，2003，第1—2页。

② Rodney Stark，William Bainbridge，*The Future of Religion*，University of California Press，1985，pp. 429，434，438.

③ Rodney Stark，"Secularization，R. I. P."，*Sociology of Religion*，1999，60（3）：249-273：254，249.

④ Rodney Stark，William Bainbridge，*The Future of Religion*，University of California Press，1985，p. 1.

俗化论题是编造的，宗教未来演化不是灭绝"①。

正如马丁早期对世俗化概念的理解和表达的观点一样，斯达克等人认为"世俗化"这个词语表明的不是理论内涵，而是意识形态和哲学论辩措辞，"世俗化观念在本质上是时候返回到它来的时候了，即返回到孔德对勇敢的新世界将要来到的不科学的哲学化上。已经证明，人类不会单纯地凭借社会学面包来生存"②。要说世俗化是一种理论的话，它同样只是一种化约的理论，因此斯达克等人主张在所有的理论话语中剔除"世俗化"术语，呼喊颠覆世俗化范式，"是时候把世俗化的说教抬到失败理论的坟场去了"，并道声"安息吧，世俗化"。③ 他们竭力主张在社会变迁的理论视野中发扬 RCT，"解释在社会中发现的宗教虔敬的兴起和衰落"，"解释长期的稳定性"④。

需要强调的是，RCT 没有彻底抛弃世俗化视角，承认世俗化"是现代的一种主要倾向"⑤，发生在所有的社会中；"是当代工业社会中影响宗教的主导趋势"⑥，是一种普遍现象，"发生在所有宗教经济中"⑦。在他们看来，"世俗"一词含义是"关于或属于尘世或此世且有别于教会和宗教事务的东西"，很大程度上指的是"凡俗化"，"社会中主流宗教组织逐渐变得更具尘世性，变得更加世俗化"⑧。世俗化不是指宗教衰落，也不会导向宗教灭绝，而是宗教转型，过程也不是线性的，包含了成功和失败，步调

① Rodney Stark, Laurence Iannaccone, "A Supply-Side Reinterpretation of the Secularization of Europe", *Journal for the Scientific Study of Religion*, 1994, (33) 3: 230-252: 249.
② Rodney Stark, Laurence Iannaccone, "A Supply-Side Reinterpretation of the Secularization of Europe", *Journal for the Scientific Study of Religion*, 1994, (33) 3: 230-252: 250.
③ Rodney Stark, "Secularization, R. I. P.", *Sociology of Religion*, 1999, 60 (3): 249-273: 270.
④ Rodney Stark, Laurence Iannaccone, "A Supply-Side Reinterpretation of the Secularization of Europe", *Journal for the Scientific Study of Religion*, 1994, 33 (3): 230-252: 231.
⑤ Rodney Stark, William Bainbridge, *The Future of Religion*, University of California Press, 1985, p. 1.
⑥ Rodney Stark, William Bainbridge, *A Theory of Religion*, Peter Lang, 1987, p. 279.
⑦ Rodney Stark, "Church and Sect", in *The Sacred in a Secular Age*, Edited by Phillip E. Hammond, University of California Press, 1985: 139-149: 145.
⑧ Rodney Stark, William Bainbridge, *The Future of Religion*, University of California Press, 1985, pp. 429, 2.

不一，"世俗化意味着宗教的转型，而不是它的毁灭"①，"只是各种宗教的命运发生了变化，过于此世性的信仰被更朝气蓬勃的且更少此世性的宗教所取代"②。

世俗化理论认为现代化是"长期的、渐进的并相对持续的""线性向上的"过程，与这一趋势相反，世俗化是宗教长期的、渐进的并相对持续的线性向下衰落过程，世俗化不可避免也不可逆转，"世俗化至少是'不断前进的'，在宗教虔敬中能够发现一种显著向下趋势"③。RCT 假定了一种永无休止的世俗化循环，认为世俗化是"一种自限过程，在宗教经济中产生了补偿反应"④，它以宗教神学独特性在特定时刻的盈亏表现为特征，包含了复兴与衰微的峰谷转变，世俗化是一种"古老的转型过程"，一种"无休止的循环"⑤，"当我努力审视历史的时候，我发现最好把它描述为一种模式，即世俗化和复兴教会的模式，除了很少的几个世纪确实发生了新的东西"⑥。可以发现，RCT 的这种论断忽略了既定历史时空中返俗化程度的差异，忽略了宗教权威及其对其他社会结构制度的影响。

去神圣化。RCT 强调了宗教定义中的超自然要素，但他们无法避开对神圣要素的讨论；在建构宗教研究新范式中，不可避免地要回应世俗化在社会层面的普遍命题，即宗教与社会制度的分化导致的宗教权威衰退。在这方面，RCT 把世俗化看作宗教经济由垄断管制到自由竞争结构变迁之间的一个片段，是由神圣化到去神圣化的制度分化过程。

RCT 把迪尔凯姆强调的"神圣"要素保留在了社会制度层面，部分地

① Rodney Stark，William Bainbridge，*A Theory of Religion*，Peter Lang，1987，p. 279.

② Rodney Stark，William Bainbridge，*The Future of Religion*，University of California Press，1985，p. 2.

③ Rodney Stark，"Secularization，R. I. P."，*Sociology of Religion*，1999，60（3）：249-273：251.

④ Rodney Stark，"Church and Sect"，in *The Sacred in a Secular Age*，Edited by Phillip E. Hammond，University of California Press，1985：139-149：145.

⑤ Rodney Stark，William Bainbridge，*The Future of Religion*，University of California Press，1985，p. 529.

⑥ Rodney Stark，"Modernization，Secularization，and Mormon Success"，in *In Gods We Trust：New Patterns of Religious Pluralism in America*，Edited by Thomas Robbins and Dick Anthony，Transaction Publishers，1990：201-218：203.

承认了世俗化命题，即社会层面"去神圣化"，"正如我们的定义，去神圣化等同于许多学者涉及的宏观形式的世俗化，只要世俗化的定义限定在宗教和其他主要社会制度的分化上，我们就接受"①。RCT 的逻辑是，从管制到垄断经历了神圣化过程，而从垄断到去管制也要经历去神圣化过程，但消除垄断并不意味着立即去管制，所以在去神圣化的开始和宗教自由经济兴起之间将会存在世俗化间隙。

首先，斯达克等人分析了西方宗教经济由自由竞争经由管制到垄断的结构变迁，讨论了社会经由神圣化所达到的整合状态。斯达克等人指出自由竞争机制和多元化处境是宗教市场的自然状态，但由于国家管制的作用，宗教组织在与政府的合作中，逐渐取得了竞争优势，发展出了权力核心，建制教会通过服务国家需要最终实现了宗教垄断。斯达克等人演绎了垄断经济的后果，宗教与其他社会制度尤其是政治和教育制度交融在一起，社会上出现了普遍虔敬的现象，"如果宗教机构取得了垄断，它就设法对其他制度施加影响，社会因此被神圣化"②，"宗教制度和世俗制度之间很少有分化，从家庭到政治等生活的主要方面都弥漫着宗教象征、言词和仪式"③，借助神圣化，垄断教会取得了主导地位，整个社会也借此达到了整合。

其次，RCT 把西方政府管制看作宗教经济的关键变量，管制导致了垄断，垄断引起了社会"神圣化"。相反，解除管制意味着国家"不再担保垄断信仰宣称的专有合法性，去神圣化随之发生了"④，宗教同其他社会制度分化开来，垄断机构失去了合理性，去神圣化过程开始了，呈现为所谓的"世俗化"。作为必然结果，供给侧多元化宗教经济发展起来了，进一步销蚀了宗教垄断的合理性，引起了组织分裂和创新发展，"存在两个或多个相互和谐的低张力宗教群体"⑤，"去神圣化"继续深入发生，世俗化

---

① Rodney Stark, Roger Finke, *Acts of Faith*, University of California Press, 2000, p. 200.
② Rodney Stark, Laurence Iannaccone, "A Supply-Side Reinterpretation of the Secularization of Europe", *Journal for the Scientific Study of Religion*, 1994, 33 (3): 230–252: 234.
③ Rodney Stark, Roger Finke, *Acts of Faith*, University of California Press, 2000, p. 199.
④ Rodney Stark, Roger Finke, *Acts of Faith*, University of California Press, 2000, p. 200.
⑤ Rodney Stark, William Bainbridge, *A Theory of Religion*, Peter Lang, 1987, p. 289.

持续进行。在斯达克等人看来，多元化是世俗化的中间阶段，"我们可以把多元化看作世俗化中的一个中间阶段"①，这是一个缓慢的发展过程，影响要素多样，如在宗教自主或宽容政策前提下，政府继续维持对传统垄断机构的特惠政策和财政资助以及限制新宗教；文化滞后延缓了新宗教的合理化；新宗教是外来的，需要构建宗教经济生态等。可以确定的是，去神圣化在充分多元化引起宗教参与增加之前就发生了。

最后，斯达克等人承认存在世俗化阶段，但后者只是去神圣化开始以后与充分的自由经济确立之间的过渡片段，而不是作为具有结果性的漫长过程。西方国家离场意味着去管制，制度分化开始了，引发了去神圣化，必然要经历世俗化过程，集中表现为个人虔敬和宗教参与降低。但斯达克等人进一步分析认为，低水平参与暗示了低效社会化，因而个体宗教性差异更明显，这为下一阶段自由竞争宗教经济中充分多元化发展提供了基础，结果是宗教参与的大幅增加，"短期而言，去神圣化'表现'为世俗化，需要强调的是，这种'世俗化'是暂时的，并且很大程度上限定在宗教参与的衰微方面——它从来都不是世俗化标准理论假定的宗教'灭绝'"②。

RCT 并不主张把"去神圣化"等同于"世俗化"，前者强调制度分化，后者表现为低水平参与和低效社会化；与之相反，世俗化理论混同了这两个概念，虽然承认宗教与其他社会制度分化过程，但把垄断经济衰落和低水平宗教参与当成宗教普遍衰落和个体宗教性丧失，因而产生了误解。

自限性世俗化。在社会组织层面上，世俗化表现为"自限性"教派复兴和膜拜创新运动。斯达克等人强调了宗教定义中"超自然"要素，同时排除了自然主义信仰，"不可能存在完全自然主义宗教"③，后者虽然属于信仰系统，但要么是科学理性主义，要么是政治意识形态，都不具有宗教功能。因此宗教会把自己标榜为"最远大的和最持久的人类愿望"，倾向

---

① Rodney Stark, William Bainbridge, *A Theory of Religion*, Peter Lang, 1987, p. 289.

② Rodney Stark, Laurence Iannaccone, "A Supply-Side Reinterpretation of the Secularization of Europe", *Journal for the Scientific Study of Religion*, 1994, 33 (3): 230-252: 235.

③ Rodney Stark, William Bainbridge, *The Future of Religion*, University of California Press, 1985, p. 3.

"远离自然主义而走向超自然主义假定"①。

斯达克等人基于这一理解假定，一方面宗教一旦远离或者丢弃了超自然要素，就会降低甚至丧失生产和提供补偿的能力，"宗教抛弃了强有力的特殊超自然宣称，因而丧失了服务许多人宗教需要的能力"②，从而必然削弱自身组织和结构，这是造成宗教在现代社会中"衰落"的根本原因，"宗教组织在非超自然主义方向上大步前进是在寻求毁灭之路"③；就现实证据而言，"宗派在现代化教义并拥抱尘世价值的时候已经走向了衰落"④。另一方面，伴随宗教与其他社会制度分化，普遍世俗化和社会适应发生了，自然主义的现代文化与宗教超自然主义构成了竞争关系，世俗文化系统提供了替代性回报、补偿和普遍解释，促使传统宗教解释发生转型，"政治和科学演化进大范围文化体系"，"宗教使自身的解释适合于科学、政治和其他任何成功演化的世俗文化系统"。⑤

斯达克等人坚信宗教在现代社会中不会衰落，更不会灭绝，所谓的"衰落"只是现代性导致了宗教需求降低，根本原因是宗教远离了超自然主义，不能充分提供具有吸引力的超自然补偿。但他们进一步指出，人们终究离不开超自然补偿，世俗化没有消除人们的补偿需要，自然主义系统最终无法与超自然系统竞争，"在满足最大且最具渗透性的人们愿望中，自然主义的意义系统相对处于劣势"。他们承认传统宗教衰落了，但也看到新信仰兴起了，后者提供了"一种更为强烈的超自然信仰。像原有信仰衰退一样，新信仰会繁荣起来"⑥，弥补了可靠补偿，实现了由自然主义信仰系统到超自然主义信仰系统的文化转型，从而限制了世俗化，阻止了所谓的"衰落"。

---

① Rodney Stark, "Must All Religions Be Supernatural", in *The Social Impact of New Religious Movements*, Edited by Bryan Wilson, Rose of Sharon Press, 1981: 159-177: 170.

② Rodney Stark, William Bainbridge, *A Theory of Religion*, Peter Lang, 1987, p. 117.

③ Rodney Stark, "Must All Religions Be Supernatural? ", in *The Social Impact of New Religious Movements*, Edited by Bryan Wilson, Rose of Sharon Press, 1981: 159-177: 163.

④ Roger Finke, Rodney Stark, *The Churching of America 1776-2005*, Rutgers University Press, 2005, p. 9.

⑤ Rodney Stark, William Bainbridge, *A Theory of Religion*, Peter Lang, 1987, p. 286, 289.

⑥ Rodney Stark, "Must All Religions Be Supernatural? ", in *The Social Impact of New Religious Movements*, Edited by Bryan Wilson, Rose of Sharon Press, 1981: 159-177.

文化转型带来了组织结构变迁，集中反映为教派-教会-教派（或膜拜）循环转化。斯达克等人把世俗化看作宗教组织运动的基本动力，运动的基本机制是：教派超自然观念逐渐淡薄，彼世性降低而此世性增强，最终变成了教会；随着教会与外部环境张力降低，超自然信仰进一步淡化甚至被抛弃，当无法满足委身的普遍需要时，极端世俗性最终导致了宗教组织崩溃和新转型。因而在 RCT 看来，世俗化"是宗教变迁的预兆，而不是诸神最后的夕照"①，其结果是"导致了宗教复兴和创新"，二者都是对世俗化过程的反应，"教派形成是对传统教会提供一般性补偿物早期衰微阶段的回应，而膜拜形成则常常凸显在教会衰落晚期"②。

宗教复兴是教派形成并重申传统信仰，强调彼世性补偿，不受市场机制支配，也不回应市场需求，导向保守信仰。宗教创新指的是新宗教信仰出现，提供了适应现代文化的补偿，适合市场需求，趋向文化创新。斯达克等人把膜拜创新作为典型文化创新进行了分析，认为它"是对世俗化的回应"，包含了世俗化和文化适应，是随着传统教会衰弱发展起来的，"世俗化降低了传统教会地位，使它成为少数……世俗化却没有造就一种非宗教文化，而只是造就了一种非教会文化"③。

斯达克等人承认世俗化是宗教运动的基本动力，包含复兴和创新复杂过程，"世俗化不仅是当代文化场景的一个特征，而且是每种宗教传统的长久过程。然而结果不是宗教灭绝，而是某些特定宗教组织削弱。复兴和创新抗衡过程普遍地使宗教保持活力"④，但他们强调的重点是世俗化的"自限性"，通过产生补偿反应，使宗教保持长久活力，由超自然主义信仰到自然主义信仰再到超自然主义信仰循环，由教派到教会再到教派或膜拜转化，而不会导向无止境世俗化，"世俗化是一种自我限制进程，终究会

---

① Rodney Stark, William Bainbridge, *The Future of Religion*, University of Californian Press, 1985, p.430.

② Rodney Stark, William Bainbridge, *The Future of Religion*, University of Californian Press, 1985, p.445.

③ Rodney Stark, William Bainbridge, *The Future of Religion*, University of Californian Press, 1985, pp.441, 444.

④ Rodney Stark, William Bainbridge, *A Theory of Religion*, Peter Lang, 1987, p.117.

产生出宗教创新"①，"世俗化最终是自我限制的，来自宗教的反应是复兴和创新"②。斯达克等人对自己的理论信心满满，"没有假定宗教面临的是急剧衰落，而只是逐渐地转型"③，重要的是，"改变了从心理学关于宗教需求的假定出发的分析视角，强调社会学的假定，即宗教经济如何发挥功能来产生或者遏制宗教需求"④。斯达克等人承认自限性理论有点化约，"过于简单地概括了现代世俗化"，"指出了关键过程，但是明显忽略了具体历史事件的丰富性和复杂性"。⑤ 世俗化是影响宗教变迁和创新的因素，但不是唯一因素。

宗教运动。宗教运动指的是传统宗教分化和重新组合以及新宗教创新兴起和演化，具体表现为教会和教派之间的转化。斯达克等人回顾了西方宗教运动的起源，讨论了运动性质、机制以及未来走向，围绕阶级冲突理论批评了现存理论的局限性，拓展和创新了分析视角。

斯达克等人批判和延伸了理查德·尼布尔教会-教派类型理论。尼布尔把教派到教会转化看作产生、转型和再生等无止无终的循环运动过程，强调以经济为基础的社会阶级构成是这种运动的内在动力。斯达克等人认为尼布尔理论并不构成宗教群体起源和演化的普遍理论，因为不是所有宗教群体都是作为教派出现的；尼布尔阶级冲突视角主要限定于经济剥夺，宗教分裂不只有社会阶级原因，经济地位也不是权力的充分条件；教派不必定发展为教会，而且教义论争分析方法掩盖了社会抗争事实。斯达克等人细化了教会-教派模型转化过程和关系，承认"剥夺"是宗教运动兴起的必要条件，剥夺是"相较于其他个人、群体或者一套内在化标准，个人

① Rodney Stark, William Bainbridge, *The Future of Religion*, University of Californian Press, 1985, p. 251.
② Rodney Stark, William Bainbridge, *A Theory of Religion*, Peter Lang, 1987, p. 318.
③ Rodney Stark, William Bainbridge, *The Future of Religion*, University of Californian Press, 1985, p. 262.
④ Rodney Stark, Laurence Iannaccone, "A Supply-Side Reinterpretation of the Secularization of Europe", *Journal for the Scientific Study of Religion*, 1994, 33 (3): 230-252: 249-250.
⑤ Rodney Stark, William Bainbridge, *The Future of Religion*, University of Californian Press, 1985, p. 434.

或者群体可能处于或者感到任何不利方面"①，但剥夺和冲突的根源广泛，不仅有经济（分配收入）剥夺，还包括社会（结构回报）、机体（畸形失能）、道德（理想价值）和精神（价值体系）剥夺等类型，宗教反应倾向补偿剥夺。不同类型剥夺刺激了不同组织反应，决定了宗教运动的起源和发展形式，如教派是对经济剥夺的反应，教会对应社会剥夺，膜拜对应精神剥夺，治愈运动对应机体剥夺，改革运动是对道德剥夺的反应等。教派到教会转型是逐渐的、可逆的过程。

斯达克等人认同本顿·约翰逊对于群体关系的强调，承认张力具有社会-亚文化含义，在相对世俗化的社会中宗教群体与社会文化环境之间存在张力，主张把张力作为衡量教会-教派关系的主导要素。这里的张力指的是"亚文化偏离了常规"②，表现为"差异、分离和对抗"三种互动关系，"张力是指一个宗教群体和外部世界之间差异、分离和对抗的程度"③，包含了宗教群体的内聚力、封闭性和退缩趋势。高张力意味着与世俗社会存在差异和敌对关系，低张力伴随着低度委身，"高张力教派与膜拜的彼世观念并不与经济的、政治的和非宗教的文化制度的假设和谐一致"④。斯达克等人在宗教经济语境中推进了对张力的理解，"在特定条件下，以及在宗教组织依赖市场的地方，宗教组织会转向与周围环境更高张力的方向上"⑤，并为此设定了一种"覆钟形"张力市场需求区位模型，分析了不同市场需求区位与不同宗教观念、回报和成本的关系，"在所有宗教经济中，存在一套需求区位，寻求高度宗教回报并为此而接受高成本的程度各不相同"⑥，分析指出教会是低张力群体，教派和膜拜团体是高张力群体，存在高张力区位向低张力区位转型的动态倾向，"大多数宗教群体会在一种相

①　Charles Glock, Rodney Stark, *Religion and Society in Tension*, Rand McNally & Company, 1965, p. 246.

②　Rodney Stark, William Bainbridge, *The Future of Religion*, University of California Press, 1985, pp. 49, 66.

③　Rodney Stark, Roger Finke, *Acts of Faith*, University of Californian Press, 2000, p. 143.

④　Rodney Stark, William Bainbridge, *The Future of Religion*, University of California Press, 1985, p. 51.

⑤　Rodney Stark, Roger Finke, *Acts of Faith*, University of California Press, 2000, p. 259.

⑥　Rodney Stark, Roger Finke, *Acts of Faith*, University of Californian Press, 2000, p. 209.

对高张力状态中形成"①。斯达克等人的模型是一种理想型宗教市场经济，强调了自由竞争机制在宗教转型中的动力作用，"教会到教派过程更可能发生在相对非管制的宗教经济中，在其中所有宗教群体的存活依赖市场过程，而不太可能发生在以接受津贴的宗派为特色的管制经济中"②。

斯达克等人承认西方社会阶级构成和阶层流动是教派运动的基础，但他们抛弃了教派分裂的社会阶级原因分析，集中于更普遍的"权力"概念即交换率控制程度对教派动态机制进行了统计学分析。"权力"指的是"控制个人交换比率的能力"，随着成员代际变化，偏低权力会向中位回归，阶级地位随之上升，宗教组织朝向低张力方向转型，"在教派成员中，SES（社会经济地位）跟那些构成与周围社会更低张力的宗教信仰和实践呈正相关关系"③。

斯达克等人集中研究了新兴宗教运动，在对宗教运动机制的解释中，抛弃了经典类型研究方法，强调了宗教市场的有效供给、宗教补偿、成员社会网络关系以及代际变化，教义并不是关键要素。首先，"膜拜团体"是"构成某种背离宗教传统的新兴宗教运动"④，它起源于主流社会，是小规模偏离常规的宗教运动，通过信仰、价值、象征符号等文化创新或者经由外部文化输入而形成，但尚未发展为完备的宗教运动，"偏离常规"且"不具分裂性"是其特征。斯达克等人把宗教看作社会企业，体现了以超自然为基础的补偿交换关系，"膜拜是社会机构，主要致力生产和交换新颖的补偿物"⑤，但膜拜不全以超自然补偿生产为基础，因此它不全是宗教，但它的一般社会过程体现了文化创新，有可能最终走向正统神学而发展为教会。其次，教派是现代西方社会中的宗教复兴运动，"是具有主导

① Rodney Stark, Roger Finke, *Acts of Faith*, University of Californian Press, 2000, p. 207.

② Rodney Stark, Roger Finke, *Acts of Faith*, University of Californian Press, 2000, p. 262.

③ Rodney Stark, William Bainbridge, *The Future of Religion*, University of California Press, 1985, p. 158.

④ Rodney Stark, William Bainbridge, *The Future of Religion*, University of California Press, 1985, p. 149.

⑤ Rodney Stark, William Bainbridge, *A Theory of Religion*, Peter Lang, 1987, p. 157.

传统的限制性的、指向分裂的高张力运动"①，是以传统宗教组织为基础的
"离经叛道"运动。教派是脱离教会或者在教派中增殖产生的，认为母体
教会背离了传统，因此试图恢复旧信仰，注重精神和来世观念，与周围社
会形成了紧张关系。在调适外界环境妥协转型的条件下，教派可能会转型
为教会。最后，教会克服了与周围社会的张力，但作为对世俗化的反应，
教会分裂不可避免，最终形成与社会张力较低的宗教团体。根据信仰需
求，可以把教会分裂区分为世俗取向和彼世取向两种类型，前者无法充分
提供普遍补偿，后者试图恢复信仰，提供有效的特殊补偿；需要说明的
是，斯达克似乎混淆了凡俗化与世俗化概念，认为教会成员在凡俗社会中
的获利是一种世俗化。

西方宗教运动遵循宗教经济机制，亚纳科提出了"新的和完善的"类
型，即一种涵盖更多个人和社会现象的"正式的、经济的个人宗教行为模
式"②，强调不再把社会环境作为区分宗教组织类型的基本要素。宗教在现代
社会中表现出来的所有社会特征都是理性选择的结果，他们假定说除了彼世
话语，宗教还提供了更为广泛的世俗回报如地位、友谊和物质等。需要强调
的是，"宗教运动是社会运动，这些运动希望引发或者阻止信仰、价值、象
征和实践体系中的变迁，这些体系都与提供以超自然为基础的普遍补偿物相
关"③，但单一宗教无法提供所有宗教商品，在自由竞争宗教市场中，需要
并存多样化信仰，因而旧宗教转型和新宗教涌现是自然的市场状态。

四　反思：学术批评与修正整合

RCT 借用经济学理论阐释了社会学问题，焦点是理性选择宗教的行为
分析，"运用微观经济学的理论和方法解释个体、群体和文化中的宗教行为

---

① Rodney Stark, William Bainbridge, *The Future of Religion*, University of California Press, 1985, p. 149.

② Laurence Iannaccone, "A Formal Model of Church and Sect", *American Journal of Sociology*, 1988, 94：S241-S268；S244.

③ Rodney Stark, William Bainbridge, *The Future of Religion*, University of California Press, 1985, p. 23.

模式"①，相关理论"试图填补宗教研究中的理论罅隙，纠正历史失衡……整合了有关于个人、群体和社会宗教行为的已有研究……相对简洁，便于理论称述和验证"②；方法上有别于传统归纳概括，"这是一种演绎理论体系"③；概念明晰、新颖且具启发性，"概念上是干净利落的，实践中是成果累累的"④；"在一种独特的概念框架内整合了许多预测"⑤，因而被学术界评论为是对 20 世纪 60 年代以来的世俗化研究范式的转型，RCT 自己也认为"经济方法引起了宗教社会学的小革命"⑥。但是 RCT 提供的只是一种理想型理论，其理论普适性、个体主义视角、工具理性观点、市场分析教条从一开始就受到了学术界的质疑、批评与修正。

沃纳在反思 RCT 研究的基础上，评价说世俗化新范式按照"复兴和常规化"主叙事，虽然假定了社会结构层面的世俗化，但关注的是宗教变迁与转型，而不是宗教衰退，"分析的关键点是教会分离和公开宗教市场的兴起"⑦。斯佩坎（James V. Spickard）承认 RCT 强调的是社会变迁，研究焦点是宗教机构而不是社会结构，是个体宗教性和宗教参与而不是社会制度；RCT 的主要假设如效用最大化、稳定偏好等都过于强调个体主观层面，忽略了实践行为和公共层面，因而"没有为宗教社会学贡献多少东西"⑧。夏洛特（Stephen Sharot）从比较宗教研究角度质疑了 RCT "美国"视角，认为彼世回报和超自然存在等概念不适合非西方宗教；需求侧和供

① Laurence Iannaccone, "Introduction to the Economics of Religion", *Journal of Economic Literature*, 1998, 36 (3): 1465-1495: 1466.

② Laurence Iannaccone, "Voodoo Economics? Reviewing the Rational Choice Approach to Religion", *Journal for the Scientific Study of Religion*, 1995, 34 (1): 76-88: 86.

③ Rodney Stark, William Bainbridge, *A Theory of Religion*, Peter Lang, 1987, p. 315.

④ Laurence Iannaccone, "Religious Markets and the Economics of Religion", *Social Compass*, 1992, 39 (1): 123-131: 123.

⑤ Laurence Iannaccone, "Voodoo Economics? Reviewing the Rational Choice Approach to Religion", *Journal for the Scientific Study of Religion*, 1995, 34 (1): 76-88: 78.

⑥ Laurence Iannaccone, "Introduction to the Economics of Religion", *Journal of Economic Literature*, 1998, 36 (3): 1465-1495: 1489-1490.

⑦ Stephen Warner, "Work in Progress toward a New Paradigm for the Sociological Study of Religion in the United State", *American Journal of Sociology*, 1993, 98 (5): 1044-1093: 1050.

⑧ James V. Spickard, "Rethinking Religious Social Action: What Is " Rational" about Rational-Choice Theory?", *Sociology of Religion*, 1998, 59 (2): 99-115: 108.

给侧、垄断和多元在东西方宗教中有着不同含义，管制产生的后果也不尽相同；另外从韦伯对理性的解释来看，RCT 的理性是目标取向，表明的是"工具理性"，缺乏对"价值理性"的阐释；RCT 基于个人认知忽略了迪尔凯姆的社会结构和社会规则分析。①

多贝雷尔从理论整合的角度阐述了对理性选择理论和多元化、竞争关系的理解，折中了 RCT 与世俗化理论的冲突，认为二者是互补而不是对立的，是对宗教现实不同层面的解释，在讨论宗教亚系统和社会其他亚系统关系中，可以把理性选择理论结合进世俗化比较研究中。首先，RCT 假定在多元宗教处境中，需求侧潜在的宗教性体现为供给侧宗教机构的积极竞争。宗教市场机制形成于世俗化的政治制度中，供给侧不受后者限制、压制或者津贴、资助。RCT 似乎把世俗化看作理性选择的一个前提条件，假定政府在社会层面世俗化了，宗教经历了去管制，因而促使了宗教机构之间的竞争，因此世俗化理论和 RCT 不是对立而是互补的。其次，世俗化认为多元化破坏了宗教似然性，减少了个体宗教性；RCT 认为多元化促进了教会委身，竞争导致了成员数量增长，这似乎与前者相矛盾。多氏认为不能只关注宗教市场表象，也不能只用简单的市场模式来解释，必须考虑所有假设，在还存在宗教管制的社会中，多元化并不都意味着竞争，而且教派委身强化意味着教会委身衰退，在这种模式中多元化影响消失了。最后，RCT 把多元化与竞争等同起来，然而宗教是特殊的意义系统，多元背景中的宗教竞争是多维的，其实质是精神竞争，尤其宗教意义系统和其他意义系统如反宗教意义系统的竞争。多氏主张扩展 RCT，运用它分析教会和教派之间的竞争，讨论宗教意义系统与非宗教、反宗教意义系统之间的竞争，"更重要的是，不仅测量宗教多元主义，而且应测量宗教的、非宗教的和反宗教的竞争意义系统对个人行为、观念和态度的影响"②。

班克斯顿（Carl L. Bankston Ⅲ）批评了 RCT 个体主义视角，认为商品是由生产者和消费者之间互动生产的，作为商品的信仰是社会合作的产

---

① Stephen Sharot, "Beyond Christianity: A Critique of the Rational Choice Theory of Religion from a Weberian and Comparative Religions Perspective", *Sociology of Religion*, 2002, 63 (4): 427-454: 450.

② Karel Dobbelaere, *Secularization*, P. I. E-Peter Lang, 2002, p. 195.

物，"信仰商品的消费者只有变成生产者，并参与进信仰的互动中才能成为消费者"①，潜在的消费需求涉及与集体生产商品者的信仰互动，需要参与到真实的信仰网络中。他还对 RCT 理性含义进行了修正，认为个体做出选择决定具有理性特征，但理性选择应该是目标取向的，并导向集体目标取向；个体之间以及个体与集体之间理性选择的方式是由市场决定的，因此他主张在强调需求作用的同时分析多维层面的理性和行为选择。② 保罗·约翰逊（D. Paul Johnson）承认宗教市场模式是宗教社会学研究的新范式，认同 RCT 市场分析和个体实用主义假定，个体信仰行为反映的是个体利益最大化成本最小化的理性选择；他强调关注群体认同，认为个体利益在群体中实现了转型、扩展和共享了回报，但他认为个体利益和群体义务在主观选择上对立，优先立场受特定历史、文化以及亚文化群体情感纽带、福祉和价值限制，且难以客观地确定宗教成本与回报。③

耶罗尔曼克（Colin Jerolmack）批评 RCT 宗教定义中体现出自利主义心理学假定，宗教信仰和行为都受这种心理支配，因此把信仰和行为还原到了工具理性层面，宗教选择受自利驱动，服务于自我满足；在这个意义上，RCT 模糊了理性类型，把理性等同于工具理性。他表述了一种基于宗教体验和情感的认知理性，后者在终极宣称基础上刺激了信仰，而不是在成本/收益核量的基础上选择信仰；RCT 在这方面忽略了认知理性，最终把宗教理论化简成"非理性"选择。因而耶罗尔曼克强调不能简单地把宗教价值和认知理性化简为工具理性，也不能把宗教动机化简为自我满足，更不能把自利动机包括在宗教定义中，后者应该包括宗教体验和情感，④显然他的宗教定义和认知理性也建立在心理学理解基础之上。霍夫曼（John P. Hoffmann）用有限理性的概念修正了对个体理性选择的理解，指

---

① Carl L. Bankston Ⅲ, "Rationality, Choice and the Religious Economy: The Problem of Belief", *Review of Religious Research*, 2002, 43 (4): 311-325: 322.

② Carl L. Bankston Ⅲ, "Rationality, Choice, and the Religious Economy: Individual and Collective Rationality in Supply and Demand", *Review of Religious Research*, 2003, 45 (2): 155-171: 168.

③ D. Paul Johnson, "From Religious Markets to Religious Communities: Contrasting Implications for Applied Research", *Review of Religious Research*, 2003, 44 (4): 325-340.

④ Colin Jerolmack and Douglas Porpora, "Religion, Rationality, and Experience: A Response to the New Rational Choice Theory of Religion", *Sociological Theory*, 2004, 22 (1): 140-160.

出后者受到内在个体利益和外在社会、物质和经济环境的限制。① 国内学术界对 RCT 的"适用性"提出了强烈质疑，进行了鞭辟入里的批判，这方面成果颇多，也为学术界所熟知，此外不再赘述。

遵循韦伯社会学传统，RCT 对西方宗教进行了跨文化和跨历史考察，从哲学反思的角度做出了纯粹认知性定义，把人类本性作为演绎基础，阐述了有关宗教的微观理论，推理和验证了许多解释个体、群体以及社会、文化中宗教行为的命题，建构了理解信仰、规则和价值问题以及影响宗教变迁的宗教经济模式，为宗教研究提供了新奇别致的视角，一定程度上实现了认知理性和逻辑理性的统一。但 RCT 在强调个体理性行为目的和宗教商品"超自然"价值的同时，用市场结构分析代替了社会结构解释，忽视了对群体认同、社会背景和制度支持的剖释。RCT 从宗教经济机制角度推进了对西方世俗化的理解，即制度层面由神圣化到去神圣化的变迁，文化层面从自然主义信仰到超自然主义信仰的转型，以及组织层面教派复兴和膜拜创新等，强调了稳定的宗教性和"自限性"循环模式，但忽视了历史文化、社会结构、群体背景等非市场变量，其本身也可以说是一种具有严重缺陷的新世俗化理论。

---

① John P. Hoffmann, "Bruce R. Lott and Catherine Jeppsen, Religious Giving and the Boundedness of Rationality", *Sociology of Religion*, 2010, 71 (3): 323-348.

第十三章
世俗化去体系：卡萨诺瓦全球化视角

　　卡萨诺瓦（José Casanova，1951—）是一位宗教社会学家，乔治敦大学（Georgetown University）社会学系、神学与宗教研究系教授，也是该校伯克利宗教、和平与世界事务中心（Berkley Center for Religion，Peace，and World Affairs）资深教授；拥有大都会神学院（Seminario Metropolitano）文学士学位、因斯布鲁克大学（University of Innsbruck）文学硕士（神学）学位、纽约社会研究新学院社会学博士学位。卡萨诺瓦宗教社会学研究论题广泛，涉及宗教和全球化、移民与宗教多元主义、跨国宗教、民族宗教、文化多样性以及社会学理论；1994 年出版《现代世界中的公共宗教》（*Public Religions in the Modern World*），后被翻译成日本、阿拉伯和土耳其语等多种语言，深受学界好评，被视为宗教社会学研究领域的名作之一。卡氏借助于比较历史社会学分析方法，对世俗化和现代化主题给予了长期关注并进行了跨社会、跨文明研究，批判性回顾、检视了有关世俗化的相关表述和不同模式，重构了学术谱系；系统思考了宗教和现代性的关系，解释了现代性的历史发展，重申了世俗化理论；完善了世俗化普遍理论的分析命题，协调了有关世俗化理论的争论。

一　作为二重概念的世俗化

　　卡萨诺瓦对世俗化的理论阐述是多维度的，涉及宗教观、历史观、意识形态和功能分化分析等方面。

二元关系。卡萨诺瓦抛弃了宗教的要素分析法，否定"超验"是宗教的要素，他另辟蹊径，主张从"世俗化"概念语义学所显示的人类二元分类结构思维出发，从宗教的/世俗的分类中理解宗教，"超验不必定是宗教的，所有宗教也不需要变成超验的，我们如果还可以使用另一个过时的二元分类范畴的话，'宗教的/世俗的'将只会出现在现代性中"①，为此他提出了一种理解宗教的二重二元三世界分类模式。

首先，"世俗化"一词源自中世纪拉丁词语"saeculum"，具有世俗时代和世俗世界二重时空含义，二重性既表示时间的跨度，又被用来指代此世空间生活，一方面指有关"世纪""年代"的意识，另一方面指有关"俗世"的观念；当代既是世俗"时代"也是一个世俗"世界"。

其次，二元分类是典型的分类系统，除了时空之外，经常提及的还如自然与超自然、历史与现实、超验与现世、无形上帝之国和有形人类之城、永恒精神和俗事时务等二分。卡氏认为时空这个二元范畴指向的是两种不同的现实，即"彼世"和"此世"，这是西方宗教二元论世界分类系统，此世是人类之城，彼世即上帝之国。卡氏认同迪尔凯姆把社会现实看作神圣和凡俗的集合的分析方法，认为社会自身是宗教的，世俗化概念的内涵是指宗教从世俗中分化出来。

再次，"世俗化"语义学含义表明的是此世的事实，中世纪西方宗教把"此世"的现实世界建构为"宗教的"和"世俗的"两种单独且异质的领域。"此世"本身包含的宗教和世俗二元是通过教会支配和调解的，其中起重要作用的是圣事仪式等要素，教会同时属于两个世界。

基于宗教/世俗二元区分，卡氏提出了观察这个二元范畴的新视角，归纳了世界不同层面的三分结构。在区分上帝永恒时代和尘世历史时代的基础上把后者又分为神圣精神时期（以教会历法为代表）和真正世俗时代；在区分"无形教会"和"有形教会"的基础上增加了世俗社会的维度；在政治层面区分了超验上帝之国（天国）、教会代表的天主教（教皇

---

① José Casanova, "A Secular Age: Dawn or Twilight?", in *Varieties of Secularism in A Secular Age*, Edited by Michael Warner, Johnathan Van Antwerpen and Craig Calhoun, Harvard University Press, 2010: 265—281: 274-275.

之国）、真正人类之城（神圣罗马帝国和所有的基督教徒王国）；区分了世俗范畴中的自然现实和超自然现实，又把后者划分为不能实践的超自然现实以及在时间现实中的象征。

最后，卡氏指出世俗化概念包含了宗教/世俗二元之间的高度张力，作为历史过程的世俗化正是这种张力的结果，本身体现了二元体系的崩溃。在历史过程中，宗教和世俗紧密地联系在一起，相互牵制，共同调节，世俗化普遍动态桥接了宗教和世俗，且最终消除了这种二分区别，"作为概念，世俗化指的是真实的历史过程，经由这个过程，此世的二元系统和圣事调节结构直到中世纪的分类体系消失以后才逐渐崩溃，被这个领域的新的空间结构体系所代替"①。但卡氏强调说不应该把世俗单纯看作人类生活逐渐摆脱了宗教的支配。

历史变迁。世俗化是包含宗教和世俗二元性的历史术语，是分析现代历史过程的概念，它描述了中世纪以来西方宗教在现代社会的变迁。作为特殊的历史动态，世俗化暗示以下历史意义。

世俗化概念化了欧洲历史转型，表明的是西方宗教自我变迁的真实历史过程，一是表示新教改革之后世俗一方征收了教会的修道院、土地等不动产；二是表示了宗教职业中的新取向，经由世俗化过程僧侣离开修道院返回到俗世获得了教规法律层面的确认，从出世到入世变成了世俗司铎；三是宗教本身向公共的或在俗的功能转型，"指的是个人、事物和意义等从教会或者宗教转为民众的或者在俗的用途"②，宗教经历了去仪式化、去巫术化、去圣典化和去教会化"变成现世"的了，世俗领域则从宗教庇护下分化和解放出来。

西方的新教改革是一种世俗化力量，也是世俗化的重要历史路径，发挥了三个层面的作用，一是解构了传统宗教秩序，破坏了教会的统一性和普遍性，打破宗教和世俗边界，瓦解了西方宗教的世界体系；二是"禁欲

---

① José Casanova, *Public Religions in the Modern World*, The University of Chicago Press, 1994, p. 15.

② José Casanova, "Secularization", in *The International Encyclopedia of Social and Behavioral Sciences*, Edited by Neil J. Smelser and Paul B. Baltes, Elsevier Sciences, 2001: 13786-13791: 13786.

主义新教"把世俗事务从宗教中解放出来，提供了新的道德原则，合理化了新兴阶层的崛起，建构成了后者的宗教意识形态，最终确立了宗教宽容和政教分离原则；三是新教是西方宗教内部世俗化重要形式和载体，获得了制度化世俗形式，消除了宗教/世俗区分，形成了宗教世俗和世俗宗教，"隔离宗教和世俗领域的象征之墙倒塌了，但此世和彼世分离还保留着，新分类和分化体系出现在世俗世界中，以及宗教在其中的新位置，是世俗化理论的分析任务"①。

卡氏指出世俗化合理化了西方的现代过程，现代意味着世俗，但作为一个历史过程的分析概念，世俗化具有一定的适用范围，不能脱离西方的历史背景和宗教语境，世俗化过程也不是普遍的历史过程，因而他不主张把这个概念运用到对西方之外的宗教和文化的比较分析中，"在西欧基督教从中世纪到现今转型的特定内外动态背景中，世俗化才是一个有意义的范畴。一旦把它普遍化为社会结构发展的一般过程，一旦把它转移到其他世界宗教和文明区域中，这个范畴就是有问题的了。在这些宗教和文明中，在宗教和俗世之间或者在宇宙论超验和俗世内在性之间，存在结构化关系和张力的不同动态作用"②。非西方宗教与文明中缺乏高度张力，宗教本身是"俗世的"和"现世的"，不需要经历世俗化，"对于世俗化，即'变为现世'或者'从教会变为民众用途'，是这样的一个过程，它在这样的文明背景中没有意义"③。

话语建构。经由世俗政治和科学话语的建构，世俗化话语发生了带有意识形态色彩的历史转化，成为一种现代世俗世界观即世俗主义。

"宗教"和"世俗"范畴是作为现代性建构出现的，既描述了西方宗教的基本形式，也假定了整个历史社会体系的自我转型，即以世俗为主导范畴的哲学、科学、法律和政治等各层面的现代建构，以及对宗教的界定

---

① José Casanova, "Secularization", in *The International Encyclopedia of Social and Behavioral Sciences*, Edited by Neil J. Smelser and Paul B. Baltes, Elsevier Sciences, 2001: 13786–13791: 13787.

② José Casanova, "Rethinking Secularization: A Global Comparative Prespective", *The Hedgehog Review*, 2006, 8 (1-2): 7-22: 12.

③ José Casanova, "Rethinking Secularization: A Global Comparative Prespective", *The Hedgehog Review*, 2006, 8 (1-2): 7-22: 13.

和限制。作为现代性建构，世俗主义在意识形态上合理化了现代性，把世俗看作近代科学和理性发展的结果，世俗意味着"无信仰"和"非宗教"。

世俗主义是一种现代历史哲学，把西方宗教世俗化历史过程假定为人类发展的普遍过程，人类从信仰走向无信仰，从非理性宗教走向理性世俗，是原始、传统的消退和现代、理性的增长，最终摆脱宗教限制，宣告世俗时代到来和世俗化过程终结。世俗主义把宗教衰落理解为一种现代取向的"常态"和"进步"，"社会学最有趣的问题不是欧洲人中宗教逐渐衰落事实，而是透过世俗化范式镜头解释这种衰落，因而与之相伴的是一种'世俗主义者'的自我理解，把衰落解释为'常态的'和'逐渐的'，即作为'现代'和'开明'欧洲人的一种准标准的结果"①，卡氏批评说这是一种"宗教从宗教中退出"的目的论发展程式。②

世俗主义是现代社会运动的理论称述。宗教及其制度历来与社会运动密切联系，社会运动中动员了大规模宗教认同，或者宗教认同促进了社会运动发展。作为现代社会中重大宗教发展主题，世俗化和世俗主义与现代社会运动密切相连。一般认为，世俗主义起源于启蒙运动对宗教的批判，假定随着现代化的深入发展宗教会逐渐走向衰落，并把这一命题作为一种普遍的运动实践加以贯彻，由此产生了认知的、道德审美的、意识形态的和政治的影响。卡萨诺瓦批判了启蒙运动对宗教未来所持守的悲观观点，"矛盾的是，他们没有预见古老的神灵和宗教正在获得新生命，变成了人性神圣化过程中的担纲者"③。

世俗主义是一种现代经纶原则，启蒙运动批判宗教的衰落命题即世俗化成为一种现代政治原则，社会运动和政党都倾向把这一原则变成可以实践的应用性政策。

多维世俗化。卡萨诺瓦把世俗化看作一种有关现代社会过程的双重理

① José Casanova, "Religion, European Secular Identities, and European Integration", in *Religion in an Expanding Europe*, Edited by Timothy A. Byrnes and Peter J. Katzenstein, Cambridge: Cambridge University Press, 2006: 65-92: 66.
② José Casanova, "The Secular and Secularisms", *Social Research*, 2009, 76 (4): 1049-1066: 1055.
③ José Casanova, "The Sacralization of the Humanum: A Theology for a Global Age", *International Journal of Politics, Culture, and Society*, 1999, 13 (1): 21-40: 21.

论，既是对实践事实进行价值中立的描述，又是对制度准则做出价值判断的规定，包括多层面的内容。他认为经典世俗化范式的基本假设是"社会越现代就会变得越世俗"①，这一论题应该由三个亚命题组成，充分体现了现代历史的复杂性，并从意识形态和世界观上合理化了现代性特定的历史形式。

首先，世俗化的核心论题是作为分化的世俗化命题。通过借鉴功能主义系统分化理论，卡氏认为分化是现代社会结构的区别性特征，作为社会的亚系统，政治、经济、科学、教育、法律、艺术和宗教等制度领域在现代化过程中都完善了制度自主性，经历了功能专门化和分化，表明了现代化过程的特征和规范。其中，作为主要的社会环境，政治和经济成了"非道德"领域，而作为单独功能亚系统，宗教也实现了自主化和特殊化，丧失了"非宗教"功能，不再是世俗系统的中心。卡氏把世俗化理解为社会结构现代化的一种表达形式，世俗领域从宗教制度和规则中分离了出来，或者更准确地说是解放出来；或者说是宗教帷幕倒塌了，世俗/宗教二元领域在现代社会中相互分离了，二分系统终结了。分化表达了社会历史变迁，世俗化"通常指的是现代早期到当代社会真实的或所谓的实践−历史的转型模式，以及宗教的（教会制度和教会）和世俗的（政府、经济、科学、艺术、娱乐、健康和福利等）制度领域的分化"②，随之而来的是宗教自身降低到了受限制的领域，但同样遵循分化原则，实现了功能的特殊化。在这个意义上，卡氏承认世俗化是一种普遍的现代性结构趋势。

严格地讲，世俗化理论核心和中心主题是把社会结构现代化的历史过程概念化为一种功能分化的过程，以及世俗领域——主要是国家、经济和科学——从宗教中解放出来，伴随发生的是，宗教在自己

---

① José Casanova, "Religion, European Secular Identities, and European Integration", in *Religion in an Expanding Europe*, Edited by Fimothy A. Byrnes and Peter J. Katzenstein, Cambridge University Press, 2006, 65−92: 69.

② José Casanova, "The Secular and Secularisms", *Social Research*, 2009, 76 (4): 1049−1066: 1050.

新发现的领域中的特殊化和功能分化；①

我坚持认为，世俗化理论的核心是社会结构现代化的概念化，即作为功能分化的过程，现代国家、资本主义市场经济和现代科学等主要世俗领域从宗教领域解放出来的过程，以及宗教在各自新发现的领域同时发生的分化和专门化，我认为这仍旧是世俗化理论合乎情理的核心。②

其次，宗教在现代社会中的衰落是世俗化的中心论题，也是学术界广泛讨论和接受的主题，包括了指向进步、不可逆转两个层面的内容。卡氏承认宗教在现代社会中的衰落有着实践证据，"现代世界中宗教正在衰落，并可能继续衰落，直到最终消失"③，但他据此区分出了"广义"和"狭义"的世俗化概念。就广义"衰落"而言，世俗化假定宗教在现代社会要经历一种普遍的发展过程，在社会结构权力和制度中发挥的重要作用逐渐收缩、衰弱甚至最终丧失；狭义的"衰落"指的是个人宗教信仰和实践逐渐衰减，"现代社会宗教信仰和实践的变迁，大部分是衰落"④。作为宗教衰落的世俗化，这两个方面是本质上相连、结构上相关的两种现实，宗教制度重要性的衰弱派生了个人信仰和实践的衰减，"一个必定导致另一个"⑤，"非宗教"和"无信仰"成为现代社会的普遍现象。

再次，宗教在现代社会中的"私人化"是世俗化的另一个中心论题。卡氏借用了社会学中的"公""私"范畴，承认现代社会是公私分化而又交互重叠的领域，但他否认私人化是现代社会的主导趋势和结构，也不是

① José Casanova, "Secularization", in *The International Encyclopedia of Social and Behavioral Sciences*, Edited by Neil J. Smelser and Paul. B. Baltes, Elsevier Sciences, 2001: 13786-13791: 13788.

② José Casanova, "Secularization Revisited: A Reply to Talal Asad", in *Powers of The Secular Modern: Talal Asad and His Interloutors*, Edited by David Scott, Charles Hirschkind, California: Stanford University Press, 2006, 12-30: 12-13.

③ José Casanova, *Public Religions in the Modern World*, The University of Chicago Press, 1994, p. 25.

④ José Casanova, "Secular Imaginaries: Introduction", *International Journal of Politics*, *Culture*, *and Society*, 2008, 21 (1/4): 1-4: 1.

⑤ José Casanova, "Secularization Revisited: A Reply to Talal Asad", in *Powers of The Secular Modern: Talal Asad and His Interloutors*, Edited by David Scott, Charles Hirschkind, California: Stanford University Press, 2006, 12-30: 16.

现代性的目的规定，而是一种历史选择，甚至是一种"偏好选择"。宗教区分为公、私领域是现代性的要求。作为私人化的世俗化指的是宗教从社会结构中心边缘化到私人领域，虽然这种边缘化不是现代社会分化的必然结果，但通常被理解为一种普遍的现代倾向，是现代宗教的历史选择。卡氏认为"宗教是一种私人事务"①，这个论断表明了两方面的现代性，一是在内在世界观层面上，宗教脱离了教会等组织的控制，实现了信仰意义上的宗教自主，成了主观选择的对象和个人偏好，"现代多神教的神殿在个人的心中"②；二是外部社会结构层面上的制度分化，宗教去政治化了，在社会中隐匿了，变得边缘化和"无形"了，在私人领域找到了避难所。卡氏承认私人化与宗教衰落过程相互联系，像道德一样，宗教变成了情感的、主观的和个体的，丧失了公共相关性和影响力，私人化"不仅描述了制度分化的历史过程，而且描述了宗教在社会生活中的正确位置，后者是现代性指定给宗教的，它就是'家'，但不能理解为家庭，而是'个人情感的永久处所'。家是爱、亲昵、主观、感情、情感、非理性、道德、精神和宗教领域"③。另外，伴随私人化的是从先赋性教派身份到世俗转型的去教派化过程。卡氏强调说，不能把去私人化理解为反现代的东西，宗教在现代社会继续具有公共维度的地位和作用。

最后，世俗化理论把宗教衰落和私人化这两个亚论题看作现代化过程必然导致的结构性结果，"现代世界中的宗教可能会衰落，逐渐变得私人化、边缘化，政治上不相干"④，卡氏批评说这两方面并不必定与现代化同时发生，相关认识混淆了世俗化的历史过程和结果，对此需要批判和修正，"简而言之，宗教越抵制现代分化过程，即第一种意义的世俗化，就越倾向最终的衰落，即第二种意义的世俗化"⑤；他看到了宗教在现代公共

---

① José Casanova, "Private and Public Religions", *Social Research*, 1992, 59 (1): 17-57: 17.

② José Casanova, *Public Religions in the Modern World*, The University of Chicago Press, 1994, p. 52.

③ José Casanova, "Private and Public Religions", *Social Research*, 1992, 59 (1): 17-57: 33.

④ José Casanova, "Civil Society and Religion: Retrospective Reflections on Catholicism and Prospective Reflections on Islam", *Social Research*, 2001, 68 (4): 1041-1080: 1041.

⑤ José Casanova, "Secularization", in *The International Encyclopedia of Social and Behavioral Sciences*, Edited by Neil J. Smelser and Paul B. Baltes, Elsevier Sciences, 2001: 13786-13791: 13790.

社会中发挥的作用。

二　现代性语境中的世俗化理论批判

卡萨诺瓦考察了宗教和现代性的关系，承认宗教包含了"现代"要素，"宗教不仅是传统的存留物，或者是前现代过去的残渣，而且更是现代性的产物"①。

现代化理论是以传统和现代、礼俗社群和法理社会二元分析为基础的，参照标准如制度分化、理性化、个体化等。卡氏指出世俗是"现代"社会的中心概念和重要规范，指的是世俗领域摆脱了宗教控制，实现了功能分化和制度化。世俗化表明社会群体从传统走向现代即由礼俗社群到法理社会发展，在这个过程中，社会结构经历的理性化消解了传统社群，建立在个人主义基础上的自愿联合组织扩展和壮大起来，"传统"宗教逐渐完善了现代的"世俗性"。

卡氏承认世俗化是现代化普遍理论的一个分支，首先表明的是欧洲典型的现代历史过程，新教改革、现代国家的出现、现代资本主义的兴起以及现代科学的崛起这四种相互关联的独立变量破坏了中世纪的宗教体系，成为欧洲世俗化的共同负载者，推动了现代世俗化过程；其次，作为现代化的非必定结果，世俗化成为全球现代化普遍历史过程的一部分，"非欧洲社会的现代化一样也会经历相似的世俗化过程"②；再次，不同的历史变量会产生不同的世俗化历史模式，在不同的地点、时间产生不同的发展机制和历史过程。卡氏强调并研究了西方现代化过程中两种不同类型的现代性以及由此而表现的两种不同的世俗化路径。

欧洲的预言。卡萨诺瓦对学术界热烈讨论的欧洲世俗化论题投入了自己的学术热情。卡氏指出欧洲学者坚持并捍卫的世俗化传统理论，更多的是基于宗教内部的变量和变迁路径，是在政教关系模式中根据世俗主义的

① José Casanova, *Public Religions in the Modern World*, The University of Chicago Press, 1994, p. 26.
② José Casanova, "The Karel Dobbelaere Lecture: Divergent Global Roads to Secularization and Religious Pluralism", *Social Compass*, 2018, 65 (2): 187-198: 188.

话语做出的历史解释。这种解释概念化了欧洲社会的历史转型，体现在三个方面：一是谱系论，即宗教是原初的、古代的或传统的普遍文化事象，逐渐被现代、世俗和理性所削弱、取代和消灭，现代社会更少宗教性而更多世俗性；二是目的论，人类社会是从原初"神圣"向现代"世俗"的发展，走向"进步"和"开放"，宗教的衰落是"逐渐"和"常态"的；三是这种解释忽略了社会经济发展分析视角以及现代化的解构过程和作用，所依据的是欧洲的历史发展而不是现代化普遍过程。

欧洲世俗化理论中心论题是宗教历史性的衰落，包括广义和狭义两个角度也即历史和现世两个层面的分析，前者指的是社会结构层面宗教重要性的降低，后者指的是个人层面宗教信仰和实践的减少，两个层面是相互联系、互为作用的，后者是前者衍生的。这种社会学视角的解释参照的是制度分化、理性化和个体性的增强等要素。

卡氏承认欧洲世俗化是不可否认的事实，世俗取代了宗教在实践上无可反驳，是现代化的自然结果，与都市化相联系，日常宗教活动减少，"归属而不信仰"；欧洲社会维持了相对较高的个人宗教信仰，但摆脱了教派隶属和教会认同，"信仰而不归属"，表明的是"去教派化"①、"无教会化"和个人化，而不是世俗化。另外，欧洲缺乏竞争性宗教市场，宗教自由原则的制度化形成较晚，缺乏显著的宗教多元化动态。

卡氏批评说，欧洲世俗化理论假定社会越现代宗教就越倾向衰落，并由此而描绘了宗教的现代处境和未来趋向，表明的是不可逆转的过程，这实际上是一种自我实现的预言，如果从全球化的视觉去考察的话，欧洲世俗化就变成了一种例外现象，"传统的欧洲世俗化理论假定，在社会分化和宗教衰落之间有一条结构链接，它为欧洲的发展提供了一种相对合理的解释，但是不能或者是不愿解释美国宗派宗教令人惊异的活力和极度多元化"②。

美国的例外。卡萨诺瓦回顾了托克维尔等人对 19 世纪以来美国宗教活

---

① José Casanova，"The Religious Situation in Europe"，in *Secularization and the World Religions*，Edited by Hans Joas and Klaus Wiegandt，Liverpool University Press，2009，pp.206-228.

② José Casanova，"Religion，the New Millennium，and Globalization"，*Sociology of Religion*，2001，62（4）：415-441：426.

力的描述，考察了后者的移民因素、宗派模式以及多元化。

美国社会中存在几乎所有的世界宗教，包括古老教派和新的宗派，并确立了制度化的世俗原则，宗派是美国宗教的一个发明。"宗派"在欧洲语言中没有对应的词语，"宗派只是这样的名称，我把它看作是自愿宗教联合体成员……重要的是在制度上，它是社会中群体的相互认可，而无须政府认可和管制"①。宗派是一种具有社会取向的"公共性"协会型现代宗教形式，它存在的基本条件是社会中形成了自由竞争和多元化的宗教市场，因而自愿联合和形式平等是宗派的中心原则，从而消解了欧洲宗教传统中教会和教派、正统和异端区分。宗派是现代社会结构分化和宗教个体主义发展的逻辑结果，带有神学、阶层、民族、种族等鲜明特点，表明的是群体关系的碎片化，但它不是绝对排外的，更多的是个人宗教体验的工具。

美国不存在典型的世俗化现象，美国宗教没有表现出长期的衰落趋势。18世纪以来美国宗教表现出的是增长和上升而不是减少和衰退趋势，尤其表明了个人宗教信仰与实践的活跃。现代化以及随之而来的工业化、都市化和科学教育水平的提升并没有导致宗教衰落，反而与逐渐"教会化"、宗派隶属和宗教复兴相互联系，因而欧洲世俗化理论无法解释美国的宗教现象。美国宗教现实"背离了"世俗化"规则"，因而世俗化理论者拒绝面对、考虑并最终排除了美国的证据，从而得出了"美国例外论"。

从狭义角度理解，美国学者认为宗教逐渐衰落的世俗化主题是欧洲的一种"神话"，但这没有妨碍他们从广义角度考察美国宗教，承认存在宗教和世俗领域的分化，而且这种分化在"商业化"背景中正沿着社会结构的"神圣化"和信仰的"私人化"道路发展。美国是世俗的、分化的社会，但是绝非更少宗教性，美国宗教现实表明的不是宗教的衰落而是宗教的转型，这种解释避免了对世俗化范式的彻底否定。卡氏评论说，"美国

① José Casanova, "Religious Associations, Religious Innovations and Denominational Identities in Contemporary Global Cities", in *Topographies of Faith*, Edited by Irene Becci, Marian Burchardt and José Casanova, Brill, 2013, 113-127: 116.

人倾向于夸大他们的宗教性，欧洲人则倾向于低估自己持久的宗教性"①，也就是贝格所说美国人夸大了宗教性，欧洲人夸大了世俗性，"传统模式较好地解释了欧洲，但不是为了解释美国；美国范式只是解释了美国，但没有解释欧洲"②。

批判性重申。卡萨诺瓦基于全球范围内新兴宗教持续出现和传统宗教不断复兴的现实，结合美国历史中长期以来宗教信仰和实践的持久性增长，对世俗化解释范式提出了反思和批评。

首先，随着现代化的进展宗教信仰和实践会逐渐衰落并最终消失，世俗化理论的这一中心论题带来了三个问题：一是目的论解释，"世俗化理论的基本假设即世俗化是一种现代社会变迁的目的论过程；社会越现代就会变得越世俗；'世俗性'是'一个时代符号'。西欧社会中的大部分人，包括基督教会，一旦接受了这个假设的话，世俗化在欧洲就成了一种自我实现的预言"③，宗教被融合进了这种功能分化的单一的目的论过程，从而使世俗化在实践中成为一个神话。二是化约论解释，宗教信仰和实践的衰落是自然的、目的论的，世俗化是不可避免、不可逆转的，因而只需依赖源自启蒙运动的世俗主义批判做出解释，不需要参照现代社会结构和经济发展中都市化、教育、理性等要素来分析。三是缺乏普适性，容易得出"欧洲例外论"。

其次，卡氏指出没有证据能完全切合并充分支持把世俗化理论的中心论题作为普遍的实践命题，衰落和私人化这两种论题已经走进了死胡同，在现代化理论框架中，既不能合理解释欧洲的内在变量，也无法解释其他世界宗教，很难回应宗教社会学家的质疑和批评，作为普遍实践的世俗化命题可能会被证明是错误的。他认为现代化本质上并不必定导致宗教信仰

① José Casanova, "Religion, European Secular Identities, and European Integration", In *Religion in an Expanding Europe*, Edited by Timothy A. Byrnes and Peter J. Katzenstein, Cambridge University Press, 2006, 65–92: 87.

② José Casanova, "Religion, the New Millennium, and Globalization", *Sociology of Religion*, 2001, 62 (4): 415–441: 426.

③ José Casanova, "Immigration and The New Religious Pluralism", in *Democracy and The New Religious Pluralism*, Edited by Thomas Banchoff, Oxford University Press, 2007, 59–83: 63.

和实践的逐步衰落，后者虽然在许多现代社会中是一种主导性历史趋势，但显然不是一种必然的现代结构趋势，因为现代化过程并没有完全导致世俗化结果，因而卡氏不主张根据现代化普遍过程来解释世俗化。

最后，卡氏认同贝格对多元宗教的分析，多元处境是市场处境，承认存在丰富而充分的宗教市场，但如果把后者理解为一种普遍的宗教经济理论，显然是有问题的，宗教供给侧理论无法解释欧洲自由开放市场与个人宗教需求的现实关系，这种市场并没有产生或者动员更多的宗教需求，宗教机构失败了。

卡氏坚持世俗化理论是合理的、有用的，论题中有可保留的要素，因而建议从世俗化概念和理论之间的区别入手，根据新的实践证据重新思考并表述世俗化，需要进一步精练理论，而不是把它作为一种"神话"，不加批评地完全抛弃。

第一，世俗化仍旧不失为一种比较分析的理论框架和有用的概念工具，"丢掉世俗化概念或者理论将会使我们的分析贫乏无力，在追溯西方现代性'谱系'和'古迹'以及揭示现代'物事秩序'时缺乏充分的概念工具"[1]。

第二，世俗化理论是被历史实践和学术研究所部分证实了的，宗教与世俗领域分化的论题仍旧是世俗化理论的核心，但是需要修正的是，现代性结构分化不必定导致宗教边缘化和私人化，反之也不会受到公共宗教的威胁。

第三，世俗化"是分析性重构现代欧洲社会转型的一种方式，是比较研究的分析框架，目的是检视所有世界宗教在现代结构分化状态下历史转型"[2]。世俗化问题本身不应该是宗教的逐渐衰落，而是借助世俗化范式来解释这种衰落，世俗化没有导向世俗领域从宗教中退出，而是导致了所有宗教的新的转型，而且转型没有既定模式，结果也不受预定理论的约束。

---

① José Casanova, "Secularization Revisited: A Reply to Talal Asad", in *Powers of The Secular Modern: Talal Asad and His Interloutors*, Edited by David Scott, Charles Hirschkind, Stanford University Press, 2006, 12-30: 15.

② José Casanova, "Secularization Revisited: A Reply to Talal Asad", in *Powers of The Secular Modern: Talal Asad and His Interloutors*, Edited by David Scott, Charles Hirschkind, Stanford University Press, 2006, 12-30: 19.

卡萨诺瓦重申了世俗化论题，其目的是要对世俗化理论进行修正和重述，"虽然我同意许多针对主导世俗化理论提出的批评，但是我没有分享世俗化曾经是或者仍旧是一个神话的观点"①。他认为世俗化理论应该摆脱世俗主义话语对宗教批判的窠臼，实现有关宗教衰落"神话"的"去神圣化"，"世俗化理论把世俗化过程看作现代世界中宗教信仰和实践逐步衰落，产生了一种神话，把历史看作人性逐渐进化，即从迷信到理性，从信仰到不信仰，从宗教到科学。这种对世俗化过程的神话般解释确实需要'去神圣化'，但这并不意味着应该一同抛弃世俗化理论。宗教社会学需要做的是用对世俗化历史过程的比较社会学分析取代对其普遍过程的神话般解释"②。

卡氏主张把对宗教与世俗分化过程的分析从现代化普遍理论中分离出来，避免用世俗分化来定义现代社会，也不能根据现代化程度来解释世俗化，"世俗化理论在本质上与所有现代世界的理论和现代性自我理解相互缠绕在一起，因此不能简单地抛弃世俗化理论而不去质疑整个网络，包括对社会科学的许多理解"③。卡氏也用到了"似然性结构"这个词，建议借助它而不是参照现代化的一般理论来解释西方宗教的衰落过程。

卡氏认同多贝雷尔有关多维世俗化理论的表述，认为世俗化理论一方面描述了一种演化的序列，另一方面则表明它本身是现代功能分化理论的一个亚理论。他把世俗化理论分为三个单独的命题，即世俗领域从宗教制度和规则中解放出来；作为信仰和实践衰落的世俗化；作为宗教边缘化到私人领域的世俗化。

卡氏强调世俗化不是世俗主义的神话，也不是一种自我实现的预言，更不是现代化的必然结果，而是受到诸如社会经济结构、政教关系模式等诸多变量影响的过程。另外，"重思世俗化需要批判的检视宗教和世俗分

---

① José Casanova, *Public Religions in the Modern World*, The University of Chicago Press, 1994, p. 6.
② José Casanova, *Public Religions in the Modern World*, The University of Chicago Press, 1994, p. 17.
③ José Casanova, *Public Religions in the Modern World*, The University of Chicago Press, 1994, p. 18.

化、融合的不同模式，以及它们通过所有世界宗教的相互构建"①。

三　全球化视野中的世俗化

根据个案研究和普遍理论假定，卡萨诺瓦在全球化理论视角中审视了宗教和世俗机制相互联系和交织的现实，解释了现代化、世俗化和多元化之间的关系，认为与欧洲世俗化和宗教衰落的旧范式相比，全球视野中的宗教多元化范式更能提供充分的解释，从而澄清了术语内涵，精练了概念，协调了理论争论。

第一，全球化是现代化特定的历史时代和发展的新阶段，可以把持续现代性、依存性联系、全球性意识以及后现代意义上的解构作用看作它的基本要素。卡氏指出全球化是欧洲殖民扩张的历史结果，与之相伴的是现代资本主义、现代科学技术、现代世俗主义意识形态等在全球扩展的现代化过程，全球化是外部展现的过程，而现代化则是内部定义的过程，它们是同一历史过程两个方面，卡氏乐观地把全球化过程看作"持续的""单向的"。卡氏从历史视角审视了全球化过程引起宗教与世俗二元分类体系在全球范围内的扩展，正是在全球化过程中，宗教与世俗都获得了普遍性，走向了全球。一方面，作为当代全球化特征，"所有人类宗教形式，无论古今，不管'原初'还是'现代'，都可为个人和集体所用；同样明显的是，它们必须逐渐学会在全球之城中并立共存"②；另一方面，现代世俗性成为全球化的基本框架，又是全球化对现代社会的根本要求，二者相互联系，动态连锁，世俗化则是分析这一过程的重要概念，世俗化理论成为解释这一特定历史发展的重要理论。全球化也引起了宗教与世俗二元关系模式的变迁，加速了世俗现代性的多重转型和多元宗教的发展，这种更深层面上的宗教-世俗分化不再是现代社会系统功能分化的结果，而是全

① José Casanova，"Rethinking Secularization：A Global Comparative Prespective"，*The Hedgehog Review*，2006，8（1-2）：7-22：10.

② José Casanova，"The Karel Dobbelaere Lecture：Divergent Global Roads to Secularization and Religious Pluralism"，*Social Compass*，2018，65（2）：187-198：193.

球背景下各种宗教传统的互渗共鉴。

第二，卡氏全球化视角带有后现代主义的色彩，他解构了对宗教范畴的传统表述，抛弃了对超验要素的强调，仅借鉴了神圣/凡俗二元分类结构方法，做出了建构主义的"后宗教"理解。卡氏认为宗教本身是一个历史范畴，作为一个普遍的全球化概念，① 与其说它是前现代社会的"传统"现象，不如说是一种与西方宗教-世俗分化全球化相伴的现代建构，"与其说宗教是一种普遍的、跨历史和跨文化的社会现象，不如说其实是一种相对的现代建构。或者至少是，宗教范畴自身作为一种抽象和普遍的现象是相对近期产生的。事实是，通过宗教/世俗的二元分类，社会现象的分类就是这样的东西，它首先构成了现代全球性宗教场域，在这方面宗教或者至少我们关于它的观念是一种世俗现代性的产物"② 。他认为全球化发展背景下启蒙理性、进步观念、世俗现代性以及意识形态在后现代解构意识的影响下丧失了动员和整合作用，宗教传统在经历碎片化、多元化的同时经由市民社会机制的激发其固有的公共性逐渐凸显出来，并希望承担公共角色，教会和宗教运动由此在西方市民社会中复兴了。但是卡氏强调说，宗教复兴与后现代性之间不存在选择性亲和关系和直接联系。

第三，卡氏承认全球化时代存在多重的分化、世俗化和现代性。首先，宗教和世俗是相互交织和关联的，二者的动态转型成为世俗化过程的显著特征。一方面是整个世界趋向祛魅，宇宙观秩序、社会秩序和道德秩序受到世俗现代性的界定；另一方面则是世俗框架内内在意识的重新着魅，"世界的祛魅并不必定带来意识的祛魅、宗教的衰落或巫术的终结"③ ，随之而来的是后宗教时代世界的"去世俗化"和宗教传统在全球范围内的复兴和现代转型。

---

① Thomas Banchoff and José Casanova, *The Jesuits and Globalization*: *Historical Legacies and Contemporary Challenges*, Washington: Georgetown University Press, 2016.

② José Casanova, "Religious Associations, Religious Innovations and Denominational Identities in Contemporary Global Cities", in *Topographies of Faith*, Edited by Irene Becci, Marian Burchardt and José Casanova, Brill, 2013, 113-127: 121.

③ José Casanova, "Religious Associations, Religious Innovations and Denominational Identities in Contemporary Global Cities", in *Topographies of Faith*, Edited by Irene Becci, Marian Burchardt and José Casanova, Brill, 2013, 113-127: 122.

其次，借用艾森斯塔德发挥的"多重现代性"概念，卡氏研究了宗教传统对世俗现代性的挑战和回应。多重现代性假定，与传统或前现代社会相比，现代社会存在区别于前者的多重形式的制度化要素或者特征，同时也存在不同传统；现代性与传统之间虽然存在不可避免的冲突，但二者之间存在本质上的连续性，前者的实现不必定以后者为代价；传统通过调适现代条件可以实现转型，成为现代性组成要素。全球化背景下宗教的转型没有全球规则，真实的情况是存在多元化宗教和多样性世俗现代性。

再次，全球化视角要求在比较分析其他文明和宗教时摆脱欧洲中心论的限制，把包括世俗化在内的现代欧洲的发展看作一种普遍的过程，它是目的论的。就全球化而言，世俗化是去地域化和去中心化的，世俗化理论与其说是解释了欧美宗教，不如说是需要解释所有的世界宗教，"全球化牵涉到欧洲以及欧洲世俗现代性的去中心、地域化和历史化"①；"当我们进入第三个千禧年，我们见证了欧洲宗教霸权的终结，归结于后西方宗教的欧洲前进的世俗化双重过程，以及去地域化的和去中心的西方宗教逐渐全球化"②，卡氏说美国例外于欧洲世俗化规则，而世俗的欧洲则例外于全球宗教复兴，"采取全球的视角越多，西欧社会世俗化是一种例外的现象就越明显"③。

第四，卡氏承认欧洲世俗化背景中存在着有限多元化现实，也看到了美洲、亚太和撒哈拉以南非洲地区宗教多元背景中的有限世俗化，参考移民要素和都市化背景，通过对比欧美宗教发展过程，卡氏在全球化视角中理解了宗教多元化。

首先，欧美移民来源地具有多样性，带入了几乎所有的世界宗教，在美国促进了宗教多元主义，在欧洲挑战了当地有限的宗教多元。移民带来

---

① José Casanova, "A Secular Age: Dawn or Twilight?", in *Varieties of Secularism in A Secular Age*, Edited by Michael Warner, Johnathan Van Antwerpen and Craig Calhoun, Harvard University Press, 2010, 265-281: 279.

② José Casanova, "Religion, the New Millennium, and Globalization", *Sociology of Religion*, 2001, 62 (4): 415-441: 417.

③ José Casanova, "Religion, European Secular Identities, and European Integration", in *Religion in an Expanding Europe*, Edited by Timothy A. Byrnes and Peter J. Katzenstein, Cambridge University Press, 2006, 65-92: 84.

了多样传统，既包含冲突，也包含融合，宗教不只是文化的遗存，也是对新世界的适应性回应，更多地表现为移民宗教认同。

其次，卡氏认同贝格双重多元性即不同宗教共存和宗教-世俗话语共存的观点，"现代多元主义的双重形式，一方面是宗教多元主义，即全球宗教体系的显现，我称之为全球宗派主义；另一方面是俗世-宗教多元主义，即社会空间和个人心中既是分化又是共存的宗教和世俗氛围"①。卡氏认为全球宗教多元化是欧洲殖民扩张的结果，而现代性本身不会带来多元化，"现代性本质上无助于宗教多元化"②，"欧洲现代性导致了世俗化，但不必定导致宗教多元化；全球化导致了宗教多元化，但不必定导致世俗化。两种过程相互交织，产生了两种多元主义类型的结合"③。

再次，以现代化理论为基础，都市化理论在世俗化语境中关注了宗教由传统到现代变迁，强调了这一过程中宗教纽带联结作用消解。卡氏批评都市化理论忽略了对移民、民族等宗教群体的分析，轻视了宗教运动的动态过程，他强调了宗教是重要的都市现象，在全球化背景下，二者的相关性是在增加而不是在降低。另外卡氏强调说全球视野下必须把宗教作为文化系统进行多角度历史理解，尤其是迪尔凯姆意义上作为想象共同体的集体表象，研究全球化都市中的宗教群体和宗派认同。

公共宗教。卡萨诺瓦借助比较宗教社会学和市民社会理论，调查了现代社会宗教的公共角色，重新表述了去私人化论题，提出了公共宗教概念，完善出一种有关公共宗教的普遍理论，审视了私人与公共宗教之间张力和结构区别，以及公共宗教的选择性反应，思考和评价了宗教在现代社会所扮演的角色。

"去私人化"即卡氏所谓的"公共宗教"。他承认现代社会中宗教更为私人化，同时他也看到了宗教的去私人化，"我们正在见证现代世界中宗

---

① José Casanova, "The Karel Dobbelaere Lecture: Divergent Global Roads to Secularization and Religious Pluralism", Social Compass, 2018, 65 (2): 187–198: 189.

② José Casanova, "The Karel Dobbelaere Lecture: Divergent Global Roads to Secularization and Religious Pluralism", Social Compass, 2018, 65 (2): 187–198: 189.

③ José Casanova, "The Karel Dobbelaere Lecture: Divergent Global Roads to Secularization and Religious Pluralism", Social Compass, 2018, 65 (2): 187–198: 190.

教的'去私人化'"①。在卡氏看来，去私人化挑战了私人化主题的实践效力，"所谓的现代宗教的'去私人化'是这样的过程，宗教放弃了它在私人领域的指定位置，进入了没有分化的市民社会的公共领域，参与到正在进行的论争、东拉西扯合理化以及修改边界的过程中"②，发挥了重要公共功能，参与公共问题讨论，促使现代社会对公共的、集体的规范进行集体反思。

宗教去私人化具有双重关联的过程和意义，在主观上强调走出私人领域，与公共道德相互关联和结合，把公共性带到了私人道德领域，实现私人宗教和道德领域的重新政治化；在实践中它可能成为社会运动的外衣，以宗教名义挑战现代世俗社会、政治和经济领域的自主性，试图在这些领域重新引入道德原则而发挥规范作用。

在卡氏的表述中，去私人化承认现代性原则的基本价值，进入现代社会公共领域，宣称新的规范要求，它具有三种相互关联的含义并对应于三种形式，即迎合世俗主义者现代化理论和自由政治理论，捍卫宗教自由、现代权利和市民社会架构；质疑世俗政治与社会法理秩序和非道德规则的局限性；抵制政府和市场渗透，捍卫传统生活，集体反思现代话语的道德问题等。

去私人化意味着世俗化趋势的特定逆转和宗教进入新的历史发展阶段，卡氏质疑了私人化是现代性内在规定的世俗化理论假定，"遍及世界的宗教传统正在拒绝接受现代性理论和世俗化理论为其准备的边缘化和私人化角色"③，因而他指出，"世俗化理论应该摆脱这样一种自由意识形态偏见，承认现代世界中可能存在'公共'宗教的合理化形式"④。但卡氏强调说去私人化是宗教从前现代公开形式重新定位于公共领域的一种历史转型，是传统主义对普遍化现代过程的一种选择性反应，而不是普遍的历史

① José Casanova, *Public Religions in the Modern World*, The University of Chicago Press, 1994, p. 5.
② José Casanova, *Public Religions in the Modern World*, The University of Chicago Press, 1994, p. 66.
③ José Casanova, *Public Religions in the Modern World*, The University of Chicago Press, 1994, p. 5.
④ José Casanova, "Secularization", in *The International Encyclopedia of Social and Behavioral Sciences*, Edited by Neil J. Smelser and Paul B. Baltes, Elsevier Sciences, 2001: 13786–13791: 13791.

趋势和现代性必然结果，因而强调去私人化不是要反驳世俗化理论，"宗教的去私人化要求我们重新思考和表述而不是不加批评的抛弃现有的世俗化理论"①。

在现代分化社会中，宗教不再发挥系统整合功能，但扮演着重要公共角色。虽然私人和公共宗教之间存在张力，但宗教不会简单地化简为私人/公共两个极端，而是在个体和群体宗教互动、群体膜拜和宗教社群组织、宗教和世俗社会结构等层面实现了对两者的超越。公私宗教在实践层面表现为四种关联，就宗教的公共性而论，主要体现为政治与宗教关系：一方面是建制与去建制教会的区别，前者是政治化公共宗教，后者是去政治化的私人宗教；另一方面是作为政治膜拜的国民宗教和作为个体救赎的选择性联合膜拜。就宗教的私人性而言，一方面是个人神秘主义和引入了现代结构分化的个体主义宗派；另一方面则是家庭生活和宗教市场。

案例分析。西方天主教经历了现代化洗礼，接受了世俗合理性和历史原则，重新界定了教会在现代社会中的地位，发生了从国家中心的天主教会向社会中心的制度教会转变。卡萨诺瓦较早涉及的美国宗教研究，尤其从变迁转型的视角长期关注了美国天主教，并在全球化语境中，从比较历史社会学角度，进而关注了全球天主教的跨国发展和现代化之路，集中描述了西班牙、波兰、巴西和美国天主教在现代环境中的不同转型，既考察了历史复杂性，又探讨了现实多样性，进一步解释了世俗化和去私人化相关命题，为他所谓的公共宗教类型研究提供了例证。

卡氏承认欧洲存在普遍世俗化，但在现代化过程中世俗化程度并不一致，存在典型的世俗化模式如英国、法国、荷兰等西欧国家；也存在过度世俗化和欠世俗化现象，前者如民主德国、捷克，后者如爱尔兰和波兰。而在世界其他文化区域现代化过程并没有伴随如同欧洲一样的世俗化结果。

卡氏主张对"教会"这个范畴进行比较历史社会学解析，基于韦伯和特洛伊奇做出的社会学理想型界定以及现象学从集体行为角度的定义，卡

---

① José Casanova, *Public Religions in the Modern World*, The University of Chicago Press, 1994, p. 7.

氏认为教会是一种具有特定历史传统的制度，与国家和社会之间存在结构关系，教会在二者中的结构位置决定了它作为公共宗教所采用的形式；另外行为者的社会性质和行为模式也会对教会变迁性质产生影响。

卡氏公共宗教案例研究包括两个部分：历史部分解释了教会、国家和社会之间的结构关系以及不同的世俗化模式；现代部分分析了宗教在现代转型中充当不同公共角色。就结构关系来看，国家层面存在建制国家教会和民族教会；政治社会层面存在抵制去建制和世俗分化的宗教运动，存在宗教群体要求宗教自由的动员等；在市民社会层面，区分为霸权国民宗教如 19 世纪美国的福音派新教；以及没有分化的公共领域对宗教群体的公共干预，只有这个层面的公共宗教才和现代社会分化结构一致。

卡氏提醒人们注意分析两种背景中的宗教转型，即现代国家权力体系及其国家教会以及世俗国家中的政教分离和多元宗教市场处境。

波兰天主教在历史上曾经发挥了整合民族、抵御外敌的作用，教会采用了象征形式；紧随欧洲现代化过程，工业化、都市化和教育水平提升，宗教实践和信仰程度普遍不高，不太抵制现代分化，反而在合理化市民社会中发挥了关键作用，从捍卫国家免于外国统治的建制教会转型为促进市民社会出现的教会。

历史上的西班牙天主教为建构宗教同质的民族国家贡献了力量，确立了国家建制教会的地位；随着西班牙社会世俗化逐步深入，宗教信仰、教会出勤、私人祷告等宗教性以及宗教在个人生活中重要性持续降低，教会最终接受了去建制化，转型为多元化市民社会教会。

历史上的巴西天主教会是殖民地寡头和精英教会，确立了建制教会地位，但国家权力高于教会；经历去建制化过程之后，转型为市民社会取向的平民教会；在平民联盟中重新确立了国家教会的地位。

美国确立了政教分离制度，没有国家教会，宗教多元制度化为多样性和平等性，所有教会或教派都转型为具有社会取向的宗派，国民宗教发挥了国家社群膜拜作用。历史地看，天主教是美国社会中的一个教派；而在多元化、自由宗教市场中它又是作为具有社会取向的宗派存在的；就群体特征而言，则表现为地域性移民民族教会；在教义、仪式和组织结构方面又具有跨国罗马天主教会的特征。①美国天主教必然经历现代化过程，表明的是从整合的美国国民宗教到全球定位的公共天主教的转型。

50、60年代欧美"新兴宗教"的活跃和80年代全球范围内传统的重构和复兴是20世纪重要宗教运动，吸引了广大公众的宗教激情，也激发了社会科学家研究热情。学术界对于宗教传统复兴的解释与80年代"公共性"热点议题联系在一起，假定了宗教传统复兴的公共角色和政治意义，并在世俗化理论和宗教复兴循环理论框架中，把它解释为"私人的"或"无形的"宗教，认为复兴与现代世界毫不相干，并被边缘化了。卡氏强调了新兴宗教中的神魅复兴，指出全球化背景中新兴宗教是去中心化的，摆脱了传统的历史联结，丧失了认同根基，在全球任何地方都可以随地安家。但他认为许多福音派新教充当了超越宗派的公共宗教角色，证明了去私人化宗教确实在现代世界得到广泛传播。

卡氏关注的重点不是新兴宗教，而是传统宗教复兴，他挑战了主导结构和解释范式，把传统复兴看作"新时代"的灵性运动，认为它不是现代世界中的典型现象，不是"公共"宗教。

卡萨诺瓦区分了宗教与世俗分化的历史结构，完善了对世俗化的层次理解，协调了实践证据和理论争论，强调世俗化理论本身不失为一种有用解释范式的同时对它进行了修正，宗教是历史现实，现代社会存在并表现出了宗教性，现代化过程伴随着宗教复兴；世俗化不仅表现为功能分化，而且是宗教/世俗的二元分离；宗教衰落存在实践证据，且与现代化密切相连，但对衰落的解释具有目的论倾向，也不是现代性的内在要求和结果；私人化和去私人化都是历史的选择，而不是任何历史的内在规定。卡氏规避了现代化学术语境，基于分化理论提出了公共宗教概念，从全球化理论角度理解了现代化、世俗化和多元化以及不同的宗教回应，解释了私人化和去私人化的历史动态。卡氏提出的不是一种综合而系统的理论，只是完善了分析框架，他对世俗化理论的重新表述也受到学术界尖锐批评，其理论阐释缺乏连贯性，公共宗教与世俗领域分化论题、制度性衰落命题

---

①　José Casanova, "Roman and Catholic and American: The Transformation of Catholicism in the U-nited States", *International Journal of Politics*, *Culture*, *and Society*, 1992, 6（1）: 75-111.

是矛盾的，因而在一定程度上削弱了理论的学术意义。[①]

四　查维斯：双重结构与内部世俗化

马克·查维斯（Mark Chaves，1960—）是美国宗教社会学和组织社会学者，获达特茅斯学院（Dartmouth College）文学士学位、哈佛大学神学院神学硕士学位、哈佛大学博士学位。查维斯曾任 1998 年美国"全国会众研究"（National Congregations Study）项目首席调查员，在《美国社会学评论》、《美国社会学杂志》（*American Journal of Sociology*）、《社会力量》（*Social Forces*）、《宗教科学研究学刊》、《宗教杂志》（*The Journal of Religion*）、《政治学杂志》（*The Journal of Politics*）等期刊发表文章。

宗教经济理论。20 世纪 90 年代初期兴起的宗教经济理论范式影响了众多学人，查维斯深受当时学术氛围的熏陶和感染，醉心于斯达克、芬克和亚纳科等人对宏观宗教经济的阐释以及宗教多元与宗教活力关系的解释。查维斯宗教经济思考的起点也是亚当·斯密的古典经济学和托克维尔古典政治学理论。他从考察宗教参与入手，通过修正理性选择理论，聚焦于"供给侧"，讨论了政教关系与宗教参与，试图验证宏观宗教经济理论基本命题假设，即受管制越少的宗教市场中宗教越"自由"，市场越具有活力，宗教参与程度越高，也就是说管制和宗教参与之间是负向关系；政府资助宗教与限制宗教都会降低宗教参与，因而就很容易得出政教分离宗教比管制宗教表现出更高程度的宗教参与的结论。

宗教经济理论显示了宏观经济视角与微观分析方法，强调宗教市场应该是一种完全解除管制的自由市场，多元和竞争是自由市场的基本要素。从供给侧来看，在多元市场结构和竞争机制作用下宗教市场发挥了一般市场的功能，提供了物美价廉的多样性宗教产品和服务，刺激了更高程度的宗教"消费"，"在没有管制的'自由市场'中，宗教竞争迫使宗教机构

---

① José Casanova, "Secularization Revisited: A Reply to Talal Asad", in *Powers of The Secular Modern: Talal Asad and His Interloutors*, Edited by David Scott, Charles Hirschkind, Stanford University Press, 2006, 12—30: 12.

有效地生产消费者期望的宗教产品和服务"①。从需求侧来看，自由市场
的宗教消费支配着宗教商品质量和数量，个人的偏好和选择获得了充分
满足，从而使宗教消费维持在较高水平，社会整体的宗教性表现更为突
出，宗教参与程度较高，宗教表现得更有活力。围绕以新教为主体的西
方自由宗教市场和以天主教垄断、建制教会主导的宗教现实，经济学解
释引起了不小的学术争论，其中之一是把垄断和管制看作主要因果变量，
垄断越强劲竞争越疲弱；管制意味着限制或资助，如建制教会和"公共
宗教"往往享受到国家津贴，维持着效率低下宗教制度，产生了低水平
的宗教参与。

　　查维斯检讨了宗教经济理论对多元性市场结构的阐述，发现多元化观
点主要适用于解释自由市场，对于管制宗教而言，因为宗教市场缺乏充分
多元性，所以使用多元化单一变量就显得缺乏说服力，宗教经济模型无法
充分解释全球所有宗教事实，从而指出了这种研究存在瑕疵，"宗教市场
观点的逻辑基于管制而不是多元化；而把多元化用作一种独立变量的分
析没有解释在天主教国家观察到的模式"②。他分析了托克维尔对管制等非
经济变量的强调，接受了马丁关于宗教多元化的观点，"这样的解释依赖
于宗教多元而不是管制，同时解释了新教和天主教国家的事实"③，但查维
斯没有抛弃对于宗教的经济学解释，承认市场理论阐明的机制普遍存在于
西方新教和天主教国家，坚持宗教经济理论的范式作用。基于多重学术启
发，他主张用对宗教的社会学理解补充对多元宗教的经济学解释，"正如
将要表明的，虽然结果为非经济变量发挥支持作用留出了空间，但强烈支
持了经济解释"④，为此他提出的方法原则是"首先要援用宗教多元化，其

---

① Mark Chaves, Peter J. Schraeder and Mario Sprindys, "State Regulation of Religion and Muslim Religious Vitality in the Industrialized West", *The Journal of Politics*, 1994, 56 (4): 1087-1097: 1089.

② Make Chaves, David E. Cann, "Regulation, Pluralism, and Religious Market Structure: Explaining Religion's Vitality", *Rationality and Society*, 1992, 4 (3): 272-290: 287.

③ Make Chaves, David E. Cann, "Regulation, Pluralism, and Religious Market Structure: Explaining Religion's Vitality", *Rationality and Society*, 1992, 4 (3): 272-290: 287.

④ Make Chaves, David E. Cann, "Regulation, Pluralism, and Religious Market Structure: Explaining Religion's Vitality", *Rationality and Society*, 1992, 4 (3): 272-290: 279-280.

次要利用于其他变量，但是经济方法只能借助宗教管制"①。

借助亚纳科对西方工业化国家宗教案例的研究，查维斯承认供给侧假定确实普遍存在于新教和天主教国家，宗教管制和宗教参与表现出了强烈负相关性，反之"摆脱了垄断或寡头把持宗教制度的宗教市场，会在个人中产生更高水平的宗教参与"②。他主张在宗教市场结构与宗教参与的联系中，充分考虑影响宗教市场的诸多变量，如影响宗教认同的政治因素、稳定的政教关系等，从而对宗教活力做出社会学解释。

宗教参与本质上是对市场中宗教商品的消费，后者包括信仰和实践两方面的内容，商品琳琅满目，形式多样，可以区分为"此世的或彼世的、普遍的或特殊的、精神的或物质的、集体的或个人的"③。查维斯参考卢曼"指涉"概念和对"意义"的理解，在强调超自然要素的基础上，采用了"超自然指涉"一词，并借助韦伯权威概念即"控制"即权威，对"宗教商品"做出了新的理解。他透过宗教本身强调了宗教背后所提供的合理化"意义"。他认为不是任何商品都是宗教商品，商品之所以能成为"宗教商品"，是因为它存在于超自然指涉意义中，"获得那些有价值的商品受到了超自然指涉的控制"④；而且宗教商品要实现其价值，就必须嵌入到社会结构中，因为它本身蕴藏着"特定社会结构"意义，而后者正是通过超自然指涉合理化了对"期望商品"的控制，在复杂宗教组织中，这种社会结构就是宗教权威结构（authority structure）。因而他说对于任何一种"宗教商品"，"获得它都要受到社会结构的控制，后者的权威受到超自然指涉的合理化。一种商品变成了一种'宗教'商品，不是凭借商品自身固有的特征，如斯达克和班布里奇1985年所言的'补偿'而不是'回报'，而是凭借这些控制方式，我使用'宗教商品'一词简略地表达了特定社会结构形

① Make Chaves, David E. Cann, "Regulation, Pluralism, and Religious Market Structure：Explaining Religion's Vitality", *Rationality and Society*, 1992, 4（3）：272-290：279.

② Make Chaves, David E. Cann, "Regulation, Pluralism, and Religious Market Structure：Explaining Religion's Vitality", *Rationality and Society*, 1992, 4（3）：272-290：287.

③ Mark Chaves, "Denominations as Dual Structures：An Organization Analysis", *Sociology of Religion*, 1993, 54（2）：147-169：150.

④ Mark Chaves, "Denominations as Dual Structures：An Organization Analysis", *Sociology of Religion*, 1993, 54（2）：147-169：150.

式中有价值的商品的这种嵌入性"①。由于超自然指涉的意义不同，不同的宗教权威结构所控制的宗教商品的内容存在差异。因而宗教商品被剔除了实质内容，它的意义不再局限于"超自然指涉"的价值，不是指涉商品的内容，而是集中指向宗教组织的权威结构。

查维斯还借助劳动力市场区隔理论延伸了宗教市场结构化分析。"劳动力市场区隔理论"也称"双重劳动力市场模型"，20 世纪 70 年代由美国经济学家多林格尔（Peter Brantley Doeringer，1941—）和皮奥雷（Michael Joseph Piore，1940—）等学者主倡，强调劳动力市场是社会分层过程的一部分，社会和制度性因素造成了劳动力市场部门差异，劳动力市场信息及进入渠道不同形成了就业部门、职位以及收入模式的差别，导致了种族、性别与移民之间的社会分层。查维斯观察了现代社会职业机构、管理委员会以及专家机构等社会组织结构成长分化的现实，以及其中体现出的复杂性和专业化的增长，进而关注了宗派内部的结构分化，把宗教劳动力市场区隔理解为宗派的一个重要方面，"劳动力市场区隔是宗派组织结构的一个层面，被界定为宗教职业在一种单独的制度背景中发生的程度"②。但在查维斯看来，这种市场区隔不仅具有经济学含义，更体现出了社会学分析意义，例如宗教市场区隔可能会对分化引起的宗派内部冲突、组织张力和权威危机产生影响，"区隔的劳动力市场是社会结构的一个例子，不是从组织章程或者宗派规程中观察到的，而是一种重要的社会学现实，不管是对追求宗教职业的个人还是对作为整体的宗派来说都可能具有重要意义"③。另外，查维斯还更多地把宗教劳动力市场区隔看作组织变迁而不是社会分层过程，通过利用历史资料，他把宗教劳动力市场区别为教会、教育和机构三部分。教会和教育早在 20 世纪初已经实现了充分分化，之后又从二者中分化出了机构，主要表现为随着教育认证体系制度化以及宗教职

---

① Mark Chaves, "Denominations as Dual Structures: An Organization Analysis", *Sociology of Religion*, 1993, 54（2）: 147-169: 153.

② Mark Chaves, "Segmentation in a Religous Labor Market", *Sociological Analysis*, 1991, 52（2）: 143-158: 144.

③ Mark Chaves, "Segmentation in a Religous Labor Market", *Sociological Analysis*, 1991, 52（2）: 143-158: 156.

业的解体，人们逐渐脱离教会市场进入教育市场，教育机构对教师和管理人员的需求增加了。

宗教组织是一种非营利性社会组织，查维斯调查了 20 世纪 80 年代末 90 年代早期西方教会中普遍存在的财政危机问题，透过教会衰败的现象如规模萎缩、设施颓废、成本增加，以及职员薪水微薄、可动员的资源减少等，分析了奉献收入、财政资源以及宗教与经济生活的关系，揭示了危机的性质。奉献是宗教参与的重要方面，体现了宗派文化的差异，"宗教奉献中的宗派差异代表了制度差异，后者不可化简为个人层面的理性计算"①，它并不构成财政危机直接原因，事实上教会中绝对奉献是增加的。信仰与宗教经济是分离的，个人信仰的差异"很难解释对奉献的影响，也很难解释对人们经济行为和思想方式的影响"②。津贴、基金和募集、服务费等教会收入及其分配构成了财政的重要方面，但与神学权威分离了开来，分化为机构性的资源管理部门。教会财政危机通常被理解为宗教参与减少的表现和宗教走向衰落的象征，通过调查教会微观经济活动，查维斯承认这种危机是真实存在的，但不带有普遍性，也不是空前的，更没有表明宗教线性衰落的趋势，不构成现时代宗教的特征。③

双重结构。查维斯主张返归对宗教的社会学研究，认为宗教亚单位的发展切合组织社会学分析，他聚焦教会和宗派，研究了宗教组织的变迁和内部权力的分化，通过引入宗教权威结构概念，把宗教概念化为一种双重的结构，在宗教权威结构和机构结构（agency structure）之间做出了社会学区分，并对机构结构起源和发展进行了历史回顾，描述了宗派组织结构、内部权力转换以及冲突等，从而把宗教分化与内部世俗化过程联系了起来。

查维斯借用了卢曼超自然指涉概念，超自然是非人格的、遥不可及

---

① Mark Chaves, "Financing American Religion", in *Financing American Religion*, Edited by Mark Chaves & Sharon L. Miller, AltaMira Press, 1999: 169-188: 177.

② Mark Chaves, "Financing American Religion", in *Financing American Religion*, Edited by Mark Chaves & Sharon L. Miller, Alta Mira Press, 1999: 169-188: 178.

③ Mark Chaves, "Financing American Religion", in *Financing American Religion*, Edited by Mark Chaves & Sharon L. Miller, Alta Mira Press, 1999: 169-188: 180.

的、隐喻的，但没有直接采用卢曼对宗教的定义，而是对宗教做出了新的理解，把宗教概念化为权威和机构组成的双重结构。在卢曼看来，世界本质上是开放的，充满偶然性，从而是混乱的；意义是人类行为的基础，提供了行为选择和途径；作为自我指涉的意义系统，社会建构了包括宗教在内的意义网络，同时宗教被理解为社会建构的意义，为无序的世界带来了秩序，并且囊括了所有社会建构的意义，因而所有的社会生活都是宗教的。查维斯认为卢曼这种理解抹杀了社会事实的边界，偶然性成为必然，缺乏确然指引，"把宗教扩展到每一种社会事物，这是令人恐怖的事情，包括所有社会建构的意义，所有人努力地面对必然的偶然性，在宗教社会学范围内，这在我的面前打开了一个无底深渊"①，因而主张从偶然性中选择确定性开展宗教研究，这"有助于我直面混乱而不是加深我对无底深渊的感觉"，但他指出"真正的宗教社会学不应该包括教会和教条研究"②。

查维斯从组织社会学视角界定了宗教组织。宗教组织不是宗教而是宗教权威，它的明显特征是拥有控制获得宗教商品的权威结构，后者受到了某种超自然指涉的合理化，因而宗教组织"正是包含了宗教权威结构的组织"③，也就是说所有的宗教组织都包括宗教权威结构。查维斯对宗教组织的理解很明显受到了韦伯组织社会学定义和分析的启发。

韦伯基于通过考察政治组织界定了宗教组织，他认为权威意味着支配资源和控制心理，例如作为僧侣组织的宗教是一种权力的延伸，宗教权威也具有政治权威一般的强迫力量，而且是工具性"精神强制"，"充分特征化宗教权威要求关注权威的性质而不是所追求目的的性质"④。查维斯重申了韦伯的视角，借助后者的支配概念规避了功能和实质性定义，把宗教权威界定为"一种社会结构，通过控制个人获得某种期望的商品，来竭力地

① Mark Chaves, "In the Meantime … (Response to Ploch) ", *Sociological Analysis*, 1988, 49 (3): 304-305: 305.
② Mark Chaves, "In the Meantime … (Response to Ploch) ", *Sociological Analysis*, 1988, 49 (3): 304-305: 305.
③ Mark Chaves, "Denominations as Dual Structures: An Organization Analysis", *Sociology of Religion*, 1993, 54 (2): 147-169: 158-159.
④ Mark Chaves, " Secularization as Declining Religious Authority", *Social Forces*, 1994, 72 (3): 749-774: 755.

增强秩序并达到目的，而合理化的控制包括某种超自然成分，不管它是多么微弱"①。他修正了韦伯观点，宗教权威不同于政治权威，正是在于它不是使用"真实的肉体暴力"，而更多地表现为对强制的合理化，因而他主张从合理化类型角度区分宗教权威。宗教权威控制的是获得"期望商品"，是对商品的支配，而不是对韦伯所言的精神资源的支配，因而他用"期望的商品"代替了精神资源，宗教权威结构的"精英通过利用超自然来控制获得某种个人期望的商品，竭力地促进他们的目的"②。宗教权威可能经历了中心化和科层化变迁，但它不等同于教会，后者通常谋求某种垄断性控制。另外，宗教权威可能在主导宗教组织中已经衰落了，但它也可能存在于这个组织之外。查维斯聚焦社会结构，剔除了宗教权威定义中的文化和历史内容，本身既可以从功能角度理解，也可以从实质出发做出解释。

宗教组织不是一个统一的整体，历经分化包含了不同的结构层面，除了权威结构之外，查维斯为宗教组织附加了一种机构结构，并认为这种双重结构在本质上是平行的，各自应对不同的不确定性，应该成为调查和研究宗教组织的中心。宗教机构组织是以内部的自主分化为特征的，体现为明显的中心化、科层化和资源基础，从这一视角出发，查维斯把宗教机构组织的分化与内部世俗化过程联系起来。

教会是制度化的正式宗教组织形式，宗教权威和机构结构是基本的结构单位，两种结构之间的社会学差异决定了它们的不同取向。教会权威合理化源自传统和神魅，目标是实现对宗教商品的内部控制；内外界限是成员身份，主要的权威角色是神职人员；倾向于地域性分离。教会机构以理性和合法性为基础，目标定位于外部世俗联系，如社会服务、公共关系以及传教等；机构界限是雇佣关系，机构角色是各类管理人员，趋向功能性分化。

查维斯把"宗派"看作一个有用的社会学分析范畴，借助双重结构概念，他分析了1919年到1989年的80多个宗派组织。与教会相比，宗派通常是以松散单元形式存在的，随着组织复杂性和专业化要素增加，如卢曼

① Mark Chaves, "Denominations as Dual Structures: An Organization Analysis", *Sociology of Religion*, 1993, 54（2）: 147-169: 149.

② Mark Chaves, "Denominations as Dual Structures: An Organization Analysis", *Sociology of Religion*, 1993, 54（2）: 147-169: 151.

所言，不断面对外部许多"不确定性"，尤其是管控和影响资源的不确定性。宗派同样由权威结构和机构结构两种平行结构叠加而成。权威结构发挥了基本的控制功能，控制获得特定宗派传统所界定的宗教商品，目标定位于宗派事务中稳定的不确定性；机构结构拥有更多的内部组织权力，负责传教、宣传和管理事务，目标定位于世俗的和不稳定的不确定性。宗派的双重结构是内部组织结构分化的结果，其本质是职业劳动力市场的逐渐区隔，即区隔为教会、教育和职业机构等方面。

查维斯聚焦于组织内部的张力，借助资源动员理论，对宗派内部权力转换、冲突分裂、合并以及合法性等问题做出了新理解，对宗教和社会运动之间关系提出了新假设。首先，宗派组织分化是宗派内部张力的根源，机构和权威之间的张力集中表现在前者试图获得组织自主。宗教神职人员和专业管理人员之间存在紧张关系，双方围绕内部物质的或者象征性的组织资源展开竞争和斗争，进而影响到神学建构，激化为自上而下的冲突，最终升级为分裂运动。组织程度越高宗派分裂比率越低。此外，查维斯集中于妇女神职人员的宗派规则，讨论了宗派组织中的文化冲突，强调了性别平等的现代价值观念以及外部压力影响。[①] 其次，权力斗争是宗派组织发展中的关键特征，呈现出"竞争性双重结构"特点，外部环境刺激和内部资源分配引起了权力转换。外部政治、经济和制度力量冲击了宗派内部权力平衡，并使宗派内部动态具有了政治性质，查维斯把内部政治资源看作权力变换的重要方面，它有可能驱使宗派走向一种社会运动。围绕资源分配，内部权力通常由权威结构向机构结构变换，即机构结构自主性不断增强，逐渐从权威结构中独立出来，表明的是一种内部世俗化的过程。再次，宗派组织发展的显著特征是双重结构的制度化即中心化。查维斯精炼了新制度主义观点，聚焦政治资源和制度张力，认为宗派组织不是一个有机的整体，竞争性双重结构围绕聚集资源、集中决策、协调行动展开权力斗争，逐渐强化中心化权力，反过来，权力中心化成为一种政治资源，对内部权力产生影响。权威结构中心化相对稳定，对机构权力产生负面影

① Ruth A. Wallace, "Review：Ordaining Women：Culture and Conflict in Religious Organizations by Mark Chaves", *Sociology of Religion*, 1999, 60 (4)：457-458.

响，阻止了机构结构中心化努力。机构结构中心化是时变的，包含跨组织领域的社会变量，在外部法律、政治等制度压力下，面对"不确定性"，发展了相对权威结构的自主运动，最明显的是管理中心化，"机构中心化在每个宗派中经历了竞争性发展，与神学无干"①，但受到权威结构影响，在传统上依赖后者获得物质资源。查维斯围绕结构中心化解释了宗派内部权力中的历史变量，表明了宗教权威衰落趋势和内部世俗化不同方向，回应了宗教衰落的观点。

内部世俗化。查维斯是世俗化"去体系化"坚持者，他关注了新兴宗教运动的兴起，观察到了宗教权威在当代复兴现象，借助宗派历史数据，运用组织社会学和社会运动理论，分析了内部世俗化与宗教双重结构中心化的联系，反思了经典世俗化在面对宗派发展时遇到的理论困境，结合宗教在现代社会中的地位和发展，对世俗化提出了新解释，即作为宗教权威衰落的世俗化。

第一，查维斯回顾了世俗化经典表述，借鉴相关概念、方法和模式，检讨了理论视角与当代宗教事实之间的矛盾。查维斯分析了韦伯对宗教权威的理解及其局限，避开了学术界有关宗教功能性或实质性定义的争论，从另一种视角界定了宗教权威。他检视了帕森斯分化理论，借鉴系统论，承认宗教是众多社会制度之一，宗教组织是社会大系统的亚系统。卢克曼较早表述了内部世俗化概念，为研究宗派提供了一种新的视角框架，认为宗派是宗教内部变迁转型的结果，它在当代兴盛发展不代表世俗化趋势发生了逆转，而是经由这一过程变得更为现代化了，但没有被边缘化。查维斯聚焦宗教结构，继续了卢克曼内部世俗化的讨论，但批评卢克曼的研究是在假定宗派组织内部同质性的基础上进行的，而且混淆了宗教组织和宗教行为，造成了概念模糊，因而他的相关理论陈述缺乏实践证据支持。查维斯借鉴了多贝雷尔多维视角和层次分析，重新概念化了世俗化的三个维度，把社会、组织和个人看作考察世俗化的要素，涵盖过程变迁、组织转型和个人自主。

---

① Mark Chaves, "Intraorganizational Power and Internal Secularization in Protestant Denominations", *American Journal of Sociology*, 1993, 99 (1): 1-48: 38.

第二，在对世俗化理论的反思中，威尔逊曾把迪尔凯姆和韦伯以及之前的世俗化理论称作"传统模式"，① 查维斯则把其概括为"经典"世俗化，② 主张对这些理论假设进行重新评估、批评和修正，"重新构想了世俗化而不是捍卫了经典的观点③"。查维斯认为宗教在现代社会的"衰落"不是不可避免，也不是不可逆转，经典世俗化理论强调的"现代性"要素没有影响和导致个人宗教价值、观念和情感衰减，但是他承认现代化提供了宏大的历史背景，围绕所谓宗教"衰落"评判现代化理论体现出的是一种历史观的缺失，是不可取的。他还评论说经典世俗化的不同模式更多地表现为"库恩范式论"视角争论，但都不应忽略宗教在现代社会发展的事实，因而查维斯不主张彻底抛弃世俗化范式，"不加批评地接受世俗化理论绝对是错误的断言就有些草率了④"，批评理性选择论者对世俗化理论决然谬误的嫌弃"把婴儿连同洗澡水都泼掉了⑤"。

第三，经典世俗化理论阐述都涉及宗教概念界定，表达了对研究对象即宗教各自不同的理解，因而修正世俗化模式需要完善宗教概念内涵，这将会使它的含义更加模糊。因而查维斯建议抛弃"宗教"这一研究客体和分析范畴而聚焦"宗教权威"重新思考世俗化，"根据经典世俗化理论观点的严肃问题，世俗化的合适客体绝对不是宗教而是宗教权威"，"应该用'宗教权威'来代替'宗教'作为世俗化的客体⑥"；"世俗化最好不要被理解为宗教的衰落，而要理解为宗教权威影响力的衰落⑦"。需要指出的

---

① Bryan Wilson," Secularization: The Inherited Model", in *The Sacred in a Secular Age*, Edited by Phillip E. Hammond, University of California Press, 1985, pp. 9-20.

② Mark Chaves, "Intraorganizational Power and Internal Secularization in Protestant Denominations", *American Journal of Sociology*, 1993, 99 (1): 1-48: 2.

③ Mark Chaves, "Secularization as Declining Religious Authority", *Social Forces*, 1994, 72 (3): 749-774: 750.

④ Mark Chaves, "Intraorganizational Power and Internal Secularization in Protestant Denominations", *American Journal of Sociology*, 1993, 99 (1): 1-48: 2.

⑤ Mark Chaves, "Secularization as Declining Religious Authority", *Social Forces*, 1994, 72 (3): 749-774: 750.

⑥ Mark Chaves, "Intraorganizational Power and Internal Secularization in Protestant Denominations", *American Journal of Sociology*, 1993, 99 (1): 1-48: 7.

⑦ Mark Chaves, "Secularization as Declining Religious Authority", *Social Forces*, 1994, 72 (3): 749-774: 750.

是，查维斯强调"用宗教权威取代宗教只用于世俗化，而不是把整个宗教社会学限制在研究宗教权威上"①。

查维斯的宗教社会学研究引入了组织社会学视角，关注的是宗教组织亚单位而不是宗教整体，通过从宗教组织角度解释宗派内部发展，理解了宗教在现代社会的发展问题，精练了组织结构概念，深化了对内部世俗化的理解，"内部世俗化被重新概念化为宗教组织内部宗教权威影响力的衰落；被分析为组织内部冲突的结果，即在宗派内部两种平行的精英结构之间的冲突：宗教权威和机构"②；"作为衰落中的宗教权威的世俗化，指的是社会结构影响力的衰落，它的合理化基于超自然指涉"③。

首先，查维斯检视了传统的分化理论，借鉴帕森斯系统分化论，思考和评价了制度分化过程，在此基础上阐述了一种"新分化理论"，重新表述了世俗化。迪尔凯姆经典社会学理论把社会看作一种道德社群，社会分工结构发挥了功能整合作用；帕森斯把分化看作社会系统的中心机制。查维斯的新分化理论把社会理解为"一种交互制度系统"，社会结构发挥了制度整合作用，宗教被理解为一种凡俗的制度领域或者组织部门，与其他制度一样具有同等重要的功能地位，在所有"可能性领域"，宗教不具有道德整合方面的优先性和主导性，也就没有理论上所谓的特权地位，从而不会因为丧失这种地位而衰落。新分化理论承认宗教涉入政治等其他制度的关系中，但作为一种凡俗的制度领域，更强调自身的内部关怀和利益，"衰落"或者"复兴"表明的是内部组织结构的变迁，表现为宗教权威影响力变化。此外，查维斯承认传统分化理论强调的各种制度从宗教中分离出来的论断，但指出了这些理论在对宗教概念理解中包含了模糊性，缺乏对宗教角色、价值、信仰与制度分化关系的清晰解释，认为宗教信仰、情感等只有在被动员并制度化为权威结构时才具有社会效力。查维斯的新分

① Mark Chaves, "Secularization as Declining Religious Authority", *Social Forces*, 1994, 72 (3): 749-774: 770.
② Mark Chaves, "Intraorganizational Power and Internal Secularization in Protestant Denominations", *American Journal of Sociology*, 1993, 99 (1): 1-48: 1.
③ Mark Chaves, "Secularization as Declining Religious Authority", *Social Forces*, 1994, 72 (3): 749-774: 756.

化理论提供了一种研究世俗化的新方法，强调了社会系统背景中宗教的地位，把宗教及其变迁定位在了具体的历史和制度背景中。

其次，查维斯认同多贝雷尔的层次分析，社会结构层面的"分化"指的是制度领域不断从宗教中分化出来；内部组织层面的"转型"指的是宗教组织自身内部的世俗化变迁；个人层面的"衰落"指的是个人宗教参与等行为减少。查维斯承认世俗化是一个多维度概念，但他的新分化理论排除了宗教在社会系统中的主导地位，以及个人宗教行为的社会意义，因而他把关注的重点放在了中间维度，即宗教内部组织结构转型，并沿这一维度用双重结构重新概念化了世俗化，"世俗化指的是宗教权威在三个分析层面的衰落"[1]，这也就是他所谓的"内部世俗化"。在查维斯看来，不能把世俗化理解为宗教衰落，世俗化主题应该是宗教组织自身中"宗教权威影响力的衰落"，后者表现在三个层面，即宗教精英在社会制度层面权威影响力衰落；组织层面表现为组织和控制内部资源权威衰落；个人层面则是控制个人行为的能力的降低，"作为宗教权威衰落的世俗化观念能够直白地把内部世俗化概念化为宗教组织自身之内宗教权威控制范围的衰落"[2]。这三个层面虽然交错存在，但是不是同步和平行的，相互不构成因果联系，"不需要假定一个维度的世俗化必然伴随其他维度的世俗化"[3]，内部世俗化虽然是不可避免的，但它也不是一个直线过程。

再次，内部世俗化意味着组织内部权力转换，"中间维度的世俗化理论就变成了有关内部权力转换的组织理论的特殊案例"[4]。内部权力转换涉及组织结构和行为者两方面。宗教组织内部最初只存在权威结构，但也存在非权威性功能，后者主要由自愿社团来承担，后来组织内部逐渐形成了机构结构，并长期从属于权威结构，但这也意味着组织具有了双重结构特

---

[1] Mark Chaves，"Secularization as Declining Religious Authority"，*Social Forces*，1994，72（3）：749-774：757.

[2] Mark Chaves，"Intraorganizational Power and Internal Secularization in Protestant Denominations"，*American Journal of Sociology*，1993，99（1）：1-48：8.

[3] Mark Chaves，"Denominations as Dual Structures：An Organization Analysis"，*Sociology of Religion*，1993，54（2）：147-169：164.

[4] Mark Chaves，"Intraorganizational Power and Internal Secularization in Protestant Denominations"，*American Journal of Sociology*，1993，99（1）：1-48：4.

征；其后随着自主性的逐渐增强，机构结构完善起来了组织形式，并取得更多的功能性优先权，赢得了更多的资源控制权力，其中包含了双重结构之间的斗争，结果是组织内部权力从权威结构转换到了机构结构，这一切都是组织变迁的过程，也是内部世俗化的"内情"，即关于宗教权威影响力在组织内部的衰落，"内部世俗化是宗教权威对机构结构内组织资源控制力的降低，换句话说，可以根据内部世俗化更为宽广的过程来看待有些组织对机构资源的斗争"①。内部行为者围绕宗教权威影响力发生了争斗，机构精英竭力促进内部世俗化，而权威精英则努力抵制世俗化，冲突的结果代表了世俗化和去世俗化两种趋势。

最后，查维斯集中于宗教权威讨论了世俗化与宗教运动之间的关系。宗教经常是一种文化资源，因而构成了文化权威，通过符号象征和思想观念在社会运动中发挥了动员作用。在新兴宗教运动中，世俗化水平较低社会结构中的宗教权威尚具有广泛的社会影响力，宗教运动和政治运动经常混同在一起，反之则宗教权威是狭隘的，但控制和影响着个人行为。宗教复兴运动虽然重建了宗教权威，但组织结构发生了剧烈变迁，权威影响范围缩小了，就此而言，世俗化仍然具有重要意义，"这种戏剧性的事件强调继续需要世俗化理论来指导调查，研究当代社会中各种宗教权威的地位"②。

修正与考察。查维斯评析了 RCT 假定，认为就理论系统性、演绎框架和案例模式而言，理性选择理论具有范式的特征，但他也对理性选择理论所宣称的解释力提出了质疑和批评。

查维斯推崇亚纳科的供给侧研究，赞同他得出的观点和结论，并且在宗教经济研究中借鉴了后者的调查抽样方法。查维斯认同宗教市场"供给侧"理论假定，即政府对市场的管制程度越低个人的宗教参与程度就越高，承认供给侧假定确实在西方新教和天主教国家存在，他所补充的研究证据也强烈支持了宗教市场的经济学解释，但他批评亚纳科等人的分析过于强调多元化变量，而忽视了西方政府宗教管制，因而无法解释天主教国

---

① Mark Chaves, "Denominations as Dual Structures: An Organization Analysis", *Sociology of Religion*, 1993, 54 (2): 147-169: 165.

② Mark Chaves, "Intraorganizational Power and Internal Secularization in Protestant Denominations", *American Journal of Sociology*, 1993, 99 (1): 1-48: 44.

家呈现出来的宗教活力。他建议延伸宗教市场结构分析，用非经济变量补充"宗教经济"分析来做出充分的社会学解释。西方宗教市场逻辑基于管制、认同以及政治、社会等多种变量而不是单纯的多元化要素，多元化很大程度上需要根据管制市场做出分析。

RCT 把世俗化看作一种普遍现象，发生在西方所有宗教经济中，并从社会分层角度阐述了世俗化逻辑。理性选择理论假定特权阶层和普通民众获得直接"回报"的能力是不同的，更多的"回报"意味着较少的"补偿"，反之亦然；特权阶层获得了较多的回报，对补偿的追求更多地表现在强调超自然要素中，而对彼世以及神学、仪式的要求降低了，趋向"此世"；普通民众获得回报较少，渴望通过寻求彼世得到补偿，导向神学复兴；由此而导致了一种"自限性过程"的世俗化，且是"在宗教经济中产生了补偿反应"①，膜拜复兴了，教派兴起了，逐渐容纳了较多的特权成员，随着社会阶层的流动，表现为一种"循环"的世俗化过程，且有峰谷的变化，世俗化是一种"古老的转型过程"，一种"无休止的循环"②。查维斯立足于组织社会学，对 RCT 循环论模式的自限性世俗化提出了批评，认为后者基于个人宗教行为理论，没有考虑到宗教权威影响力要素，回避了宗教权威在社会结构变迁中的意义和作用，忽略了"返俗化"讨论及其在特定背景中的程度差异。另外，自限性世俗化关注了"宗教市场"中"消费者"个人的宗教行为，过分强调了新宗教群体兴起和个人隶属，但贬低了宗教权威对成员行为的影响和意义。

查维斯认为 RCT 只是一种分析方法，没有在演绎推论基础上形成逻辑上统一的理论体系，从而缺乏普适性；理性选择分析涉及的案例及其模式提供的演绎范围是有限的，只有很少的例子符合演绎理论；微观人力资本分析和宏观组织类型模式分析基于不同的公理；数学模化和理性选择之间不一定存在联系；个人宗教行为基于成本-效益分析追求回报最大化成本最小化的基本假定在实践中虽然不是错误的，但也只是空洞的陈述，无法

---

① Rodney Stark, "Church and Sect", in *The Sacred in a Secular Age*, Edited by Phillip E. Hammond, University of California Press, 1985: 139-149: 145.

② Rodney Stark, William Bainbridge, *The Future of Religion*, University of California Press, 1985, p. 529.

充分解释真实的宗教现象和行为并预测宗教的未来；从而他指责说，"有关宗教理性选择方法的元主张是一种具有误导性的诳言大话，没有在正式演绎理论和模型基础上构成一种统一的方法"①，但他也认为没有充分的理由来整体上抛弃 RCT。

查维斯聚焦宗教行为、体验、信仰和态度等层面，在跨民族比较研究和历史考察的基础上，描述了宗派在当代社会的发展趋势。他所使用的数据来自 1972 年以来的美国成年人口调查——"综合社会调查"（General Social Survey，GSS），以及由查维斯担任首席调查员的芝加哥大学全国民意研究中心分别于 1998、2006—2007、2012 年开展的跨宗教性"全国会众研究"项目。

1998 年的教会调查产生了 1236 个样本，涉及的内容包括教会的社会构成、结构、行为和规划等，受访者主要是牧师、神父和拉比等教会负责人，结合统计分析、历史追溯或者案例研究勾画了教会生活，探讨了教会与公民、政治和艺术的关系。2006—2007 年调查数据涉及 1506 个教会，②分析表明教会规模虽然变化不大，但网络网站、电子邮件和投影仪等现代技术进入了教会；崇拜活动不拘礼节，活动夹杂了敲鼓、跳跃、大喊、舞蹈、鼓掌等；受过大学教育的人增多，社会上层人员增加；新移民塑造了教会民族多样构成。2012 年的调查数据包括 1331 个教会，分析表明受移民、跨民族婚姻和教育程度提高等因素的促动，教会表现出了更多的民族多样性，不拘礼节的崇拜增多，人们向大教会集中，独立教会成为主流，隶属关系减少，宗派仍然是宗教群体的主要特征。③

三次调查基本展现了宗派在近 40 年的连续发展和变迁。在移民促动和宗教宽容文化氛围中，宗教多样性增加了，教会仍旧是宗教的组织中心，

---

① Mark Chaves："On the Rational Choice Approach to Religion"，*Journal for the Scientific Study of Religion*，1995，34（1）：98-104：99.

② Mark Chaves and Shawna L. Anderson，"Continuity and Change in American Congregations：Introducing the Second Wave of the National Congregations Study"，*Sociology of Religion*，2008，69（4）：415-440.

③ Mark Chaves and Shawna L. Anderson，"Changing American Congregations：Findings from the Third Wave of the National Congregations Study"，*Journal for the Scientific Study of Religion*，2014（4）：676-686.

其行为中心是文化，聚焦于崇拜和宗教教育，很少涉及社会服务和政治，"主要通过崇拜、教育和艺术等文化行为来交际仪式、知识和美，不是通过社会服务或者政治来追求慈善或者正义"①。教会生活变迁是由文化、社会和经济压力塑造的，如现代电子媒介技术的渗入，"重要的问题不是集会是否会继续接受最新的信息技术，而是这些技术如何塑造集会"②。宗教虽然表现出了连续性，但社会宗教性和日常宗教参与都没有明显增加，且存在趋向宗教性减少的缓慢变迁，年轻人更少选择宗教职业，"存在大量的连续性，也存在某种衰落"③，但"这种背景的连续性也使正在发生的变迁更为突出"④。

查维斯由此认为现代社会的宗教实践不但没有证明经典世俗化的基本命题，反而展示了宗教在现代生活中的弹性，"工业化、都市化、科层化和科学的进步以及其他方面的发展与现代生活相联系，没有自动地破坏宗教信仰，这是因为现代化并没有使人类摆脱激发宗教情感的人类体验"⑤。宗教体验仍旧是人们状态的一部分，宗教行为或者减少了，但是宗教信仰稳定不变，追求生活目的和意义兴趣增加了，总而言之，与现代性相联系的现代社会变迁没有导致宗教的衰落，"证据没有支持简单的世俗化说法，也没有整体地抛弃世俗化"⑥。

查维斯批评了"世俗化"概念的模糊性，通过借鉴韦伯的宗教组织理论，他集中于宗教权威而不是宗教本体，强调宗教组织具有权威和机构双重结构，组织层面世俗化也称内部世俗化，是组织内部权威和机构冲突的结果，宗教权威衰微开启了内部世俗化的新方向。查维斯对内部世俗化的表述是为了回答现代背景中较高程度的宗教参与问题，通过重新概念化宗教而重新概念化了世俗化，多维度关注了宗教权威的范围，把关于宗教和世俗化的模糊观点转变为直白的概念重释。

① Mark Chaves, *Congregations in America*, Harvard University Press, 2004, p. 14.
② Mark Chaves, *American Religion*, Princeton University Press, 2017, pp. 63-64.
③ Mark Chaves, *American Religion*, Princeton University Press, 2017, p. xiv.
④ Mark Chaves, *American Religion*, Princeton University Press, 2017, p. 7.
⑤ Mark Chaves and Dianne Hagaman, "Abiding Faith", *Contexts*, 2002, 1 (2): 19-26: 20-21.
⑥ Mark Chaves and Dianne Hagaman, "Abiding Faith", *Contexts*, 2002, 1 (2): 19-26: 23.

第十四章

重叙世俗化：布鲁斯新范式

史蒂夫·布鲁斯（Steve Bruce, 1954—）是英国宗教社会学家，以研究西方新教著名学术界，他的学术兴趣广泛，著述较多，而且研究视角新颖，论题主要集中在西方宗教与政治关系以及新教世俗化等方面。布鲁斯根据历史、社会和族群资料，关注了英国、欧洲大陆和美国等国家和地区的新教在现代社会中的适应性，集中于宗教组织与宗教意识的变迁，对世俗化路径做出了耳目一新的解释，重叙和完善了有关世俗化范式的理论，捍卫了宗教社会学领域的这一关键主题。

布鲁斯在新教运动研究方面花费了不少时间和精力，从大学时代起他就开始了对相关学术主题的持续关注，尤其是在博士生学习期间，集中研究了西方宗教组织的历史和在现代社会中的发展，他敏锐地意识到西方宗教尤其是自由派新教运动表明了当今时代宗教中的巨大变迁，因而随后的学术兴趣转向了宗教世俗化研究。以下参考布鲁斯代表性著述，对他的学术思想重心及发展进行简单概述。

布鲁斯的新教运动研究涉及宗教组织与社会行为、政治生活及群体认同等方面关系的主题，包括英国、南非、美国、加拿大、澳大利亚和新西兰等国家的新教个案，通过对这些个案的细致分析和研究，他表明了一种训练有素的社会学视角。《坚定信念》（*Firm in the Faith*, 1984）、《社会学理论、宗教和集体行为》（*Sociological Theory, Religion and Collective Action*, Roy Wallis, Steve Bruce, 1986）、《新基督教右翼的兴衰：美国保守派新教政治，1978—1988》（*The Rise and Fall of the New Christian Right: Conserva-*

tive Protestant Politics in America，1978－1988，1988）、《保守派新教政治》
（*Conservative Protestant Politics*，1998）等在援引个案的基础上，回顾了新
教运动的缘起、发展与衰落的历史，透视了保守派新教思想观念及其与现
实政治的关系，评析了它在当代社会中扮演的角色和未来走向；阐释了社会
行为和角色动机等社会学基本理论，解释了现代社会宗教组织形式及其内部
碎片化等诸多社会学论题，解析了信仰在合理化社会生活中发挥的作用。①

在《政治与宗教》（*Politics and Religion*，2003）、《英国的政治和宗
教》（*Politics and Religion in the United Kingdom*，2012）等著作中，借助来
自全球的个案和 15 世纪以来英国的宗教历史资料，布鲁斯聚焦宗教多样
性、宗教认同以及宗教在国家中的角色、宗教和政府管理、宗教和政治抗
争等宗教与政治关系问题进行了综合研究，阐述了关于族群认同的理解，
概括并评价了原生的、工具的和建构主义的三种不同类型的群体认同，分
析了认同中的宗教、民族和政治变量以及建构要素。②

从个案比较到综合分析，世俗化主题始终贯穿在布鲁斯的学术思考
中。世俗化是现代历史背景中一个宏大的社会过程，历史学视角和社会学
组织结构分析可以为它提供合理的解释模式。在《涣奔之家：新教、分裂
与世俗化》（*A House Divided: Protestantism，Schism and Secularization*，1990）
中，布鲁斯透视了西方新教内部的分裂和宗教宽容，分析了自由派新教的
兴衰和保守派新教对多元主义的回应，论证了新教螺旋式衰落的历史前
景。在《现代英国的宗教》（*Religion in Modern Britain*，1995）中，布鲁斯
研究了英国五个世纪以来的宗教历史，描绘了教会、教派、宗派和膜拜团
体等宗教组织类型及其变迁图景，他认为随着现代经济的发展和社会的急
剧转型，教会、教派和宗派等传统宗教组织形式会依次迭代，并逐步走向
了衰落，在进一步转换条件下，膜拜团体成为现代社会普遍的宗教形式。
在《现代世界中的宗教：从教堂走向膜拜》（*Religion in the Modern World:
From Cathedrals to Cults*，1996）中，布鲁斯描述并解释了 16 世纪以来西方

---

① Marta Trazebiatowska and Steve Bruce，*Why are Women More Religious Than Men*，Oxford University Press，2012.

② Steve Bruce，*Paisley*，Oxford University Press，2007.

宗教在现代科学确立、理性主义崛起、个体意识兴起以及社会整合崩溃的背景中发生的变迁，认为现代性要素从根本上改变了宗教组织以及信仰、实践的性质，降低了它们与国家政府、社会群体以及个人的相关性。

布鲁斯试图在对世俗化范式的新理解中重叙现代性背景中的世俗化事实，重申宗教衰落的世俗化主题。在《选择和宗教：理性选择理论批判》（*Choice and Religion: A Critique of Rational Choice Theory*，1999）、《世俗化：为过时的理论辩护》（*Secularization: In Defence of an Unfashionable Theory*，2011）等著作中，布鲁斯驳斥了斯达克等人为代表的理性选择理论观点，后者认为人类对宗教的需求是一种持续性状态，不同时代和不同地方中的宗教兴衰波动与宗教组织宗教性供给的相对效用和市场竞争有密切关系。布鲁斯认为尽管宗教在现代社会中还发挥着重要作用，但不断增加的宗教多样化和个体自主性破坏了宗教的权威地位，消解了宗教的可信度，降低了对宗教的需要，他由此捍卫了世俗化范式的基本观点，即宗教在现代社会尤其是工业化社会中正在持续走向衰落。

一　认识论视域中的新教研究

西方宗教的显著特征是把宗教圣典作为权威知识的唯一来源，认为宗教圣典拥有超越教会传统的优先性，正是在这一基本的认识论问题上，现代宗教与古代宗教区别了开来。布鲁斯认识到现代西方宗教内部存在着错综复杂的传统，然而学术界对它们各自的意义和范围缺乏明确的认识和界定，他根据获得宗教圣典信息的不同方式把现代西方宗教区分为保守派新教和自由派新教。①

保守派新教坚持圣典的优先性，认为可以从"字面上"自然地解读圣典，当今世界和圣典作者所处的世界之间不存在认知上的裂隙，只是由于现代人的错译才引出了理解中的各种问题，宗教启示的性质没有改变，圣

---

① Steve Bruce, *Firm in the Faith*, Gower Publishing Company, 1984, pp. 3-4.

典也不是历史古玩。① 根据行为者具体的信仰和实践，保守派新教内部也可以区分出不同的社会亚群体。自由派新教虽然不否认圣典的优先性，但强调知识与文化相关，每一种文化都有自己的语言和特殊环境，宗教圣典除了包含超验的教义之外，重要的是它还是独特文化的产物，因此对圣典的解读应该随着时代和环境的变迁而变化，字面解读不可能获得正确的认知。从认识论上来说，自由派新教在圣典和信仰者之间插入了文化和理性，分开了事件和意义，消解了超自然要素，倾向用理性信仰取代超自然启示，这便在实践中引出了一种"去神话化"的"世俗化"信仰。

根据西方宗教传统中的知识源泉，布鲁斯从认识论上区分出了教会和灵性，前者如传统的天主教会，坚信教会有权决定信仰知识；后者如新兴的教派，宣称拥有直接聆听圣灵教诲的能力。因此布鲁斯认为现代西方宗教有四种基本的知识来源，即文化/理性、圣典、教会和灵性。正如韦伯对权威和社会组织的合理化发展做出的类型划分一样，考察宗教在西方社会中的发展史，可以清楚地看到从教会经由圣典到文化/理性依次表明的是传统合理性、法理合理性和理性合理性，而灵性表明的则是"神魅"合理性。② 布鲁斯似乎觉得自己的方法有点"化约"，因此他承认在信仰和宗教实践中类型要素很难截然分清，现实中往往是各种要素不同程度的混合；但从这种混合中可以容易地发现宗教组织变迁的轨迹。③ 这种类型划分是布鲁斯最初勾画的世俗化路径的基本框架。

布鲁斯对宗教传统做出了类型划分，除了为自己的世俗化范式设定认识论和组织框架之外，还有另外两个用意：一是回应了 20 世纪 50 年代以来学术界的普遍观点，即随着宗教与世俗世界之间差异性的减少，超自然信仰似乎不再具有市场潜力，宗教要想在现代社会中谋求一席之地，就必须采取适应或者妥协的策略；二是解释了当今世界中一个重要宗教现象，即保守派新教的稳定增长和自由派新教的相对衰落。布鲁斯为此对新教内

---

① Steve Bruce, "Identifying Conservative Protestantism", *Sociological Analysis*, 1983, 44 (1)：65-69.

② Steve Bruce, *A House Divided*, *Routledge*, 1990, p. 34.

③ Steve Bruce, "Identifying Conservative Protestantism", *Sociological Analysis*, 1983, 44 (1)：65-69.

部的分裂进行了系统分析，认为自由派新教是教派和多元化发展的自然结果，保守派新教针对现代性捍卫了传统教义和制度。

首先，布鲁斯认为现代宗教市场中缺乏超自然要素这种说法有点夸大其词，实际上超自然仍然是保守派新教核心的信仰要素，保守派新教在现代社会中尚具较强适应性。一方面，就思考世界的方式而言，保守派新教在认知层面上与自然科学理性的、实践的认识论之间存在着共鸣；另一方面，保守派新教在认识论上虽然也强调个体意识（相对于传统宗教），但它在实践中通过对信仰进行特定的历史表述而规避了相对主义（相对于自由派新教）。所以无论是内部特征还是在它与广阔社会之间的关系中，都表明保守派新教很好地回应了现代社会，它的"成功之处就在于它有与世俗世界发生共鸣的能力，从而保留着自己的明显身份"①，能够适应于世俗世界而不会在后者中被消解。

其次，西方近百年的宗教史中，值得一提的是自由派新教的兴起与衰落。自由派新教兴起于 19 世纪末期，衰落于 20 世纪 60 年代，它是新教内部的一股独特力量和重要趋势，它的兴起可以看为是对一系列重大社会和文化变迁的回应，② 现代化了信仰和组织，丢弃了古老信条，使宗教思想和实践不断适应世俗世界。通过对自由派新教进行社会学考察，布鲁斯发现超自然存在虽然仍是自由派新教权威的最终源泉，在不断地产生新的信仰，但需要对它重新"理解"和"解释"，人类理性和文化在发挥"滤器"作用的同时产生了许多问题，导致自由派新教很容易就被世俗世界所消化。其一，理性和文化开启了相对主义大门，在多元化社会中，否认唯一的传统信仰源泉必然引出多样性。③ 其二，自由派新教是一种不稳定的信仰系统，布鲁斯借用"弥散性"概念指出了它内部低水平的协和与内聚力，但是布鲁斯认为这种"弥散性"虽然根源于认识论上的个体意识，但在实践上明显表现为相对主义。其三，信仰必须依赖组织，多样性和弥散性使组织行为变得困难起来，其中较重要的问题如维持社群边界与成员委

① Steve Bruce, *Firm in the Faith*, Gower Publishing Company, 1984, p. 206.
② Steve Bruce, *A House Divided*, Routledge, 1990, p. 117.
③ Steve Bruce, "Identifying Conservative Protestantism", *Sociological Analysis*, 1983, 44 (1): 65-69.

身和奉献等。在现代化的背景中，自由派新教无法停止适应世俗世界的脚步，一步步滑向后者，最终被后者完全吸收。正因为如此，"随着世俗化局部展开，不论是英国还是美国，相对于对手保守派新教而言，自由派新教教会都在普遍衰落"①。

再次，在现代化背景中，保守派新教强调不加改变地信仰圣典，自由派新教则在不断地产生多样化的新信仰，但不是说前者没有任何改变，二者都处于一个不断变迁的世界中，尽管变迁的速率和结果不同，但显然都在发生着变迁；历史地看，自由派新教不是直接出自世俗文化，而是来自西方新教传统，"新教开创了自由主义宗教的先例"②，甚至可以说保守派新教也是自由派新教的温床。由保守派新教到自由派新教，再由自由派新教到无神论者，其路径不是单线的，存在循环的可能，但这种循环绝对不是封闭的圆周运动，而呈现出信仰递减的螺旋趋势。这种宗教变迁的循环模式发生在世俗化的普遍趋势之下，然而它绝不是一种"不可避免的世俗化"选择路径，而是世俗化发挥作用的一种机制。③

布鲁斯对新教的关注是集中的、持续的。首先，通过借用韦伯有关新教伦理的观点，他回顾了宗教改革对基督教的影响，认为新教掀开了宗教自由、多元化、科学和世俗主义的帷幕。一方面，新教秉持的个体主义意识等现代性要素不断冲击和侵蚀了超自然信仰；另一方面，它倡导的宗教宽容导致了世俗主义的兴起和多元主义的扩展。其次，布鲁斯重点考察了新教范围内的"认识论"，认为西方宗教经历了"从一个实在的上帝经由一群争吵和抗争的神明再到一个无关紧要的和四散的神灵"的三个阶段，④其中不断渗入理性/文化或灵性的要素，布鲁斯由此发现了新教内部固有的分殖性，并把后者看作新教衰落消亡过程中一个不易察觉但至关重要的因素。再次，布鲁斯通过分析宗教组织指出新教虽然在现代社会变迁中获

① Steve Bruce, "A Sociological Account of Liberal Protestantism", *Religious Studies*, 1984, 20（3）: 401-415: 401.

② Steve Bruce, *A House Divided*, Routledge, 1990, p. 2.

③ Steve Bruce, "A Sociological Account of Liberal Protestantism", *Religious Studies*, 1984, 20（3）: 401-415: 415.

④ Steve Bruce, *Religion in the Modern World*, Oxford University Press, 2005, p. 5.

得了巨大成功，但在挑战和抛弃传统教会组织权威合理性的同时，也使自身走向了多元化和相对化，从而开启了分歧、分裂的大门，在组织上开始了自我消灭的过程，最终不可避免地经历了"螺旋式衰落"。最后，透过新教变迁的社会和文化背景，布鲁斯看到了一种世俗化的宗教文化，并由此强调了世俗化历史和时代主题。

二　现代性语境中的世俗化

世俗化是宗教社会学的关键论题之一，这一领域的所有学者几乎都无法回避它。通过评述学术界的主要观点，布鲁斯提出了自己理论认识，即作为社会过程的世俗化范式。他在《世俗化：为过时的理论辩护》一书中开篇明义，"世俗化范式的目的是要解释社会结构和文化中的最大变迁，即把宗教从人类生活的中心中移置出来"[①]。

事实与过程。布鲁斯批评了有关世俗化的诸种社会学"迷思"。首先，早期社会学注重逻辑推理，主张从进化理论的视角来看待宗教，孔德提出的"阶段论"认为人类心智发展相继经历了"神学"、"形而上学"和"实证主义"三个阶段，整个过程的起点充满宗教色彩，之后变迁过程的显著特点是宗教性稳定衰落，现代社会是世俗性稳步增长。布鲁斯批评说这种论断是幼稚的，缺乏历史根据，进化论的社会变迁模式在面对历史记载时失去了解释能力，因为不存在与世俗化相关的单一社会过程，因此从逻辑上来说应该克服一种常见的分析误区，即夸大了人类原初社会而低估了现代社会的宗教性，"如果我们能够抛弃简单的进化视角，把注意力集中在复杂的历史记载上，我们就不必把世俗化作为一种社会迷思而丢弃之"[②]。其次，早期社会学在讨论世俗化时受到了乌托邦思想的严重影响，假定了世俗选择的优先性，强调世俗意识形态发挥了主导性解释作用，从而引起了与宗教的直接竞争和冲突，反映了一种"反宗教"的观念。[③] 再

---

① Steve Bruce, *Secularization*, Oxford University Press, 2011, p. 1.

② Steve Bruce, *A House Divided*, Routledge, 1990, p. 9.

③ Steve Bruce, *A House Divided*, Routledge, 1990, p. 22.

次，布鲁斯批评了功能理论，认为不管是传统的功能理论还是斯达克等人的理性选择理论，都把宗教看作功能等价物，即使现代社会的人们放弃了教会组织，但仍然存在宗教需求或者"补偿"，这就会得出人类文明不终结世俗化就不可能终止的结论。最后，现代社会学把理性化、分化、社会结构化和多元化等作为考察世俗化的变量，认为世俗化是现代化的必然结果，现代性导致了宗教衰弱甚至灭亡，布鲁斯质疑和批评这种分析欠缺严谨性，认为世俗化不仅仅是现代化的结果，更重要的它还是一种社会过程。

布鲁斯把世俗化界定为社会事实及过程。在对世俗化的思考中，贝格和卢克曼聚焦于宗教社会权威衰落，把世俗化定义为"社会部门逐渐从宗教的意义和制度的支配中取得了自主"[①]；威尔逊在关注个人观念和行为的同时着重涉及宗教组织在社会系统中地位，从而把宗教社会重要性与宗教区分了开来。布鲁斯参考了贝格和威尔逊对世俗化的理解，重点关注了社会状态及过程。他首先从信仰、行为和制度三个方面重新对宗教做出了实质性界定，认为宗教的核心应该是超自然实体或非人格的道德目的，从而把宗教与宗教功能区分了开来，"对我们来说，宗教由行为、信仰和制度组成，基于的是这样的断言，要么存在具有机构权力的超自然实体，要么存在具有道德目的的非人格力量或者过程，它们有能力为人类事务设置条件，或者介入和干涉人类事务"[②]。因此在布鲁斯看来，世俗化是宗教在复杂社会中角色发生变迁，世俗化并非是"宗教"的衰落，而是宗教在社会变迁背景中"社会重要性"即影响力的衰退，具体表现在四个方面：一是宗教所扮演的非宗教角色的作用、所发挥的制度影响力的减小；二是宗教角色和制度逐渐丧失了传统的名望地位；三是宗教信仰人望和影响力降低；四是大众参与度下降了，概括地讲就是"教会经济、社会和政治影响力的衰退；信仰人望降低；参与教会活动的人员比例下降"[③]。

布鲁斯试图结合社会和文化结构变迁来解释西方宗教发生的变化，

---

① Peter Berger, Thomas Luckmann, "Secularization and Pluralism", *International Yearbook for the Sociology of Religion*, Vol. 2, 1966: 73–84: 74.

② Roy Wallis, Steve Bruce, "Secularization: The Orthodox Model", in *Religion and Modernization*, Edited by in Steve Bruce, Clarendon Press, 1992: 8–30: 10–11.

③ Steve Bruce, *A House Divided*, Routledge, 1990, p. 7.

"这些变迁使宗教或多或少是合理的，是值得向往的"①；他认同贝格的观点，世俗化过程不是单一原因的结果，"这样一种范围的历史现象不会服从于任何单一原因的解释，这是一个公理"②。他把西方宗教世俗化的原因归纳为三种类型，一是与工业化、都市化和理性化相连的重大社会变迁，二是教会文化的分裂和宗教多样性创新，三是个人及其社群生活的变化。③现代工业社会人们面对的是多元化选择，但选择宗教的可能性减少了。因此布鲁斯认为西方社会世俗化不是偶然事件，而是复杂的社会变迁过程，是现代化的结果，其内部机制不是线性的，呈现为宗教性周期性递减循环，"把这一过程描述为世俗化，其理由是每一波复兴都比它之前的复兴更小。这个过程不是圆形循环，而是一个渐减的螺旋。潮汐忽涨忽退，但是与之前的工业社会相比，潮标进一步低于海岸"④，而且总的趋势是不会逆转的。

布鲁斯强调宗教在现代社会中可能会继续发挥重要作用，他注意到了宗教与民族性之间的联系及相互影响。现代社会形成了竞争性的民族或者种族群体，拥有多样性的文化和价值认同。布鲁斯比较研究了欧洲、美洲等地区的民族和移民群体，讨论了他们的文化差异，指出在继续走向衰微的大前提下，现代社会的宗教在文化保护和文化转型两个方面发挥了重要作用，这会不同程度地抑制世俗化进程。作为一种社会力量，宗教往往为大到地区、民族、国家，小及移民、阶层、社团等社会群体提供了文化资源，发挥着具体化群体认同的作用，充当了认同保护的角色。⑤ 通过考察宗教与群体认同的关系，布鲁斯概括了原生、工具和建构主义三种不同范畴的群体认同，原生论者认为宗教性和民族性都是根深蒂固的群体属性，是不会轻易改变的现实；工具论者认为宗教和民族认同都可以被用来为政治等现实服务；建构论者则坚持群体认同不是静态的，也不只是操纵的产物，而是社会的建构。⑥ 布鲁斯指出，族群认同可能会扰乱理性的行为原

① Steve Bruce, *God is Dead*, Blackwell Publishers, 2002, p. 5.
② Peter Berger, *The Social Reality of Religion*, Penguim Books, 1973, p. 116.
③ Steve Bruce, *A House Divided*, Routledge, 1990, p. 29.
④ Steve Bruce, *A House Divided*, Routledge, 1990, p. 13.
⑤ Steve Bruce, *God is Dead*, Blackwell Publishers, 2002, pp. 31-34.
⑥ Steve Bruce, *Paisley*, Oxford University Press, 2007.

则，阻碍社会结构功能分化；宗教认同可以强化冲突群体的边界，排斥异己，唤起成员忠诚和群体团结，维护族群自豪感和"族群荣誉"，即韦伯所谓的"自我习尚优越感和外来习尚卑劣感"①，但这同时把成员限制在了强调宗教差异性的社群之内，削弱了对外部世界的多元化认知，妨碍了结构分化。另外，重大文化变迁可能会带来某些困境，阻碍人们的社会认同，宗教可以提供新的价值观念、社会支持或者组织帮助，在克服困途逆境的同时增强自身的重要性，这些都会延缓世俗化发展。

现代性与世俗化。现代性是现代社会的属性特征，现代化是现代性逐步实现的过程。社会学家马里恩·利维（Marion Joseph Levy Jr.，1918—2002）在对比能源利用比率的基础上，把技术看作推动现代化进程的关键要素；②贝格强调的重点集中在制度方面，扩展和加深了对现代化的理解，认为现代化应该包括"一套制度的发展和传播，后者植根在借助技术实现的经济转型中"③，技术进步促进了经济增长，由此引起了社会制度及组织方式的变迁；艾森斯塔德则提出了多重现代性概念，认为现代世界中，存在不同的文化，形成了不同的现代化路径。④布鲁斯进一步指出现代化是一个历史过程，包括一系列连锁的社会变迁。现代化除了包含诸多现代性要素之外，本身还是一种多层面的观念；应该明确的是，现代性并不是随着时间的流逝而到来的，"现代"只是表明了时代特征，并不意味"现在存在"；"不存在像现代社会这样的东西，只存在现代化统一体或多或少有所发展的社会"⑤；世界整体在变化，但不是所有的变化都是现代化。

1981年开始的"世界价值观调查"（The World Values Survey，WVS）项目，开展了全球社会文化和政治变迁的跨国调查，比较了相关国家的社会发展水平，研究了公众的价值取向，展望了历史发展趋势，其中的一项内容就是探究现代化和宗教之间的关系，分析价值观念与宗教信仰之间的关联性，"探究社会结构发展水平是否一贯地与宗教价值、信仰和行为有

---

① Max Weber, *Economy and Society*, University of California Press, 2013, p.391.

② Marion Levy, *Modernization: Latecomers and Survivors*, New York: Basic Books, 1972.

③ Peter Berger, B. Berger and H. Kellner, *The Homeless Mind*, Penguin Books, 1974, p.15.

④ Shmuel Noah Eisenstadt, *Multiple Modernities*, Transaction Publishers, 2002.

⑤ Steve Bruce, *Secularization*, Oxford University Press, 2011, p.26.

关",基本命题是"社会结构现代化水平、人类发展和经济平等塑造了宗教性力量,意味着社会中存在宗教价值、信仰和实践"①。政治学专家皮帕·诺里斯(Pippa Norris, 1953—)和罗纳德·英格哈特(Ronald F. Inglehart, 1934—)根据经济行为的性质,把社会区分为农业、工业和后工业三种类型,主张从社会制度和个人实践两个层面分析宗教,设计衡量宗教性的指标,认为研究的焦点应该放在世俗化的重要维度上,"观察个人层面上是否存在宗教参与、价值和信仰的广泛销蚀"②。对相关资料的分析表明,宗教和世俗化都是多维度现象;社会类型和宗教性之间存在明显的、直接的联系,"在富足安定的国家中,宗教参与衰落程度最大,宗教重要性已经衰微了;相反在贫穷的农业社会中,宗教价值还是人们日常生活的重要组成部分"③;现代化影响了宗教信仰和实践,这一切都是社会变迁的结果,与社会经济发展、文化遗产和宗教传统等因素有关。

学术界普遍认为现代化侵蚀了宗教的权威和声望,减少了宗教性,现代社会中的宗教变化是现代化的必然结果,这就是所谓的"世俗化",也即宗教在当代社会中的衰落。布鲁斯从经典世俗化理论和实践研究中得到了启发,承认现代化和世俗化之间存在复杂关联,"足够证据表明,现代化与世俗化之间存在恒常的关系"④。他分析了西方社会现代性确立的基础,解释了现代化过程对宗教制度、信仰和实践的影响,用理性化、分化等现代性变量充实并解释了世俗化范式,即世俗化在本质与结构上与现代化普遍过程联系在一起,现代化导致了宗教社会结构重要性降低,从而最终导致了信仰和实践的衰微,"特殊的历史和文化模式暗示了一个简单的启发性原则,即社会分化、社会结构化和理性化产生了世俗化"⑤。但布鲁斯断言,如果

---

① Pippa Norris, Ronald Inglehart, *Sacred and Secular*, Cambridge University Press, 2011, p. 27.

② Pippa Norris, Ronald Inglehart, *Sacred and Secular*, Cambridge University Press, 2011, p. 40.

③ Pippa Norris, Ronald Inglehart, *Sacred and Secular*, Cambridge University Press, 2011, p. 21.

④ Steve Bruce, *Secularization*, Oxford University Press, 2011, p. 23.

⑤ Roy Wallis, Steve Bruce, "Secularization: The Orthodox Model", in *Religion and Modernization*, Edited by in Steve Bruce, Clarendon Press, 1992: 8-30: 17.

说世俗化是现代化的结果的话，那么世俗化过程就是可以重复的。[①]

第一，在布鲁斯的分析中，"理性化"是世俗化的观念主线。理性化是韦伯分析框架，发扬了理性主义传统，以推理能力和因果逻辑为基础反映物质世界的关系，判断和评估意识、思维和行为方式与目的之间的切合程度。理性化是现代性最重要的要素之一，有着多方面的表现，研究者给予了不同的学术关注。韦伯阐述了工具理性嵌入社会组织的程度，集中讨论了受现代规则支配的官僚体制；贝格追溯了西方理性主义宗教根源，认为西方宗教隐含并鼓励理性，宗教改革又不断地刺激着理性；威尔逊注意到现代社会中人们思想观念较之前更少迷信色彩，而且由于理性组织的规约，人们的行为更加合理，"人们变得更为理性，人们的思想变得更为切合实际，但更重要的是他们持续地涉身理性组织中，如公司、公共服务、教育机构、政府和国家，这些给他们强加上了理性的行为"[②]。

沿着韦伯、贝格和威尔逊的思路，布鲁斯分析了西方宗教的世俗化之路，尤其是新教改革与理性的关系。他承认世俗化是西方宗教的内在要素，后者的历史发展一直沿着世俗化路线推进，宗教改革继续了这一过程，剔除了巫术和迷信，强调伦理道德和理性，开始了新的世俗化远途，即现代化背景中的世俗化。他认为宗教改革引起了思想观念、社会结构、宗教组织等方面剧烈变迁，使理性变成了一种现实，由此刺激了社会分化和宗教多元化，最终"经过改革的宗教成为自己的掘墓人"，但他把分析这一问题的基点集中在了宗教"最抽象的要素"即认识论立场以及后者导致的宗教分裂上。[③]

现代社会的理性化涉及人们自身意识的理性化和社会组织的理性化，集中体现在思维方式、行为方式、组织类型、技术发展等方面的变迁中。首先，布鲁斯强调了宗教改革背景下人们意识观念的变化及深远影响，即意识的理性化，那就是思想观念上消除了迷信，强调理性，由此而削弱了信仰系统的合理性，"尽管有可能用其他方法将它概念化，但世俗化主要

① Steve Bruce, *Secularization*, Oxford University Press, 2011, p. 179.

② Bryan Wilson, *Religion in Secular Society*, C. A. Watts & Co. Ltd., 1966, p. 37.

③ Steve Bruce, *A House Divided*, Routledge, 1990, p. 228.

涉及的是人们的信仰，当我说这个社会变得越来越'世俗'的时候，我们想要说明的核心意思是，在世俗社会中受到宗教信仰影响的人更少一点"①。其次，在社会经济领域，经济行为出于理性考虑，经济活动受收益最大化原则驱动，生产和交换重视产值与效率，经济管理形成了科层系统，促进了工业发展，引起了社会改革和个体解放。工业化使人们走出了家庭，进入了理性的、合作的也是更为世俗化的工作世界，后者更少宗教、情感和传统要素，"工作世界的主导价值——程序理性——已经如此深地渗透到我们的行为和思维过程中，以至于与前工业社会相比，宗教的基本要素——对目的的关注——在我们的文化中更少普遍性了"②。再次，宗教改革削弱了教会对知识的垄断，增强了科学自主，科学知识的积累让人们得以掌握许多新技术，重要的是滋养了"技术意识"的成长。科学技术发展排除了偶然性，消除了不确定，淡化了宗教世界观，缩小了宗教影响范围。但是布鲁斯指出学术讨论误解了科学技术发展与宗教信仰衰微的关系，科学观念和宗教观念的冲突不是最重要的，科学技术发展没有让现代人们成为无神论者，它只是改变了人们思考自然世界的方式，降低了人们参与宗教的频度。③

第二，布鲁斯分析世俗化的视角主线是社会结构变迁，背景是广阔的现代化过程，分析基点是宗教改革和韦伯式理性传统，同时借鉴了迪尔凯姆、威尔逊等人社会结构化、帕森斯等人功能分化以及贝格等人个体化等概念和理论观点，在他看来现代社会最明显的特征是社会各层面的分化。

首先，社会变迁是社会结构化的过程。现代化伴随着复杂的社会转型，其中包含了广泛的结构分化。斐迪南·滕尼斯在 1887 年出版的《共同体与社会》一书中把社会关系看作社会群体的纽带，后者可以区分为以真正有机生活为基础的"社群"和纯粹机械建构的即存在于心中的"社会"④，人们

---

① Steve Bruce, "Introduction", in *Religion and Modernization*, Edited by in Steve Bruce, Clarendon Press, 1992: 1-7: 6.

② Steve Bruce, *A House Divided*, Routledge, 1990, p. 21.

③ Steve Bruce, *God is Dead*, Blackwell Publishers, 2002, p. 27.

④ Ferdinand Tönnies, *Community and Civil Society*, Translated by Jose Harris and Margaret Hollis, Cambridge University Press, 2001, p. 17.

可以拥有语言、风习、信仰的社群，也可以参加到商务、旅行和科学的社会中；血缘社群、地缘社群和宗教社群是社群的基本形式，是在自然基础上形成的，社会则是目的性的联合体，出现在社群之后，"社群意味着真实地、持久地生活在一起，而社会是临时的、浮泛的东西；必须把社群理解为一种活的有机体，而把社会理解为一种机械的聚合体和人工制品"①。滕尼斯强调的是两种社会群体中体现的人的思想和意志，他还描述了现代工业、商业以及科层制度引起的小型社群变迁。迪尔凯姆也对传统小型社群和现代大型社会做出了区别，但他强调的是两种社会群体的整合作用，小型简单社群通过内部的相似性结合在一起，社群中的个体具有同质性，强调的是集体意识，是机械团结；大型复杂社会的整合依赖的是分化基础上的合作，内部个体是异质的，高度分化意味着充分分工，也意味着相互依赖和紧密合作，因而是有机团结。沿着滕尼斯和迪尔凯姆的思路，威尔逊使用"社会结构化"一词描述了传统社群到现代社会的变迁，他说人们的"生活逐渐按照社会而不是乡土网人并被组织起来"②，社会是个体的集合。韦伯认为宗教改革产生了一种新的宗教伦理，适合了理性经济方式的兴起。参照这些思路，布鲁斯认为工业经济的繁荣导致了社会性质和结构的变迁，他更认同滕尼斯所做出的界定，"有机的"意味的是"自然的"，从而是"简单的"或者"原初的"；"机械的"意味着复杂和现代，③社会结构化对传统社会宗教信仰系统的合理性产生了消极影响，正如威尔逊所言，小型社群是宗教的生发之处和力量之源，当社会而不是社群成为个人生活的中心时，宗教的功能就被剥夺了。④

其次，社会结构本身包含了功能作用，结构分化的同时伴随着功能分化。迪尔凯姆比较了机械社群和有机社会，描述了传统社群的衰落和现代社会分工的增强，认为现代化的深远影响就是催生了社会结构和功能分化，社会规模在扩大，内部结构趋于多样化，功能更为专门化。帕森斯分

① Ferdinand Tönnies, *Community and Civil Society*, Translated by Jose Harris and Margaret Hollis, Cambridge University Press, 2001, p. 19.
② Bryan Wilson, *Religion in Sociological Perspectives*, Oxford University Press, 1982, p. 154.
③ Steve Bruce, *Secularization*, Oxford University Press, 2011, p. 29.
④ Steve Bruce, *Secularization*, Oxford University Press, 2011, p. 31.

析了社会系统的结构和过程，把社会变迁演化和制度分化联系了起来，现代化使社会生活分化为特定的角色，制度分化出了特殊的功能，导致了一种"适应性提升"①。作为制度专门化的结果，宗教逐渐从世俗领域解脱出来，也同政治权力分离了开来，减少了与普通民众的联系，变成了"一个更为专门化的机构"，不再发挥包罗广泛的作用，世俗政府承担了之前由教会主导的教育、公益和社会救济等功能，"政府直接提供这些服务，即使教会保留了这些渠道，其工作也遵循世俗的标准和价值"②。

再次，现代化带来的一系列社会变迁，在逐步深化结构和功能分化的同时引起了人们社会世界的分裂，尤其是经济地位和与之相关的社会利益的变化，有可能引发阶层冲突，宗教在社会分化过程的不同阶段可能会扮演不同的角色。在现代工业社会，经济发展扩大了职业范围，增加了人口流动，社会不断包容新的人群，形成了语言、宗教和社会道德的多样性；改变生活世界的同时，现代经济活动创造了许多新的社会角色，加快了社会流动，阶层变得更为明显，不能忽视的是经济和社会差异终究会造成阶层冲突。经济发展带来了社会内部分化，流动增加了移民，生产产生了阶层，利益引发了冲突，权力导致了扩张，共同的道德观念破裂了，不同阶层围绕利益和宗教价值形成了竞争性的教派，阶层冲突往往掩盖在宗教外衣之下，但随着现代技术的发展和个体意识的兴起以及社会管理的合理化，传统的宗教委身不断受到了削弱，宗教逐渐丧失了存在的文化前提和参与社会分化的组织功能。

复次，社会分化引发了社会和文化多样性。现代世界是一个经济、文化多元化的世界，在这个世界中不同群体之间的文化接触增加了选择性世界观的多样性，阶层分裂打破了共同的道德和宗教观念，消减了宗教的社会支持，削弱了宗教委身，消除了教派竞争，宗教信仰限制在私人空间中，成为个人偏好，个人有了选择宗教信仰的自主性。面对不断增加的社会和文化多样性，公共机构走向了世俗化，宗教也及时地做出了回应，创造了适合自身利益的价值系统，趋向于多元化方向发展，教派和教会关系

---

① Talcott Parsons, *Societies*, Prentice-Hall, 1966, pp. 21–23.

② Steve Bruce, *Secularization*, Oxford University Press, 2011, p. 30.

趋向于温和平等态势，不再强调宗教知识的唯一性。多样性以及宗教平等破坏了宗教传统权威，最终导向了认识论上的相对主义，但相对主义不仅表明了一种哲学姿态，更是一种操作原则和认知方式。

最后，信仰个体化是世俗化的重要方面。现代化瓦解了传统社会的似然性结构，在市场处境中推动宗教在两个方面实现转型，即宗教供给的多元化和个体宗教需求的自主化，这两方面是相互影响的。多元化宗教市场中存在竞争供给信仰的现实，个体要么把信仰局限在个人生活空间中，要么走向多元化市场自主选择信仰，信仰私人化随之成为可能，这一切都"是个体意识兴起的结果，是委身衰落的结果，是社会关系变迁的结果，也是教育水平提升的结果"①。从这个意义上说，世俗化不应被看作宗教衰落，而应看作宗教变迁。布鲁斯以当代社会中选择性灵性信仰为例，认为后者是宗教在面对现代化过程中做出的普遍反应，也是现代社会宗教持久性和个体化的表现，"远非要驳斥世俗化范式，选择性灵性的性质和范围为这个范式的一个关键要素提供了强大支撑，即个体主义破坏了宗教"②。此外，布鲁斯还重点解析了观念领域的变迁，认为宗教改革激发了个体意识，工业化带来了平等观念，加之结构分化形成了自主机制，这些都为宗教的现代转型提供了条件。

第三，通过追溯特洛伊奇、理查德·尼布尔宗教群体类型理论，借鉴普福茨、赫伯格等人的分类视角和概念，在强调认识论的基础上，布鲁斯和沃利斯重新分析和界定了不同宗教群体的组织特征和内部机制，讨论了多元化对世俗化影响，解释了西方新教内部的派性和分裂。

沃利斯认同韦伯、特洛伊奇、理查德·尼布尔等人把西方宗教划分为教会、教派和相互宽容的群体即所谓的"宗派"的类型分析观点，从考察新教内部分裂出发，关注了现代社会的宗教运动，围绕结构化、多元化等主题，在强调认识论的基础上集中思考了宗教群体内部的自我观念及其对俗世的态度和反应，把宗教群体区分为"确世"、"拒世"和"应世"三

---

① Steve Bruce, *Secularization*, Oxford University Press, 2011, p. 76.

② Steve Bruce, *Secularization*, Oxford University Press, 2011, p. 119.

种类型。① 他在研究西方宗教历史的基础上，对教会、教派和宗派运动趋势进行了重新思考，认为教会和教派、宗派和膜拜团体两组群体分别表现出认识论上的相似性。就组织内部的自我想象来说，教会和教派认为自己具有支配宗教知识的唯一特权，拥有在社会中存在的独具合理性，因而排斥其他宗教群体；宗派和膜拜支配了部分宗教知识，认可其他宗教群体多元存在的合理性，强调相互共存。外部社会对这些宗教群体的看法也不同，教会和宗派是体面可敬的，教派和膜拜团体是离经叛道的，这些都是理解新兴宗教运动发展的关键所在。

布鲁斯研究了新兴宗教运动，解释了这些运动的历史变迁和意识观念定位，认同膜拜团体、教会、教派和宗派类型划分是一种有用的分析方法，在综合前述学者观点的基础上提出了自己的见解。布鲁斯承认膜拜团体是宗教的一种形式，负载了个人体验和"神秘主义"解释，是围绕共同主题或者利益组织起来的松散群体，但是缺乏严格界定和独特的信仰体系，缺乏像教会和教派一样的"社会重要意义"，难以维持和促升，因而信众或者是所谓的"消费者"减少了，所以在他看来"膜拜宗教不可能阻止世俗化"②。教会与社会是同延的，与世俗秩序紧密相关，包罗广泛，适合于权力、富有和高地位层级人员；教派是教会内部分裂的结果，规模较小不稳定，但强调包容性，因而吸引了大批弱势群体人员；宗派代表了教派和教会的中间物，是一种组织化的共享宗教群体，建立起了自愿原则，追求共同的目标。

布鲁斯通过研究西方宗教的发展历史，集中于教会与社会关系的变化，描绘了宗教群体变迁的图景。他为宗教类型分析设定了"现代"背景，"我引入一个词语，它可以让我们用教会、教派、宗派和膜拜团体这些术语来系统地、中性地描绘变迁的普遍方向，我认为随着经济和社会逐渐变得更为'现代'，宗教的教会和教派形式会被宗派形式所取代。最近五十年发生了进一步变化，宗派开始衰落了，膜拜宗教成为常见的形式了"③。在

---

① Roy Wallis, *The Elementary Forms of the New Religious Life*, Routledge and Kegan Paul, 1984.

② Steve Bruce, *God is Dead*, Blackwell Publishers, 2002, p. 79.

③ Steve Bruce, *Religion in Modern Britain*, Oxford University Press, 1995, p. 1.

现代化的过程中，西方宗教的分裂与工业社会中的社会分化联系在一起，面对多元主义的兴起、开放文化的发展、个体意识的增强以及宗教选择的多样化，教会不再是宗教的唯一形式，逐渐让路于宗派；教派兴盛繁荣起来，而且也发展为温和自主的宗派。教会和教派逐渐演化为宗派，这一演化伴随着自我想象的改变，超自然的教义信仰衰退了，从而在观念上加深了世俗化，在进一步的转型下，宗派也开始衰落了，膜拜成为普遍的宗教形式了。

布鲁斯世俗化范式包含了诸多现代化要素，如社会和结构分化、社会结构化、理性化、个体意识，以及不断增加的社会和文化多样性等，这些要素构成了由三条主线连接的因果链，表明的是西方社会现代化各种变量之间的联系以及引起的宗教社会重要性削弱，最终导致了西方宗教的没落。但是布鲁斯强调说这些要素并不构成世俗化结果的"充分"或"必要"条件，[①] 他阐述的范式不是关于世俗化的一般理论，没有表明世俗化是普遍的、不可避免的，也没暗示任何进步主义和世俗主义；不意味世俗化的轨道是平滑的，更不意味其结点是非宗教或者无神论，范式只是为"宗教信仰和仪式中的权力、人望和声誉的长期衰退"提供了一种解释。[②]

布鲁斯呈现了一幅社会学家眼中的世俗化图景，他从认识论视角出发，立足于宗教组织结构分析，提出了理解和解释宗教的新范式，即世俗化是充满现代性要素并具有地区因果变量的宏大社会历史过程，基本论题是"现代化侵蚀了宗教"，具体地说，工业化和都市化等现代社会过程不断加深了分化、社会结构化、理性化和多元化，破坏了传统社群组织，摧毁了宗教赖以存在和繁荣的基础。

布鲁斯承认现代化为宗教创造了新的角色，它为人们应对各种变迁提供了精神观念或者群体组织支撑，他特别关注了现代社会中宗教与民族性之间的密切关系，认为宗教是民族性的一个重要方面，交织进了民族文化和群体的世界观之中。现代社会"被深刻地划分成了竞争性的种族或者民族群体"[③]，考虑到结构分化，宗教与族群冲突会阻止或者延缓世俗化过

---

① Steve Bruce, *God is Dead*, Blackwell Publishers, 2002, p. 5.
② Steve Bruce, *God is Dead*, Blackwell Publishers, 2002, pp. 43-44.
③ Steve Bruce, *Paisley*, Oxford University Press, 2007, p. 59.

程，族群冲突削弱了多元主义认知，宗教差异的观念深深嵌入到了群体认同之中。然而布鲁斯强调说，尽管现代社会中的宗教依然具有功能弹性，但超自然信仰内容已经减少，宗教充当自然和超自然世界中介角色的地位降低了。①

布鲁斯的目的不是要提出一种世俗化理论，只是希望运用社会学概念工具描述和解释宗教事实与变迁，世俗化并不是说宗教在现代社会失去所有影响力，或者说宗教会消失，而只是说宗教"重要性越来越少"，在这个意义上，世俗化是没有终点的。布鲁斯的世俗化新范式具有一定的解释力，显然不是世俗化理论批评者所言的关于"不可避免的衰落的头脑简单的理论"②。

三　理论借鉴与 RCT 批判

布鲁斯在现代化语境中持续深化了关于世俗化的理解，他研究了16世纪西方宗教改革以来西欧国家、美国和澳大利亚新教的历史发展过程，集中探讨了苏格兰教会与政治的关系，掌握了大量历史资料和当代宗教发展的数据，围绕"社会学家的工作是准确地描述、解释和阐释真实的社会现象"这一学术宗旨，③ 详尽历史分析，精练现实论证，探求理论细节，阐述了关于西方新教与现代化关系的世俗化范式。布鲁斯对世俗化的解释包含了许多社会学主题，他解释了宗教组织的动态，分析了思想意识和行为实践之间的关系，强调了动机解释在引起和合理化社会行为中的作用，表达了关于世俗化的研究方法和理论视角。

布鲁斯回顾了世俗化相关理论，进行了跨文化比较研究，综合了迪尔凯姆、韦伯、贝格、威尔逊和马丁等人有关世俗化的观点，并把研究的切入点放在了韦伯学术传统上，关注了关于权威信仰和知识的源泉；④ 同时受到贝格等人知识社会学视角影响，强调了观念的内在价值，研究了宗教

---

① Steve Bruce, *Religion in the Modern World*, Oxford University Press, 2005, p. 96.

② Rodney Stark, Roger Finke, *Acts of Faith*, University of Californian Press, 2000, p. 33.

③ Steve Bruce, *Secularization*, Oxford University Press, 2011, p. vii.

④ Steve Bruce, *A House Divided*, Routledge, 1990, p. 2.

组织与认识论之间的密切关系，建构起了现代化背景中宗教多元化的世俗化图景。布鲁斯采纳了威尔逊对世俗化的定义，即宗教社会重要性的衰落，但他强调的重点是现代性诸要素之间的因果链接，并在个体化层面上检视了世俗化后果；他认同马丁的观点，世俗化趋势下基于自主原则的新教最终在"社会学上是不现实的"。

在理论检讨和综合分析的基础上，布鲁斯表述了关于世俗化的"正式模式"，解释了现代化对宗教制度、信仰和实践的影响，"现代化侵蚀了宗教"，重述了现代社会中宗教螺旋式衰退不可逆转这一主题。在布鲁斯看来，多元化和个体意识的兴起标示了现代性，与理性化、社会分化和社会结构化等变迁要素一起，降低了宗教的社会重要性，预示了宗教性的衰落，由此捍卫了世俗化经典主题，他着重关注了观念意识在社会变迁过程中发挥的重要作用，集中讨论了特定认识论组织的和结构的结果。多元化是布鲁斯世俗化范式的中心主题，他承认工业化、都市化和技术进步在多元主义兴起中的作用，重点证明了这些外部因素与宗教观念的交织影响，着力描述了西方宗教基于认识论的竞争性传统以及分裂倾向造成的不同影响。布鲁斯承认世俗化范式并不是一种精致严密的理论，它只不过是诸多观点的松散联结，即现代性要素各方面与宗教权威、影响力和重要性衰落之间组成的多重因果链接。布鲁斯对世俗化前景满怀乐观，坚持现代化背景中宗教重要性会持续而普遍地走向衰落。作为对世俗化范式的补充，通过关注新兴宗教运动、宗教与政治的关系以及宗教在当代社会复兴等主题，他承认宗教在现代社会中仍旧发挥着不可低估的作用，继续以不同的方式影响着现代社会中的政治实践、意识形态和社会架构，有时甚至还是影响民族、阶层、经济结构和国际关系的重要因素。

布鲁斯的世俗化理论视角独具，新颖的见解显示了他深厚的学术素养，他的范式表述并不是对前辈学者理论观点的改头换面，而是进一步的综合、提升和创新，作为一个基本学术原则，他主张结合现代化背景合理解释参与者动机，分析社会变迁和集体行为之间的关系，理解宗教组织及运动中体现出的世俗化进程。

布鲁斯明确承认他的研究受到了舒茨、贝格、布鲁默（Herbert Blumer，

1900—1987）等人现象学和符号互动论等学术理念的影响,① 认为对社会运动的社会学研究在重视社会结构条件等宏观要素的同时，更应该强调对个人微观动机的关注，重视动机理论在解释社会行为中的作用，"作为刺激的变迁和作为反应的集体行为之间的因果链，社会学在对其进行研究的时候，显示出了精炼的人类动机模式"②。

布鲁斯检讨了学术界流行的结构与功能理论。结构分析强调关注社会过程的结构要素，根据社会结构分析阶层利益，解释集体行为，也注重分析意识观念的作用；与之相联，功能分析集中于社会结构和制度领域，通过分析现实的社会关系，认为结构的功能要素优先于观念和行为，或者是构成社会整合与稳定的基础，或者是导致社会矛盾与冲突的原因，强调透视集体行为中表达和体现的社会结构压力和张力，分析结构失调导致的功能失范。在布鲁斯看来，结构和功能分析很少关注社会系统中个人动机要素，忽略了社会行为者对自己行为的解释，"结构主义者关于行为者社会特征的知识是肤浅的"③，他批评功能论者说，"如果我们假定宗教信仰系统发挥了某些重要的社会功能，那么世俗化就是不可能的，除非社会与之一起崩溃"④。布鲁斯并非完全抛弃了结构分析方法，他认为社会结构也是构成行为的条件，可以作为解释社会行为事件、分析行为者动机的合理依据，因而社会学研究不仅要注意到这些条件，"而且要考察这些条件特征在行为者信仰、价值、兴趣目的中的表现"⑤，他还主张根据结构变迁来分析宗教运动。

动机是行为者的主观目的和愿望，由行为目标引导、激发和维持。动机理论解释了行为动机产生的机制，根据激发动机的不同原因，由外界压力作用产生的动机是外部动机，受个体内部需要引导的动机称作内部动

① Steve Bruce, *Secularization*, Oxford University Press, 2011, p. vi.
② Steve Bruce, "Social Change and Collective Behaviour: The Revival in Eighteenth-Century Ross-Shire", *The British Journal of Sociology*, 1983, 34 (4): 554−572: 554.
③ Roy Wallis, Steve Bruce, *Sociological Theory*, *Religion and Collective Action*, The Queen's University of Belfast, 1986, p. 3.
④ Steve Bruce, *A House Divided*, Routledge, 1990, p. 13.
⑤ Steve Bruce: "Ideology and Isolation: A Failed Scots Protestant Movement", *Archives de sciences sociales des religions*, 1983, 56 (1): 147−159: 153.

机。行为动机本质上是趋利的避害的目标需要，在社会变迁和集体行为的因果分析中，经常涉及两种动机解释方式，一种是强调分析焦虑和挫折的心理病理学视角，另一种是主张探究集体行为中深层理性的社会学视角。

布鲁斯强调的是社会学研究，主张运用动机理论解释集体行为，探究其中隐含深层意义。他认为行为者在解释其社会行为中具有优先性，而对自己动机的表述应该是其中的关键，也是研究人员理解其行为的重要依据。[1] 研究人员要认真对待行为者的解释，把他们的解释作为研究他们行为动机的根据，因此有必要进行面对面的田野访谈，"要发现人们为什么那样做，最简单的办法就是去问问他们"[2]。就宗教运动而言，为了研究宗教行为，研究人员除了要考虑和探查行为者的信仰之外，重要的是要关注信仰者对自己信仰行为的解释。布鲁斯强调行为参与者解释的优先性，但他寻求的"不是解释单独的个人行为，而是解释集体行为，解释典型的行为方式，即与特定社会角色、地位和利益群体相连的行为"[3]，最终目的是分析社会变迁和集体行为之间的关系，考察行为者身处的社会结构背景及其功能作用，"解释社会行为必须理解个人的动机和信仰，因此必须认真挖掘参与者的话语意义，以及他们对意义的评说。为了这样做，必须持续不断地参考社会和历史背景"[4]。

布鲁斯强调参与者的主位解释，反对为后者强加上客位理解和外部解释框架，因为客位解释往往缺乏充分的证据支撑，所选取的信息经常受到理解偏好的影响，所以难以准确地解释参与者的行为。但是他主张研究人员在严肃对待参与者对他们行为解释的同时，应该仔细观察并参与构建参与者的见解。由于参与者和研究人员之间存在认识差异，布鲁斯建议说不妨把参与者对行为的解释视为假设，充分考虑参与者为其信仰和行为提出

① Steve Bruce, Roy Wallis, "Rescuing Motives", *The British Journal of Sociology*, 1983, 34 (1): 61-71: 61.

② Roy Wallis, Steve Bruce, *Sociological Theory, Religion and Collective Action*, The Queen's University of Belfast, 1986, p. 4.

③ Roy Wallis, Steve Bruce, *Sociological Theory, Religion and Collective Action*, The Queen's University of Belfast, 1986, p. 18.

④ Roy Wallis, Steve Bruce, *Sociological Theory, Religion and Collective Action*, The Queen's University of Belfast, 1986, p. 40.

的合理理由，做出理性分析，判断和协调认识矛盾，然后做出取舍。动机理论曾风行一时，但也受到了学术界批评，如米尔斯就认为动机是一种修辞技巧，只存在于"词汇"中，不是行为的源泉，参与者只是用这些词汇合理化了解释，[①] 因而动机理论在解释行为中是没有学术优势的；客位论者也认为不应只根据参与者对自己动机和意图的表述来解释他们的行为。

布鲁斯是世俗化理论坚持者，强调现代化背景中多样性和自主意识等要素破坏了西方宗教权威，降低了宗教可信度，削弱了宗教制度，宗教无论在公共性方面还是在私人信仰中都普遍地持续衰落了。基于对世俗化的这种理解和范式表述，布鲁斯对斯达克等人的理性选择理论（RCT）进行了批评。

首先，布鲁斯收集了欧洲、美国和澳大利亚等地区的大量证据，通过批评 RCT 的关键命题，表明宗教在这些地区都表现出了明显消退迹象，重申了世俗化主题。斯达克等人吹嘘的 RCT 对现代性终将导致世俗化这一论题提出了质疑和挑战，他们断言现代社会中宗教并没有衰落，只是现代性降低了对它的需求，宗教市场中的波动与宗教供给的相对效用和竞争机制之间存在着密切关系，其实质是自然主义信仰与超自然信仰的竞争，而前者在竞争中始终处于劣势，因而趋向于自然主义信仰的世俗化是一种自我限制的过程，旧信仰衰落之后，可能会被更为超自然的新信仰补偿所替代，因此他们主张摒弃"世俗化"这一"神话"。布鲁斯承认宗教会在现代社会中持续存在，而且可能在一些国家或者地区暂时勃兴，但这都不是市场选择的结果，而是在特定历史和文化条件下，作为日益衰微的传统遗存或者群体认同的余光反照，经常掺杂在民族、阶层和社会运动中；新兴宗教的出现与所谓的世俗化自限性无关，而与人员地域的、社会的流动等要素有关；[②] 即使存在宗教复兴，也只是地方性的反潮流，就宗教的发展趋势来看，未来将是一个世俗的世界。

其次，RCT 认为宗教能够为人们提供普遍补偿，因而是一种市场行

---

① Wright Mills, "Situated Actions and Vocabularies of Motives", *American Sociological Review*, 1940, 5 (6): 904—913.

② Steve Bruce, *Choice and Religion*, Oxford University Press, 1999, p. 40.

为，宗教信仰和行为由宗教市场结构决定。在宗教市场中，宗教供给增长会引起宗教需求增长，而宗教效用取决于它回报消费者或者提供补偿的能力，除此而外，宗教市场还存在多元化、市场份额、竞争和管理等相互交织的变量。布鲁斯对 RCT 补偿和回报的概念和模式做出了评价，认为补偿和回报过于概念化，且化简了回报模式，回报是确实的、具体的和直接的，补偿则是象征的、不真实的因而是回报的替代；回报是物质的收益，补偿是精神的承诺，因而人们期望回报的表述过于物质化，把宗教作为无法获得的东西的普遍补偿，这就把 RCT 建构在了无神论前提之上。[①] 布鲁斯考察了现代西方社会中多元化的宗教现实，批评了 RCT 供给侧理论观点，他承认宗教"供给"有弹性，"需求"会创造供给，但"需求"不是稳定的而是变化的，既影响了"供给"，也影响了政府管理；宗教竞争和多元化有时加强了宗教，有时又削弱了宗教。

最后，布鲁斯认为 RCT 建构了一种从经济学角度理解和解释宗教的化约理论，试图根据理性选择这一单一原则来解释复杂的社会事项，忽略了社会和文化背景的重要性，例如"回报"的界定就取决于文化，如果不考虑行为者与环境的关系及意义，就无法充分理解和解释他的行为以及他对行为的解释；特定宗教现象不会是单一原因的结果，因此他主张为世俗化分析中的"深层的结构"增加一些如信仰内容、族群冲突、政教关系和群体角色等重要变量。[②] 布鲁斯批评 RCT 使用的"解释"概念过时了，信仰要求不同的解释模式，这种假定长期以来就存在于社会学研究之中，人们不会为了补偿现实的物质损失而选择超自然的目标；布鲁斯认同自限性世俗化的观点，但指出 RCT 理论框架存在重要问题，即对证据做出了错误的解释；演绎是一种无力的解释方法，甚至会歪曲对宗教行为性质及其参与者的解释。

在布鲁斯看来，斯达克等人追求的是一种普遍的宗教理论，但历史研究和实践调查的证据并没有充分支持 RCT 对宗教的解释，他说自己对 RCT 的批评是"穿过（理性选择方法）这个吸血鬼胸膛的刑桩"，目的是消除

---

① Steve Bruce, *Choice and Religion*, Oxford University Press, 1999, pp. 32-34.

② Steve Bruce, *Choice and Religion*, Oxford University Press, 1999, pp. 21-22.

"一小撮美国宗教社会学家"的不良影响，重申"西方现代化破坏了宗教合理性和范围"这一主题，[①] 但他提出的世俗化新范式并不是库恩意义上的"范式"，只不过是一种解释模式而已。

四　泰勒：世俗性内在框架

全球化的乐观氛围感染了加拿大麦吉尔大学（McGill University）哲学教授查尔斯·泰勒（Charles Margrave Taylor，1931—），他在《世俗时代》（A Secular Age，2007）一书中立足于全球化视角，围绕现代西方社会历史进程，对照经典世俗化理论，检视了世俗、世俗化和世俗主义三个概念以及各自独立的现实，对所谓的"世俗范式"做出了现象学和谱系学考索和解释。

作为超越的宗教。泰勒避开了对宗教的传统定义，在区分"超验"与"内在"以及自然与超自然要素的基础上重新解读了"宗教"，探究了后者与彼岸的关系。传统宗教理论把信仰独立于内在秩序的力量看作宗教的关键特征，把人类与超验上帝的关系放在了社会生活的中心，泰勒认为相关理论不应该只集中于描述超验信仰，而应对宗教做出实践语境的理解，因而主张抛弃根据"超验"要素来界定"宗教"的学术传统，"越过纯粹的信念，且更贴近活出来的经验"[②]。他在关注"基于超自然实体存在"即"超验现实"的信仰和行为的同时，从人们所关注的视域转变出发，借鉴贝格对"日常生活体验"概念的表述，把宗教理解为三重维度的"超越"，即超越内在秩序的力量、超越人类福祉的良善以及超越生死的自然界限，实际上强调的是超越的体验，"我们必须把宗教理解为结合了三个维度的超越"[③]。第一个层面就是大多数宗教定义中强调的对超验上帝的信仰，第三个层面是对待现实生活的态度，泰勒重点强调第二个层面，即体验人类完美和福祉的良善也即上帝对人类的爱，后者充分体现在日常生活中，并

---

① Steve Bruce, *Choice and Religion*, Oxford University Press, 1999, pp. 2, 8.
② 查尔斯·泰勒：《世俗时代》，张容南等译，上海三联书店，2017，第 14 页。
③ Charles Taylor, *A Secular Age*, The Belknap Press of Harvard University Press, 2007, p. 20.

对日常生活产生了重要影响，是最关键的一个层面，表明的是人类视域的提升和转型，并且因为这种转变，"把人们带到了通常被理解为人类福祉的之上或之外，甚至带进了为了相互福祉而工作的一种合理的相互关系语境中"①。

泰勒宗教内涵包括了超验信念、道德体验和彼世追寻三个方面，他强调的是超越了现实的人类生活空间中的道德/精神选择，容纳了他所谓的"道德力量"，从而滑向了道德宗教的定义。在他看来，"精神"是人们对超验所秉持的所有状态，日常体验中人们的道德/精神表现为"通达圆满"、"放逐境况"和"中间状态"，这三种状态都是由日常生活体验激发的外在性或超验性心灵触动和信念涌动。通达圆满来自超验力量，意味着满足和喜乐等积极状态；放逐境况表达的则是荆棘载途的消极状态，正如贝格曾说"日常的现实被'革除'了，而某种极为他性的东西光亮透显了出来"②；中间状态的生活意味着常规、稳定和秩序，联系着超验现实和自然本性这两个端极。宗教信念可以理解为对不同生活境况体验的反应，"而不只是所赞同的诸多理论和成套信条"③。但人们对于现实的生活境况存在不同的甚至分歧的解释，从而为做出不同的选择提供了可能，"在充满怀疑与不确定性的处境中过我们的信仰生活"④。

泰勒对宗教的这种理解体现在他对宗教衰落的看法中，他承认现代社会中存在宗教信仰与实践衰落的现实，尤其从宗教要素的角度进行考察的话就会发现对"超自然存在"的信仰减少了，许多历史宗教衰落了，但他认为这种所谓的"衰落"是由于科学和理性信念兴盛和推动的结果，因而可以理解为宗教信念尤其是对上帝信念的衰落，而不是宗教的衰落。泰勒强调了宗教"道德/精神"的维度，认为如果考虑到宗教所包括的精神关怀的话，会很容易发现宗教并没有走向衰落，最多只是发展路途中的某种偏离。

前现代社会宗教图景。泰勒紧扣"社会想象"的内在框架，历史性描

①　Charles Taylor, *A Secular Age*, The Belknap Press of Harvard University Press, 2007, p. 430.

②　Peter Berger, *A Far Glory*, The Free Press, 1992, pp. 128–129.

③　Charles Taylor, *A Secular Age*, The Belknap Press of Harvard University Press, 2007, p. 8.

④　Charles Taylor, *A Secular Age*, The Belknap Press of Harvard University Press, 2007, p. 11.

绘和比较了前现代社会中观念世界、社会组织和个体精神中表现出的宗教图景，"灵性力量撞击着可渗透主体，社会建立在神圣中，世俗时间扎根在更高时间中，而且社会结构与反结构之间保持着平衡；这种人间戏剧在宇宙中展开了"①。泰勒集中于不同领域的"分化"和"自主"，概括了前现代社会的特征，并把精神作为分析现代社会发展的基点。

首先，泰勒把对人自身"心灵"的考察作为人文主义讨论的起点，认为心灵是内在世界，由内省、自我意识和潜意识构成，是思想、感情和精神的领域，心灵具有感知能力，形成了关于世界和自身的观念和意义。泰勒强调说意义是由内外主体触发的内心反应，"意义在心灵之中"，"事物只有在唤起我们的特定反应时才具有意义，而这与我们作为由此而能够做出反应的人的本性有关，意味着人是有感情、有欲望、有憎恶的动物，在最广泛的意义上来说，人就是赋有心灵的存在者"②。

前现代社会是一个神魅的世界，在其中，主体心灵与外部世界之间的界线是模糊的，意义处于中间状态，并向两边渗透，它既存在于人类"心灵"之内，也存在于外在精神世界中，因而"内在不再仅仅是内在的，它也是外在的"，情绪的根源在于心灵之外，"人类生活深处的情感存在于这样的一个空间中，它让我们超越了自身，某种类似于人力量的外在力量渗透了进来"③。"渗透性的自我"受到陌生的、独立的和能动的力量的支配，信仰是自然而然的，不信仰则是很难做到的，但这种模糊性、渗透性是经验的事实，不是理论或者信念。

泰勒试图从概念入手阐述对现代人心灵的"单纯理解"。现代主体心灵与外部世界是界限相隔的，因而保护了自我的个体性，"保护性的自我"与外在事物是抽离的、超脱的，是"意识到超脱的可能性的自我"④，意义由主体的反应决定，体现了个人与整体环境的关系。可以看出，在朝向祛魅的过程中对自我心灵的理解表达了一种转向，即以单纯的体验为基础对精神存在感知更为理性，"这种理解把信仰放在了一个容许怀疑、争论和

---

① Charles Taylor, *A Secular Age*, The Belknap Press of Harvard University Press, 2007, p. 61.
② Charles Taylor, *A Secular Age*, The Belknap Press of Harvard University Press, 2007, p. 31.
③ Charles Taylor, *A Secular Age*, The Belknap Press of Harvard University Press, 2007, p. 36.
④ Charles Taylor, *A Secular Age*, The Belknap Press of Harvard University Press, 2007, p. 42.

调停的解释领域中"①，因而现代宗教不是超验的，而是有待在"本性"的内心深处去找到，即最深切的情感和本能，也即"内在性"。

其次，在对前现代社会生活世界的理解中，泰勒指出自然世界投射进了观念世界中，神魅社会总是被看作或体验为精神的处所，充满道德、秩序以及神灵和鬼魔，但这种精神力量来自社会本身，社会围绕神圣扭结在一起，并经常表现出趋向正统的压力。也就是说在前现代社会中宗教不是一个单独的"领域"，暗含了社会存在本身，渗透到城邦、王国、教会等所有的社会组织及其公共活动中，表现出了广泛的公共性。

再次，泰勒在圣俗对比中理解了前现代的时间观念，拉丁词"saeculum"含有"世纪""年代"的意思，表达的是日常生活和事务；"宗教"表达的是永恒宇宙论时间及存在。前者是世俗时间，是不均质的、有边界的、可变的，也是可衡量和控制的，但其性质受到二者关系的影响；后者是神圣的、固定的、不变的，是空洞的和不动情的。现代世俗时间框架是祛魅和反结构变迁的结果，是确立现代世俗社会的条件之一。

最后，泰勒透视了宗教内部张力互补性平衡机制，理解了社会结构和反结构，社会组织通过各种不同机制，化解了张力。一方面，信仰指向超越尘世的福祉，另一方面，日常生活寻求的是人间的幸福，作为社会组织的教会在等级制度的基础上做出了互补平衡。泰勒引用巴赫金（Mikhail Mikhailovich Bakhtin，1895—1975）、维克多·特纳（Victor Witter Turner，1920—1983）、阿诺德·范热内普（Arnold van Gennep，1873—1957）以及普理查德等人的人类学研究，透视了其中涉及的狂欢节、欢宴节和罗马农神节中角色翻转和戏谑、嘲弄、猥亵等仪式，理解了前现代社会蕴含的结构与反结构、规训与反规训。结构意味着秩序，反结构代表着想象的社会地位，对立之中包含整合的互补作用。现代社会中作为公共空间世俗化的结果，反结构丧失了存在的基础和意义，以变体的形式"隐退"到私人领域，以自愿参与的方式维持着公共性，由此也进入了"孤立和意义的丧失"的困境。②

---

① Charles Taylor, *A Secular Age*, The Belknap Press of Harvard University Press, 2007, p. 31.
② Charles Taylor, *A Secular Age*, The Belknap Press of Harvard University Press, 2007, p. 52.

世俗现代性。"世俗"是相对于"宗教"的一个认识论范畴，也是现代社会的主导范畴，泰勒对世俗现代性的理解主要体现在对"减损叙事"和"冰退理论"的阐述中。"减损叙事"是一系列宏大历史叙事，包含诸多事件要素，表现为制度上革故鼎新、文化中推陈出新，以及思想观念上除旧布新等，"借助于现代性尤其是世俗性的故事，来解释减损叙事，即人类已经丧失、丢弃或者自身从其中解脱出来的那些早前的偏狭眼界、幻想和有限知识等"①。"冰退理论"是18世纪出现的一种历史观念，它始自启蒙运动时代，立足人类主要的经济形态，把人类社会的发展理解为不断成熟和成长过程，狩猎、农业和商业是人类经济不断进步的主要阶段，世俗性是人类"到来的时代"，是进步的，"这种冰退意识是人类中心主义转轮终点的一个棘齿，几乎使倒回成为不可能的了"②。在泰勒看来，无论是"减损叙事"还是"冰退理论"，去除或者消退人类历史中宗教表层之后，最底层的"世俗性"就会显现出来。

一般而言，"减损叙事"的主导叙事是现代社会的祛魅过程。现代科学革命对世界做出了"自然主义"解释，用规律消解了神迹和神魅，以秩序代替了等级，以理性取代了迷信，世界迈入了世俗话语之中，也导致了意识形态的现代变迁。韦伯"祛魅"概念标示了神魅世界拆解和逐渐消失的过程，但在泰勒看来韦伯的祛魅是一种化约论，是由否定性变化推论出的世俗变迁，而且把祛魅和宗教衰落混为一谈，规避了二者之间的复杂关系；现代科学对神魅产生了挑战和威胁，但没有取代有关神灵的观念。泰勒检讨了韦伯关于工具理性的理念，承认现代社会各个领域都遵循"合理性"考量原则，行为选择都是理性的，如经济领域强调收益最大化，政治领域奠基于理性规则之上，而作为世俗化的主要特征，分化和私人化都是受理性推动的，但他批评说这种理性本身是偏狭的，充满自负和傲慢，推崇"冷漠而疏离的推理"③，分裂了人们内在性的精神世界。

"减损叙事"在自然主义立场上强调丢弃神灵指涉，从而把世俗化定

---

① Charles Taylor, *A Secular Age*, The Belknap Press of Harvard University Press, 2007, p. 22.
② Charles Taylor, *A Secular Age*, The Belknap Press of Harvard University Press, 2007, p. 289.
③ Charles Taylor, *A Secular Age*, The Belknap Press of Harvard University Press, 2007, p. 9.

义为信仰丧失了社会母体走向衰落和碎片化的过程，而且坚信信仰一旦消退，道德动机就会填补它的空白。泰勒思考了世俗化经典命题，即现代社会中宗教必定走向衰落，承认都市化、工业化和移民等都对宗教产生了消极影响，宗教丧失了传统的社会和文化功能，"不再是一种独立的激发力量"[1]，而是变成了一种附带社会现象；现代性降低了宗教重要性，宗教变得越来越无关紧要了，"重大事情中的衰落已经发生了，人们大多是在'宗教'这个名词下认识到这一切的"[2]。但是相对于宗教逐步衰落的传统论题，泰勒认为与其说宗教衰落是现代化过程的自然结果，不如说世俗性是社会的本质，越是现代的社会越少宗教，但是世俗性并不必定导致宗教信仰和实践逐步衰落，因为现代社会也夹杂着宗教复兴过程。

同样，"减损叙事"聚焦于现代个体以及个人意识，社会朝向个体组成，强调对社会生活的自我理解，个体自主性对传统宗教权威产生了消解作用，"在日常的'俗世'生活中，行为主体认为自己最初是一个个体，即现代性的人类主体"[3]。

泰勒对世俗现代性的理解充满现代历史意识，雪藏在宗教遮蔽物之下的世俗性体现在三组二元对立的范畴中，它们分别对应于不同历史时代。借用德国思想家卡尔·雅斯贝尔斯（Karl Theodor Jaspers，1883—1969）在《历史的起源与目标》（Vom Ursprung und Ziel der Geschichte，1949）中使用的"轴心时代"概念，泰勒把迪尔凯姆笔下的原初社会看作前轴心社会，在这一社会中，宗教与社会生活密不可分，一切事实整合进了神圣-凡俗的秩序范畴中，后者涵盖了宇宙、道德和社会领域，神圣指的是"这样一种信念，神灵的力量以某种方式汇集在特定的人、时间、地点或行为中"[4]，个人嵌没在社会中，而社会又嵌入宇宙论中，掩蔽了整个社会系统中内在的"俗世"要素。轴心时代的世界形成了中国先秦、古希腊和古印度三大轴心文明，时间大约在公元前 800 到公元前 200 年，宗教在宇宙、社会和人间三个维度之间有了新的嵌入，体现为超验性—内在性范畴，超

---

① Charles Taylor, *A Secular Age*, The Belknap Press of Harvard University Press, 2007, p. 433.

② Charles Taylor, *A Secular Age*, The Belknap Press of Harvard University Press, 2007, p. 430.

③ Charles Taylor, *A Secular Age*, The Belknap Press of Harvard University Press, 2007, p. 155.

④ Charles Taylor, *A Secular Age*, The Belknap Press of Harvard University Press, 2007, p. 76.

验原则表明了新社会处境和秩序转型，超验不必定是宗教的，宗教也不一定是超验的。后轴心时代典型的二元分类是中世纪以来宗教-世俗或者精神-俗世范畴，永恒超验上帝之城中蕴含的是内在世俗性的人类之城，教会在二者之间扮演了重要中介角色。

从前轴心时代到轴心时代并经历中世纪而来，这是一个"减损"和"冰退"的历程，也是宗教烟消云散、世俗性间见层出和现代性蔚然风行的过程。泰勒没有否认现代性与世俗性之间的因果关系，认为经由世俗化这一普遍性动态，宗教和世俗之间的区别最终消除了，"西方现代性，包括其世俗性是新的发明、新近建构的自我理解以及有关实践等的成果，无法根据人类生活的恒久特征对其加以解释"①。

泰勒重构了世俗现代性的基本模式，他把宇宙、社会和道德三种秩序看作人们生活的内在性框架，分析了现代"冰退"时期传统宗教宇宙观的进一步衰微，讨论了以自足的人文主义为基础的生活想象的重构和体验，展现了承载宗教生活的社会母体和作为日常生活核心所在的精神形式等方面的新转型，"在世俗时代，超越人类福祉的所有努力都黯然销蚀了，这是可以想象的，或者更准确地说，它落入了普罗大众的生活想象范围之中，这就是世俗性和自足的人文主义之间的关键联系"②。

泰勒试图从人性的角度考索现代性最基层的本质，"根据人性的基本特征来理解出现自这一过程的东西即现代性或者世俗性，人性的东西历来就存在，只是受到了其他东西的阻碍，而这些东西现在被废置在一边"③。因而现代性不应只是减损叙事和化约，更重要的是现代性"独具的人文主义"精神的"圆满"转型。

泰勒把人文主义看作人类的底层基质，他不否认人文主义起源于宗教传统，但是古代的人文主义容纳了诸多神灵理念，要求人类崇拜和敬畏，但否认与人类生活的关系，所以它只能属于前现代社会。与现代性相连的是一种自足的人文主义，而且后者是现代性独具特有的，"现代世俗性的

---

① Charles Taylor, *A Secular Age*, The Belknap Press of Harvard University Press, 2007, p. 22.

② Charles Taylor, *A Secular Age*, The Belknap Press of Harvard University Press, 2007, pp. 19-20.

③ Charles Taylor, *A Secular Age*, The Belknap Press of Harvard University Press, 2007, p. 22.

到来已经与这样一种社会的兴起联系起来了，在这个社会中，纯粹自足的人文主义在历史上第一次成为一种广泛持用的选择"①。自足的人文主义是随着自然神论发展起来的，是世界祛魅的结果，一定程度上拒弃了超验，用道德目标替代了宗教的"圆满"，与自然环境等工具性事物相关，切合人类发展的福祉，"我要表达的是，这样一种人文主义不接受任何超出人类福祉的终极目的，也绝不忠于任何超出这一福祉的其他事物"②；"祛魅，对世界持积极的工具性立场，遵从神灵的目的，也就是慈善，这些都是新出现的独具性人文主义的关键特征"③。

社会想象即"人们想象他们的社会存在"，就是"那种共同的理解，它使共同的实践以及广泛共有的合理性意识成为可能"④。现代社会消除了等级，强调理性、和平和协作，形成了新的想象。首先，社会被看作一个客观实在的经济体，受经济规律和竞争机制支配，在互利基础上联系成为一个生产、交换和消费系统；其次，社会是一个世俗的公共领域，排除了超验要素，理性成为重要的行为原则，公共性是它的核心特征，但就本质而言它经常又是非结构化的政治社团，"目的是要讨论有着共同利益的事情，因此能够就这些事情形成一种共同的思想"⑤；再次，社会是由成员自我治理的，排除了人格化等级秩序和阶层归属，转型为非人格平等关系和身份联系。现代社会有别于前现代社会中宗教植根于其间的传统社群。

泰勒指出作为日常生活的空间，现代世俗性中没有排除宗教指涉，社会是世俗的，但人可能是宗教的。现代社会中的宗教需求不会消失，存在与个人日常生活相关的神圣和精神，宗教发展没有终点，更不会走向"热寂"，人们看见了新兴宗教的涌现，感受到了多元宗教的现实，也做出了自主性选择。泰勒承认世俗性是线性发展的普遍现象，但在不同文明中世俗性和现代性可以有不同的表述和实现路径。

① Charles Taylor, *A Secular Age*, The Belknap Press of Harvard University Press, 2007, p. 18.
② Charles Taylor, *A Secular Age*, The Belknap Press of Harvard University Press, 2007, p. 18.
③ Charles Taylor, *A Secular Age*, The Belknap Press of Harvard University Press, 2007, pp. 98-99.
④ Charles Taylor, *A Secular Age*, The Belknap Press of Harvard University Press, 2007, pp. 171, 172.
⑤ Charles Taylor, *A Secular Age*, The Belknap Press of Harvard University Press, 2007, p. 185.

全球化视角下的世俗化。泰勒思考的主题是世俗性，后者是内在的、基质性的，是被遮蔽的、雪藏的，有待于经由"世俗化"路径而显露出来，所以他没有否定和抛弃世俗化概念，试图援引经典世俗化理论为世俗性提供社会学解释，以此来深入理解现代社会中宗教信仰和实践的变化。

首先，泰勒赞同有关世俗化的层次分析方法，认为公共空间、宗教实践和信仰选择是构成世俗化的上中下三层建筑，共同组成了相互关联的世俗化过程。泰勒承认现代社会中宗教的、政治的、经济的和社会的各种功能亚系统单独分化的过程，也承认分化是解释世俗化的重要概念，表明了现代化过程的范式特征，它"指的是这样一个过程，原本要一同完成的功能具体化了，并且瓦解成了不相关的领域，每个领域都有自己的规范、规则和制度"①。经济、科学甚至艺术等世俗领域从宗教制度和规范中分化出来，而宗教被驱压到了公共空间的边缘，甚至从其中退出，"这些空间声言已经把神灵或者任何终极现实的指涉都清除出去了"②，从而形成了"公共世俗性"这种"理解的背景"，"世俗性是有关理解的整体性背景问题，我们道德的、精神的或宗教的体验与探寻就发生在其中"③。在泰勒看来，公共世俗性背景主要涉及两个方面，一是指诸如多样性选择等明确的社会条件，另一是指观念等隐晦的存在。就此而言，泰勒理解的分化与韦伯、贝格等人阐释的制度祛魅还是有点区别的，他把分化看作世俗性显露的主要途径，强调分化为世俗化其他两方面即宗教制度衰落和私人化奠定了基础。

宗教在现代社会的衰落是世俗化的经典命题，也是研究人员基于社会现实做出的学术论断，泰勒对此持认同看法，但他强调的是，与其说分化导致了宗教制度衰落，不如说分化促使宗教加快了内部世俗化的脚步，"信仰和实践中的衰落已经发生了，除此之外，信仰也丧失了其在早前世纪中所享有的不受挑战的地位"④，伴随宗教改革运动的是宗教内部的"去仪式化"和"去神圣化"。

---

① Charles Taylor, *A Secular Age*, The Belknap Press of Harvard University Press, 2007, p.425.
② Charles Taylor, *A Secular Age*, The Belknap Press of Harvard University Press, 2007, p.2.
③ Charles Taylor, *A Secular Age*, The Belknap Press of Harvard University Press, 2007, p.3.
④ Charles Taylor, *A Secular Age*, The Belknap Press of Harvard University Press, 2007, p.530.

宗教选择的私人化问题是世俗化的重要层面，也是泰勒世俗性讨论的重点所在。私人化更多表明的是社会文化和观念的转型，"我想要界定和追溯的变迁是，它将我们从一个几乎不可能不信神灵的社会带到了另一个社会，在后者中，信仰即使对最忠实信徒来说也只是人生众多可能性之一"①。这种"可能性"就是"自主选择"，因而可以说私人化构成了新的社会背景，个体自主性增强了，价值选择的范围扩展了，宗教信仰成为个人私事，形成了新的信仰状态，"在新形态中，体验激发信仰，信仰又界定体验。所有对道德和精神的探寻和追问都必须在这种新的背景中进行"②。但是泰勒指出宗教选择的私人化转型并不意味着宗教是"潮起潮落"的，而是导向一种必然的结果，是从虔敬信仰到"公理式"信仰最后到"选择"信仰的线性发展过程，它表明的是信仰时代的终结和世俗时代的到来。

世俗化三个方面是紧密相关的，但是基层自主性更具能动作用，转变了观察世界的视界，滋养了人文主义的成长，自主选择成了多数人的价值选择，从而导致了信仰和实践的衰退，也谱写了宗教衰落的叙事。相对而言，分化只是对内在世俗性的现代性描绘，本身不能解释世俗性，但与世俗化和宗教衰落具有因果联系。泰勒也指出世俗化过程是复杂的，充满民族、地区和时间变量，有不同的速度和路径选择，所以应该尽量避免一般性的概括，他本人也只是在试图提出一种"整体性的理解框架"。③

其次，世俗化是一个被用来分析现代历史过程的概念，表明的是一种特殊的历史动态，概念化了现代历史的转型，它是伴随着现代性而出现的，嵌入共同的内在框架中，消除了"神圣"和"凡俗"以及"超验"和"内在"的差别，打破了"宗教"和"世俗"的边界，在"精神"和"俗世"之间架起了桥梁，把宗教带进世俗世界，用世俗填充宗教，形成了"宗教世俗"和"世俗宗教"的局面，从而转变了人类的精神视界。在这一过程中，由于存在不同的历史变量，所以导致了不同类型的现代性，

---

① Charles Taylor, *A Secular Age*, The Belknap Press of Harvard University Press, 2007, p. 3.

② Charles Taylor, *A Secular Age*, The Belknap Press of Harvard University Press, 2007, p. 20.

③ Charles Taylor, *A Secular Age*, The Belknap Press of Harvard University Press, 2007, p. 34.

同样，世俗化也可能采取不同的历史路径，形成不同的模式，但随着世俗时代的到来，世俗化过程也就结束了。

再次，经典世俗化理论聚焦于现代性因果变量，把"分化"、"个体化"和"衰落"看作理论的中心主题，得出了现代文明必然导致宗教衰落的目的论、进步论和意识形态论的批判结论，"衰落是几个世纪以来在单一的一套原因的稳定作用下发生的一个持续不变的事件"①。泰勒对有关世俗化的这些"社会学"和"历史学"的解释提出了批评，认为它们受到了"弗思"（unthought）的影响，"弗思以一种更为复杂的方式与作者对问题的见解联系在一起，也就是说，它不单单是一个人论战式观点的扩展，更是自己的信仰和价值框架以更为微妙的方式限制了自身的理论想象"②。在泰勒看来，世俗化是宗教趋向现代性和世俗性发展的过程，现代性消解和掏空了宗教内容，但不应该把宗教衰落看作线性的，"我们研究的不是信仰/实践中的线性回归，即由'现代性'和宗教信仰的某些特征之间的不相容性所导致的衰退"③。因此，他的目的是"消极的丢弃先前占主导地位的、单线的世俗化理论，它把信仰的退却看作某些现代化趋势的稳定功能"，并试图"积极提出另一个模式，用它来取代现代性对宗教信仰和实践带来的那种假定性的统一的、单线的影响"。世俗化表明的是宗教的转型，是新的宗教形式的出现，"'世俗化'之下的现代宗教生活模式是一种退稳与重组，是一种可以重复多次的过程"④，与其说是宗教的衰落，不如说是信仰的衰落；与其说是宗教线性衰落，不如说是世俗性的线性显现。

最后，泰勒描述了一种透视世俗化的全球化背景。现代性语境中的世俗化在现代以来西方宗教历史中有较为集中的体现，经典世俗化理论大多也是在对西方宗教的对比研究中发展起来的。随着西方殖民扩张过程的展开，世界历史进程发生了急剧的变化，科学技术、制度文化和宗教信仰的传播和交流逐渐全球化，西方世俗化历史模式也走向了全球，在经历遭遇、冲突、采借、适应和反思之后，在内在世俗性框架基础上产生了多样

---

① Charles Taylor, *A Secular Age*, The Belknap Press of Harvard University Press, 2007, p. 436.
② Charles Taylor, *A Secular Age*, The Belknap Press of Harvard University Press, 2007, p. 428.
③ Charles Taylor, *A Secular Age*, The Belknap Press of Harvard University Press, 2007, p. 530.
④ Charles Taylor, *A Secular Age*, The Belknap Press of Harvard University Press, 2007, p. 461.

的社会想象和文明模式，同时，世俗化和现代性也带来了许多隐忧和困扰。

　　需要指出的是，世俗主义是一种现代世界观和意识形态，它发端于启蒙运动对宗教的批判，强调人文关怀，要求政教分离，实现宗教宽容。作为历史哲学的世俗主义满怀对世俗世界的美好憧憬，把世俗现代性看作人类进步和世俗化的最后胜利，把世俗化这一历史过程解析成了一种具有普遍性的目的论过程和一种自我实现的预言，即从信仰走向非信仰，坚信宗教信仰和实践在现代社会中必定走向广泛衰落。泰勒在宏大历史叙事序列基础上概括了现代性谱系，考察了启蒙运动感召下的世俗主义进步理念、宗教传统主义所代表的反启蒙运动叙事和历史哲学以及它们对现代性的批判与质疑，批评世俗主义解释忽视了世俗化过程的宗教根源，无视宗教内部世俗转型的动态，把世俗理解为无宗教，世俗意味着现代，宗教意味着不完全的现代。泰勒认为现代化过程伴随着信仰的衰落，也伴随着宗教的复兴，他采用"后世俗化"概念展望了宗教的未来，"这个术语不是用来指一个时代，过去一个世纪中信仰和实践的衰落已经发生了扭转，因为至少就目前来看，这似乎是不可能的；相反我指的是这样一个时代，即主流的世俗化主导叙事霸权地位会受到越来越多的挑战"[1]。

---

[1]　Charles Taylor, *A Secular Age*, The Belknap Press of Harvard University Press, 2007, p. 534.

Works Cited

Adam Smith

—*An Inquiry Into the Nature and Causes of the Wealth of Nations*, Edited by Edwin Cannan, With a new preface by George. J. Stigler, Two Volumes in One, Chicago: The University of Chicago Press, [1776] 1976.

Alexis de Tocqueville

—*Democracy in America*, Historical-Critical Edition of *De la démocratie en Amérique*, Edited by Eduardo Nolla, Translated from the French by James T. Schleifer, Indianapolis: Liberty Fund, [1835, 1840] 2010.

Andrew M. Greeley

—*Unsecular Man: The Persistence of Religion*, New York: Schocken Books, [1972] 1985.

—*Religion: A Secular Theory*, New York: The Free Press, 1982.

Bronislaw Kasper Malinowski

—*The Dynamics of Culture Change: An Inquiry into Race Relations in Africa*, Edited by Phyllis M. Kaberry, New Haven: Yale University Press, 1945.

Bryan Ronald Wilson

— "An Analysis of Sect Development", *American Sociological Review*, 1959, 24 (1): 3–15.

—*Sects and Society: The Sociology of Three Religious Groups in Britain*, London, Melbourne and Toronto: William Heiremann, 1961.

—*Religion in Secular Society: A Sociological Comment*, London: C. A. Watts & Co. Ltd. , 1966.

—*Religious Sects: A Sociological Study*, London: World University Library, 1970.

—*Magic and the Millenium*, Frogmore, St Albans, Herts: Paladin, Granada Publishing Limited, [1973] 1975.

—*Contemporary Transformations of Religion*, London, Oxford and New York: Oxford University Press, 1976.

— "Aspects of Secularization in the West", *Japanese Journal of Religious Studies*, 1976, 3 (4): 259–276.

—*Religion in Sociological Perspective*, Oxford and New York: Oxford University Press, 1982.

— "Secularization: The Inherited Model", in *The Sacred in a Secular Age*, Edited by Phillip E. Hammond, Berkeley, Los Angeles and London: University of California Press, 1985: 9–20.

—*The Social Dimensions of Sectarianism: Sects and New Religious Movements in Contemporary Society*, Oxford: Clarendon Press, 1990.

Charles Margrave Taylor

—*Sources of the Self: The Making of the Modern Identity*, Cambridge and Massachusetts: Harvard University Press, 1989.

—*A Secular Age*, Cambridge and London: The Belknap Press of Harvard University Press, 2007.

Charles Young Glock

Charles Glock, Rodney Stark, *Religion and Society in Tension*, Chicago: Rand McNally & Company, 1965.

Charles Glock, Rodney Stark, *Christian Beliefs and Anti-Semitism*, New York:

Harper and Row, 1966.

Clarence Crane Brinton

—*The Anatomy of Revolution*, Revised and expanded edition, New York: Vintage Books, [1938] 1965.

Daniel Bell

— "The Return of the Sacred? The Argument on the Future of Religion", *The British Journal of Sociology*, 1977, 28 (4): 419-449.

David Alfred Martin

— "The Denomination", *British Journal of Sociology*, 1962, 13 (1): 1-14.
— "Towards Eliminating the Concept of Secularization", in *Penguin Survey of the Social Sciences*, Edited by Julius Gould, Harmondsworth: Penguin, 1965: 169-182.
—*Pacifism: A Historical and Sociological Study*, New York: Routledge and Kegan Paul, 1965.
—*A Sociology of English Religion*, New York: Basic Books, 1967.
—*The Religious and the Secular: Studies in Secularization*, London: Routledge & Kegan Paul, 1969.
—*The Dilemmas of Contemporary Religion*, Oxford: Basil Blackwell, 1978.
—*A General Theory of Secularization*, Oxford: Basil Blackwell, 1978.
—*The Breaking of the Image: A Sociology of Christian Theory and Practice*, Oxford: Basil Blackwell, 1980.
—*Divinity in a Grain of Bread*, Cambridge: Lutterworth Press, 1989.
—*Tongues of Fire: The Explosion of Protestantism in Latin America*, Oxford and Cambridge: Blackwell Publishers, 1990.
—*Forbidden Revolutions: Pentecostalism in Latin America*, *Catholicism in Eastern Europe*, London: SPCK, 1996.
—*Reflections on Sociology and Theology*, Oxford: Clarendon Press, 1997.
—*Does Christianity Cause War?* Oxford: Clarendon Press, 1997.

—*Pentecostalism: The World Their Parish*, Oxford; Malden and Carlton: Black-well Publishing, 2002.

—*Christian Language and Its Mutations: Essays in Sociological Understanding*, Aldershot: Ashgate, 2002.

—*Christian Language in the Secular City*, Akdershot, Hants: Ashgate, 2002.

—*On Secularization: Towards a Revised General Theory*, Aldershot and Burling-ton: Ashgate Publishing, 2005.

—*The Future of Christianity: Reflections on Violence and Democracy*, *Religion and Secularization*, Farnham and Burlington: Ashgate Publishing, 2011.

David Hume

— "The Natural History of Religion", in *The Philosophical Works of David Hume*, Vol. Ⅳ (in four volumes), Edinburgh: Printed for Adam Black and William Tait; and Chaeles Tait, 63, Fleet Street, London, [1757] 1826.

— "Dialogues Concerning Natural Religion", in *The Philosophical Works of David Hume*, Vol. Ⅱ (in four volumes), Edinburgh: Printed for Adam Black and William Tait; and Chaeles Tait, 63, Fleet Street, London, [1779] 1826.

David Yamane

— "Secularization on Trail: in Defence of a Neosecularization Paradigm", *Journal for the Scientific Study of Religion*, 1997, 36 (1): 109–122.

Edward Burnett Tylor

—*Primitive Culture: Researches into The Development of Mythology*, *Philosophy*, *Religion*, *Language*, *Art and Cusrom*, 2 Vols., Cambridge, New York, Mei-bourne, Madrid etc. : Cambridge University Press, [1871] 2010.

Elieen Barker

Elieen Barker, James A. Beckford, Karel Dobbelaere, *Secularization*, *Rational-ism and Sectarianism: Essays in Honour of Bryan R. Wilson*, Oxford: Clarendon Press, 1993.

Emile Durkheim

—*The Division of Labour in Society*, Translated by W. D. Halls, With an introduction by Lewis Coser, Houndmills and London: Macmillan Education Ltd. , ［1893］1989.

—*The Rules of Sociological Method and Selected Texts on Sociology and Its Method*, Translated by W. D. Halls, Edited with an introduction by Steven Lukes, London and Basingstoke: The Macmillan Press Ltd. , ［1895］1982.

—*Suicide: A Study in Sociology*, Translated by John A. Spaulding and George Simpson, Edited with an introduction by George Simpson, Glencoe, IL: The Free Press, ［1897］1966.

Emile Durkheim, Marcel Mauss, *Primitive Classification*, Translated and edited with an introduction by Rodney Needham, London: Cohen & West, ［1903］1963.

—*The Elementary Forms of The Religious Life*, Translated and with an introduction by Karen E. Fields, New York and London: The Free Press, ［1912］1995.

—*Professional Ethics and Civic Morals*, Translated by Cornelia Brookfield, With a new preface by Bryan S. Turner, London and New York: Routledge, Taylor & Francis e-Library, ［1957］2003.

—*Durkheim on Religion: A Selection of Readings with Bibliographies*, Edited by W. S. F. Pickering, New translations by Jacqueline Redding and W. S. F. Pickering, Lodon and Boston: Routledge & kegan Paul, 1975.

Ernst Troeltsch

—*The Social Teaching of the Christian Churches*, Translated by Olive Wyon, With an introducatory note by Charles Gore, London: George Allen & Unwin Ltd, New York: Macmillan Company, ［1912］1931.

Evans-Pritchard

—*Nuer Religion*, Oxford: The Clarendon Press, 1956.

Ferdinand Tonnies

—Ferdinand Tönnies, *Community and Civil Society*, Edited by Jose Harris, Translated by Jose Harris and Margaret Hollis, Cambridge, New York, Port Melbourne, Madrid and Cape Town: Cambridge University Press, [1887] 2001.

Fernand Braudel

—*Afterthoughts on Material Civilization and Capitalism*, Translated by Patricia M. Ranum, Baltimore and London: The Johns Hopkins University Press, 1977.

Frank J. Lechner

— "The Case against Secularization: A Rebuttal", *Social Forces*, 1991, 69 (4): 1103–1119.

Gary Becker

—*The Economic Approach to Human Behavior*, Chicago and London: The University of Chicago Press, 1976.

George Ritzer

—*Sociology: A Multiple Paradigm Science*, Boston: Allyn and Bacon, 1975.

— "Sociology: A Multiple Paradigm Science", *The American Sociologist*, 1975, 10 (3): 156–167.

—*Toward an Integrated Sociological Paradigm*, Boston: Allyn and Bacon, 1981.

Hans Joas

—*David Martin and the Sociology of Religion*, Edited by Hans Joas, Taylor & Francis, 2018.

Harold W. Pfautz

— "The Sociology of Secularization: Religious Groups", *American Journal of Sociology*, 1955, 61 (2): 121–128.

— "Christian Science: A Case Study of the Social Psychological Aspect of Secularization", *Social Forces*, 1956, 34 (3): 246–251.

Harvey Gallagher Cox

—*The Secular City: Secularization and Urbanization in Theological Perspective*, Middlesex: Penguin Books, [1965] 1968.

—*The Seduction of the Spirit: The Use and Misuse of People's Religion*, London: Wildwood House, [1973] 1974.

—*Religion in the Secular City: Toward a Postmodern Theology*, New York: Simon & Schuster, 1984.

—*Fire from Heaven: The Rise of Pentecostal Spirituality and the Reshaping of Religion in The Twenty-First Century*, Boston, MA: Da Capo Press, [1995] 2001.

Hayden White

—*Metahistory: The Historical Imagination in Nineteenth-Century Europe*, Fortieth Anniversary Edition, With a new preface foreword by Michael S. Roth, Baltimore: Johns Hopkins University Press, [1973] 2014.

Helmut Richard Niebuhr

—*The Social Sources of Denominationalism*, New York: Henry Holt, 1929.

—*The Kingdom of God in America*, Chicago: Willett, Clark & Colby, 1937.

Howard Paul Becker

— "Sargasso Iceberg: A Study in Cultural Lag and Institutional Disintegration", *American Journal of Sociology*, 1928, 34 (3): 492-506.

—*Systematic Sociology: On the Basis of the Beziehungslehre and Gebildelehre of Leopold Von Wise*, New York: John Wiley & Sons, 1932.

— "Processes of Secularisation", *British Sociological Review*, 1932, 24 (2): 138-154; 266-286.

— "Supreme Values and the Sociologist", *American Sociological Review*, 1941, 6 (2): 155-172.

Howard Becker and Robert C. Myers, "Sacred and Secular Aspects of Human Sociation", *Sociometry*, 1942, 5 (3): 207-229.

— "Sacred and Secular Societies: Considered with Reference to Folk-State and

Similar Classifications", *Social Forces*, 1950, 28 (4): 361–376.

— "Current Sacred-Secular Theory and its Development", in *Modern Sociological Theory in Continuity and Change*, Edited by Howard Becker and Alvin Boskoff, New York: The Dryden Press, 1957: 133–185.

Jeffrey K. Hadden

— "Toward Desacralizing Secularization Theory", *Social Forces*, 1978, 65 (3): 587–611.

John Locke

— "The Reasonableness of Christianity as Delivered in the Scriptures", *The Works of John Locke*, Volume The Sixth In Nine Volumes, The Twelfth Edition, London: C. Baldwin, Printer, New Bridge-street, 1824.

—*An Essay Concerning Humane Understanding*, in Two Books, Liaoning People's Publishing House, China, 2019.

John Milton Yinger

—*Religion in the Struggle for Power: A Study in the Sociology of Religion*, Durham, North Carolina: Duke University Press, 1946.

—*Sociology Looks at Religion*, New York: The Macmillan Co. , 1963.

—*Religion, Society and the Individual: An Introduction to the Sociology of Religion*, New York: The Macmillan Company, [1957] 1965.

—*Toward a Field Theory of Behavior: Personality and Social Structure*, New York: McGraw-Hill Book Company, 1965.

—*The Scientific Study of Religion*, New York: Macmillan Publishing Co. , 1970.

José Casanova

—*Public Religions in the Modern World*, Chicago and Lodon: University of Chicago Press, 1994.

— "Global Catholicism and the Politics of Civil Society", *Sociological Inquiry*, 1996, 66 (3): 356–373.

— "Globalizing Catholicism and the Return to a 'Universal' Church", in *Transnational Religion and Fading States*, Edited by Susanne Hoeber Rudolph and James Piscatori, Boulder, CO and Oxford: Westview Press, 1997: 121-143.

— "The Sacralization of the Humanum: A Theology for A Global Age", *Internationl Journal of Culture*, *Society and Politics*, 1999, 13 (1): 21-40.

— "Religion, the New Millennium, and Globalization", *Sociology of Religion*, 2001, 62 (4): 415-441.

— "Secularization", in *The International Encyclopedia of Social and Behavioral Sciences*, Edited by Neil J. Smelser and Paul B. Baltes, Oxford: Elsevier Sciences, 2001: 13786-13791.

— "Civil Society and Religion: Retrospective Reflections on Catholicism and Prospective Reflections on Islam", *Social Research*, 2001, 68 (4): 1041-1080.

— "Beyond European and American Exceptionalisms: Towards a Global Prespective", in *Predicting Religion: Christian*, *Secular and Alternative Futures*, Edited by G. Davie, P. Heelas and L. Woodhead, Aldershot: Ashgate, 2003.

— "Religion, European Secular Identities, and European Integration", in *Religion in an Expanding Europe*, Edited by Timothy A. Byrnes and Peter J. Katzenstein, Cambridge: Cambridge University Press, 2006: 65-92.

— "Secularization Revisited: A Reply to Talal Asad", in *Powers of The Secular Modern: Talal Asad and His Interloutors*, Edited by David Scott, Charles Hirschkind, Stanford, California: Stanford University Press, 2006: 12-30.

— "Rethinking Secularization: A Global Comparative Prespective", *The Hedgehog Review*, 2006, 8 (1/2): 7-22.

— "Rethinking Secularization: A Global Comparative Perspective", in *Religion*, *Globalization and Culture*, Edited by Peter Beyer and Lori Beaman, Leiden: Koninklijke Brill NV, 2007: 101-120.

— "Immigration and the New Religious Pluralism", in *Democracy and The New*

Religious Pluralism, Edited by Thomas Banchoff, New York: Oxford University Press, 2007: 59-83.

— "The Problem of Religion and the Anxieties of European Secular Democracy", in *Religion and Democracy in Contemporary Europe*, Edited by Gabriel Motzkin and Yochi Fischer, London: Alliance Publishing Trust, 2008.

— "Spanish Religiosity: An Interpretative Reading of the Religion Monitor Results for Spain", in *What the World Believes: Analysis and Commentary on the Religion Monitor*, Edited by Bertelsmann Stiftung, Guetersloh: Verlag Bertelsmann Stiftung, 2008.

— "The Religious Situation in Europe", in *Secularization and the World Religions*, Edited by Hans Joas and Klaus Wiegandt, Liverpool: Liverpool University Press, 2009: 206-228.

— "A Secular Age: Dawn or Twilight?" in *Varieties of Secularism in A Secular Age*, Edited by Michael Warner, Jonathan Van Anwerpen and Craig Calhoun, Cambridge, Massachusetts and London: Harvard University Press, 2010: 265-281.

— "The Religious Situation in the United States 175 Years after Tocqueville", in *Crediting God: The Fate of Religion and Politics in the Age of Global Capitalism*, Edited by Miguel Vatter, New York: Fordham University Press, 2011: 253-272.

— "Religions, Secularizations and Modernities", *European Journal of Sociology*, 2011, 52 (3): 425-445.

— "From Modernization to Secularization to Globalization: An Autobiographical Reflection", *Religion and Society: Advances in Research*, 2011, 2 (1): 25-36.

— "The Secular, Secularizations, Secularisms", in *Rethinking Secularism*, Edited by Craig Calhoun, Mark Juergensmeyer and Jonathan Van Anwerpen, New York: Oxford University Press, 2011: 54-74.

— "Globalization and the Free Exercise of Religion Worldwide", in *Challenges to Religious Liberty in the Twenty-first Century*, Edited by Gerard V. Bradley,

Cambridge: Cambridge University Press, 2012: 139-151.

— "Religious Associations, Religious Innovations and Denominational Identities in Contemporary Global Cities", in *Topographies of Faith: Religion in Urban Spaces*, Edited by Irene Becci, Marian Burchardt and Jose Casanova, Leiden: Brill, 2013: 113-127.

— "The Two Dimensions, Temporal and Spatial, of the Secular: Comparative Reflections on the Nordic Protestant and Southern Catholic Patterns from a Global Perspective", in *Secular and Sacred? The Scandinavian Case of Religion, in Human Rights, Law, and Public Space*, Edited by Van den Breemer R, Jose Casanova and Wyller T. , Göttingen: Vandenhoeck & Ruprecht, 2014: 21-33.

— "The Jesuits Through the Prism of Globalization, Globalization Through a Jesuit Prism", in *The Jesuits and Globalization: Historical Legacies and Contemporary Challenges*, Edited by Thomas Banchoff and Jose Casanova, Washington DC: Georgetown University Press, 2016: 261-285.

Karel Dobbelaere

Karel Dobbelaere, Jan Lauwers, "Involvement in Church Religion, A Sociological Critique", in *Actes de la 10e Conférence de la Conférence Internationale de Sociologie Religieuse*, Rome: CISR, 1969: 103-129.

Karel Dobbelaere, Jan Lauwers, "Definitions of Religion, a Sociological Critique", *Social Compass*, 1973, 20 (4): 535-551.

Karel Dobbelaere, Jaak Billiet and Roger Creyf, "Secularization and Pillarization: A Social Problem Approach", in *The Annual Review of The Social Sciences of Religion*, Vol. 2, The Hague, Paris, New York: Mouton Publisher, 1978: 97-123.

— "Professionalization and Secularization in the Belgian Catholic Pillar", *Japanese Journal of Religious Studies*, 1979, 6 (1/2): 39-64.

— "Trend Report: Secularization: A Multi-Dimensional Concept", *Current Sociology*, 1981, 29 (2): 1-216; London: Sage Publications, 1981.

— "Secularization Theories and Sociological Paradigms: Convergences and Divergences", *Social Compass*, 1984, 31 (2/3): 199–219.

— "Secularization Theories and Sociological Paradigms: A Reformulation of the Private-Public Dichotomy and the Problem of Societal Integration", *Sociological Analysis*, 1985, 46 (4): 377–387.

— "Some Trends in European Sociology of Religion: The Secularization Debate", *Sociological Analysis*, 1987, 48 (2): 107–137.

— "Secularization, Pillarization, Religious Involvement, and Religious Change in the Low Countries", in *World Catholicism in Transition*, Edited by T. M. Gannon, New York: Macmillan, 1988: 80–115.

Karel Dobbelaere and Liliane Voyé, "From Pillar to Postmodernity: The Changing Situation of Religion in Belgium", *Sociological Analysis*, 1990, 51: S1–S13.

— "Towards an Integrated Perspective of the Processes Related to the Descriptive Concept of Secularization", *Sociology of Religion*, 1999, 60 (3): 229–247.

—*Secularization: An Analysis at Three Leves*, Brussels: P. I. E-Peter Lang, 2002.

— "Testing Secularization Theory in Comparative Perspective", *Nordic Journal of Religion and Society*, 2007, 20 (2): 137–147.

— "The Meaning and Scope of Secularization", in *The Oxford Handbook of the Sociology of Religion*, Edited by P. B. Clarke, Oxford: Oxford University Press, 2011: 599–615.

— "The Karel Dobbelaere Lecture: From the Study of Religions to the Study of Meaning Systems", *Social Compass*, 2014, 61 (2): 219–233.

Karel Dobbelaere, Alfonso Pérez-Agote & Céline Béraud, "Comparative Synthesis", in *The Intimate: Polity and the Catholic Church—Laws about Life, Death and the Family in So-called Catholic Countries*, Edited by Karel Dobbelaere, Alfonso Pérez-Agote, Leuven: Leuven University Press, 2015: 199–221.

Larry Shiner

— "The Concept of Secularization in Empirical Research", *Journal for the Scientific Study of Religion*, 1967, 6 (2): 207-220.

Laurence Robert Iannaccone

— "Consumption Capital and Habit Formation with an Application to Religious Participation", U. Chicago: Ph. D. Dissertation, 1984.

— "A Formal Model of Church and Sect", *American Journal of Sociology*, 1988, 94: S241-S268.

— "Religious Practice: A human Capital Approach", *Journal for the Scientific Study of Religion*, 1990, 29 (3): 297-314.

— "The Consequences of Religious Market Structure: Adam Smith and the Economics of Religion", *Rationality and Society*, 1991, 3 (2): 156-177.

— "Religious Markets and the Economics of Religion", *Social Compass*, 1992 39 (1): 123-131.

— "Progress in the Economics of Religion", *Journal of Institutional and Theoretical Economics*, 1994, 150 (4): 737-744.

Laurence R. Iannaccone, Daniel V. A. Olson and Rodney Stark, "Religious Resources and Church Growth", *Social Forces*, 1995, 74 (2): 705-731.

— "Risk, Rationality, and Religious Portfolios", *Economic Inquiry*, 1995, 38 (2): 285-295.

— "Voodoo Economics? Reviewing the Rational Choice Approach to Religion", *Journal For the Scientific Study of Religion*, 1995, 34 (1): 76-88.

— "Looking backward: Estimating Long-Run Church Attendance Trends Across Eighteen Countries", Paper presented at the Annual Meeting of the Society for the Scientific Study of Religion, 1996.

Laurence Iannaccone, Roger Finke, Rodney Stark, "Deregulating Religion: The Economics of Church and State", *Economic Inquiry*, 1997, 35 (2): 350-364.

— "Rational Choice: Framework for the Scientific Study of Religion", in *Rational Choice Theory and Religion: Summary and Assessment*, Edited by Lawrence A. Young, London and New York: Routledge, 1997: 25-45.

— "Introduction to the Economics of Religion", *Journal of Economic Literature*, 1998, 36 (3): 1465-1495.

Mark Chaves

— "In the Meantime... (Response to Ploch) ", *Sociological Analysis*, 1988, 49 (3): 304-305.

— "Segmentation in a Religous Labor Market", *Sociological Analysis*, 1991, 52 (2): 143-158.

— "Family Structure and Protestant Church Attendance: The Sociological Basis of Cohort and Age Effects", *Journal for the Scientific Study of Religion*, 1991, 30 (4): 501-514.

Mark Chaves, David E. Cann, "Regulation, Pluralism, and Religious Market Structure: Explaining Religion's Vitality", *Rationality and Society*, 1992, 4 (3): 272-290.

— "Intraorganizational Power and Internal Secularization in Protestant Denominations", *American Journal of Sociology*, 1993, 99 (1): 1-48.

— "Denominations as Dual Structures: An Organization Analysis", *Sociology of Religion*, 1993, 54 (2): 147-169.

Mark Chaves, Peter J. Schraeder and Mario Sprindys, "State Regulation of Religion and Muslim Religious Vitality in the Industrialized West", *The Journal of Politics*, 1994, 56 (4): 1087-1097.

— "Secularization as Declining Religious Authority", *Social Forces*, 1994, 72 (3): 749-774.

— "On the Rational Choice Approach to Religion", *Journal for the Scientific Study of Religion*, 1995, 34 (1): 98-104.

—*Ordaining Women: Culture and Conflict in Religious Organizations*, Cambridge, MA: Harvard University Press, 1997.

— "Secularization: A Luhmannian Reflection", *Soziale Systme*, 1997, 3: 439-449.

— "Financing American Religion", in *Financing American Religion*, Edited by Mark Chaves & Sharon L. Miller, Walnut Creek, London and New Delhi: Alta Mira Press, 1999: 169–188.

Mark Chaves, William Tsitsos, "Are Congregations Constrained by Government? Empirical Results from the National Congregations Study", *Journal of Church and State*, 2000, 42 (2): 335–344.

Mark Chaves, Dianne Hagaman, "Abiding Faith", *Contexts*, 2002, 1 (2): 19–26.

—*Congregations in America*, Cambridge, Massachusetts, Lodon: Harvard University Press, 2004.

Mark Chaves, Shawna L. Anderson, "Continuity and Change in American Congregations: Introducing the Second Wave of the National Congregations Study", *Sociology of Religion*, 2008, 69 (4): 415–440.

—*American Religion: Contemporary Trends*, Second edition, With a new preface by the author, Princeton and Oxford: Princeton University Press, [2011] 2017.

Mark Chaves, Shawna L. Anderson, "Changing American Congregations: Findings from the Third Wave of the National Congregations Study", *Journal for the Scientific Study of Religion*, 2014, 53 (4): 676–686.

Marta Trazebiatowska

Marta Trazebiatowska, Steve Bruce, *Why are Women More Religious Than Men*, Oxford: Oxford University Press, 2012.

Max Weber

—*The Protestant Ethic and the Spirit of Capitalism*, Translated by Talcott Parsons, With a foreword by R. H. Tawney, London: George Allen & Unwin Ltd., [1904] 1930.

— "Church and Sects in North American: An Ecclesiastical Socio-Political Sketch", Translated by Colin Loader, *Sociological Theory*, [1906] 1985, 3 (1): 7–13.

—*Economy and Society*: *An Outline of Interpretive Sociology*, Edited by Guenther Roth and Claus Wittich, With a new foreword by Guenther Roth, Berkeley, Los Angeles, London: University of California Press, [1921] 2013.

—*The Sociology of Religion*, Translated by Ephraim Fischoff, With introduction by Talcott Parsons, Boston: Beacon Press, [1922] 1993.

—*From Max Weber*: *Essays in Sociology*, Translated, edited and with an introducton by Hans Heinrich Gerth and C. Wright Mills, New York: Oxford University Press, 1946.

—*The Theory of Social and Economic Organization*, Translated by A. M. Henderson and Talcott Parsons, Edited with an introduction by Talcott Parsons, New York: Oxford University Press, 1947.

—*Methodology of Social Sciences*, Translated and edited by Edward A. Shils and Henry A. Finch, With a new introduction by Robert J. Antonio and Alan Sica, New Brunswick and London: Transaction Publishers, [1949] 2011.

—*Max Weber On Charisma and Institution Building*, Selected papers, Edited and with an introduction by S. N. Eisenstadt, Chicago and London: The University of Chicago Press, 1968.

—*Max Weber on Capitalism*, *Bureaucracy and Religion: A Selection of Texts*, Edited and in part newly translated by Stanislav Andreski, London, Boston and Sydney: George Allen & Unwin, 1983.

—*Basic Concepts in Sociology*, Translated and with an introduction by H. P. Secher, New York: Citadel Press, Kensington Publishing Corp. , 2002.

—*The Protestant Ethic and the Spirit of Capitalism with Other Writings on the Rise of the West*, Fourth edition, Translated and introduced by Stephen Kalberg, New York: Oxford University Press, 2009.

Neil Joseph Smelser

—*Social Change in the Industrial Revolution: An Application of Theory to the British Cotton Industry*, *1770–1840*, Chicago: University of Chicago Press, [1959] 1973.

—*Theory of Collective Behavior*, New York: The Free Press, [1962] 1965.

Niklas Luhmann

—*A Sociological Theory of Law*, Translated by Elizabeth King and Martin Albrow, Edited by Martin Albrow, China Social Sciences Publishing House, Reprinted from the English edition by Routledge & Kegan Paul, [1972] 1985.

—*Trust and Power*, Translated by Howard Davis, John Raffan and Kathryn Rooney, Edited by Tom Burns and Gianfranco Poggi, With introduction by Gianfranco Poggi, Chichester, New York, Brisbane, Toronto: John Wiley & Sons, [1973] 1979.

— "Generalized Media and The Problem of Contingency", in *Explorations in General Theory in Social Science: Essays in Honor of Talcott Parsons*, Vol. 2, Edited by Jan. J. Loubser et al. , New York and London: The Free Press, 1976: 507-532.

—*Love as Passion: The Codification of Intimacy*, Translated by Jeremy Gaines and Doris L. Jones, Cambridge, Massachusetts: Harvard University Press, [1982] 1986.

—*The Differentiation of Society*, Translated by Stephen Holmes and Charles Larmore, New York: Columbia University Press, 1982.

—*Social Systems*, Translated by John Bednarz, Jr. , with Dirk Baecker, Foreword by Eva M. Knodt, Stanford, California: Stanford University Press, [1984] 1995.

—*Ecological Communication*, Translated and introduced by John Bednarz Jr. , Cambridge: Polity Press, [1986] 1989.

—*Risk: A Sociological Theory*, Translated by Rhodes Barrett, With a new introduction by Nico Stehr & Gotthard Bechmann, London and New York: Routledge, [1991] 2002.

—*Observations on Modernity*, Translated by William Whobrey, Stanford, California: Stanford University Press, [1992] 1998.

—*Law as A Social System*, Translated by Klaus A. Ziegert, Edited by Fatima

Kastner, Richard Nobles, David Schiff, and Rosamund Ziegert, With an introduction by Richard Nobles and David Schiff, Oxford: Oxford University Press, [1993] 2004.

—*Art as A Social System*, Translated by Eva M. knodt, Stanford, California: Stanford University Press, [1995] 2000.

—*Theories of Distinction: Redescribing the Descriptions of Modernity*, Edited and introduced by William Rasch, Translated by Joseph O'Neil, Elliott Schreiber, Kerstin Behnke and Willian Whobrey, Stanford, California: Stanford University Press, 2002.

Niklas Luhmann, Rhodes Barrett, *Organization and Decision*, Cambridge; New York: Cambridge University Press, [2011] 2018.

Olivier Tschannen

— "The Secularization Paradigm: A Systematization", *Journal for the Scientific Study of Religion*, 1991, 30 (4): 395–415.

Peter E. Glasner

—*The Sociology of Secularisation: A Critique of a Concept*, London, Henley and Boston: Routledge & Kegan Paul, 1977.

Peter Ludwig Berger

—*The Noise of Solem Assemblies: Christian Commitment and the Religious Establishment in American*, Garden City, New York: Doubleday & Company, 1961.

—*Invitation to Sociology: A Humanistic Perspective*, Middlesex, New York, Victoria, Ontario and Auckland: Penguin Books, [1963] 1966.

Peter Berger, Hansfried Kellner, "Arnold Gehlen and The Theory of Institutions", *Social Research*, 1965, 32 (1): 110–115.

Peter Berger, Thomas Luckmann, "Secularization and Pluralism", *in International Yearbook for the Sociology of Religion*, Vol. 2, 1966: 73–84.

Peter Berger, Thomas Luckmann, *The Social Construction of Reality: A Treatise in the Sociology of Knowledge*, London, New York, Victoria, Toronto,

Auckland and Middlesex: Penguin Books, [1966] 1991.

—*The Sacred Canopy: Elements of a Sociological Theory of Religion*, New York: Anchor Books, [1967] 1990.

Peter Berger, Brigitte Berger, *Sociology: A Biographical Approach*, Second, expanded edition, New York: Basic Books, INC. , [1972] 1975.

Peter Berger, Brigitte Berger and Hansfried Kellner, *The Homeless Mind: Modernization and Consciousness*, Harmondsworth: Penguin Books, [1973] 1974.

—*The Heretical Imperative: Contemporary Possibilities of Religious Affirmation*, London, Glasgow, Sydney, Auckland, Toronto and Johannesburg: William Collins Sons & Co Ltd. , [1979] 1980.

—*A Far Glory: The Quest for Faith in an Age of Credulity*, New York: The Free Press, 1992.

— "The Desecularization of the World: A Global Overview", in *The Desecularization of the World: Resurgent Religion and World Politics*, Edited by Peter Berger, Grand Rapids, Michigan: The Ethics and Public Policy Center and William B. Eerdmans Publishing Co. , 1999: 1–18.

— "Postscript", in *Peter Berger and the Study of Religion*, Edited by L. Woodgead, P. Heels and D. Martin, London and New York: Routledge, 2001.

Peter Berger, Grace Davie and Effie Fokas, *Religious America*, *Secular Europe: A Themes and Variations*, Burlingto, Vt. : Ashgate, 2008.

—*The Many Altars of Modernity: Toward Paradigm For Religion in a Pluralist Age*, Boston and Berlin: Walter de Gruyter, Inc, 2014.

Pippa Norris

Pippa Norris, Ronald Inglehart, *Sacred and Secular: Religion and Politics Worldwide*, 2nd Edition, Cambridge, New York and Melbourne: Cambridge University Press, [2004] 2011.

R. Stephen Warner

— "Work in Progress toward a New Paradigm for the Sociological Study of Reli-

gion in the United States", *American Journal of Sociology*, 1993, 98 (5):
1044-1093.

Reinhold Niebuhr

——*Christianity and Power Politics*, New York: Charles Scribner's Sons,1940.

Richard K. Fenn

—— "Toward a New Sociology of Religion", *Journal for the Scientific Study of Re-
gion*, 1972, 11 (1): 16-32.

—— "Religion and the Legitimation of Social Systems", in *Changing Perspectives
in the Scietific Study of Religion*, Edited by Allan W. Eister, New York: John
Wiley & Sons, 1974: 143-161.

—*Toward a Theory of Secularization*, Storrs, Connecticut: Society for the Sci-
entific Study of Religion, 1978.

—*Beyond Idols: The Shape of a Secular Society*, Oxford: Oxford University
Press, 2001.

—*Key Thinkers in the Sociology of Religion*, London and New York: Continuum
International Publishing Group, 2009.

Robert Neelly Bellah

—— "Civil Religion in America", *Daedalus*, 1967, 96 (1): 1-21.

—*Beyond Belief: Essays on Religion in a Post-Traditional World*, Berkeley, Los
Angeles, London: University of California Press, [1970] 1991.

Rodney Stark

Rodney Stark, Charles Y. Glock, *American Piety*, Berkeley, Los Angeles and
London: University of California Press, 1968.

—— "The Economics of Piety: Religious Commitment and Social Class", in *Is-
sues in Social Inequaity*, Edited by G. W. Thielbar and S. D. Feldman, Bos-
ton: Little Brown, 1971: 483-503.

Rodney Stark, William Sims Bainbridge, "Of Churches, Sect, and Cults: Preliminary Concepts for a Theory of Religious Movements", *Journal for the Scientific Study of Religion*, 1979, 18 (2): 117-131.

Rodney Stark, Willaim Sims Bainbridge, "Secularization, Revival and Cult Formation", *Annual Review of the Social Sciences of Religion*, 1980, 4: 85-119.

Rodney Stark, William Sims Bainbridge, "Towards a Theory of Religion: Religious Commitment", *Journal for The Scientific Study of Religion*, 1980, 19 (2): 114-128.

— "Must All Religions Be Supernatural", in *The Social Impact of New Religious Movements*, Edited by Bryan Wilson, New York: Rose of Sharon Press, 1981: 159-177.

— "Europe's Receptivity to Religious Movements", in *Religious Movements: Genesis, Exodus, and Numbers*, Edited by Rodney Stark, New York: Paragon House Publishers, 1985: 301-343.

— "Church and Sect", in *The Sacred in a Secular Age*, Edited by Phillip E. Hammond, Berkeley, Los Angeles and London: University of California Press, 1985: 139-149.

Rodney Stark, William Sims Bainbridge, *The Future of Religion: Secularization, Revival, and Cult Formation*, Berkeley, Los Angeles and London: University of California Press, 1985.

Rodney Stark, William Sims Bainbridge, *A Theory of Religion*, New York: Peter Lang, 1987.

— "Modernization, Secularization, and Mormon Success", in *In Gods We Trust: New Patterns of Religious Pluralism in America*, 2th edition, revised and expanded, Edited by Thomas Robbins and Dick Anthony, New Brunswick, New Jersey: Transaction Publishers, 1990: 201-218.

— "Rational Choice Propositions about Religious Movements", in *Religion and the Social Order*, Vol. 3-A: Handbook on Cults and Sects in America, Edited by David G. Bromley and Jeffrey K. Haddon, Greenwick, CT: JAI Press,

1992: 241-261.

Rodney Stark, Laurence R. Iannaccone, "Sociology of Religion", in *The Ency-clopedia of Sociology*, Edited by Edgar F. Borgatta, New York: Macmillan, 1992: 2029-2037.

— "Do Catholic Societies Really Exist?", *Rationality and Society*, 1992, 4: 261-271.

Rodney Stark, Laurence R. Iannaccone, "A Supply-Side Reinterpretation of the Secularization of Europe", *Journal for the Scientific Study of Religion*, 1994, 36 (3): 230-252.

—*The Rise of Christianity: A Sociologist Reconsiders History*, Princeton, New Jersey: Princeton University Press,1996.

Rodney Stark, Laurence Iannaccone, "Response to Lechner: Recent Religious Declines in Quebec, Poland and the Netherland: A Theory Vindicated", *Journal for the Scientific Study of Religion*, 1996, 35 (3): 265-271.

— "Bring Theory Back in", in *Rational Choice Theory and Religion: Summary and Assessment*, Edited by Lawrence A. Young, New York and London: Routledge, 1997.

— "Explaining International Variations in Religiousness: The Market Model", *Polis*, Special Issue, 1998.

— "Secularization, R. I. P.", *Sociology of Religion*, 1999, 60 (3): 249-273.

Rodney Stark, Roger Finke, *Acts of Faith: Explaining the Human Side of Reli-gion*, Berkeley, Los Angeles and London: University of Californian Press, 2000.

—*The Victory of Reason: How Christianity Led to Freedom, Capitalism, and Western Success*, New York: Random House, 2005.

—*The Triumph of Christianity: How the Jesus Movement Became the World's Lar-gest Religion*, New York: Harper One, 2011.

—*The Triumph of Faith: Why the World is More Religious Than Ever*, Wilming-ton: Intercollegiate Studies Institute, 2015.

Roger Finke

Roger Finke, Rodney Stark, "Religious Economies and Sacred Canopies: Religious Mobilization in American Cities: 1906", *American Sociological Review*, 1988, 53 (1): 41-49.

— "Religious Deregulation: Origins and Consequences", *Journal of Church and State*, 1990, 32 (3): 609-626.

— "An Unsecular American", in *Religion and Modernization: Sociologists and Historians Debate the Secularization Thesis*, Edited by Steve Bruce, Oxford: Clarendon Press, 1992: 145-169.

Roger Finke, Laurence lannaccone, "The Illusion of Shifting Demand: Supply-Side Explanations for Religious Change in America", Presented at the Annual Meeting of the Society for the Scientific Study of Religion, Washington, DC, 1992.

Roger Finke, Rodney Stark, *The Churching of America 1776-2005: Winners and Losers in Our Religious Economy*, New Brunswick, New Jersey and London: Rutgers University Press, [1992] 2005.

Roger Finke, Laurence R. Iannaccone, "Supply-Side Explanations for Religious Change", in *The Annals of the American Academy of Political and Social Science*, Religion in the Nineties, 1993, 527: 27-39.

Roger Finke, Laurence lannaccone, "Rational Propositions about Religious Groups and Movements", in *Handbook of Cults and Sects in America*, Edited by D. G. Bromley and J. K. Hadden, Greenwich, CT: JAI Press, 1993: 241-261.

— "The Consequences of Religious Competition: Supply-side Explanation for Religious Change", in *Rational Choice Theory and Religion: Summary and Assessment*, Edited by Lawrence A. Young, New York and London: Routledge, 1997: 46-65.

Roland Robertson

—*The Sociological Interpretation of Religion*, Oxford: Basil Blackwell, 1970.

— "Sociologist and Secularization", *Sociology*, 1971, 5 (3): 297–312.

Roy Wallis

—*Salvation and Protest: Studies of Social and Religious Movements*, London: Frances Pinter, 1979.

Roy Wallis, Steve Bruce, "Accounting for Action: Defending the Common Sense Heresy", *Sociology*, 1983, 17 (1): 97–111.

—*The Elementary Forms of the New Religious Life*, London: Routledge & Kegan Paul, 1984.

Roy Wallis, Steve Bruce, *Sociological Theory*, *Religion and Collective Action*, Belfast: The Queen's University of Belfast, 1986.

Sabino Samele Acquaviva

—*The Decline of the Sacred in Industrial Society*, Translation of *L'eclissi del Sacro Nella Civiltá Industriale*, Translated by Patricia Lipscomb, Oxford: Basil Blackwell, [1961] 1979.

Shivesh Chandra Thakur

—*Religion and Rational Choice*, London and Basinstoke: The Macmillan Press Ltd. , 1981.

Shmuel Noah Eisenstadt

— "Multiple Modernities", *Daedalus*, 2000, 129 (1): 1–29.

—*Multiple Modernities*, New Brunswick, NJ: Transaction Publishers, 2002.

Steve Bruce

— "The Student Christian Movement: A Nineteenth Century New Religious Movement and Its Vicissitudes", in *Religion and Change*, Edited by R. Wallis, Special Issue of International Journal of Sociology and Social Policy, 1982, 2 (1): 67–82.

Steve Bruce, Roy Wallis, "Rescuing Motives", *The British Journal of Sociology*,

1983, 34 (1): 61-71.

— "Ideology and Isolation: A Failed Scots Protestant Movement", *Archives de Sciences Sociales des Religions*, 1983, 56 (1): 147-159.

— "Social Change and Collective Behaviour: The Revival in Eighteenth-Century Ross-Shire", *The British Journal of Sociology*, 1983, 34 (4): 554-572.

— "Identifying Conservative Protestantism", *Sociological Analysis*, 1983, 44 (1): 65-70.

—*Firm in the Faith*, Aldershot: Gower Publishing Company, 1984.

—*The Rise and Fall of the New Christian Right: Conservative Protestant Politics in America 1978-1988*, Oxford: Clarendon Press, [1988] 1990.

—*A House Divided: Protestantism, Schism and Secularization*, London and New York: Routledge, 1990.

Steve Bruce, eds. , *Religion and Modernization: Sociologists and Historians Debate the Secularization Thesis*, Oxford : Clarendon Press, 1992.

—*Religion in Modern Britain*, Oxford: Oxford University Press, 1995.

—*Religion in the Modern World: From Cathedrals to Cults*, Oxford: Oxford University Press, [1996] 2005.

—*Conservative Protestant Politics*, Oxford: Oxford University Press, 1998.

—*Choice and Religion: A Critique of Rational Choice Theory*, Oxford: Oxford University Press, 1999.

—*God is Dead: Secularization in the West*, Malden and Oxford: Blackwell Publishers, 2002.

—*Politics and Religion*, Cambridge and Malden: Polity Press, 2003.

—*Paisley: Religion and Politics in Northern Ireland*, Oxford: Oxford University Press, 2007.

—*Secularization: In Defence of an Unfashionable Theory*, Oxford: Oxford University Press, 2011.

—*Politics and Religion in the United Kingdom*, London and New York: Routledge, 2012.

Talcott Parsons

—*The Structure of Social Action: A Study in Social Theory with Special Reference to a Group of Recent European Writers*, New York: The Free Press; London: Collier-Macmillan Limited, [1937] 1949.

— "The Theoretical Development of the Sociology of Religion: A Chapter in the History of Modern Social Science", *Journal of the History of Ideas*, 1944, 5 (2): 176–190.

—*Essays in Sociological Theory*, New York: The Free Press, [1949] 1954.

Talcott Parsons, Edward A. Shils, eds., *Toward a General Theory of Action*, Cambridge, Massachusetts: Harvard University Press, [1951] 1976.

—*The Social System*, With a New Preface by Bryan S. Turner, Routledge, The Taylor & Francis e-Library, [1951] 2005.

Talcott Parsons, Neil Joseph Smelser, *Economy and Society: A Study in the Integration of Economic and Social Theory*, Routledge & Kegan Paul Ltd, The Taylor & Francis e-Library, [1956] 2005.

— "The Pattern of Religious Organization in the United States", *Daedalus*, Symbolism in Religion and Literature, 1958, 87 (3): 65–85.

—*Structure and Process in Modern Societies*, Glencoe, Illinos: The Free Press, 1960.

— "Christianity and Modern Industrial Society", in *Sociological Theory*, *Values and Sociolocultural Change: Essays in Honor of Pitirim A. Sorokin*, Edited by Edward A. Tiryakian, New Brunswick and London: Transaction Publishers, [1963] 2013: 33–70.

— "1965 Harlan Paul Douglass Lectures: Religion in a Modern Pluralistic Society", *Review of Religious Research*, 1966, 7 (3): 125–146.

—*Societies: Evolutionary and Comparative Perspectives*, Englewood Cliffs, New Jersey: Prentice-Hall, INC. , 1966.

—*Sociological Theory and Modern Society*, New York: The Free Press, 1967.

—*The System of Modern Societies*, Englewood Cliffs, New Jersey: Prentice-

Hall, Inc. , 1971.

Talcott Parsons, Renee C. Fox, Victor M. Lidz, "The Gift of Life and Its Reciprocation", *Social Research*, 1972, 39 (3): 367–415.

— "Religion in Postindustrial America: The Problem of Secularization", *Social Research*, 1974, 41 (2): 193–225.

— "The Institutionalization of Belief", *Sociological Analysis*, 1977, 38 (2): 137–139.

—*Action Theory and the Human Condition*, New York: The Free Press; London: Collier Macmillan Publishers, 1978.

—*On Institutions and Social Evolution*, Selected writings, Edited and with an introduction by Leon H. Mayhew, Chicago and London: The University of Chicago Press, 1982.

Ted Robert Gurr

— "A Causal Model of Civil Strife: A Comparative Analysis Using New Indices", *American Political Science Review*, 1968, 62 (4): 1104–1124.

—*Why Men Rebel*, London and New York: Routledge, [1970] 2016.

Thomas F. O'Dea

—*The Sociology of Religion*, Englewood Cliffs, New Jersey: Prentice-Hall INC. , 1966.

Thomas Hobbes

—*Leviathan, or the Matter, Forme, and Power of a Common-wealth Ecclesiasticall and Civill*, London: Printed for Andrew Crooke, at the Green Dragon in St. Pauls Church-yard, Prepared for the McMaster University Archive of the History of Economic Thought, by Rod Hay, number hobbes 1651a.

—*Three-Text Edition of Thomas Hobbes's Political Theory, The Elements of Law, De Cive and Leviathan*, Edited by Deborah Baumgold, Cambridge: Cambridge University Press, 2017.

Thomas Luckmann

—*The Invisible Religion: The Problem of Religion in Modern Society*, New York: The Macmillan Company, 1967.

— "A Critical Rejoinder", *Japanese Journal of Religious Studies*, 1976, 3 (4): 277-279.

— "Theories of Religion and Social Change", *The Annual Review of the Social Sciences of Religion*, 1977, (1): 1-28.

— "The Structural Conditions of Religious Consciousness in Modern Societies", *Japanese Journal of Religious Studies*, 1979, 6 (1/2): 121-137.

— "Shrinking Transcendence, Expanding Religion", *Sociological Analysis*, 1990, 51 (2): 127-138.

Thomas Samual Kuhn

—*The Structure of Scientific Revolutions*, Third edition, Chicago and London: University of Chicago Press, [1962] 1996.

Vilfredo Pareto

—*The Mind and Society*, Volume I, Edited by Arthur Livingston, Translated by Andrew Bongiorno and Arthur Livingston, New York: Harcourt, Brace and Company, 1935.

Werner Stark

—*The Sociology of Knowledge: An Essay in Aid of a Deeper Understading of the History of Ideas*, New York: Routledge, [1958] 1998.

Will Herberg

— "Religion in a Secularized Society: Some Aspects of America's Three-Religion Pluralism, Lecture II", *Review of Religious Research*, 1962, 4 (1): 33-45.

William Sims Bainbridge

William Sims Bainbridge, Rodney Stark, "Cult Formation: Three Compatible

Models", *Sociological Analysis*, 1979, 40（4）: 283-295.

—*The Sociology of Religious Movements*, New York and London: Routledge, 1997.

W. S. F. Pickering

—*Durkheim's Sociology of Religion: Themes and Theories*, London, Boston, Melbourne and Henley: Routledge & Kegan Paul, 1984.

中文译著

〔法〕埃米尔·迪尔凯姆

——《宗教生活的初级形式》，林宗锦、彭守义译，中央民族大学出版社，1999。

——《社会分工论》，渠东译，生活·读书·新知三联书店，2013。

——《社会学方法的准则》，狄玉明译，商务印书馆，2016。

——《自杀论》，冯韵文译，商务印书馆，2017。

爱弥尔·涂尔干、马塞尔·莫斯：《原始分类》，汲喆译，商务印书馆，2017。

〔美〕彼得·贝格

——《神圣的帷幕：宗教社会学理论之要素》，高师宁译，上海人民出版社，1991。

——《天使的传言：现代社会与超自然再发现》，高师宁译，中国人民大学出版社，2003。

彼得·伯格等：《世界的非世俗化：复兴的宗教及全球政治》，李骏康译，上海古籍出版社，2005。

彼得·伯格、托马斯·卢克曼：《现实的社会构建》，汪涌译，北京大学出版社，2009。

彼得·伯格、安东·泽德瓦尔德：《疑之颂：如何信而不狂》，曹义昆译，商务印书馆，2013。

——《宗教社会学：彼得·贝格尔读本》，魏德东、钟智锋编，谢夏珩译，中国社会科学出版社，2015。

〔加拿大〕查尔斯·泰勒

—《世俗时代》，张容南等译，上海三联书店，2017。

—《自我的根源》，韩震等译，译林出版社，2018。

〔英〕大卫·马丁

—《火舌：拉美新教的剧变》，梁欣欣译，中国社会科学出版社，2020。

〔法〕伏尔泰

—《哲学辞典》，王燕生译，商务印书馆，1995。

—《哲学书简》，《伏尔泰文集》第 1 卷，闫素伟译，商务印书馆，2019。

—《风俗论》上册，《伏尔泰文集》第 4 卷，梁守锵译，商务印书馆，2019。

—《论宽容》，《伏尔泰文集》第 3 卷，蔡鸿滨译，商务印书馆，2020。

〔美〕哈维·考克斯

—《信仰的未来：宗教的兴衰与灵性时代的复苏》，郭胜杰译，台北，启示出版，2016。

〔英〕霍布斯

—《论公民》，应星、冯克利译，贵州人民出版社，2003。

—《法律要义：自然法与民约法》，张书友译，中国法制出版社，2010。

—《论人类》，汪涛译，中译出版社，2015。

—《论物体》，段德智译，商务印书馆，2019。

—《利维坦》，黎思复、黎廷弼译，商务印书馆，2020。

〔美〕卢克曼

—《无形的宗教：现代社会中的宗教问题》，覃方明译，中国人民大学出版社，2003。

〔法〕卢梭

—《山中来信》，《卢梭全集》第 5 卷，李平沤译，商务印书馆，2013。

—《社会契约论》，《卢梭全集》第 4 卷，李平沤译，商务印书馆，2016。

—《论人与人之间不平等的起因和基础》，《卢梭全集》第 4 卷，李平沤译，商务印书馆，2016。

—《论科学与艺术的复兴是否有助于使风俗日趋纯朴》，《卢梭全集》第 4
　　卷，李平沤译，商务印书馆，2016。

—《忏悔录》（下），《卢梭全集》第 2 卷，李平沤译，商务印书馆，2017。

〔意大利〕罗伯托·希普里阿尼

—《宗教社会学史》，劳拉·费拉罗迪英译，高师宁译，中国人民大学出
　　版社，2005。

〔美〕罗德尼·斯达克

—《基督教的兴起：一个社会学家对历史的再思》，黄剑波、高民贵译，
　　上海古籍出版社，2005。

罗德尼·斯达克、威廉·希姆斯·本布里奇：《宗教的未来》，高师宁、张
　　晓梅、刘殿利译，中国人民大学出版社，2006。

—《理性的胜利：基督教与西方文明》，管欣译，复旦大学出版社，2011。

—《社会学家笔下的基督教史》，张希蓓译，中国社会科学出版社，2019。

〔英〕洛克

—《论宗教宽容——致友人的一封信》，吴云贵译，商务印书馆，1982。

—《自然法论文集》，李季璇译，商务印书馆，2014。

—《人类理解论》，关文运译，商务印书馆，2019。

—《政府论（上篇）》，瞿菊农、叶启芳译，商务印书馆，2019。

—《政府论（下篇）——论政府的真正起源、范围和目的》，叶启芳、瞿
　　菊农译，商务印书馆，2019。

〔德〕马克斯·韦伯

—《新教伦理与资本主义精神》，于晓、陈维刚等译，生活·读书·新知
　　三联书店，1987。

—《儒教与道教》，王容芬译，商务印书馆，2004。

—《入世修行：马克斯·韦伯脱魔世界理性集》，王容芬、陈维刚译，陕
　　西师范大学出版社，2006。

—《韦伯作品集（Ⅶ）社会学的基本概念》，顾忠华译，广西师范大学出版社，2008。

—《马克斯·韦伯社会学文集》，阎克文译，人民出版社，2010。

—《印度的宗教：印度教与佛教》，康乐、简惠美译，广西师范大学出版社，2013。

—《宗教社会学 宗教与世界》，康乐、简惠美译，广西师范大学出版社，2016。

—《古犹太教》，康乐、简惠美译，广西师范大学出版社，2016。

—《经济与社会》，阎克文译，上海人民出版社，2018。

〔法〕孟德斯鸠

—《罗马盛衰原因论》，许明龙译，商务印书馆，2018。

—《论法的精神》，张雁深译，商务印书馆，2019。

—《波斯人信札》，许明龙译，商务印书馆，2019。

〔美〕弥尔顿·英格

—《宗教的科学研究》，金泽等译，中国社会科学出版社，2009。

〔德〕尼克拉斯·卢曼

—《宗教教义与社会演化》，刘锋、李秋零译，中国人民大学出版社，2003。

—《社会的宗教》，周怡君、张存华、林敏雅译，台北，商周出版，2004。

—《权力》，瞿铁鹏译，上海人民出版社，2005。

—《信任：一个社会复杂性的简化机制》，瞿铁鹏、李强译，上海人民出版社，2005。

—《法社会学》，宾凯、赵春燕译，上海人民出版社，2013。

—《作为激情的爱情：关于亲密性的编码》，范劲译，华东师范大学出版社，2019。

—《风险社会学》，孙一洲译，广西人民出版社，2020。

〔美〕塔尔科特·帕森斯

—《现代社会的结构与过程》，梁向阳译，光明日报出版社，1988。

塔尔科特·帕森斯、尼尔·斯梅尔瑟：《经济与社会》，刘进、林午、李新、吴予译，华夏出版社，1989。

——《社会行动的结构》，张明德、夏遇南、彭刚译，译林出版社，2019。

〔法〕托克维尔

——《旧制度与大革命》，《托克维尔文集》第 3 卷，冯棠译，商务印书馆，2013。

——《1789 年前后法国社会政治状况》，《托克维尔文集》第 3 卷，冯棠译，商务印书馆，2013。

——《论美国的民主》，董果良译，商务印书馆，2019。

〔英〕休谟

——《自然宗教对话录》，陈修斋、曹棉之译，商务印书馆，1996。

——《宗教的自然史》，曾晓平译，商务印书馆，2014。

——《人类理解研究》，关文运译，商务印书馆，2020。

〔英〕亚当·斯密

——《国富论》，郭大力、王亚南译，商务印书馆，2019。

图书在版编目（CIP）数据

西方世俗化理论研究 / 郭宏珍著. -- 北京：社会
科学文献出版社，2024.5
ISBN 978-7-5228-3437-5

Ⅰ.①西…　Ⅱ.①郭…　Ⅲ.①宗教社会学-西方国家
Ⅳ.①B920

中国国家版本馆 CIP 数据核字（2024）第 066196 号

西方世俗化理论研究

著　　者 / 郭宏珍

出 版 人 / 冀祥德
责任编辑 / 周志静
责任印制 / 王京美

出　　版 / 社会科学文献出版社·人文分社（010）59367215
　　　　　 地址：北京市北三环中路甲 29 号院华龙大厦　邮编：100029
　　　　　 网址：www.ssap.com.cn
发　　行 / 社会科学文献出版社（010）59367028
印　　装 / 三河市东方印刷有限公司

规　　格 / 开 本：787mm×1092mm　1/16
　　　　　 印 张：38.5　字 数：592 千字
版　　次 / 2024 年 5 月第 1 版　2024 年 5 月第 1 次印刷
书　　号 / ISBN 978-7-5228-3437-5
定　　价 / 168.00 元

读者服务电话：4008918866